# 墨脱年鉴

མེ་ཏོག་གི་ལོ་རིམ་མེ་ལོང་།

## 2020

中共墨脱县委办公室 编

图书在版编目（CIP）数据

墨脱年鉴.2020 / 中共墨脱县委办公室编. -- 北京：中国书籍出版社，2021.1

　　ISBN 978-7-5068-8350-4

　Ⅰ.①墨… Ⅱ.①中… Ⅲ.①墨脱县–2020–年鉴 Ⅳ.①Z527.54

中国版本图书馆CIP数据核字（2021）第027637号

## 墨脱年鉴·2020

中共墨脱县委办公室　编

| 责任编辑 | 李　新 |
|---|---|
| 责任印制 | 孙马飞　马　芝 |
| 装帧设计 | 品汉文化 |
| 出版发行 | 中国书籍出版社 |
| 地　　址 | 北京市丰台区三路居路97号（邮编：100073） |
| 电　　话 | （010）52257143（总编室）（010）52257140（发行部） |
| 电子邮箱 | eo@chinabp.com.cn |
| 经　　销 | 全国新华书店 |
| 印　　刷 | 河南金雅昌文化传媒有限公司 |
| 开　　本 | 889毫米×1194毫米　1/16 |
| 字　　数 | 735千字 |
| 印　　张 | 26.5 |
| 版　　次 | 2022年1月第1版 |
| 印　　次 | 2022年1月第1次印刷 |
| 书　　号 | ISBN 978-7-5068-8350-4 |
| 定　　价 | 350.00元 |

版权所有　翻印必究

# 数字墨脱

SHUZIMOTUO

- ◆土地面积：3.4万平方公里
- ◆年末常住人口：14478人
- ◆地区生产总值：6.86亿元
- ◆第一产：0.46亿元
- ◆第二产：3.28亿元
- ◆第三产：3.12亿元
- ◆全社会固定资产总额：10.2亿元
- ◆全社会消费零售总额：5517.2万元
- ◆地方公共财政预算收入：3444万元
- ◆工业增加值：0.06亿元
- ◆招商引资到位资金：2亿元
- ◆农牧民人均可支配收入：11354元

# 秘境墨脱
MIJINGMOTUO

在西藏有这么一个地方，它古老而神秘，它静秘而安详，它淳朴而不失色彩，它就是墨脱。

这里是西藏高原海拔最低的地方，这里是西藏环境最好的地方、这里是西藏生态保存最完备的地方，这里有世界最大的峡谷奇观，雅鲁藏布江与崇山峻岭间劈开一道深达5000米的沟壑，把绝大部分的险峻都留在了墨脱，这里有中国最美的山峰——南迦巴瓦峰，这也是东喜马拉雅山脉最高峰，这里有"一山有四季，十里不同天"的垂直景观。

这里有中国终极越野之路（盘山路段、涉水路段、热带林路段），这里有世界顶级徒步线路，可以真实体验"身在地狱，眼睛在天堂"的感觉。

墨脱藏语意为"花朵"，是佛教信徒心中的"莲花圣地"，相传公元8世纪莲花生大师曾在此修行弘法，"白玛岗"之名也因此而代代流传。

这里居住着淳朴的门巴族人和珞巴族人，他们世代守护着"莲花圣地"。

墨脱县，位于西藏东南部，地处雅鲁藏布江下游，位于喜马拉雅山脉东端南麓。面积3.4万平方千米，耕地面积2万余亩，森林面积3200万余亩。辖1个镇7个乡（含1个民族乡），46个行政村。境内的居民主要有门巴族、珞巴族和藏族。著名的雅鲁藏布大峡谷主体段都在该县境内。

墨脱县城（县委宣传部 普曲珍 摄）

## 【南迦巴瓦雪山】

　　南迦巴瓦峰位于中国西藏林芝地区的米林县和墨脱县的交界地带，主峰海拔7782米，是世界排名第28、中国排名第12的山峰，同时也是喜马拉雅山脉东端的最高峰。

南迦巴瓦雪山

## 【莲花公园】

　　莲花公园位于墨脱县城中心。用地总面积66331.9平方米，总建筑面积6625平方米，景观设计69318.05平方米，水体面积30250.3平方米，绿化硬地面积39067.75平方米；公园内有墨脱古街、土特产品店、娱乐场所等，是墨脱人最喜欢的散步、锻炼之地。

莲花公园

# 秘境墨脱

## 【果果塘蛇形大拐弯】

　　果果塘蛇形大拐弯位于墨脱县德兴乡辖区内，距墨脱县城约12公里，距德兴乡约4公里，可驱车抵达。于此可见奔涌而来的江水如蛇形般突然转向，罕见的景观让人叹为观止；峡谷间云雾缭绕，犹如仙境；繁盛的植被掩映在云雾之间，美不胜收。相传雅江最早并不从此处经过，关于大拐弯的形成，当地人还口耳相传着这样一个传说故事：有一年，果果塘一带大旱，庄稼颗粒无收，人们无水饮用，很多人口渴而死，天神见此情形，派一条神蛇下凡，救助百姓。神蛇来到果果塘后，看到干涸的土地与受苦的百姓，十分难过，于是它鼓足力气，直奔向奔涌的雅江，将雅江水吸饱肚子后，又奔袭到果果塘，滋润这里的土地。但是土地已经干裂多时，神蛇一次能吐出的水又十分有限，它只能不分昼夜地来回奔波在果果塘与雅江之间。终于，筋疲力尽的神蛇，最后一次吸饱水来到果果塘后，却再也没有力气将水吐出，重重地倒在了地上，死去了。但奇怪的是，它的身体依旧保持着环绕果果塘的形状，身躯却逐渐裂开，体内的水流淌了出来，并引来了雅江。原来，天神将一切都看在了眼里，为了褒奖神蛇的功绩，让它化作了雅江的一段，永远滋润和守护着果果塘，于是，果果塘一带从此风调雨顺，植被丰茂，再没发生过干旱。

雅鲁藏布蛇形大拐弯

仁钦崩寺

## 【仁钦崩景点】

　　仁钦崩景点位于墨脱县城东南方向约6公里处的卓玛拉山上，仁钦崩寺属藏传佛教的宁玛派寺庙，是墨脱县修建最早和规模最大的寺庙，共三层，建筑形式属十二墙角和东西南北四门的石木结构，仁钦崩寺海拔约为2038米。寺内有镀金铜佛及珍贵文物，是墨脱当地门巴、珞巴人民进行宗教活动的重要场所。相传，仁钦崩寺是多吉帕姆女神化身中心"肚脐"的所在地，是众多佛教信徒向往的圣地。寺庙僧人每年都要在此举行一次大规模的法事活动。从县城出发乘车前往墨脱镇巴日村（海拔1661米），拾级而上，步行约7.5公里，即抵达仁钦崩景区，全程均为铺设石梯，注意体力分配可以较为轻松地抵达。

藤网桥（新）

## 【藤网桥】

　　是我国少数民族地区人民勤劳智慧的结晶，横跨于雅鲁藏布江上空，是贯通墨脱县南北的重要纽带，全长150余米，离江面50余米，桥体悬空下垂呈凌晨月状，全桥无桥墩、无木板、无铁钉，用藤条网织而成，可承受约2000公斤的重量。桥横截面呈"U"形，用以支撑桥面，桥体两侧用藤丝为经线，每隔一段距离设一纬线，底部纬线网织较之两侧面更为密集，整体近似密封，走在桥上，随着人本身的重力作用和河谷风的吹送，左右摇摆飘晃不定，虽然惊险，却又颇为安全。1996年，墨脱藤网桥被自治区人民政府公布为第三批自治区级文物保护单位。

秘境墨脱

拉贡稻田成熟时

秘境墨脱

帮辛乡采茶

珞巴族男女装

门巴族男女装

墨脱年鉴·2020

# 秘境墨脱
MIJINGMOTUO

嘎隆拉雪景

冬季墨脱路，图为扎墨公路入口

# 领导关怀
## LINGDAO GUANHUAI

2019年2月26日，中共中央宣传部副部长蒋建国（左），西藏自治区党委常委、宣传部部长边巴扎西（右）在墨脱县考察指导工作

2019年11月5日，西藏自治区党委副书记、常务副主席庄严（左）一行在墨脱县调研灾后重建、产业发展和民生改善等工作，图为调研期间庄严同墨脱县委副书记、县长魏长旗（右）合影留念

2019年10月2日，西藏自治区纪委书记、监委主任王卫东（前排左二）一行在墨脱县背崩乡地东村调研边境小康村建设项目。墨脱县委书记旺东（前排左一）等陪同

2019年10月23日，西藏自治区人大常委会副主任、林芝市委书记、市委"不忘初心、牢记使命"主题教育领导小组组长马升昌（前排右二）一行在墨脱县背崩乡查看边境小康村建设情况

◆ 领导关怀

2019年4月26—27日，西藏自治区党委宣传部副部长、文明办主任仁青洛布（前排右二）一行在墨脱县达木珞巴民族乡小学德育室调研指导工作

2019年2月13日，林芝市委副书记、市长旺堆（前排右三）一行在墨脱县茶叶加工厂调研指导工作。墨脱县委副书记、县长魏长旗（前排左一）等陪同

2019年4月25日，林芝市人大常委会党组书记、主任多布庆（前排左一）在墨脱县背崩乡西让村调研防灾减灾工作

2019年3月11日，林芝市副市长徐龙海（左二）在加热萨乡开展灾后重建调研工作

领导关怀 ◆

2019年8月7日，墨脱县委副书记、县长魏长旗（左三）在背崩乡阿苍村调研茶叶种植工作

2019年7月24日，墨脱县委常务副书记叶敏坚（右二）一行在背崩乡卫生院调研医疗卫生工作

# 重要活动

2019年2月26日，政协第九届墨脱县委员会第四次会议召开

2019年2月27日，墨脱县第十一届人民代表大会第五次会议召开

重要活动

2019年3月18日，中国共产党墨脱县第八届纪律检查委员会第四次全体会议第一次会议召开，县四大班子在岗领导，八届县纪委委员，各乡（镇）党委书记、纪委书记，县纪委全体干部167人参加会议

2019年3月28日，墨脱县举行烈属、军属及退役军人光荣牌悬挂启动仪式

2019年4月5日，墨脱县组织干部群众、师生、驻地部队官兵在背崩乡烈士陵园开展清明节烈士纪念日活动

2019年5月30日，墨脱县白玛岗混凝土有限公司代表向县完全小学捐赠爱心雨伞

重要活动 ◆

2019年7月27日，广东省佛山市中医院首次与墨脱县藏医院签署对口帮扶协议，图为协议签署后，墨脱县委常务副书记叶敏坚（左四），县委副书记、常务副县长张巍巍（右四）、政府副县长李勇（左三）与佛山市中医院4位专家合影留念

2019年8月26日，墨脱县举办2019年"国酒茅台·国之栋梁——希望工程圆梦行动"活动

2019年9月10日，墨脱县教育系统举办庆祝新中国成立70周年暨全国第35个教师节文艺演出

2019年9月18日，墨脱县开展群众性爱国歌曲大家唱活动

重要活动

2019年9月20日，墨脱县委常委一行在墨脱县检察院警示教育基地参观学习

2019年9月21日，墨脱县在莲花公园开展"巾帼心向党 礼赞新中国"墨脱巾帼庆祝新中国成立70周年微拍活动，共60名巾帼志愿者参加活动

墨脱年鉴·2020

2019年9月27日,墨脱县组织妇女群众开展万人签名送祝福活动,表达对中华人民共和国成立70周年的美好祝福

2019年10月1日,墨脱县县直各单位、青年学生代表、驻墨官兵代表、县属国有企业代表共600余人参加庆祝中华人民共和国成立70周年升国旗仪式

重要活动◆

2019年10月1日，墨脱县县直各单位代表、青年学生代表、驻墨官兵代表、学生代表、县属国有企业代表共200余人在县多功能会议厅集中观看了庆祝中华人民共和国成立70周年直播盛况

2019年10月12日，中国志愿医生团队·西藏行（墨脱站）专家一行在墨脱县卫生服务中心开展帮扶、义诊工作

2019年10月17—18日，墨脱县妇女第六次代表大会召开，图为参会代表合影留念。（第一排从左往右依次为：墨脱县政府副县长、德兴乡党委书记王桂兰，县人大常委会副主任、墨脱镇党委书记格桑卓嘎，林芝市妇联兼职副主席红英，林芝市妇联党组副书记、主席晓红等

2019年10月17日，墨脱县人民医院创建"二级甲等"综合医院动员部署推进会在县人民医院一楼会议室召开

重要活动

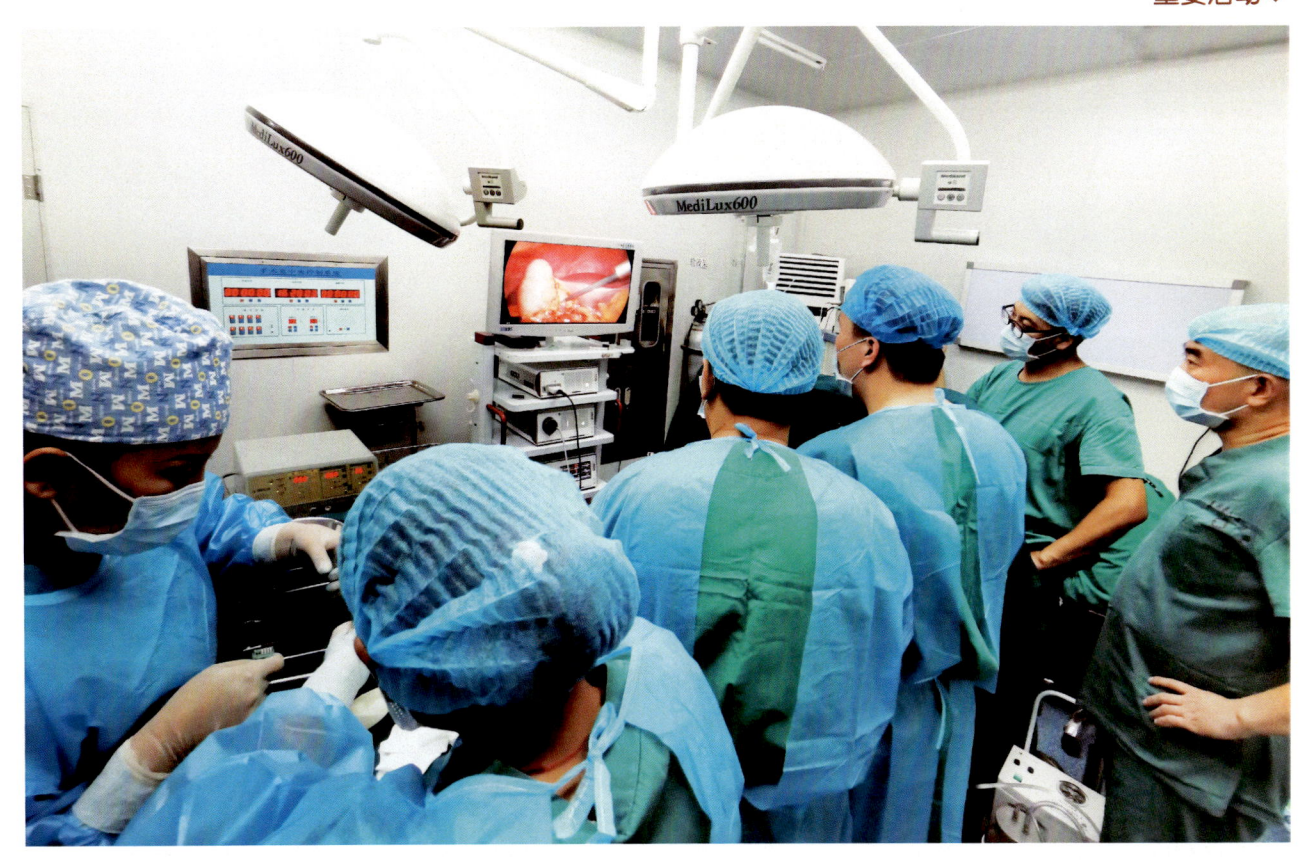

2019年10月23日，佛山市中医院对口帮扶普外科腹腔镜专家成武（右三）带领墨脱县卫生服务中心外科医生成功实施首例腹腔镜胆囊切除术

2019年11月29日，墨脱县多龙岗易地搬迁点举行入住仪式，图为出席仪式的县领导为9名搬迁群众代表献上哈达并发放"黄色金钥匙"

2019年12月27日,墨脱县举行农村客运班线开通仪式,县委书记旺东(右五),县委副书记、县长魏长旗(右四)共同为墨脱县秘境客运公司揭牌,图为墨脱县四大班子在岗领导和市运管局领导在仪式结束后合影留念

2019年8月8日,亚东村七夕集体婚礼

# 《墨脱年鉴》编纂委员会

主　　　任：旺　东
常务副主任：魏长旗
副　主　任：叶敏坚　　张巍巍　　多吉扎西　　高林林　　边巴索朗
　　　　　　朱宇峰　　高功强　　陈金鑫　　　扎西顿珠　平措多吉
　　　　　　于世高　　杨明强　　白玛多吉　　格桑卓嘎　李　勇
　　　　　　李　伟　　王旭杰　　王　斌　　　王桂兰　　顿珠次仁
　　　　　　边巴扎西　扎西措姆　郑　明　　　嘎玛欧珠　云　登
　　　　　　李　彦　　曲桑顿珠
委　　　员：尹建华　　王向军　　欧珠江村　　罗布次旺　贺　伟
　　　　　　胡新祥　　旦增多吉　郭晓峰　　　洛桑多吉　白玛多杰
　　　　　　李和平　　桑杰顿珠　胡志彬　　　南效鹏　　罗　布
　　　　　　吴　勇　　格桑扎西　韩　振　　　索朗旺扎　刘　敖
　　　　　　曲　珠　　拉巴次仁　边　珍　　　春　强　　袁瑜贵
　　　　　　杨正勇　　格桑达瓦　王　根　　　次仁顿珠　米玛次仁
　　　　　　白玛扎巴　格桑巴珠　格桑曲久　　次仁旺杰　才旦旺扎
　　　　　　桑布次仁　布　穷　　李　振　　　李秋苹　　肖莉莎
　　　　　　米玛曲珍　罗桑次仁　次仁桑培　　杨林鑫　　巴　桑
　　　　　　彭成良　　赵　明　　任睿毅　　　唐　磊　　唐茂军
　　　　　　邓声敏　　杨东山　　扎西索朗　　王海斌　　杨　郓
　　　　　　白玛占堆　张志强　　达　穷　　　白长云　　姚关平
　　　　　　白玛益西　贡嘎拉姆　邓　永　　　阿　旺

# 《墨脱年鉴》编辑部

主　　编：旺　东
副 主 编：魏长旗
执行主编：尹建华　　欧珠江村
编　　辑：臧洪君
图片编辑：宁新民

# 编辑说明

一、《墨脱年鉴》自2016年开始编纂，每年出版1卷，2020年卷为第4卷。

二、《墨脱年鉴》以马克思列宁主义、毛泽东思想、邓小平理论、"三个代表"重要思想、科学发展观、习近平新时代中国特色社会主义思想为指导，坚持辩证唯物主义和历史唯物主义的立场、观点、方法，始终坚持"实事求是、质量第一、存史资政、服务大众"的办鉴宗旨，全面、系统、翔实地记述墨脱县上一年度政治、经济、文化、社会等各项事业的基本情况，为社会各界与国内外人士了解和研究当今墨脱县提供翔实资料。

三、《墨脱年鉴》分为正文与彩页两部分。正文采取分类编辑法，以类目、分目、条目为主要框架结构，个别包含多方面资料的条目，则在段落间加插楷体标题提示，方便读者查阅全书。

四、《墨脱年鉴·2020》载录墨脱县2019年经济社会发展的基本资料，设有特载、综述、大事记、政治、军事、法治、群众团体、经济·社会事业、乡（镇）概况、附录、索引等内容。

五、《墨脱年鉴》的编辑宗旨，在于求真务实，力求真实生动地反映墨脱县在改革开放和现代化建设中取得的崭新成就。

六、《墨脱年鉴》所提供的内容和数据，分别来自于墨脱县各有关部门和乡（镇）人民政府，经各级领导审核，但由于口径与统计方法不同，恐有不一致之处，使用时应以县统计局提供的数据为准。本书中农田土地面积的计量单位使用"亩"。

# 目 录

## 特 载

中共墨脱县委第八届委员会第五次全体（扩大）
会议工作报告 …………… 旺 东 1

墨脱县人民政府工作报告 ………… 魏长旗 8

墨脱县人民代表大会常务委员会工作报告
………………………………… 多吉扎西 18

中国人民政治协商会议第九届墨脱县委员会
常务委员会工作报告 ……… 平措多吉 22

砥砺初心 勇担使命 稳中求进 持续推动
全面从严治党向纵深发展 …… 朱宇峰 28

墨脱县人民法院工作报告 ………… 云 登 33

墨脱县人民检察院工作报告 ……… 李 彦 38

墨脱县2019年国民经济和社会发展计划执行
情况与2020年国民经济和社会发展计划
草案的报告 …………………………… 42

墨脱县2019年财政预算执行情况与2020年
财政预算（草案）的报告 ……………… 49

## 综 述

概况 ………………………………………… 54

## 大事记

1月 ………………………………………… 57
2月 ………………………………………… 59
3月 ………………………………………… 59
4月 ………………………………………… 61
5月 ………………………………………… 62
6月 ………………………………………… 64
7月 ………………………………………… 66
8月 ………………………………………… 67
9月 ………………………………………… 69
10月 ……………………………………… 70
11月 ……………………………………… 71
12月 ……………………………………… 73

## 政 治

**中共墨脱县委员会**

概况 ………………………………………… 75
经济发展 …………………………………… 75
脱贫攻坚 …………………………………… 75
产业发展 …………………………………… 76
基础设施建设 ……………………………… 76
就业培训 …………………………………… 77
教育体育事业 ……………………………… 77
卫生事业 …………………………………… 77

## 墨脱年鉴·2020

社会保障 …………………………… 77
生态环保 …………………………… 78
受援工作 …………………………… 78
县委常委会会议纪要 ……………… 78
机构领导 …………………………… 85

### 中共墨脱县委办公室

概况 ………………………………… 89
严格落实制度 ……………………… 89
当好参谋助手 ……………………… 89
日常协调 …………………………… 89
办好会务 …………………………… 89
日常业务工作 ……………………… 90
机关建设 …………………………… 90
机构领导 …………………………… 91

### 墨脱县人民代表大会常务委员会

概况 ………………………………… 91
重要会议 …………………………… 92
人大代表培训 ……………………… 93
人大代表建议意见办理 …………… 93
上级人大视察调查和执法检查 …… 93
县内视察调研检查工作 …………… 94
县内执法检查 ……………………… 94
走访慰问 …………………………… 95
机构领导 …………………………… 95

### 墨脱县人民代表大会常务委员会办公室

概况 ………………………………… 98
队伍建设 …………………………… 98
综合服务 …………………………… 98
执法监督及调研 …………………… 99
机构领导 …………………………… 99

### 墨脱县人大财经农牧城建环保委员会

概况 ………………………………… 99
主要职责 …………………………… 99

发挥监督职能 ……………………… 99
自身建设 …………………………… 100
机构领导 …………………………… 100

### 墨脱县人民政府

概况 ………………………………… 100
经济社会发展 ……………………… 100
三大攻坚战 ………………………… 100
基础设施 …………………………… 101
特色产业 …………………………… 101
深化改革 …………………………… 101
民生事业 …………………………… 102
城乡面貌 …………………………… 103
生态环境 …………………………… 103
乡村振兴 …………………………… 103
维护稳定 …………………………… 103
政府建设 …………………………… 103
政府常务会议纪要 ………………… 104
机构领导 …………………………… 120

### 墨脱县人民政府办公室（信访局、行政审批与便民服务局）

概况 ………………………………… 120
思想建设 …………………………… 121
政务信息公开更上台阶 …………… 121
办文办会更加严谨 ………………… 121
政务服务便民快捷 ………………… 121
督查联络发挥实效 ………………… 121
参谋助手作用凸显 ………………… 122
机构领导 …………………………… 122

### 中国人民政治协商会议墨脱县委员会

概况 ………………………………… 122
全体会议 …………………………… 123
常务委员会会议 …………………… 123
重要活动 …………………………… 123
考察交流 …………………………… 124

  协助视察调研 …… 124
  提案工作 …… 124
  自身建设 …… 125
  机构领导 …… 125

## 中国人民政治协商会议墨脱县委员会办公室

  概况 …… 127
  政治理论学习 …… 128
  做好调研议政服务工作 …… 128
  视察交流 …… 128
  精心办文 …… 128
  服务政协履职 …… 128
  党的建设 …… 128
  机构领导 …… 129

## 中国人民政治协商会议墨脱县委员会提案委员会

  概况 …… 129
  主要职责 …… 129
  机构领导 …… 129

## 中国人民政治协商会议墨脱县委员会社会建设和外事教科卫体委员会

  概况 …… 129
  主要职责 …… 129
  机构领导 …… 129

## 中国人民政治协商会议墨脱县委员会文化文史民族宗教法制委员会

  概况 …… 129
  主要职责 …… 129
  机构领导 …… 129

## 中共墨脱县纪律检查委员会（墨脱县监察委员会）

  概况 …… 130
  践行"两个维护" …… 130
  县纪委八届四次全会 …… 130
  监督问责 …… 130
  查处违纪违法 …… 131
  党风廉政宣教 …… 131
  整治群众身边腐败和作风问题 …… 131
  监察体制改革 …… 132
  干部队伍建设 …… 132
  机构领导 …… 132

## 中共墨脱县委组织部

  概况 …… 133
  自身建设 …… 133
  以主题教育为载体，理论武装得到新提升 …… 133
  驻村工作 …… 135
  组织体系建设 …… 135
  干部队伍建设 …… 136
  优化人才队伍 …… 136
  机构编制工作 …… 137
  老干部工作 …… 137
  机构领导 …… 137

## 中共墨脱县委宣传部

  概况 …… 137
  理论学习 …… 138
  "四讲四爱"群众教育实践活动 …… 138
  舆论引导 …… 138
  新闻报道 …… 139
  文明创建 …… 139
  文化执法 …… 139
  广电事业 …… 139
  机构领导 …… 139

## 中共墨脱县委统战部（县民族宗教事务局）

  概况 …… 140
  队伍建设 …… 140
  民族团结进步 …… 141
  宗教事务管理 …… 141
  党外代表人士 …… 142

## 中共墨脱县委员会巡察工作领导小组办公室

　　概况 …………………………………… 143
　　巡察工作 ………………………………… 143
　　党建工作 ………………………………… 144
　　机构领导 ………………………………… 144

## 中共墨脱县直属机关工作委员会

　　概况 …………………………………… 144
　　政治建设 ………………………………… 144
　　思想建设 ………………………………… 145
　　组织建设 ………………………………… 145
　　队伍建设 ………………………………… 146
　　作风建设 ………………………………… 146
　　机构领导 ………………………………… 147

## 墨脱县第八批创先争优强基础惠民生活动领导小组办公室

　　概况 …………………………………… 147
　　宣传贯彻党的十九大精神 ……………… 147
　　业务培训 ………………………………… 147
　　监督管理 ………………………………… 147
　　项目管理 ………………………………… 147
　　宣传报道 ………………………………… 148
　　党建引领 ………………………………… 148
　　打造和谐社会 …………………………… 148
　　构建民生工程 …………………………… 148
　　助力乡村建设 …………………………… 149
　　精神文明建设 …………………………… 149
　　机构领导 ………………………………… 149

## 墨脱县行政审批和便民服务局（政务服务中心）

　　概况 …………………………………… 149
　　政务服务大厅入驻 ……………………… 150
　　政务服务 ………………………………… 150
　　机构领导 ………………………………… 150

## 墨脱县信访局

　　概况 …………………………………… 150
　　党建工作 ………………………………… 151
　　信访工作机制 …………………………… 151
　　信访联席会议 …………………………… 151
　　及时解决群众合理诉求 ………………… 151
　　矛盾纠纷排查化解 ……………………… 151
　　领导干部接访下访工作 ………………… 151
　　机构领导 ………………………………… 151

# 军　事

## 墨脱县人民武装部

　　概况 …………………………………… 152
　　练兵备战 ………………………………… 152
　　民兵整组 ………………………………… 152
　　民兵比武 ………………………………… 152
　　筑牢安全稳定底线 ……………………… 153
　　双拥工作 ………………………………… 153
　　国防教育 ………………………………… 153
　　兵员征集 ………………………………… 153
　　扶贫帮困 ………………………………… 153
　　机构领导 ………………………………… 154

## 武警墨脱县中队

　　概况 …………………………………… 154
　　支部班子建设 …………………………… 154
　　思想政治教育 …………………………… 154
　　执勤战备 ………………………………… 154
　　双拥共建 ………………………………… 155
　　后勤工作 ………………………………… 155
　　机构领导 ………………………………… 155

## 墨脱边境管理大队

　　概况 …………………………………… 155

从严治警 …… 155
党建联创联建 …… 156
"不忘初心、牢记使命"主题教育 …… 156
全警实战大练兵 …… 156
党政军联勤联控 …… 157
大庆安保工作 …… 157
边境防控体系建设 …… 157
辖区社会面管控 …… 157
队伍日常管理 …… 158
后勤工作建设 …… 158
机构领导 …… 158

### 墨脱县消防救援大队

概况 …… 158
消防执法 …… 158
班子建设 …… 159
消除火灾隐患 …… 159
后勤保障 …… 159
提升应急救援能力 …… 160
机构领导 …… 160

# 法 治

### 中共墨脱县委政法委员会

概况 …… 161
召开年度工作会议 …… 161
法治墨脱建设 …… 162
平安墨脱建设 …… 162
扫黑除恶打非治乱专项斗争 …… 162
综治教育宣传 …… 163
"先进双联户"创建评选 …… 163
"无邪教示范县"创建 …… 163
机构领导 …… 164

### 墨脱县委国家安全委员会办公室

概况 …… 164

宣传活动 …… 164
重要工作会议 …… 165
联合武装震慑巡逻 …… 165
机构领导 …… 165

### 墨脱县公安局

概况 …… 165
维稳工作 …… 166
接处警情况 …… 166
案件受理 …… 166
扫黑除恶专项斗争 …… 166
专项整治及检查工作 …… 167
交通安全专项整治 …… 167
户籍业务 …… 167
边境管控 …… 168
应急机动 …… 168
党建工作 …… 168
队伍建设 …… 169
机构领导 …… 169

### 墨脱县人民检察院

概况 …… 169
班子建设 …… 170
思想教育 …… 170
检务公开 …… 170
防范化解重大风险 …… 170
服务脱贫攻坚 …… 170
打击违法犯罪行为 …… 171
检察监督 …… 171
检察改革 …… 171
夯实基层基础 …… 171
机构领导 …… 171

### 墨脱县人民法院

概况 …… 171
业务工作 …… 172
刑事审判 …… 172
民商事审判 …… 172

| | |
|---|---|
| 执行工作 ……………………………… 172 | 政治引领 ……………………………… 179 |
| 扫黑除恶打非治乱专项斗争 ………… 172 | 百年五四系列活动 …………………… 179 |
| 普法工作 ……………………………… 173 | 思想教育 ……………………………… 180 |
| 监督联络工作 ………………………… 173 | 预青工作 ……………………………… 180 |
| 立案信访 ……………………………… 173 | 扶困助学 ……………………………… 180 |
| 司法改革 ……………………………… 173 | 创业就业 ……………………………… 180 |
| 信息化建设 …………………………… 174 | 从严治团 ……………………………… 181 |
| 机构领导 ……………………………… 174 | 志愿者服务 …………………………… 181 |
| | 青年文明号、青年安全生产示范岗 … 181 |
| **墨脱县司法局** | 机构领导 ……………………………… 181 |
| 概况 …………………………………… 174 | |
| 法制宣传教育 ………………………… 175 | **墨脱县妇女联合会** |
| 人民调解 ……………………………… 175 | 概况 …………………………………… 181 |
| 法律援助 ……………………………… 175 | 妇联改革 ……………………………… 181 |
| 法治建设 ……………………………… 175 | 就业帮扶 ……………………………… 182 |
| 社区矫正 ……………………………… 175 | "妇字号"项目 ………………………… 182 |
| 安置帮教 ……………………………… 176 | 妇女劳动致富 ………………………… 182 |
| 扫黑除恶打非治乱专项斗争 ………… 176 | 维权工作 ……………………………… 182 |
| 亮点工作 ……………………………… 176 | "两癌"工作 …………………………… 182 |
| 机构领导 ……………………………… 176 | 道德模范和优秀志愿者活动 ………… 183 |
| | "两规"工作 …………………………… 183 |
| | 重要活动 ……………………………… 183 |
| | 机构领导 ……………………………… 184 |

# 群众团体

| | |
|---|---|
| **墨脱县总工会** | **墨脱县工商业联合会** |
| 概况 …………………………………… 177 | 概况 …………………………………… 184 |
| 工会组织建设 ………………………… 177 | 组织建设 ……………………………… 184 |
| 干部管理与培训 ……………………… 177 | 非公经济 ……………………………… 184 |
| 发挥思想引领作用 …………………… 178 | 光彩事业 ……………………………… 185 |
| 关爱职工 ……………………………… 178 | 脱贫攻坚 ……………………………… 185 |
| 帮扶救助 ……………………………… 178 | 调查研究 ……………………………… 185 |
| 开展群众性文体活动 ………………… 179 | 机构领导 ……………………………… 185 |
| 机构领导 ……………………………… 179 | |
| | **墨脱县残疾人联合会** |
| **共青团墨脱县委员会** | 概况 …………………………………… 185 |
| 概况 …………………………………… 179 | 残疾人信息数据动态更新 …………… 185 |
| | 落实残疾人生活保障资金 …………… 186 |

| | |
|---|---|
| 创业扶持 ……………………………… 186 | 干部队伍建设 ………………………… 196 |
| 教育培训 ……………………………… 186 | 国资委工作 …………………………… 196 |
| 开展全国助残日主题活动 …………… 186 | 机构领导 ……………………………… 196 |
| 机构领导 ……………………………… 186 | |

# 经济·社会事业

**墨脱县发展和改革委员会（经济和信息化局、粮食和物资储备局、商务局）**

| | |
|---|---|
| 概况 …………………………………… 187 |
| 指标执行情况 ………………………… 187 |
| 项目投资 ……………………………… 187 |
| 项目储备 ……………………………… 187 |
| 项目审批 ……………………………… 188 |
| 边境小康村建设 ……………………… 188 |
| 灾后恢复重建 ………………………… 188 |
| 援藏项目建设 ………………………… 188 |
| 精准扶贫 ……………………………… 189 |
| 特色农牧业 …………………………… 189 |
| 特色文旅业 …………………………… 189 |
| 水电能源业 …………………………… 189 |
| 藏医药产业 …………………………… 189 |
| 粮油工作 ……………………………… 189 |
| 物价监管 ……………………………… 190 |
| 经济和信息化 ………………………… 190 |
| 商务工作 ……………………………… 190 |
| 机构领导 ……………………………… 190 |

**墨脱县财政局（国有资产监督管理委员会）**

| | |
|---|---|
| 概况 …………………………………… 190 |
| 财政预算执行情况 …………………… 195 |
| 支持脱贫攻坚 ………………………… 195 |
| 财政支出向民生倾斜 ………………… 195 |
| 规范政府采购 ………………………… 195 |
| 财政评审 ……………………………… 196 |

**墨脱县教育局体育局**

| | |
|---|---|
| 概况 …………………………………… 197 |
| 党建工作 ……………………………… 197 |
| 构建和谐校园 ………………………… 197 |
| 思想教育 ……………………………… 198 |
| 提升教学质量 ………………………… 198 |
| 提升教育能力 ………………………… 198 |
| 实施公平教育 ………………………… 199 |
| 保障教育后勤 ………………………… 199 |
| 基础设施建设 ………………………… 200 |
| 普及全民运动 ………………………… 200 |
| 机构领导 ……………………………… 200 |

**墨脱县中学**

| | |
|---|---|
| 概况 …………………………………… 202 |
| 立德树人，加强学生自主化管理 …… 202 |
| 特色引领，百花齐放 ………………… 202 |
| 机构领导 ……………………………… 202 |

**墨脱县人力资源和社会保障局**

| | |
|---|---|
| 概况 …………………………………… 203 |
| 就业创业 ……………………………… 203 |
| 精准扶贫转移就业 …………………… 203 |
| 社会保险 ……………………………… 203 |
| 工资福利与人事工作 ………………… 204 |
| 劳动监察 ……………………………… 204 |
| 党建工作 ……………………………… 204 |
| 机构领导 ……………………………… 205 |

**墨脱县文化和旅游局**

| | |
|---|---|
| 概况 …………………………………… 205 |
| 文艺队伍 ……………………………… 205 |
| 县文化活动中心 ……………………… 205 |

| | |
|---|---|
| 文物工作 … 206 | 医疗救助 … 212 |
| 非遗工作 … 206 | 临时救助 … 213 |
| 文化旅游市场管理 … 206 | 流浪乞讨 … 213 |
| 旅游收入 … 206 | 婚姻登记 … 213 |
| 文旅项目建设 … 206 | 基层政权建设 … 213 |
| 文化旅游宣传 … 206 | 行政区划工作 … 213 |
| 重点景区景点 … 206 | 冬令春荒缺粮户救助 … 213 |
| 工作创新 … 207 | 党建工作 … 213 |
| 机构领导 … 208 | 机构领导 … 213 |

## 墨脱县外事办公室（边界事务协调办）

## 墨脱县住房和城乡建设局（人民防空办公室）

| | |
|---|---|
| 概况 … 208 | 概况 … 214 |
| 支部建设 … 208 | 城乡基础设施建设 … 214 |
| 队伍建设 … 208 | 保障性住房管理 … 214 |
| 保密工作 … 208 | 租赁补贴发放 … 215 |
| 机构领导 … 209 | 住房公积金管理 … 215 |
| | 厕所革命 … 215 |

## 墨脱县农业农村局

| | |
|---|---|
| | 建筑工程质量安全监督 … 215 |
| 概况 … 209 | 农牧民施工队管理 … 215 |
| 动物疫情防控 … 209 | 房地产市场开发管理 … 215 |
| 农业病虫害防治 … 210 | 机构领导 … 215 |
| 农牧区制度改革 … 210 | |

## 墨脱县审计局

| | |
|---|---|
| 农业生产 … 210 | 概况 … 215 |
| 特色产业 … 210 | 审计业务 … 216 |
| 墨脱香蕉 … 210 | 机构领导 … 216 |
| 畜牧业生产 … 210 | |

## 墨脱县统计局

| | |
|---|---|
| 农牧民合作组织 … 211 | 概况 … 216 |
| 科技服务 … 211 | 党务工作 … 217 |
| 人居环境整治 … 211 | 经济发展 … 217 |
| 军地融合共建 … 211 | 机构领导 … 218 |
| 扶持企业发展 … 211 | |

## 墨脱县自然资源局

| | |
|---|---|
| 机构领导 … 212 | 概况 … 218 |

## 墨脱县民政局

| | |
|---|---|
| 概况 … 212 | 土地总面积 … 218 |
| 城乡低保 … 212 | 土地管理 … 218 |
| 五保集中供养 … 212 | |

防灾减灾 ………………………………… 218
全国国土调查 …………………………… 219
增减挂钩调查 …………………………… 219
不动产统一登记 ………………………… 219
土地执法 ………………………………… 220
项目建设 ………………………………… 220
自身建设 ………………………………… 220
机构领导 ………………………………… 221

## 墨脱县水利局

概况 ……………………………………… 221
河流(湖泊)水系 ………………………… 221
水渠灌溉及水电站情况 ………………… 222
党建工作 ………………………………… 222
防汛度汛 ………………………………… 222
河长制工作 ……………………………… 222
扫黑除恶打非治乱专项斗争 …………… 223
新建项目 ………………………………… 223
续建项目 ………………………………… 223
项目前期工作 …………………………… 223
机构领导 ………………………………… 223

## 墨脱县卫生健康委员会

概况 ……………………………………… 223
消除疟疾通过国家验收 ………………… 223
卫生惠民政策 …………………………… 224
基础项目建设 …………………………… 224
提升医疗卫生服务 ……………………… 224
卫生监督 ………………………………… 224
藏医药工作 ……………………………… 224
传染病防治 ……………………………… 225
包虫病防治 ……………………………… 225
援藏帮扶工作 …………………………… 225
医疗健康扶贫 …………………………… 225
医务人员培训 …………………………… 225
机构领导 ………………………………… 225

## 墨脱县卫生服务中心

概况 ……………………………………… 226
业务工作 ………………………………… 226
基础建设 ………………………………… 227
新业务、新技术开展 …………………… 227
医疗援藏、三级医院对口帮扶 ………… 228
机构领导 ………………………………… 228

## 墨脱县藏医院

概况 ……………………………………… 229
业务工作 ………………………………… 230
医务人员培训 …………………………… 230
中藏药材标本建设 ……………………… 230
推广藏医药服务 ………………………… 230
三级医院对口帮扶 ……………………… 230
藏医药健康管理服务 …………………… 230
义诊活动 ………………………………… 230
帮扶乡镇卫生院 ………………………… 230
机构领导 ………………………………… 231

## 墨脱县医疗保障局

概况 ……………………………………… 231
基层党建 ………………………………… 231
制度建设 ………………………………… 231
为民服务 ………………………………… 231
打击欺诈骗保 …………………………… 232
医疗保险报销 …………………………… 232
医疗救助 ………………………………… 232
队伍建设 ………………………………… 232
机构领导 ………………………………… 232

## 墨脱县退役军人事务局

概况 ……………………………………… 232
拥军优属 ………………………………… 233
信息采集及光荣牌发放工作 …………… 233
学习模范 ………………………………… 233
墨脱县烈士陵园 ………………………… 233

烈士墓祭扫活动 ………………………… 233
优抚安置 ………………………………… 234
机构领导 ………………………………… 234

## 林芝市生态环境局墨脱县分局

概况 ……………………………………… 234
县域环境质量状况 ……………………… 234
生态环境保护宣传 ……………………… 234
环保督察反馈问题整改 ………………… 235
严格环境准入 …………………………… 235
三大污染攻坚战 ………………………… 235
项目环境影响评价管理 ………………… 235
重点生态转移支付资金使用 …………… 235
70周年环境大整治 ……………………… 235
机构领导 ………………………………… 236

## 墨脱县交通运输局

概况 ……………………………………… 236
项目建设 ………………………………… 236
项目建设监管 …………………………… 236
公路养护 ………………………………… 236
路政管理 ………………………………… 237
客运改革 ………………………………… 237
安全生产 ………………………………… 237
党建工作 ………………………………… 237
机构领导 ………………………………… 238

## 墨脱县扶贫开发办公室

概况 ……………………………………… 238
贫困现状 ………………………………… 238
扶贫产业项目规划建设 ………………… 238
易地扶贫搬迁 …………………………… 238
生态补偿 ………………………………… 238
落实政策兜底脱贫 ……………………… 238
减轻医疗负担 …………………………… 239
转移就业 ………………………………… 239
落实资金保障 …………………………… 239
党建促脱贫 ……………………………… 239

基础设施 ………………………………… 239
巩固脱贫攻坚成效 ……………………… 239
机构领导 ………………………………… 239

## 墨脱县应急管理局

概况 ……………………………………… 239
安全整治 ………………………………… 240
重要会议 ………………………………… 240
强化安全责任 …………………………… 240
安全宣传教育 …………………………… 240
开展应急演练活动 ……………………… 240
机构领导 ………………………………… 241

## 墨脱县市场监督管理局

概况 ……………………………………… 241
市场主体 ………………………………… 241
市场流通领域监管 ……………………… 241
农产品抽检计划 ………………………… 242
"三品一械"抽检 ………………………… 242
食安委职能 ……………………………… 242
消费维权 ………………………………… 242
安全生产 ………………………………… 242
特种设备监管 …………………………… 242
质量监管 ………………………………… 242
登记制度改革 …………………………… 243
扫黑除恶打非治乱专项斗争工作 ……… 243
商标战略 ………………………………… 243
机构领导 ………………………………… 243

## 墨脱县城市管理和综合执法局

概况 ……………………………………… 243
党建工作 ………………………………… 243
工会工作 ………………………………… 244
市容市貌治理 …………………………… 244
城市卫生 ………………………………… 244
机构领导 ………………………………… 244

## 国家税务总局墨脱县税务局

概况 …… 244
依法组织税收收入 …… 245
减税降费 …… 245
推进社保费征管职责划转 …… 245
优化纳税服务 …… 246
风险管理 …… 246
机构领导 …… 246

## 墨脱县气象局

概况 …… 246
气象概况 …… 247
党建工作 …… 247
综合气象业务 …… 247
重大气象服务 …… 247
防雷安全监管 …… 248
气象地面观测站实现全覆盖 …… 248
气象军民融合发展 …… 248
气象现代化建设 …… 248
机构领导 …… 248

## 墨脱县林业和草原局

概况 …… 248
自然保护区 …… 248
森林资源 …… 248
森林资源保护 …… 248
林下资源管理 …… 249
创建国家森林城市建设 …… 249
林业执法 …… 249
国土绿化 …… 249
森林防火暨安全生产 …… 249
野生动物保护 …… 250
惠农政策 …… 250
林业扶贫 …… 250
林业项目建设 …… 250
政务服务 …… 250

党建工作 …… 250
机构领导 …… 251

## 中国电信集团公司墨脱电信分公司

概况 …… 251
业务营销 …… 251
业务开展 …… 251
机构领导 …… 252

## 中国移动通信集团西藏有限公司林芝市墨脱县分公司

概况 …… 252
业务经营 …… 252
网络服务与业务服务双领先 …… 252
巡检巡查 …… 252
机构领导 …… 252

## 中国邮政集团有限公司西藏自治区墨脱县分公司

概况 …… 252
经营指标 …… 253
金融类业务 …… 253
邮务类业务 …… 253
快递类业务 …… 253
商品销售业务 …… 253
分销业务 …… 253
商品印制业务 …… 253
队伍建设 …… 253
制度建设 …… 253
机构领导 …… 254

## 中国农业银行股份有限公司墨脱县支行

概况 …… 254
业务基本情况 …… 254
党建工作 …… 254
业务工作 …… 255
金融扶贫及服务三农 …… 255

机构领导 …………………… 255

## 墨脱县供电有限公司

　　概况 ………………………… 255
　　安全生产 …………………… 255
　　电力生产 …………………… 255
　　营销服务 …………………… 256
　　党的建设 …………………… 256
　　领导名录 …………………… 256

# 乡(镇)概况

## 墨脱镇

　　概况 ………………………… 257
　　经济发展 …………………… 257
　　脱贫攻坚 …………………… 257
　　基层党建 …………………… 258
　　特色产业 …………………… 258
　　民生改善 …………………… 259
　　机构领导 …………………… 259

## 德兴乡

　　概况 ………………………… 259
　　经济发展 …………………… 259
　　产业项目 …………………… 260
　　基础建设 …………………… 260
　　教育事业 …………………… 260
　　医疗卫生 …………………… 260
　　文化事业 …………………… 261
　　落实惠民政策 ……………… 261
　　群众就业 …………………… 261
　　清产核资 …………………… 261
　　基层党建 …………………… 261
　　队伍管理 …………………… 262
　　脱贫攻坚 …………………… 262
　　生态环保 …………………… 262

　　机构领导 …………………… 263

## 背崩乡

　　概况 ………………………… 263
　　基层党建 …………………… 263
　　经济发展 …………………… 264
　　产业发展 …………………… 264
　　基础设施 …………………… 264
　　民生改善 …………………… 265
　　生态文明建设 ……………… 265
　　脱贫攻坚 …………………… 265
　　社会治理 …………………… 265
　　人大工作 …………………… 266
　　机构领导 …………………… 266

## 达木珞巴民族乡

　　概况 ………………………… 266
　　基层党建 …………………… 266
　　人大工作 …………………… 267
　　经济发展 …………………… 267
　　产业发展 …………………… 267
　　脱贫攻坚 …………………… 267
　　社会事业 …………………… 268
　　生态保护 …………………… 268
　　民族团结 …………………… 268
　　机构领导 …………………… 268

## 格当乡

　　概况 ………………………… 269
　　经济指标 …………………… 269
　　农牧业工作 ………………… 269
　　特色产业 …………………… 269
　　重点项目建设 ……………… 270
　　教育事业 …………………… 270
　　卫生工作 …………………… 270
　　环境卫生综合整治 ………… 270
　　社会保障 …………………… 270
　　脱贫攻坚 …………………… 271

基层组织建设 …………………… 271
　　人大工作 ………………………… 271
　　妇联工作 ………………………… 271
　　机构领导 ………………………… 272

### 帮辛乡

　　概况 ……………………………… 272
　　基层党建 ………………………… 272
　　"不忘初心、牢记使命"主题教育 …… 273
　　经济发展 ………………………… 273
　　特色产业 ………………………… 273
　　脱贫攻坚 ………………………… 274
　　强基惠民 ………………………… 274
　　教育文化 ………………………… 274
　　医疗科技 ………………………… 274
　　生态环境 ………………………… 274
　　机构领导 ………………………… 275

### 加热萨乡

　　概况 ……………………………… 275
　　基层党建 ………………………… 275
　　脱贫攻坚 ………………………… 276
　　强基惠民 ………………………… 276
　　民生改善 ………………………… 276
　　生态环保 ………………………… 277
　　机构领导 ………………………… 277

### 甘登乡

　　概况 ……………………………… 277
　　基层党建 ………………………… 277
　　脱贫攻坚 ………………………… 278
　　经济发展 ………………………… 278
　　交通建设 ………………………… 278
　　扫黑除恶专项斗争 ……………… 278
　　社会事业 ………………………… 278
　　生态文明建设 …………………… 279
　　机构领导 ………………………… 279

## 附　录

受县(区)级以上表彰的先进集体名录 …… 280
受县(区)级以上表彰的先进个人名录 …… 290
劈波斩浪　冲破发展瓶颈　行稳致远　筑牢
　　发展基石　众志成城　奋力谱写墨脱高质量
　　发展新篇章 ………………… 旺　东　309
在墨脱县2019年"四讲四爱"群众教育实践
　　活动动员部署会上的讲话 …… 旺　东　321
墨脱县人民政府关于政协九届四次会议提案
　　议案办理情况的报告 ………… 李　伟　324
墨脱县国民经济和社会发展综述 ………… 326
中共墨脱县委员会　墨脱县人民政府关于表彰
　　2019年度工作先进乡(镇)和单位
　　的决定 …………………………………… 343
中共墨脱县委员会　墨脱县人民政府关于表彰
　　墨脱县创先争优强基础惠民生活动先进驻村
　　(居)工作队、先进驻村(居)工作队员优秀
　　组织单位的决定 ………………………… 344
中共墨脱县委员会　墨脱县人民政府关于表彰
　　墨脱县2019年度平安建设(综治工作)
　　先进集体、先进个人的决定 …………… 346
中共墨脱县委员会　墨脱县人民政府关于表彰
　　2018年度工作先进乡(镇)和单位
　　的决定 …………………………………… 348
中共墨脱县委员会关于表彰2018年度墨脱县
　　"四讲四爱"先进集体和最美人物
　　的决定 …………………………………… 349
中共墨脱县委员会　墨脱县人民政府关于表彰
　　2018年度全县脱贫攻坚先进集体、优秀个人
　　和脱贫光荣户的决定 …………………… 351
中共墨脱县委员会　墨脱县人民政府关于表彰
　　2018年度教育工作先进集体、优秀个人、重教
　　家庭和优秀法制副校长的决定 ………… 354
中共墨脱县委员会关于表彰先进基层党组织
　　优秀共产党员　优秀党务工作者　军地共建

先进基层党组织　军地共建优秀共产党员
　　的决定 …………………………………… 356
中共墨脱县委员会关于对旺东等163名同志
　　进行表彰的决定 ………………………… 359
中共墨脱县委员会　墨脱县人民政府关于表彰
　　2019年上半年"遵行四条标准 争做先进僧尼"
　　教育实践活动先进集体和先进个人
　　的决定 …………………………………… 362
中共墨脱县委员会　墨脱县人民政府关于表彰
　　2019年度墨脱县"优秀教师"的决定 …… 364
中共墨脱县委员会　墨脱县人民政府关于表彰
　　2019年度"先进双联户"创建评选工作先进
　　集体"先进双联户"和"先进双联户"户长
　　（优秀气象信息员）的决定 ……………… 366
中共墨脱县委员会　墨脱县人民政府关于表彰
　　2019年下半年"遵行四条标准 争做先进僧尼"
　　教育实践活动先进集体和先进个人
　　的决定 …………………………………… 368
中共墨脱县委员会　墨脱县人民政府关于表彰
　　2019年度墨脱县民族团结进步模范集体和
　　模范个人的决定 ………………………… 370

索　引 ………………………………………… 372

# 特 载

## 中共墨脱县委第八届委员会第五次全体（扩大）会议工作报告

墨脱县委书记　旺　东

（2020年1月）

2019年，在区党委、市委的正确领导和关心下，县委始终高举中国特色社会主义伟大旗帜，以习近平新时代中国特色社会主义理论为指导，深入贯彻落实党的十九大、十九届二中、三中、四中全会和中央第六次西藏工作座谈会精神，深入贯彻落实习近平总书记系列重要讲话精神，特别是"治边稳藏"重要战略思想，深入贯彻落实自治区第九次党代会和区党委九届四次、五次全委会精神，以实现长足发展和长治久安为目标，以保障和改善民生为出发点和落脚点，团结和依靠全县各族干部群众，统筹社会各方力量，务实创新、真抓实干，在团结拼搏中阔步奋进，在攻坚克难中砥砺前行，在抢抓机遇中乘势而上，有效推动全县各项工作巩固发展，为2020年"十三五"圆满收官、全面实现小康社会打下坚实基础。

2019年，我县工作获得了上级部门乃至国家充分肯定。荣获国家级表彰多项：背崩乡地东村荣获全国民族团结进步模范集体；县统计局被评为第四次全国经济普查先进集体；县卫生服务中心被评为全国维护妇女儿童权益先进集体；县税务局被评为2017—2018年度全国青年文明号；县工商联被评为2019年度民营企业调查点工作示范单位；墨脱镇被评为全国"扫黄打非"先进基层示范点；达木乡小学荣获全国教育系统先进集体；地东村支部书记高荣同志荣获国家级"人民满意的公务员"，德尔贡村村主任为军同志荣获"全国模范退伍军人"。此外，我县还荣获自治区级表彰7项，林芝市级表彰37项，在2019年度林芝市年终综合考评中我县排名第四名。

总结县委2019年工作成绩，一言概之，就是实现了"七个新"。

一、党的建设迈入新阶段

县委始终把抓好党的建设作为最大政绩，始终把抓好党的建设作为各项工作的重中之重，严格落实"七项举措"，把党建工作各项任务抓紧、抓实、抓出成效。

（一）强化思想政治建设。县委始终把学习贯彻习近平新时代中国特色社会主义思想和党的十九届四中全会精神作为一项长期的重大政治任务，把思想政治教育作为统一认识、凝聚力量的重要法宝，不断教育引导全县党员干部进一步树牢"四个意识"、坚定"四个自信"、坚决做到"两个维护"。重点学习党的十九届四中全会精神，坚持原原本本学、深入领悟学、联系实际学，以集体学习与自主学习相结合，学习理论与研究讨论相结合的方式，坚定信心、凝聚共识、融会贯通。坚持把学习理论知识同贯彻党中央、区党委和市委工作部署结合起来，同墨脱县实际情况结合起来，真正实现了用理论武装头脑、指导实践、推动工作。一年来，县委对党中央、区党委、市委一系列重要会议精神第一时间传达学习、认真研讨、深刻领会，加以落实。第一，坚持领导带头学。重点抓住县级领导干部这个"关键少数"，发挥带头促学作用，推动学习型党组织建设。依托县委常委会会议和理论学习中心组为主要学习平台，组织召开常委会会议24次，开展县委理论中心组学习24次，其中包括6次主题教育研讨，领导干部交流发言88人次，传达学习文件精神90余份。第二，坚持深入系统学。依托区市县乡村五级教育资源，常态推进"红色夜校"教育累计420余场次；全面开展"做合格党员、当先锋模范"政治教育32学时，系统学习党的理论知识，实现全县2300余名党员任务全达标全覆盖。第三，坚持联系实际学。以开展"不忘初心 牢记使命"主题教育为契机，县级领导带头讲党课，其他领导干部跟进讲，累计讲党课150余场次；每名县级领导都开展了不少于7天的专题调研，形成高质量调研报告30余篇，并召开调研成果交流会，针对调研过程中发现的民生问题予以及时解决，累计为群众办实事、好事100余项。全县党员干部开展主题教育专题研讨会，开展党员政治承诺活动，检视查摆自身问题，召开主题教育专题民主生活会等一系列规定动作，学以致用，使理论知识真正成为各级领导干部破解发展难题的重要指南。

（二）创新党建工作思路。结合我县党建"历史欠账多"，底子薄的实际，在充分调研、反复论证的基础上，创新性提出党建"246"工作思路，即：坚决做到"两个维护"，抓实组织建设"四个着力"，扎实锤炼党员队伍"六大本领"。同时以深入推进"四红工程"为抓手，在落实常规工作基础上，不断拓宽抓党建载体，推动党建工作更加系统化、规范化和标准化，进一步增强基层组织抓党建工作的责任意识、宗旨意识。

（三）夯实基层组织基础。县委高度重视基层组织建设工作，2019年初确立了9个软弱涣散党支部，责令限期整改，目前均已完成整顿工作。对6名不胜任、长期不在岗的村干部进行调整。鲜明树立重视基层、倾斜基层的选人用人导向，提拔脱贫攻坚一线干部119人、维护稳定一线干部126人、驻村驻寺一线干部57人，坚定干部干事创业的信心和决心，激发广大干部在基层一线建功立业热情。成立以四大班子领导为组长的四组巡回督导小组，在日常和敏感节点深入各村开展指导检查24次，实现全覆盖，确保驻村工作有序推进。全县驻村工作队理清发展思路234条，从各渠道争取项目

30个,资金达246万;为村干部上文化课累计1800学时,完善村内各类制度469个;组织开展技能培训105次,帮助贫困群众转移就业261人,增加现金收入176.9万。

(四)加强干部队伍管理。一是健全完善干部管理体系。努力适应新形势下全面从严治党要求,进一步严肃工作纪律,转变工作作风,结合实际修订印发《墨脱县机关事业单位干部职工请销假规定》《墨脱县干部人才调动办法(试行)》,确保始终做到以制度管人、管事。二是不断强化日常监督管理。坚持"严是爱、松是害"原则,先后20余次对干部在岗、遵守纪律和工作作风等方面情况进行监督检查,对干部队伍的苗头性倾向性问题开展提醒谈话21人次。三是坚决落实能上能下机制。2019年共提任调整干部284人,对13名不适宜担任现职领导干部及时调整任职,让有为者有位、吃苦者吃香,在干部队伍中营造能者上、平者让、庸者下的浓厚氛围。

(五)深化反腐倡廉建设。一是严明党的纪律,全年开展干部廉政集体谈话4次累计310人次,任前廉政考试3次累计197人次,组织全县党员干部参观廉政警示教育基地52场次、讲廉政党课30余次。二是紧盯重要节点,严格落实中央八项规定及其实施细则精神,注重教育与防范,紧盯重要时间、节点做好警示教育与监督检查工作。发送廉洁短信6000余条,开展监督检查40余次。三是惩治违纪零容忍,坚持对违法违纪问题发现一个处理一个。准确把握运用"四种形态"抓好执纪监督,全年处理违纪违法党员干部55人次;受理信访举报37件次,了结26件,立案4件,正在办理8件;对"9.01"案启动"一案三查"程序,开除8名涉案党员的党籍,对属地乡镇和行业主管部门8人进行了处理和问责;全年收缴违纪资金100余万元,挽回经济损失34万元。四是紧抓巡察不松懈,完成第五轮、第六轮20家单位常规巡察工作,共反馈各类问题239个,移交问题线索2条,切实起到巡察工作净化政治生态功能。五是"三公经费"再降低,2019年"三公"经费累计支出347.05万元,比2018年减少91.95万元,同比下降20.94%。

(六)扎实推进基层减负。紧密结合党中央今年关于"基层减负年"部署要求,围绕着力解决落实上级决策部署不坚决问题、不作为慢作为、文山会海等形式主义官僚主义问题,对全县各级各部门多次深入开展专项整治工作,共查摆出3类17条突出问题,已经全部整改销号;2019年,全县平均发文65件,与2018年同比减少124件,减幅达65.61%。制发规范性文件6件,与2018年同比减少7件,减幅达54%;召开会议20次,与2018年同比减少35次,减幅达65%;清理办公微信群20个,整合7个,削减"指尖负担",不作为慢作为、文山会海等形式主义、官僚主义突出问题得到有效整治。

(七)牢牢掌握舆论导向。广泛开展"公民道德建设宣传月""3·28百万农奴解放日""四讲四爱"群众教育实践等一系列活动,在全社会营造了爱党爱国爱家、爱社会主义的浓厚氛围;发挥微信公众号、微博、抖音等新媒介作用,定期对外全面宣传墨脱,进一步提升墨脱知名度、美誉度;高质量制作《发现墨脱之美》《脱贫进行时》等栏目7期,上报稿件69条,市台采用58条,中央新闻联播采用2条。

二、经济发展呈现新局面

县委始终把发展作为解决墨脱所有问题的关键,坚持稳中求进的工作总基调,坚持以提高经济发展质量和效益为中心,推动全县经济实现了稳中有进、稳中向好,具体表现为"四个稳":一是经济增速稳,2019年全县生产总值预计达6.7亿元,同比增长11.5%;全县固定资产投资预计达9亿元;全县社会消费品零售总额为5797.2万元,同比增长15%;财政一般公共预算收入达到3455万元(税收收入2559万元),同比增长28.87%;县一般公共财产预算支出累计10535万元,同比增长6.74%。二是居民收入稳,全县居民收入继续保持"双增长"局面,农牧民人均可支配收入预计达11468.63元,同比增长14.2%,农牧民人均现金收入预计达9730.3元,同比增长14.3%。三是就业形势稳,完成农牧民转移就业培训26期,投入资金524.54万元,参与培训1265人次,其中建档立卡贫困户人员参加培训257人次,实现转移就业735人次。开发就业岗位

355个,其中安排贫困户75人,城镇登记失业率稳定控制在2.5%以内。2019年113名高校毕业生,通过"一对一"帮扶政策、就业创业培训、推荐就业、扶持创业、基层服务岗位等措施实现就业113名,就业率100%;19名大学生自主创业,涵盖种养殖、餐饮住宿、超市商店等领域,带动贫困群众14人就业。四是农牧生产稳,2019年,农林牧业总产值预计达5445.1万元,其中:农业总产值预计3304.2万元、林业总产值预计157.91万元、牧业总产值预计1858.89万元、服务业总产值预计124.1万元。

三、民生保障取得新成果

县委始终把保障和改善民生作为各项事业发展的出发点和落脚点,持续加大民生投入,全力做到"四个不断",进一步增强广大干部群众的获得感、幸福感、安全感。

(一)基础设施不断完善。全县公路总里程达496.31公里,其中通县道117公里、通乡道129.82公里、通村道249.49公里,乡(镇)公路通达率为87.5%、通畅率为62.5%,行政村公路通达率为97.82%、通畅率为71.74%。通讯信号通乡率、通村率均为100%,电视、广播综合人口覆盖率均达100%。全年累计发电1665.60万千瓦时,供电量1640.50万千瓦时,通电覆盖率89%。2019年全县在建项目共184项,其中新建项目63项、续建项目121项,计划总投资57.05亿元,完成投资10.97亿元。边境小康村项目到位资金8.44亿元,累计完成投资5.71亿元。34个BJ小康村已完工18个、在建16个,其中收尾阶段12个,正在推进4个。招商引资项目13个,其中续建项目8个、新建项目5个,完成投资2亿余元。墨脱县村道建设项目、金珠路立面改造项目、莲花湖亮化工程均已完工,我县初步形成具有时代特点、民族特色、地域特性的边境"网红"县城;县城排水防涝工程、党校建设项目、县外宣点基础设施建设项目竣工,新农贸市场投入运行,全县28座"厕所革命"项目已全部完工并移交,城乡功能不断完善,群众生产生活更加便利。同时,农村客运班线投入运行,极大地改善广大群众出行难、出行贵的问题,我县道路运输事业有了划时代的飞跃。

(二)脱贫成果不断巩固。县委始终把脱贫攻坚作为重大政治问题、重大发展问题、重大民生问题。2019年,实现贫困人口27户42人脱贫,加热萨乡达昂村、曾求村、甘登乡甘登村3个贫困村退出,全县贫困发生率降至0%。实现摘帽后,按照"四不摘""三落实""三精准""三保障"的要求,扎实推进十项提升工程,继续狠抓脱贫攻坚成效巩固工作。一是坚持把专项整改作为重点工作,始终以中央巡视反馈问题整改落实工作推动全县经济社会高质量发展,成立了以党政"一把手"为组长、副组长的巡视整改工作领导小组和县级领导牵头的5个专项整改组,同时从相关单位抽调8名工作人员,组建巡视整改工作专班,坚持以问题整改深入推进脱贫攻坚成效巩固提升,着力做好巡视整改"后半篇文章"。梳理出问题4大类56项,提出整改措施126条并严格落实,现已全部整改销号,完成率100%。二是坚持把产业扶贫作为主攻方向,2019年组织实施精准扶贫产业项目43个,总投资2.61亿元,到位投资2.35亿元,其中完工项目31个,完成投资1.25亿元,建立利益链接机制43个。三是坚持把支撑保障作为重要手段,制定2019年涉农资金整合方案,整合资金11547.92万元,累计拨付10915.25万元,拨付率95%,用于解决贫困群众最关心、最期盼的重大项目。完成小额信贷48户230万元,切实增强扶贫造血功能,加快帮助贫困群众脱贫致富步伐。四是坚持把易地搬迁作为突破口,我县易地搬迁设安置点4个,总投资2.9亿元,共实现搬迁入住247户1080人,其中建档立卡贫困户148户674人,搬迁入住率为100%。五是坚持把生态保护作为生命线,落实2019年上半年生态岗位3489个、下半年生态岗位1806个,兑现补助资金925.4万元,让农牧民群众在保护绿水青山中增收脱贫,吃上"生态饭"。六是坚持把党建促脱贫作为重要抓手,继续深化实施"四对一"帮扶,不断转变帮扶观念,帮助贫困群众分析致贫原因、理清发展思路、寻找致富门路,为农牧民群众"锦上添花",为贫困户"雪中送炭"。全年落实科级以上领导干部结对帮扶634户2545人,开展慰问帮扶1043次,落实帮扶资金37.44万元。

（三）社会事业不断进步。一是教育体育事业平稳进展。加快教育改革步伐，狠抓基础设施建设，提升教学质量，强化教师队伍建设，积极推动教育事业发展，"控辍保学"工作扎实推进。目前，全县学前儿童毛入园率为84.81%，小学适龄儿童净入学率100%、初中适龄少年毛入学率101.32%，义务教育阶段巩固率为100%。2019年我县中考录取率为100%，位居全市第一。大力开展青少年体育工作，积极推进阳光体育、校园足球、花样跳绳等体育项目，各项赛事喜讯不断，墨脱县足球队荣获林芝市本年度"尼洋杯"亚军；阳光少年足球队荣获林芝市U13青少年足球联赛冠军，U15青少年足球联赛亚军；在2018—2019全国跳绳体育锦标赛安徽亳州站比赛中，我县中学跳绳队荣获3金4银4铜的喜人佳绩。二是医疗卫生事业快速进展。全县医疗机构门诊总量达3.63万人次，住院807人次；开展各种手术132例；巡回义诊214场次、派出医务人员396人次、诊治群众13361人次、免费发放药品价值15.64万元；"组团式医疗"对口帮扶工作稳步推进，佛山市中医院、解放军956医院先后派出6批12名医疗专家对我县帮扶指导，累计开展专业技术培训125次、培训900余人次、接诊3500人次；开展9项新技术，完成急诊科标准化升级改造，开展24小时急诊医疗服务；家庭医生重点人群签约服务率100%；2019年大病统筹报销943人，资金418.99万元，医疗救助414人，救助资金176.08万元；健康扶贫救治130人次，报销资金75.86万元；召开包虫病防治工作推进会2次，督导评估2次，筛查包虫病患者5例，抓捕流浪犬1500只，犬驱虫率达98%；完成"三病"重点人群筛查4548人；消除疟疾工作顺利通过国家评估验收。三是社会保障事业顺利进展。社保体系不断完善，采集信息人数10968人，制卡成功10512人，完成社保卡发放9817张。发放城乡低保资金95.22万元、残疾人两项补贴60.48万元，发放集中供养33名五保老人生活补贴等28.2万元；对因病、因灾、因学、因残的突发性困难家庭及时给予临时救助，累计救助23户90人，发放临时救助资金19.22万元。落实75万余元对县五保集中供养中心基础设施建设提档升级。

（四）改革力度不断深入。一是放管服改革持续推进。2019年3月份挂牌成立县行政审批和便民服务局，下设政务服务中心，入驻单位27家。累计在自治区政务服务网上发布实施清单842条，梳理完成831件，完成98.7%；在"一网通办"政务服务网平台累计办件总量26583件；采集电子证照3099件，电子证照签发2166件；注册用户总量5335个。二是清产核资工作有序推进。完成7乡1镇46个行政村清产核资清查、复核、公示和系统填报工作，目前清查账面资产总额8574.89万元，现金848.16万元，集体土地面积17.26万亩。同时，顺利通过第三次全国国土调查工作。三是商事制度改革深入推进。共登记市场主体1133户，注册资金14.76亿元，同比增长分别为12.07%、17.44%，全面推行"证照分离"、推进"照后减证"，大幅度提高营商便利度，政务服务更加便民化。

四、产业发展取得新突破

县委始终按照"123456"县域发展战略，强势推进特色产业发展，产业规模稳步扩大，管理更加精细，效益逐步显现，具体表现为"三个持续"。一是特色农牧业持续强劲。按照"培育优势产业、打造绿色基地、创建特色品牌"的发展思路，实现茶产业提质增量。建成高山有机茶园56个，总面积16926.36亩，其中2019年新建茶园23个，新增面积8000亩，可采摘面积4393亩，主要种植福鼎大白、梅占、储叶齐等6个品种，全年采摘茶青25万斤，群众实现茶青销售增收606.8万元。二是旅游业发展持续巩固。2019年以来，我县努力克服扎墨公路改扩建工程限制游客出入等不利因素影响，旅游业发展稳定。累计接待游客9.91万人次，实现旅游收入4630.83万元，其中农牧民收入1171.34万元。乡村家庭旅馆接待游客1.30万人次，带动群众增收127.24万元。三是藏医药、文化产业持续推进。2019年，藏医门诊人数达2632人次，同比增长10.66%。开展藏药浴、足浴、熏药等18项藏医适宜技术累计诊治2937人次。治愈率好转率均有所提升，藏医药产业得到进一步发展。紧扣文化名县战略目标，大力实施文化惠民工程，县民间艺术团开展各类文艺演出64场次、观看群众7723人次；县文化活动中心免费开馆累计2800小时，成为重要的文化传播基地。文化产业带动群众增收明显，2019年全县石锅产业参与户数202户1124人，销售2125个，销售收入1067.9万元，人均创收0.95万元；参与竹编等传统工艺制作销售群众82户460人，实现销售6558件，带动群众增收260余万元。

五、民主法治开启新篇章

县委始终高度重视民主和法治建设工作，大力发展更加广泛、更加充分、更加健全的人民民主，主要体现在"四个加"。一是加大人大指导力度。批准人大常委会重大请示4项，全力支持和保证人大及其常委会依法统筹推进决定、监督和任免工作。县人大全年审议决定重大事项4件次，听取审议专项工作报告4件次，依法任免24人次，收集转办代表群众意见建议82件次，视察调研、考察学习和执法检查13次，形成高质量专题报告13篇，对全县经济社会发展和民主法治建设发挥了重要作用。二是加强民主协商氛围。充分发挥县政协人民政治协商主渠道作用，支持政协依照章程履行职责，深入调查研究，反映社情民意，重大决策出台前充分征求政协意见建议。2019年，县政协委员会共收集提案57件，经审查立案52件，主动为县委建言献策、履职尽责，在全县形成了共商大计、共谋发展的浓厚氛围。三是加固群团组织阵地。积极发挥群团组织作用，大力支持群团工作，凝聚起建设现代化墨脱的磅礴力量。紧抓纪念"五四"运动100周年契机，组织基层团组织开展系列主题活动，覆盖全县4560名团员和青年；顺利召开墨脱县工会第四次代表大会和第一次女职工代表大会、墨脱县妇女第六次代表大会，完成乡镇区域化建设工作，选举产生乡镇执委44名，深入推进村级妇女会改联工作，选举产生村级执委222名，群团工作迈步更加稳健。四是加快依法治县进程。县委始终支持司法机关依法履职，为我县经济社会持续健康发展提供有力的司法服务和保障。2019年，全县受理各类案件68件，综合结案率为80.88%，审限内结案率100%。全面协调充分发展"四大检察"，即：刑事、民事、行政、公益诉讼四个领域检察工作，全年累计开展25件。对全县执法部门60名干部进行执法培训和执法考试，进一步提升执法干部素质。积极开展法律援助工作，办理法律援助案件7件，结案7起，解答法律咨询314人次，代书法律文书75份。扎实推进"法律七进"，累计开展"法律七进"活动741次，受教群众、干部、学生、僧尼达3.04万余人次，全民法治思维进一步增强，法治墨脱建设步伐明显加快。

六、生态建设再上新台阶

县委始终坚持生态保护与经济发展两手抓、两手硬的战略决策，牢固树立"绿水青山就是金山银山、冰天雪地也是金山银山"的发展理念，紧抓"三项重点"，推动我县生态建设不断向好。一是紧抓反馈问题整改落实，坚决把中央第六环保督察反馈问题整改工作作为重要政治任务，主动认领整改任务22大项、46小项，制定科学可行的措施扎实整改，目前已完成整改任务6小项，其余40小项按照整改进度要求逐步推进中。二是坚持城乡统筹，推进生态建设，生态转移资金支出319.07万元，完善环保基础设施建设及生态创建工作；为乡镇解决购置环保工具资金62万元，保证各乡镇环保物资齐全。同时，积极开展空气、水源、土壤质量监测，6项空气指标均达到一级标准；水源指标总体评价为优，水源地60项指标均达到Ⅲ类标准，地表水25项指标均达到Ⅱ类以上；21个农村土壤环境监测9项指标全部达标。三是紧抓河（湖）长制全面深入落实，县、乡、村三级河湖长累计巡河湖570人次，更新遗失、破损的公示牌38块；排查"清四乱"问题11个，销号11个，销号率100%。印发河湖长制宣传册1.5万份。积极开展河湖沿线村庄清洁行动，参与干部群众1612人次，清理垃圾49.98吨，明显改善了河湖沿线环境，筑牢生态安全屏障。

七、受援工作实现新接力

县委历来高度重视受援工作，第八批援墨工作援助项目涉及10类24个项目，总投资1.59亿元，目前已全部完工。今年7月份，顺利协助第八批援墨工作组和第九批援墨工作组完成轮换交接工作，积极为第九批援墨工作组开展工作创造良好的工作条件。第九批援墨工作组入墨后,立刻深入全县各乡镇各行政村进行深入调研,并根据我县实际情况制定"123"援墨工作思路,即:一个核心、两个重点、三大提升工程,以民生援藏为核心,以茶产业增量和旅游业加快发展为重点,实现群众收入巩固提升工程、社会事业优化提升工程和基础设施完善提升工程。以"开局就是奔跑,起步就是冲刺"的奋斗姿态,迅速投入到援墨工作中来,制订了2020年援藏项目计划3类11个项目,目前正在有计划、有步骤推进,具体实践为"双推进"。一是各项援藏项目扎实推进。稳步推进墨脱县人民医院创建二级甲等医院项目;开工新建背崩乡卫生院项目;成功完成三级医院对口帮扶各项工作,佛山市中医院再次对口帮扶墨脱县人民医院三年;争取到各方捐赠价值近50万元的药品、医疗设备。同佛山中南农产品交易市场和广东益众富农业有限公司达成合作协议,挂牌成立粤桂黔特色农产品交易中心工作站,进一步拓宽农产品推广平台,将墨脱产品推向全国。二是广东茶园规划有序推进。因地制宜制定《墨脱县茶产业组团式援藏三年工作计划》,计划种植广东名茶凤凰单丛茶1700余亩,预计可带动一批群众增收致富。已完成项目概批和茶苗等相关物资采购,目前正在平整土地,各项工作有序推进。

各位委员、同志们,一年来,县委高度重视自身建设,努力在各方面为全县各级党组织和广大党员干部做好表率,概括来说,就是做到了"七个坚决、七个带头、七个确保、七个表率"。一是坚决向以习近平同志为核心的党中央看齐,带头落实党中央、区党委、市委各项决策部署,牢固树立"四个意识"、坚定"四个自信",坚决做到"两个维护",确保政令畅通、令行禁止,做政治合格的表率。二是坚决同群众心连心,带头深入基层、深入实际、深入群众,持续问政于民、问计于民、问需于民,确保群众根本利益得到保障,做服务群众的表率。三是坚决执行中央八项规定及其具体实施细则精神,持续深入整治"四风",带头执行办公、住房、用车等各项规定,确保全县作风持续向好,做作风优良的表率。四是坚决贯彻执行《党政领导干部选拔任用工作条例》,带头树立正确用人导向,不徇私心、不偏不倚,确保政治环境清明、干部选拔高质量,作风清气正的表率。五是坚决树立正确的政绩观,不搞"形象工程""政绩工程""亮化过度工程",带头遵守经济社会发展规律,确保指标措施符合我县发展实际,做执政为民的表率。六是坚决勇于担当,勤奋敬业,带头埋头苦干,不揽功诿过,不拈轻怕重,确保全县工作扎实推进,做真抓实干的表率。七是坚决落实党风廉洁建设责任,带头执行廉洁从政若干准则,不接受任何礼品特产,不接受任何会员卡,不利用任何特殊资源谋取私利,确保做官清白干净,做清正廉洁的表率。

以上报告是县委常委会一年来主要工作,这些成绩的取得,离不开以习近平同志为核心的党中央的英明领导、亲切关怀,离不开区党委、市委的坚强领导、科学决策,离不开广东省援墨工作组的大力支持、无私援助,离不开全县各族干部群众同心协力、团结奋斗。在肯定成绩的同时也要清醒地认识到,当前我县改革发展稳定仍存在一些突出困难和问题。反分裂斗争形势依然严峻复杂,维护稳定任务繁重;经济社会发展整体水平较低,自我发展能力和内生动力不足;产业规模小,市场竞争力弱;部分脱贫群众存在返贫隐患,脱贫攻坚任务艰巨;基础设施瓶颈制约,发展后劲不足;基本公共服务质量和优化有待提升;干部群众思想解放程度不够,人才资源匮乏,创新创业能力不足;个别乡(镇)、部门敢于担当、主动作为、创新作为不够,个别基层党组织软弱涣散等问题依然存在,等等。针对这些问题,我们在今后的工作中一定要高度重视,采取有力有效可行措施,切实加以改进。

希望同志们积极对县委工作提出宝贵的意见建议,帮助我们把工作做得更好,让党中央、区党委、市委放心,让墨脱广大干部群众更满意。

# 墨脱县人民政府工作报告

## ——在墨脱县第十一届人民代表大会第六次会议上

墨脱县人民政府县长　魏长旗

（2020年4月21日）

**2019年工作回顾**

2019年，是中华人民共和国成立70周年和西藏民主改革60周年，是全面建成小康社会关键之年。这一年里，我们高举习近平新时代中国特色社会主义思想伟大旗帜，在自治区党委、政府，市委、市政府坚强领导和县委直接领导下，坚持以人民为中心的发展思想，深入贯彻落实党的十九大和十九届二中、三中、四中全会精神，深入贯彻落实区党委九届四次、五次全会和市委一届七次、八次全会精神，按照县委八届四次全会和县委经济工作会议部署要求，坚持党对经济工作的全面领导，坚持稳中求进、进中求好、补齐短板工作总基调，坚持新发展理念，以供给侧结构性改革为主线，大力实施"八县"战略，积极建设"五个墨脱"，深化创建"五型政府"，全力做好发展稳定生态各项工作，保持了经济社会持续健康发展。2019年全县地区生产总值完成6.86亿元，同比增长14.1%；地方公共财政预算收入3444万元，同比增长28.46%（其中税收收入2558万元，同比增长18.1%）；全社会固定资产投资完成10.21亿元，同比下降18.4%；社会消费品零售总额5517.2万元，同比增长9.4%；农牧民人均可支配收入、现金收入分别为11354元、9646元，分别同比增长13.1%、13.3%，经济运行保持在合理可控区间。

——三大攻坚战成效显著。2019年剩余27户42人建档立卡贫困群众实现脱贫，3个贫困村全部退出，全县贫困发生率降低至0%。多龙岗搬迁安置点顺利实现搬迁入住，昌都三岩片区搬迁安置点住房、饮水、道路桥梁等林评手续已获批，正在有序开展前期工作。实施扶贫产业项目43个，总投资2.6亿元，其中完工项目33个，完成投资2.4亿元，建立利益联结机制43个。落实财政涉农整合资金11547.92万元,累计拨付10915.25万元,用于解决贫困群众最关心、最期盼的民生项目。发放小额信贷48户230万元,切实增强扶贫造血功能。扎实推进中央环保督察反馈问题整改落实,深入开展大气、水、土壤污染防治,空气、水环境质量监测总体评价为优,农村土壤监测全部达标,生态环境持续向好。坚决防范和规避政府隐性债务,严厉打击互联网诈骗、非法集资等违法违规金融活动,牢牢守住了不发生区域性、系统性金融风险的底线。

——基础设施日益完善。全年开复工项目184项,总投资57.05亿元,年度累计完成投资10.97亿元。东布路、金珠路等县城主要道路完成提质改造,波墨公路整治改建工程进展顺利并已具备通行条件。全县公路总里程496.31公里,乡(镇)公路通达率、通畅率分别为87.5%、62.5%,行政村公路通达率、通畅率分别为97.82%、71.74%。实施9个失电村电路修复工程,全年累计发电量1665.60万千瓦时,年供电量1640.50万千瓦时,通电覆盖率89%。稳步推进小型农田水利项目,改善灌溉面积2452亩。完成水土流失综合治理工程2项,综合治理面积62.29km²。电视、广播综合人口覆盖率均为100%,移动信号覆盖率100%,行政村网络覆盖率100%,其中4G网络覆盖率80%,光缆传输覆盖率69%。

——产业发展提质增效。全年接待游客10.98万人次,实现旅游收入4954.48万元,其中农牧民收入1230.23万元。完成52K旅游服务中心、拉贡景区、德兴民俗村工程等项目建设,旅游基础设施不断完善。建成高山有机茶园56个,总面积16926.36亩,可采摘面积4393亩,年采摘茶青25万斤,带动农牧民群众增收606万余元。在第八届四川国际茶博会上,墨脱红茶、绿茶双双获得金奖,在2019年林芝桃花节上,墨脱茶被选定为指定产品。全年开展藏医门诊2632人次,同比增长10.66%;开展藏药浴、足浴、熏药等18项藏医适宜技术累计诊治2937人次。成立墨脱村妇女门巴服饰加工合作社,成功申报巴登村为自治区级非遗项目门巴竹编整村传承。现有非物质文化遗产13项,自治区级文物保护单位5个,文物藏量256件。全年销售石锅胚料6384个,石锅成品6990个,带动群众增收1234.9万元;销售竹编6558件,带动群众增收260万余元。

——改革开放纵深推进。"放管服"改革深入推进,权责清单制度全面推行。2019年3月挂牌成立县行政审批和便民服务局,下设政务服务中心,入驻单位27家。累计在自治区政务服务网上发布实施清单842条,梳理完成831件,完成98.7%;在"一网通办"政务服务网平台累计办件总量26583件;采集电子证照3099件,电子证照签发2166件;注册用户总量5335个。新增市场主体218户,注册资本(金)2.12亿元,全县市场主体达1156户,注册资本(金)15.36亿元,分别增长12.23%、20.55%。全面推行"证照分离"、推进"照后减证",大幅度提高营商便利度,政务服务更加便民化。完成7乡1镇46个行政村清产核资清查、复核、公示和系统填报工作,清查账面资产总额8574.89万元,现金848.16万元,集体土地面积17.26万亩,并顺利通过市级验收。西藏林芝市墨脱县莲花秘境客运有限公司挂牌营运,农村客运班线正式投入运行,有效解决农牧民群众"出行难、出行贵"问题。圆满完成第四次全国经济普查工作,并荣获国家级先进集体奖,第三次全国国土调查工作顺利通过国家核查。落实招商引资项目13项,完成投资2亿元。开展"走出去"招商活动3次,完成项目签约6项,签约金额1.15亿元。协助完成第八批、第九批援墨工作组轮换交接,教育、医疗柔性人才援藏工作持续推进。制订出台第九批援藏项目2020年投资计划,共3类10个项目,总投资6195万元。挂牌成立粤桂黔特色农产品交易中心工作站,进一步拓宽墨脱特色农产品销售平台。金融机构各项存款余额17.38亿元、贷款余额4.76亿元。

——民生福祉持续改善。本级财政投入教育资金536.6万元、土地出让金50万元、教育附加费40万元。"5个100%"目标持续巩固,教育教学质量不断提升。"控辍保学"扎实开展,素质教育评估验收有序推进。"两考"再上新台阶,共有19人考取内地西藏初中、高中班,中考录取率为100%。新开双语幼儿园14所,全县幼儿园增至25所,辐射全县36个行政村。广泛开展全民健身事业,成功举办"三大节日"系列体育庆祝活动,各项赛事喜讯不断,墨脱县足球队荣获林芝市"尼洋杯"足球赛亚军;阳光少年足球队荣获林芝市U13青少年足球联赛冠军、U15青少年足球联赛亚军;在2018—2019全国跳绳锦标赛中,墨脱县中学佛墨缘花样跳绳队荣获3金4银4铜的佳绩。加快推进公立医院改革,全力筹备"二级甲等"医院创建,各科室设备逐步完善。援墨医疗队和三级医院对口帮扶工作扎实推进。"三病"等重大疾病综合防治工作成效显著,包虫病和消除疟疾工作顺利通过国家验收。持续开展食品药品安全执法和宣传活动,食药领域全年未发生安全事故。开展农牧民转移就业培训26期,投入资金524.54万元,培训1265人次,实现农牧民转移就业778人。开发就业岗位355个,其中安排贫困户75人。高校毕业生就业率达100%,城镇登记失业率稳定控制在2.5%以内。社保体系不断完善,完成社保卡发放9817张。城乡居民养老保险、失业保险、工伤保险、医疗保险和医疗救助工作扎实开展,全年无因病致贫、因病返贫现象发生。兑现城乡低保资金95.22万元、生态岗位补助资金925.4万元、边民补助资金2603.1万元、森林生态效益补助资金3018.68万元。深入推进文化惠民工程,县民间艺术团开展各类文艺演出64场次、观众7723人次,农村电影放映273场次、观众5912人次,县文化活动中心免费开馆累计2800小时。完成46个行政村农家书屋、7个寺庙书屋出版物补充更新工作。完成35个"扫黄打非"基层站点建设任务。制作《脱贫进行时》访谈1期,《70年·我为祖国送祝福》7期,《发现墨脱之美》栏目7期,为中央新闻联播提供素材2条。持续开展科普大篷车下乡活动,受益人数1000余人;大力举办农牧民实用技术培训班,培训人数457人,科技致富理念深入人心。

——城乡面貌日新月异。完成墨脱村道路建设项目、金珠路立面改造项目、莲花湖亮化工程,县城总体风貌焕然一新。党校建设项目、县外宣点基础设施建设项目竣工,新农贸市场投入运行,城乡功能不断完善,群众生产生活更加便利。县城污水处理及收集系统、德兴乡垃圾无害化处理项目等加快推进,小集镇建设项目稳步实施。34个小康村全部开工建设,完成投资5.71亿元,完工18个,正在收尾阶段12个,正在加紧建设4个。扎实推进灾后重建项目前期工作,开展了安置点区域面积、水质、土壤检测,完成了居民住房户型设计、村庄整体布局、乡(镇)机关业务用房布局等平面设计和项目用地预审、社会风险评估、环境影响评估等前置手续。

——生态环境治理有效。严守耕地保护红线,实现耕地占补平衡。完成4个村城乡建设用地增减挂钩试点工作和自然资源厅审批的1∶5万地质灾害详查工作,并顺利通过自治区验收。大力开展WJBS问题清查整治专项行动,完成50个疑似图斑摸排调查和资料归档工作。持续开展植树造林、苗圃基地和庭院经济建设,新增造林绿化857亩,苗圃种植100亩。生态转移支付资金支出319.07万元,用于环保基础设施建设、环境监测等工作。完成朗杰岗村自治区级生态村创建工作,现有自治区级生态乡(镇)6个,生态村45个。县、乡、村三级河(湖)长累计巡河(湖)570次,清理河(湖)沿线垃圾49.98吨,河湖环境明显改善。

——乡村振兴势头良好。制定出台《西藏自治区林芝市墨脱县乡村振兴战略总体实施方案(2018—2022)》。粮食生产安全平稳,农作物播种面积23554.43亩。全面启动墨脱县国家电子商务进农村综合示范项目,成功举办墨脱县电子商务政府专题培训会和墨脱县电子商务普及人才培训第一期专场培训班,打造乡村电商服务网络和人才队伍。大力推进农村人居环境整治,完成下那巴、珠村、朗杰岗搬迁安置点绿化工程,28座"厕所革命"项目全部完工并移交。发展村集体经济项目5个,消除空壳村6个,实现村集体经济收入20万余元。新增农牧民合作社22家,合作社总量83家,总注册资金6275.11万元,涵盖农、牧、种、养等诸多领域,农牧业组织化程度显著提高。

——社会局势持续稳定。全面落实维稳措施,圆满打赢了"三月敏感期""建国70周年大庆"维稳安保攻坚战,实现了"三稳定"的目标。深化网格化管理、强化群防群治,扎实推进"先进双联户"创建评选活动、"10+1"工作任务,使社会治理体系不断完善。扫黑除恶打非治乱专项斗争取得阶段性成果,统筹力量侦办"9.01"恶势力犯罪团伙案,依法对19名涉案人员作出有罪判决。累计排查各类矛盾纠纷241起,妥善化解232起,调处化解率达96.27%。接待群众来访25起,受理14起、办结12起。办理法律援助案件7起,解答法律咨询258人次,代书法律文书75份。办理治安行政案件17起、交通行政案件20起;受理各类刑事案件6起,其中立案6起、破案5起,破案率为83.33%。全面贯彻党的民族宗教政策,深入推进民族团结进步创建活动。安全生产形势持续稳定向好,全年未发生安全生产事故。荣获了林芝市2019年度平安建设(综治)考评县(区)第三名、林芝市"先进双联户"创建评选工作先进县(区)的好成绩。认真落实军民融合发展战略,积极支持驻墨人民解放军建设,扎实开展"双拥"工作,保障退役军人军属合法权益,军政军民团结局面持续巩固。

——政府建设不断加强。始终把学习宣传贯彻落实党的十九大精神、习近平新时代中国特色社会主义思想作为首要政治任务,扎实开展"不忘初心、牢记使命"主题教育,树牢"四个意识"、坚定"四个自信"、践行"两个维护"。深化创建"五型政府",积极配合党政机构改革工作,认真贯彻国务院《法治政府建设实施纲要(2015—2020)》,进一步推进依法行政,建设法治政府。坚决服从县委领导,主动接受纪委监委、人大、政协和社会各界监督,办理人大建议44件,政协提案61件,答复率、满意率均达100%。认真落实党风廉政建设主体责任,驰而不息纠正"四风",重点岗位、重点领域廉政风险防控工作持续加强。从严控制"三公"经费,大力压缩一般性支出,集中财力办民生实事,"三公"经费累计支出347.05万元,同比减少91.95万元,下降20.94%。

各位代表!成绩来之不易,奋进波澜壮阔。成绩的取得,是市委、市政府和县委坚强领导下团结一致、奋力攻坚的结果;是县人大、政协监督支持、群策群力的结果;是广大党员干部真抓实干、共同奋斗的结果!凝聚着以习近平同志为核心的党中央的关心关怀,饱含着全国人民特别是广东佛山人民的深情厚谊,倾注着全县各族人民的辛勤汗水。在这里,我代表县人民政府,向奋战在各条战线上的广大干部群众,向长期关心支持墨脱发展的各族各界,向全体援藏干部、驻地人民解放军和政法干警,表示衷心感谢!

各位代表!在总结成绩的同时,我们也清醒地看到,全县的发展绝非一帆风顺、一路坦途。2019年,受国家经济宏观政策调整和波墨公路改扩建影响,全社会固定资产投资完成10.21亿元,同比下降18.4%;旅游收入4954.48万元,同比下降70.3%。这些都充分反映出我们在发展过程中还存在一些矛盾和问题。主要表现在:经济发展不充分,内生动力不足;产业发展规模小,市场竞争力弱,支撑作用不明显;区域发展不均衡,偏远乡与腹心乡(镇)发展差距依然较大;交通、水利、电力等基础设施依然薄弱;教育、医疗、科技、文化等民生领域专业人才依然匮乏;安全生产、生态保护、社会稳定、地质灾害等方面的风险不容忽视;少数干部的思想观念、担当精神、干事创业本领与新时代新要求还不相适应。针对这些矛盾和问题,我们必须坚持问题导向,敢于担当作为,采取更加有力有效的措施加以解决。

## 2020年工作安排

2020年,是全面建成小康社会和"十三五"规划收官之年,是第一个百年奋斗目标实现之年,更是贯彻落实党的十九届四中全会精神开局之年,做好政府各项工作责任重大、意义深远。面对百年未有之大变局,特别是宏观经济下行压力持续加大、挑战困难进一步增多的发展形势,我们要坚定发展信心、保持发展定力,着力固根基、扬优势、补短板、强弱项,奋力夺取脱贫攻坚、全面建成小康社会伟大胜利。

今年政府工作的总体要求是:坚持以习近平新时代中国特色社会主义思想为指导,全面贯彻落实党的十九大和十九届二中、三中、四中全会精神,深入贯彻落实自治区第九次党代会、区党委九届五次、六次全会和市委一届八次、九次全会精神,紧扣全面建成小康社会目标任务,坚持稳中求进工作总基调,坚持新发展理念,坚持以供给侧结构性改革为主线,坚持以改革开放为动力,在"巩固、增强、提升、畅通"上下功夫,以处理好"十三对关系"为根本方法,深入践行"五个走在前列",按照县委八届四次、五次全会和县委经济工作会议部署要求,大力实施"八县战略",全面建设"五个墨脱",坚决打赢三大攻坚战,全面做好"六稳"工作,统筹推进稳增长、促改革、调结构、惠民生、防风险、保稳定各项工作,推动高质量发展、高水平治理、高标准保护,保持经济持续健康发展和社会大局和谐稳定,确保全面建成小康社会和"十三五"规划圆满收官。

今年经济社会发展主要预期目标是:全县生产总值增长11%;地方公共财政预算收入增长17.6%;全社会固定资产投资增长10.5%;社会消费品零售总额增长15%;农牧民人均可支配收入和现金收入各分别增长14%。

围绕上述目标,我们要着力抓好以下八个方面的工作:

一、打好三大攻坚战役,补齐高质量发展短板

坚持问题导向、目标导向、结果导向,抓住关键环节、抓实重点工作,全力巩固提升脱贫攻坚成果、确保实现污染防治攻坚战阶段性目标、坚决守住不发生系统性区域性风险底线。巩固拓展脱贫攻坚成果。严格落实"四个不摘"要求,整合使用各类涉农资金,加大扶贫投入力度,确保2020年扶贫产业项目年内全部开工建设,扶贫涉农整合资金使用率达到92%以上。抓好产业扶贫,重点发展茶产业、旅游业、亚热带林果等特色产业,实现数量向质量的转变,加快推进"茶+旅游""亚热带林果+旅游"的融合发展,健全利益联结机制,增强造血功能。继续深化社会帮扶、东西部扶贫协作定点帮扶和"四对一"结对帮扶工作机制,贯彻落实好健康、教育、生态、金融扶贫政策,激发群众内生动力。统筹做好全国人口普查及脱贫攻坚普查工作,推进脱贫攻坚与乡村振兴战略机制衔接、政策衔接、投入衔接。持续推进污染防治行动。坚持党政主导、部门联动、全民共治、源头防控,深入开展"蓝天、碧水、净土"三大行动,持续打好污染防治攻坚战。强化餐饮业油烟治理、扬尘污染防治,加强饮用水水源地保护,确保大气、水环境质量全面持续达标。加强农用地、建设用地和固体废物污染防治,确保土壤环境稳定。持续抓好中央和自治区环保督察反馈问题整改落实,深入开展环境保护专项行动。加快推进县城污水处理及收集系统,乡(镇)一级垃圾、污水处理设施建设,强化农村、景区环境卫生整治,补齐环保基础设施短板。继续申报自治区级生态村、乡(镇),实现生态村、乡(镇)全覆盖。全面防范化解重大风险。坚持不违规举债这条底线,防范和规避政府隐性债务。用好国家特殊优惠金融政策,进一步加大对民生领域、小微企业、重点项目等金融支持力度。强化金融领域监管,建立防范、化解、摸排、打击"四位一体"的金融风险防控化解机制,深入推进互联网金融风险专项整治,加强风险监测和预警,严厉打击非法金融活动,确保墨脱金融领域安全稳定。

二、加快推进项目建设,筑牢高质量发展基础

牢固树立抓项目就是抓发展、抓民生改善就是抓发展的理念,超常规抓好投资拉动,确保实现年初既定目标,实现经济社会各项事业再创新佳绩、再上新水平。持续抓好重点项目建设。认真做好"十四五"国民经济和社会发展规划体系编制,加强项目策划和储备,将一批可行性强、回报率高、社会效益好、符合环保标准的项目列入"十四五"项目盘子。加快推进BJ小康村、加拉村堰塞湖灾后恢复重建等重点项目建设,全力配合派墨公路、G559达果桥至加热萨至甘登公路新建工程、G219线墨脱至察隅段等重大交通项目建设,全面实现波墨公路硬化,甘登乡通公路。继续实施好农村安全饮水工程及灌溉、防洪、水土保持等水利项目。持续优化项目建设环境。以提高项目审批和建设效率为重点,以依法高效、创建最优发展环境为目标,严格按照自治区政府投资项目前期工作内容、流程,自治区和林芝市下达的项目前期工作计划,认真审查项目申报资料,切实做好项目审批工作,加强重大项目推进问题跟踪管理,确保项目推进有力,落地见效。持续加大招商引资力度。充分利用各类物交

会及招商推介会开展好项目推介,做好已落户企业的服务工作,引导落户企业升级改造追加投资。加强对现有意向项目、在谈项目、合同项目的沟通衔接和跟踪落实,全面提高项目落地率。

三、推动产业提质增效,强化高质量发展支撑

坚持用新发展理念统领发展全局,全力兴产业、强品牌、提品质、增实效,实现产业发展规模化生产、规范化管理、市场化经营。狠抓农牧特色产业。继续扩大茶叶种植规模,积极探索"茶林间作"和"茶果间作"种植模式,力争完成9000亩年度茶叶种植任务。持续开展群众茶叶种植及茶园管理技术培训,做好病虫害预防、修剪、追肥等后续管护工作。深入推进茶叶品种改良和黑茶、白茶等新产品研发,不断提高市场竞争力。狠抓"茶旅"融合,坚持把茶叶种植与周边景点深度融合、与门珞文化深度融合,以拉贡茶园为试点,打造茶叶采摘、旅游观光、休闲娱乐为一体的绿色生态田园景区。通过优化配置耕地资源、整合优势资源,大力发展林果种植和庭院经济,继续扩大香蕉、柠檬、枇杷等亚热带水果种植面积,着力培育优质品种,打造特色外观包装,充分利用波墨公路全面硬化和墨脱电商平台建设的良好机遇,发挥对口援藏资源优势,把适合长期保存、长距离运输的墨脱特色产品引入内地市场,进一步拓宽销售渠道。加强重大动物疫情防控,提高牲畜抗灾保畜能力,确保全年新生仔畜成活率、成畜出栏率逐步提高。加快发展全域旅游。紧紧围绕"两线三点"发展布局,大力发展全域旅游。力争全年接待游客突破12万人次,实现旅游收入5600万元以上。加强旅游基础设施和景区景点标准化建设,集中清理私建房屋,统一景区景观面貌,完成墨脱景区(仁钦崩综合服务站)、亲江景区、仁钦崩景区等一批旅游设施建设项目,加快推进拉贡景区运营开发事宜,建立县城游客服务中心,科学规划精品旅游线路。完成全域旅游发展规划编制,扎实做好"旅游+""+旅游"文章,推进旅游与文化、体育、康养等深度融合,着力打造全域旅游示范县。协调推进其他产业。积极申报石锅制作工艺和门巴服饰编织技艺国家级非物质文化遗产,促进非物质文化遗产产业化、创新化、规模化发展。加快实施墨脱县10kV及以下中低压配电工程、墨脱县35kV输变电工程,力争在6月份完成与国网西藏电力藏中电网并网,持续做好县、乡、村三级电网升级改造工作,不断改善群众生产生活条件,切实提高全县电力供应保障水平。建立墨脱县藏医药适宜技术推广培训中心,完善藏医院重点功能科室建设,深入开展藏医藏药"进乡村、进社区、进家庭"活动,稳步推进藏医药在医疗、保健、教育、产业、文化等方面的全面协调发展。

四、协调推进城乡建设,优化高质量发展布局

提高城市精细化管理水平。加快推进公共体育场、亚东市政道路两侧地块场地平整项目、县城排水防涝项目建设,不断优化城市功能布局。加强市容环境综合治理,重点加大"乱搭乱建、乱设乱立、乱摆乱放"等现象源头管控和执法力度,维护好市政基础设施。统筹整合城乡结合部空闲地块,对县城周边零星分布的汽修、仓储、建材销售、铁艺加工、摩托车销售点进行统一规划安置,提升县城整体风貌。持续开展城市道路、集贸市场、建筑工地、景区景点环境卫生专项整治,严格落实"6个100%"扬尘污染防治措施,保持县城干净整洁、环境优美。积极搭建"数字化城管""智慧城管"平台,提高城市智能化、人性化、精细化管理水平。统筹推进城乡发展。坚持全县"一盘棋",强化乡(镇)功能配套建设,提升集镇综合承载能力,扎实推进小集镇基础设施建设项目,重点实施一批乡(镇)公共服务、给排水、垃圾、污水处理设施等补短板项目。有序推进BJ建设。全力推进BJ地区基础设施提档升级,协调推进墨脱县城至俄玛2673高程点边防公路改建工程、德尔贡至格林、地东至西让至更邦拉边防公路建设,加快推进灾后恢复重建项目建设进程。倒排工期、顺排任务,确保阿苍村、波东村、巴登村、德尔贡村4个BJ小康村力争在今年6月底前完工,对已建成的村庄,及时完善工程资料,加快公共服务和产业配套。全面推进乡村振兴。深入贯彻落实中央农村工作会议精神和中央一号文件精神,对标脱贫攻坚巩固提升和全面建成小康社会,坚决补齐"三农"领域发展短板。按照《西藏自治区林芝市墨脱县乡村振兴战略总体实施

方案(2018—2022)》，大力推进农村产业、人才、文化、生态、组织振兴。严格落实粮食安全县长责任制，统筹抓好春耕备耕工作，加强群众宣传指导和技术服务，做好农作物病虫害防治，确保粮食生产安全。坚持重点突出、统筹推进的原则，进一步优化农业产业布局，增强乡村振兴内生动力，着力增加天然有机、无公害、绿色优质、地理标志农产品供给。加快推进农业转型升级，全面推行"互联网+农牧民""互联网+合作社""互联网+物流"等农业发展新模式、新业态，加快实施电子商务进农村综合示范项目，构建县、乡、村三级电子商务管理服务网络，带动农牧民就地就近就业创业，多渠道增加群众收入。加快实施"四好农村路"建设、宽带网络建设和农村安全饮水工程，着力补齐农村基础设施短板。振兴乡村文化，引导群众移风易俗，树立文明乡风、良好家风、淳朴民风，提升农村整体精神风貌。巩固农村土地集体产权制度改革、林权制度改革和农村"三资"清产核资工作成果，盘活农村集体资产，发展壮大集体经济。加强乡土人才培养，鼓励支持各类人才创办实体经济，充分发挥村"两委"班子、驻村工作队、乡村振兴专干等基层骨干力量，加强农村基层治理，维护农村社会和谐稳定。

**五、持续增进民生福祉，共享高质量发展成果**

坚持以人民为中心的发展思想，兜住民生底线、聚焦热点民生、保障基本民生，让群众获得感幸福感安全感更加充实、更有保障、更可持续。坚持优先发展教育。建立健全教育经费保障机制，加大本级财政、援藏资金对教育的投入力度，完善中小学、幼儿园基础设施，丰富学生课外学习内容。大力推进"平安校园"创建工作，深入开展安全主题教育活动，确保校园和谐稳定。持续开展送教下乡、交流轮岗和教研教改工作，全面提升教育教学质量。严格落实"控辍保学"责任制，持续巩固"5个100%"教育目标和义务教育均衡发展成果，深入开展素质教育，促进教育事业全面、协调、可持续发展。加快推进学前教育项目建设进度，全面提升学前教育入学率，努力实现幼有所育的目标。加快建设健康墨脱。继续深化医疗卫生体制改革，狠抓医改各项任务落实。以人才队伍建设为关键，加大医护人员、村医培训力度，强化医德医风建设，着力提升基层医疗服务水平。持续做好"三病"综合防治工作，全力做好新冠肺炎疫情防控工作，坚决打赢疫情防控阻击战。城乡居民和在编僧尼健康体检率达到98%以上，妇女"两癌"免费筛查率达到90%以上。加快藏医药健康技术推广运用，提升藏医药服务能力。积极开展"巡回医疗""服务百姓健康行动"等工作，促进优质医疗资源向基层下沉。充分发挥三级医院对口帮扶的作用和优势，持续加强重点科室建设，推动县卫生服务中心信息化建设，完成县藏医院、背崩乡卫生院项目建设任务，加快推进县卫生服务中心"二甲"创建步伐，深入开展卫生系统"三好一满意"、平安医院创建活动，不断提高医院服务能力、服务质量和服务水平。繁荣发展文化事业。深入开展文化惠民工程，加快文化基础设施建设进度，推动文化、广电设施与宣传、科技、体育等领域功能融合规划建设，完善各行政村农家书屋配套设施。完善公共文化服务体系，组建完成村级演艺队，提高文艺"八进"汇演、农村电影放映的场次及质量，通过不断开展群众喜闻乐见的文艺活动，进一步丰富群众精神文化生活。稳步促进就业创业。认真贯彻落实区、市有关就业创业工作的政策法规，坚持更加积极的就业政策，提前筹划好2020年高校毕业生就业创业宣传支持工作，把促进就业作为经济社会发展的优先目标，多渠道开发就业岗位，完善城乡公共就业服务体系，重点做好高校毕业生、农村转移劳动力，城镇就业困难人员、退伍军人就业工作。持续完善社保体系。加大城镇保障房建设力度，完成2018年棚户区改造（一期）项目、2018年公租房项目建设任务。统筹推进城乡基本医疗保险整合，统一标准、统一筹资，扎实做好养老、失业、工伤、生育保险等各项工作，全面推行社保"一卡通"。推进低保制度、社会救助、优抚安置等政策有机衔接，提高五保户集中供养率，保障困难群体基本生活。扎实推进客运改革。严格落实区、市道路运输体制改革工作，实行公车公营模式，在现有农村客运班线基础上，继续扩大县域、县际客运班线覆盖范围。大力整治县城出租车、黑车市场乱象，严厉打击违法违章行为，为乘客营造安全可靠、服务优质、高效顺畅的出行环境。

六、全面深化改革开放,激发高质量发展活力

深入贯彻落实党的十九届四中全会精神,坚定不移深化改革,不断激发经济增长内生动力,推进治理体系和治理能力现代化。持续深化"放管服"改革。全面推进"互联网＋政务服务",完善政务服务大厅功能布局和人员设备,加快实现"一网通办"。继续加强财税体制、商事制度、农业农村等重点领域改革,充分释放市场活力和社会创造力。严厉打击假冒伪劣、侵权垄断等妨碍市场公平竞争的行为,维护公平公正的市场环境和消费者合法权益。大力发展非公经济。贯彻落实中央和区、市关于支持民营企业发展的政策措施,打通政策落实"最后一公里",以促进"两个健康"为主题,不断优化营商环境,降低企业准入门槛,切实解决本地非公企业尤其是小微企业融资难、贷款难问题,让一批带头作用强、市场前景好的企业得以发展壮大,充分激发非公经济发展活力,力争本县注册的民营企业入会率达到80%。认真落实县级领导联系民营企业、招商引资企业制度,帮助企业解决困难、支持企业更好发展,增强对中国特色社会主义的信念、对党和政府的信任、对企业发展的信心、对社会的信誉,自觉做爱国敬业、守法经营、创业创新、回报社会的表率,着力构建"亲""清"型政商关系。不断扩大开放合作。加大"走出去"力度,积极参加第五届藏博会,参加各类招商引资、体育赛事活动,深化与兄弟县(区)交流合作,进一步拓宽发展空间。加快推进第九批援墨工作组2019—2020年援藏项目计划落地实施,探索建立佛墨两地政府层面的招商引资合作机制和招商引资对口支援联席会议机制,扎实推进教育、医疗援藏向基层和偏远乡村延伸。

七、深入开展生态保护,改善高质量发展环境

坚持生态优先,践行绿色发展理念,严格资源开发监管,推进环境治理体系和治理能力现代化。加强国土空间生态资源分布、规模和质量调查,实施国土空间规划编制。坚持严管严保、守住红线,确保耕地占补平衡。严格落实草原生态保护补奖和生态公益林政策,加快推进城乡建设用地增减挂钩工程,持续推进国土绿化、退耕还林和生态修复工程,着力构建国家生态安全屏障。实行最严格的水资源管理制度,全面落实河(湖)长制,持续做好河湖沿线环境治理和保护工作,引导群众牢固树立"绿水青山就是金山银山"的环保意识。

八、建设人民满意的服务型政府

各位代表!推进墨脱高质量发展,对政府自身建设提出了新的更高要求。我们将以深化创建"五型政府"为基础,坚定制度自信、完善治理体系、提升治理效能,坚持为人民服务、对人民负责、受人民监督,不断增强人民群众获得感、幸福感、安全感。坚持党的全面领导。坚持以习近平新时代中国特色社会主义思想为指导,巩固提升"不忘初心、牢记使命"主题教育成果,增强"四个意识",坚定"四个自信",做到"两个维护",自觉把党的全面领导贯彻落实到政府工作各个领域、各个方面,以强烈的责任担当和行动自觉践行初心使命,不断提高干事创业本领和执政为民能力。不断提升治理效能。创新行政管理和服务方式,优化行政决策、执行、组织、监督体制,强化绩效管理、政务督查和行政问责,形成上下贯通、执行有力的政府机构职能体系,切实提高政府执行力和公信力。提升"互联网＋政务服务"水平,推动基层政务服务标准化规范化,使政府管理服务更智慧、更亲民。深入推进依法行政。加强法治政府建设,忠实履行宪法法律赋予的职责,把依法行政贯彻于政府工作全过程。自觉接受人大法律监督、工作监督和政协民主监督,主动接受纪委监委监督、司法监督和舆论监督,推进科学、民主、依法决策。大力推行政务公开、政府信息公开,增强决策透明度和公众参与度,切实让权力在阳光下运行。始终保持廉洁本色。认真落实全面从严治党责任,深入推进政府系统党风廉政建设和反腐败斗争。严格遵守党章、党规,坚决贯彻落实中央八项规定及其实施细则精神和区党委约法十章、九项要求,持之以恒整治"四风",力戒形式主义、官僚主义。厉行勤俭节约,严控"三公"经费支出,用政府的紧日子换来人民群众的好日子。强化审计监督职能,加快构建集中统一、全面覆盖、权威高效的审计监督体系,为更好服务全县经济社会发

展大局提供坚强保障。

各位代表！初心铸就伟业，使命引领征程。站在"两个一百年"历史交汇点上，让我们更加紧密团结在以习近平同志为核心的党中央周围，高举习近平新时代中国特色社会主义思想伟大旗帜，在自治区党委、政府、市委、市政府和县委的坚强领导下，在县人大、政协、纪委监委的监督支持下，团结带领全县各族人民，锐意进取、真抓实干、只争朝夕、不负韶华，共同谱写新时代墨脱经济社会发展新篇章！

名词解释

1. 一网通办：依托一体化在线政务服务平台，通过规范网上办事标准、优化网上办事流程、搭建统一的互联网政务服务总门户、整合政务服务数据资源、完善配套制度等措施，推行政务服务事项网上办理，推动企业群众办事线上只登录一次即可全网通办。

2. 两癌：妇女宫颈癌和乳腺癌。

3. 两个维护：坚决维护习近平总书记党中央的核心、全党的核心地位，坚决维护党中央的权威和集中统一领导。

4. 两线三点：两线指波墨公路、派墨公路沿线经济带；三点指县城、背崩乡特色小集镇及80K山地森林休闲小镇。

5. 两个健康：非公有制经济健康发展和非公有制经济人士健康成长。

6. 三病：肝炎、结核病、风湿病（骨关节疾病）。

7. 三资：农村集体经济中的资产、资源、资金。

8. 三稳定：社会大局全面稳定、持续稳定、长期稳定。

9. 三公经费：政府部门公务出国经费、公务用车购置及运行费、公务接待费。

10. 三大攻坚战：防范化解重大风险、精准脱贫、污染防治。

11. 三好一满意：服务好、质量好、医德好，群众满意。

12. 四风：形式主义、官僚主义、享乐主义和奢靡之风。

13. 四个意识：政治意识、大局意识、核心意识、看齐意识。

14. 四个自信：道路自信、理论自信、文化自信、制度自信。

15. 四个不摘：摘帽不摘责任、摘帽不摘政策、摘帽不摘帮扶、摘帽不摘监管。

16. 四讲四爱：讲党恩爱核心、讲团结爱祖国、讲文明爱生活、讲贡献爱家园。

17. 四好农村路：建好、管好、护好、运营好农村公路。

18. 五型政府：即团结型政府、学习型政府、务实型政府、为民型政府、廉洁型政府。

19. 五个墨脱：和谐、幸福、生态、美丽、宜居墨脱。

20. 五个100%：中小学双语教育普及率100%，小学数学课程开课率100%，中学数理化生课程计划完成率100%，中学理化生实验课程开出率100%，职业技术学校国家目录规定课程开出率100%。

21. 五个走在前列：2017年1月10日，吴英杰书记在参加自治区十届人大五次会议林芝代表团分组审议时提出林芝市要在五个工作上走在前列，即固边兴边上走在前列、产业发展上走在前列、农牧民增收上走在前列、脱贫攻坚上走在前列、宗教管理上走在前列。

22. 六稳：稳就业、稳金融、稳外贸、稳外资、稳投资、稳预期。

23. 六个100%：工地周边100%围挡、物料堆放100%覆盖、土方开挖100%湿法作业、路面100%硬化、出入车辆100%清洗、渣土车辆100%密闭运输。

24. 七进：推动民族团结进机关、进企业、进社区、进学校、进乡村、进军营、进寺庙。

25. 八县战略：即农业稳县、生态立县、交通兴县、旅游强县、能源富县、文化名县、产业支县、国防卫县。

26. 十三对关系：2016年12月31日，在全区经济工作会议上，吴英杰书记提出做好2017年经济工作要处理好"十三对"关系，即处理好国家投资和社会投资的关系，重大项目和民生项目的关系，发挥优势和补齐短板的关系，城镇就业和就近就便、不离乡不离土、能干会干的关系，扶贫搬迁向城镇聚集和向生产资料富裕、基础设施相对完善地区聚集的关系，央企在藏资源开发和解决当地农牧民增加收入的关系，保护生态和富民利民的关系，城市发展和提高农牧区基本公共服务能力的关系，高校毕业生政府就业和市场就业的关系，简政放权和地方承接的关系，企业增产提效和改善企业职工福利待遇、促进农牧民群众增收的关系，中央关心、全国支援和自力更生、艰苦奋斗的关系，鼓励干部担当干事和容错纠错的关系。

27. 放管服：简政放权、放管结合、优化服务。

28. 枫桥经验：发动和依靠群众，坚持矛盾不上交，就地解决。

29. 耕地占补平衡：建设占用多少耕地，各地人民政府就应补充划入多少数量和质量相当的耕地的行为。

30. WJBS：违建别墅。

31. 增减挂钩：依据土地利用总体规划，将若干拟整理复垦为耕地的农村建设用地地块和拟用于城镇建设的地块等面积共同组成建新拆旧项目区，通过建新拆旧和土地整理复垦等措施，在保证项目区内各类土地面积平衡的基础上，最终实现建设用地总量不增加，耕地面积不减少、质量不降低，城乡用地布局更合理的目标。

32. 证照分离：将工商部门颁发的营业执照和各相关行业主管部门颁发的经营许可证分开，办理营业执照就可以开办一般经营活动，如需从事特殊的经营内容，就要到相关部门办理相应经营性许可证。

# 墨脱县人民代表大会常务委员会工作报告

## ——墨脱县第十一届人民代表大会第六次会议上

墨脱县委常委、人大常委会主任　多吉扎西
（2020年4月23日）

### 2019年主要工作回顾

一年来，县人大常委会在县委的正确领导下，坚持以习近平新时代中国特色社会主义思想为指导，全面贯彻落实党的十九大、十九届二中、三中、四中全会和中央第六次西藏工作座谈会精神，贯彻落实习近平总书记关于治边稳藏重要思想，贯彻落实区党委九届五次、六次全会，市委一届七次、八次全会、县委八届四次全会精神，坚持党的领导、人民当家作主、依法治国有机统一，紧紧围绕县域改革、发展、稳定大局，牢牢把握发展稳定生态三件大事，紧扣十一届人大五次会议既定工作目标，依法履行职责，2019年共召开常委会会议5次、主任会议7次，各项执法检查和视察调研11次、考察交流1次，为推进墨脱长足发展和长治久安做出了积极贡献。

一、坚持党的领导，举旗定舵把牢政治方向

一年来，人大常委会坚持以政治建设为统领，进一步严明党的政治纪律和政治规矩，坚决在政治上、思想上和行动上同以习近平同志为核心的党中央保持高度一致，坚持将中央及区、市、县党委决策部署贯彻落实到人大各项工作的各个环节，确保了我县人大工作始终沿着正确的政治方向稳步推进。

一是服从党的领导更加坚定。人大常委会自觉接受县委领导，坚决落实重大事项及时向县委请示报告制度。2019年共向县委请示重要事项4项，根据县委安排部署，统筹推进人大各项工作。全年向县委提交各类执法检查、视察调研报告11篇；班子成员坚持包乡（镇）维稳蹲点累计70余天，县维稳指挥中心带班累计34余人次；班子成员履行河长制责任巡河9人次；科级以上干部参与市委巡察、脱贫攻坚、地质灾害易地搬迁边境小康村建设等重点工作5人次；走访慰问结对帮扶贫困户支出2.3万余元。

二是意识形态工作更加坚实。人大常委会认真贯彻落实中央和区、市、县党委关于意识形态工作安排部署，全面落实意识形态工作责任制，坚持把凝聚人心作为工作的出发点和落脚点，把加强政治学习、强化理论武装作为工作的重要抓手，结合"两学一做"学习教育、党员政治教育和"不忘初心，牢记使命"主题教育等，进一步落实学习制度、创新学习方式，引导党员群众深入学习习近平新时代中国特色社会主义思想，党的十九届历次全会精神，党章、党纪党规及各级党委重要会议和文件精神，提高政治站位，坚定政治立场，增强政治敏锐，树牢"四个意识"、坚定"四个自信"、做到"两个维护"，牢牢把握住意识形态领域主动权。

二、坚持依法履职，担当作为强化工作实效

一年来，人大常委会认真学习准确把握习近平总书记关于坚持和完善人民代表大会制度的重要思想，立足自身实际，统筹谋划、部署和推进监督、决定、任免和代表履职各项工作。

一是依法决定科学有实效。人大讨论、决定本行政区域重大事项，是实现党的主张与人民意志有机统一，推动决策科学化民主化法制化，推进国家治理体系和治理能力现代化的重要制度保障。一年来，人大常委会遵循"抓重点、议大事、求实效"的原则，审议通过了《墨脱县人民政府关于提请审议2018年财政预算执行情况和2019年财政预算（草案）的议案》《墨脱县人民政府关于提请审议墨脱县2018年国民经济和社会发展计划执行情况及2019年国民经济和社会发展计划（草案）的议案》《关于调整年初预算的报告》《墨脱县人民政府关于提请审议2018年财政预算调整情况的议案》等。同时，注重决议决定的跟踪落实，为推动全县经济发展、民生改善、民主法治建设等发挥了积极作用。

二是依法监督持续有实效。人大常委会主动适应县域经济社会发展新常态，综合运用多种方式推进监督工作。为进一步加大人大监督力度，增强监督实效，推动"一府一委两院"依法行政、依法监察、公正司法，一年来，人大常委会共听取审议"一府一委两院"4个专项工作报告，做出3个审议意见；召开会议专题听取财政局、卫健委、教育局、民宗局、扶贫办、水利局、交通局7个政府部门的负责同志的年度述职报告，并就其履职情况开展了评议；围绕民生改善、农牧区党建、环境保护和农牧区电费问题开展专题调研，形成专题调研报告4篇；围绕"十三五"重点项目、精准扶贫、环境综合治理、代表所提意见建议答复办理和乡镇"人大代表之家"运行情况开展年度视察调研，认真了解群众所思所想所盼，收集群众生产生活中存在困难和问题45条，并形成调研报告1篇，转交政府办理。

三是依法任免严格有实效。人大常委会始终坚持党管干部原则与人大依法任免有机统一，坚决落实县委人事意图，认真做好人事任免工作，为国家机关工作的正常运转提供了有力的组织保障。一年来，常委会先后依法任免国家机关工作人员24人次，发放了任命书，并组织新任命人员按照《西藏自治区实施宪法宣誓制度办法》进行了向宪法宣誓，从而进一步增强了新任命人员的宪法意识、人大意识和公仆意识。

四是依法治县稳步有实效。人大依法开展宪法、法律法规在本行政区的宣传贯彻实施情况执法检查，是扎实推进依宪治国、依法治国的有效途径。一年来，人大常委会先后开展了工会法"一法一办法"、教师法"一法一办法"、婚姻法"一法一条例"、环保法"一法一条例"在我县贯彻实施情况的执法检查，并形成执法检查报告报送县委，转交县政府办理落实；配合区、市人大开展关于文物保护法"一法一条例"、水污染防治法、西藏自治区BJ管理条例等在我县贯彻实施情况的执法检查；人大常委会年度视察调研中对部分执法检查整改落实情况进行了督查，确保执法检查取得实效，有效推进了我县依法治县进程。

五是服务代表灵活有实效。一年来，人大常委会根据法定程序补选出缺的县级人大代表1名；召开专题会议及时向县政府交办县十一届人大五次会议期间代表提出的意见、建议45件，并在年底视察调研中，对政府办理代表意见建议情况进行督查；根据市委组织部和市人大培训计划，安排2名常委会副主任分别赴中央党校、林芝市人大参加学习培训；累计组织县、乡两级人大代表参加区、市、县人大开展的各项执法检查和调研工作20余人次；组织部分县乡两级人大代表，赴波密、察隅两县，就茶产业发展、景区建设与管理、BJ小康村建设、人大代表之家运行情况进行了考察学习，有效拓展了代表履职渠道，为代表知政参政创造了条件。

三、坚持自身建设，党建引领强化干部队伍

一年来，人大常委会不断加强自身建设，努力提高人大常委会工作水平和依法履职能力。一是抓住深化党政机构改革的机遇，优化了人大财政经济委员会职能，增设了人大科教文卫委员会和社会建设委员会，人大组织建设得到了进一步加强；二是结合"不忘初心、牢记使命"主题教育、党员政治教育等学教活动，充分发挥人大党组和支部作用，进一步完善落实党员的经常教育和管理、"三会一课"等各项规章制度，全年组织政治理论和业务学习、专题讲座等会议40余次，开展主题党日活动12次、党旗进农家活动10次，基层党建取得了显著成效；三是严格落实墨脱县委《关于建立健全党风廉政建设宣传教育体系的实施意见》，着力创建人大机关荣廉尚廉的政治生态氛围，不断增强党风廉政建设的主体责任意识，认真履行工作职责，切实将党风廉政建设各项工作落到实处。四是紧密结合人大机关实际，突出常委会党组、人大办党支部的关键作用，推进人大机关思想政治建设常态化、制度化，积极引导党员、干部从自身做起，从本职做起，从具体实事做起，在政治、思想和行动上符合合格党员标准、符合好干部标准、符合人民群众期盼、符合墨脱县经济社会发展要求。

一年来，县人大常委会始终把加强乡镇人大建设、发挥乡镇人大作用、加强基层民主法制建设等作为一项重要工作来抓，并取得了显著成效。一是县人大常委会指导各乡（镇）人大按程序组织召开了各乡（镇）九届人大四次会议，并安排人大办主任赴德兴乡、背崩乡、墨脱镇指导工作；二是指导各乡（镇）人大做好人大代表的组织和服务工作，督促乡（镇）人大积极发挥"人大代表之家"的平台作用，组织代表学习法律法规和人大工作业务知识，及时传达有关文件精神，开展考察、视察等工作；三是举办了人大系统干部业务知识培训班1期，围绕提升人大机关效能，对乡镇人大主席、人大专干和县人大机关部分干部，开展了宪法、人民代表大会制度和人大文秘等知识培训；四是举行专题会议听取了乡（镇）人大主席团2019年工作开展情况，会议在总结经验分析不足的基础上，深入探讨改进工作的方法，进一步提升了乡镇人大主席依法履职的意识和能力。

各位代表！回顾县人大常委会一年来的工作，我们深感成绩的来之不易。这些成绩的取得离不开县委的正确领导，离不开"一府一委两院"和各乡（镇）人大的密切配合，离不开全县各族人民的广泛支持，离不开全县各级人大代表、人大系统广大干职和人大常委会组成人员的共同努力。在这里，我谨代表县十一届人大常委会，向各位代表和所有关心、支持人大工作的社会各界人士表示衷心的感谢并致以崇高的敬意。

在看到成绩的同时，我们也清醒地认识到，对照宪法和法律赋予的职责，对照当前形势任务的需要，对照县委的要求，对照全县人民的期盼，常委会工作还有不少差距。主要表现在：依法履职能力和水平还需进一步提升；监督工作的力度和实效还需进一步加大；代表活动的内容和形式还需进一步丰富；联系服务代表的机制有待进一步创新等；对于这些问题和不足，我们将自觉接受人民监督，虚心听取代表意见，采取有效举措，切实加以改进。

## 2020年主要工作任务

今年是"十三五"规划收官之年，是扶贫攻坚和全面建成小康社会的决胜之年，也是实现中华民族伟大复兴"第一个百年奋斗目标"的关键之年。县人大常委会工作的总体思路是：坚持以习近平新时代中国特色社会主义思想为指导，全面贯彻落实党的十九大、十九届二中、三中、四中全会、中央第六次西藏工作座谈会精神和习近平总书记治边稳藏重要论述，深入贯彻落实习近平总书记关于坚持和完善人民代表大会制度的重要思想，坚持党的领导、人民当家作主和依法治国的有机统一，紧紧围绕县委中心工作，牢牢把握发展、稳定、民生、生态四件大事，察民情、畅民意、汇民智、聚民力，求真务实，真抓实干，全面加强和改进人大工作，不断加强自身建设和代表服务，依法统筹推进人大决定、监督、任免工作，为推进墨脱经济社会持续平稳高效发展作出新的更大贡献。

一是党的建设要有新作为。人大常委会要继续坚持把党的政治建设摆在首位，深入贯彻落实习近平总书记关于坚持和完善人民代表大会制度的重要思想，切实提高做好人大工作的政治站位；要自觉接受县委领导，坚持做到一切重要工作、重大事项都服务于县委中心工作，确保人大各项工作任务都毫不动摇地坚持和体现党的领导；要坚决贯彻落实中央及区市县党委决策部署，切实落实人大在维护稳定、脱贫攻坚、环境保护、疫情防控等重点工作中的职责；要充分发挥党组和支部战斗堡垒作用，牢牢把握意识形态领域的主动权，以提高党员干部思想政治素质、推动机关政治建设为目标，持续抓紧抓好党员教育管理，着力弘扬社会主义核心价值观，着力用当代中国马克思主义最新理论成果凝聚思想共识，把全体干部职工的思想和行动统一到中央和区市县党委的决策部署上来。

二是依法履职要有新作为。人大常委会要坚持依法行使职责,要推动人大常委会讨论决定重大事项与党委决策协调同步,确保及时将县委的决策部署依照法定程序转化为人民的共同意愿和全县人民的共同奋斗目标;要认真做好人事任免工作,确保县委人事意图落到实处;要深入贯彻实施《监督法》,依法加强对"一府一委两院"的法律监督和工作监督,不断提高监督实效,召开会议听取政府及相关部门的工作报告,安排部分政府部门负责同志向常委会述职,并对其履职情况开展评议,更好地推动政府部门扎实有效地开展工作;要根据年初工作安排认真开展好《国旗法》等三个执法检查成效"回头看"工作,要根据《全国人民代表大会常务委员会关于全面禁止野生动物交易、革除滥食野生动物陋习、切实保障人民群众生命健康安全的决定》,适时开展《中华人民共和国野生动物保护法》在我县贯彻落实情况的执法检查,进一步推动我县依法治县工作再上新台阶,积极配合区、市人大开展执法检查调研等活动;要对生态建设、环境综合治理、重点工程施工现场及乡(镇)"人大代表之家"运行等情况不定期开展检查;要重点对脱贫攻坚、乡村振兴、民生发展与巩固、代表意见建议办理等情况开展专项视察调研。

三是服务代表要有新作为。人大常委会要继续加强沟通协调,切实保障人大代表履职时间、经费等保障;要落实办理意见建议面对面沟通、跟踪监督回头看、追究不落实责任等举措,不断提高办理质量和办结率,对有条件办理而没有得到有效落实的建议,实行二次督办;要采取多种形式、多种渠道,组织开展人大代表培训,通过培训不断提高人大代表依法履职的意识和能力;要坚持重大事项向人大代表通报、征求意见常态化,充分听取代表意见建议,拓宽和畅通社情民意表达渠道;要邀请代表列席常委会会议和参加常委会履职活动,组织代表开展视察调研、考察学习交流等形式多样的活动,不断提高代表"依法履职、行权为民、服务大局、促进发展"的能力,拓展代表履职渠道。

四是自身建设要有新作为。人大常委会要通过完善制度建设,建立长效机制,不断提高人大机关整体管理水平,促进人大工作的制度化、法制化、规范化,更好地发挥国家权力机关的作用;要持续抓好机关干部职工政治理论和业务知识学习,努力提高常委会组成人员及机关工作人员的依法依规廉洁履职意识和能力;要组织开展人大系统业务知识培训,通过培训不断提高乡镇人大工作者依法履职的能力,切实推动基层人大工作有序开展,有效推进基层民主政治建设;要加大对乡镇人大指导力度,帮助乡镇人大干部增强法律意识和责任意识,提高工作水平;要督促乡镇人大建立和完善各项规章制度,不断规范乡镇人大的工作;要突出人大工作特点,充分利用宣传册、横幅、电视等媒介,广泛宣传人民代表大会制度和人大工作、宣传代表履职情况,扩大代表履职的社会知晓度,使民主法治建设和人民代表大会制度深入人心。

# 中国人民政治协商会议第九届墨脱县委员会常务委员会工作报告

## ——在政协第九届墨脱县委员会第五次会议上

墨脱县政协主席 平措多吉

（2020年4月21日）

**2019年工作回顾**

2019年，是新中国成立70周年、人民政协成立70周年，也是我县巩固脱贫攻坚成果、全面建成小康社会的关键一年。一年来，县委高度重视政协工作，多次听取政协汇报、研究政协工作，一如既往支持、领导我县政协事业发展。

一年来，在县委坚强领导下，常委会坚持以习近平新时代中国特色社会主义思想为指导，全面贯彻落实党中央和区党委、市委、县委一系列决策部署，团结带领广大政协委员，围绕团结民主两大主题，不断推进政协履职能力建设，聚焦县委、政府中心任务主动作为，充分发挥政协专门协商机构作用，积极建言资政、凝聚共识，为实现墨脱长足发展和长治久安作出了新的贡献。

一、强化理论武装，确保正确政治方向

常委会坚持把加强理论学习、重视思想引领作为增强政治定力的首要前提，对党中央、区党委、市委、县委重要会议精神和重大决策部署，在第一时间组织传达学习、认真贯彻落实。一年来，组织广大政协委员、机关干部深入学习贯彻习近平新时代中国特色社会主义思想和党的十九大及十九届二中、三中、四中全会精神，学习贯彻习近平总书记关于加强和改进人民政协工作的重要思想以及中央、区党委政协工作会议精神，学习贯彻区党委九届五次、六次全会、市委一届八次、县委八届四次全会精神，教育引导我县广大政协委员和机关干部树牢"四个意识"，坚定"四个自信"，做到"两个维护"，增强对中国共产党和中国特色社会主义的政治认同、思想认同、理论认同、情感认同，不断夯实团结奋斗的共同思想政治基础，牢牢把握政协履职始终沿着正确的方向前行。全年，召开学习性质的党组会议12次，党支部学习42次，按月开展形式多样的主题党日活动。

二、凝聚各方力量，促进社会和谐稳定

常委会充分认识人民政协组织的优势，始终注重弘扬团结、民主两大主题，把反对分裂、维护稳定、促进和谐作为履行职能的第一政治责任，广泛团结各界人士，积极发挥大团结大联合的作用。一是全力做好维护稳定工作。政协主席会成员牢固树立整体国家安全观，认真贯彻落实中央和区党委、市委维稳方面的决策部署，严格服从县委的具体安排，率先垂范，全力参与全县维护稳定工作。全年，主席会成员在县维稳指挥中心值班带班50余次，在各敏感节点，多次深入各乡镇蹲点督导维护稳定工作。二是团结凝聚委员力量。各族各界政协委员能够始终做到旗帜鲜明、立场坚定、认识统一、态度坚决、步调一致，积极发挥政协联系广泛优势,协助乡(镇)党委、政府、村"两委",做好群众、寺庙僧尼的思想工作。三是发挥文史资料重要作用。立足文史资料统战属性,以保护传统优秀民族文化为出发点,有序推进《墨脱县门珞民俗文化》的编撰工作;积极协助上级政协征集各类"亲历、亲见、亲闻"史料。政协文史工作"存史、资政、团结、育人"作用得到有效发挥。《墨脱县门珞民俗文化》是政协首次牵头的一项文史资料工作,本书将涵盖墨脱门巴族和珞巴族流传的民风民俗、宗教文化、传说故事和名胜古迹,现已完成文字资料收集8.5万余字、图片600余张。四是充分利用考察学习内外交流平台,大力宣传推介墨脱。全年在县内与县外考察组工作交流2次,向外宣传推介墨脱2次,县外交流一次三地,召开交流工作会议3次,向外宣传推介墨脱3次。

三、发挥职能作用,服务改革发展大计

常委会始终坚持聚焦改革发展大事,不断推进协商能力建设,充分发挥人民政协作为协商民主的重要渠道和专门协商机构作用,积极履行政治协商、民主监督、参政议政职能,开展协商议政、调研视察,主动凝聚各界共识,服务改革发展,推进民生建设,助力全县中心工作。

视察、考察、监督工作广泛深入。一是政协主席会成员带队赴各乡镇,深入各村居,围绕脱贫攻坚、产业发展、教育医疗、社会稳定等课题,聚焦易地搬迁、边境小康村建设等主题进行调查研究、视察监督,并向有关部门转交问题意见建议。积极协助上级政协到墨脱视察调研6次,深入了解社情民意,推动相关惠民政策和措施落到实处。二是组织13名政协委员前往山南市考察,学习借鉴山南市在小康村建设、守土固边、茶产业发展、门珞文化的传承与保护等方面的好经验、好做法,并就经验做法、启示启发和委员意见建议形成专题报告向县委报送,为我县改革发展谋计献策。

践行为民宗旨,持续关注民生。坚持为国履职、为民尽责的情怀,把不断满足人民对美好生活的需要、促进民生改善作为重要着力点,让群众在共享改革发展成果中拥有更多获得感。一是助推帮扶工作。主席会成员以身作则,扎实开展"四对一"结对帮扶活动,走访慰问,真切关怀贫困户,深入宣传惠农惠民政策,鼓励困难群众树立信心、坚定决心,听党话、跟党走。全年,主席会成员及政协机关干部看望慰问结对帮扶对象45户次,累计送去慰问物资19250元。二是助推脱贫攻坚。扎实开展"不忘初心、牢记使命"主题教育专题调研,主席会成员深入基层倾听群众呼声,主动反映社情民意,为民办实事解难题5条。两名主席会成员参与加热萨乡整体搬迁宣传动员和群众思想教育工作,摸清搬迁群众思想动态,推动搬迁工作,力求尽快改善群众生活生产条件、医疗条件、教育条件和基础设施条件。两名主席会成员多次深入阿苍村、地东村督导边境小康村建设情况,进一步推动县委、政府中心工作,及时掌握解决基层工作热点焦点问题,加快小康村项目建设进程,让群众能够早日住上更加安全、舒适的住房。一名主席会成员抽调市委县级交叉巡察组,开展为期3个多月的交叉巡察工作,圆满完成巡察任务。

提案工作再上台阶。一是优化委员提案内容。实行提案预审机制,结合前期委员提案培训工作,在政协全会召开前协商各乡镇、村居协助收集整理委员提案,并由其提出对提案的意见,不断提升委员提案的严肃性、科学性、可行性。二是完善提案反馈机制。在交办提案的同时,递予办理单位规范的提案办复格式和提案办理情况征询意见表,进一步完善提案反馈机制,提升提案办理满意度。2019年政协九届四次会议以来共收集提案65件,经审查立案61件,已办理或正在办理43件,由于政策法规及自然条件原因暂时不能办理和无法办理的18件,答复率100%,办理率72%,委员满意、基本满意率100%,政协委员通过提案发挥作用的主动性不断增强、协商议政热情不断高涨,推动我县协商民主气氛更加热烈。三是协助市政协召开《关于维修仁青崩寺,加强文物保护》等重点提案督办会,推动上级提案落实落地。

四、狠抓自身建设,夯实政协履职基础

加强政协自身建设,不断探索具有时代特征的工作新方法新载体新机制,是推进政协履职能力现代化的重要保障。常委会力求不断加强和创新自身建设,提高履职能力,夯实履职根基,增强履职合力。一是高质量开展主题教育。聚焦"不忘初心、牢记使命"这一主题,坚持高标准部署、高质量要求、高起点推进,学习教育突出实,调查研究突出深,检视问题突出准,整改落实突出严,实现理论学习有收获、思想政治受洗礼、干事创业敢担当、为民服务解难题、清正廉洁作表率的目标。主题教育开展期间,主席会成员共深入基层调研5次,形成调研报告5篇,撰写发言材料15篇,自查报告18篇,办实事5条,上专题党课6次,其中3次深入村居,并高质量召开专题民主生活会,查摆出的61条问题和不足均已整改完毕。二是扎实推进政协机构改革。在县委的重视关心下,充实优化工作机构设置和职能分工,专委会数量调整至3个,设立政协提案委员会、政协社会建设和外事教科卫体委员会、文化文史民族宗教法制委员会,在工作开展、人员安排、经费保障等方面提供有力保障,不断推进政协履职能力建设,更好地发挥政协专门委员会协商机构作用。三是推进"两支队伍"建设。先后选送3名政协干部参加自治区级业务培训,推进机关业务水平不断提高,服务能力不断增强。组织相关界别委员到山南市考察学习,拓宽委员眼界,促进委员履职。

回顾一年的工作,我们深刻认识到,新时代加强和改进人民政协工作,必须坚持把习近平新时代中国特色社会主义思想作为统揽政协工作的总纲,坚持用党的创新理论武装头脑、指导实践、推动工作;必须坚持党的领导,坚决贯彻落实党中央大政方针和区党委、市委、县委决策部署,把旗帜鲜明讲政治作为根本要求,把聚精会神抓党建作为首要任务,确保政协工作正确的政治方向;必须坚持人民政协性质定位,把建言献策与投身实践紧密结合,不断丰富政协工作在墨脱的生动实践;必须坚持质量导向,把提质增效贯穿履职全过程,高质量调研、高质量建言、高质量协商议政,推动政协协商成果转化;必须坚持人民政协为人民的鲜明政治立场,主动顺应人民群众对美好生活的新期待,自觉做到议政、建言、献策、出力,皆为民所为,使政协工作更加符合实际、更加顺乎民意;必须坚持委员主体地位,发挥委员主体作用,激发广大委员履职积极性、主动性、创造性,让每位委员干事有舞台、建言有渠道、工作有作为,在共同履职中体现出人民政协制度的整体优势。

各位委员,一年来我们取得的所有成绩,根本在于习近平新时代中国特色社会主义思想的科学指引,是县委坚强领导的结果,是县政府、各单位及社会各界大力支持的结果,是政协广大委员共同奋斗的结果。在此,我代表常委会向大家表示衷心的感谢!

同时,我们还清醒地看到,常委会工作中还存在一些问题和不足。如思想政治引领还需进一步加强,调查研究工作还需进一步改进,服务改革发展稳定的能力还需进一步加强,委员履职能力水平还需进一步提高,专委会作用发挥还需进一步提升等。对这些问题,我们将在今后的工作中采取务实措施,切实加以改进。

## 2020年工作任务

2020年是全面建成小康社会和"十三五"规划的收官之年,也是脱贫攻坚决战决胜之年,是全面贯彻落实党的十九届四中全会精神的开局之年,县政协工作的总体要求是:高举习近平新时代中国特色社会主义思想伟大旗帜,全面贯彻落实党的十九大和十九届二中、三中、四中全会精神,贯彻落实习近平总书记关于加强和改进人民政协工作的重要思想和关于治边稳藏的重要论述,贯彻落实党中央、区党委、市委、县委各项决策部署和对政协工作的要求,以坚持和发展中国特色社会主义为主轴,以加强政协党的建设为引领,以实现"两个一百年"奋斗目标和助推墨脱发展稳定生态三件大事为主线,以正确处理"十三对关系"为根本方法,在县委坚强领导下,牢牢把握团结民主两大主题,忠实履行政治协商、民主监督、参政议政职能,进一步强化思想政治引领、强化专门协商机构作用、强化委员责任担当,凝聚共识、汇聚力量,努力在推动墨脱长足发展和长治久安中更好发挥政协优势、体现政协担当、作出政协贡献。

一、坚持以新思想为引领,切实担负政治责任

新时代加强和改进人民政协工作,首位任务就是学懂弄通做实习近平新时代中国特色社会主义思想,增强"四个意识",坚定"四个自信",做到"两个维护",不断巩固团结奋斗的共同思想政治基础。要深入学习贯彻习近平新时代中国特色社会主义思想,持续推进"两学一做"学习教育常态化制度化,巩固拓展"不忘初心、牢记使命"主题教育成果,推动党的创新理论走深走实,切实做到学思用贯通、知信行统一,从思想上政治上扣好履职的第一粒扣子。坚持把党的政治建设摆在首位,严守政治纪律和政治规矩,坚决维护党中央一锤定音、定于一尊的权威,充分发挥政协党组把方向、管大局、保落实作用,坚决扛起管党治党政治责任,把党的主张通过民主程序转化为政协组织的决定。要认真开展习近平总书记关于加强和改进人民政协工作的重要思想学习研讨活动,学习贯彻中央、区党委政协工作会议精神,准确把握新时代人民政协的新方位新使命,以实际行动当好人民政协制度的参与者实践者推动者。坚持理论联系实际,把强化思想政治引领同经常性思想政治工作结合起来,增强固守政治底线的能力和找到最大公约数、画出最大同心圆的能力。

二、坚持以高质量为目标,努力提升协商效果

习近平总书记强调,人民政协是社会主义协商民主的重要渠道和专门协商机构,是国家治理体系的重要组成部分。从国家政治体制层面,将协商民主由政治理念和政治实践提升为民主制度,也对人民政协工作提出了更高标准和要求。要全面落实中央、区党委政协工作会议精神,坚决执行《中共中央关于新时代加强和改进人民政协工作的意见》和区党委实施意见,把发挥专门协商机构作用作为重要任务,坚持高标准、高要求,推动政协履职作用高质量发挥。完善协商议政平台。让广大委员全程参与协商议政全过程,聚群力、集众智、献良策、谋发展,努力为县委、县政府科学决策、精准施策提供更多更优政协方案。推动提案协商办理。将协商理念贯穿于提案工作全过程,从源头上把好提案质量关,加强重点提案协办督办协商,探索提案办理协商新形式,提升提案工作质量。加强民主监督。提高监督性议题在全年工作中的比例,校准监督选题,丰富监督形式,规范监督程序,增强监督实效。探索建立完善各项制度。聚焦政协党的建设、履职工作、组织管理、内部运行等方面工作,坚持以政协章程为基础,以协商制度为主干,探索并建立完善党的领导、政协履职、委员服务、委员联络等工作制度,推动政协工作运行机制更加健全、运行程序更加畅通、运行效果更加显著。

三、坚持以服务大局为重心,主动作为履职建言

聚焦县委政府对经济工作的形势研判和决策部署,明确履职方向,找准工作重点,自觉把县委确定的目标任务,通过民主程序转化为政协组织和广大委员的履职行动。围绕"一府两院"工作报告,开展全体会议协商,组织委员为墨脱改革发展稳定贡献智慧和力量。围绕推进和谐、幸福、生态、美丽、宜居墨脱,聚焦脱贫攻坚、产业建设、乡村振兴、民生改善等县委政府重视、人民群众心系的课题,从社会治理、新农村建设、特色产业发展、污染防治、就业创业、医疗卫生、易地搬迁等涉及全局的热点难点问题切入,深入调查研究,开展视察监督,组织考察学习,凝聚委员力量,主动协商议政,建真言、出实招、献良策,努力形成一批有见解、有分量、有价值的履职成果,为县委政府科学决策提供重要参考,为全县各族群众分享改革成果,提升获得感幸福感安全感,作出政协贡献。继续扎实做好新冠疫情防控各项工作,深入学习领会中央政治局和区党委、市委、县委关于疫情防控有关会议精神,把思想和行动统一到习近平同志为核心的党中央周围,切实增强忧患意识、责任意识和看家意识,抓好各项防控工作,引导各族各界群众理解、支持、参与疫情防控工作,全力助推我县疫情防控和经济社会发展取得"双胜利"。

四、坚持以团结民主为主题,画好凝心聚力同心圆

坚持大团结大联合主题,固守一致性圆心,拉长包容性半径,找到最大公约数,画出最大同心圆。发挥政协委员广泛联系优势和桥梁纽带作用,更加有效地凝聚人心、汇聚力量、激发活力。深入宣传

阐释党的民族宗教政策，积极开展"四讲四爱""遵循四条标准、争做先进僧尼"等群众教育活动。更好发挥民族宗教界委员作用，密切与民族宗教界代表人士及信教群众的联系，增强民族团结、促进宗教和顺。加强同党外知识分子、非公经济人士和新的社会阶层人士的沟通，把各方面智慧和力量凝聚起来。突出政协文史工作社会功能，推动《墨脱门珞民俗文化》编撰工作，凝聚社会合力、助推社会和谐稳定。

五、坚持以提升履职能力为抓手，切实加强自身建设

始终把加强自身建设作为加强和改进人民政协工作的重要基础，充分认识新时代人民政协的新方位新使命，推动政协工作往深干、朝实做、向前推。要提前谋划做好2021年政协换届的准备工作，制定工作流程和方案，协助做好委员的提名等工作，确保换届工作顺利有序。要进一步加强委员队伍建设，完善委员教育培训机制，提高委员履职能力和水平。要进一步加强干部队伍建设，不断提高机关干部政治把握能力、调查研究能力、联系群众能力、合作共事能力，努力建设一支高素质机关干部队伍。要进一步创新专委会工作方式，推进专委会之间、专委会与党政部门之间的联动协作，完善专委会联系服务界别和委员的工作机制，努力使专委会成为联系委员的重要纽带。要进一步加强政协机关建设，着力打造让委员和群众满意的新时代合格机关，不断提升机关服务保障水平。要持续推进作风建设，营造风清气正政治生态，树立政协机关良好形象。

各位委员，梦想凝聚力量，奋斗成就伟业。让我们更加紧密地团结在以习近平同志为核心的党中央周围，在中共墨脱县委的坚强领导下，不忘初心、牢记使命，团结一心，砥砺前行，以新思想引领前进的方向，以新使命激发奋斗的干劲，不断推动墨脱政协事业提质增效，努力为新时代墨脱高质量发展作出新的更大贡献。

**注释**

1. 中央重要会议内容：党的十九大主题：不忘初心，牢记使命，高举中国特色社会主义伟大旗帜，决胜全面建成小康社会，夺取新时代中国特色社会主义伟大胜利，为实现中华民族伟大复兴的中国梦不懈奋斗；十九届二中全会主要议题：修改宪法；十九届三中全会主要议题：深化党和国家机构改革；十九届四中全会主要议题：坚持和完善中国特色社会主义制度、推进治理体系和治理能力现代化。

2. 中央政协工作会议：中央政协工作会议暨庆祝中国人民政治协商会议成立70周年大会于2019年9月20日至21日在北京召开，习近平总书记出席会议并发表重要讲话。以党中央名义召开政协工作会议，在党的历史、人民政协历史上都是第一次。会议全面回顾了人民政协的光辉历程，高度评价了人民政协在各个历史时期所作的重要贡献，全面总结了党的十八大以来对人民政协工作提出的一系列新要求，深刻阐明了新时代人民政协工作的使命任务、总体要求和着力重点。会后，下发了《中共中央关于新时代加强和改进人民政协工作的意见》。

3. 四个意识：政治意识、大局意识、核心意识、看齐意识。

4. 四个自信：中国特色社会主义道路自信、理论自信、制度自信和文化自信。

5. 两个维护：坚决维护习近平总书记党中央的核心、全党的核心地位，坚决维护党中央权威和集中统一领导。

6. "两个一百年"奋斗目标：在中国共产党成立一百年时全面建成小康社会，在新中国成立一百年时建成富强民主文明和谐的社会主义现代化国家。

7. 遵行四条标准：政治上靠得住、宗教上有造诣、品德上能服众、关键时起作用。

8. 落实下去和凝聚起来：把中共中央对人民政协工作的要求落实下去、把海内外中华儿女实现中华民族伟大复兴中国梦的智慧和力量凝聚起来。

9. 两支队伍：政协委员队伍、政协干部队伍。

10. 新的社会阶层人士：私营企业和外资企业的管理人员和技术人员、社会组织从业人员、自由职业人员、新媒体从业人员。

11. 十三对关系：国家投资和社会投资的关系，建设重大项目和民生项目的关系，发挥优势和补齐短板的关系，农牧民城镇就业和就近就便、不离乡不离土、能干会干的关系，扶贫搬迁向城镇聚集和向生产资料富裕、基础设施相对完善地区聚集的关系，央企在藏资源开发和解决当地农牧民增加收入的关系，保护生态和富民利民的关系，城市发展和提高农牧区基本公共服务能力的关系，高校毕业生政府就业和市场就业的关系，简政放权和地方承接的关系，企业增产提效和改善职工福利待遇、促进农牧民群众增收的关系，中央关心、全国支援和自力更生、艰苦奋斗的关系，鼓励干部担当干事和容错纠错的关系。建成党委政府"好帮手"、人民群众"连心桥"、委员履职"新平台"。

12. 四讲四爱：讲党恩爱核心、讲团结爱祖国、讲贡献爱家园、讲文明爱生活。

# 砥砺初心　勇担使命　稳中求进
# 持续推动全面从严治党向纵深发展

## ——在中国共产党墨脱县第八届纪律检查委员会第五次全体会议上的工作报告

墨脱县委常委、纪委书记、监委主任　朱宇峰

（2020年3月27日）

## 一、2019年工作回顾

2019年是新中国成立70周年，是决胜全面建成小康社会第一个百年奋斗目标的关键之年。县委以前所未有的力度推进风清气正政治生态建设，统筹实施纪检监察体制改革，旗帜鲜明惩治腐败，着力营造风清气正的政治环境。县纪委监委在市纪委和县委的坚强领导下，聚焦主责主业，强化责任担当，坚持把政治建设摆在首位、把纪律和规矩挺在前面，坚定不移正风肃纪反腐。全县党风廉政建设和反腐败工作取得了新进展，全县党员领导干部工作作风不断优化，纪律观念不断增强，服务意识不断提升，党内政治生态进一步改善。

（一）把政治建设摆在首位，坚定不移践行"两个维护"。牢固树立"四个意识"，切实担负起坚决维护习近平总书记核心地位、坚决维护党中央权威和集中统一领导的重大政治责任。深入学习贯彻习近平新时代中国特色社会主义思想。县纪委监委召开15次常委会和集体学习会议进行专题学习，带动全县纪检系统在学懂弄通做实上下功夫，找准做好新时代纪检监察工作的坐标和方向，自觉担当起在推动全县经济社会高质量发展中的政治责任。以严明政治纪律和政治规矩打头管总。深入开展对脱贫攻坚、扫黑除恶、基层减负等工作的监督检查，对落实不力、失职失责的29名党员领导干部严肃问责，保障县委和各级党委（党组）重大决策部署

贯彻落实。把抓好中央第三巡视组脱贫攻坚专项巡视反馈意见整改作为重大政治任务,由县纪委监委领导班子带队,督促各乡(镇)党委和部门落实主体责任,从严从实推动整改;县纪委监委带头抓好整改,56项任务已全部整改完成。

(二)压实落靠两个责任,监督职责进一步夯实。坚持把监督放在首位、挺在前面,着力推进纪律监督、监察监督、巡察监督紧密衔接、同向发力,把权力置于严密监督之下。深入各单位、政务服务大厅、医院、乡(镇)等11个服务接待窗口单位开展专项监督检查工作,重点检查便民服务接待窗口是否存在"矮窗"、工作制度是否结合实际、群众办事是否方便和工作人员是否在岗等问题,并对检查中发现的2项问题进行现场提醒整改,做到立行立改。加强干部选拔任用监督,把好选人、用人廉政鉴定关口,开展干部廉政集体谈话3次,224人参加集体廉政谈话,做出廉政意见154份。充分发挥警示教育预防功能。对2019年度新任转任163名领导干部开展任前廉政考试,对特殊原因未参加考试的干部及时进行了补考,确保全覆盖、无遗漏。开展集中警示教育活动,组织800余人次党员干部观看《作风建设在路上》《榜样》《决不饶恕》等警示教育片,撰写心得体会800余篇,通过反面典型案例,让党员干部引为镜鉴、心存戒惧、知错知止。采取明察暗访、随机抽查、突击检查等形式对全县党员干部职工在履行政治纪律、工作纪律、遵守八项规定等方面开展监督检查,全年开展监督检查50余次,120余人次参与监督检查,查处违反中央八项规定精神2件,立案1人。运用问责手段倒逼党组织和领导干部履行责任,问责领导干部55人,党纪政务处分11人,组织处理45人,发出纪律检查建议2份、监察建议1份。

(三)全面聚焦主业主责,执纪实效显著提高。县纪委监委始终坚定不移正风肃纪、反腐惩恶,持续保持高压态势坚持集中优势力量"优化资源、整合力量""重研判,深调查,细审查",做到"清仓见底,有案必查"。全年共发现和接受信访举报37件次,初核35件,函询2件,立案5件,了结26件,正在办理9件,收缴违纪资金100余万元,挽回经济损失34余万元。运用"四种形态"共处理违纪违法党员干部55人次:充分运用第一种形态,谈话提醒、约谈函询、诫勉谈话等42人次,占总人次的76.36%;妥善运用第二种形态"党纪轻处分和组织处理"1人次,占总人次的1.82%;准确运用第三种形态,给予重处分、重大职务调整2人次,占总人次的3.64%;合理运用第四种形态,依规依纪依法处理严重违纪违法涉嫌犯罪的党员干部10人次,占总人次的18.18%,监督执纪由"惩治极少数"向"管住大多数"拓展,取得了良好的社会效果。

(四)巩固作风建设成果,党风政风进一步优化。抓住元旦春节、清明端午、中秋国庆等关键节点,制定下发了关于廉洁过节通知5份,发送廉洁短信6000余条,利用各单位LED滚动播出廉洁过节标语、在县纪委监委微信公众号上重申纪律要求、要求各单位开节前教育会等方式营造廉洁过节的氛围。同时在节假日期间开展监督检查40余次,110余人次参与,形成了对党员干部节日行为的刚性纪律约束。全年集体组织、自发组织参观廉政警示教育基地52余次,受教人数达714人次。组织全县55家单位参加第二十四个党风廉政宣传教育月活动,制作宣传展板10个,发放宣传书籍、手册、宣传单等共计1600余份,受教人数达1500余人。全县各乡镇、各单位开展集中警示教育100余次,干部讲廉政党课30余次,受教人数达2000余人次;组织441名党员干部参加《党章》《中国共产党廉洁自律准则》《中国共产党纪律处分条例》等党纪党规测试。转发、印发各类通报42份,集中在电视、微信公众号、LED显示屏等平台,公开曝光各种违规违纪行为,做到对违规违纪行为和"潜规则"行为的及时曝光。

(五)坚持以人民为中心原则,专项整治群众身边腐败和作风问题。成立以朱宇峰书记为组长的墨脱县扶贫领域腐败和作风问题专项治理工作领导小组,制定《墨脱县扶贫领域作风问题专项治理工作方案》,把扶贫领域专项治理工作与整治群众身边腐败和作风问题,与整治领导干部利用名贵特产资源谋取私利问题相结合;充分发挥信访主渠道作用,利用互联网、微信等科技手段,设置举报箱10

个、举报电话10部、举报邮箱1个、微信举报平台1个；2019年发现和收到扶贫领域问题线索13条，现已全部办结，对5人进行诫勉谈话，5人进行谈话提醒，约谈6人，批评教育5人，对扶贫领域主体责任落实不到位、监督职责履行不到位的乡镇纪委书记8人进行约谈；同时，围绕党中央、区党委和市委相关决策部署和工作会议精神，开展扶贫领域监督检查130余次，梳理问题80个，下发督办通知10份，完成76个整改问题。按照《墨脱县关于开展扫黑除恶打非治乱专项斗争的工作方案》，找准扫黑除恶与反腐"拍蝇"结合点，深挖彻查放纵、包庇黑恶势力甚至充当"保护伞"的党员干部，充分利用县纪委监委资源优势签订墨脱县扫黑除恶打非治乱专项斗争承诺书1份，设置举报箱10个，悬挂宣传横幅10余条，张贴海报30余份，开展扫黑除恶监督检查50余次；对1起涉恶案件启动"一案三查"程序，开除党籍8人，党内警告1人，诫勉谈话3人，约谈3人，谈话提醒1人。

（六）深入开展政治巡察，巡察效果进一步显现。精准把握巡察政治定位，以党的政治建设为统领，把树牢"四个意识"、做到"两个维护"为根本政治任务，将执行"六大纪律"和夺取反腐败斗争压倒性胜利作为巡察工作重点，着力发现和推动查处发生在群众身边的不正之风和腐败问题，切实形成震慑，为全面从严治党提供有力保障。2019年县委巡察办共开展两轮巡察工作，共发现问题239个，向县纪委监委移交问题线索2条，向被巡察单位反馈意义建议147条。

（七）健全监督体系，推进监察体制改革向"深水区"前进。成立以县委书记旺东为组长的墨脱县推动监察工作向基层延伸改革试点工作领导小组，制定《墨脱县关于推动监察工作向基层延伸改革试点工作的实施方案》，在8月下旬实现全县7乡1镇派出监察室机构人员配置、工作职责和权限、工作机制三到位，基本实现监察工作全覆盖。建立《墨脱县纪委监委领导班子成员分片联系指导乡（镇）纪委工作制度》，6位委领导分6个组指导7乡1镇纪检监察工作，各乡（镇）纪委履职能力进一步提升。

（八）注重干部队伍建设，综合能力素质进一步提升。结合"不忘初心、牢记使命"主题教育活动，围绕守初心、担使命召开动员部署会，旗帜鲜明讲政治，带头维护以习近平同志为核心的党中央权威和集中统一领导，努力在深入学习贯彻习近平新时代中国特色社会主义思想上作表率，在自觉同党中央保持高度一致上作表率，在坚决贯彻落实党中央各项决策部署上作表率。开展领导干部讲党课8次，集中观看警示教育片《榜样》《决不饶恕》6次，撰写心得体会60余篇。参加"红色夜校"学习6次，开展主题党日活动12次。认真安排学习十九大精神、各级纪委会议和讲话精神30余次，先后安排21人次参加区、市纪委监委组织的集中培训学习，1人到广东跟班学习，1人到福建挂职锻炼，1人到区纪委跟班学习、3人到市纪委跟班学习、组织乡（镇）纪检干部8人到县纪委跟班学习。突出以案为教、以案释法，举办纪检监察系统综合业务培训班3期，培训纪检监察干部40人。

总结过去一年，在习近平新时代中国特色社会主义思想的指导下，全县各级纪检监察机关一刻不停歇地推进党风廉政建设和反腐败斗争，推动全面从严治党取得了新成效。成绩来之不易，经验弥足珍贵。在此，我谨代表县纪委常委会向奋战在一线的广大纪检监察干部和关心支持纪检监察工作的领导和同志们表示衷心感谢和崇高敬意！

在充分肯定成绩的同时，我们也清醒地看到，我县的纪检监察工作与新形势、新要求相比，还存在着较大差距。一是面对新形势，部分纪检监察干部创新能力不足，工作中时常按照惯性思维解决遇到的新情况、新问题，不能满足纪检监察体制改革提出的新要求，队伍的整体效能还没有得到充分发挥。二是少数党组织主体责任落实不力，对干部的日常管理监督不严，形式主义、官僚主义问题比较突出，群众身边腐败和作风问题仍然多发。三是监督覆盖面还不够广泛，对发生在"神经末梢"的苗头性问题和违纪问题不能及时发现，在打通从严治党"最后一公里"上还需要进一步加强，还没有更好地做到"潜在问题及早防范，有了问题及早发现，一般问题及早纠正，严重问题及早查处"。对这些问题，我们要认真研究改进,高度重视、认真解决。

## 二、2020年工作重点

2020年是全面建成小康社会和"十三五"规划收官之年,站在"两个一百年"奋斗目标的历史交汇点上,做好纪检监察工作意义重大。纪检监察工作必须适应新形势、抓住新机遇、展现新作为。以习近平新时代中国特色社会主义思想为指导,全面贯彻党的十九大和十九届二中、三中、四中全会精神,增强"四个意识"、坚定"四个自信"、做到"两个维护",以党的政治建设为统领,全力协助县委推进全面从严治党,切实履行好监督职责。坚持纪严于法、纪法协同,一体推进不敢腐、不能腐、不想腐。坚持问题导向,做到工作初心不变、工作力度不减、工作成效不降。坚持无禁区、全覆盖、零容忍,重遏制、强高压、长震慑,始终坚持"严"字当头。坚持稳扎稳打,以钉钉子精神推动工作高质量发展,推动建设风清气正政治生态,打造忠诚干净担当的纪检监察队伍,为决胜全面建成小康社会、决战脱贫攻坚提供坚强保障。

(一)提高政治站位,坚决扛起"两个维护"重大政治责任。持之以恒学懂弄通做实习近平新时代中国特色社会主义思想,不断巩固深化主题教育成果,一以贯之用习近平新时代中国特色社会主义思想武装头脑、指导实践、推动工作。持续不断把保障县委重大决策部署贯彻落实作为重中之重,坚持县委重大决策部署到哪里,监督检查就跟进到哪里。督促各级党组织和党员领导干部把"两个维护"落实到实际行动上,坚决查处有令不行、有禁不止等行为,确保党中央、县委政令畅通。严明政治纪律和政治规矩,聚焦"七个有之"问题,严肃查处政治上离心离德、思想上蜕化变质、组织上拉帮结派、行动上阳奉阴违等行为。严肃党内政治生活,加强对新形势下党内政治生活若干准则等法规制度执行情况的监督检查,着力纠正违规决策、违规用人、好人主义、批评和自我批评走过场等问题,对巡视巡察发现突出问题的,要责令召开专题民主生活会,推动党内政治生活严起来、实起来。

(二)聚焦监督执纪重点,进一步提升人民群众的获得感。一是围绕落实中央区市县委决策部署、联系服务群众等方面,深入查找不抓落实、空泛表态、应景造势、敷衍塞责、出工不出力等形式主义、官僚主义突出问题。二是认真开展扶贫领域专项治理。紧盯扶贫政策落实、项目安排、资金使用、责任落实开展明查暗访,严肃查处贯彻落实脱贫攻坚决策部署不到位、敷衍应付的问题,严肃查处贪污挪用、虚报冒领、截留私分、挥霍浪费、吃拿卡要等突出问题,严肃查处盲目决策、弄虚作假,搞数字脱贫、虚假脱贫等问题。三是将扫黑除恶打非治乱专项斗争作为一项重大政治任务,摆在工作全局突出位置,列入重要议事日程,深挖彻查"保护伞",实行"零容忍"态度、"高压"态势,排除阻力,为扫黑除恶打非治乱专项斗争提供纪律保障。

(三)突出政治监督日常监督,进一步压紧压实两个责任。协助县委全面推进从严治党,构建一体推进不敢腐、不能腐、不想腐体制机制,重点在提高政治监督质量特别是日常监督实效上积极作为。牢牢抓住党委(党组)主体责任、党委(党组)书记第一责任人这个"牛鼻子",督促各级党组织和领导干部知责、履责、尽责,对党的领导弱化、党的建设缺失、全面从严治党责任落实不到位、腐败问题严重、不作为乱作为的党组织,严格问责、通报曝光。抓住监督要害点,一是管好关键人,加强对实权岗位公职人员的监管,特别是要管住管好一把手;二是管住关键权,加强对选人用人、审批监管、项目实施、资金分配等权力行使重点部位的监督,保证公权力正确行使;三是管在关键处,加强对重要时段、重要节点、重大活动开展、重大决策部署实施的监督,防范关键时段的廉政风险;四是持续监督中央八项规定精神落实情况,深挖细查"四风"问题隐形变异的种种表现,盯住重要时间节点,坚决防止"疲劳综合症",对顶风违纪的从严查处,对典型问题通报曝光。

(四)强化审查调查质量,进一步发挥查办案件的治本作用。在提高案件查办的精准性上下功夫,加强与市纪委相关业务处室的沟通,加强与司法机关的协调,注重提前介入环节的运用把握,切实提高审查调查工作的时效。坚持系统办案思维,重点查处党的十八大以来不收敛、不收手,问题线索反映集中、群众反映强烈,政治问题和经济问题交织的腐败案件;紧盯重大工程、重点领域、关键岗位,特别是权力集中、资金密集、资源富集的部门和行业,依法查处贪污贿赂、滥用职权、玩忽职守、徇私舞弊等职务违法和职务犯罪问题,坚决清除甘于被"围猎"的腐败分子。组织开展案件质量自查评查,提升办案能力,强化经验总结,注重剖析典型案件,深挖问题根源,做好以案促教、以案促改、以案促责"一案三促"案件查办后半篇文章。强化安全文明审查调查意识,加强教育培训和督促检查,压实工作责任,切实把安全工作抓在平常、落在实处,为纪检监察工作高质量发展提供保障。

(五)持续深化政治巡察,进一步促进整改常态化长效化。加强政治巡察,统筹安排常规巡察、专项巡察,把巡察与政治生态建设相结合,与整治群众反映强烈的问题相结合,与解决日常监督发现的突出问题相结合,着力发现违反党的"六大纪律"、搞"七个有之"、形式主义和官僚主义,在贯彻落实习近平总书记重要讲话和重要指示精神、推进重点领域和关键环节改革等方面存在的问题,更好发挥标本兼治战略作用。扎实做好巡察"后半篇文章",夯实整改主体责任,完善纪检监察机关、组织部门加强巡察整改日常监督工作机制,形成有序衔接、互为补充、协调一致的整改监督链条。巡察中问题线索清晰的要立即查办,巡察后移交的问题线索要优先办理,不能巡察"雷声大"、查办"雨点小"。健全整改督查督办制度,跟踪督办整改落实情况,对整改责任不落实、敷衍整改,甚至边改边犯的严肃问责。

(六)着力提高能力素质,进一步打造本领过硬的干部队伍。加强纪法业务培训,提高业务素质。查办案件中,在保证案件质量的前提下,纪委监委同志共同参与,以老带新,相互学习。选取有典型意义的违纪违法案件,由具体办案人员以案剖析,认真讲解案件涉及的实体法和程序法,向全委干部传授具体查办过程的切身感受和行之有效的工作方法,促进业务素质的整体提升。强化内部监督,坚持刀刃向内,对反映纪检监察干部的问题线索认真核查,对失职失责、行为失范的严肃问责,真正把"打铁的人"锤炼成"铁打的人",用实际行动书写忠诚干净担当,确保党和人民赋予的权力不被滥用、惩恶扬善的利剑永不蒙尘。

# 墨脱县人民法院工作报告

## ——在墨脱县第十一届人民代表大会第六次会议上

墨脱县人民法院院长　云　登

（2020年4月23日）

### 2019年工作回顾

2019年，墨脱县人民法院以习近平新时代中国特色社会主义思想为指导，在县委的正确领导，人大和上级法院的监督指导，政府、政协及社会各界的关心支持下，深入学习贯彻党的十九大、十九届二中、三中、四中全会和中央第六次西藏工作座谈会精神，贯彻落实习近平总书记关于治边稳藏重要论述，贯彻落实区党委九届四次、五次、六次全会，市委一届八次全会、县委八届四次全会精神，紧紧围绕"努力让人民群众在每一个司法案件中感受到公平正义"的目标，忠实履行宪法法律赋予的司法审判职责，为我县经济社会持续健康发展提供了有力的司法服务和保障。截至2019年12月31日，本院共受理各类案件68件（含旧存4件），其中受理刑事案件8件28人，审结8件28人，受理民事案件50件（含旧存4件），已结38件，未结12件；受理执行案件10件，已结9件，未结1件。综合结案率为80.88%，审限内结案率100%。

一、服务大局，保障社会长治久安、促进经济健康发展

（一）全力维护稳定，保障安全生产。一是充分发挥法院在维稳工作中的职能作用，妥善处理各类社会矛盾，及时向县委、政法委请示、报告重点工作、重大事项、重要案件8次；二是积极开展综治工作，完善维稳应急预案、强化24小时值班带班制度，参与县维稳指挥中心带班值班30余人次，安排部署驻村工作队参与维稳值班80余人次，安排干警在院内值班500余人次，在"3月敏感期"和"70周年"大庆期间，出动干警150余人次，警车1辆参与

执行安保巡逻45天（次）；三是营造安全稳定的审判工作环境，提高干警的消防安全意识和应急处突能力，组织法院干警20余人次开展消防、应急演练2次，出警538人次开展安全检查269次，出警252人次押解108次，出警216人次看管108人次，出警226人次值庭110次，出警4人次协助执行4次，为法院机关安保和庭审顺利进行提供了强有力的安全保障。

（二）铁腕扫黑除恶，净化社会环境。坚决贯彻习近平总书记关于扫黑除恶打非治乱专项斗争的重要指示精神和中央、各级党委决策部署，将专项斗争纳入全年工作重点规划，抽调精干力量，形成刑庭负责，各庭室配合的工作机制。全年召开专题会议3次，研究部署和总结相关工作，制定修改实施方案2次，向上级法院、县扫黑办汇报情况8次，派员参加专题会议7人次。制作扫黑除恶打非治乱成果展示资料10份，庭审现场图片资料1份，宣传册2000份，宣传单1000份，前往格当、达木乡贡日村、德兴乡、背崩乡开展扫黑除恶法制宣讲8场次，通过墨脱电信公司向社会公众推送扫黑除恶信息20000余条，覆盖全县所有电信手机用户，营造浓厚的扫黑除恶舆论氛围。

受理恶势力犯罪案件（即"9.01"案件）1件。及时向县扫黑办、市中院扫黑办、区高院扫黑办汇报了相关情况。在县委政府的坚强领导下，在各单位部门的关心支持下，合议庭依法公开宣判，19名被告人全部定罪量刑，其中判处3年以上有期徒刑2人，判处2—3年有期徒刑4人，1—2年有期徒刑12人，判处1年以下有期徒刑1人；一审宣判后，朗某等8人提起上诉。市中院二审开庭审理并作出终审判决，因证据不足，撤销一审对达井妨害公务罪的判决，对其他判项予以维持。有力打击了恶势力犯罪分子的嚣张气焰，为净化社会环境，推动长治久安提供了坚强的司法保障。

（三）延伸审判职能，履行普法责任。按照"七五"普法依法治理规划，落实"谁执法谁普法"责任制。派出干警50余人次，车载流动法庭21车次，开展法律进校园、进机关、进社区、进企业14次，前往墨脱镇、德兴乡、格当乡、背崩乡开展法律进乡村活动13次，向群众宣传宪法、刑法、民法、未成年人保护法、反家暴法、治安管理处罚法、扫黑除恶等相关法律知识，宣传讲解拒不履行法律生效判决、裁定的后果，为群众提供法律咨询1500余次，发放宣传资料5000余份，受教育群众9000余人次。10月，组织县中学七年级学生在科技法庭模拟法庭审理过程，由学生充当诉讼参与人角色，现场体验庭审活动，零距离感受法治教育。通过"法律八进"，加强了法院与基层组织、人民群众的联系，进一步整合了司法资源，使农牧民群众提升了法律意识，为化解社会矛盾纠纷提供了良好平台，为全县社会和谐营造了良好法制氛围。

（四）聚焦强基惠民，助力脱贫攻坚。以主题教育和结对帮扶为契机，党组、支部组织深入德兴、格当各村开展慰问帮扶、普法调研5次，向乡村党员干部群众讲授专题党课，以案释法宣讲法律知识。在基层乡村设置流动法庭服务点，带领法院干警妥善化解纠纷、提供法律咨询，为5起群众维权纠纷提供了解决思路；开展帮扶困难党员、群众、大学生、慰问环卫工人、"10.17"扶贫捐款等活动，折合资金18220元。驻村工作队配合村两委依靠群众积极工作，开展村两委补选工作，依托村干部素质文化提升，推普脱贫攻坚学习平台，对村两委班子和群众进行集中轮训，学习宣传贯彻习近平新时代中国特色社会主义思想、十九大精神等，守初心担使命，提高思想认识，抓好班子引领。组织学习法律法规，入户宣传扫黑除恶知识、开展线索摸排，发动群众积极参与，形成严打高压态势。为切实做好精准扶贫工作，驻村工作队走村入户，掌握村情民意，制定帮扶计划，夯实脱贫攻坚基础，帮助村民清查民工工资拖欠事宜，协调施工方支付拖欠工资；申请并栽种庭院经济果树3243棵；争取投入资金20000元，完成96K及62K吊桥维修项目；争取80万"七叶一枝花种植基地"村集体产业项目；启动全村90户饮水改造工程；开展帮扶慰问和各类活动投入物资5000余元，组织环境卫生清理60余次，为村民出具证明材料120余份，解决生活用水用电困难27户；实现3户4人脱贫，完成全村脱贫任务，获得群众一致好评。

## 二、公正司法，依法打击惩治犯罪、维护群众合法权益

（一）力抓刑事审判，打击犯罪、维护权威。受理刑事案件8件，结案8件，判处有期徒刑以上刑罚22人，拘役1人，适用缓刑2人。刑事审判工作中始终把维护社会稳定作为首要任务，贯彻落实以审判为中心的刑事诉讼制度改革，积极开展认罪认罚从宽制度，强化刑事审判的打击和教育职能，注重法律效果和社会效果的有机统一。为提高办案效率，适用刑事速裁程序审结案件1起；为打击黑恶势力犯罪，依法审结涉恶案件1起19人；为维护人民警察执法权威，依法审结妨害公务罪案件1起2人；为维护生效判决权威，刑事审判庭向立案庭移交罚金追缴案件1起2000元，目前已由执行局执行到位。

（二）调判民商案件，定纷止争、保障民生。受理民商事案件50件（含旧存4件），立案标的2336.83万元，结案38件，结案标的910.79万元，结案率为76%。其中离婚纠纷3件，房屋租赁合同纠纷5件，建设工程合同纠纷6件，不当得利纠纷3件，买卖合同纠纷案件10件，租赁纠纷7件，劳务合同纠纷5件，借款合同纠纷2件，交通事故责任纠纷、民间借贷纠纷、旅店合同纠纷、侵权责任纠纷等各1件。民事案件审理过程中，建立多元化矛盾纠纷解决机制，坚持"能调则调，当判则判，调判结合"的原则，调解优先、多元解纷，已结案件中，调解结案和调解撤诉25件，调撤率为65.79%，尽量通过诉讼调解达到化解纠纷的目的，减少双方的对抗性，提升服判息诉率。

（三）健全执行格局，巩固成效、攻坚克难。坚持在县委领导下开展执行工作，进一步健全完善党委领导、政法委协调、人大监督、政府支持、法院主办、各部门配合的辖区综合治理执行难大格局；巩固基本解决执行难工作成果，持续提升执行质效。全年受理执行案件10件，结案9件，结案率为90%（未结1件在执行期限内），通过执行指挥平台受理区内外委托（协助）执行事务8件，全部办结。申请执行标的228.79万元，执行到位218.79万元，纳入失信被执行人名单1人，限制高消费1人，让失信被执行人"一处失信、处处受限"，有效遏制使被执行人规避执行、抗拒执行现象。

## 三、狠抓队伍，加强自身能力建设、提升司法审判质效

（一）加强理论学习，提高党建质量。坚持"抓党建、带队建、促审判"工作思路，坚持党对法院工作的绝对领导，完善党组中心组、党支部学习机制，开展"不忘初心、牢记使命"主题教育、"政治建警"专项活动、"党员政治教育"培训，强化队伍思想建设，通过理论中心组、"三会一课"、周五学习会，认真学习习近平新时代中国特色社会主义思想及党章党规、准则条例，学习宣传《中国共产党政法工作条例》，不断增强"四个意识"、坚定"四个自信"、坚决做到"两个维护"，利用集中学习和自学、观看影视宣传片、参观廉政教育基地和门珞历史博物馆、"学习强国"APP等多种形式加强政治理论学习，不断增强干警政治理论素养。

（二）加强业务培训，提高业务水平。结合工作实际，通过参加培训、邀请交流、组织学习等多种形式，拓展干警学习培训渠道，加强业务培训力度，夯实业务功底，着力培养一批业务骨干。选派干警15人（次）在国家法官学院西藏分院、林芝、广东、辽宁等地参加培训学习；积极参加上级法院、第五巡回法庭组织的各类远程视频培训，做到全院参训，强化干警对法律的适用和理解能力，加强教育培训和实战训练；院内办公室、民庭、刑庭、立案庭、执行局等部门轮流组织司法行政和审判业务知识学习，法警队自行组织学习《人民法院司法警察规范性文件汇编》，不断规范行政后勤、审判执行、司法警务保障工作，全面提升审判执行工作能力，推进高素质专业化干部队伍建设。

（三）深化党风廉政，公正廉洁司法。严格执行中央八项规定及其实施细则精神，严格执行人事任免、三公经费制度，以制度管权、管事、管人，坚持民主集中制，召开党组会议50次，研究"三重一大"事项并及时向县委或上级法院请示汇报，协调有关部门推动工作落实；积极接受上级法院司法巡查、审务督察，坚持刀刃向内、自查整改，加强对干警的教育监管，定期、不定期听取各庭室局队关于党风

廉政建设工作汇报7次,开展谈心谈话20余人次,组织干警及时传达纪委有关党员领导干部违反中央八项规定精神等问题的通报、观看廉政警示教育片、开展廉政知识测试30余次,以法院文化和廉政文化丰富干警的精神生活,树牢"忠诚、为民、公正、廉洁"的政法干警核心价值观,坚持公正裁判、依法办事,不徇私情,不谋私利,做到反腐倡廉常抓不懈、拒腐防变警钟长鸣。

(四)联络代表委员,主动接受监督。院领导直接走访和联系全国人大代表3人次,召开征求意见座谈会1次,征集意见建议3条(已向上级法院协调办理);邀请县级以上人大代表、政协委员列席法院重要会议5人次,邀请代表委员参观视察法院工作2次;邀请代表委员、廉政监督员和党政机关领导旁听"朗某等19人犯寻衅滋事、妨害公务"等重大案件庭审4人次。我院适用普通程序审结案件35件,人民陪审员参审32件,参审率91.43%,推动法院审判业务各项工作。提请县人大常委会进行人事任免等议题3件次,虚心听取并认真办理各方意见建议,增强接受监督的自觉性、主动性、经常性。

四、深化改革,提升诉讼服务水平、优化机构职能管理

(一)创新诉讼服务,规范立案信访。诉讼服务中心在深化改革上做文章,在制度建设上谋创新,坚持依法登记立案,打造两个"一站式"诉讼服务建设,设立专门窗口,试行跨域立案,协调区内外14家兄弟法院开展了2次大规模全流程跨域立案演练,建立就近受理申请、管辖权属不变、数据网上流转的联动机制,实现就近能立、多点可立、少跑快立。同时拓展网上服务功能,应用西藏移动微法院、人民法院调解平台,提供网上引导、立案、在线调解、案件查询、法律咨询等服务,做好法律释明工作,保护当事人的诉权,准确及时受理各类案件。对符合条件的当事人经申请依法决定缓、减、免交诉讼费用,办理减免缓诉费案件2件2人,减交诉讼费11690.32元。进一步做好信访工作,全年接待来诉来访群众400余人次,为使来访者畅言诉求,接待人主动热情、亲切周到,文明规范,提升便民利民服务水平,树立法院良好的服务窗口形象。

(二)精简内设机构,优化职能管理。按照区高院《关于积极推进全区各级法院内设机构改革工作的通知》文件精神,制定墨脱县人民法院内设机构改革实施方案,推进法院内设机构改革。为科学设置审判业务机构,推进审判职能优化、实现内部管理扁平化,在理顺当前本院内设机构的职能、优化分工的基础上,拟将本院现有10个内设机构精简为政治部、综合办公室(司法法警大队)、立案庭(诉讼服务中心)、综合审判庭、执行局5个内设机构,机构改革方案已报区高院,正在审批中。

(三)完善人员分类,落实权责机制。结合审判执行业务工作,对干警进行分类定岗,组建了以员额法官为核心,法官助理、书记员分工协作、紧密配合的立案、刑事、民事、执行、审监5个审判团队;落实司法责任制、多元化纠纷解决机制、案件繁简分流机制,推行院、庭长办案和法官联系会议制度,院领导主动参与办理大案要案,主审疑难复杂案件;建立健全主审法官、合议庭办案责任制,让审理者裁判、让裁判者负责,入额办案、办案担责、有责追究的司法权运行机制正在形成;在市中院的指导下,开展首批聘用制书记员招录工作,按照法定程序公开公正招录聘任制书记员2名;因工作调动等原因,经自治区高院党组批准同意,有3名法官退出员额,为及时补充员额法官,争取把能办案、办好案的人员遴选进入法官队伍,新增1名入额法官,向上级法院报送1名拟入额法官人选。

(四)运用现代科技,建设智慧法院。坚持以促进审判体系和审判能力现代化为目标,将现代信息技术与司法审判深度融合,依托信息化手段不断推进审判流程、裁判文书、执行信息、庭审直播等公开平台建设,实现业务网上办理、全流程依法公开、全方位智能服务,为群众提供多方位、多元化司法服务。推进诉讼服务中心、执行指挥中心建设,推行网上立案、电子送达、自助缴费等便民平台,充分利用法院门户网站、微信公众号、电子显示屏等宣传媒介宣传法院工作。

各位代表!回顾法院工作取得的成绩,是县委正确领导,人大有力监督,政府、政协及社会各界支

持的结果。在此，我代表墨脱县人民法院向长期关心支持法院工作的县委、人大、政府、政协及有关部门表示衷心的感谢！向竭诚帮助法院工作的人大代表、政协委员和社会各界致以崇高的敬意！

在看到成绩的同时，我们也清醒地认识到，在司法审判实践当中，我们还存在一定的不足和问题：一是用习近平新时代中国特色社会主义思想指导实践、推动工作的能力有待进一步提升；二是司法服务水平与人民群众日益增长的司法需求相比还存在一定的差距，办案质效有待进一步提升；案多人少矛盾与缺编短员交织，干警身兼多职情况大量存在，员额法官、司法辅助、行政人员还需配齐配强，与正在推进的司法改革的要求还不完全相适应。对此，我们将紧紧依靠党的坚强领导，积极争取各方理解和支持，认真研究，加以解决。

## 2020年工作要点

2020年我院将继续以习近平新时代中国特色社会主义思想为指导，认真贯彻落实党的十九大、十九届二中、三中、四中全会精神，贯彻落实习总书记关于治边稳藏重要战略思想，认真贯彻落实区党委九届四次、五次、六次全会，市委一届八次全会、县委八届五次全会精神，上级党委、法院的部署要求和本次大会决议，以司法为民、公正司法为主线，以司法改革为动力，充分发挥审判职能作用，提升审判质效，提高队伍素质，为全县社会稳定和经济发展提供更加有力的司法保障。

一、坚持党的领导。坚持以习近平新时代中国特色社会主义思想武装头脑、指导实践、推动工作，进一步强化"四个意识"、坚定"四个自信"、坚决做到"两个维护"，始终在政治立场、政治方向、政治原则、政治道路上与以习近平同志为核心的党中央保持高度一致，自觉把法院工作置于党的绝对领导之下，确保党的重大决策部署在县法院得到不折不扣的贯彻执行。

二、坚持服务大局。立足司法审判职能，依法严厉打击危害国家安全犯罪，严惩涉黑涉恶犯罪及其"保护伞"，维护社会稳定，净化社会环境，保障人民安居乐业。积极适应墨脱县经济快速发展新形势，依法妥善化解经济结构调整、产业转型升级中出现的各类矛盾纠纷，防范化解重大风险，为经济发展营造良好的法治化营商环境。

三、坚持司法为民。坚持以人民为中心的发展思想，进一步转变司法作风，促进司法公正，提升审判质效，织密民生司法保障网络，加快推进两个"一站式"建设，为人民群众提供矛盾纠纷多元化解渠道和更加便利高效的司法诉讼服务。持续巩固"基本解决执行难"工作成效，不断提高执行工作能力和水平，确保胜诉当事人及时实现权益，切实增强人民群众对司法审判工作的获得感、满意度。

四、坚持改革创新。全面落实司法体制综合配套改革任务，进一步健全和完善符合改革精神、适应司法需求的各项工作机制，加强审判权运行监督和管理，持续深化司法公开、促进阳光司法，不断优化资源配置，提高司法效能，推动改革向促进司法公正高效、便民惠民利民的方向发展，把改革成效体现在提高审判工作质量和效率上。

五、坚持党建带队。始终把党的政治建设摆在首要位置，结合"两学一做"学习教育常态化、制度化，不断巩固"不忘初心、牢记使命"主题教育成果，强化法官职业道德建设和法院文化建设，加快推进正规化、专业化、职业化、革命化队伍建设，进一步筑牢人民法院高举旗帜、听党指挥、忠诚使命、服务人民的政治本色，努力打造忠诚、干净、担当的法院队伍。

各位代表！新的一年，面对新时代、新任务、新征程，墨脱县人民法院将更加紧密地团结在以习近平同志为核心的党中央周围，在习近平新时代中国特色社会主义思想的光辉指引下，在县委坚强领导下，按照本次大会的决议，不忘初心、牢记使命，积极进取、担当作为，为决胜全面建成小康社会、谱写好中华民族伟大复兴中国梦的墨脱篇章做出应有贡献。

# 墨脱县人民检察院工作报告

## ——在墨脱县第十一届人民代表大会第六次会议上

墨脱县人民检察院检察长 李 彦

（2020年4月23日）

**2019年工作回顾**

2019年以来，墨脱县人民检察院在县委和上级检察机关的坚强领导下，在县人大及其常委会的依法监督下，在县政府、政协和社会各界关心支持下，坚持以习近平新时代中国特色社会主义思想为指导，认真贯彻落实党的十九大和十九届三中、四中全会精神，按照最高人民检察院"讲政治、顾大局、谋发展、重自强"的总要求和坚持"一个引领"、把握"两个紧扣"、突出"三个围绕"的西藏检察工作总思路，认真落实十一届人大五次会议决议，在忠实履行宪法法律赋予的职责中体现新担当、展现新作为。

一、旗帜鲜明讲政治，始终坚持检察工作正确方向

坚持以习近平新时代中国特色社会主义思想武装头脑、指导实践、推动工作，坚持使命引领和使命担当相统一，牢牢把握党对检察工作的绝对领导，始终坚持以党的政治建设统领检察工作。

强化班子建设，发挥头雁效应。以发挥班子成员示范带头作用带动检察队伍整体素质的提高。组织召开党组理论中心组学习16次，班子成员做交流发言10余次；认真贯彻民主集中制原则，坚持"三重一大"事项上党组会议，全年研究重大事项10次，干部任用7次、项目安排8次、大额资金使用3次。认真贯彻落实《中国共产党重大事项请示报告条例》《中国共产党政法工作条例》，积极向上级院和县委请示报告工作20余项。提高班子成员业务能力水平，入额3名检察官班子成员共办理案件13件。

强化思想教育，深化思想自觉。以党员政治教育、"全面加强政治建检，打造过硬检察队伍"、"不忘初心、牢记使命"等专题教育为载体，组织学习习近平新时代中国特色社会主义思想，学习党的十九大和十九届四中全会精神。坚持学用贯通，深入贯彻落实习近平总书记关于政法工作的重要论述、指示精神以及区党委、上级检察机关的决策部署，进一步增强干警"四个意识"、坚定"四个自信"、做到"两个维护"。坚持学做结合，组织开展助农采茶、送法下乡、廉政党课、走进楷模、净化家园等主题活动，提升干警为民意识和履职水平，拉近检民距离，让"检察更接地气"。坚持意识形态引领，打造党建文化走廊，丰富党建宣传阵地，营造浓厚党建工作氛围。

落实检务公开，主动接受监督。不断强化监督者更要接受监督的意识，自觉接受人大依法监督、政协民主监督、新闻舆论监督及社会各界监督。接受代表委员监督，全年共向县人大、政协发送检察信息130余篇，向县委常委会报告检察工作1次；邀请各级人大代表、政协委员36人次参加"检察开放日"活动和案件汇报会，向代表委员全面汇报检察工作开展情况、重大敏感案件办理情况，听取意见建议。接受新闻舆论监督，全年公开办结案件信息33条，其中重要案件信息3条、法律文书3份，

公开比例达到90%。利用"两微一端一网"发布信息390余条、阅读量逾百万人次。

二、围绕中心顾大局,切实扛起检察服务县域发展政治责任

坚持以人民为中心的发展思想,找准检察工作与县委中心工作深度融合的切入点、结合点、着力点,为坚决打好"三大攻坚战",提供优质"检察产品"。

检察职能在防范化解重大风险中的作用更加凸显。全年,县级干部包乡(镇)维稳蹲点60余天,共投入检力400余人次、投入警车6台次,参与值班备勤和武装巡逻,落实敏感节点24小时值班带班、日报告、零报告制度;选派一名干部深入帮辛乡根登村开展驻村工作,与村两委班子联合,落实好驻村各项工作任务;主动推进扫黑除恶打非治乱专项斗争,成功起诉墨脱县首例涉恶案件,组织对已办结刑事案件开展"回头看"互查活动,深挖涉黑涉恶案源,认真落实中央扫黑除恶第13督导组反馈问题整改工作,确保专项斗争规范有序;加大以案释法宣传力度,参与和开展各类法治宣传活动12次,发放宣传资料1000余份。借助普法短信平台向全县干部群众发送宣传信息6000余条。两名干警分别担任县完小法制副校长和法制辅导员,共开展法治教育课6节、普法宣传5次。

检察职能在服务脱贫攻坚中的作用更加凸显。全年,共有10人次深入乡镇协助开展脱贫攻坚工作;深化结对帮扶,结合主题教育,深入3户贫困户家中开展走访慰问,发放慰问金1200元;开展"党员干部进村入户、结对认亲交朋友",9名副科级以上干警共帮扶15户贫困户,送去慰问金、慰问品6400元;促进就业帮扶,3名正科级以上干部结对帮扶3名墨脱籍未就业大学生,坚持每月联系一次,每次宣传就业政策、掌握思想状况和就业意向。积极响应县委政府促进就业政策号召,提供3个大学生临时工岗位、聘用3名书记员,缓解墨脱籍大学生就业压力,为墨脱高校毕业生就业形势持续稳定贡献检察力量。

检察职能在防治污染打赢蓝天、碧水、净土战中的作用更加凸显。发挥检察公益诉讼职能,坚持"主动出击、深挖线索、快查快办"原则,加大监督力度,稳慎发送检察建议,全年共办理7件行政公益诉讼诉前程序案,其中涉生态环境和资源保护领域6起、食品药品安全领域1起。7个部门已采纳建议完成整改,建议采纳率为100%。落实"双赢多赢共赢"的办案理念,加强与行政执法部门的沟通联系,保持信息互通、实现案源共享,为共护墨脱绿水青山搭建大舞台。

三、不忘初心谋发展,忠实践行检察工作职责使命

坚持人民检察院是国家法律监督机关的宪法定位,始终围绕法律监督推进各项检察工作,努力打好新时代检察工作人民满意答卷。

全力打击违法犯罪行为。共受理公安机关提请批准逮捕案件4件6人;受理公安机关移送审查起诉案10件32人,依法提起公诉10件32人,经县人民法院开庭审理做出有罪判决9件30人,已判决案件中4份量刑建议被采纳。

全面深化检察监督。加强侦查活动监督。依法不批准逮捕1件1人,发出纠正违法类检察建议1份。加强审判活动监督。对4起被告人适用认罪认罚从宽制度,其中1起适用速裁程序,县法院采纳指控罪名和量刑建议,公开庭审当庭宣判。加强刑事执行检察。办理羁押必要性审查案件1件1人,变更强制措施1件1人;监督社区服刑人员入矫宣告1件1人、刑满解除宣告4件4人;录入刑事执行检察子系统档案4件4人。

稳步推进检察改革。完成第二批员额检察官遴选,按照检察官退出机制1人退出员额检察官。落实领导直接办案机制,院领导共办理案件5件21人,占受理案件总数的20%。完善线上案件程序、文书等规范化建设,完成电子卷宗系统的运行。

四、强基固本重自强,着力优化检察基层基础

素质强检,促发展。共选派13人次参加专题业务培训,加大院内业务知识学习力度,参加上级院业务讲座30余次。公开招聘3名墨脱籍书记员,缓解办案压力和人员少、任务重的压力。

注重廉洁,促发展。共召开党组会议专题研究部署党风廉政建设工作3次,层层签订责任书,层

层狠抓责任落实。借助各节点,加强对干警的检务督查,确保检察队伍风清气正、公正廉洁。

完善基础,促发展。在广东省检察机关的大力支持下,完成投资30万元的机房改造升级,为检察工作的深入开展提供技术支撑。投资630万元的干警周转房建设项目顺利开工,已完成工程量的60%。12309检察服务中心改建、检察文化室(含党建文化)、办公区绿化硬化三个项目已拟定方案,即将投入开工。

各位代表!过去的一年墨脱县人民检察院始终坚持党的领导,确保检察工作的政治方向;始终坚持以人民为中心的发展思想,努力让人民群众在每一个司法案件中都感受公平正义;始终坚持围绕中心履职尽责总基调,把检察工作放在墨脱工作全局中谋划和推进;始终坚持结合实际深化改革,保持检察工作的生机与活力,全年共荣获4个先进集体,其中市级1个;涌现出10名先进个人,其中自治区级1人、市级1人。

各位代表!过去一年墨脱检察取得的成绩,得益于县委的坚强领导,得益于人大及其常委会的有力监督、政协的民主监督和政府、社会各界的关心支持。在此,我代表县人民检察院,向县委、人大、政府、政协以及各位代表、委员表示诚挚的敬意和衷心的感谢!但与此同时,我们清醒地认识到,对表对标新时代新任务新要求,墨脱检察工作仍然存在不少亟须解决的问题和补强的短板,主要表现在:一是"四大检察"发展不平衡、不充分、不协调。民事检察、行政检察发展迟缓、较为薄弱,公益诉讼检察开展力度仍然不够,诉讼空白有待消除;二是检察队伍能力素质与新时代检察工作的任务与要求还存在不小差距,复合型人才缺乏、队伍正规化专业化职业化建设力度不够。三是内设机构改革有待推进;积极探索司法体制改革中存在的问题,建立符合本院实际的机制力度还不够。对这些问题,我们将高度重视,认真研究,下大力气加以解决。

## 2020年工作安排

2020年,是全面建成小康社会,实现"两个一百年"奋斗目标中第一个百年奋斗目标之年。我们将坚持以习近平新时代中国特色社会主义思想,特别是习近平总书记关于治边稳藏和政法工作的重要论述为指导,认真学习贯彻党的十九大和十九届二中、三中、四中全会精神,紧紧围绕本次会议的决议要求,在推进地方治理体系和治理能力现代化进程中充分发挥检察制度优势。

一是持续推进党的建设。坚持以习近平新时代中国特色社会主义思想武装头脑、指导实践、推动工作,增强"四个意识",坚定"四个自信",做到"两个维护",以更加优质的检察监督服务墨脱经济社会发展。

二是持续推进平安墨脱建设。依法用好批捕、起诉职能,坚决打击分裂破坏活动,落实宽严相济刑事政策,推进社会矛盾化解,维护社会大局和谐稳定。

三是持续推进法治墨脱建设。加大徇私枉法、裁判不公、违规执法等突出问题的监督;把做实行政检察作为促进依法行政、助力法治政府建设的重要方式,在既维护司法公正又监督促进依法行政中当好党委政府的法治参谋助手;加强公益诉讼工作,依法打击公益诉讼五大领域违法犯罪活动,维护社会公益。

四是持续推进检察体制改革。大力推动内设机构改革,建立健全改革各项配套制度,确保人员分类管理、职业保障、人财物统管等改革举措更加稳定有力。

五是持续推进检察队伍专业化建设。持续加强习近平新时代中国特色社会主义思想和党的十九大精神的学习力度,扎实开展和参与检察业务知识技能培训,努力打造高素质、专业化检察队伍。

六是持续推进党风廉政和反腐败建设。把党风廉政建设和反腐败工作纳入检察整体工作中部署,层层狠抓责任落实,加强内部检务督查,拓宽检务公开渠道,主动接受上级巡视巡察,坚持以公开促公正,以透明保廉洁。

**名词解释**

1.一个引领、两个紧扣、三个围绕:"一个引领"

就是坚持以习近平新时代中国特色社会主义思想特别是习近平总书记关于治边稳藏和政法工作的重要论述为根本引领,聚焦推进新时代西藏检察工作转型创新发展的一系列理论和现实问题,把思想行动统一到党中央、区党委和高检院要求的轨道上来,把根本遵循转化为破解难题、推动发展的思路举措,把检察要素资源配置到与职责担当要求相适应的领域和环节,增强"四个意识"、坚定"四个自信"、做到"两个维护",确保西藏检察工作正确的政治方向。"两个紧扣"就是紧扣西藏各族人民同以达赖集团为代表的分裂势力进行斗争的社会特殊矛盾,把维护国家安全和社会稳定摆在首位,在特殊矛盾表现突出的敏感时期和特殊节点,举全区检察系统之力、全力以赴助力打赢维稳攻坚战;紧扣新时代人民日益增长的美好生活需要和不平衡不充分的发展之间的社会主要矛盾,以推进检察领域供给侧结构性改革为抓手,积极回应人民对物质文化的更高要求和在民主、法治、公平、正义、安全、环境等方面的新需求。"三个围绕"就是紧紧围绕深化依法治国实践新要求,着力强化检察法律监督;紧紧围绕司法体制改革新要求,着力优化检察职权和资源配置;紧紧围绕新时代党的建设总要求,切实加强过硬检察队伍建设。

2. 认罪认罚从宽制度:指犯罪嫌疑人、被告人自愿如实供述自己的犯罪,对于指控犯罪事实没有异议,同意检察机关的量刑意见并签署具结书的案件,可以依法从宽处理。

3. 速裁程序:《刑事诉讼法》规定,基层人民法院管辖的可能判处三年有期徒刑以下刑罚的案件,案件事实清楚,证据确实、充分,被告人认罪认罚并同意适用速裁程序的,可以适用速裁程序,由审判员一人独任审判。人民检察院在提起公诉的时候,可以建议人民法院适用速裁程序。

4. "12309检察服务中心":全国检察机关统一对外的智能化检察为民综合服务网络平台,通过12309网站、12309检察服务热线(电话)、12309移动客户端(手机APP)和12309微信公众号四种渠道,向社会提供更加便捷高效的"一站式"检察服务。

5. "四大检察":2019年1月17日,最高人民检察院张军检察长在全国检察长会议上讲话提出:主动适应形势发展变化,深化内设机构改革,推动刑事检察、民事检察、行政检察、公益诉讼检察"四大检察"全面协调充分发展。2019年3月15日,第十三届全国人大第二次会议通过关于最高人民检察院工作报告的《决议》,要求检察机关"全面深化司法体制改革,加强过硬队伍建设,更好发挥人民检察院刑事、民事、行政、公益诉讼各项检察职能,为决胜全面建成小康社会提供更高水平司法保障",标志着检察机关"四大检察"监督职能得到最高国家权力机关的肯定。

# 墨脱县 2019 年国民经济和社会发展计划执行情况与 2020 年国民经济和社会发展计划草案的报告

——在墨脱县第十一届人民代表大会第六次会议上

墨脱县发展和改革委员会

（2020 年 4 月 22 日）

## 一、2019 年国民经济和社会发展计划执行情况

2019 年，在区党委、政府，林芝市委、市政府，县委、县政府的正确领导下，坚持以习近平新时代中国特色社会主义思想为指导，深入贯彻落实党的十九大和十九届二中、三中、四中全会精神和中央、区党委、市委、县委经济工作会议精神，坚持稳中求进、进中求好、补齐短板工作总基调，坚持新发展理念，以供给侧结构性改革为主线，大力实施"八县"战略，扎实推进美丽、和谐、幸福、生态、宜居墨脱建设步伐，主动适应经济发展新常态，以高质量发展为主旋律，全县经济呈现出平稳增长的良好态势。

（一）经济保持稳步增长，经济指标稳中向好

2019 年，全县地区生产总值完成 6.86 亿元，同比增长 14.1%；全县固定资产投资完成 10.21 亿元，同比下降 18.4%；地方财政公共预算收入 3444 万元，同比增长 28.46%（其中税收收入 2558 万元，同比增长 18.1%）；一般公共财政预算支出 10.54 亿元，同比增长 6.74%；社会消费品零售总额 5517.2 万元，同比增长 9.4%；农村人均可支配收入 11354 元，同比增长 13.1%；农村人均现金收入 9646 元，同比增长 13.3%。

（二）项目建设有序推进，有效投资稳步增长

全年在建项目 184 个，总投资 57.05 亿元，年度累计完成投资 10.97 亿元。其中：新建项目 63 个完成投资 3.13 亿元，续建项目 121 个完成投资 7.84 亿元。

1. 全力推进重点项目建设。一是重大项目进展顺利。投资 5000 万元以上项目 9 个（新开工 3 个），总投资 37.35 亿元，累计完成投资 32.3 亿元，年度完成投资 5.6 亿元。二是市重点项目投资超预期。根据林芝市 2019 年重点项目计划，涉及墨脱县项目 24 个（续建 8 个、新开工 16 个），总投资 3.52 亿元，年度完成投资 1.58 亿元，完成目标任务的 102%。三是争资工作成效明显。2019 年全县已到位资金或已落实资金计划项目 15 个，落实资金 1.43 亿元，涉及医疗卫生、文化广电、旅游景区、市政基础设施、小康村建设、灾后重建等项目。

2. 基础设施建设持续改善。一是农田水利设施建设取得新成果。完成墨脱县亚东村巴米典片区水土流失综合治理工程建设，墨脱县背崩乡水土流失综合治理工程和墨脱县 2018 年小型农田水利项目工程已进入收尾阶段；整合各类资金 420.98 万元，对部分村庄灌溉水渠、饮水水渠进行提升改造，对新建幼儿园、搬迁点实施了供水工程。二是电力设施建设取得新突破。9 个失电村电路修复工程已完工，投资 1.97 亿元的墨脱 35 千伏输变电工程、10kV 及以下中低压配电工程、格当乡 10kV 及以下

配电改造工程、格当35千伏输变电工程、达木35千伏变电站扩建工程已全部开工建设,项目建成后为下步墨脱电力供应将提供有力保障。三是道路交通建设取得新进展。实施交通项目18个,主要包括波密至墨脱公路整治改建工程、G559达国桥至加热萨至甘登公路工程、国道219以及BF公路等,道路建设总投资67.44亿元,除BF公路外累计完成投资22.81亿元。截至目前,我县公路总里程496.31公里,其中:通县道117公里、通乡道129.81公里、通村道249.5公里。四是通讯设施建设取得新成绩。电视、广播综合人口覆盖率均为100%,乡镇、行政村网络覆盖率为100%。五是市政设施建设取得新成效。东布路、致富路、金珠路路面(立面)改造、县城亮化工程、农贸市场改造及冷链系统建设已完工,县城排水、防涝工程正在有序推进中,具有时代特点、民族特色、地域特性的门珞特色小城初见成效。

3. 全力推进边境小康村建设。2019年我县小康村建设累计到位资金8.44亿元,其中:过桥贷款资金2.05亿元,自治区、林芝市统筹整合下达各类专项资金5.31亿元,广东省支援我县边境小康村建设专项资金1.08亿元。目前,规划内34个边境小康村已全部开工建设,累计完成投资5.71亿元(累计完成实物工程量),完工18个,正在收尾阶段12个,正在加紧建设4个。

4. 统筹推进灾后恢复重建。制定完成加热萨乡、甘登乡避险搬迁群众安置方案,共搬迁8个行政村235户903人,拟搬迁安置点为德尔贡、康卓登和兴开;协助市发改委、中国电建集团成都勘测设计研究院有限公司编制完成灾后重建规划方案,同时自治区下达了《西藏自治区林芝加拉村雅鲁藏布江堰塞湖灾后恢复重建总体规划》;完成搬迁安置点区域面积测绘,经测量核算搬迁点区域总面积为23072.54亩(兴开6336.77亩,康卓登843.08亩,德尔贡15892.69亩);开展水质、土壤检测,根据检测报告搬迁安置点水质和土壤均达到国家标准;扎实做好灾后重建项目前期工作,已完成除林评、环评外25个子项目的用地预审、社会风险评估、环境影响评估等前置手续办理。

5. 全力配合援藏项目建设。积极与第九批援藏工作队墨脱县工作组对接,努力抓好第八批援藏项目规划落实,第八批24个项目均已完工,并通过验收,现已完成移交工作;制定完成第九批援藏项目2020年投资计划,涉及改善群众生产生活、支持社会事业发展、发展优势特色产业促就业3个方面10个项目,总投资6195万元。

6. 全力规范重点项目储备。全年录入在线审批平台项目112个,总投资8.84亿元,其中审批类103个,总投资5.68亿元,备案类9个,总投资3.16亿元;在线审批平台及国家重点项目库主要包括城镇化、农、牧、林、水、科、教、文、卫以及生态保护等建设内容。

7. 全力抓好项目审批管理。全年下达可研批复81个,下达投资4.97亿元,包括:城镇基础设施、边境小康村建设、教育基础设施、水利灌溉、扶贫、灾害治理等建设项目;下达初步设计及概算(实施方案)批复113个,下达投资6.29亿元,包括:边境小康村建设、城镇基础设施、旅游基础设施、扶贫、教育基础设施、农村安全饮水工程、廉政文化等建设项目。

(三)特色产业快速发展,产业转型步伐加快

1. 特色农牧业持续强劲。一是粮食生产持续巩固。2019年全县农作物播种面积23554.43亩,粮食作物播种面积20641.25亩,粮食产量5495.18吨,平均亩产量532.4斤。二是茶园基地建设稳步推进,茶产业效益明显突出。2019年新建茶园33个,新增面积8000亩,可采摘面积4393亩,年采摘茶青25万斤,带动农牧民群众增收606万余元,茶产业已成为我县农牧民群众增收的主要来源。引进墨脱县藏茶生产线项目,创新茶叶生产加工方式。三是严把动物防疫检疫关。完成牛口蹄疫接种数量0.69万头,猪口蹄疫接种数量0.69万头,猪瘟接种数量0.58万头,鸡禽流感接种数量1.49万只。

2. 特色文旅业发展持续推进。一是大力挖掘民间文化遗产。积极开展非遗项目代表性传承人申报,将石锅制作工艺和门巴服饰编织技艺申报为国家级非物质文化遗产。深入推进文化惠民工程,

开展文艺演出60场,观看群众6723人次;开展宣传活动7次,发放《墨脱旅行指南》《中华人民共和国非物质文化遗产法》《门珞民俗歌碟》等宣传材料710余份。二是旅游业发展基础不断夯实。实施旅游项目13个(已竣工8个,在建3个,未开工1个),总投资9480.15万元。总投资3000万元的墨脱景区建设项目、墨脱县亲江景区旅游设施建设项目、墨脱县仁钦崩景区旅游设施建设项目已开工建设。全年接待游客10.98万人次,实现旅游收入4954.48万元,其中农牧民收入1230.23万元。

3. 水电能源业持续提升。全年累计发电量1665.60万千瓦时,完成年度发电计划的111.04%,同比增长18.89%;计划年供电量1476万千瓦时,全年累计完成供电量1640.50万千瓦时,完成年度供电计划的111.14%,同比增长19.37%。

4. 藏医药业持续发展。2019年有藏医医护人员18名,主治医师2名,初级11名,设有藏医门诊、治未病科等9个科室,含18项藏医适宜技术服务,设置床位12张,藏药品种260种。全年开展藏医门诊2632人次,同比增长10.66%。投资850万元的墨脱县藏医院建设项目已完成项目建设进度37%。

(四)社会保障协调发展,社会事业不断进步

1. 医疗卫生事业进展平稳。一是医疗卫生服务水平提高。全年医疗门诊总量达31572人次,同比增长6.7%;住院分娩182人,住院分娩率96.81%;高危孕产妇筛查管理率100%;"两癌"筛查1443人,开展阑尾切除术等手术81例;全力筹备"二级甲等"医院创建,各科室设备逐步完善。二是重大疾病防控有效落实。消除疟疾工作顺利通过国家验收,全年抓捕流浪犬1531只;完成结核病重点人群筛查4548人、普通人群筛查9284人;艾滋病筛查检测252人。三是医疗卫生项目短板得到补齐。投资1040万的墨脱县人民医院项目已完成项目建设进度45%;投资215万元的县妇幼保健站项目已完成项目建设进度5%;投资555万元的背崩乡卫生院建设项目已开工;投资270万元的加热萨乡新址卫生院和投资270万元的甘登乡新址卫生院项目正在办理前置手续。

2. 教育体育事业快速发展。一是教学质量明显提升。"5个100%"目标持续巩固,"控辍保学"扎实开展,素质教育评估验收有序推进。"两考"再上新台阶,共有19人考取内地西藏初中、高中班,中考录取率为100%;学前毛入园率84.81%,小学适龄儿童净入学率100%,初中阶段适龄少年毛入学率101.32%,义务教育阶段巩固率100%。二是教学条件明显改善。实施教育体育项目11个(续建7个,新建4个),总投资3090万元,涉及村级幼儿园、学生宿舍、公共体育场地田径跑道和足球场等项目。三是体育事业再创佳绩。成功举办墨脱县2019年喜迎"三大节日"系列体育庆祝活动;组建墨脱县中学佛墨缘花样跳绳队,赴安徽亳州参加2018—2019全国跳绳锦标赛,荣获3金4银4铜佳绩;组织墨脱县足球队赴林芝市参加"尼洋杯"足球赛,荣获亚军;组织阳光少年足球队赴林芝市参加U13、U15青少年足球联赛,分获U13亚军、U15冠军。

3. 社会保障事业进展顺利。一是农牧区基本医疗保险报销有效落实。全年农牧民住院943人次,住院总费用585.71万元,住院报销418.99万元。其中建档立卡住院130人次,医疗费用总额130.42万元,建档立卡贫困人口医疗报销总额115.6万元。二是社会保障体系不断完善。城乡居民养老保险参保5300人,发放养老保险金717人118.97万元;完成社保卡发放9817张,采集信息人数10968人,制卡成功10512人;受理劳动纠纷投诉案件82起,办结率100%,追发劳动者工资800万元,涉及劳动者423人。三是农牧民转移就业有效开展。开展农牧民转移就业培训26期,投入资金524.54万元,培训人数1265人次,实现农牧民转移就业778人;积极开展大学生就业创业"一对一"帮扶,帮助大学生就业112人,就业率100%。

(五)脱贫成效明显提升,脱贫成果不断巩固

一是脱贫状况不断改善。2019年,实现贫困人口27户42人脱贫,加热萨乡达昂村、曾求村、甘登乡甘登村3个贫困村退出,全县贫困发生率降至0%。二是产业扶贫卓有成效。实施扶贫产业项目43个,总投资2.6亿元,完工33个,完成投资2.4亿

元,建立利益联结机制43个。三是居住条件得到改善。投资2.9亿元的4个易地扶贫搬迁安置点全部建设完成,搬迁群众247户1080人全部实现入住,搬迁入住率为100%;投资3045.09万元的搬迁安置点配套产业项目稳步推进,基本实现"搬得出、稳得住、能致富"目标。四是资金保障有效落实。落实财政涉农整合资金11547.92万元,累计拨付10915.25万元,充分发挥扶贫资金在脱贫攻坚战中的主导作用和聚集效应。五是巡视整改落实到位。坚决把中央巡视反馈问题整改落实工作作为重点任务,梳理问题4大类56项,提出整改措施126条并严格落实,现已全部整改销号,完成率100%。

(六)污染防治有效改善,生态环境持续向好

一是大气、水、土监测扎实推进。开展空气质量监测,指标总体评价为优,6项空气指标浓度持续保持一级标准;开展饮用水源地及雅鲁藏布江河流断面水质质量监测,指标总体评价为优,水源地60项指标均达到Ⅲ类标准,地表水25项指标均达到Ⅱ类以上,水源质量持续保持良好;开展21个农村土壤环境监测工作,土壤9项指标全部达标。二是环境问题得到有效解决。坚决把中央第六环保督察反馈问题整改工作作为重要政治任务,主动认领整改任务22大项、46小项,制定科学可行的措施扎实整改,目前已完成整改任务6小项,其余40小项按照整改进度要求逐步推进。三是河(湖)长制有效落实。县、乡、村三级河(湖)长累计巡河(湖)570人次,更新遗失、破损的公示牌38块;印发河(湖)长制宣传册1.5万份,积极开展河(湖)沿线村庄清洁行动,参与干部群众1612人次,清理垃圾49.98吨。四是严把环境审批和环境准入关。严格落实规划环评要求,严控污染物排放,全年环境影响评价登记表网上备案112个,总投资9.86亿元。

(七)改革力度不断深化,市场活力不断释放

一是机构改革圆满完成。完成17家新组建(更名)单位挂牌揭牌、场所调配、人员转隶以及总结验收等各项改革任务,审核报批印发39个部门三定规定,监督检查,部门履职有效运行。二是放管服改革持续推进。2019年3月份挂牌成立县行政审批和便民服务局,下设政务服务中心,入驻单位27家。累计在自治区政务服务网上发布实施清单842条,梳理完成831件,完成98.7%;在"一网通办"政务服务网平台累计办件总量26583件;采集电子证照3099件,电子证照签发2166件;注册用户总量5335个。三是清产核资工作有序推进。完成7乡1镇46个行政村清产核资清查、复核、公示和系统填报工作,并顺利通过市级验收。目前清查账面资产总额8574.89万元,现金848.16万元,集体土地面积17.26万亩。四是商事制度改革深入推进。共登记市场主体1156户,注册资金15.36亿元,同比增长分别为12.23%、20.55%,全面推行"证照分离"、推进"照后减证",大幅度提高营商便利度,政务服务更加便民化。五是农牧民群众"出行难、出行贵"问题有效解决。西藏林芝市墨脱县莲花秘境客运有限公司挂牌营运,农村客运班线正式投入运行。六是招商引资任务超额完成。落实招商引资项目13项(续建8项、新建5项),完成投资2.007亿元,完成年初目标的100.39%。开展"走出去"招商活动3次,完成项目签约6项,签约金额1.15亿元。挂牌成立粤桂黔特色农产品交易中心工作站,进一步拓宽墨脱特色农产品销售平台。

2019年我县经济指标除固定资产投资外均完成目标任务,为做好2020年经济工作打下了坚实基础。这些成绩的取得,是县委、县政府统揽全局、科学决策、坚强领导的结果,是县人大、县政协监督与支持的结果,是广东省人民无私援助的结果,更是全县人民共同努力奋斗的结果。在充分肯定成绩的同时,也要看到我县经济运行中面临的困难挑战,主要表现为经济发展不充分,内生动力不足;产业发展规模小,市场竞争力弱,支撑作用不明显;区域发展不均衡,偏远乡与腹心乡(镇)发展差距依然较大;交通水利、电力等基础设施依然薄弱;教育、医疗、科技、文化等民生领域专业人才依然匮乏。

## 二、2020年国民经济和社会发展计划草案

2020年是全面建成小康社会和"十三五"规划收官之年,我们要紧扣全面建成小康社会目标任务,坚持稳中求进、进中求好、补齐短板工作总基

调,坚持新发展理念,坚持以供给侧结构性改革为主线,全面落实"巩固、增强、提升、畅通"八字方针,按照"五个走在前列"的要求,持续在发展特色产业、扩大招商引资、巩固脱贫成果、夯实基层基础上主动作为,确保全面建成小康社会和"十三五"规划圆满收官。

2020年经济增长的主要预期目标是:全县生产总值预计同比增长11%;全社会固定资产投资预计同比增长10.5%;地方公共财政预算收入增长17.6%;社会消费品零售总额预计同比增长15%;农村人均可支配收入预计同比增长14%;农村人均现金收入预计同比增长14%。

实现以上预期目标,要着力抓好以下几方面工作:

(一)抓项目促投资,加快提升发展质量。2020年,我们将抢抓"十四五"规划编制、援藏支援之机遇,认真谋划、科学论证,储备"十四五"时期我县重大项目和重点工程,确保项目总盘子能够保障未来五年发展需求,重点落实好基础设施、社会事业、产业发展、乡村振兴等各项工程,牢固树立抓项目就是抓发展、抓民生改善就是抓发展的理念,实现经济社会各项事业再创新佳绩、再上新台阶。

1. 加快"十四五"规划编制。以林芝市国民经济和社会发展"十四五"规划纲要为依据,按照自治区规划编制工作总体部署和主体功能区规划要求,紧扣墨脱县"十四五"总体发展目标任务,认真编制墨脱县国民经济和社会发展"十四五"规划纲要,加强项目策划和储备,将一批可行性强、回报率高、社会效益好、符合环保标准的项目列入"十四五"项目盘子。

2. 加快推进项目前期工作。项目前期工作是防范风险和项目成功建设的保障,也是提高效率和收益的首要措施和重要保证;做好项目前期工作,可提高储备项目质量,避免因前期工作滞后而受到国家、自治区或行业有关政策调整的限制。为此,要高度重视项目前期工作的开展,解放思想、精心谋划、创新机制,面对墨脱雨季长、肺炎疫情影响等客观因素,科学安排项目前期及开工时间,积极与上级业务部门加强沟通、衔接,做好项目前期工作,确保项目建设无缝对接。

3. 加快边境小康村实施进程。倒排工期,顺排任务,确保阿苍村、波东村、巴登村、德尔贡村4个村在6月底前完工;对边境小康村建设情况全面梳理、查漏补缺,保证小康村建设成效;对已完成小康村建设任务的村庄,及时完成收尾工作,督促施工、监理、财评等单位完善各类工程资料,确保项目完工一个、验收一个、交付一个,让群众尽快享受到小康村建设成果。

4. 合力推进灾后恢复重建。根据自治区人民政府关于林芝市雅鲁藏布江堰塞湖灾后恢复重建工作方案的意见批复,按照市委、市政府的要求,主动作为,积极跟市发改委沟通对接。加快推进项目设计,创新项目实施模式,按照边建边报的要求抓紧开展林业及环保审批手续办理。继续开展群众工作,按照既定的目标推进我县灾后重建各项工作顺利实施。

5. 继续做好援藏项目工作。加快援藏"十四五"规划编制,为援藏工作提供纲领指南。积极与第九批援藏工作队墨脱工作组对接,严格规程,理清思路,创新机制,加快推进援藏项目建设工作进程,促进2020年投资计划实施项目按时完成,确保援藏项目在援藏期间圆满完成建设任务。

6. 继续做好项目审批服务。以提高项目审批和建设效率为重点,以依法高效、创建最优发展环境为目标,严格按照自治区政府投资项目前期工作内容、流程,自治区和市下达的项目前期工作计划,认真审查项目申报资料,切实做好项目审批工作。

7. 依法依规搞好项目管理。管理是项目质量的保证。要严格落实项目法人制、监理制、招投标制、财务核算和工程审计制及安全生产责任制,认真执行自治区、市、县重点建设项目管理办法,依法规范项目建设审批程序,严格项目建议书、可行性研究报告、初步设计和竣工验收的审批。

8. 做好内部项目自查工作。项目稽察是项目建设重要组成部分,加强项目检查力度,才能更好地确保项目质量安全。2020年,将根据项目建设情况,不断加大项目稽察力度,规范项目建设、竣工验收等内容,明确施工负责人与施工企业关系,做好项目审计工作,进一步完善项目建设内容。

（二）立足产业优势,加快培育发展后劲。坚持用新发展理念统领发展全局,全力兴产业、强品牌、提品质、增实效,实现产业发展规模化生产、规范化管理、市场化经营。

1.打造茶产业绿色发展样板。坚持"立茶业为支柱"的总体原则,以市场为导向,以提高经济效益为核心,积极打造高原有机茶品牌,拓展市场,力争年内茶叶种植面积新增9000亩。持续开展群众茶叶种植及茶园管理技术培训,做好病虫害预防、修剪、追肥等后续管理工作。深入推进茶叶品种改良和黑茶、白茶等新产品研发,不断提高市场竞争力。充分利用独特的气候条件和良好的生态环境,大力发展热带(亚热带)经济水果种植,继续扩大香蕉、柠檬、枇杷等水果种植面积,并积极开展品种改良工作,促进水果提质增效。

2.全面构建全域旅游发展体系。利用墨脱独特的自然景观和文化资源,紧紧围绕"两线三点"发展布局,构建全域旅游体系。力争全年接待游客突破12万人次,实现旅游收入5600万元以上。加快推进墨脱景区、亲江景区、仁钦崩景区项目建设力度,统筹推进拉贡景区运营开发事宜,建立县城游客服务中心,科学规划精品旅游线路。完成全域旅游发展规划编制,扎实做好"旅游+""+旅游"文章,推进旅游与文化、体育、康养等深度融合,着力打造全域旅游示范县。深入开展文化惠民工程,加快文化基础设施建设进度,推动文化、广电设施与宣传、科技、体育等领域功能融合规划建设,完善各行政村农家书屋配套设施。完善公共文化服务体系,组建完成村级演艺队,提高文艺"八进"汇演、农村电影放映的场次及质量,通过不断开展群众喜闻乐见的文艺活动,进一步丰富群众精神文化生活。

3.推进水电能源业健康发展。因地制宜,合理布局,加快墨脱县10kV及以下中低压配电工程、墨脱县35kV输变电站工程、"三区两州"项目实施进程,建设好墨脱电网;力争在6月份完成与国网西藏电力藏中电网并网,持续做好县、乡、村三级电网升级改造工作,不断改善群众生产生活条件,切实提高全县电力供应保障水平。

4.巩固完善发展壮大藏医药业。加快县藏医院、乡(镇)卫生院藏医科室及村卫生室基础设施建设,实现县有标准化医院、乡(镇)有标准化卫生院的目标。扶持和发展县藏医药特色产业,挖掘现有发展潜力,加大藏医医疗设备投入力度,完善功能科室建设,加强人才队伍建设,不断促进藏医药业发展壮大。

（三）决胜脱贫攻坚,提升群众幸福指数。脱贫攻坚,时不我待。目前,脱贫攻坚战已进入倒计时,时间紧、任务重、要求高,在这个关键时刻我们要坚持问题导向,补短板强动力,对标"两不愁三保障",按照"四不摘"要求,全力保障脱贫攻坚决战决胜。

1.补齐基础设施建设短板,加快县域经济发展。坚持以充分解决"两不愁三保障"为目标,坚持以"水电路讯网、科教文卫保"十项提升工程为依托,整合使用各类涉农资金,加大扶贫投入力度,确保2020年扶贫产业项目年内全部开工建设,扶贫涉农整合资金使用率达到92%以上。进一步配套完善农村公共服务设施,稳步推动群众住房条件改善、产业发展、生态和人居环境建设,加快县域经济发展。

2.聚焦产业建设,确保群众长期受益。继续深化精准扶贫产业项目建设,实现扶贫产业项目贫困群众全覆盖。进一步深化发展以茶叶为支撑、亚热带林果为辅助的特色产业,实现产业发展规模化生产、规范化管理、市场化经营,不断带动县域旅游业发展;充分发挥村集体经济,大力培育致富带头人,帮助和引导致富能人创办、领办产业项目,拓宽村集体经济发展渠道,提升农牧业产业化水平;进一步完善产业项目利益联结机制,确保贫困群众真正从企业带动、合作社带动、能人带动的精准扶贫产业项目中持续增收、稳定脱贫、长期受益。

3.巩固脱贫成果,全面提升脱贫质效。按照脱贫攻坚巩固提升方案,继续加大落实教育扶贫工作力度,不断通过惠农惠民政策学习、宣传,引导农牧民群众转变观念,增强自身动力,切实阻断贫困代际传递;进一步健全基本医疗、大病保险、医疗救助等多重医疗保障机制,强力推进医疗救助"绿色通道"落实,确保贫困群众看得起病、住得起院;严格按照农村低保、五保供养、临时救助制度,落实低保和集中供养政策,保持有意愿的五保户、残疾人和孤儿集中供养率达到100%,让贫困群众得到实惠。同时做好边缘户22户89人后续跟踪工作,确保稳定脱贫。

(四)夯实民生保障,不断增进民生福祉。进一步完善教育经费保障机制,加大教育资金投入力度,完善中小学、幼儿园基础设施建设;继续抓好教研教改,大力开展县级教研、优质课评选、返岗培训、骨干教师送教下乡等活动,不断提升教育教学质量。严格落实"控辍保学"责任制,持续巩固"五个100%"教育目标和义务教育均衡发展成果;加快推进学前教育项目建设进度,全面提升学前教育入学率,确保建成一所,开园一所;不断完善公共体育设施,丰富体育运动形式,着力普及全民运动。全力做好新冠肺炎疫情防控工作,坚决打赢疫情防控狙击战。继续深入开展"三好一满意"、平安医院创建活动和县卫生服务中心"二级甲等"医院创建工作;抓好妇女两癌筛查,确保筛查率达到90%以上;持续做好包虫病、"三病"、消除疟疾等重大公共卫生防控、地方病防控工作。把促进就业作为经济社会发展的优先目标,多渠道开发就业岗位,完善城乡公共就业服务体系;大力开展农牧民技能培训,提高劳动者素质,促进农村剩余劳动力和失业人员转移就业;继续做好养老保险金、医保金、失业保险金、工伤保险、生育保险等收缴工作。持续推进客运运营,加快推进墨脱至格当乡客运班线,加快办理格当乡、达木乡综合运输服务站前置手续,争取早日开工建设,为广大农牧民群众提供安全、舒适、便利的出行环境。

(五)强化生态建设,加快构建发展要素。继续做好项目环评审批服务,强化餐饮业油烟治理、扬尘污染防治,加强饮用水水源地保护,依法依规、有力有序淘汰落后产能,促进产业结构优化调整;深入开展"蓝天、碧水、净土"三大行动,持续打好污染防治攻坚战,确保大气、水环境质量全面持续达标。持续推行河长制工作,全面完成"两违三乱"整治工作,严格打击非法采砂等违法行为,构建健康水循环体系,推进水生态康复;坚持走生态优先、绿色发展之路,把生态环境保护与经济社会发展同规划、同部署、同落实,加快构建生态文明体系,在环境准入、执法监管、考核评价、环境政策和治理体系等方面探索建立长效机制,不断提高生态环境治理能力和水平。持续推行人居环境整治工作,加快推进县城污水处理及收集系统,乡(镇)一级垃圾、污水处理设施建设,强化农村、景区环境卫生整治,为建设"绿色墨脱、幸福墨脱"创造良好的人居环境。

(六)坚持统筹协调,全面促进城乡一体化。坚持全县"一盘棋",强化乡(镇)功能配套建设,提升集镇综合承载能力,扎实推进小集镇基础设施建设项目,重点实施一批乡(镇)公共服务、给排水、垃圾、污水处理设施等补短板项目。加快推进公共体育场、亚东市政道路两侧地块场地平整项目、县城排水防涝项目建设,不断优化城市功能布局。统筹整合城乡结合部空闲地块,对县城周边零星分布的汽修、仓储、建材销售、铁艺加工、摩托车销售点进行统一规划安置,提升县城整体风貌。持续开展城市道路、集贸市场、建筑工地、景区景点环境卫生专项整治,严格落实"6个100%"扬尘污染防治措施,保持县城干净整洁、环境优美。按照《西藏自治区林芝市墨脱县乡村振兴战略总体实施方案(2018—2022)》,以"神圣国土守护者、幸福家园建设者"为主题,加快推进农业转型升级,全面推行"互联网+农牧民""互联网+合作社""互联网+物流"等农业发展新模式、新业态,加快实施电子商务进农村综合示范项目,构建县、乡、村三级电子商务管理服务网络,带动农牧民就地就近就业创业,多渠道增加群众收入。加快实施"四好农村路"建设、宽带网络建设和农村安全饮水工程,着力补齐农村基础设施短板。

2020年是脱贫攻坚决战决胜之年,是全面建成小康社会之年,意义非凡。让我们在市委、市政府和县委、县政府的坚强领导下,在县人大、县政协的监督和支持下,在广东省人民的无私援助下,团结一心、众志成城、凝心聚力、开拓创新、只争朝夕、不负韶华,全面打赢疫情阻击战、脱贫攻坚战,同全国人民一道迈入小康社会。

# 墨脱县2019年财政预算执行情况与2020年财政预算（草案）的报告

## ——在墨脱县第十一届人民代表大会第六次会议上

墨脱县财政局

（2020年4月22日）

### 一、2019年预算执行情况

2019年是新中国成立70周年，是决胜全面建成小康社会第一个百年奋斗目标的关键之年。一年来，在县委、县政府的正确领导下，在县人大、县政协的监督和指导下，县财政坚持以习近平新时代中国特色社会主义思想为指导，全面贯彻党的十九大和十九届二、三、四中全会精神，认真贯彻落实区、市、县委经济工作会议的各项目标，坚持以人民为中心的发展思想，坚持稳中求进工作总基调，统筹优化财力资源配置，切实防范化解重大风险，扎实推进财政各项改革，促进经济社会持续健康发展，预算执行情况良好。

（一）落实县人大预算决议情况

1. 维护预算的法定权威。全面落实《中华人民共和国预算法》的各项规定，牢固树立依法理财的理念，坚持"先有预算、后有支出""没有预算不得支出"，硬化预算约束，做到资金申请有法定依据，预算安排依法定程序，资金使用按法定步骤。积极推进财政预决算公开，全面提高预决算透明度。

2. 深化预算管理改革。规范预算编制、审核、下达程序，不断加大一般公共预算、政府性基金预算统筹力度，按照"一本预算、一个口子"的要求，增强预算编制科学性。加强项目库建设，实施项目全周期滚动管理，不断提高项目支出预算编制的科学性、准确性。

3. 加强预算执行管理。严格执行人大批准的预算，促进财政支出尽快形成实物工作量；强化预算执行动态监控，严控预算追加，从严控制一般性支出；强化结转结余资金管理，推进财政存量资金统筹使用；优化财政资源配置，向扶贫、边境乡镇发展、保障和改善民生等事关经济社会发展的重大改革、重要政策和重点项目不断倾斜。

4. 进一步优化财政支出。科学合理安排财政预算，优化财政支出结构；瞄准县委明确的重点领域和重点项目，抓重点、补短板、强弱项，突出财政的公共性和普惠性。严格落实中央八项规定，严控"三公"经费支出，2019年，我县"三公"经费累计支出347.05万元，比上年同期减少91.95万元，同比下降20.94%。

5. 规范政府债务管理。按照财政部门要求，定期组织全县各单位填报债务监测系统，对我县政府性债券进行全面细致梳理，形成政府性债务的"一本账"；将政府转贷债券纳入预算管理，按照预算法及财政部关于地方一般债券预算管理等办法要求，制定还贷工作计划；加强对地方政府举债融资行为的监管，切实加强政府性债务风险防范工作。

（二）2019年预算执行情况

1. 一般公共预算。全县一般公共预算收入3444万元，完成年初目标任务的126.15%，同比上年增加763万元,同比增长28.46%。

全县一般公共预算支出为105355万元,比上年决算支出增加6656万元,增长6.74%。

2. 政府性基金预算。全县政府性基金收入1000万元。全县政府性基金支出1000万元。

(三)2019年主要支出政策落实情况

按照县委、县政府的统一部署,围绕中心工作,切实保障和改善民生,积极推动各项社会事业全面进步,统筹各方财力,确保2019年主要支出政策有效落实。

1. 持续发力坚决打好打赢三大攻坚战。一是积极防范化解债务风险。加强政府隐性债务数据监测统计,摸清隐性债务底数,并报林芝市财政局审核。二是全力助推脱贫攻坚。2019年县财政整合使用涉农资金共计11547.92万元,用于脱贫攻坚扶贫搬迁、特色产业发展和小型基础设施建设等。落实2019年生态补偿脱贫岗位补助925.4万元,2019年上半年生态岗位3489个,下半年生态岗位补助岗位1806个,让农牧民群众在保护绿水青山中增收脱贫,吃上"生态饭"。三是全面支持生态环境保护。认真落实各级生态环境保护会议精神,牢固树立绿色发展理念,强化生态安全屏障建设,2019年中央对地方重点生态功能区转移支付资金(支出三区三洲脱贫攻坚)434.1万元;建立流域上下游横向生态保护补偿机制,严格落实环境保护目标责任奖惩制度;认真落实中央环保督查有关问题整改。

2. 支持边境地区发展。2019年发放边民补助资金2603.1万元,发放范围为我县五个边境乡(镇),共计32个村(含仁青崩自然村、桑珍卡村回迁户),1869户、4634人,积极引导边境地区群众抵边生产生活,做一个守土固边、神圣国土守护者,幸福家园建设者。

3. 切实保障和改善民生。社会保障和就业总支出4289万元。一是健全社会保险体系,顺利推进各项保险的统筹和保险费的收缴工作。

4. 坚持教育优先发展。教育支出10828万元。有效保障了义务教育阶段学校正常运营;继续实施农村义务教育学生营养改善计划和学前至高中阶段"十五年"教育"三包"、城镇困难家庭子女助学金政策,教育"三包"标准提高至年生均3820元,全年累计发放"三包"经费725.84万元、营养改善计划经费123.76万元;支持农村义务教育薄弱学校改造,改善基础教育办学条件。

5. 推进医疗卫生体制改革。医疗卫生与计划生育支出8379万元,全县医疗卫生保障水平进一步提高。加大重大公共卫生服务工作经费保障力度,公共卫生支出860万元;加强基层医疗卫生机构服务能力建设,基层医疗机构(乡镇卫生院)支出965万元;继续实施城乡居民暨在编僧尼健康体检政策。做好城乡医疗救助保障工作,落实城乡医疗救助资金100万元。城乡居民基本医疗保险支出579万元。

6. 支持文体科技事业蓬勃发展。文化体育与传媒支出6209万元。一是促进文化大发展大繁荣。大力推进公共文化服务体系建设和文化惠民工程实施,积极落实"三馆一站"免费开放、重大文化活动开展、文化创作等补助资金。

7. 深入支持农牧业可持续发展。全县农林水支出36865万元。一是支持农牧业生产发展,农业支出2911万元,扎实推进农业综合开发工作和农业产业发展;二是水利支出2676万元,改善农田水利设施条件,推进我县农田水利设施建设和水利自然灾害防治;三是支持构建高原生态屏障,落实资金4041万元,实施新一轮草原生态保护补助奖励和森林生态效益补偿,区域造林绿化和重点生态公益林建设,严格落实环境保护目标责任奖惩制,研究推进建立流域上下游横向生态保护补偿机制,全力配合中央环境保护督察工作。

8. 支持创新社会综合管理。公共安全支出4661万元,加强政法部门经费保障,进一步提升政法机关装备配备水平和办案处突能力,其中:武装警察支出21万元,公安支出3104万元,检察支出372万元,法院支出516万元,司法支出571万元,积极推进司法体制改革,全面落实各项创新社会管理政策。

总体看,2019年财政运行基本平稳,财政改革发展各项工作顺利开展,促进了经济社会持续健康发展。这是县委、县政府坚强领导的结果,是全县人大、政协及代表委员们监督指导的结果,是全县各部门共同努力的结果。

同时,我们也清醒地看到,我县财政运行仍面临一些困难和挑战,主要是:经济增长的内生动力依然不足,经济增长依靠外力推动的现状短期内难以根本扭转,财政收入难以持续保持大幅度增长;财政收支矛盾愈发突出,收支平衡压力日益加大;财政支出结果还需进一步优化,支出项目只增不减的固化格局没有根本改变,资金使用碎片化问题亟待破解;加强财政绩效管理十分紧迫,一些部门重分配轻管理,花钱不问效,资金闲置浪费问题严重;预算执行中仍存在法治观念不强、预算执行力差、执行不均衡、项目执行进度偏慢、预算调整追加频繁等诸多不容忽视的问题。这需要我们在2020年继续坚定信心,埋头苦干,采取有力措施加以解决,促进经济社会健康发展。

## 二、2020年预算草案

编制好2020年预算,做好各项财政工作,具有十分重要的意义。按照《中华人民共和国预算法》要求,根据年度经济社会发展目标、国家宏观调控总体要求和跨年度预算平衡的需要,参考上一年预算执行情况、有关支出绩效评价结果和本年度收支预测,结合中央经济工作会议、全国财政工作会议精神,按照规定程序征求各方意见后,编制形成2020年预算草案。

(一)2020年预算编制和财政工作的指导思想、基本原则

高举中国特色社会主义伟大旗帜,以习近平新时代中国特色社会主义思想为指导,全面贯彻党的十九大和十九届二中、三中、四中全会精神,认真贯彻中央第六次西藏工作座谈会精神,认真践行习近平总书记关于治边稳藏的重要论述,全面落实自治区第九次党代会,九届二次、三次、四次、五次全会和全区经济工作会议精神,统筹推进"五位一体"总体布局,协调推进"四个全面"战略布局,坚持稳中求进、进中求好、补齐短板的工作总基调,树牢新理念、适应新常态、引领新发展,坚持以人民为中心的发展思想,坚持以推进供给侧结构性改革为主线,适度扩大总需求,财政政策要更加积极有效,大力实施减税降费政策,深入推进财税体制改革,着力构建现代财政制度,加大财政支出优化整合力度,保障重点领域支出,统筹盘活财政存量资金,提高财政资金使用效益,加强地方政府性债务管理,积极防范财政风险,促进经济持续健康发展和社会大局稳定,为全面建成小康社会收官打下决定性基础。

按照上述指导思想,2020年预算编制着重把握以下原则:

1. 实事求是,积极稳妥。收入预算安排与经济社会发展水平相适应,充分考虑落实减税降费政策等因素影响,积极培植财源税基,提高财政收入质量。2020年县财政一般公共预算收入目标3211万元(税收收入2545万元,非税收入666万元),较2019年增长17.6%,政府性基金预算收入500万元。

2. 量入为出,统筹兼顾。按照"保运转、保民生、保稳定"的工作要求,优化财政支出结构,严格控制一般性支出,将财力向"三农"、教育、社会保障和就业、医疗卫生、文化、科技、节能环保、维护稳定等重点领域、重大改革和重要环节倾斜。对各类民生政策提标扩面事项,坚持量力而行、尽力而为、有保有压、可持续发展的原则,结合财力可能,既体现一定增量,也保持财政宏观调控的灵活性和可持续性。

3. 全面完整,硬化约束。严格控制执行中预算调整变更,规范财政资金审批权限,除据实结算、以收定支的事项外,年度预算执行中的新增支出事项一律通过动支预备费或调入预算稳定调节基金报经政府审核,人大常委会批准后安排。

4. 推进统筹,讲求绩效。统筹中央专款、地方财力和专户结余资金,综合考虑政策要求、预算执行等情况,加大资金整合力度,合理安排支出预算。加强项目支出审核,所有项目要提出具体的绩效目标和实施计划。

5. 坚持公开透明,加大监督。坚持以公开为常态、不公开为例外的工作要求,不断拓展预决算公开的内容和范围,全面提高预决算透明度,积极推进支出政策、预算绩效目标、绩效评价结果向同级

人大报送并向社会公开。

（二）2020年财政年初预算支出

2020年年初预算支出共安排46315.94万元，具体为：基本支出27971.85万元，项目支出18344.08万元。政府性基金预算支出500万元。2020年，县财政局将紧紧围绕党的十九大作出的战略部署，按照县委、县政府的决策部署和总体要求，重点支持以下领域工作：

1. 巩固脱贫攻坚工作。坚决贯彻落实党中央、国务院关于打赢脱贫攻坚战的重要决策部署，完善扶贫投入体制机制，大幅增加扶贫投入。安排扶贫县级配套350万元，2020年三区三洲脱贫攻坚资金1562万元，中央财政扶贫发展资金677万元，中央财政扶贫少数民族（含兴边富民）资金1800万元，自治区财政扶贫发展资金3840万元，自治区财政扶贫少数民族发展资金160万元，自治区财政农业生产发展资金统筹用于脱贫攻坚485万元，全力支持落实精准扶贫、精准脱贫基本方略和实施脱贫攻坚工程。

2. 促进生态文明建设。牢固树立绿色发展理念，强化生态安全屏障建设，加大环境保护支持力度，推进美丽墨脱建设，坚决贯彻落实国家生态环境保护决策部署，支持加强所有领域开发建设活动的环境管理和扎实做好环境保护基础工作。

3. 全力支持边境地区建设。坚持屯兵与安民并举、固边与兴边并重，加快边境小康村建设步伐，进一步改善边境地区基础设施和群众生产生活条件。及时落实边民补助政策，积极引导群众抵边生产生活。

4. 坚持教育优先发展。坚持巩固完善义务教育经费保障机制，支持全面改善薄弱学校基本办学条件，不断加大对教育事业的投入力度，提高保障水平。继续落实教育"三包"经费、免费教育政策保障经费等，保障义务教育阶段学校正常运营，改善薄弱学校基础设施条件，促进我县基础教育均衡发展。

5. 健全医疗保障体系。以基本公共卫生服务均等化为目标，继续深化医药卫生体制改革。继续落实包虫病防治资金、基本公共卫生服务项目经费、基层医疗卫生机构实施国家基本药物制度改革补贴资金、全民体检资金、公立医院改革专项资金等。

6. 支持社会事业发展。推进公共文化服务体系建设，加大科研经费投入力度。

7. 实施乡村振兴战略。优化财政支农投入，保持农业投入的稳定性、连续性，改进财政支持方式，提高政策的精准性、协调性。安排科学技术普及经费24万元；继续实施村干部基本报酬和业绩考核奖励补助政策；加强村级组织工作经费保障。

8. 提升社会保障水平。安排社会保障和就业资金405万元，着力健全完善各项社会保障制度，持续提升保障对象待遇水平，支持实施更加积极的就业政策。社会保险方面：完善养老保险政策，稳步推进机关事业单位养老保险制度改革。社会救助方面：将无劳动能力、无生活来源、无法定赡养抚养义务人或法定义务人无履行义务能力的老年人、残疾人和未满16周岁的未成年人纳入特困人员救助供养范围。就业方面：继续落实政府购买公益性岗位补助资金，大学生临时工工资，就业专项资金。社会安置方面：落实退役士兵的安置、自谋职业一次性补偿金等。住房保障方面：落实棚户区改造及城镇低收入住房困难家庭租赁补贴。

9. 加强社会综合治理。做好强基惠民、"双联户"创建、寺庙管理、基层党建等方面的资金保障。加大资金整合力度，完善支持措施，安排强基惠民驻村工作经费20万元；安排基层党建工作经费（含七乡一镇）260万元；安全生产检查专项经费20万元；安排综治经费61万元，维稳经费58万元。

## 三、2020年推进财政改革与管理的主要工作措施

2020年，我们将继续切实贯彻落实十九大精神，坚持稳中求进、进中求好、补齐短板工作总基调，深化财税体制改革，继续推进完善五项改革措施，确保圆满完成各项预算任务。

（一）进一步发挥财政职能

全面贯彻党的十九大精神，按照县委、政府的总体部署，提前谋划，主动作为，进一步认清我县经

济社会发展的新情况、新问题、新特点,厘清财政事业发展的优势和思路,不断加强和改善财政宏观调控,创新财政支持经济社会发展的方式,进一步提高财政促进经济发展的能力和水平。优化财政支出结构,坚持"尽力而为,量力而行",做好稳增长、促改革、调结构、惠民生、防风险各项工作,将有限的财力用于重点领域和重大事项支出。

（二）加强预算编制管理

规范预算编报行为,促使预算单位根据工作需要合理申报预算,确保所有项目有政策依据、有量化且可考核的绩效目标、有责任人、有明确的实施计划和支出时间节点,避免申而不用、立而不支或超预算执行,避免形成资金闲置浪费或预算频繁调整追加。全面实施中期财政规划管理,增强预算安排的前瞻性和科学性。进一步提高预算到位率,减少代编预算规模和预算执行中的二次分配。细化政府采购项目预算编制,推进政府购买服务管理。

（三）提高预算执行效率

密切关注财政收入增减变动情况,做好前瞻性研究和分析,确保各项财政收入应收尽收。硬化预算执行约束,严格执行经人大审查批准的预算,从严控制预算调剂事项,依法依规办理预算追加和调整事项,严禁无序追加调整,避免产生重大违法违规风险。及时批复部门预算,严格按照预算、用款计划、项目进度、有关合同和规定程序及时办理资金拨付。强化预算执行主体责任和项目支出管理责任,加大支出进度通报约谈力度,建立预算执行和预算安排的挂钩机制,对预算执行进度达不到要求的,下年度按比例扣减预算。加强结转结余资金管理,盘活财政存量资金,将难以支出的预算资金统筹调整用于其他亟须资金支持的领域。

增强绩效管理理念,实施全面绩效管理,加强财政资金监管,不断提高财政资金使用效益。健全以结果导向配置公共资源的绩效管理机制,将绩效管理贯穿预算管理工作的始终,将绩效管理范围覆盖所有财政资金。强化预算绩效目标管理,优化绩效目标设置,完善绩效目标随同预算批复下达机制。开展绩效目标执行监控,及时纠正偏差,堵塞管理漏洞。强化绩效评价结果应用,将评价结果作为政策调整、预算安排和改进管理的重要依据。按照以点带面、逐步推开的方式,稳步推进预算绩效评价体系建设,扩大重点绩效评价范围,积极开展部门整体支出、财政政策等绩效评价工作。加大绩效信息公开力度,稳步推进绩效目标、绩效评价结果向人大报送并向社会公开。

（五）积极推进预决算公开

加快建立透明预算制度,扩大公开范围,积极推进财政政策公开,做到"公开为常态,不公开为例外"。细化公开内容,保证公开内容全面、真实、完整。加大预算公开监督检查力度,通过预算公开促进财政改革,促进财税政策落实,促进财政管理规范,促进政府效能提高。

各位代表,我们将坚持以习近平新时代中国特色社会主义思想为指导,在县委、县政府的正确领导下,不折不扣落实各项工作任务和工作要求,自觉接受县人大及其常委会的监督,认真听取县政协的意见和建议,不忘初心、牢记使命,攻坚克难补短板,开拓创新促改革,为实现我区2020年经济社会发展各项目标提供坚强的财力支撑,为全面建成小康社会作出新的更大贡献！

# 综 述

【概况】 墨脱县位于西藏东南部,雅鲁藏布江下游,县域总面积3.4万平方公里,边境线长262.5千米。地处喜马拉雅东段与岗日嘎布山脉的南坡,总体呈北高南低的走势,东起念青岗日山和阿拉亚日山脉,与察隅县相连,西至多雄拉和丹娘拉,与海拔7782米的南迦巴瓦峰和海拔7151米的加拉白垒峰相倚,与米林县和巴宜区毗邻,北隔岗日嘎布山脉与波密县相接,南与海拔154米的巴昔卡和印度相接,平均海拔1200米,县城海拔1100米。地形地貌以山川、峡谷为主,水资源丰富,境内主要河流有雅鲁藏布江、白马西路河、金珠藏布河、多雄弄巴、西贡河、沪公河、亚极河、嘎隆曲等,年径流深为1903毫米,径流量丰足,水系发达、河网密布,河网密度为0.94米/平方公里。气候条件优越,森林覆盖率达79.3%以上。墨脱县是西藏高原海拔最低、环境最好的地方,也是西藏最温和、雨量最充沛、生态保存最完好的地方,与西藏其他地区相比,墨脱县境内四季如春,气候条件优良,境内仅高等植物就达3000多种,竹类植物约有10多种,野生兰科植物80多种,特别适于徒步观光,被网友们评为"全国十大徒步路线之首"。国家级野生保护动物有孟加拉虎、熊、云豹、小熊猫、羚牛等,已探明矿产资源主要有砂石矿等。主要旅游景点有南迦巴瓦峰、雅鲁藏布大峡谷和雅鲁藏布大拐弯世界顶级自然景观及嘎龙拉天池、布裙湖、仁钦崩寺、汗密原始森林、老虎嘴瀑布等,旅游产品有石锅、石碗、门珞服饰、藤竹编等,特色美食有墨脱石锅鸡、石锅鱼、门巴手抓饭、墨脱黄酒等,主要物产有蜜柚、香蕉、茶叶等。全县自然资源丰富、人文景观奇特,拥有"五最一秘"的独特资源发展优势,即最优越的气候条件、最丰富的林业资源、最原始美丽的旅游资源、最充沛的水利资源、最丰富多样的生物资源、神秘独特的门珞文化资源。

墨脱县距林芝市350公里,辖7乡1镇,46个行政村、3个自然村;主要居民为门巴族和珞巴族,还有部分藏族、汉族及其他少数民族(苗族、满族、侗族、彝族等)。2019年,全县总人口14986人,下辖7乡1镇46个行政村,其中有5个边境乡(镇)、34个边境村,户籍人口13164人,乡村人口2587户10873人。全县共有基层党组织132个,其中党(工)委14个,党组5个,党支部113个,共有党员2368名,其中农牧民党员1325名、机关事业单位党员873名。

2019年,全县实现县域生产总值(GDP)6.86亿元,增速7.9%。全县消费品零售总额达5517.2万元,同比增长9.4%;全县农牧民人均可支配收入达11354元,同比增长13.1%;农牧民人均现金收入达9646元,同比增长13.3%;城镇居民人均可支配收入33041元,同比增长11.3%;全县一般公共预算收入3444万元。全县社会消费品零售总额达5517.2万元,比上年同期增长9.4%。

2019年,全县公路总里程496.31公里,乡(镇)公路通达率、通畅率分别为87.5%、62.5%,行政村公路通达率、通畅率分别为97.82%、71.74%。墨脱县共有水电站10座，总装机容量7845千瓦，其中亚让水电站为主力发电站，装机容量为4×1500千瓦。电视、广播综合人口覆盖率均为100%，移动信号覆盖率为100%，46个村均已实现自来水进村入户，行政村网络覆盖率为100%，4G网络覆盖率为80%，光缆传输覆盖率为69%。全县共有各级各类学校34所，在校学生2407人，其中初级中学1所，在校学生510人；小学8所，在校学生1237人；幼儿园25所，在校幼儿660人。全县共有医疗卫生机构共15家，其中县公立医院2家，乡镇卫生院8家，疾控中心1家，诊所4家，全县医疗机构拥有床位113张，其中县级医院有87张，县乡医疗机构共有专技127人（不含临时工、公益性岗位），村医92人。全县城乡居民养老保险参保5300人，发放养老保险金118.97万元，发放城乡低保资金101.92万元。

表1　　　　　　　　　　　　　　墨脱县行政区划一览表

| 序号 | 乡镇 | 行政村 | 自然村 | 备注 |
| --- | --- | --- | --- | --- |
| 1 | 墨脱镇 | 墨脱村 | 仁青崩 | |
| 2 | | 亚东村 | | |
| 3 | | 亚让村 | | |
| 4 | | 巴日村 | | |
| 5 | | 朗杰岗村 | | |
| 6 | | 玛迪村 | | |
| 7 | | 米日村 | | |
| 8 | 德兴乡 | 德兴村 | 无 | |
| 9 | | 文朗村 | | |
| 10 | | 德果村 | | |
| 11 | | 荷扎村 | | |
| 12 | | 巴登则村 | | |
| 13 | | 那尔东村 | | |
| 14 | | 易贡白村 | | |
| 15 | 背崩乡 | 背崩村 | 无 | |
| 16 | | 江新村 | | |
| 17 | | 格林村 | | |
| 18 | | 德尔贡村 | | |
| 19 | | 巴登村 | | |
| 20 | | 阿苍村 | | |
| 21 | | 地东村 | | |
| 22 | | 波东村 | | |
| 23 | | 西让村 | | |
| 24 | 达木洛巴民族乡 | 达木村 | 无 | |

续表1

| 序号 | 乡镇 | 行政村 | 自然村 | 备注 |
|---|---|---|---|---|
| 25 | 达木洛巴民族乡 | 卡布村 | | |
| 26 | | 贡日村 | | |
| 27 | | 珠村 | | |
| 28 | 格当乡 | 格当村 | 尼日卡 | |
| 29 | | 桑珍卡村 | | |
| 30 | | 布龙村 | | |
| 31 | | 占根卡村 | | |
| 32 | 帮辛乡 | 帮辛村 | | |
| 33 | | 根登村 | | |
| 34 | | 岗玉村 | | |
| 35 | | 肯肯村 | | |
| 36 | | 西登村 | | |
| 37 | | 宗荣村 | | |
| 38 | | 帮果村 | | |
| 39 | 加热萨乡 | 加热萨村 | | |
| 40 | | 达昂村 | | |
| 41 | | 更帮村 | | |
| 42 | | 龙列村 | | |
| 43 | | 拉贡村 | | |
| 44 | | 曾求村 | | |
| 45 | 甘登乡 | 甘登村 | 甲崩岗 | |
| 46 | | 多卡村 | | |

注：2019年，墨脱县共7乡1镇46个行政村3个自然村。

# 大事记

## 1月

**1日** 由广东省第八批援藏工作队墨脱县工作组主办,中共墨脱县委宣传部、中共背崩乡委员会、背崩乡人民政府、县公安局、县教体局、县文化局共同承办的"祝福母亲庆祝新年——佛墨心连心"文艺汇演在墨脱县背崩乡雅鲁藏布母亲广场举行。县委副书记、县长魏长旗,县委常务副书记、援墨工作组组长谢国高,县委副书记、常务副县长、援墨工作组副组长李斌,副县长王旭杰、县政协副主席嘎玛欧珠等领导出席活动。

**同日** 墨脱县委书记旺东带队一行在某驻地部队、嘎隆拉林业检查站、贡日便民警务站看望慰问节日坚守岗位的官兵民警及林业工作人员,并送去慰问金1.1万元。

**同日** 由墨脱县人民政府主办,墨脱县教体局承办的"三大节日"系列长跑环城比赛在墨脱县莲花公园广场正式拉开帷幕,共137人参加比赛。环城比赛分为5组,包括成年男子组、成年女子组、学生女子组、学生男子组、部队组。经过激烈角逐,女子前八名运动员,其他组前十名运动员共48名运动员获得比赛荣誉证书和奖金。

**同日** "三大节日"来临之际,墨脱县委副书记、县长魏长旗与县人大常委会副主任于世高走访慰问驻墨部队官兵及环卫工人,向他们致以节日的问候,并送去慰问金24500元。

**4日** 墨脱县农牧局牵头县环保、食药、商务、工商、公安、安监、住建局等部门13名执法人员开展假冒伪劣食品专项整治活动。此次专项检查主要针对墨脱县城农贸市场、学校周边小卖部、商店等销售食品过期、变质、包装破损等情况进行检查。期间,执法人员共查收假冒伪劣及过期商品53件,价值412元,涉及5家商铺。查收的过期商品由执法人员集中进行销毁。

**7日** 经墨脱县市场监督管理局调查显示,墨脱县实有各类市场主体总量达1011户,注册资本(金)12.57亿元,较2011年增长535.85%。其中,民营经济市场主体达988户、注册资本(金)7.97亿元,较2011年增长545.75%、7859.17%,占市场主体总量的97.72%和63.40%;民营经济市场主体带动就业创业3277人,较2011年增长950.32%。

**同日** 墨脱县召开农村集体产权制度改革暨清产核资工作动员部署会,县委书记旺东,县委副书记、常务副县长李斌,副县长王桂兰出席会议。县委常委、统战部部长边巴索朗主持会议。县委办、人大办、政府办、宣传部、组织部等县直相关部门主要负责人,各乡(镇)党委书记、乡(镇)长,乡(镇)分管农牧副乡长以及农牧局全体干部参加会议。

**11日** 墨脱县召开理论学习中心组第1次学习(扩大)会议,传达学习了《市委副书记谢英在全市宣传思想工作会议暨贯彻习近平新时代中国特色社会主义思想情况交流会上的讲话》《关于激励广大干部新时代新担当新作为建立容错纠错机制的办法（试行）》《中国共产党支部工作条例（试行）》《关于对西藏自治区地质矿产勘查开发局党委落实全面从严治党主体责任不力的情况通报》。

13日　武警西藏总队政治委员邹建雄一行在墨脱县格当乡桑珍卡村调研定点帮扶工作。

16日　墨脱县"三大节日"系列体育庆祝活动——第十一届"雅江杯"足球赛在墨脱县中学举行，全县学生、群众、机关干部等群体组成的18支队伍共270余人参加活动。

18日　墨脱县人社局据统计显示，2019年墨脱县城镇居民参保人数795人，完成征缴金额44.52万元，其中自治区、市、县三级财政补贴500元每人。个人筹资征缴（普通人员313人，每人自筹60元），征缴金额18780元。学龄前儿童、中小学生、全日制在校大中专学生和西藏班学生433人，每人自筹30元，征缴金额12990元，财政另补助每人30元；男65岁，女60岁享受最低生活保障人员49人，为免缴人员，享受全额财政补助。

同日　西藏自治区党委农村工作暨脱贫攻坚工作会议在拉萨召开，会议表彰了自治区脱贫攻坚先进集体和先进个人。广东省第八批援藏工作队墨脱县工作组因在助力墨脱县脱贫攻坚工作中的突出表现，被评为"2018年度西藏自治区脱贫攻坚先进集体"，被授予"2018年度西藏自治区脱贫攻坚组织创新先进单位"荣誉称号。

同日　墨脱县住建局联合县政府办、发改委、人社局、环保局、监理及施工单位人员组成验收委员会，对墨脱县2015年公共租赁住房建设项目进行竣工验收。验收组通过实地检查，采取逐户验收的方式对项目进行验收，并一致认为该项目建设符合设计要求，予以通过验收。墨脱县2015年公共租赁住房建设项目概算总投资864.66万元，核定新建公租房48套，总建筑面积2008.8平方米，其中1#公租房24套、建筑面积1004.4平方米，2#公租房24套、建筑面积1004.4平方米，并修建道路硬化868.52平方米、停车位453.6平方米、绿化1700平方米及总体给排水、电等附属工程道。该项目的建成解决了墨脱县48户干部群众的住宿问题。

24日　墨脱县政协主席平措多吉，县委常委、统战部部长边巴索朗一行在墨脱县仁青崩寺看望慰问驻寺干部、僧人、驻寺民警，并送去慰问金5000元。

同日　墨脱县多龙岗易地扶贫搬迁选房抽签仪式在墨脱县加热萨乡政府大院举行，来自甘登乡多卡村、加热萨乡龙列村、帮辛乡岗玉村3个村的79户搬迁对象参加仪式活动。县委常委、常务副县长多吉扎西主持抽签仪式，县人大、政协、纪委、巡察办、财政相关人员全程监督抽签仪式。此次选房抽签共有ABCD 4种户型，抽签采取由3个搬迁村村"两委"抽签定序、各村按照户型依次抽签的顺序进行，2次抽取的号码当场公开登记、当场公布房号，再由搬迁户当场签字确认，确保了公开、公平、公正。

28日　在县多功能会议厅召开墨脱县委八届四次全体会议。会议传达了区党委九届五次全会精神和市委一届八次全会精神；通报了2018年墨脱县委组织部代县委管理党费收缴和使用情况；审议了墨脱县委"246"党建工作思路；县委书记旺东代表中共墨脱县委常委会作了主题为《贯彻新思想实干新时代接力奋进写辉煌砥砺前行著华章全面推动墨脱高质量跨越发展》工作报告。会议全面总结了2018年度墨脱县取得的成绩，同时要求全县上下牢固树立和贯彻落实五大发展理念，深入实施以"神圣国土守护者，幸福家园建设者"为主题的乡村振兴战略，突出"两线三点"发展布局，有序推进"八县战略"，加快建设"五个墨脱"，保持战略定力，在接力奋进中再创辉煌。中共墨脱县第八届委员会委员、候补委员，中共墨脱县第八届纪律检查委员会委员，其他县级领导和各乡（镇）党政主要领导、各部门负责同志，"两代表一委员"，离退休老干部代表，各部门副科级以上干部等共190余人参加此次会议。

同日　墨脱县召开县委经济会议，县委书记旺东出席会议，县委副书记、县长魏长旗主持会议。会议传达学习了中央、区党委、市委经济工作会议精神，表彰了墨脱县2018年度先进乡（镇）和先进单位。在岗县级领导，各乡（镇）党委书记、乡（镇）长，县（中、区）直各单位主要负责人，非公企业代表，离退休老干部代表，各部门副科级以上干部共

190余人参加此次会议。

31日 墨脱县召开2018年度"四讲四爱"群众教育实践活动总结表彰会议,表彰了在活动中涌现出的"四讲四爱"先进集体和最美人物。县委副书记、县长魏长旗出席会议,县委常委、统战部部长边巴索朗主持会议。县"四讲四爱"群众教育实践活动领导小组成员,各乡(镇)党委书记、活动办负责人,县直各单位负责人,县"四讲四爱"活动办全体工作人员,县"四讲四爱"先进集体和最美人物代表参加会议。

## 2月

18日 林芝市委副书记、市长旺堆带队调研组一行在墨脱县背崩乡德尔贡村、背崩村、地东村调研指导工作。期间,调研组一行转达了西藏自治区主席齐扎拉对异地搬迁工程的关心重视,反复嘱咐村"两委"班子成员,异地搬迁关乎民生福祉大事,一定要确保民房改造期间用料安全可靠,让老百姓住的舒适、放心,一定要做好本地群众思想工作,多和群众交心、谈心,确保搬迁工作如期进行。调研期间,调研组同时对各村开展慰问工作,共发放慰问金1.9万元。

17—18日 林芝市委副书记、市长、加拉村雅鲁藏布江堰塞湖应急抢险救灾前线指挥部指挥长旺堆带领调研组一行,在墨脱县格当乡、背崩乡就加拉村雅鲁藏布江堰塞湖灾后恢复重建安置点选址工作、小康村建设及特色产业发展等工作进行调研。

20—21日 墨脱县民间艺术团到背崩乡背崩村、墨脱镇亚让村、德兴村、荷扎村开展文艺"八进"下乡演出,为当地干部群众送上一场文艺盛宴。此次演出涉及各类节目18个,参演人员18人,观众达630余人次。

27日 墨脱县第十一届人民代表大会第五次会议开幕。会议由大会执行主席遵珠主持。本次大会应到代表77名,实到60名,因事因病请假17名。会议听取了县委副书记、县长魏长旗代表县人民政府作的《墨脱县人民政府工作报告》;审查了《墨脱县2018年国民经济和社会发展计划执行情况及2019年国民经济和社会发展计划(草案)的报告》和《墨脱县2018年财政预算执行情况和2019年财政预算(草案)的报告》。

28日 扎墨公路(林芝波密县扎木镇到墨脱县城墨脱镇)发生雪崩,扎墨公路被中断。经林芝多部门联合抢通,3月5日被困人员和车辆在交警等部门的护送下已安全脱困。

2月 全国妇联授予墨脱县完全小学副校长格桑德吉"全国三八红旗手标兵"荣誉称号。格桑德吉,女,门巴族,1978年5月出生,墨脱县人,本科,中共党员,任西藏自治区林芝市墨脱县完全小学副校长。从教十七年来,共将200多孩子送出大山,被誉为门巴族的"护梦人"。格桑德吉先后获得2013年度"全国最美乡村教师"、2013年度"感动中国十大人物"、2014年度西藏自治区践行社会主义核心价值观"最美人物"、2014年度西藏自治区"三八红旗手"称号、2015年度"全国民族团结进步模范"、2015年度"第七届华夏千秋教育基金园丁奖"、2018年度西藏自治区"三八红旗手标兵"、2018年度"全国五四青年奖章"、2019年度全国"三八红旗手标兵"等荣誉。

## 3月

5日 墨脱县委书记旺东在政府二楼会议室主持召开墨脱县委理论学习中心组第3次学习(扩大)会议——脱贫攻坚专题,县理论中心组成员及各单位负责人共48人参会。会议传达学习了《习近平新时代中国特色社会主义思想三十讲》之"第二十讲在发展中保障和改善民生"、《中央农村工作会议、全国扶贫开发工作会议、自治区党委农村工作暨脱贫攻坚工作会议精神传达提纲》《脱贫攻坚基本知识》。

同日 墨脱县财政局组织全县各预算单位在财政局会议室召开2018年度行政事业单位内部控制报告编报培训会。培训会主要针对内控系统的安装、填报、审核、报送等几大方面进行操作讲解，并根据往年经验，详细阐述了做好当前内控报告编报工作的注意事项。

7日　墨脱县公安局联合多单位举行墨脱县2019年3月维稳安保誓师动员大会暨联合武装巡逻拉练活动，林芝市人大常务委员会副主任、驻墨脱县维稳督导组组长才佳，墨脱县委书记旺东，县委副书记、县长魏长旗，县委常委、纪检委书记、监察委主任朱宇峰，县人民检察院检察长李彦等出席大会。

10日　墨脱县开展以"合力打击黑恶势力·共建共治共享平安墨脱"为主题的综治宣传月暨扫黑除恶打非治乱专项斗争宣传月集中宣传活动。林芝市委派驻墨脱维稳督导组副组长、副市长徐龙海，墨脱县委副书记、县长魏长旗等领导亲临集中宣传点现场指导。活动中，共有38家单位和7个乡（镇）、46个行政村参与，发放各类宣传资料和宣传纪念品15000余份，近7000余名群众通过接受宣传教育，进一步了解了有关扫黑除恶打非治乱和"双联户"、平安创建、安全生产、防电信诈骗、惠民政策等方面的知识。

12日　墨脱县公安局举行巡逻车辆发放仪式活动，县委书记旺东等出席活动仪式，县委副书记、县长魏长旗为公安局基层单位代表发放了巡逻车辆钥匙。

13日　由墨脱县人检察院提起公诉的首例适用速裁程序认罪认罚案件，在县人民法院公开庭审并当庭宣判，县人民法院采纳检察院指控的罪名和量刑建议，当庭宣判被告人次某犯盗窃罪，判处拘役2个月，缓刑6个月，次某表示认罪服判，与以往不同的是，本次开庭到宣判仅用时30分钟。该案是新刑诉法实施后，林芝市首例适用速裁程序审结的案件，该案的成功办理，是县人民检具体运用新程序办理案件的首次尝试，既实现了案件的快速审结，也充分保障了当事人的诉讼权利，真正实现司法公正与效率的共赢。

16—18日　西藏自治区广播电视局党组副书记、局长、区"扫黄打非"工作领导小组办公室主任韩辉，林芝市委常委、宣传部部长张海波一行带队联合专项检查组一行先后在背崩乡、墨脱镇、墨脱县"扫黄打非"办公室、网信办、文化市场执法大队等地，对墨脱县"扫黄打非"基层站点规范化、标准化建设、宣传工作开展情况、文化市场管理等方面进行督导检查。

21日　中共墨脱县第八届纪律检查委员会第四次全体会议第一次会议召开。县委书记旺东，县委副书记、县长魏长旗，县四大班子在岗领导，八届县纪委委员，各乡（镇）党委书记、纪委书记，县纪委全体干部共167人参会。会议由县委常委、纪委书记朱宇峰主持。

同日　墨脱县按照机构改革要求，县文化和旅游局，县行政审批和便民服务局，县林草局、自然保护区管理局3家单位挂牌成立。

22日　墨脱县按照机构改革要求，县教育局、体育局，县经济和信息化局，粮食和物资储备局，县自然资源局，县农业农村局、乡村产业发展局，县卫生健康委员会，县退役军人事务局，县应急管理局，县市场监督管理局，县审计局，县医疗保障局，县外事办公室、边界事务协调办公室，县城市综合管理和综合执法局，林芝市生态环境局墨脱县分局和县广播电视台共14家单位挂牌成立。

24日　西藏自治区驻林芝市第二维稳督导组组长、区公安厅党委副书记、巡视员晶明一行在墨脱县公安局调研指导工作。林芝市公安局党委委员、副局长张雨生，墨脱县委书记旺东，县委副书记、政法委书记、公安局长、督察长谭远书等陪同。

28日　墨脱县通过"升国旗唱国歌"、座谈会、群众性文艺汇演、图片展、宣讲会、重温入党誓词、观看自治区纪念西藏民主改革60周年大会直播实况等多种形式，热烈庆祝西藏民主改革60周年。

3月　多龙岗搬迁安置点共迁入多卡村、龙列村、岗玉村的门巴族、珞巴族、藏族群众共90户382人，其中建档立卡贫困户46户203人。多龙岗搬迁安置点项目总投资8789.57万元，其中房屋建设投资4699万元，基础设施及附属设施建设投入资金4090.57万元，于2017年初开始建设，2019年3月实现入住。

## 4月

**1日** 墨脱县委组织部（老干部局）、县委宣传部联合举办纪念西藏民主改革60周年忆苦思甜宣讲会。墨脱县委统战部原副部长、墨脱县退休干部党支部书记、墨脱县退休干部党建督导员仁青多吉和墨脱镇亚东村支部书记德庆平措受邀以亲身经历，畅谈西藏民主改革60年来墨脱的沧桑巨变。全县干部职工、农牧民代表、国企代表、学校师生代表、驻军代表等141人参会。

**2日** 墨脱县甘登乡多卡村33户128人顺利搬进格当乡多龙岗易地扶贫搬迁安置点。

**同日** 墨脱县已建成高标准高山有机茶园33个，总面积8926.36亩，可采摘面积4393亩。茶园主要种植福鼎大白、铁观音、名山特早213、梅占、4号茶、储叶齐等6个品种，引进并试种茶叶新品种凤凰单枞、英红9号、云抗10号、雪芽100、紫鹃、鸿雁12号、黄金茶、白毫131等品种。截至2019年3月底，全县累积采摘茶青12.81万斤，农牧民群众实现增收共508.14万元。

**5日** 在传统节日清明节之际，墨脱干部职工、援藏干部、群众、驻墨部队官兵、师生代表纷纷到革命烈士陵园祭奠革命先烈，寄托对他们的无限哀思。革命烈士纪念碑前，出席祭奠活动的社会各界怀着无比崇敬的心情，向烈士纪念碑敬献花篮，鞠躬默哀、瞻仰革命烈士纪念碑，追思革命先烈的奋斗足迹，缅怀革命前辈的丰功伟绩。随后，全体党员重温入党誓词，表达继承先烈遗志，为党的事业奋斗终生的决心。

**17日** 纪念西藏民主改革60周年西藏自治区宣讲团墨脱县宣讲报告会在墨脱县团结楼6楼会议室举行，自治区宣讲团第四宣讲组、区党委党校党史党建教研部副教授万金鹏作宣讲报告。墨脱县委常委、统战部部长边巴索朗主持报告会。在家县级领导、县（中、区）直各单位负责人、县直各机关支部负责人、群众代表、僧尼代表、学生代表、国有企业职工代表和县委宣传部全体干部共100余人参加报告会。

**16—17日** 林芝市妇联党组副书记、主席晓红一行在墨脱镇米日村、墨脱村调研指导"妇字号"项目，并在仁青崩村入户慰问了困难群众。墨脱县副县长赖维薇，县妇联主席米玛曲珍、墨脱镇党委书记格桑卓嘎陪同。

**24日4时15分** 据中国地震台网正式测定，在西藏林芝市墨脱县发生6.3级地震，震源深度10千米，震中位于北纬28.40度，东经94.61度。地震发生时，林芝市墨脱县、米林县、波密县均有震感。本次地震周边20公里内无村庄分布，50公里内无乡镇驻地分布。震中距米林县99公里、距墨脱县125公里、距林芝市141公里、距朗县166公里、距波密县198公里，距拉萨市367公里。此次地震墨脱县辖区无群众人员伤亡，辖区秩序良好。

**25日** 墨脱县委统战部组织召开2019年深入开展宗教领域"四讲四爱"暨"遵行四条标准 争做先进僧尼"教育实践活动动员部署会议。县委副书记、政法委书记、公安局局长、督察长谭远书出席会议并作动员部署讲话。县委常委、宣传部部长普果，县人大常委会副主任杨明强，县政协副主席郑明出席会议。县宗教工作领导小组成员单位，各乡（镇）党政主要负责人、统战委员，各寺庙僧人，各寺管会（专职管理特派员）代表及统战、民宗全体干部参加会议。

**26—27日** 西藏自治区党委宣传部副部长、文明办主任仁青洛布一行在墨脱县检查学校德育室标准化建设以及乡村少年宫运行情况。

**29日** 墨脱县民间艺术团在德兴乡文朗村和德果村开展以"幸福不忘共产党 阳光路上梦起航"为主题的文艺巡演活动，演员们用歌声和舞蹈展现了西藏民主改革60周年以来墨脱县经济发展、社会进步、民生改善等方面取得的喜人成就，表达了全县干部群众坚决拥护党，紧跟党的步伐一同迈向新时代的心声。此次活动共演出了《喜鸟之魂》《独链舞》《哈丽雅》等18个节目，参演人员34人次，观看群众达200余人。

**30日** 墨脱县委副书记、常务副县长李斌主持召开县委理论学习中心组第8次学习（扩大）会议，县委理论中心组成员及各单位负责人共56人参会。

会议传达学习了《伟大的跨越：西藏民主改革60年》白皮书、《吴英杰书记对〈自治区扶贫领域违纪问题典型案例分析情况报告〉的批示及原件》《扫黑除恶打非治乱专项斗争基本常识》及相关会议精神。县农业农村局、县文化和旅游局、市生态环境局墨脱分局3部门负责人围绕上次农业农村工作专题，结合自身工作实际作交流发言。

20日—5月3日　墨脱县举办乡村医生技能培训班，开设了临床技能、各种常见病诊断、预防保健、藏医药知识、疾病预防控制、卫生健康惠民政策等课程，邀请了援藏专家、三级医院对口帮扶专家、县卫生系统相关业务骨干进行授课，共有51名学员参加。

# 5月

1日　墨脱县总工会结合自身实际，在莲花广场举办了关于"喜迎新中国成立70周年工会服务在基层"系列服务职工活动启动仪式、"中国梦·劳动美"庆西藏民主改革60周年"五一"国际劳动节合唱比赛、表彰2018年度优秀工会干部和工会工作积极分子共3项活动。

4日　墨脱县公安局积极组织参加庆祝西藏民主改革60周年暨五一国际劳动节合唱比赛，并荣获一等奖。

1—5日　国家审计署驻广州特派办处长陈岚一行对墨脱县易地搬迁5个村庄和34个边境小康村建设情况进行全面审计工作。

7日　德兴乡德果村双语幼儿园、德兴乡文朗村双语幼儿园顺利开园。2所幼儿园温馨的教室迎来了第一批共15名幼儿。

12日　在刚刚结束的2018—2019全国跳绳锦标赛安徽亳州站比赛中，墨脱县中学佛墨缘花样跳绳队克服舟船劳顿和醉氧等重重困难与压力，与来自全国14个省市（自治区）60支队伍近800名绳友同台竞技，获得了3金4银4铜佳绩，并荣获十大"体育道德风尚奖"称号。此次比赛从墨脱县中学跳绳队选拔7名门巴族、珞巴族队员，以俱乐部名义参加本次全国锦标赛。赛事共设立28个项目，墨脱县中学佛墨缘花样跳绳队共参加了8个项目的比赛，分别为个人绳规定套路初级、小型表演、30秒双摇跳、3分钟单摇跳、连续三摇跳、个人花样初级、30秒单摇跳、两人车轮跳。

17日　墨脱县委副书记、副县长李斌主持召开县委理论学习中心组第9次学习（扩大）会议，县委理论中心组成员及各单位负责人共52人参会。县委常委、纪委书记、监委主任朱宇峰带学了《关于坚持和发展中国特色社会主义的几个问题》。县委常委、宣传部部长普果带学习了《提升党员干部意识形态能力》。县政协副主席边巴扎西带学了《中共中央关于加强党的政治建设的意见》。会议共同学习了中共中央总书记、国家主席、中央军委主席习近平同志于2019年4月1日，在第7期《求是》杂志发表的重要文章《关于坚持和发展中国特色社会主义的几个问题》及《中共中央关于加强党的政治建设的意见》《提升党员干部意识形态能力》等文件精神，县委政法委、县法院、县国安委办3部门负责人就扫黑除恶工作结合自身实际作交流发言。

同日　墨脱县财政局印发《关于下放县直各单位公用经费支出管理权限的通知》，各单位公用经费支出管理权限下放。

18日　随着墨脱县帮辛乡西登村和岗玉村最后2个村妇女代表大会的顺利召开，标志着墨脱县村级"会改联"工作全部完成。全县46个行政村共选举出村级执委会成员222名，其中主席46名，副主席89名（专职副主席62名、兼职副主席27名），委员87名，村级会改联覆盖率100%。

21日　东莞市中级人民法院党组副书记、副院长陈昌盛一行工作组在墨脱县人民法院开展对口支援工作调研。林芝市中级人民法院党组成员、政治部主任吴青玲，行政装备处处长拉姆等陪同。

22日　西藏大学教授、博士生导师普布次仁带队边疆治理下中国共产党治藏方略研究课题组一行在墨脱县背崩乡调研工作。墨脱县副县长王斌、林芝市教育局副调研员阿旺次仁，背崩乡党委书记王海斌等陪同。

21—23日　为切实做好卓玛拉山脚下私建房屋拆除执法工作，保护群众生命财产安全，墨脱县住建局、县综合执法局先后3次到现场开展摸底调查、动员劝解及登记工作。经核查，此处共有私建房72间、涉及住户79人，此次执法动迁工作共登记32户，发放拆除通知书23份，张贴限期搬离公告73份。

23—24日　墨脱县2019年人大系统干部业务知识培训班在县人大常委会会议室举办。培训由县人大常委会和人大办公室主要领导集中授课。各乡(镇)人大主席、人大专干、县人大机关部分干部共23人参加此次培训。此次培训主要讲授了人民代表大会制度是我国根本政治制度、维护宪法权威捍卫宪法尊严(2018年宪法修正案解读)、基层人大工作实务(乡镇人大职责与依法履职)、如何做好新时期人大机关文秘工作等内容。

28日　墨脱县举行退役军人服务保障机构挂牌仪式，副县长扎西顿珠出席仪式。

27—28日　墨脱县住建局、监理单位及施工单位组成验收小组，对墨脱县县城风貌改造——县城及乡镇亮化工程项目、县城致富路改造建设项目、县城道路配套设施建设项目开展初步验收工作。通过实地检查，对照施工图纸方式进行验收，由监理单位汇总发现的问题，下发初验整改报告，并督促施工单位整改，待整改完成后，再组织相关单位进行竣工验收。墨脱县县城风貌改造(县城及乡镇亮化工程项目)，为广东省第八批援墨项目，概算总投资740万元，建设内容为城市夜景提升工程1项、低压配电改造工程1项、德兴乡LED屏工程1项，合同造价629.19万元，于2018年2月13日开工建设。墨脱县县城致富路改造建设项目，为广东省第八批援墨项目概算总投资1500万元，建设内容为外立面改造15栋、改造致富路0.279千米、东布路0.263千米、路灯22套等改造工程，合同造价1190.9746万元，于2017年9月11日开工建设。墨脱县县城道路配套设施建设项目，为广东省第八批援墨项目，概算总投资500万元，建设内容为新建塔楼、门楼及连廊，其中塔楼总高21.55米，门楼总高16.15米，总建筑面积315.7平方米，合同造价411.5706万元，于2017年8月5日开工建设。

27—28日　巴宜区副区长次欧一行4人在墨脱县委常委、副县长多吉扎西等陪同下，在墨脱县达木乡贡日村、达木村、乡扶贫办，以入户走访、查阅资料等方式对脱贫攻坚第三方和中央巡视反馈问题整改情况进行督导检查。在乡扶贫办，督导组针对第三方、中央巡视反馈问题整改情况进行检查并查阅相关脱贫攻坚材料，如户卡册、一户一档、医疗帮扶等；在达木村随机挑选2户(1户贫困户1户边缘贫困户)开展走访，详细了解贫困户对脱贫攻坚政策的知晓率，并查看扶贫口袋中随访家庭签约情况。

30日　墨脱县委常委、副县长高功强带领由县教育局、发改委、住建局、人社局、环保局、格当乡人民政府、监理单位等组成的验收小组，对格当乡小学教学辅助用房进行验收。该项目由国家投资320万元，新建教学辅助功能用房总面积890平方米及其附属工程，于2018年1月开工建设。经查验，格当乡小学教学辅助用房项目符合验收相关标准，项目顺利通过验收。

同日　墨脱县完全小学开展"童心颂祖国　争做新时代好少年"庆六一活动，墨脱县委常委、统战部部长边巴索朗及县教育局、县工商、县妇联、墨脱白玛岗公司等单位负责人出席活动。活动中，墨脱县白玛岗公司为孩子们送去了节日礼物，捐赠了价值10000余元的爱心雨伞。

5月　中国科学院昆明动物研究所于2010—2018年期间，在墨脱县持续开展两栖爬行动物多样性考察及两栖动物观测，研究人员蒋珂等在背崩乡西让村及马尼翁发现亚洲角蛙科(Ceratobatrachidae)舌突蛙属(Liurana)的一个新种河谷舌突蛙(Liurana vallecula)。该蛙主要栖息于雅鲁藏布江大峡谷沿岸海拔1000米以下的热带雨林边缘的灌丛中，栖息地生态环境良好。关于河谷舌突蛙研究的论文于2019年5月18日发表在国际知名期刊《Zoological Research(动物学研究)》。

## 6月

**3—4日** 家庭医生服务团队在墨脱县墨脱镇墨脱村、亚东村、朗杰岗村、巴日村开展家庭医生随访服务、义诊活动。活动对高血压、糖尿病、冠心病、65岁以上老年人、0—6岁儿童、孕产妇、残疾人、精神病人、建档立卡户等重点人群等进行随访服务。

**7日** 墨脱县农业农村局组织相关部门对墨脱县市场16家经营销售冷冻肉、鲜肉、蔬菜、活鱼、水果等农产品的个体户开展农产品质量安全监督检查。检查人员重点排查了个体户非法经营情况,通过检查,未发现不合格产品销售情况。同时,检查人员还对销售农药店面进行排查,未发现限用农药销售情况。

**8日** 林芝市人民医院李欣院长带队工作组一行在墨脱县卫生服务检查指导工作,并转赠了天行健基金会价值13万元医疗设备(1张产床)。

**10日** 墨脱县委常委、常务副县长多吉扎西带队县脱贫攻坚产业脱贫组、发改委、住建局、人社局、应急管理局、市生态环境局墨脱县分局、农业农村局、扶贫办及监理单位相关负责人对墨脱县达木乡贡日村(80K)扶贫收益商铺项目进行竣工验收。墨脱县达木乡贡日村(80K)扶贫收益商铺项目总投资1172.44万元,主要建设内容为新建商住楼2725.54平方米及其附属工程(停车位工程527.36平方米、硬化工程2892.32平方米、总体给排水和总体电气工程)。验收组参照施工图及概算批复内容对收益商铺项目的工程量及施工做法进行核验,项目基本按照设计及施工图要求施工,验收组一致决定同意通过竣工验收。

**12日** 民政部社会组织管理局副局长黄茹一行在墨脱县民政局调研农村低保专项治理工作。

**同日** 林芝市委巡察办副主任刘爱香一行4人在墨脱县督导巡察办督查巡察整改情况和2018年县级交叉巡察整改情况。督查组通过听取工作汇报、查阅整改台账、对比整改方案、翻阅整改报告、询问有关具体情况等方式就墨脱县督查整改工作的情况进行详细了解。督查组要求,墨脱县委巡察办一定要坚持问题导向,认真改进监督方式,切实把督查巡察整改工作往深里做、向实处推,严格督促做好巡察整改"下半篇文章"。

**同日** 墨脱县2019年内地西藏班初中招生考试在墨脱县完全小学考点顺利开考。墨脱共有182名考生参加本次考试,考试科目为汉语文、数学、藏语文、综合四科,设1个考点、8个考场。

**10—12日** 林芝市疾控放射科边巴次仁,地病科文祥斌、登曾多杰一行,在墨脱县热萨乡、帮辛乡、格当乡、背崩乡、德兴乡开展鼠疫防治督导、学生结核菌素试验强阳性拍片、7—12岁大骨结病筛查和复查、8—12岁饮茶型氟中毒(氟斑牙)检查监测等工作。此次工作共为学生结核菌素实验强阳性拍片43人(帮辛乡41名、加热萨乡2名)、7至12岁大骨节病筛查X线拍片79人(格当乡小学)、成人大骨节病复查X线拍片22人、疑似自愿检查12人(格当乡)、饮茶型氟中毒8至12岁儿童氟斑牙检查83人。

**13日** 西藏自治区人大常委会内务司法工作委员会副主任勇扎,自治区高级人民法院党组成员、巡视员达瓦,自治区人民检察院党组成员、副检察长陈宏东等一行9人,在林芝市人大法制委员会主任委员全胜、墨脱县人大常委会主任遵珠的陪同下,先后在墨脱县人民法院、检察院就"两院"基本解决执行难和公益诉讼检察工作情况进行实地调研。

**同日** 墨脱县召开2019年度总河长会议暨河(湖)长制工作安排部署会议。县委书记旺东出席会议,县委副书记、县长魏长旗主持会议,在岗县级领导出席会议,各乡(镇)河长、县河长制成员单位负责人、县河长制办公室全体工作人员参加会议。会议传达了《扎西达杰副市长在林芝市2019年度河长制湖长制重点工作推进会上的讲话》《林芝市2018年度河长制湖长制自治区考核现场核查发现的问题通报》《林芝市各县(区)河长制湖长制工作开展情况2019年第一季度通报》系列文件精神。副县长、河长制办公室主任王旭杰通报了2018年墨脱县河长制工作情况,并对下一步工作重点进行安排部署。

19日　墨脱县副县长赖维薇带领由政府办、发改委、扶贫办、妇联等6家单位组成的验收组,对墨脱镇墨脱村妇女门巴服饰培训基地设备采购项目进行验收。验收组在实地查看项目建设情况、查阅项目资料后,认定该项目符合验收要求,同意通过验收。墨脱镇墨脱村妇女门巴服饰培训基地设备采购项目系县妇联申报的林芝市2017年度"妇字号"精准扶贫项目,覆盖147户、147人,其中25户为建档立卡贫困户(100人),参与项目建设妇女有20户、20人(其中贫困户6户、6人)。该项目于2018年3月下达方案批复,2018年8月完成建设,同月完成项目的初级验收,2018年该项目收益达15万元。

同日　墨脱县市场监管局3名执法人员分别对墨脱县9家娱乐场所、KTV进行酒类安全检查。此次检查共查处过期啤酒14灌,价值220元。此外,执法人员还发现,3名娱乐场所工作人员未持有效健康证从业,2家经营场所未按规定设立洗消间。针对检查中发现的问题,执法人员要求各场所限期进行整改。

20日　教育部公布了2018年全国义务教育发展基本均衡县(市、区)名单,西藏11个地方上榜。分别是日喀则市:萨迦县昂仁县仲巴县吉隆县。昌都市:卡若区丁青县察雅县。林芝市:墨脱县。那曲市:色尼区嘉黎县。阿里地区:革吉县。

21日　墨脱县委书记旺东,县委副书记、县长魏长旗,县委常委、副县长高功强一行在墨脱县中学考点巡考。

24日　墨脱县召开庆祝中国共产党成立98周年暨"七一"表彰大会。县委书记旺东出席会议,县委常委、统战部部长边巴索朗主持会议,在岗县级领导,县直、市直、区直、中直单位党员代表,各乡镇党委主要负责人,驻墨部队党员代表,退休老干部党员代表,农牧民党员代表等参加会议。会上,县委常委、组织部部长陈金鑫宣读了《中共墨脱县委员会关于表彰先进基层党组织、优秀共产党员、优秀党务工作者、军地共建先进基层党组织、军地共建优秀共产党员的决定》。主席台前排就座的县级领导为获奖的先进集体和优秀个人代表颁发证书及奖章,并鼓励他们继续发扬优良传统,再接再厉。新入党党员代表、先进基层党组织代表进行了交流发言。

同日　在墨脱县达木乡达木村村干部的协助下,驻达木乡达木村第八批工作队向达木村建档立卡贫困户罗布央宗亲属转交了西藏自治区广播电视局干部职工为肾病严重患者罗布央宗所筹善款74050元。

25日　第九届全国"人民满意的公务员"和"人民满意的公务员集体"表彰大会在北京召开。墨脱县背崩乡科员、地东村党支部书记、第一书记高荣获得了职业生涯中的最高荣誉——第九届全国"人民满意的公务员",并受到党和国家领导人的亲切接见,成为林芝市近年来获此殊荣第一人。

同日　墨脱县妇联组织31名巾帼志愿者开展了"唱支山歌给党听"庆祝建党98周年微拍活动。活动中,广大妇女群众集体合唱了《再唱山歌给党听》,将民族情怀深深地融入"五十六个民族兄弟姐妹心连心、我们携手和谐家园"的优美旋律中,充分表达对伟大祖国和中国共产党的赞美和歌颂。

同日　墨脱县仁青崩寺管会以开展"四讲四爱"和"遵行四条标准争做先进僧尼"教育实践活动为契机,组织在家所有干部及寺庙僧人共11人开展了"保护绿水青山建设生态寺庙"活动。此次活动共清整寺院周边土地8亩、种植花卉5亩、安装户外宣传栏3个、安装防护栏240米、修建挡土墙排水沟150米。

26日　墨脱县委政法委、县扫黑办、县禁毒办牵头组织就近乡(镇)村和31家县(中、区)直单位部门,在县城人员密集街区开展以"扩大扫黑除恶打非治乱成果、大力推进县域治理现代化"和"健康人生、绿色无毒"为主题的2019年6月综治宣传周暨"6.26"国际禁毒日集中宣传活动。此次宣传活动出动工作人员50余人,展示宣传展板30余幅,向过往群众发放宣传资料2100份,受教育群众达2000人次,接受相关法律法规咨询290人次。

27日　墨脱县举行新时代文明实践中心揭牌仪式。县委常委、宣传部长普果出席揭牌仪式并做致辞。

28日　墨脱县应急管理局牵头,组织县消防救援大队、公安局、交警大队、双拥路警务站、东布路警务站、医院、供电公司、林草局等单位,在墨脱大酒店开展灭火救援演练。在参演各部门的通力协作、密切配合下,完成了紧急疏散、搜救被困人员、伤治、灭火、清理现场等演练任务。

同日　墨脱县人民检察院提起公诉的朗某、扎某等19人恶势力团伙犯罪案件一审公开宣判。此案是墨脱县首例恶势力团伙犯罪案件,19名被告人犯寻衅滋事罪、妨害公务罪分别判处有期徒刑3年5个月至11个月不等。

29日　墨脱县教育局组织开展"四讲四爱"群众教育实践活动第二节点宣讲活动。墨脱县教育系统宣讲员郝书静进行宣讲,县中学师生共320余人参加活动。此次宣讲活动围绕"中华人民共和国是统一的多民族国家""民族团结是各族人民的生命线"和"永做讲团结爱祖国的好公民"展开,郝书静重点对西藏历史和达赖集团的反动本质作深入讲解。通过此次活动,全体师生更加深刻地认识到,西藏是中国不可分割的一部分,作为新时代下的教师和学生,应该进一步增强维护祖国统一、民族团结的坚定信念,坚决同分裂势力作斗争,做一个讲团结爱祖国的好教师和好学生。

24—30日　在林芝市教育局举办的青少年U系列足球比赛中,墨脱县完全小学组成的U13足球队和墨脱县中学组成的U15足球队分别斩获冠亚军,2支队伍共获得集体奖项2项,个人奖项7项。

# 7月

1日　墨脱县委副书记、县长魏长旗以"不忘初心,牢记使命,做新时代墨脱合格共产党员"为主题,在团结楼六楼会议室为政府各职能部门党员干部讲了一堂生动的党课。首先以习近平总书记在十九大报告以及"不忘初心、牢记使命"主题教育工作会议上的讲话为出发点,强调政府系统广大党员干部要提高政治站位,增强对"不忘初心、牢记使命"主题教育学习实践的积极性和主动性,认认真真学习、脚踏实地做事。接着,从"我们党的初心和使命是什么""为什么要不忘初心、牢记使命""怎样才能不忘初心、牢记使命""做不忘初心、牢记使命的合格共产党员"四个方面,对"不忘初心、牢记使命"的重要意义进行系统阐释和深入解读。

同日　墨脱县财政局组织召开工会第一次会员大会,会议选举桑杰玉珍为墨脱县财政局工会第一届委员会主席、王鹏飞为墨脱县财政局工会第一届经费审查委员会兼职主任、久美措姆为墨脱县财政局工会第一届女职工委员会兼职主任。

3日　墨脱县第十一届人大常委会召开第16次会议。会议应到常委会组成人员23名,因事请假7名,实到16名,符合法定人数。县人大常委会主任遵珠主持会议、县人大常委会副主任(人选)格桑卓嘎、副县长李勇、德兴乡人大主席白玛曲珍,县监察委、县人民法院、县人民检察院、县生态环境局负责人以及新任职干部共19人列席会议。

4日　墨脱县副县长扎西顿珠带队由县政府办、农业农村局、发改委、住建局、林芝市生态环境局墨脱分局等10家单位工作人员组成的验收组,对2017年墨脱县草原监理检测体系建设项目、墨脱县县级农牧业防抗灾物资储备库建设项目和2018年墨脱县县级重大动物疫情应急物资储备库及冷链设施整合项目进行县级验收。验收过程中,验收组听取了施工方、监理方的工作汇报,查看了项目施工合同、隐蔽工程、工程量清单、施工图及竣工资料等文件材料并与现场实地测量数据进行一一核对,对验收中发现项目建设存在的问题提出了整改意见。经验收组、监理方充分讨论决定,同意通过县级验收。以上项目总投资512万元(国家投资456万元、县级配套56万元),于2018年4月10日开工,2019年5月29日竣工,并于2019年6月5日完成自验。

同日　广州市律师协会律师、墨脱县法援中心援藏律师竺睿在墨脱县司法局局长才旦旺扎的陪同下在背崩乡地东村走访受助学生家庭。2018年,广州市律师协会28名律师资助墨脱县在外就读大学、高中生共21名,捐助助学金232900元,该捐助活动将持续至受助学生大学毕业。

3—4日　墨脱县卫健委组织县卫生服务中心10名医护人员在背崩乡背崩村、江新村，为45名适龄妇女免费进行"两癌筛查"工作。

5日　墨脱县副县长李伟率发改委、交通局、市生态环境局墨脱分局等相关部门负责人对德兴大桥加固维修项目进行验收。项目于6月9日开工，7月3日竣工，总投资103.4余万元，由四川省蜀昊建筑工程有限公司负责实施。此次维修工作主要包括钢管栏杆整治、防腐涂装、花纹钢板加固、焊接、补焊缝、更换桥面花纹钢、调整缆风索及反吊抗风网索及吊杆整治，主缆及其他构件复位加固等。经验收组讨论决定，该工程总体符合技术标准，验收合格。

9日　墨脱县委书记旺东主持召开县委理论学习中心组第13次学习（扩大）会议。会议学习了《中央扫黑除恶第13督导组第二阶段督导情况通报及下一步整改建议》《墨脱县关于扫黑除恶打非治乱六月份工作开展情况的报告》《中共中央关于李平同志搞形式主义、官僚主义案件查处情况及其教训警示的通报》（含林芝市通报）、中共中央办公厅国务院办公厅印发《中央生态环境保护督察工作规定》《关于进一步规范适用环境行政处罚自由裁量权的指导意见》《林芝市"白色污染"治理攻坚战行动方案》《关于严禁举办升学宴的通知》的文件精神。县住建局、县交通运输局、县应急管理局3名部门负责人分别围绕上一次学习，结合部门实际作交流发言。县理论中心组成员及各单位负责人共54人参会。

11日　林芝市物价局组织召开墨脱景区门票定价听证会，墨脱县副县长李伟、登喜路控股（集团）公司总经理陈少华参加听证会。墨脱景区门票定价顺利通过听证会，门票价格210元/人次。

9—11日　墨脱县市场监管局联合县林草局开展野生动物保护专项整治工作。执法人员主要针对土特产店、农贸市场、个体工商户是否有非法经营象牙、犀牛角、虎、穿山甲、藏羚羊等野生动物及其制品现象；为出售、购买、利用野生动物或禁用的捕猎工具发布广告和野生动物制品发布广告的行为；通过网络为违法出售、购买、利用野生动物及其制品或禁用捕猎工具提供交易服务的行为。经检查未发现存在以上非法买卖经营现象。此次活动共出动执法人员3人次，车辆1台次，检查土特产店10家，农贸市场1家，个体工商户30余家。

17日　墨脱县民间艺术团在县五保集中供养中心开展送文艺志愿服务活动，50余名孤寡老人观看了演出。此次演出包含墨脱县民间艺术团自编自导的《门巴敬酒歌》，特色鲜明的舞蹈和独唱等共10个节目。

26日　在全国退役军人工作会议上，人力资源和社会保障部、中共中央组织部、退役军人事务部、中央军委政治工作部等军地相关部门联合表彰全国模范退役军人、全国退役军人工作模范单位及个人，墨脱县德尔贡村村委会主任为军同志被表彰为"全国模范退役军人"。

27日　佛山市中医院再次派出4名专家帮扶墨脱县卫生事业，助力提高墨脱县医疗卫生水平，并根据《关于印发加强三级中医医院对口帮扶贫困县县级中医医院工作方案的通知》要求，与墨脱县藏医医院签署了对口帮扶协议。至此，墨脱县藏医医院成为佛山市中医院暨2016年与墨脱县人民医院确定帮扶关系后在墨脱县确立的第二个帮扶单位。

签约仪式由墨脱县卫健委主任白玛次仁主持，广东省第九批援藏工作队墨脱工作组组长、墨脱县常务副书记叶敏坚和副组长、常务副县长张巍巍及墨脱县主管医疗副县长李勇等出席签约仪式。

# 8月

1日　在中国人民解放军第92个建军节到来之际，墨脱县委书记旺东，县委常委、组织部部长陈金鑫一行在县人武部、驻墨某部队开展节日慰问活动，代表县四大班子向长期扎根墨脱、守卫墨脱、奉献墨脱、建设墨脱的驻墨广大官兵致以节日的祝贺和诚挚的问候，并送去节日慰问金共9000元。

同日　墨脱县委副书记、县长魏长旗，县人大常委会副主任于世高一行在驻墨部队开展八一建军节慰问活动，并送去节日慰问金共10000元。

7日　墨脱县委常委、纪委书记、监委主任、县委巡察工作领导小组组长朱宇峰主持召开专题会议,认真听取墨脱县八届县委第五轮巡察工作汇报,县委常委、组织部部长、县委巡察工作领导小组副组长陈金鑫和县委巡察工作领导小组成员参加会议。

同日　在中国传统节日"七夕"来临之际,墨脱县亚东村党支部联合县民政局、县民间艺术团共同为亚东村新领证的年过半百的16对"新人"举行集体婚礼暨"七夕"文艺演出活动。

19日　广东省第九批援藏工作队墨脱工作组组长、墨脱县委常务副书记叶敏坚带领工作组一行在墨脱县达木乡对达木乡卡布村革林茶场、113K雅鲁藏布江大拐弯、卡布村基层组织标准化建设、达木村茶场、乡卫生院进行实地调研,全面了解达木产业建设和基层组织情况,听取了乡党委书记杨郓对达木乡下一步援藏项目建设的思考和建议。调研中,工作组也十分关心和支持达木乡教育事业,为贫困大学生捐款6000元。

26日　墨脱县2019年中国农业银行"金穗圆梦"助学金发放仪式和茅台集团"国之栋梁"助学金发放仪式在墨脱县政府会议室举行。副县长赖维微出席仪式,县妇联、县扶贫办、县教育局、农行墨脱县支行主要负责人和分管领导、团县委干部职工、受资助学生代表参加仪式。9名墨脱籍建档立卡家庭的应届本科生,为中国农业银行"金穗圆梦"助学项目的资助对象,每生资助5000元,共资助45000元;10名墨脱籍建档立卡户应届本科生为茅台集团"中国茅台·国之栋梁"助学项目的资助对象(含一名少数民族预科班学生),每生资助5000元,共资助5万元。截至2019年8月,茅台集团自2012年起通过"中国茅台·国之栋梁"助学项目已连续7年资助墨脱县贫困大学生51人次255000元,中国农业银行自2018年起通过"金穗圆梦"助学项目共资助墨脱县大学生10人次50000元,2个项目合计资助墨脱县贫困大学生51人次305000元。

同日　墨脱县妇儿工委办联合政府办、发改委等32家县妇儿工委成员单位的成员和联络员,在团结楼六楼会议室召开2019年墨脱县人民政府妇女儿童工作委员会全体会议。出席此次会议的县级领导有县妇儿工委主任、政府副县长赖维薇等,共45人参加会议。

同日　由林芝市人力资源和社会保障局、林芝市农业农村局联合举办的林芝市墨脱县2019年第二期茶产业发展培训班在德兴乡拉开帷幕。此次培训共150人参加。培训通过PPT展示和现场教学的形式,带领大家学习了无公害茶叶生产技术相关理论知识,重点从新茶园的建设、茶树栽培与管理、茶园机采技术以及茶园的病虫害防治等方面进行详细阐述。

27日　墨脱县委书记旺东,县委常委、组织部部长陈金鑫一行,在达木珞巴民族乡贡日村、卡布村和墨脱镇米日村、玛迪村4个扎墨公路沿线村庄围绕基层党建、村级组织活动场所建设、边境小康村建设、产业发展、扫黑除恶专项斗争等工作进行调研。

28日　墨脱县在团结楼六楼召开"四讲四爱"群众教育实践活动第三节点培训会。县委常委、宣传部部长普果出席会议,各乡(镇)党委书记、活动办负责人、宣讲员,县统战部、强基办、教体局、国资委、工商联负责人及宣讲员代表共40余人参加培训会。

29日　在墨脱县多功能会议厅举行"中国梦·我们加油"——墨脱县庆祝"中华人民共和国成立70周年"主题演讲比赛。县直各单位代表共60余人现场观看比赛。经过各乡(镇)、各单位初选,共有来自各系统各单位的18名选手参加复赛。本次活动最终决出一等奖1名,二等奖3名,三等奖3名,优秀奖4名。

8月　中国科学院昆明动物研究所兽类生态与进化学科组自2018年10—11月在藏东南开展"第二次青藏高原综合考察研究"及"泛第三极环境变化与绿色丝绸之路建设子课题——关键区域的高通量、连续覆盖生物多样性监测与评估"项目。2019年8月,该项目在墨脱县境内的2个红外相机位点3次拍摄到了野生孟加拉虎,这是国家科研人员首次在野外拍摄到孟加拉虎的活体照片。研究人员对首批回收的相机数据进行初步分析发现,墨脱县具有极其丰富、多样的珍稀濒危野生动物,包括23种大中型哺乳动物和6种雉类;其中16个物种被世界自然联盟列为受威胁物种,超半数(19种65.5%)物种被中国红色名录列为受威胁物种(其中5种被列为极度濒危物种);除孟加拉虎外,还记录到了云豹、云猫、金猫、豺等14种珍稀、濒危食肉类动物。麂是区域内记录频次(独立照片数)最高的物种(358次),其在区域内的占有率(丰富度指数)也高达0.53,暗示区域内大中型食肉动物具有丰富的猎物资源,也从食物可得性方面解释了为什么墨脱县境内能够承载如此丰富、多样的珍稀、濒危大中型食肉动物类群。

## 9月

10日 墨脱县召开庆祝全国第35个教师节暨表彰大会。

12日 墨脱县委副书记、县长魏长旗主持召开扫黑除恶打非治乱专题会议,对整改落实中央扫黑除恶第13督导组反馈问题进行部署,并对下阶段全县专项斗争工作进行安排。

15日 墨脱县委宣传部举办庆祝中华人民共和国成立70周年系列活动之"百姓宣讲"比赛。来自县委统战部、县强基办、县"四讲四爱"活动办、县法院、县教育系统、县林业局和农牧民宣讲员共14人参赛,墨脱村、亚东村及县干部职工代表130余人观看比赛。比赛中,14位宣讲员围绕县委、县政府中心工作,就党和国家的方针政策、脱贫攻坚、法律下乡、扫黑除恶、茶产业发展、新旧西藏对比等内容,用接地气的语言,深入挖掘身边故事,以身边人说身边事,以身边事教育身边人。经过激烈角逐,最终,背崩乡格林村色格卓玛获得宣讲员、宣讲稿一等奖。

16日 墨脱县政法委牵头组织全县35家单位,在莲花广场开展以"喜迎建国70周年 全力构建平安墨脱"为主题的"9.16平安西藏宣传日"集中宣传活动。此次活动,出动工作人员50余人,发放各类宣传资料1300余份,悬挂横幅11条,展示宣传展板40余幅,利用县团结楼、法院、检察院、公安局、司法局、各便民警务站等单位部门LED显示屏滚动播放宣传标语15条,受教育群众达800余人次。

18日 墨脱县委副书记、县长魏长旗带队一行在背崩乡背崩村开展"不忘初心牢记使命"专题调研暨送党旗国旗入户换新活动。县委副书记、县长魏长旗向背崩村党支部送去党旗1面,向群众送去国旗135面,并就村级组织活动场所标准化建设情况进行检查指导。县委常委、组织部部长陈金鑫等陪同。

19日 由墨脱县委宣传部、县妇联联合组织,县直各单位、社会各界踊跃自愿参加的群众性活动"爱国歌曲大家唱"火热开场,共有17支队伍参赛,600余干部群众驻足观看。《没有共产党就没有新中国》《唱支山歌给党听》《我的中国心》《我的祖国》等,一首首激情澎湃的经典歌曲,表达了人们对革命先辈的无限缅怀,唱出了对祖国母亲的无限眷恋、对祖国华诞的真挚祝福。

22日 在全县上下隆重庆祝中华人民共和国成立70周年之际,为县委宣传部组织全国民族团结进步模范个人奖、全国最美乡村教师、感动中国十大人选、全国青年五四奖章、全国三八红旗手标兵、十三届全国人大代表、墨脱县完全小学副校长格桑德吉,第九届全国"人民满意的公务员"、墨脱县背崩乡人民政府科员、背崩乡地东村党支部书记、第一书记高荣在背崩乡、德兴乡开展"弘扬时代精神 共圆伟大梦想"先进事迹巡回报告会。全县党员干部、农牧民群众、青少年学生等共160余人聆听了高荣和格桑德吉2人的先进事迹报告。

27日 墨脱县在好日子莲花广场举办庆祝中华人民共和国成立70周年群众性"广场舞"比赛。由农牧民群众、青少年学生、个体户、老干部、机关干部等组成的16支参赛队伍同台竞技,民族舞、现代舞等不同类型的广场舞交替上演,精彩的表演赢得现场观众的阵阵掌声。最终,退休老干部代表队一曲《我的祖国》获得一等奖;农牧民代表队亚东村妇女一曲《幸福家园》获得二等奖;个体户代表队一曲《尼玛情歌》获得三等奖。赛后还进行了万人签名送祝福活动,在场墨脱县各族人民群众纷纷上台签名,表达了对中华人民共和国成立70周年的美好祝福,热情抒发了对伟大祖国繁荣昌盛、人民幸福安康的衷心祝愿。

**28日** 林芝市中级人民法院党组书记、院长、驻墨脱县维稳督导组组长向巴次仁一行莅临墨脱县仁青崩寺督导检查新中国成立70周年大庆维稳安保工作,并亲切看望寺管会干部和驻寺民警。林芝市公安局党委委员郑明,墨脱县委副书记、政法委书记、公安局党委书记、局长、督察长谭远书等陪同。

**4—9月** 墨脱县广场舞舞蹈队先后在县五保集中供养中心,德兴乡德兴村,墨脱镇亚让村、朗杰岗村,加热萨乡,帮辛乡开展送文化、送政策宣讲下基层活动共12场次,受教育人数达1300余人。

## 10月

**1日** 墨脱县在县中学举行庄严的国庆升旗仪式,县直各单位、青年学生代表、驻墨官兵代表、县属国有企业代表共600余人参加仪式。各乡镇、寺庙、学校同步开展升国旗仪式。

**同日** 庆祝中华人民共和国成立70周年大会在北京天安门广场隆重举行。墨脱县委理论中心组、干部职工、驻村工作队、农牧民群众、师生、僧尼、驻地官兵、公检法干警、企业职工满怀着喜悦和激动的心情,通过多种方式收听收看了这一盛况,共同见证伟大祖国的繁荣与富强。大家纷纷表示:看到了祖国从1949年到2019年实现了从站起来、富起来到强起来的伟大飞跃,为生活在祖国怀抱里感到由衷骄傲。全县共6018名干部群众及全体官兵观看了国庆直播的盛况。

**2日** 西藏自治区纪委书记、监委主任王卫东一行在墨脱县背崩乡地东村调研边境小康村建设项目。墨脱县委书记旺东等陪同。

**12日** 中国志愿医生团队·西藏行(墨脱站)一行专家在墨脱县开展帮扶指导工作并召开座谈会,参会的有墨脱县副县长李勇、中国志愿医生团队·西藏行(墨脱站)一行专家、广东省佛山市中医院对口帮扶专家、县卫生服务中心主要负责人及各科室代表共40余人参会。会上,淄博善航医学工程有限公司为墨脱县卫生服务中心捐赠价值10万元的神经外科手术器械。座谈会结束后,中国志愿医生团队·西藏行(墨脱站)一行专家在县卫生服务中心门诊楼开展外科、内科、儿科、急诊科、妇科、眼科坐诊,吸引了不少患者前来就诊,此次专家坐诊,共诊治106人。

**同日** 武警广东省总队司令员赵继东一行在墨脱县格当乡桑珍卡村慰问调研。墨脱县委副书记、县长魏长旗、副县长王斌等陪同。

**14日** 墨脱县扶贫开发领导小组组织召开2019年脱贫攻坚成效考核汇报会,西藏自治区发改委副主任、自治区脱贫攻坚成效考核第六组组长姜太强,那曲市政协副主席、自治区脱贫攻坚成效考核第六组副组长西绕加措,林芝市副市长尼玛扎西,林芝市政府副秘书长张晋宇,墨脱县委书记旺东,县委副书记、县长魏长旗等四大班子在岗领导出席会议,成效考核组全体成员、县脱贫攻坚指挥部各专项组组长、各相关单位负责人参加会议。会上,县委书记旺东代表县委、县政府汇报了墨脱县2019年脱贫攻坚工作开展情况。2019年,墨脱县顺利实现27户42人脱贫退出,甘登村、曾求村、达昂村3个贫困村实现脱贫摘帽,脱贫攻坚取得了实质性的进展和成果。成效考核组组长姜太强对墨脱县在脱贫攻坚工作中取得的成效给予充分肯定。

**同日** 中共墨脱县人民政府党组召开"不忘初心、牢记使命"主题教育对照党章党规找差距专题会,县政府党组书记、县长魏长旗主持会议并讲话,政府党组在岗成员参加会议。专题会上,围绕"守初心、担使命、找差距、抓落实"的总要求,重点对照《党章》《关于新形势下党内政治生活的若干准则》《中国共产党纪律处分条例》等,以正视问题的自觉和刀刃向内的勇气,认真进行自我检视,逐一查摆自身存在的问题,深刻剖析原因,明确整改措施,进一步坚定理想信念,推动工作落实。

**14—16日** 西藏自治区林业和草原局副局长

索朗旺堆带队区林木科学研究院工作组一行8人在墨脱县开展濒危植物调查和回归试验工作。

**17日** 墨脱县开展全国第六个"扶贫日"募捐活动，此次募捐活动由县委常委、副县长高功强主持，县委书记旺东致辞，县四大班子在岗领导、县中（区）直各单位代表、驻地各部队代表、企业代表、各人民团体代表共300余人参加，共募捐善款782583元。通过本次活动开展，激发了全县干部职工及社会爱心人士投身脱贫攻坚工作的热情，营造了扶贫济困、勇于奉献、回报社会的浓厚氛围，为全面巩固脱贫攻坚提供了有力保障。

**同日** 在墨脱县人民医院一楼会议室召开墨脱县人民医院创建"二级甲等综合医院"动员部署及推进会。

**19日** 墨脱县统战民宗系统组织涉宗干部和寺庙僧尼共21人在背崩乡烈士陵园开展扫墓、缅怀先烈、接受革命传统教育洗礼活动。首先，大家为革命烈士敬献花圈，瞻仰革命烈士纪念碑，告慰革命英灵；随后，大家一齐低头默哀三分钟，缅怀先烈，寄托哀思，以示敬意。扫墓结束后，涉宗干部和僧尼相互畅谈烈士英雄事迹、新旧西藏变化、新旧墨脱变化，感恩党的好政策、新时代好条件，感叹当下幸福生活的来之不易，参与感、获得感、满足感进一步提高，爱党爱国热情、民族自豪感、共同体意识进一步提升。

**22日** 西藏自治区人大常委会副主任、林芝市委书记、市委"不忘初心、牢记使命"主题教育领导小组组长马升昌一行在墨脱县加热萨乡、帮辛乡与基层干部群众面对面交流、心贴心探讨，专题调研产业发展、基层党建等工作，听取广大基层干部群众关于"不忘初心、牢记使命"主题教育意见建议。

**同日** 墨脱县召开八届县委第五轮常规巡察反馈问题整改工作推进会。县委巡察工作领导小组成员、八届县委第五轮常规巡察6家被巡察单位负责人参加会议。会议听取了被巡察单位巡察整改工作落实情况，并逐一指出各单位在整改过程中存在的问题，提出了相应的整改意见建议。

**28日** 第二条进入墨脱县的公路——派墨农村公路建设进展顺利，工程已累计完成投资10.47亿元，对加快米林县和墨脱县的经济发展具有重要意义。

**同日** 墨脱县财政局组织开展"爱心助学"活动，为80余名寄宿生送去了沐浴液、香皂、牙刷、牙膏等洗漱用品，并为县完小解决了洗衣机1台，电视机1台，本次活动投入资金8516元。

**30日** 墨脱县委书记旺东一行来到德兴乡各村开展"不忘初心、牢记使命"主题教育调研，专题调研了各村"不忘初心、牢记使命"主题教育、基层党建、边境小康村建设、产业发展、村级组织活动场所建设等情况。

# 11月

**2日** 墨脱县召开县委理论中心组第22次学习会暨党的十九大四中全会专题学习会，县委书记旺东主持会议，县委副书记、县长魏长旗传达领学《中国共产党第十九次中央委员会第四次全体会议公报》。县级领导及县直（中区）各单位负责人参会。

**同日** 西藏县域基层关爱捐赠项目墨脱县捐赠仪式在县人民医院举行，仪式由县卫健委主任布穷主持，县委副书记、常务副县长张巍巍出席并致辞。捐赠方代表中国人民解放军总医院李小鹰教授、北京力生心血管健康基金会、施维雅制药有限公司代表和受援方县卫健委、县人民医院、墨脱县藏医院、县疾控中心负责人，三级医院专家、县人民医院职工代表，各乡（镇）卫生院代表共40余人参加捐赠仪式。此次共捐赠复方丹参滴丸1200盒、培哚普利氨氯地平片1200盒、便携式心电图仪8台，总价值31万元。此次捐赠为墨脱县心血管疾病患者带来福音，也弥补了墨脱县基层尤其是乡（镇）一级没有心电图仪、难以开展心血管疾病诊断的短板。

**3日** 林芝市扶贫办党组副书记、主任闫新航带队脱贫攻坚调研组在墨脱县调研指导工作并组织召开调研座谈会。会议由墨脱县政府副县长王斌主持，指挥部办公室全体成员、指挥部各专项组负责人参加座谈会。会上，王斌从产业发展、扶贫领域"不忘初心、牢记使命"主题教育开展、脱贫人口退出、贫困村退出、脱贫攻坚成效巩固提升等方面,向调研组汇报了全县2019年脱贫攻坚工作开展情况。

7日 西藏自治区党委主题教育第四巡回指导组常务副组长伊西加措一行在墨脱县,对"不忘初心、牢记使命"主题教育开展情况进行督导检查。

11日 墨脱县委书记、县委"不忘初心、牢记使命"主题教育领导小组组长旺东作了题为《筑牢初心使命践行担当作为,赓续"老墨脱精神"开创新时代墨脱新篇章》的专题党课报告,为全县党员领导干部上了一堂生动的党课。专题党课报告由县委副书记、县长魏长旗主持。全县在岗县级领导、机关党员干部和乡镇党员干部共200余人参加活动。

12日 县委办党支部组织人员在达木乡珞巴民族乡小学、格当乡小学开展"冬日送暖 爱心护苗"主题党日活动。此次活动共向70名贫困学生送去冬季服装70件,价值8400余元。

15日 墨脱县第十一届人大常委会第18次会议召开。县人大常委会主任遵珠主持,县委常委、政府副县长高功强,县监委、县人民法院、县人民检察院负责同志共14人列席会议。会议听取评议了县财政局等7个政府职能部门负责人2019年履职情况;审议通过了县人民法院《关于免去春强同志法律职务的请示》《墨脱县人大常委会2019年考察学习报告》《墨脱县人大常委会2019年视察调研报告》,墨脱县人大常委会关于《达木乡农牧民群众电费异常情况的调研报告》;听取了《墨脱县监委2019年专题工作报告》,墨脱县人大常委会关于《中华人民共和国工会法》和《西藏自治区实施〈中华人民共和国工会法〉办法》执法检查报告、墨脱县人大常委会关于《中华人民共和国婚姻法》和《西藏自治区施行〈中华人民共和国婚姻法〉的变通条例》执法检查报告、墨脱县人大常委会关于《中华人民共和国教师法》和《西藏自治区实施〈中华人民共和国教师法〉办法》执法检查报告、墨脱县人大常委会关于《中华人民共和国环境保护法》和《西藏自治区施行〈中华人民共和国环境保护法〉条例》执法检查报告。

17日 中央政法委调研组组长、最高人民检察院政治部副部长、二级巡视员丁旭涛带队调研组一行在墨脱县,就政法力量配置体系和政法干警招录培养使用保障制度体系建设工作进行专项调研。

18日 墨脱县召开2019下半年"遵行四条标准 争做先进僧尼"教育实践活动先进集体和先进个人表彰大会。出席此次表彰大会的有县委常委、统战部部长边巴索朗,县政府副县长扎西顿珠,县政协副主席嘎玛欧珠等。会上,县政协副主席嘎玛欧珠宣读了《中共墨脱县委员会 墨脱县人民政府关于表彰2019年下半年"遵行四条标准 争做先进僧尼"教育实践活动先进集体和先进个人的决定》,对2座模范寺庙、2个先进寺管会(专职管理特派员)、7名优秀僧尼、4名优秀驻寺干部、2名优秀宣讲员、6名藏文书法比赛获奖僧尼进行表彰和颁奖。

23日 西藏自治区宣讲团在墨脱县宣讲党的十九届四中全会精神,区党委宣传部副部长丁勇作宣讲报告,墨脱县委书记旺东主持报告会。县人大常委会主任遵珠、县委常务副书记叶敏坚及在岗县级领导19人,各单位负责人、墨脱村和亚东村农牧民代表、中学生代表共100余人聆听了报告会。

29日 墨脱县多龙岗搬迁点举办入住仪式,县委书记旺东出席仪式,县委副书记、县长魏长旗主持仪式。在岗县级领导、县直有关部门负责人,格当乡、帮辛乡、加热萨乡、甘登乡党委、政府代表、公安边防代表及搬迁群众参加仪式。仪式期间,出席仪式的领导为9名搬迁群众代表献上哈达并发放"黄色金钥匙",祝贺他们乔迁新居;搬迁原址区——帮辛乡、加热萨乡、甘登乡党委、政府代表向搬迁区格当乡党委、政府移交群众档案资料;援墨工作队、宣传部、农业农村局、林草局代表为搬迁群众赠送了高压锅、信号接收器、化肥、菜种子等物资;国道219线项目部等企业代表共向搬迁群众送去慰问金22000元。墨脱县多龙岗易地搬迁安置点位于格当乡布龙村境内,项目总投资1.08亿余元,于2017年5月开工,2019年2月竣工,惠及搬迁群众90户382人,其中建档立卡贫困户46户203人。此次入住仪式是墨脱县4个易地搬迁安置点中最后一个,标志着全县易地搬迁工作取得圆满成效,也为全县乡村振兴战略打下坚实基础。

## 12月

**5日** 墨脱县委常委班子召开"不忘初心、牢记使命"主题教育专题民主生活会,深入学习贯彻习近平新时代中国特色社会主义思想,聚焦"不忘初心、牢记使命"主题,按照习近平总书记关于"四个对照""四个找一找"的要求,盘点收获、检视问题、深刻剖析,通过开展批评和自我批评,为推动墨脱县各项事业高质量发展凝心聚力。县委书记、县委主题教育领导小组组长旺东主持会议并作总结讲话,市委主题教育第四巡回指导组组长仓琼、成员白玛扎西到会指导。

**6日** 墨脱县人民政府党组召开"不忘初心、牢记使命"主题教育专题民主生活会。会议的主要任务是深入贯彻落实党中央、区党委、市委和县委关于"不忘初心、牢记使命"主题教育的决策部署和文件精神,为继续推进新时代改革开放,推进墨脱长足发展和长治久安,全面建成小康社会,谱写中华民族伟大复兴中国梦墨脱新篇章打下坚实基础。会议由县委副书记、政府党组书记、县长魏长旗主持,政府党组全体在岗成员参加会议,林芝市第四巡回指导组组长仓琼、成员白玛扎西,墨脱县委第一指导组副组长郭晓峰、成员张洪到会指导,部分市党代表、市人大代表、县政协委员、退休干部和党员群众列席会议。

**同日** 墨脱县纪委监委联同县委组织部对本次52名新任干部开展任前廉政知识测试和集体廉政谈话。

**18日** 林芝市边境一线巡边工作调研副组长、市外事办主任李培灵一行,在墨脱县墨脱镇朗杰岗村调研外事工作。

**19日** 第九批佛山援藏工作组向墨脱县亚东村捐赠一批价值7万元的冬种蔬菜物资。亚东村从2016年冬季开始试种,2018年种植面积达600亩,通过以户带户、以户帮户、以户促户等形式,全村79户参与闲季稻田蔬菜种植,单户年最高销售额突破2万元,户均增收6000余元。

**10月1日—12月19日** 墨脱县完成首批23个村级工会组织建设工作,选举产生了23名工会主席,23名经审主任,23名女职工主任,共发展农牧民工会员575人。

**20日** 墨脱县委组织部、县委党校牵头,在团结楼六楼会议室组织召开墨脱县第一期学习贯彻党的十九届四中全会精神专题培训班开班仪式,县委组织部常务副部长郭晓峰主持开班仪式,各乡镇主要负责人、县直各单位主要负责人共98人参加培训。

**同日** 墨脱县农业农村局免费赠驻墨某部部分农资物品(磷酸二铵2000斤、微耕机1台、营养盘20个),帮助驻墨官兵提高蔬菜生产质量及生产规模,有效解决部队吃菜难、吃菜贵等问题。

**24日** 总投资20.2亿元的派墨公路已完成投资11亿元,完成总投资的54.46%。公里总里程66.7千米,路基宽度4.5米,路面宽度3.5米。

**25日** 广东省第九批援墨工作组组织人员先后在县中学、县幼儿园,帮辛乡、格当乡、背崩乡、德兴乡附设幼儿园进行爱心捐赠,发放困难家庭子女助学金共4万元,捐赠6台计算机、500个烟感报警器、各类文具及玩具价值6万元。

**26日** 墨脱县召开"不忘初心、牢记使命"主题教育情况通报暨评估测评会,会上,向广大党员干部群众及社会各界人士代表通报了全县及四大班子主题教育情况、县委常委班子专题民主生活会情况,并对全县四大班子主题教育情况进行满意度测评,自觉接受人民监督,检验主题教育成效。各乡镇主要负责人,县直各单位主要负责人,党代表、人大代表、政协委员、群众代表共70余人参加测评会。

**同日** 墨脱县召开2019年度民族团结进步模范表彰暨示范点命名大会。县委书记旺东出席会议,县委副书记、政府县长魏长旗主持会议。县四大班子在岗县级领导,各乡(镇)党政主要负责人,县(中)区直单位负责人,驻军部队负责人,农牧民群众代表,受表彰单位代表及个人共100余人参加会议。

27日 墨脱县召开2019年基层党(工)委书记抓基层党建工作述职评议会,县委书记旺东出席会议,县委副书记、县长魏长旗主持会议。在岗县级领导、县委党建工作领导小组成员、县委组织部部务会成员、行业部门主要负责人以及部分基层代表共62人参加会议。林芝市直机关工委组宣部部长、四级调研员董刚到会指导并作点评讲话。

同日 墨脱县举行农村客运班线开通仪式,县委书记旺东,县委副书记、县长魏长旗共同为墨脱县秘境客运公司揭牌,林芝市运管局副局长琼达次仁向县交通局授路线牌。墨脱县四大班子在家领导和市运管局领导等共160余人出席仪式。仪式结束后,2辆小型客车载着墨脱群众的期盼和向往,墨脱县秘境客运公司共开通了墨脱至林芝(途经波密)、县城至德兴乡、县城至背崩乡等3条线路。

28日 墨脱县背崩乡卫生院建设项目正式开工,为第九批佛山援藏工作组开工建设的首个民生项目。新建的背崩乡卫生院建设项目整合援藏资金和国家资金555万元,规划红线范围2013.64平方米,建筑面积916.94平方米,框架三层,设置急诊、妇科等科室,配置心电图B超、预防保健、接种室,同时配备6个床位的病房。广东省政府副秘书长、广东省第九批援藏工作队领队、林芝市委副书记、常务副市长刘光明出席开工仪式。

30日 墨脱县市场监督管理局出动4名执法人员在全县范围内开展食品安全专项检查,没收了一批过期食品,通过填埋的方式在垃圾场进行集中销毁。此次销毁的过期食品共17类,价值815元。

31日 墨脱县委书记旺东一行在贡日便民警务站、嘎隆拉便民警务站和K52林业检查站,代表县委、县政府看望慰问一线执勤民警、辅警及工作人员。

# 政 治

## 中共墨脱县委员会

【概况】 2019年，在党中央、区党委、市委的坚强领导下，墨脱县委团结带领全县各族干部群众，高举习近平新时代中国特色社会主义思想伟大旗帜，深入学习贯彻党的十九大，十九届三中、四中全会精神和中央第六次西藏工作座谈会精神，贯彻落实自治区第九次党代会，区党委九届四次、五次全会精神，贯彻落实市委一届七次、八次全会精神，牢固树立以人民为中心的发展思想，坚持稳中求进、进中求好、补齐短板工作总基调，认真践行新发展理念，紧扣社会主要矛盾变化，团结带领全县各族干部群众，不忘初心、牢记使命，在团结拼搏中阔步奋进，在攻坚克难中砥砺前行，在抢抓机遇中乘势而上，全县工作获得了上级部门乃至国家充分肯定。

【经济发展】 2019年，全县实现县域生产总值（GDP）6.86亿元，增速7.9%。其中：第一产业增加值0.46亿元，增速2.6%；第二产业增加值3.28亿元，增速7.7%，（工业增加值0.06亿元，增速0.1%，建筑业增加值3.22亿元，增速7.9%）；第三产业增加值3.12亿元，增速8.7%。全县消费品零售总额达5517.2万元，同比增长9.4%；全县农牧民人均可支配收入达11354元，同比增长13.1%；农牧民人均现金收入达9646元，同比增长13.3%；城镇居民人均可支配收入33041元，同比增长11.3%；全县一般公共预算收入3444万元，同比下降28.46%。全县社会消费品零售总额达5517.2万元，比上年同期相比增长9.4%。

【脱贫攻坚】 2019年，墨脱县正式脱贫摘帽，全县贫困人口668户2615人"一个不落"全部实现脱贫，曾经的集中连片深度贫困县贫困发生率降至0%。实现摘

2019年10月23日，西藏自治区人大常委会副主任、林芝市委书记、市委"不忘初心、牢记使命"主题教育领导小组组长马升昌（前排右一）一行在墨脱县背崩乡听取广大基层干部群众关于"不忘初心、牢记使命"主题教育意见建议

帽后，按照"四不摘""三落实""三精准""三保障"的要求，继续狠抓脱贫攻坚成效巩固工作。坚持把专项整改作为重点工作，始终以中央巡视反馈问题整改落实工作推动全县经济社会高质量发展，成立了以党政"一把手"为组长、副组长的巡视整改工作领导小组和县级领导牵头的5个专项整改组，从相关单位抽调8名工作人员，组建巡视整改工作专班，坚持以问题整改深入推进脱贫攻坚成效巩固提升，着力做好巡视整改"后半篇文章"。坚持把产业扶贫作为主攻方向，全年组织实施精准扶贫产业项目43个，总投资2.61亿元，到位投资2.35亿元，其中完工项目31个，完成投资1.25亿元，建立利益链接机制43个。坚持把支撑保障作为重要手段，制定2019年涉农资金整合方案，整合资金11547.92万元，累计拨付10915.25万元，拨付率95%，用于解决贫困群众最关心、最期盼的重大项目。完成小额信贷48户230万元，切实增强扶贫造血功能，加快帮助贫困群众脱贫致富步伐。坚持把易地搬迁作为突破口，设易地搬迁安置点4个，总投资2.9亿元，共实现搬迁入住247户1080人，其中建档立卡贫困户148户674人，搬迁入住率为100%。坚持把生态保护作为生命线，落实2019年上半年生态岗位3489个、下半年生态岗位1806个，兑现补助资金925.4万元，让农牧民群众在保护绿水青山中增收脱贫，吃上"生态饭"。坚持把党建促脱贫作为重要抓手，继续深化实施"四对一"帮扶，帮助贫困群众分析致贫原因、理清发展思路、寻找致富门路，为农牧民群众"锦上添花"，为贫困户"雪中送炭"。全年落实科级以上干部结对帮扶634户2545人，开展慰问帮扶1043次，落实帮扶资金37.44万元。

2019年1月28日，中国共产党墨脱县委八届四次全体会议在县多功能会议厅召开，县委书记旺东代表中共墨脱县委常委会作了主题为《贯彻新思想实干新时代接力奋进写辉煌砥砺前行著华章全面推动墨脱高质量跨越发展》的工作报告

【产业发展】 2019年，墨脱县围绕全市"一带四基地"产业布局，大力发展茶叶、经济林果种植等特色农牧产业，推动形成村有产业、乡连成片、片成规模、收益明显的农牧产业格局。全年新建茶园23个，新增面积8000亩，可采摘面积4393亩，主要种植福鼎大白、梅占、储叶齐等6个品种，采取"公司+基地+农户+实体店（网店）"模式，共采摘茶青25万斤，群众实现茶青销售增收606.8万元，茶产业成为群众增收致富"金叶子"。积极推进墨脱茶品牌创建，在四川等国家茶博会上连续四年摘获"金奖"，进一步提升了墨脱茶知名度，增强了墨脱茶经济效益。

【基础设施建设】 2019年，全县基础设施建设不断完善，公路总里程达496.31公里，其中通县道117公里、通乡道129.82公里、通村道249.49公里，乡（镇）公路通达率为87.5%、通畅率为62.5%，行政村公路通达率为97.82%、通畅率为71.74%。通讯信号通乡率、通村率均为100%，电视、广播综合人口覆盖率均达100%。全年累计发电1665.60万千瓦时，供电量1640.50万千瓦时，通电覆盖率89%。在建项目共184项，其中新建项目63项、续建项目121项，计划总投资57.05亿元，完成投资10.97亿元。招商引资项目13个，其中续建项目8个、新建项目5个，完成投资2亿余元。墨脱县村道建设项目、金珠路立面改造项目、莲花湖亮化工程均已完工，县城初步形成具有时代特点、民族特色、地域特性的边境"网红"县城。县城排水防涝工程、党校建设项目、县外宣点基础设施建设项目已竣工，新农贸市场投入运行，全县28座"厕所革命"项目已全部完工并移交，城乡功能不断完善，群众生产生活更加便利。同时，市县客运班线、农村客运班线投入运行，改善了广大群众出行难、出行贵的问题。

【就业培训】 2019年，完成农牧民转移就业培训26期，投入资金524.54万元，参与培训1265人次，其中建档立卡贫困户人员参加培训257人次，实现转移就业735人次。开发就业岗位355个，其中安排贫困户75人，城镇登记失业率稳定控制在2.5%以内。2019年113名高校毕业生，通过"一对一"帮扶政策、就业创业培训、推荐就业、扶持创业、基层服务岗位等措施实现就业113名，就业率100%；19名大学生自主创业，涵盖种养殖、餐饮住宿、超市商店等领域，带动贫困群众14人就业。

【教育体育事业】 2019年，墨脱县加快教育改革步伐，狠抓基础设施建设，提升教学质量，强化教师队伍建设，积极推动教育事业发展，"控辍保学"工作扎实推进。学前儿童毛入园率为84.81%，小学适龄儿童净入学率100%、初中适龄少年毛入学率101.32%，义务教育阶段巩固率为100%。2019年，墨脱中考录取率为100%，位居全市第一。大力开展青少年体育工作，积极推进阳光体育、校园足球、花样跳绳等体育项目，墨脱县足球队荣获林芝市本年度"尼洋杯"亚军；阳光少年足球队荣获林芝市U13青少年足球联赛冠军，U15青少年足球联赛亚军；在2018—2019全国跳绳体育锦标赛安徽亳州站比赛中，墨脱县中学跳绳队荣获3金4银4铜的喜人佳绩。

【卫生事业】 2019年，墨脱县医疗机构门诊总量达3.63万人次，住院807人次，开展各种手术132例，巡回义诊214场次、派出医务人员396人次、诊治群众13361人次、免费发放药品价值15.64万元。"组团式医疗"对口帮扶工作稳步推进，佛山市中医院、解放军956医院先后派出6批12名医疗专家累计开展专业技术培训125次、培训900余人次、接诊3500人次，开展9项新技术，完成急诊科标准化升级改造，开展24小时急诊医疗服务。全年大病统筹报销943人，报销资金418.99万元，医疗救助414人、救助资金176.08万元。健康扶贫救治130人次，报销资金75.86万元。完成"三病"重点人群筛查4548人，消除疟疾工作顺利通过国家评估验收。

【社会保障】 2019年，墨脱县采集信息人数10968人，制卡成功10512人，完成社保卡发放9817张。发放城乡低保资金95.22万元、残疾人两项补贴60.48万元，发放集中供养33名五保老人生活补贴等28.2万元。对因病、因灾、因学、因残的突发性困难家庭及时给予临时救助，累计救助23户90人，发放临时救助资金19.22万元。落实75万余元对县五保集中供养中心基础设施建设提档升级。

2019年4月15日，墨脱县委书记旺东一行在多龙岗易地扶贫搬迁点开展慰问工作，为搬迁点群众发放了电视机、发电机、稳压器、书籍等用品

【生态环保】 2019年，墨脱县始终坚持生态保护与经济发展两手抓、两手硬的战略决策，牢固树立"绿水青山就是金山银山、冰天雪地也是金山银山"的发展理念，推动全县生态建设不断向好。紧抓反馈问题整改落实，坚决把中央第六环保督察反馈问题整改工作作为重要政治任务，主动认领整改任务22大项、46小项，制定科学可行的措施，按照整改进度要求逐步推进；坚持城乡统筹，推进生态建设，生态转移资金支出319.07万元，完善环保基础设施建设及生态创建工作；解决购置环保工具资金62万元，保证环保物资齐全；积极开展空气、水源、土壤质量监测，6项空气指标均达到一级标准；水源指标总体评价为优，水源地60项指标均达到Ⅲ类标准，地表水25项指标均达到Ⅱ类以上；21个农村土壤环境监测9项指标全部达标；紧抓河（湖）长制全面深入落实，县、乡、村三级河湖长累计巡河湖570人次，排查"清四乱"问题11个，销号率100%，印发河湖长制宣传册1.5万份；积极开展河湖沿线村庄清洁行动，参与干部群众1612人次，清理垃圾49.98吨，明显改善河湖沿线环境，筑牢生态安全屏障。

【受援工作】 2019年，第八批援墨工作援助项目涉及10类24个项目，总投资1.59亿元，已全部完工，全县风貌焕然一新。2019年7月，顺利协助第八批援墨工作组和第九批援墨工作组完成轮换交接工作。第九批援墨工作组入墨后，立刻深入全县各乡镇各行政村进行调研，并根据墨脱县实际情况制定"123"援墨工作思路，制定了2020年援藏项目计划3类11个项目，稳步推进墨脱县人民医院创建二级甲等医院项目，开工新建背崩乡卫生院项目，成功完成三级医院对口帮扶各项工作，佛山市中医院再次对口帮扶墨脱县人民医院3年。同佛山中南农产品交易市场和广东益众富农业有限公司达成合作协议，挂牌成立粤桂黔特色农产品交易中心工作站，进一步拓宽农产品推广平台，将墨脱产品推向全国。

【县委常委会会议纪要】 2019年1月3日，县委书记旺东主持召开中共墨脱县第八届委员会第49次常委会（扩大）会议，听取了《墨脱县美朵花园销售方案的报告》，安排部署了相关工作。

会议要求，县住建、发改等部门要结合第三方评估结果，对房建和附属配套工程的费用进行详细核算，为广大干部职工争取最大的利益。企业根据调整后的价格，结合不同楼层，提供两个方案，一个是未进行装修的清水房价格；另一个是精装修房子价格。

2019年1月15日，县委书记旺东主持召开中共墨脱县第八届委员会第50次常委会会议，传达学习了《习近平总书记在纪念刘少奇同志诞辰120周年座谈会上的讲话》《习近平总书记在广东、上海考察时的指示精神》《习近平总书记在中共中央政治局民主生活会上的指示精神》，听取了县委办《关于县委班子2018年度民主生活会准备情况》，安排部署了相关工作。最后，县委书记旺东就"县委常委带头讲政治、讲规矩，严明组织纪律"，进行了安排部署。

2019年1月21日，县委书记旺东主持召开中共墨脱县第八届委员会第51次常委会会议，研究了《中共墨脱县人大常委会党组关于召开墨脱县第十一届人民代表大会第五次会议的请示》《中共墨脱县政协党组关于召开政协第九届委员会第四次会议的请示》《墨脱县人民政府关于划拨77650部队用地的请示》《墨脱县深化党政机构改革工作领导小组关于审核上报〈墨脱县机构改革方案〉（初稿）的请示》《中共墨脱县委组织部关于确定墨脱县委"246"党建工作思路的请示》《关于印发〈墨脱县2019年基层组织薄弱问题集中整治工作的实施方案〉的请示》，传达学习了《中共中央办公厅 国务院办公厅转发〈中央农办、农业农村部、国家发展改革委关于深入学习浙江"千村示范、万村整治"工程经验扎实推进农村人居环境整治工作的报告〉的通知》，并就抓好中央第三巡视组反馈问题整改和贯彻落实工作、抓好区党委农村工作暨脱贫攻坚工作会议精神贯彻落实工作进行了安排部署。

会议原则同意《中共墨脱县人大常委会党组关于召开墨脱县第十一届人民代表大会第五次会议的请示》《中共墨脱县政协党组关于召开政协第九届委员会第四次会议的请示》；原则同意县人民

2019年8月1日，墨脱县委书记旺东（前排左二），县委常委、组织部部长陈金鑫（前排左三）一行在县人武部慰问官兵并合影留念

政府提请的《关于划拨77650部队用地的请示》；同意县深化党政机构改革工作领导小组提请的《关于审核上报〈墨脱县机构改革方案〉（初稿）的请示》；原则同意县委组织部提请的《关于确定墨脱县委"246"党建工作思路的请示》；传达学习《中共中央办公厅国务院办公厅转发〈中央农办、农业农村部、国家发展改革委关于深入学习浙江"千村示范、万村整治"工程经验扎实推进农村人居环境整治工作的报告〉的通知》，安排部署相关工作；县委书记旺东就抓好中央第三巡视组反馈问题整改和贯彻落实工作、抓好区党委农村工作暨脱贫攻坚工作会议精神贯彻落实工作进行了安排部署；同意县委组织部提请的《关于印发〈墨脱县2019年基层组织薄弱问题集中整治工作的实施方案〉的请示》。

2019年1月27日，县委书记旺东主持召开中共墨脱县第八届委员会第52次常委会会议，研究了县委宣传部《关于评选表彰墨脱县2018年度"四讲四爱"最美人物和先进集体的请示》、县委办《中共墨脱县委常委会工作报告》《旺东同志在县委经济工作会议上的讲话》，并对春节、藏历新年期间维稳等重点工作进行安排部署。

会议原则同意县委宣传部《关于评选表彰墨脱县2018年度"四讲四爱"最美人物和先进集体的请示》；同意县委办《中共墨脱县委常委会工作报告》《旺东同志在县委经济工作会议上的讲话》；县委书记旺东就春节、藏历新年维稳等重点工作进行安排部署。

2019年1月28日，县委书记旺东主持召开中共墨脱县第八届委员会第53次常委会会议，研究同意了县委组织部《关于人事建议的请示》。会议指出，格当乡党委副书记、乡长米玛同志经医院诊断患有疾病，目前已无法在当前工作岗位上继续工作，申请请假治病。会议同意米玛同志请假治病，格当乡政府全面工作由乡党委书记张志强主持，待下步人事调整时再进行调整安排。

会议还研究了县人民政府《关于划拨格当村1.58亩耕地给77650部队的请示》、县委组织部《关于〈印发墨脱县边境"四红"工程实施意见〉的请示》《关于印发〈墨脱县军民融合爱国戍边实施意见〉的请示》。会议要求，划拨格当村1.58亩耕地给77650部队用于军事建设。会议同意县委组织部《关于〈印发墨脱县边境"四红"工程实施意见〉的请示》《关于〈印发墨脱县军民融合爱国戍边实施意见〉的请示》。

2019年2月24日，县委书记旺东主持召开中共墨脱县第八届委员会第54次常委会会议，会议传达学习了《王鸿津在中央第三巡视组对西藏开展脱贫攻坚专项巡视情况反馈会上的讲话》《吴英杰在中央第三巡视组对西藏开展脱贫攻坚专项巡视情况反馈会上的表态发言》《吴英杰在区党委落实中央第三巡视组脱贫攻坚专项巡视反馈意见整改工作动员部署会上的讲话》《林芝市打好脱贫攻坚三年行动方案（2018—2020）》，研究县人民政府《关于召开2018年脱贫攻坚工作总结暨2019年工作部署会议的请示》《关于推荐脱贫攻坚领域先进集体和优秀个人予以表彰的请示》《关于研究〈2018年国民经济和社会发展计划执行情况与2019年国民经济和社会发展计划（草案）〉的请示》《关于研究〈墨脱县2018年财政预算执行情况与2019年财政预算(草案)〉的请示》,县人大常委会《关于审定〈墨脱县人大常委会工作报告〉的请示》,县人民政府《关于研究〈墨脱县人民政府工作报告〉的请示》,县政协《关于审定〈中国人民政治协商会议第九届墨脱县委员会常务委员会工作报告〉的请示》,县人民检察院《关于提请审议〈墨脱县人民检察院工作报告〉的请示》,县人民法院《关于审定〈墨脱县人民法院工作报告〉的请示》,县委办《关于成立中央第三巡视组脱贫攻坚专项巡视反馈意见整改工作领导小组的请示》《中共墨脱县委员会关于落实中央第三巡视组脱贫攻坚专项巡视反馈意见整改方案的请示》,县委组织部提请的人事任免方案。

会议原则同意县人民政府《关于召开2018年脱贫攻坚工作总结暨2019年工作部署会议的请示》《关于推荐脱贫攻坚领域先进集体和优秀个人予以表彰的请示》,安排部署了相关工作;原则同意县人民政府《关于研究〈2018年国民经济和社会发展计划执行情况与2019年国民经济和社会发展计划(草案)〉的请示》《关于研究〈墨脱县2018年财政预算执行情况与2019年财政预算(草案)〉的请示》,安排部署了相关工作;原则同意《关于研究〈墨脱县人民政府工作报告〉的请示》,县人大常委会《关于审定〈墨脱县人大常委会工作报告〉的请示》,县政协《关于审定〈中国人民政治协商会议第九届墨脱县委员会常务委员会工作报告〉的请示》,县人民检察院《关于提请审议〈墨脱县人民检察院工作报告〉的请示》,县人民法院《关于审定〈墨脱县人民法院工作报告〉的请示》,安排部署了相关工作;同意县委办《关于成立中央第三巡视组脱贫攻坚专项巡视反馈意见整改工作领导小组的请示》《中共墨脱县委员会关于落实中央第三巡视组脱贫攻坚专项巡视反馈意见整改方案的请示》,安排部署了相关工作;同意县委组织部提请的人事任免方案,请县委组织部按照组织程序尽快办理相关事宜。

2019年3月12日,县委书记旺东主持召开中共墨脱县第八届委员会第55次常委会议,研究了县人民政府《关于墨脱县2018年棚户区改造实施方案的请示》,县纪委《关于召开中国共产党墨脱县第八节纪律检查委员会第四次全体会议的请示》《关于审议墨脱县纪委八届四次会议工作报告的请示》,县委组织部《关于上报墨脱县机构改革方案的请示》《关于向中共林芝市委组织部上交党费的请示》《关于遵珠同志提前退休的请示》,格当乡党委《关于对米玛同志违规违纪问题处理意见的请示》,传达学习了习近平总书记关于扶贫工作重要论述及《中共林芝市委员会关于落实中央第三巡视组脱贫攻坚专项巡视反馈意见的整改方案》。

会议传达学习了习近平总书记扶贫重要理论和《中共林芝市委员会关于中央第三巡视组巡视脱贫攻坚问题整改落实情况的通知》;同意县人民政府《关于墨脱县2018年棚户区改造实施方案的请示》;原则同意县纪委提请的《关于召开中国共产党墨脱县八届纪律检查委员会第四次全体会议的请示》;同意县纪委《关于审议墨脱县纪委四次会议工作报告的请示》;同意县委组织部《墨脱县机构改革方案的请示》;同意县委组织部《关于向中共林芝市委组织部上交党费的请示》;同意格当乡党委《关于米玛同志违规违纪问题处理意见的请示》;同意县委组织部《关于遵珠同志提前退休的请示》。

2019年3月15日,县委书记旺东主持召开中共墨脱县第八届委员会第56次常委会议,传达学习《吴英杰同志在自治区脱贫攻坚专项巡视整改工作领导小组第四次会议上的讲话》《庄严同志在脱贫攻坚专项巡视整改工作专题会上的讲话》《中共西藏自治区委员会 西藏自治区人民政府关于全面加强生态环境保护坚决打好污染防治攻坚战的实施意见》,研究县委组织部《关于研究审批〈墨脱县机构改革部门编制职数调整方案〉的请示》。

会议同意县委组织部《墨脱县机构改革部门编制职数调整方案的请示》;同意县委组织部《关于平措多吉同志提前退休的请示》。

2019年3月21日,县委书记旺东主持召开中共墨脱县第八届委员会第57次常委会会议,研究县委组织部提请的《墨脱县干部试用期满正式任职建议方案》。

会议原则同意县委组织部提

请的干部试用期满正式任职建议方案,请县委组织部按照组织程序尽快办理相关事宜。

2019年3月21日,县委书记旺东主持召开中共墨脱县第八届委员会第58次常委会会议,研究县委组织部提请的《墨脱县干部人事任免建议方案》。

会议原则同意县委组织部提请的人事任免方案,请县委组织部按照组织程序尽快办理相关事宜。

2019年4月11日,县委书记旺东主持召开中共墨脱县第八届委员会第59次常委会会议,研究县委组织部《关于米玛同志岗位调整的请示》。

会议同意县委组织部《关于米玛同志岗位调整的请示》,请县委组织部按照组织程序予以办理。

2019年4月11日,县委书记旺东主持召开中共墨脱县第八届委员会第59次常委会会议,研究县人民政府《关于审定墨脱县2019年统筹整合使用财政涉农资金实施方案的请示》、县委办《关于调整充实墨脱县党风廉政建设领导小组和墨脱县反腐败工作领导小组的请示》、县委组织部《关于墨脱县干部试用期满正式任职建议方案》《关于统筹使用基层党建工作经费的请示》、县扫黑办《关于墨脱县扫黑除恶打非治乱专项斗争群众举报线索奖励办法的请示》《关于墨脱县2019年"扫黑除恶打非治乱专项斗争"集中宣传工作方案的请示》《关于墨脱县2019年"扫黑除恶打非治乱专项斗争"线索摸排攻坚月任务细化方案的请示》、县委政法委《关于2019年墨脱县维护稳定工作总体方案的请示》,听取了墨脱县2019年三月敏感期维稳工作情况汇报、墨脱县2019年"扫黑除恶、打非治乱、扫黄打非"工作开展情况汇报、县人民政府2019年第一季度重点工作开展情况的汇报、墨脱县脱贫攻坚专项巡视整改工作开展情况的汇报,研究了县委组织部《关于确定各软弱涣散村党组织整顿方案的请示》。

会议同意县人民政府《关于审定墨脱县2019年统筹整合使用财政涉农资金实施方案的请示》,同意县委办《关于调整充实墨脱县党风廉政建设责任制工作领导小组和墨脱县反腐败工作领导协调小组的请示》,以县委办名义印发实施;同意县委组织部《关于墨脱县干部试用期满正式任职建议方案》,由县委组织部按照组织程序尽快办理相关事宜;同意县委组织部《关于统筹使用基层党建工作经费的请示》,由县委组织部按计划负责经费具体落实工作;同意县委政法委《关于墨脱县扫黑除恶打非治乱专项斗争群众举报线索奖励办法的请示》《关于墨脱县2019年"扫黑除恶打非治乱专项斗争"集中宣传工作方案的请示》《关于墨脱县2019年"扫黑除恶打非治乱专项斗争"线索摸排攻坚月任务细化方案的请示》,由县扫黑办进一步修改完善后,以县扫黑除恶打非治乱专项斗争工作领导小组名义印发实施;同意县委政法委《关于2019年墨脱县维护稳定工作总体方案的请示》,以"两办"名义印发实施;听取了墨脱县2019年三月敏感期维稳工作情况和墨脱县2019年"扫黑除恶、打非治乱、扫黄打非"工作开展情况的汇报,安排部署了相关工作;听取了县人民政府2019年第一季度重点工作开展情况的汇报,安排部署了相关工作;听取了墨脱县脱贫攻坚专项巡视整改工作开展情况的汇报,安排部署了相关工作;同意县委组织部提请的《关于确定各软弱涣散村党组织整顿方案的请示》。

2019年5月19日,县委书记旺东主持召开中共墨脱县第八届委员会第60次常委会议,研究了县委组织部《墨脱县干部人事任免建议方案》。

2019年6月12日,县委书记旺东主持召开中共墨脱县第八届委员会第61次常委会议,传达学习了《中国共产党地方委员会工作条例》《林芝市关于解决形式主义突出问题为基层减负的若干举措》《党政领导干部选拔任用工作条例》《关于2018年全国窃密泄密事件情况的通报》,研究了县人民政府《关于研究〈铜墙铁壁科技发展集团有限公司关于4S农场撤资退地的申请〉的请示》《关于华昌建筑工程有限公司在墨承建项目处理情况的报告》《关于办理岗玉村、龙列村、多卡村行政区划变更的请示》《关于提请审定〈墨脱县人民政府重大决策出台前向墨脱县人大及其常委会报告制度〉的请示》《关于派镇墨脱转运站相关工作开展情况的报告》《关于实施格当乡多龙岗至曲那塘("三岩"搬迁安置点)公路硬化工程的请示》《关于墨脱县2019年茶叶种植项目实施方案的报告》，县委组织部《关于墨脱县2019年上半年干部人事调动事宜的请示》《关于次仁江措同志人事调动事宜的请示》《关于白玛旺前等6名同志提前退休的请示》《关于郝董林同志免职的请示》，中共墨脱县委员会办公室《关于指派一名县委常委分管县委办公室的请示》，县人民政府党组《关于调整政府党组成员的请示》《关于调整政府班子分工的请示》《关于将2019年转移支付预算资金800万元用于背崩乡阿苍村茶叶种植项目的请示》，县委组织部《关于成立国家税务总局墨脱县税务局党委的请示》，县扫黑办《关于召开墨脱县扫黑除恶打非治乱推进会议暨迎接中央扫黑除恶督导组督导动员部署会议的请示》，听取《2019年5月份以来全县扫黑除恶打非治乱专项斗争工作开展情况汇报》，县委宣传部《关于〈墨脱县建设新时代文明实践中心工作方案〉的请示》，听取《墨脱县2019年上半年意识形态工作汇报》。

会议同意县人民政府《〈铜墙铁壁科技发展集团有限公司关于4S农场撤资退地的申请〉的请示》；同意县人民政府《关于华昌建筑工程有限公司在墨承建项目处理情况的报告》；同意县委组织部《墨脱县2019年上半年干部人事调动事宜的请示》，由县委组织部按照程序予以办理；同意县委组织部《关于次仁江措同志人事调动事宜的请示》，由县委组织部按照程序予以办理；同意县委组织部《关于白玛旺前等6名同志提前退休的请示》，由县委组织部按照相关程序予以办理；同意县委组织部《关于郝董林同志免职的请示》，由县委组织部按照相关程序予以办理；同意中共墨脱县委办公室《关于指派一名县委常委分管县委办公室的请示》；同意中共墨脱县人民政府党组《关于调整政府党组成员的请示》；同意中共墨脱县人民政府党组《关于调整政府领导班子分工的请示》；同意墨脱县人民政府《办理岗玉村、龙列村、多卡村行政区划变更的请示》；同意墨脱县人民政府《墨脱县人民政府重大决策出台前向墨脱县人大及其常委会报告制度的请示》；听取墨脱县人民政府《关于派镇墨脱转运站相关工作开展情况的报告》；同意县人民政府《关于实施格当乡多龙岗至曲那塘（"三岩"搬迁安置点）公路硬化工程的请示》；同意中共墨脱县人民政府党组《关于将2019年转移支付预算资金800万元用于背崩乡阿苍村产业种植项目的请示》；同意墨脱县人民政府《关于墨脱县2019年茶叶种植项目实施方案的报告》；同意县委组织部《国家税务总局墨脱县税务局关于成立国家税务总局墨脱县税务局党委的请示》；同意县扫黑办《关于召开墨脱县扫黑除恶打非治乱推进会议暨迎接中央扫黑除恶督导组督导动员部署会议的请示》；听取了县扫黑办《2019年5月以来全县扫黑除恶打非治乱专项斗争工作开展情况汇报材料》；同意县委宣传部《墨脱县建设新时代文明实践中心工作方案的请示》；听取了《墨脱县2019年上半年意识形态工作汇报》。

2019年6月21日，县委书记旺东同志主持召开中共墨脱县第八届委员会第62次常委会议，研究了县委组织部《关于拟表彰先进基层党组织、优秀共产党员、优秀党务工作者、军地共建先进基层党组织、军地共建优秀共产党员的请示》《关于旺前卓玛同志提前退休的申请》，县灾后重建办《关于成立墨脱县雅鲁藏布江堰塞湖灾后恢复重建避险搬迁工作领导小组的请示》，县人民政府《关于解决中国人民解放军77650部队临时性用房需求的请示》。

会议同意县委组织部《关于拟表彰先进基层党组织、优秀共产党员、优秀党务工作者、军地共建先进基层党组织、军地共建优秀共产党员的请示》；同意县委组织部《关于旺前卓玛同志提前退休的申请》，由县委组织部按照程序予以办理；同意县灾后重建办《关于成立墨脱县雅鲁藏布江堰塞湖灾后恢复重建避险搬迁工作领导小组的请示》；同意县人民政府《关于解决中国人民解放军77650部队临时性用房需求的请示》。

2019年7月4日，县委书记旺东主持召开中共墨脱县第八届委员会第63次常委会会议，传达学习《关于九届自治区党委脱贫攻坚专项巡视发现有关问题的通报》精神，研究林芝市纪委常委会议讨论《关于对卓玛央宗违纪案征求意见的函》，县人民政府《关于解除与泸县校办企业建筑工程公司施工合同的请示》，县委组织部《关于成立中共墨脱县委"不忘初心、牢记使命"主题教育领导小组及巡回领导小组的请示》。

会议同意林芝市纪委常委会议讨论《关于对卓玛央宗违纪案征求意见的函》；同意县人民政府《关于解除与泸县校办企业建筑工程公司施工合同的请示》；同意县委组织部《关于成立中共墨脱县委"不忘初心、牢记使命"主题教育领导小组及巡回领导小组的请示》。

2019年7月26日，县委书记旺东主持召开中共墨脱县第八届委员会第64次常委会会议，传达学习《中共中央关于李平同志搞形式主义、官僚主义案件查处情况及教训警示的通报》《习近平总书记在"不忘初心、牢记使命"主题工作会议上的讲话》精神；研究县委办《中共墨脱县委员会办公室关于调整设立县委全面深化改革委员会（领导小组）的请示》；县委组织部《关于第九批援藏干部人才在藏任职建议方案的请示》；县人民政府《关于拟将墨脱县"兴边富民守土固边"边境小康村建设项目德兴乡（德果村、易贡白村、巴登则村、德兴村）和背崩乡（江新村、背崩村）附属工程交由德兴乡、背崩乡人民政府组织实施的报告》《关于拟对墨脱县德兴乡（文朗村、德果村、那尔东村、易贡白村、巴登则村、德兴村）和背崩乡（江新村、巴登村、波东村、阿苍村）"兴边富民守土固边"边境小康村建设项目进行招标的报告》《关于对背崩乡波东村、巴登村进行整村搬迁的请示》《关于解决BJ小康示范村建设项目有关问题事宜的请示》。

会议同意县委办《中共墨脱县委员会办公室关于调整设立县委全面深化改革委员会（领导小组）的请示》；同意县委组织部《关于第九批援藏干部人才在藏任职建议方案的请示》，由县委组织部按照相关程序予以办理；同意县人民政府《关于解决BJ小康示范村建设项目有关问题事宜的请示》；原则同意县人民政府《关于拟将墨脱县"兴边富民守土固边"BJ小康村建设项目德兴乡（德果村、易贡白村、巴登则村、德兴村）和背崩乡（江新村、背崩村）附属工程交由德兴乡、背崩乡人民政府组织实施的报告》；同意县人民政府《关于拟对墨脱县德兴乡（文朗村、德果村、那尔东村、易贡白村、巴登则村、德兴村）和背崩乡（江新村、巴登村、波东村、阿苍村）"兴边富民守土固边"BJ小康村建设项目进行招标的报告》；同意县人民政府《关于对背崩乡波东村、巴登村进行整村搬迁的请示》。

2019年8月23日，县委书记旺东主持召开中共墨脱县第八届委员会第65次常委会扩大会议，传达学习《中共西藏自治区委员会办公厅 西藏自治区人民政府办公厅〈关于在全区开展民生工程（项目）自查整治工作〉的通知精神》，研究部署我县开展民生工程（项目）自查整治工作；传达学习《中共中央办公厅 国务院办公厅印发〈中央生态环境保护督察工作规定〉》精神；研究县人民政府《关于墨脱县城控制性详细规划实施过程中出现相关问题的报告》；听取县人大、县政府、县政协、检察院、法院党组2019年上半年工作开展情况的汇报；听取县纪委监委、县委组织部、县委政法委2019年上半年工作开展情况的汇报；听取墨脱县2019年7月份扫黑除恶、打非治乱专项斗争工作开展情况的报告；研究县委组织部《关于刘后周、许向楠2名同志任职定级的请示》。

会议同意县人民政府《关于墨脱县城控制性详细规划实施过程中出现相关问题的报告》；听取县人大、县政府、县政协、检察院、法院党组2019年上半年工作开展情况的汇报；听取县纪委监委、县委组织部、县委政法委2019年上半年工作开展情况的汇报；听取墨脱县2019年7月份扫黑除恶、打非治乱专项斗争工作开展情况的报告；同意县委组织部《关于刘后周、许向楠2名同志任职定级的请示》，由县委组织部按照相关程序予以办理；同意县铜墙铁壁格当开发项目问题协调处理领导小组《关于解决铜墙铁壁格当开发项目问题协调处理工作有关事宜的请示》。

2019年9月4日，县委书记旺东主持召开中共墨脱县第八届委员会第66次常委会会议，研究铜墙铁壁格当开发项目问题协调处理领导小组《关于同意协议回购铜墙铁壁项目税费资金的请示》。

会议指出，根据八届65次中共墨脱县委员会会议纪要要求，问题协调处理领导小组于9月3日在西安与铜墙铁壁科技发展集团有限公司法人尹国华就签订项目有关退换或回购协议达成初步共识，铜墙铁壁涉及总回购资金为416.0025万元，其中未涉及税收项目有：采矿权2万元、土地出让金50.0025万元、土地流转金9.5万元，共计61.5025万元，由铜墙铁壁公司将原有的收据全部退回，用于财政退款依据；涉及税收项目有：基础设施（景观大门、项目部用房、化肥加工厂地基、接待中心地基、地膜厂地基）160.69万元、土地出让勘测费16.8万元、茶叶基地（土地整治、简易油库、勘察设计费）156.91万元、道路维修10万元、修建饮水设施10.1万元，共计354.5万元。

2019年9月4日，县委书记旺东主持召开中共墨脱县第八届委员会第66次常委会会议，研究县委组织部《墨脱县干部人事任免建议方案》《墨脱县职级套转方案》，铜墙铁壁格当开发项目问题协调处理领导小组《关于同意协议回购铜墙铁壁项目税费资金的请示》。

会议同意县委组织部《墨脱县干部人事任免建议方案》，请县委组织部按照组织程序尽快办理相关事宜；同意县委组织部《墨脱县职级套转方案》，请县委办以县委名义发文套转二级、四级主任科员，县委组织部发文套转一级、二级科员；铜墙铁壁格当开发项目问题协调处理领导小组《关于同意协议回购铜墙铁壁项目税费资金的请示》，安排部署了相关工作。

2019年10月14日，县委书记旺东主持召开中共墨脱县第八届委员会第67次常委会会议，传达学习《中共中央关于印发〈中国共产党问责条例〉的通知》文件精神；听取墨脱县2019年8月至9月份扫黑除恶、打非治乱专项斗争工作开展情况的报告；听取县安委会2019年安全生产工作开展情况的汇报；听取县总工会、团县委、妇联2019年工作开展情况的汇报。

2019年10月18日，县委书记旺东主持召开中共墨脱县第八届委员会第68次常委会会议，传达学习《习近平同志在庆祝中华人民共和国成立70周年的重要讲话精神》；传达学习《关于进一步深化生态环境监管服务推动经济高质量发展的意见》文件精神；听取食品安全工作情况汇报；听取BJ小康村建设工作开展情况汇报。

2019年10月31日，县委书记旺东主持召开中共墨脱县第八届委员会第69次常委会会议，传达学习《习近平新时代中国特色社会主义思想的重大意义》《习近平总书记在开展"不忘初心、牢记使命"主题教育以来的重要讲话精神摘要》《自治区关于〈五起漠视侵害群众利益问题典型案例〉〈三起违法中央八项规定精神典型问题〉〈三起扶贫领域腐败和作风问题典型案例〉的通报》，研究县委组织部《关于达娃曲珍同志人事调动事宜的请示》《关于辞退高晓廷同志的请示》《墨脱县人民法院、人民检察院职级套转方案》《墨脱县干部人事任免建议方案》《关于审定〈墨脱县机关事业单位干部职工请销假规定（试行）〉〈墨脱县干部人才调动办法（试行）〉的请示》，县委巡察办《关于八届墨脱县委员会第六轮巡察工作建议方案的请示》《关于八届墨脱县委员会第六轮巡察巡察组组长、副组长授权任职和巡察组分工决定的请示》。

会议同意县委组织部《关于达娃曲珍同志人事调动事宜的请示》，请县委组织部按照组织程序尽快办理相关事宜，达娃曲珍，现任阿里地区日土县卫生健康委员会四级主任科员，拟调入墨脱县工作；同意县委组织部《关于辞退高晓廷同志的请示》，请县委组织部按照组织程序尽快办理相关事宜；同意县委组织部《墨脱县人民法院、人民检察院职级套转方案》，请县委办以县委名义发文套转二级、四级主任科员及相当层次，县委组织部发文套转一级科员及相当层次。

同意县委组织部《墨脱县干部人事任免建议方案》，请县委组织部按照组织程序尽快办理相关事宜；同意县委组织部《关于审定〈墨脱县机关事业单位干部职工请销假规定（试行）〉〈墨脱县干部人才调动办法（试行）〉的请示》，请县委办以县委名义印发实施；同意县委巡察办《关于八届墨脱县委员会第六轮巡察工作建议方案的请示》《关于八届墨脱县委员会第六轮巡察巡察组组长、副组长授权任职和巡察组分工决定的请示》，请县委巡察办按照《方案》做好八届县委第六轮巡察工作。

2019年12月3日，县委书记旺东主持召开中共墨脱县第八届委员会第71次常委会会议，传达学习《习近平同志在中央政治局第十七次集体学习时的讲话》；研究县委组织部《关于墨脱县2019年下半年干部人事调动事宜的请示》；县人社局《关于墨脱县2019年下半年专技人员调动事宜的请示》；县法院党组《墨脱县人民法院关于调整充实党组班子成员的请示》；县人民政府《关于盘活使用脱贫攻坚结余结转资金的请示》《关于收回自治区总工会墨脱疗休养基地建设项目用地的请示》《关于收回墨脱县中磊工贸有限责任公司土地的请示》《关于解决各学校维修项目资金的请示》。

会议同意县委组织部《墨脱县2019年下半年干部人事调动事宜的请示》，请县委组织部、县人社局等相关部门按照组织程序尽快办理相关事宜；同意县人社局《关于墨脱县2019年下半年专技人员调动事宜的请示》，请县人社局等相关部门按照组织程序尽快办理相关事宜；同意县法院党组《墨脱县人民法院关于调整充实党组班子成员的请示》；同意县人民政府《关于盘活使用脱贫攻坚结余结转资金的请示》；同意县人民政府《关于收回自治区总工会墨脱疗休养基地建设项目用地的请示》；同意县人民政府《关于收回墨脱县中磊工贸有限责任公司土地的请示》；同意县人民政府《关于解决各学校维修项目资金的请示》。

2019年12月5日，县委书记旺东主持召开中共墨脱县第八届委员会第72次常委会会议，传达学习《自治区关于〈三起吃苦精神不强、作风"庸懒散""中梗阻"、一旦有权威风八面高高在上脱离群众等问题典型案例〉〈四起扶贫领域腐败和作风问题典型案例〉的通报》；研究县灾后重建办提请的《关于墨脱县灾后恢复重建项目采取工程总承包制（EPC模式）的请示》；研究林保函《关于妥善处理拖欠农民工工资事》。

（臧洪君）

【机构领导】

县委书记、一级调研员
  旺  东（门巴族，12月晋升一级调研员）

县委副书记、县长、一级调研员
  魏 长 旗（12月晋升一级调研员）

县委常务副书记
  谢 国 高（广东援藏，7月免）
  叶 敏 坚（广东援藏，7月任）

县委副书记、常务副县长
  李  斌（7月免）
  张 巍 巍（7月任）

县委副书记、政法委书记、公安局局长、督察长
  谭 远 书

县委常委、人武部部长
  高 林 林

县委常委、统战部部长
  边巴索朗（藏族）

县委常委、组织部部长
  赵  敬（5月免）
  陈 金 鑫（5月任）

县委常委、纪委书记、监委主任、三级调研员
  朱 宇 峰（12月晋升三级调研员）

县委常委、宣传部部长
  普  果（女，藏族，12月免）

县委常委、常务副县长、三级调研员
  多吉扎西（藏族，12月晋升三级调研员）

县委常委、副县长
  高 功 强

表2  2019年中共墨脱县委八届四次全体（扩大）会议参会人员名单

| 序号 | 名单 | 职务 | 备注 |
| --- | --- | --- | --- |
| 一、八届委员及候补委员（22名） ||||
| 1 | 旺　东 | 县委书记 | |
| 2 | 魏长旗 | 县委副书记、政府县长 | |
| 3 | 遵　珠 | 县人大常委会主任 | |

续表2

| 序号 | 名单 | 职务 | 备注 |
|---|---|---|---|
| 4 | 平措多吉 | 县政协主席 | |
| 5 | 谭远书 | 县委副书记、政法委书记、公安局局长、督察长 | |
| 6 | 边巴索朗 | 县委常委、统战部部长 | |
| 7 | 赵敬 | 县委常委、组织部部长 | |
| 8 | 朱宇峰 | 县委常委、纪委书记、监察委主任 | |
| 9 | 多吉扎西 | 县委常委、政府常务副县长 | |
| 10 | 高功强 | 县委常委、政府副县长 | |
| 11 | 王桂兰 | 政府副县长、德兴乡党委书记 | |
| 12 | 李彦 | 县人民检察院检察长 | |
| 13 | 云登 | 县人民法院院长 | |
| 14 | 格桑卓嘎 | 墨脱镇党委书记 | |
| 15 | 王海斌 | 背崩乡党委书记 | |
| 16 | 张志强 | 格当乡党委书记 | |
| 17 | 白长云 | 加热萨乡党委书记 | |
| 18 | 达穷 | 帮辛乡党委书记 | 候补委员 |
| 19 | 徐利明 | 甘登乡党委书记 | 候补委员 |
| 20 | 次仁拉珍 | 县环保局监察大队队长 | 候补委员 |
| 21 | 邓声敏 | 县卫生服务中心主任 | 候补委员 |
| 22 | 扎西江措 | 墨脱镇巴日村党支部书记、村主任 | 候补委员 |
| | | 二、县级领导（8名） | |
| 23 | 于世高 | 县人大常委会副主任 | |
| 24 | 杨明强 | 县人大常委会副主任 | |
| 25 | 李勇 | 县政府副县长 | |
| 26 | 扎西顿珠 | 县政府副县长 | |
| 27 | 边巴扎西 | 县政协副主席 | |
| 28 | 扎西措姆 | 县政协副主席 | |
| 29 | 嘎玛欧珠 | 县政协副主席 | |
| 30 | 曲桑顿珠 | 林芝市人民检察院副县级检察员、县人民检察院副院长 | |
| | | 三、中共墨脱县纪律检查委员会委员（3名） | |
| 31 | 贺伟 | 县纪委副书记、监察委副主任 | |

续表2

| 序号 | 名 单 | 职 务 | 备 注 |
|---|---|---|---|
| 32 | 欧珠江村 | 县政府办公室主任科员 | |
| 33 | 王晓辉 | 县纪委常委、案件审理室主任 | |
| 四、各乡镇负责人（7名） ||||
| 34 | 曹启兵 | 墨脱镇党委副书记、镇长 | |
| 35 | 白玛占堆 | 德兴乡党委副书记、乡长 | |
| 36 | 扎西曲扎 | 背崩乡党委副书记、乡长 | |
| 37 | 卓玛央宗 | 达木珞巴民族乡党委副书记、乡长 | |
| 38 | 米玛 | 格当乡党委副书记、乡长 | |
| 39 | 周大明 | 帮辛乡党委副书记、乡长 | |
| 40 | 张岗 | 加热萨乡党委副书记、乡长 | |
| 五、各单位负责人（53名） ||||
| 41 | 索朗达杰 | 县委办副主任 | |
| 42 | 王向军 | 县人大办主任 | |
| 43 | 布穷 | 县政府办主任 | |
| 44 | 罗布次旺 | 县政协办主任 | |
| 45 | 郭晓峰 | 县直机关工委书记 | |
| 46 | 旦增多吉 | 县委宣传部常务副部长 | |
| 47 | 白玛多杰 | 县综治办主任 | |
| 48 | 白玛 | 县委组织部副部长、老干局局长 | |
| 49 | 洛桑多吉 | 县委统战部副部长 | |
| 50 | 胡新祥 | 县委巡察办主任 | |
| 51 | 李秋苹 | 县总工会主席 | |
| 52 | 米玛曲珍 | 县妇联主席 | |
| 53 | 春强 | 县人民法院副院长 | |
| 54 | 边珍 | 县人民检察院办公室主任 | |
| 55 | 罗布 | 县发改委主任科员 | |
| 56 | 刘永福 | 县人武部副部长 | |
| 57 | 张洪 | 县民政局副局长 | |
| 58 | 次仁顿珠 | 县工商局局长 | |
| 59 | 格桑扎西 | 县财政局副局长、主任科员 | |

续表2

| 序号 | 名　单 | 职　务 | 备　注 |
|---|---|---|---|
| 60 | 顿珠次仁 | 县人社局局长 | |
| 61 | 米玛次仁 | 县卫计委主任 | |
| 62 | 格桑巴珠 | 县食药局局长 | |
| 63 | 胡志彬 | 县水利局局长 | |
| 64 | 央宗 | 县农牧科技局副局长 | |
| 65 | 曲珠 | 县交通运输局局长 | |
| 66 | 李和平 | 县民宗局局长 | |
| 67 | 次仁拉姆 | 县教体局副局长 | |
| 68 | 杨正勇 | 县安监局局长 | |
| 69 | 桑布次仁 | 县工商联主席 | |
| 70 | 巴桑 | 县公安局政委 | |
| 71 | 白玛扎巴 | 县林业局局长 | |
| 72 | 格桑达瓦 | 县文化局局长 | |
| 73 | 才旦旺扎 | 县司法局局长 | |
| 74 | 扎西索郎 | 县气象局局长 | |
| 75 | 刘敖 | 县住建局局长 | |
| 76 | 白玛曲珍 | 县旅发委副主任 | |
| 77 | 次仁江增 | 县扶贫办副主任 | |
| 78 | 格桑曲久 | 县环保局局长 | |
| 79 | 罗桑次仁 | 县残联理事长 | |
| 80 | 白玛次旺 | 县统计局副局长 | |
| 81 | 西洛平措 | 县商务局副局长 | |
| 82 | 李振 | 县国土局局长 | |
| 83 | 巴桑次仁 | 县税务局局长 | |
| 84 | 杨东山 | 县藏医院院长 | |
| 85 | 任睿毅 | 县消防大队参谋 | |
| 86 | 杜家俊 | 县边防大队格当派出所副所长 | |
| 87 | 赵明 | 武警墨脱中队中队长 | |
| 88 | 白玛益西 | 农行墨脱县支行行长 | |
| 89 | 贡嘎拉姆 | 县邮政局负责人 | |

续表2

| 序号 | 名　单 | 职　务 | 备　注 |
|---|---|---|---|
| 90 | 遵　珠 | 县电信局局长 | |
| 91 | 桑杰贡嘎 | 县移动公司客户经理 | |
| 92 | 饶　德　建 | 墨脱县供电有限公司副经理 | |
| 93 | 格桑德吉 | 墨脱县完全小学副校长 | 全国人大代表 |
| 四、退休老干部代表（2名） ||||
| 94 | 扎　　西 | 原人大副主任 | |
| 95 | 索朗曲杰 | 原编译室主任 | |

## 中共墨脱县委办公室

【概况】 年内，在县委的坚强领导下，县委办公室团结带领干部职工紧紧围绕区委中心工作和年初工作计划，始终坚持以"建一流队伍、树一流形象、干一流工作、创一流业绩"为目标，积极发挥参谋助手、综合协调、督查落实等职能作用，较好地完成了各项工作任务，为区委各项决策落实和各项工作开展打下良好基础。2019年，县委办公室下设县国家保密局、县委档案局2个挂牌机构；管理县档案馆、县委机要局2个部门，共有党员干部19名，其中，正科级2名，副科级6名，科员9名；公务员编制16名，事业编制3名。

【严格落实制度】 2019年，县委办公室严格实行上下班签到制度，提倡提前10分钟到办公室，做到时刻准备着，主动等待为干部群众服务，提高服务的积极性、主动性，引导养成良好的工作态度，积极营造随时待命、快速行动的习惯；倡导文明办公之风，严格以"文明用语、热心接待、耐心解释、细心办理、诚心服务"的"一个文明""四个心"服务标准接待每一名来访干部、群众，让来办事、咨询人员充分感受到县委办公室的优质、高效服务，真正把县委办公室打造为领导信任、群众认可的"满意机关"。

【当好参谋助手】 2019年，县委办公室根据党的路线、方针、政策，紧紧围绕县委部署，对经济、政治、文化和党建等方面问题深入调查研究，并提出意见和建议，为县委决策提供参考和政策依据。在全县各类大型会议及上级工作组汇报会议中，起草的讲话稿及汇报材料均经过深入考证研究，在把握全局、把握全县发展战略的基础上精心起草，为全县发展明确了方向，为县委及上级领导提供了重要的决策依据。全年办公室干部随同县委领导及工作组深入乡村调研30余次，起草和协助修改完善县委领导会议讲话40余篇、起草县委中心组理论学习主持词24篇。

【日常协调】 2019年，县委办公室充分发挥桥梁沟通作用，尽力做好与各级领导之间的沟通协调，及时向领导汇报情况，反映问题，听取指示。不断加强与人大办、政府办、政协办及县直各部门之间的协调，积极主动就县四大班子重大决策部署和需要协调的问题及时进行沟通，确保全县各项工作健康有序高效运行。同时，搞好上下级之间的协调，利用发文传达、电话通知、口头反映等各种形式，及时把县委各个阶段的重大决策和重要部署传达到基层，把基层的工作情况、意见建议反映给县委，并就有关事项根据领导的意见及时给予答复。

【办好会务】 2019年，县委办公室始终将做好服务工作作为办公室工作的重点，将领导满意、部门满意、群众满意作为衡量工作的标准，对会议筹备等各项工作认真负责，保质保量，在细节上下功夫，有效确保各项工作的顺利进行。特别是在会议筹备中，办公室一直坚持提前准备、分工负责、

2019年4月18日，墨脱县召开《墨脱县志（2006—2015）》初审会

层层把关的基本原则，切实做到会场布置整洁庄严，会场服务细致不马虎，会议材料齐备无差错。全年共筹备经济工作会议、农村工作会议、工作组汇报会、县委常委会议、四大班子联席会议、电视电话会议等大小会议60余次，未出现过重大失误。

【日常业务工作】 办文工作。2019年，县委办公室在公文处理方面，注重规范化和创新性的双向把握，反复斟酌拟稿，力求逻辑结构、文笔语言和思想内涵都实现精益求精。全年正式发文230份，未出现错漏误问题，有效确保了县委各项工作的健康有序运转。

信息工作。积极做到信息报送的准确性，信息内容和采用范畴的全面化，尤其注重紧急信息的核实和报送。年初即与各乡（镇）、各单位签订《墨脱县2019年信息工作责任书》，进一步规范各乡（镇）、县直各单位信息工作考核内容、评分标准和奖惩办法，对信息报送方式和报送内容作了明确规定，进一步完善信息报送制度。2019年，处理全县各单位报送信息2750条，向市委报送信息2690条。

机要工作。积极推进机要标准化建设，从提高电报的传输、阅办质量出发，建立健全登记制度、催办制度、领导签批制度，做到传送及时、办报准确、保密安全。

保密工作。紧紧围绕区、市、县保密工作部署任务，围绕中心、服务中心，聚焦重点，全面履行保密职责，坚持从强化组织领导、落实保密责任；建立完善制度，提高规范管理水平；加大硬件设施建设，筑牢"防火墙"；加强保密教育，筑牢保密意识；加大硬件设施建设，筑牢"防火墙"；加强网络安全教育与指导，确保筑牢安全防范意识；检查与指导并重，深化自查自评效果等方面入手，切实扛起做好新时代保密工作的重大责任，各项工作取得新成效。

督促检查。积极贯彻落实上级部门及县委的方针政策，结合工作职能和实际情况，不断完善督查制度，合理对各乡（镇）、县直各部门贯彻落实情况进行督查，及时下发《督办通知》，有效推动各类文件、会议及县委方针政策的贯彻实施。2019年，印发《督办通知》30期，上报市委督查室《督查专报》36期。围绕贯彻落实区党委、市委、县委决策部署、精准扶贫领域、环境卫生、民生工程（项目）等开展实地督查20余次，有效推动全县各项工作扎实开展。

档案工作。认真贯彻落实各类档案管理规范文件，抓好上级的文件程序处理工作，对档案工作进行认真梳理、查漏补缺，着力加强档案库房和档案信息管理，做到了文件及时收管、著录、查阅。

地方志工作。区委办地方志办公室秉承"存史、资政、育人"宗旨，围绕全区中心工作开拓创新，史志、年鉴、大事记等各项工作整体推进，全区地方志工作持续健康发展。完成《墨脱年鉴2018》出版工作，《墨脱年鉴2019》已处于验收阶段。成功召开了《墨脱县志（2006—2015）》初审会、复审会。

【机关建设】 丰富学习载体。2019年，县委办公室把学习摆在突出位置，以创建"学习型服务型廉洁型"党组织为契机，结合"三会一课"和主题党日活动等，努力营造爱学习、好学习的长效机制。学习习近平新时代中国特色社会主义思想，不断提高理论水平，增强了践行"四个自信、两个维护"

2019年10月29日，墨脱县委办公室党员干部在县检察院警示教育基地参观学习

的自觉性。特别是以"不忘初心 牢记使命"主题教育为载体，组织开展各类学习44次，参加机关工委组织的党员政治教育培训和集中学习共10余次，干部上讲台授课15人次，干部思想认识明显提高，达到了推动工作、解决实际问题的目的。

热心公益活动。为进一步认真贯彻落实习近平总书记关于"不忘初心 牢记使命"主题教育工作的重要讲话精神，用实际行动践行初心和担当使命，县委办党员干部先后到格当乡、达木乡、墨脱县完小开展"冬日暖阳进校园，关爱儿童促成长"主题党日活动3次，捐赠羽绒服200套。

丰富活动形式。通过丰富载体，拓宽教育渠道，主要以"学习强国"APP、西藏先锋等党员教育学习平台，支部集中学习、个人自学、交流研讨、自我批评等多种方式，积极开展党员政治教育培训和专题组织生活会。充分利用红色夜校、廉政教育基地、爱国主义红色教育基地、党日主题教育活动和党员志愿服务活动等教育形式突出党性教育。

建立结对帮扶机制。2019年充分发挥先锋模范作用，积极踊跃开展结对帮扶和爱心捐款活动，开展结对帮扶对象累计17人次，开展志愿服务2次，帮扶慰问活动3次，送去慰问金及物资共计42900元。

（臧洪君）

【机构领导】
主任、四级调研员
　尹　建　华（11月晋升一级主任科员，12月晋升四级调研员）
副主任
　索朗达杰（门巴族，3月兼任县委保密委员会办公室主任）
县委政策研究室主任
　布　　琼（门巴族，3月免）

副主任、档案局局长
　布　　琼（门巴族，3月任）
档案局（馆）局（馆）长
　扎西顿珠（门巴族，3月免）
档案馆馆长
　尼玛布赤（门巴族，女，5月任）
机要局局长
　格桑曲培（藏族，3月免）
机要局副局长
　格桑曲培（藏族，3月任，5月免）
二级主任科员
　格桑曲培（藏族，5月任主任科员，6月套转）
机要局副局长
　徐　　夏（女，5月任）
四级主任科员
　费　小　龙（5月任副主任科员，6月套转）

## 墨脱县人民代表大会常务委员会

【概况】　年内，县人大常委会在县委的正确领导下，坚持以习近平新时代中国特色社会主义思想为指导，全面贯彻落实党的十九大、十九届二中、三中、四中全会和中央第六次西藏工作座谈会精神，贯彻落实习近平总书记关于治边稳藏重要思想，贯彻落实区党委九届五次、六次全会，市委一届七次、八次全会，县委八届四次全会精神，坚持党的领导、人民当家做主、依法治国有机统一，紧紧围绕县域改革、发展、稳定大局，牢牢把握发展、稳定、生态三件大事，紧扣十一届人大五次会议既定工作目标，依法履行职责，为推进全县经济社会健康发展作出积极贡献。

2019年,县人大机关核定编制8名,实有人数13名,其中,常委会主任1名,副主任4名(其中1名为副主任人选),下设办公室、财政经济委员会、社会建设委员会、教育科级文化卫生委员会,其中,办公室主任1名,副主任1名,二级主任科员1名,四级主任科员1名,科员2名;财政经济委员会实有主任委员1名;教育科级文化卫生委员会实有主任委员1名;社会建设委员会因初建尚未配备人员。全县共有人大代表70名,常务委员会有委员19名。

【重要会议】 2019年,县人大常委会共召开党组会议8次、主任会议7次、常委会议5次。

2019年2月27—28日,墨脱县十一届人大五次会议召开,会期2天,大会主要听取和审议了墨脱县人民政府工作报告、墨脱县发改委关于墨脱县2018年国民经济和社会发展计划执行情况和2019年国民经济和社会发展计划草案的报告、墨脱县财政局关于墨脱县2018年财政预算执行情况和2019年财政预算草案的报告、墨脱县人大常委会工作报告、墨脱县人民法院工作报告和墨脱县人民检察院工作报告,并通过了大会各项决议。

会议依法补选了达娃措姆、王东升为林芝市第一届人民代表大会代表。

会议审议通过了墨脱县人民政府关于审议《调整墨脱县2018年财政预算》的议案,墨脱县人民政府关于审议《墨脱县2018年财政预算执行情况与2019年财政预算(草案)》的议案,墨脱县人民政府关于审议《墨脱县2018年国民经济和社会发展计划执行情况与2019年国民经济和社会发展计划(草案)》的议案,墨脱县人民政府党组关于审议《侯柯宇同志免职事宜》的议案,墨脱县十一届人大五次会议上的人大常委会工作报告、召开墨脱县第十一届人民代表大会第五次会议相关事宜,墨脱县人民政府《关于提请审议梁亚文、赖维薇两名同志任免职事宜》的议案,墨脱县人民政府党组《关于提请审议白玛扎巴同志免职事宜》的议案,墨脱县人民政府《关于提请审议白玛多杰等18位同志任免职事宜》的议案,《墨脱县人民法院关于提请任职》的报告,墨脱县人民政府《关于提请审议欧珠江村等5名同志任职事宜》的议案,墨脱县人民政府《关于墨脱县2018年环境状况和环境保护目标完成情况》的报告,墨脱县人民政府《关于提请审议李斌同志免职事宜》的议案,墨脱县人民政府《关于提请审议张巍巍同志任职事宜》的议案,墨脱县人民政府《关于提请审议李伟同志任职事宜》的议案,墨脱县人民法院《关于免去春强同志法律职务》的请示,墨脱县人大常委会关于《达木乡农牧民群众电费异常情况》的调研报告。

会议听取了墨脱县第十一届人大常委会代表资格审查委员会关于个别代表的代表资格审查报告、墨脱县人民政府《关于调整年初预算的报告》、墨脱县人民政府《关于人大十一届五次会议人大代表议案办理情况报告》、墨脱县监委2019年专题工作报告、墨脱县人大常委会关于《中华人民共和国工会法》和《西藏自治区实施〈中华人民共和国工会法〉办法》执法检查报告、墨脱县人大常委

2019年10月31日,墨脱县人大常委会主任遵珠(右二)在背崩乡西让村检查村级幼儿园建设情况

会关于《中华人民共和国婚姻法》和《西藏自治区施行〈中华人民共和国婚姻法〉的变通条例》执法检查报告、墨脱县人大常委会关于《中华人民共和国教师法》和《西藏自治区实施〈中华人民共和国教师法〉办法》执法检查报告、墨脱县人大常委会关于《中华人民共和国环境保护法》和《西藏自治区施行〈中华人民共和国环境保护法〉条例》执法检查报告。

会议中传达学习了《洛桑江村同志在自治区十一届人大常委会第十一次会议闭幕会上的讲话》《洛桑江村同志在常委会会议列席代表和县级人大常委会负责同志座谈会上的讲话》《洛桑江村同志在自治区人大常委会党组"不忘初心、牢记使命"主题教育第3次专题研讨会上的讲话》《洛桑江村同志在自治区人大常委会机关"不忘初心、牢记使命"主题教育第1次专题研讨会上的讲话》。

会议对政府7个职能部门进行履职评议工作,依法任命干部24名,发放任命书,并组织进行宪法宣誓。

【人大代表培训】 2019年5月23—24日,县人大常委会举办墨脱县2019年人大系统干部业务知识培训班,各乡(镇)人大主席、人大专干,县人大机关部分干部共23人参加此次培训。此次培训对人民代表大会制度是我国根本政治制度、维护宪法权威捍卫宪法尊严(2018年宪法修正案解读)、基层人大工作实务(乡镇人大职责与依法履职)、如何做好新时期人大机关文秘工作等进行了集中授课。

【人大代表建议意见办理】 墨脱县第十一届人民代表大会第五次会议上共收到了代表建议、意见45条,并移交县政府办理。其中财政金融类2条、环保旅游类3条、交通通讯类4条、科教文卫类2条、民生事务类5条、农牧林水类22条、市政国土类1条、组织人事类1条、其他类5条。截至2019年9月,答复率为100%,代表满意率为100%。

4月12日,组织召开县十一届人大五次会议代表意见、建议交办会,会议由县人大常委会党组书记、主任遵珠主持,县委副书记、常务副县长李斌,县人大常委会组成人员以及25个政府各职能部门主要负责同志出席本次会议。会议主要向县人民政府及其各职能部门转交人大代表所提意见、建议。

【上级人大视察调查和执法检查】 2019年1月8日,林芝市人大常委会副主任次旺晋美一行在墨脱县人大常委会主任遵珠的陪同下,在墨脱县背崩乡白玛西路河开展巡查工作。对白玛西路河河面、河道内外是否存在非法采砂采石、是否向水体内非法排污、河长公示牌是否破损、岸边保洁和水域环境质量等进行巡查。

4月21日,林芝市人大常委会副主任张明一行在墨脱县人大常委会副主任杨明强的陪同下,对墨脱县贯彻实施《西藏自治区BJ管理条例》进行执法检查。

4月26日,林芝市人大常委会主任(人选)多布庆带队调研组一行在墨脱县,对基层人大工作开展情况进行调研。首先调研组参观了墨脱县人大机关的办公场所,了解了县人大工作开展情况,随后在县人大常委会会议室召开座谈会,墨脱县委副书记、县长魏

2019年4月12日,墨脱县第十一届人大五次会议召开代表所提意见建议交办会

长旗，县委组织部部长赵敬，县人大常委会副主任杨明强、李伟，县人民法院院长云登，县委办、人大办、政府办、检察院相关负责人，墨脱镇、德兴乡人大主席，全国人大代表、县级人大代表，县人大办公室在岗全体干部职工参加此次会议。

6月13日，西藏自治区人大常委会内务司法工作委员会副主任勇扎，自治区高级人民法院党组成员、巡视员达瓦，自治区人民检察院党组成员、副检察长陈宏东等一行，在林芝市人大法制委员会主任委员全胜的陪同下在墨脱县人民法院、检察院就"两院"基本解决执行难和公益诉讼检察工作情况开展调研。

【县内视察调研检查工作】 4月17日、10月10日、10月30日、11月7日，县人大常委会副主任杨明强一行在达木珞巴民族乡贡日村（62K段）对责任河"尼温弄曲"段河湖水域状态、河湖水域岸线管理、河道采砂、河湖设施管护等情况进行巡河检查。

4月30日，县人大常委会副主任李伟在阿尼桥方向，对责任河"白母西日曲"的河湖水域状态、河湖水域岸线管理、河道采砂等情况进行巡河检查。

9月18—19日，县人大常委会副主任杨明强一行在波东村开展地质灾害搬迁调研工作。

10月11—17日，县人大常委会副主任于世高带队墨脱镇、格当乡部分县乡两级人大代表共13人一行，在察隅县、波密县围绕茶产业发展、BJ小康村建设、旅游景区建设及管理、"人大代表之家"工作开展方面等进行考察学习。

10月21日—11月2日，县人大常委会开展2019年度视察调研工作，此次视察调研组共分为3组，第1组由县人大常委会主任遵珠带队，到背崩乡、格当乡各村开展视察调研工作；第2组由县人大常委会副主任于世高带队，到墨脱镇、达木乡、帮辛乡各村开展视察调研工作；第3组由县人大常委会副主任杨明强带队，到德兴乡各村开展视察调研工作；各视察调研组分别对县十一届人大五次会议所提意见建议答复情况、乡（镇）人大代表之家工作开展情况、县"十三五"规划重点项目建设情况、精准扶贫工作开展情况（重点生态保护转移就业岗位政策宣传落实情况）、环境综合治理工作开展情况、人民群众生产生活存在的困难和问题、民生改善、农牧区党建、环境保护和农牧区电费问题等进行调

2019年9月17日，墨脱县人大常委会组织新任职人员向宪法宣誓

研。此次视察调研采取听汇报、实地看、走访入户、座谈会等方式，取得了第一手资料，并及时形成《墨脱县人大常委会2019年度视察报告》，上报给县委，转送至县人民政府。

【县内执法检查】 2019年6月26—28日，县人大常委会主任遵珠带队县人大办、县总工会负责同志和部分人大代表一行，在墨脱镇、背崩乡就工会法"一法一办法"在墨脱县贯彻实施情况开展执法检查。

7月8—10日，县人大常委会副主任杨明强带队县人大办、县民政局、司法局、人民法院负责同志和部分人大代表一行，到墨脱镇、背崩乡、德兴乡就婚姻法"一法一条例"在墨脱县贯彻实施情况开展执法检查。

10月8日，县人大常委会副主任于世高带队县人大办、生态环境局相关人员，到墨脱镇就环境保护法"一法一条例"在墨脱县

贯彻实施情况开展执法检查。

11月2日,县人大常委会主任遵珠带队县人大办、政府办、教体局相关人员,到县完小、背崩乡、帮辛乡、格当乡、达木乡就教师法"一法一办法"在墨脱县贯彻实施情况开展执法检查。

【走访慰问】 2019年,县人大常委会严格按照县委的安排部署,在"三大节日""七一"等重大节日开展走访慰问活动,慰问了县乡人大代表、村两委班子、驻村工作队、三老人员、困难党员,并不定期看望慰问贫困户、帮扶对象等,全年常委会领导累计走访慰问10余次,送去慰问金及慰问物资共计3.8万余元。

（桑杰顿珠）

【机构领导】

主　任

　　遵　珠（门巴族）

副主任

　　于世高

　　杨明强

　　白玛多吉（门巴族）

　　李　伟（7月免）

　　格桑卓嘎（女,珞巴族,7月任人选）

表3　　　　　　　　　　　　　　墨脱县全国人大代表名单

| 姓名 | 性别 | 民族 | 职务 | 备注 |
|---|---|---|---|---|
| 格桑德吉 | 女 | 门巴 | 县完小副校长 |  |

表4　　　　　　　　　　　　　　墨脱县自治区人大代表名单

| 姓名 | 性别 | 民族 | 职务 | 备注 |
|---|---|---|---|---|
| 魏长旗 | 男 | 汉 | 县委副书记、政府县长、一级调研员 |  |
| 格桑德吉 | 女 | 门巴 | 县完小副校长 |  |

表5　　　　　　　　　　　　　　墨脱县林芝市人大代表名单

| 姓名 | 性别 | 民族 | 职务 | 备注 |
|---|---|---|---|---|
| 旺　东 | 男 | 门巴 | 县委书记、一级调研员 |  |
| 魏长旗 | 男 | 汉 | 县委副书记、政府县长、一级调研员 |  |
| 遵　珠 | 男 | 门巴 | 县人大常委会主任 |  |
| 朱宇峰 | 男 | 汉 | 县纪委书记、监察委主任、三级调研员 |  |
| 桑杰顿珠 | 男 | 门巴 | 县发改委主任 |  |
| 索朗曲珍 | 女 | 藏 | 县人大办二级主任科员 |  |
| 卓玛央宗 | 女 | 珞巴 | 达木珞巴民族乡党委副书记、乡长 |  |
| 邓声敏 | 男 | 汉 | 县卫生服务中心主任 |  |
| 久　美 | 男 | 藏 | 县农牧局兽防站站长 |  |
| 罗追平措 | 男 | 门巴 | 县电视台工人 |  |
| 次仁桑珠 | 男 | 门巴 | 达木乡贡日村党支部书记 |  |
| 曲　珍 | 女 | 藏 | 墨脱县墨脱镇亚东村民 |  |

表6　　　　　　　　　　　　　　墨脱县第十一届人大代表名单

（截至2019年年底，墨脱县第十一届人大代表共70人：汉族9人、藏族15人、门巴族38人、珞巴族8人）

| 姓名 | 性别 | 民族 | 政治面貌 | 文化程度 | 职务 | 备注 |
|---|---|---|---|---|---|---|
| 魏长旗 | 男 | 汉 | 中共党员 | 研究生 | 县委副书记、县长、一级调研员 | 县城机关代表团（7名） |
| 遵珠 | 男 | 门巴 | 中共党员 | 大专 | 县人大常委会党组书记、主任 | |
| 高林林 | 男 | 汉 | 中共党员 | 研究生 | 县委常委、人民武装部部长 | |
| 于世高 | 男 | 汉 | 中共党员 | 大专 | 县人大常委会副主任、三级调研员 | |
| 高向东 | 男 | 门巴 | 中共党员 | 中专 | 农行墨脱县支行信贷股股长 | |
| 欧阳龙梅 | 女 | 汉 | 中共党员 | 高中 | 县华阳园艺有限公司经理 | |
| 拉珍 | 女 | 藏 | 中共党员 | 大专 | 县卫生服务中心副主任 | |
| 巴桑卓玛 | 女 | 门巴 | 中共党员 | 大学 | 县中学教师 | 墨脱镇代表团（14名） |
| 旺东 | 男 | 门巴 | 中共党员 | 大专 | 县委书记、一级调研员 | |
| 朱宇峰 | 男 | 汉 | 中共党员 | 大学 | 县委常委、纪委书记、监察委员会主任、三级调研员 | |
| 白玛 | 女 | 藏 | 中共党员 | 大学 | 县委政法委副书记 | |
| 久美 | 男 | 藏 | 中共党员 | 大学 | 县农业农村局兽防站站长 | |
| 卫东 | 男 | 门巴 | 中共党员 | 大专 | 墨脱镇党委委员、人大主席 | |
| 索朗拉姆 | 女 | 门巴 | 中共党员 | 小学 | 墨脱镇米日村妇联主席 | |
| 小英 | 女 | 门巴 | 中共党员 | 小学 | 墨脱镇玛迪村村民 | |
| 曲珍 | 女 | 门巴 | 中共党员 | 小学 | 墨脱镇亚东村村民 | |
| 尼玛顿珠 | 男 | 门巴 | 党外人士 | 小学 | 县仁青崩寺管理员 | |
| 尼玛让日 | 男 | 门巴 | 中共党员 | 高中 | 墨脱镇墨脱村党支部书记 | |
| 扎西江增 | 男 | 藏 | 中共党员 | 小学 | 墨脱镇巴日村党支部书记、村委会主任 | |
| 新向东 | 男 | 门巴 | 中共党员 | 小学 | 墨脱镇亚让村党支部书记 | |
| 多洛 | 男 | 珞巴 | 中共党员 | 小学 | 墨脱镇朗杰岗村党支部书记 | |
| 杨明强 | 男 | 汉 | 中共党员 | 大专 | 县人大常委会副主任、三级调研员 | 德兴乡代表团（11名） |
| 王向军 | 男 | 汉 | 中共党员 | 大学 | 县人大常委会办公室主任、一级主任科员 | |
| 达学 | 男 | 藏 | 中共党员 | 大专 | 县人大财政经济委员会主任委员（人选） | |
| 白玛次仁 | 男 | 门巴 | 中共党员 | 初中 | 县农业农村局工人 | |
| 扎西 | 男 | 门巴 | 中共党员 | 小学 | 德兴乡荷扎村党支部书记 | |
| 扎西多吉 | 男 | 门巴 | 中共党员 | 小学 | 德兴乡易贡白村党支部书记 | |
| 次仁旺扎 | 男 | 门巴 | 中共党员 | 小学 | 德兴乡德兴村村民 | |

续表6

| 姓名 | 性别 | 民族 | 政治面貌 | 文化程度 | 职务 | 备注 |
|---|---|---|---|---|---|---|
| 次仁普只 | 女 | 门巴 | 中共党员 | 小学 | 德兴乡文朗村村委会主任 | 德兴乡代表团（11名） |
| 次仁拉姆 | 女 | 门巴 | 中共党员 | 小学 | 德兴乡德果村村医 | |
| 米拉姆 | 女 | 门巴 | 中共党员 | 小学 | 德兴乡那尔东村妇联主席 | |
| 高卫东 | 男 | 门巴 | 中共党员 | 小学 | 德兴乡巴登则村党支部书记 | |
| 边巴索朗 | 男 | 藏 | 中共党员 | 大专 | 县委常委、统战部部长 | 背崩乡代表团（12名） |
| 唐磊 | 男 | 汉 | 中共党员 | 大专 | 墨脱县供电有限公司总经理 | |
| 普布泽仁 | 男 | 藏 | 中共党员 | 大学 | 背崩乡党委委员、人大主席 | |
| 扎西罗布 | 男 | 门巴 | 中共党员 | 小学 | 背崩乡波东村党支部书记 | |
| 仁青措姆 | 女 | 门巴 | 中共党员 | 小学 | 背崩乡格林村妇联委员 | |
| 全胜 | 男 | 门巴 | 中共党员 | 小学 | 背崩乡背崩村村民 | |
| 次仁旺堆 | 男 | 门巴 | 中共党员 | 小学 | 背崩乡江新村党支部书记 | |
| 明珠措姆 | 女 | 门巴 | 中共党员 | 小学 | 背崩乡德尔贡村妇联主席 | |
| 姑姑卓玛 | 女 | 门巴 | 中共党员 | 小学 | 背崩乡阿苍村妇联主席 | |
| 桑杰措姆 | 女 | 门巴 | 中共党员 | 小学 | 背崩乡西让村妇联主席 | |
| 高荣 | 男 | 门巴 | 中共党员 | 小学 | 背崩乡一级科员、地东村第一支部书记 | |
| 新向东 | 男 | 门巴 | 中共党员 | 小学 | 背崩乡巴登村村民 | |
| 多吉扎西 | 男 | 藏 | 中共党员 | 大学 | 县委常委、政府常务副县长 | 达木珞巴民族乡代表团（7名） |
| 白玛多吉 | 男 | 门巴 | 中共党员 | 大专 | 县人大常委会副主任、三级调研员 | |
| 罗布 | 男 | 藏 | 中共党员 | 大专 | 达木乡党委委员、人大主席 | |
| 郭罗 | 女 | 珞巴 | 中共党员 | 识字 | 达木乡珠村村民 | |
| 次仁桑珠 | 男 | 门巴 | 中共党员 | 初中 | 达木乡贡日村党支部书记、村委会主任 | |
| 中东 | 男 | 门巴 | 中共党员 | 小学 | 达木乡卡布村党支部书记 | |
| 德兴旺姆 | 女 | 珞巴 | 中共党员 | 小学 | 达木乡达木村村民 | |
| 云登 | 男 | 藏 | 中共党员 | 大学 | 县人民法院院长 | 格当乡代表团（8名） |
| 格桑多吉 | 男 | 藏 | 中共党员 | 大学 | 县人大教育科技文化卫生委员会主任委员（人选） | |
| 索朗次珍 | 女 | 藏 | 中共党员 | 小学 | 格当乡占根卡村妇联主席 | |
| 扎西旺加 | 男 | 藏 | 中共党员 | 小学 | 格当乡桑珍卡村村委会主任 | |
| 扎西列珠 | 男 | 藏 | 中共党员 | 小学 | 格当乡布龙村党支部书记 | |
| 扎西次仁 | 男 | 藏 | 中共党员 | 小学 | 格当乡格当村党支部书记 | |
| 晓东 | 男 | 门巴 | 群众 | 小学 | 帮辛乡岗玉村村务监督委员会主任（多龙岗） | |

续表6

| 姓名 | 性别 | 民族 | 政治面貌 | 文化程度 | 职务 | 备注 |
|---|---|---|---|---|---|---|
| 达瓦次仁 | 男 | 珞巴 | 中共党员 | 小学 | 加热萨乡龙列村党支部书记（多龙岗） | 格当乡代表团（8名） |
| 李彦 | 男 | 汉 | 中共党员 | 大学 | 县人民检察院检察长 | 帮辛乡代表团（6名） |
| 全古 | 男 | 门巴 | 中共党员 | 小学 | 帮辛乡西登村党支部书记 | |
| 索朗措姆 | 女 | 门巴 | 中共党员 | 初中 | 帮辛乡帮果村村委会副主任 | |
| 布次仁 | 男 | 门巴 | 中共党员 | 小学 | 帮辛乡二级科员、宗荣村第一支部书记 | |
| 拉巴次仁 | 男 | 门巴 | 中共党员 | 初中 | 帮辛乡肯肯村党支部组织委员 | |
| 拉姆 | 女 | 门巴 | 中共党员 | 初中 | 帮辛乡帮辛村村民 | |
| 多吉索朗 | 男 | 门巴 | 中共党员 | 大学 | 加热萨乡党委委员、人大主席 | 加热萨、甘登乡代表团（5名） |
| 尼玛 | 男 | 珞巴 | 中共党员 | 小学 | 加热萨乡拉贡村村委会主任 | |
| 扎西次仁 | 男 | 珞巴 | 中共党员 | 小学 | 加热萨乡加热萨村党支部书记 | |
| 次巴拉姆 | 女 | 珞巴 | 中共党员 | 小学 | 加热萨乡更帮村妇联主席 | |
| 加路 | 男 | 珞巴 | 中共党员 | 小学 | 甘登乡甘登村村民 | |

## 墨脱县人民代表大会常务委员会办公室

【概况】 2019年，墨脱县人大办公室在县委和县人大常委会的领导下，主动履行职责，努力提高服务水平，紧紧围绕县人大常委会各项中心工作，内强素质，外塑形象，充分发挥办公室枢纽和保障作用，圆满地完成了年度各项工作任务。

【队伍建设】 2019年，县人大常委会办公室紧紧围绕"加强政治教育，牢牢把握意识形态领域主动权"的目标，将党员集中教育与经常性教育有机结合起来，稳步推进"两学一做"学习教育、党员政治教育和"不忘初心，牢记使命"主题教育，狠抓机关党员干部学习教育，支部党员参加上级组织的学习培训活动7人次，支部集中学习40余次，上党课6次，支部党员撰写心得体会40余篇、交流发言30余人次，开展主题党日活动12次，开展"党旗进农家"活动10余次。3月20日，县人大常委会办公室因人事调整原因，换届产生了新一届支委会成员。6月18日，补选了支委会委员1名。

【综合服务】 精心办文。2019年，

2019年3月20日，墨脱县人大办党支部召开2019年党建工作部署会议

2019年4月6日，墨脱县人大办党支部以"畅游边关春色 感受当下幸福 缅怀革命先烈 凝聚党心民心"为主题，开展主题党日活动

县人大常委会办公室认真对照《中国共产党机关公文处理条例》和《国家行政机关公文处理办法》的规定，对公文处理工作作了改进和完善，坚持严把"三关"（起草关、审核关、收发关），确保办文质量。

细心办会。圆满完成墨脱县第十一届人民代表大会第五次会议和墨脱县第十一届人民代表大会常务委员会8次党组会议、7次主任会议、5次常委会议共20次会议的服务保障工作，归纳整理墨脱县第十一届人民代表大会第五次会议上代表提出的议案、意见、建议共45件，根据县人大常委会的安排，组织召开墨脱县十一届人大五次会议代表意见、建议交办会，按法定程序向县政府交办，确保代表意见、建议件件有答复，事事有落实。

悉心接待。凡是上级或外地人大常委会到堆龙德庆区进行调研、视察、考察等活动，在严格接待标准、规范接待程序的前提下，认真拟定详细的接待方案，悉心接待。

【执法监督及调研】 2019年，县人大常委会办公室协助人大常委会配合区、市两级人大常委会开展执法检查和专题调研活动5次，配合县人大常委会组织开展执法检查活动7次，组织代表视察1次，相关执法检查、视察调研工作始终坚持"看实际的""听实在的"原则，始终围绕"查问题、找根源、清思路、提建议"，切实了解掌握墨脱县经济社会发展中存在的问题，为县委决策提供依据。

（桑杰顿珠）

【机构领导】
主　任
　　王向军
副主任
　　尼玛仓决（女，门巴族，3月任）
　　雷　波（女，3月免）

# 墨脱县人大财经农牧城建环保委员会

【概况】 2019年，墨脱县人大财经农牧城建环保委员会深入贯彻落实党的十九大、十九届二中、三中、四中全会精神，特别是习近平新时代中国特色社会主义思想，深入学习习近平总书记在全国财经工作会议上的讲话精神和人大工作的重要论述，进一步深化思想认识，紧紧围绕经济建设这个中心，勤勉自律、扎实工作，认真履行法定职责，不断促进预算审查监督规范化、程序化、法制化，为推进墨脱经济持续健康快速发展和依法治县建设步伐作出不懈努力。

【主要职责】 负责对经济法律、法规实施情况的监督检查，提出意见和建议；负责对国民经济和社会发展计划（草案）报告、财政预决算（草案）报告以及国民经济和社会发展计划、财政预算调整方案进行初审，并监督执行情况；负责组织、督促办理同本委员会有关的议案，提出初审意见；负责承办人大代表的有关建议、批评和意见。

【发挥监督职能】 2019年，县人大财经农牧城建环保委员充分发挥监督职能，不断完善审查监督机制，凸显专委会监督审查职能，切实推动县财政部门狠抓税源经济培植，依法从紧控制政府债务增长，有效地防范和化解财政运行风险。

2019年7月3日,墨脱县人大财经委员会组织委员开展业务学习

2月25日,向墨脱县十一届人大常委会第14次会议提交了墨脱县人民政府关于审议《调整墨脱县2018年财政预算》的议案、《墨脱县2018年财政预算执行情况与2019年财政预算(草案)》的议案、《墨脱县2018年国民经济和社会发展计划执行情况与2019年国民经济和社会发展计划(草案)》的议案的审查结果报告。

5月23日,向墨脱县十一届人大常委会第15次会议提交了墨脱县人民政府《关于调整年初预算的报告》的审查结果报告。

7月3日,向墨脱县十一届人大常委会第16次会议提交了墨脱县人民政府《关于墨脱县2018年环境状况和环境保护目标完成情况的报告》的审查结果报告。

9月17日,向墨脱县十一届人大常委会第17次会议提交了墨脱县人民政府2019年上半年财政预算执行情况和国民经济发展情况的审查报告。

【自身建设】 7月3日,县人大财经农牧城建环保委员组织县人大财经委委员、县财政局相关负责同志,召开业务学习会议,主要对西藏自治区人大常委会人大预算审查监督重点向支出预算和政策拓展的实施意见和中共墨脱县委员会关于建立县人民政府向县人大常委会报告国有资产管理情况制度的意见等进行学习。

(桑杰顿珠)

【机构领导】
主任委员
　达　学(4月任)
委　员
　王　向　军(4月任)
　普布泽仁(藏族,4月任)

# 墨脱县人民政府

【概况】 2019年,墨脱县高举习近平新时代中国特色社会主义思想伟大旗帜,在自治区党委、政府,市委、市政府坚强领导和县委直接领导下,坚持以人民为中心的发展思想,深入贯彻落实党的十九大和十九届二中、三中、四中全会精神,深入贯彻落实区党委九届四次、五次全会和市委一届七次、八次全会精神,按照县委八届四次全会和县委经济工作会议部署要求,坚持党对经济工作的全面领导,坚持稳中求进、进中求好、补齐短板工作总基调,坚持新发展理念,以供给侧结构性改革为主线,大力实施"八县"战略,积极建设"五个墨脱",深化创建"五型政府",全力做好发展稳定生态各项工作,保持了经济社会持续健康发展。

【经济社会发展】 2019年,墨脱县地区生产总值完成6.86亿元,同比增长14.1%;地方公共财政预算收入3444万元,同比增长28.46%(其中税收收入2558万元,同比增长18.1%);全社会固定资产投资完成10.21亿元,同比下降18.4%;社会消费品零售总额5517.2万元,同比增长9.4%;农牧民人均可支配收入、现金收入分别为11354元、9646元,分别同比增长13.1%、13.3%,经济运行保持在合理可控区间。

【三大攻坚战】 2019年,墨脱县剩余的27户42人建档立卡贫困群众全部实现脱贫,3个贫困村全部退出,全县贫困发生率降低至0%。多龙岗搬迁安置点顺利实现搬迁入住,昌都三岩片区搬迁安置点住房、饮水、道路桥梁等

2019年10月12日，武警广东省总队司令员赵继东（前排左三）一行在格当乡桑珍卡村调研武警爱民茶场长势情况。墨脱县委副书记、县长魏长旗（左一）、副县长王斌（右二）等陪同

手续已获批，正在有序开展前期工作。实施扶贫产业项目43个，总投资2.6亿元，其中完工项目33个，完成投资2.4亿元，建立利益联结机制43个。落实财政涉农整合资金11547.92万元，累计拨付10915.25万元，用于解决贫困群众最关心、最期盼的民生项目。发放小额信贷48户230万元，切实增强扶贫造血功能。扎实推进中央环保督察反馈问题整改落实，深入开展大气、水、土壤污染防治，空气、水环境质量监测总体评价为优，农村土壤监测全部达标，生态环境持续向好。坚决防范和规避政府隐性债务，严厉打击互联网诈骗、非法集资等违法违规金融活动，牢牢守住了不发生区域性、系统性金融风险的底线。

【基础设施】 2019年，墨脱县开复工项目184项，总投资57.05亿元，累计完成投资10.97亿元。东布路、金珠路等县城主要道路完成提质改造，波墨公路整治改建工程进展顺利并已具备通行条件。全县公路总里程496.31公里，乡（镇）公路通达率、通畅率分别为87.5%、62.5%，行政村公路通达率、通畅率分别为97.82%、71.74%。实施9个失电村电路修复工程，全年累计发电量1665.60万千瓦时，年供电量1640.50万千瓦时，通电覆盖率89%。稳步推进小型农田水利项目，改善灌溉面积2452亩。完成水土流失综合治理工程2项，综合治理面积62.29平方公里。电视、广播综合人口覆盖率均为100%，移动信号覆盖率100%，行政村网络覆盖率100%，其中4G网络覆盖率80%，光缆传输覆盖率69%。

【特色产业】 2019年，墨脱县接待游客10.98万人次，实现旅游收入4954.48万元，其中农牧民收入1230.23万元。完成52K旅游服务中心、拉贡景区、德兴民俗村工程等项目建设，旅游基础设施不断完善。建成高山有机茶园56个，总面积16926.36亩，可采摘面积4393亩，年采摘茶青25万斤，带动农牧民群众增收606万余元。在第八届四川国际茶博会上，墨脱红茶、绿茶双双获得金奖，在2019年林芝桃花节上，墨脱茶被选定为指定产品。全年开展藏医门诊2632人次，同比增长10.66%；开展藏药浴、足浴、熏药等18项藏医适宜技术累计诊治2937人次。成立墨脱村妇女门巴服饰加工合作社，成功申报巴登村为自治区级非遗项目门巴竹编整村传承。2019年共有非物质文化遗产13项，自治区级文物保护单位5个，文物藏量256件。全年销售石锅胚料6384个、石锅成品6990个，带动群众增收1234.9万元；销售竹编6558件，带动群众增收260余万元。

【深化改革】 2019年，墨脱县"放管服"改革深入推进，权责清单制度全面推行。2019年3月挂牌成立墨脱县行政审批和便民服务局，下设政务服务中心，入驻单位27家。累计在自治区政务服务网上发布实施清单842条，梳理完成831件，完成率达98.7%；在"一网通办"政务服务网平台累计办件总量26583件；采集电子证照3099件，电子证照签发2166件；注册用户总量5335个。新增市场主体218户，注册资本（金）

2.12亿元，全县市场主体达1156户，注册资本（金）15.36亿元，分别增长12.23%、20.55%。全面推行"证照分离"、推进"照后减证"，大幅度提高营商便利度，政务服务更加便民化。完成7乡1镇46个行政村清产核资清查、复核、公示和系统填报工作，清查账面资产总额8574.89万元，现金848.16万元，集体土地面积17.26万亩，并顺利通过市级验收。西藏林芝市墨脱县莲花秘境客运有限公司挂牌营运，农村客运班线正式投入运行，有效解决农牧民群众"出行难、出行贵"问题。圆满完成第四次全国经济普查工作，并荣获国家级先进集体奖，第三次全国国土调查工作顺利通过国家核查。落实招商引资项目13项，完成投资2亿元。开展"走出去"招商活动3次，完成项目签约6项，签约金额1.15亿元。协助完成第八批、第九批援墨工作组轮换交接，教育、医疗柔性人才援藏工作持续推进。制定出台第九批援藏项目2020年投资计划，共3类10个项目，总投资6195万元。挂牌成立粤桂黔特色农产品交易中心工作站，进一步拓宽墨脱特色农产品销售平台。金融机构各项存款余额17.38亿元、贷款余额4.76亿元。

【民生事业】 2019年，墨脱县本级财政投入教育资金536.6万元、土地出让金50万元、教育附加费40万元。"5个100%"目标持续巩固，教育教学质量不断提升。控辍保学扎实开展，素质教育评

2019年7月1日，墨脱县委副书记、县长魏长旗为政府各部门负责人讲党课

估验收有序推进。"两考"再上新台阶，共有19人考取内地西藏初中、高中班，中考录取率为100%。新开双语幼儿园14所，全县幼儿园增至25所，辐射全县36个行政村。广泛开展全民健身事业，成功举办"三大节日"系列体育庆祝活动，各项赛事喜讯不断，墨脱县足球队荣获林芝市"尼洋杯"足球赛亚军；阳光少年足球队荣获林芝市U13青少年足球联赛冠军、U15青少年足球联赛亚军；在2018—2019全国跳绳锦标赛中，墨脱县中学佛墨缘花样跳绳队荣获3金4银4铜的佳绩。加快推进公立医院改革，全力筹备"二级甲等"医院创建，各科室设备逐步完善。援墨医疗队和三级医院对口帮扶工作扎实推进。"三病"等重大疾病综合防治工作成效显著，包虫病和消除疟疾工作顺利通过国家验收。持续开展食品药品安全执法和宣传活动，食药领域全年未发生安全事故。开展农牧民转移就业培训26期，投入资金524.54万元，培训1265人次，实现农牧民转移就业778人。开发就业岗位355个，其中安排贫困户75人。高校毕业生就业率达100%，城镇登记失业率稳定控制在2.5%以内。社保体系不断完善，完成社保卡发放9817张。城乡居民养老保险、失业保险、工伤保险、医疗保险和医疗救助工作扎实开展，全年无因病致贫、因病返贫现象发生。兑现城乡低保资金95.22万元、生态岗位补助资金925.4万元、边民补助资金2603.1万元、森林生态效益补助资金3018.68万元。深入推进文化惠民工程，县民间艺术团开展各类文艺演出64场次、观众7723人次，农村电影放映273场次、观众5912人次，县文化活动中心免费开馆累计2800小时。完成46个行政村农家书屋、7个寺庙书屋出版物补充更新工作。完成35个"扫黄打非"基层站点建设任

务。制作《脱贫进行时》访谈1期，《70年·我为祖国送祝福》7期，《发现墨脱之美》栏目7期，为中央新闻联播提供素材2条。持续开展科普大篷车下乡活动，受益人数1000余人；大力举办农牧民实用技术培训班，培训人数457人，科技致富理念深入人心。

【城乡面貌】 2019年，墨脱县完成墨脱村道路建设项目、金珠路立面改造项目、莲花湖亮化工程，县城总体风貌焕然一新。党校建设项目、县外宣点基础设施建设项目已竣工，新农贸市场投入运行，城乡功能不断完善，群众生产生活更加便利。县城污水处理及收集系统、德兴乡垃圾无害化处理项目等加快推进，小集镇建设项目稳步实施。34个小康村全部开工建设，完成投资5.71亿元，完工18个，正在收尾阶段12个，正在加紧建设4个。扎实推进灾后重建项目前期工作，开展了安置点区域面积、水质、土壤检测，完成了居民住房户型设计、村庄整体布局、乡（镇）机关业务用房布局等平面设计和项目用地预审、社会风险评估、环境影响评估等前置手续。

【生态环境】 2019年，墨脱县完成4个村城乡建设用地增减挂钩试点工作和自然资源厅审批的1∶5万地质灾害详查工作，并顺利通过自治区验收。大力开展WJBS问题清查整治专项行动，完成50个疑似图斑摸排调查和资料归档工作，暂未发现WJBS问题。持续开展植树造林、苗圃基地和庭院经济建设，新增造林绿化857亩，苗圃种植100亩。生态转移支付资金支出319.07万元，用于环保基础设施建设、环境监测等工作。完成朗杰岗村自治区级生态村创建工作，共有自治区级生态乡（镇）6个，生态村45个。县、乡、村三级河（湖）长累计巡河（湖）570次，清理河（湖）沿线垃圾49.98吨，河湖环境明显改善。

【乡村振兴】 2019年，墨脱县制定出台了《西藏自治区林芝市墨脱县乡村振兴战略总体实施方案（2018—2022）》。粮食生产安全平稳，农作物播种面积23554.43亩。全面启动墨脱县国家电子商务进农村综合示范项目，成功举办墨脱县电子商务政府专题培训会和墨脱县电子商务普及人才培训第一期专场培训班，打造乡村电商服务网络和人才队伍。大力推进农村人居环境整治，完成下那巴、珠村、朗杰岗搬迁安置点绿化工程，28座"厕所革命"项目全部完工并移交。发展村集体经济项目5个，消除空壳村6个，实现村集体经济收入20余万元。新增农牧民合作社22家，合作社总量83家，总注册资金6275.11万元，涵盖农、牧、种、养等诸多领域，农牧业组织化程度显著提高。

【维护稳定】 全面落实维稳措施，圆满打赢了"三月敏感期""建国70周年大庆"维稳安保攻坚战，实现了"三稳定"的目标。深化网格化管理、强化群防群治，扎实推进"先进双联户"创建评选活动、"10+1"工作任务，社会治理体系不断完善。扫黑除恶打非治乱专项斗争取得阶段性成果，统筹力量侦办"9.01"恶势力犯罪团伙案，依法对19名涉案人员作出有罪判决。累计排查各类矛盾纠纷241起，妥善化解232起，调处化解率达96.27%。接待群众来访25起，受理14起、办结12起。办理法律援助案件7起，解答法律咨询258人次，代书法律文书75份。办理治安行政案件17起、交通行政案件20起；受理各类刑事案件6起，其中立案6起、破案5起，破案率为83.33%。全面贯彻党的民族宗教政策，深入推进民族团结进步创建活动。安全生产形势持续稳定向好，全年未发生安全生产事故。荣获了林芝市2019年度平安建设（综治）考评县（区）第三名、林芝市"先进双联户"创建评选工作先进县（区）的好成绩。

【政府建设】 2019年，墨脱县始终把学习宣传贯彻落实党的十九大精神、习近平新时代中国特色社会主义思想作为首要政治任务，扎实开展"不忘初心、牢记使命"主题教育，树牢"四个意识"、坚定"四个自信"、践行"两个维护"。深化创建"五型政府"，积极配合党政机构改革工作，认真贯彻国务院《法治政府建设实施纲要（2015—2020）》，进一步推进依法行政，建设法治政府。坚决服从县委领导，主动接受纪委监委、人大、政协和社会各界监督，办理人大建议44件、政协提案61件，答复率、满意率均达100%。认真落实党风廉政建设主体责任，驰而不息纠正"四风"，重点岗位、重点领域廉政风险防控工作持续加强。从严控制"三公"经费，大力压缩一般性支出，集中财力办民生实事，"三公"经费累计支出347.05万元，同比减少91.95万元，下降20.94%。认真落实军民融合发展战略，积极支持驻墨人民解放军建设，扎实开展"双拥"工作，保障退役军人军属合法权益，军政军民团结局面持续巩固。

2019年7月20日，墨脱县委副书记、县长魏长旗（前排左二）调研珠村安置点建设情况

【政府常务会议纪要】 2019年1月22日，县委副书记、县长魏长旗主持召开2019年第1次政府常务会议，研究议题11项。

一、研究消防大队《关于申请提高政府专职消防队员执勤补助费的请示》，会议决定，同意提高政府专职消防队员执勤补助，从1500元/月·人提高至3000元/月·人，按实际人数进行发放。

二、研究法院《关于解决背崩乡中心人民法庭缺口资金的请示》，会议决定，为确保项目顺利完结，同意解决背崩乡中心人民法庭项目缺口资金42.35万元。

三、研究财政局《关于调整物价补贴使用方向的请示》，会议决定，原则上同意将上级财政给予墨脱的100万元物价补贴用于补贴全县干部职工食堂。

四、研究教体局《关于申请墨脱县中小学食堂厨房灶台改造资金的请示》，会议决定，同意解决各校食堂厨房灶台改造资金45.13万元。

五、听取国土局《关于77650部队军事用地选址调研报告》，会议决定，原则上同意划拨格当村1.58亩耕地给77650部队用于军事建设，提请县委研究。

六、研究林业局《关于墨脱县集体林权制度改革林地确定村集体土地权属的请示》，会议决定，为推进全县集体林权制度改革工作，同意将集体林权制度改革林地2833.78亩确定为村集体土地权属。

七、研究住建局《关于解决珠村村级组织活动场所配套设施建设项目资金的请示》，会议决定，同意解决珠村村级组织活动场所配套设施项目所需资金113.56万元，从2016年第二批脱贫攻坚整合资金中支出。

八、研究脱指办《关于解决德兴乡德兴村藤网桥农副产品销售点建设项目追加资金的请示》，会议决定，同意解决德兴乡德兴村藤网桥农副产品销售点建设项目追加资金28.1695元。

九、研究西藏自治区总工会《关于委托拍卖墨脱疗休养基地建设用地的函》，会议指出，根据《中华人民共和国城市房地产管理法》第三十八条、第三十九条之规定，由墨脱县代为拍卖墨脱疗休养基地建设用地不符合现行法律法规，为合法、合规地妥善解决后续国有土地使用权问题，墨脱县建议以有偿形式原价收回该土地。县政府办、国土局根据会议讨论情况尽快复函给自治区总工会商谈相关事宜，待双方达成共识后再开展下一阶段工作。

十、研究卫计委《关于解决县卫生服务中心住院部建设项目相关经费的请示》，会议指出，卫生服务中心住院部建设项目因缺乏项目变更相关资料，暂不予解决。县卫计委进一步厘清项目相关资料后再提请政府研究。

十一、研究招商办《关于引进墨脱县中磊工贸有限责任公司在墨脱县投资建设民族风情生态旅游景区项目的请示》，会议决定，同意引进墨脱县中磊工贸有限责任公司在墨脱县投资建设民族风情生态旅游景区项目。

2019年2月20日，县委副书记、县长魏长旗主持召开2019年第2次政府常务会议，研究议题18项。

一、研究格当乡《关于解决回迁群众搬迁费用的请示》，会议决定，为减轻搬迁群众搬迁运输负担，同意按照每户2000元的标准，解决格当乡下那巴63户回迁群众搬迁费用共126000元，请县财政局和格当乡政府尽快安排落实。

二、研究卫计委《关于解决农牧区医疗报销缺口资金的请示》，会议决定，同意解决农牧区医疗报销缺口资金111.25万元，从2018年财政社保存量资金中列支；《关于购置县卫生服务中心公务用车的请示》，会议决定，同意购置县卫生服务中心公务用车，购车资金从县卫生服务中心收入中支出；《关于解决县卫生服务中心食堂职工伙食补助的请示》，会议决定，不予解决县卫生服务中心食堂职工伙食补助。

三、研究住建局《关于调整墨脱县2018年棚户区改造实施方案的请示》，会议决定，同意调整2018年棚户区改造实施方案；《关于成立达木乡卡布村农牧民施工队的请示》《关于成立墨脱镇巴日村农牧民施工队的请示》，会议决定，同意成立达木乡卡布村农牧民施工队、墨脱镇巴日村农牧民施工队；《关于解决果果塘厕所革命项目基础工程施工费用的请示》，会议决定，同意解决果果塘厕所革命项目基础工程费用665678.31元；《关于批准实施墨脱县厕所革命项目运营管理方案的请示》，会议决定，原则同意《墨脱县厕所革命项目运营管理方案》。

四、研究国土局《关于审定墨脱县后山N3泥石流设计单位的请示》《关于审定墨脱县墨脱镇米日村村委会后山崩塌设计单位的请示》《关于审定墨脱县帮辛乡帮辛村文化站后山崩塌设计单位的请示》《关于审定墨脱县墨脱镇玛迪村新村西侧江边滑坡、德兴乡那尔东村新村滑坡等6个监测预警点设计单位的请示》《关于审定墨脱县甘登乡甘登村崩塌、帮辛乡政府南侧江边滑坡等7个监测预警点设计单位的请示》《关于审定墨脱县地质灾害远程会商应急指挥系统和专业监测预警平台设计单位的请示》《关于审定墨脱县灾害群测群防体系建设工程设计单位的请示》，会议认为，请示所推荐的设计单位已于2019年1月22日经县基建领导小组会议研究决定，同意县基建领导小组意见。

五、研究宣传部《关于上报墨脱县公共事件新闻发布应急预案的请示》，会议决定，原则同意《墨脱县公共事件新闻发布应急预案》，宣传部进一步修改完善后实施。

六、研究公安局《关于解决更新警用装备经费的请示》，会议决定，同意解决更新警用装备资金40万元。

七、研究水利局《关于推荐墨脱县2018年水利工程运行与维护项目施工单位的请示》，会议认为，请示所推荐施工单位已于2019年1月22日经县基建领导小组会议研究决定，同意县基建领导小组意见。

八、研究综治办《关于解决墨脱县2018年度综治工作（平安建设）先进集体表彰奖励经费的请示》，会议决定，同意表彰，奖励资金按上年标准执行，即乡（镇）前3名分别按30000元、20000元、10000元进行奖励，各先进单位按5000元标准进行奖励。

九、研究维稳办《关于解决维稳指挥中心值班带班人员误餐补助经费的请示》，会议决定，为减轻维稳值班后勤保障压力，确保顺利完成各敏感时期和节点维稳值班工作，请维稳办根据2019年维稳工作实际情况，按实报实销试执行，一个季度后报政府研究。

十、研究民宗局《关于整合墨脱县7座寺庙片区管委会（专职管理特派员）业务用房项目资金的请示》，会议决定，同意县民宗局整合方案意见，资金严格控制在上级批复资金范围内。

十一、研究教体局《关于解决推进边境地区学前教育开展经费的请示》，会议决定，原则同意所请，按实际情况分步实施；《关于墨脱县完小挡墙及场地平整项目施工单位的请示》，会议认为，请示所推荐施工单位已于2018年12月5日经县基建领导小组会议研究决定,同意县基建领导小组意见;《关于墨脱县背崩乡小学篮球场建设项目施工单位的请示》,会议认为,请示所推荐施工单位已于2019年1月22日经县基建领导小组会议研究决定,同意县基建领导小组意见;《关于墨脱镇朗杰岗村幼儿园项目施工单位的请示》,会议认为,请示所推荐施工单位已于2018年12月5日经县基建领导小组会议研究决定,同意县基建领导小组意见,会议要求,县教体局做好工程质量监管,加强民工工资兑现监督,杜绝发生因拖欠民工工资问题引发民工上访等问题;《关于盘活使用乡村教师生活补助资金结余的使用方案》,会议决定,同意县教体局盘活使用方案意见。

十二、研究扶贫开发投资有限公司《关于墨脱县2018年失电村电网线路修复工程项目整合方案的请示》,会议决定,同意所请。请扶贫开发投资有限公司抓紧落实,争取尽早恢复通电。

十三、研究农牧局《关于将已建成茶叶基地后续管理费用划拨到背崩乡、格当乡的请示》,会议决定,同意划拨后续管理资金,县农牧局、财政局做好资金监管及后续管理工作,相关乡(镇)严格把关;《关于解决墨脱县农村集体资产清产核资服务经费的请示》,会议决定,同意解决农村集体资产清产核资服务费697074.34元。

十四、研究民政局《关于龙列村、岗玉村、多卡村行政区划变更的请示》,会议决定,同意龙列村、岗玉村、多卡村行政区划变更,搬迁后继续沿用原村名并保留三个村建制,待全县搬迁工作完成后再研究行政村合并事宜;《关于推荐五保户集中供养服务中心改扩建项目施工单位的请示》,会议认为,请示所推荐施工单位已于2019年1月22日经县基建领导小组会议研究决定,同意县基建领导小组意见。

十五、研究《政府工作报告》,会议决定,原则同意《政府工作报告》,并提交政府党组会议研究。

十六、研究财政局《墨脱县2018年预算执行情况与2019年财政预算(草案)的报告》,会议决定,原则同意该《墨脱县2018年预算执行情况与2019年财政预算(草案)的报告》。提交县委常委会研究,提请人大常委会审议。

十七、研究发改委《关于审定墨脱县2018年国民经济和社会发展计划执行情况与2019年国民经济和社会发展计划草案报

2019年1月18日,墨脱县人民政府党组召开2018年度民主生活会

告》,会议决定,原则同意《墨脱县2018年国民经济和社会发展计划执行情况与2019年国民经济和社会发展计划草案》。提交县委常委会研究,提请人大常委会审议。

十八、研究脱贫攻坚指挥部《关于召开墨脱县2018年脱贫攻坚工作总结暨2019年工作部署会议的请示》,会议决定,原则同意召开墨脱县2018年脱贫攻坚工作总结暨2019年工作部署会议;《关于推荐脱贫攻坚领域先进集体和优秀个人予以表彰的请示》,会议决定,原则同意所推荐先进集体和优秀个人,脱贫攻坚指挥部认真征求相关部门意见建议后,提请县委研究;《关于解决墨脱县脱贫攻坚工作总结暨2019年工作部署会议经费的请示》,会议决定,原则同意所请,解决奖励资金152200元,奖牌制作、资料复印等费用按实报实销。

2019年3月26日,县委副书记、县长魏长旗主持召开2019年第3次政府常务会议,研究议题

10项。

一、研究华能西藏墨脱电力有限公司《关于报送墨脱县移交电力资产〈专项审计报告（送审稿）〉的报告》，会议决定，原则上同意墨脱县移交电力资产《专项审计报告》，待该《专项审计报告》获中国华能集团有限公司审批后，按照清产核资和资产评估相关工作要求开展后续工作。

二、研究三岩办《关于垫资修建墨脱县格当乡多龙岗至曲那塘"三岩"搬迁道路工程的请示》，会议决定，同意按照市交运局《关于〈关于墨脱县格当乡多龙岗至曲那塘"三岩"搬迁道路工程资金垫资的请示〉的回复意见》内容暂缓实施该项目，待项目批复下达后再行实施。

三、研究纪委《关于提请县政府常务会议研究"廉政文化一条街"建设实施方案及解决建设资金的请示》，会议决定，原则上同意"廉政文化一条街"建设实施方案并解决所需资金，具体资金额以发改委概算批复为准。

四、研究发改委《关于推荐墨脱县粮库建设项目施工单位的请示》，会议决定，同意由西藏明海建筑工程有限公司承接粮库建设项目施工任务。

五、研究商务局《关于请示审议2家总部经济企业申请返还财政扶持资金的请示》，会议明确，按照财税相关政策规定不予返还财政政策扶持资金。会议要求，县财政局、税务局要以相关政策为支撑依据，拟订《关于不再返还财政扶持资金的复函》，经政府领导审定后行文答复相关企业。

六、研究自然资源局《关于解决更新墨脱县基准地价和制定公共服务用地基准地价体系所需费用的请示》，会议决定，同意解决更新墨脱基准地价和制定公共服务用地基准地价体系所需费用40万元；《关于审定〈国有建设用地使用权出让方案〉的请示》，会议决定，暂不同意《墨脱县国有建设用地使用权出让方案》。

七、研究住建局《关于成立亚东村万美亚热带农牧民施工队的请示》《关于成立巴多拉农牧民施工队的请示》，会议决定，同意成立亚东村万美亚热农牧民施工队和巴多拉农牧民施工队；《关于解决亚东村三环路400V线路改迁资金的请示》，会议决定，同意解决亚东村三环路400V线路改迁资金23.1458万元；《关于解决林芝市墨脱县城市生活垃圾卫生填埋场、林芝市墨脱县达木生活垃圾无害化处理设施、林芝市墨脱县县城供水工程、墨脱县背崩乡生活垃圾无害化处理设施4个项目环境保护验收所需资金的请示》，会议决定，同意解决林芝市墨脱县城市生活垃圾卫生填埋场、林芝市墨脱县达木生活垃圾无害化处理设施、林芝市墨脱县县城供水工程、墨脱县背崩乡生活垃圾无害化处理设施等四个项目环境保护验收所需资金39万元；《关于解决墨脱县村级组织活动场所标准化建设升级改造项目资金的请示》，会议决定，原则上同意解决德兴村、江新村等7个村级组织活动场所标准化建设升级改造项目所需资金，具体资金额以县发改委概算批复为准；《关于解决林芝市墨脱县党校建设项目设备采购资金的请示》，会议决定，同意政府统一采购墨脱县党校建设项目设备。

八、研究脱指办《关于审定〈墨脱县生态补偿脱贫岗位监督管理细则（建议稿）〉的请示》，会议决定，原则上同意《墨脱县生态补偿脱贫岗位监督管理细则》。

九、研究教育局《关于墨脱县全民健身活动中心附属工程游泳馆运营方式及收费标准的请示》，会议决定，原则上同意墨脱县全民健身活动中心附属工程游泳馆运营方式及收费标准；《关于2019年本级财政对教育投入资金预算的请示》，会议决定，同意《2019年本级财政对教育投入资金预算方案》。

十、研究脱指办《关于审定〈墨脱县2019年统筹整合使用财政涉农资金实施方案〉的请示》，会议决定，原则上同意《墨脱县2019年度统筹整合使用财政涉农资金实施方案》，提请政府党组研究。

2019年4月27日，县委副书记、县长魏长旗主持召开2019年第4次政府常务会议，研究议题13项。

一、研究检察院《关于解决聘用制书记员薪酬待遇的请示》，会议决定，原则上同意解决聘用制书记员薪酬待遇，并从2020年起纳入财政预算。

二、研究供电公司《墨脱县供电有限公司关于申请建设用地的请示》，会议要求，供电公司、自然资源局等单位本着"细致、严谨"的态度开展好前期调研工作，形成可行性报告后再提交政府研究。

三、研究政府办《关于提请审定〈墨脱县人民政府重大决策出台前向墨脱县人大及其常委会报告制度〉的请示》，会议决定，原则上同意《墨脱县人民政府重大决策出台前向墨脱县人大及其常委会报告制度》，提请县委研究。

四、研究发改委《关于推荐墨脱县乡村振兴战略实施方案编制单位及解决编制费用的请示》，会议决定，同意委托西藏电建成勘院编制墨脱县乡村振兴战略实施方案，并解决编制费用55万元；《关于解决墨脱县墨脱镇基础设施建设项目——电缆入地改造工程增加工程资金的请示》，会议决定，同意解决墨脱县避险搬迁规划及保护区调规测绘费386219.28元。

五、研究财政局《关于调整年初预算的请示》，会议认为，因驻寺人员岗位津贴将由自治区财政厅统一发放，年初预算安排的驻寺人员岗位津贴26万元可调整用于新成立单位的业务经费。会议决定，原则上同意县财政局提出的调整年初预算方案，报请人大常委会审议。

六、研究自然资源局《关于墨脱县驻派镇转运站土地事宜的意见建议》，会议指出，为积极支持、配合米林县加拉堰塞湖受灾群众灾后重建工作，原则上同意将派镇墨脱转运站用地划拨给米林县用于加拉堰塞湖受灾群众灾后重建工程。同时考虑到墨脱今后发展及转运工作需要，决定安排专人与米林县对接相关工作。

七、研究住建局《关于成立西藏达让农牧民施工队的请示》《关于成立墨脱县果果塘建筑工程有限公司的请示》，会议决定，同意成立西藏达让农牧民施工队和墨脱县果果塘建筑工程有限公司；《关于解决墨脱县2018年村集体经济整合租赁房建设项目缺口资金的请示》，会议决定，为提高村集体收入，原则上同意解决2018年村集体经济整合租赁房建设项目缺口资金，具体资金额以县发改委概算批复为准。

八、研究农牧局《关于在扎墨公路沿线建设防疫消毒通道和消毒池的请示》，会议决定，同意在扎墨公路K78处建立雾化消毒通道，在亚东村建设一座消毒池，并解决所需经费53.35万元。

十、研究农村集体产权制度改革工作领导小组办公室《关于解决墨脱县农村集体产权制度改革专班办公经费的请示》，会议决定，同意解决农村集体产权制度改革专班办公经费30万元。

十一、研究文旅局《关于拉贡景区部分经营设施拟公开招租的请示》，会议决定，原则上同意《墨脱县拉贡景区部分招租方案》，具体由县委副书记、常务副县长李斌负责推进。

十二、研究卫健委《关于解决卫生服务中心住院楼项目更改建设经费的请示》，会议决定，同意解决卫生服务中心住院楼项目更改建设费用481999.16元。

十三、研究电视台《关于将广播电视台人员辐射津贴纳入财政预算的请示》，会议决定，同意按照《关于自治区广电局要求调整艰苦广播电视台站津贴有关问题的复函》文件精神发放广播电视台人员辐射津贴，并从2020年起纳入财政预算。

2019年5月8日，县委副书记、县长魏长旗主持召开2019年第5次政府常务会议，研究议题8项。

一、研究政府办《关于推荐政府法律顾问的请示》，会议决定，同意聘请陕西保安律师事务所为墨脱县政府法律顾问。

二、研究民政局《关于建立临时救助备用金的请示》，会议决定，同意建立临时救助备用金40万元，标准为5万元/乡（镇）每年，从困难群众救助补助资金中调剂解决。

三、通过财政局《关于下放县直单位公用经费支出管理权限的请示》，会议听取了县财政局关于下放县直单位公用经费支出管理权限的报告，会议一致通过下放县直各单位公用经费支出管理权限。

四、研究住建局《关于推荐墨脱县珠村村级组织活动场所配套设施建设项目施工单位的请示》，会议决定，同意由西藏丰润建设有限公司承接珠村村级组织活动场所配套设施建设项目施工任务；《关于墨脱县背崩乡巴登村传统村落建设项目立项的请示》，会议决定，同意墨脱县背崩乡巴登村传统村落建设项目立项；《关于推荐背崩乡巴登村传统村落保护发展规划编制单位的请示》，会议决定，同意成都新智投资咨询有限公司承接背崩乡巴登村传统村落保护发展规划编制任务；《关于墨脱县县城及周边乡镇电力配套设施项目立项的请示》，会议决定，同意墨脱县县城及周边乡镇电力配套设施项目立项；《关于推荐墨脱县亚东市政道路两侧地块场地平整项目监理单位的请示》，会议决定，同意江苏大洲工程项目管理有限公司承接亚东市政道路两侧场地平整项目监理任务；《关于推荐果果塘厕所革命项目基础工程施工单位的请示》，会议决定，同意由墨脱县德兴村巴谐农牧民建筑工程有限责任公司承接果果塘厕所革命项目基础工程施工任务。

五、研究卫健委《关于推荐全国第四次中、藏医药材普查墨脱县腊叶标本装饰项目施工单位的请示》，会议决定，同意由西藏西陆建设工程有限公司承接全国第四次中、藏医药材普查墨脱县腊叶标本装饰项目施工任务。

六、研究扶投公司《关于推荐墨脱县2018年失电村电网线路修复工程项目监理单位的请示》，会议决定，同意由西藏弘立工程项目管理有限公司承接墨脱县2018年失电村电网线路修复工程任务。

七、研究脱指产业组《关于审定〈墨脱县2019年茶叶种植项目实施方案〉的请示》，会议决定，同意《墨脱县2019年茶叶种植项目实施方案》，并报告县委。

八、专项研究扶贫领域相关事宜，会议还对扶贫领域相关事宜进行了专项研究。会议强调，全县各级各单位务必坚持高站位不动摇，把"底线任务"意识贯穿脱贫攻坚始终；要加强沟通衔接，密切配合，形成合力，推动脱贫攻坚工作开展。

2019年5月21日，县委副书记、县长魏长旗主持召开2019年第6次政府常务会议，研究议题7项。

一、研究交通局《关于实施德兴大桥加固方案的请示》，会议指出，德兴大桥于2009年建成，为柔性桥梁的悬索钢架吊桥。由于运输任务较重等原因，出现了结构受损、变形（纵向位移）等现象，桥梁整体安全状况较差。该桥涉及德兴乡7个行政村的通行，现有的桥梁状况严重威胁人民群众生命财产安全，急需对其进行维修加固，按交通应急抢险项目实

2019年12月6日，墨脱县政府党组召开"不忘初心、牢记使命"主题民主生活会

施。会议决定，同意对德兴大桥进行维修加固作业，并解决所需资金。

二、研究铜墙铁壁格当开发项目问题协调处理领导小组《关于研究〈铜墙铁壁科技发展集团有限公司关于4S农场撤资退地的申请〉的请示》，会议决定，原则上同意铜墙铁壁科技发展集团有限公司关于4S农场撤资退地事宜，报请县委研究。

三、研究民政局《关于办理龙列村、岗玉村、多卡村行政区划变更的请示》，会议指出，岗玉村、龙列村、多卡村已搬迁入住至多龙岗，为保证搬迁后的各项优惠补贴政策落实到位，应按照相关手续办理行政区划变更事宜，会议决定，原则上同意按照相关手续办理龙列村、岗玉村、多卡村行政区划变更事宜，提请县委研究。

四、研究自然资源局《关于墨脱县城国有资产不动产登记测绘项目推荐测绘单位和解决所需

费用的请示》，会议决定，同意自然资源部第三大地测量队承接墨脱县城国有资产不动产登记测绘任务，并同意解决所需资金42.16万元；《关于由重庆同城房地产土地资产评估有限公司承担更新墨脱县基准地价和制定公共服务用地基准地价体系的请示》，会议指出，墨脱基准地价和制定公共服务用地基准地价体系所需费用已经2019年3月26日政府常务会议研究并同意解决，承接单位由县自然资源局按照相关程序予以确定；《关于解决墨脱县新增建设用地土地有偿使用费的请示》，会议决定，同意缴纳2018年度村镇第一批次建设用地有偿使用费385.8219万元，从以前年度结转的征地补偿费中支出。

五、研究住建局《关于县城地灾多发区住户动迁工作开展情况的报告》，会议指出，卓玛拉山北坡处属地灾多发区，随着雨季的来临，该处安全隐患日益加重，严重威胁群众的生命财产安全，为确保人民群众的生命财产安全，按照相关程序务必在一个星期后全面开展拆除工作，会议要求，县住建局、公安局、应急管理局、自然资源局、城市管理和综合执法局、墨脱镇等单位要进一步加强协调配合，切实按照会议要求抓好落实；《关于解决县城供水两个水源点水资源论证费用的请示》，会议决定，同意解决县城供水2个水源点资源论证费用38万元；《关于成立墨脱县荷扎村果萨翁农牧民施工队有限公司的请示》，会议决定，同意成立荷扎村果萨翁农牧民施工队有限公司。

六、研究水利局《关于2012年墨脱县解决无电人口用电工程财务评审相关事宜的请示》，会议指出，县水利局所提请研究事项不符合项目程序，此次会议不予研究，会议要求，由县水利局按照项目有关程序开展2012年墨脱县解决无电人口用电工程财务评审事宜相关工作；《关于背崩乡政府饮用水水源工程等项目资金的请示》，会议决定，同意解决背崩乡政府饮用水水源、向国荣水渠进水口维修、珠村灌溉水渠维修等3个项目所需资金69.2万元。

七、会议通报派镇墨脱转运站用地事宜，听取了县委常委、常务副县长多吉扎西关于派镇墨脱转运站用地的汇报。会议指出，为积极支持、配合米林县加拉堰塞湖受灾群众灾后重建工作，墨脱县于2019年4月27日第4次政府常务会议研究原则上同意米林县将派镇墨脱转运站用地收回，会议要求，将相关工作开展情况报告县委。

2019年6月2日，县委副书记、县长魏长旗主持召开2019年第7次政府常务会议，研究议题8项。

一、研究"三岩"搬迁办《关于提前实施格当乡多龙岗至曲那塘（"三岩"搬迁安置点）公路硬化工程的请示》，会议决定，原则同意实施格当乡多龙岗至曲那塘（"三岩"搬迁安置点）公路硬化工程，待上级建设资金到位后予以拨付。会后提请县委常委会研究。

二、研究甘登乡人民政府《关于请求解决甘登乡多卡村搬迁运费的请示》、加热萨乡人民政府《关于解决龙列村异地搬迁至多龙岗群众搬迁费用的请示》、帮辛乡人民政府《关于补贴岗玉村搬迁运费的请示》，会议决定，同意解决多龙岗（多卡、龙列、岗玉三个村）群众易地搬迁物资运输费用49.3万元（其中：多卡村24.8万元、龙列村13万元、岗玉村11.5万元）。

三、研究多龙岗（岗玉村、龙列村、多卡村，）驻村工作队《关于解决多龙岗易地搬迁户购买家具的请示》，会议决定，按户均5000元的标准，解决多龙岗易地搬迁户购买家具资金45万元，具体金额以采购为准。

四、研究统计局《关于请求解决购置公务车辆费用的报告》，会议决定，同意解决县统计局购置公车缺口资金31.88万元，购车事宜按采购程序办理。

五、研究住建局《关于批准〈墨脱县干部职工周转房管理办法〉的请示》，会议决定，原则同意县住建局提请的《墨脱县干部职工周转房管理办法》。

六、研究交通局《关于德兴大桥维修加固方案实施的请示》，会议决定，同意县交通局所请事项，调整后的资金预算交由第三方专业机构审核。

七、研究教育局《关于调整学校寒暑假放假及开学时间的请示》，会议决定，同意调整墨脱县学校寒暑假放假及开学时间，与全市保持一致，从2019年秋季学期开始执行。

八、研究卫健委《关于林芝市调研组反馈问题整改落实方案的请示》，会议决定，同意县卫健委提请的整改落实方案。会议要求，县卫健委根据会议提出的意见建议进行完善，分管领导审核后由县政府办印发实施。

2019年6月21日，县委副书记、县长魏长旗主持召开2019年第8次政府常务会议，研究议题12项。

一、研究教育局《关于解决2019年学生服装及装备采购缺口资金的请示》，经统计，物资采购资金共需160.85万元，根据"三包"使用管理办法规定，学生服装及装备费按照"三包"经费的15%支出比例计算共108.88万元，仍存在缺口资金51.97万元，会议决定，县教育局严格按照"三包"使用管理办法规定，分上半年、下半年2次进行采购；《关于采购教育系统学生"三包"物资的请示》，会议决定，根据《西藏自治区政府集中采购目录及限额标准》，同意采购2019—2020学年教育系统学生"三包"物资，以公开招标方式进行采购。

二、研究气象局《关于开展贫困县乡镇地面天气站建站工作的请示》，会议决定，同意县气象局开展全县6个乡镇地面天气站建站工作。

三、研究德兴乡《关于拟调整我乡竹藤编织加工合作社租金的请示》，会议提出，德兴乡党委、政府要积极担当，主动与企业和有关部门沟通商讨，妥善解决竹编加工合作社合同租金事宜，确保过程合情、合理、合法、合规，以便充分发挥企业带动作用，为墨脱经济社会发展添砖加瓦。

四、研究政府办《关于办理答复政协九届四次会议委员提案议案的请示》，会议听取了政府办关于政协墨脱县九届四次会议委员提案议案办理情况的汇报，会议决定，原则上同意办理答复政协九届四次会议委员提案议案，政府办进一步梳理完善后报送县政协。

五、研究自然资源局《关于解决墨脱县德兴乡党校建设项目征地补偿的请示》，会议决定，同意解决墨脱县德兴乡党校建设项目征地补偿费用273439.6元，由县财政局安排落实。

六、研究农业农村局《关于允许本县屠宰牲畜的请示》，会议决定，同意在县内开展牲畜定点屠宰；《关于解决墨脱县茶叶种植工作专班办公费的请示》，会议决定，鉴于墨脱县本级财政紧张，茶叶种植工作专班办公经费从县脱指办年初安排的工作经费35万元中统筹使用。

七、研究财政局《关于盘活财政存量资金及2018年盘活的存量资金剩余资金使用方向的请示》，会议决定，同意将2018年盘活存量资金剩余的1938.48万元、盘活背崩乡巴登村、阿苍村、波东村三个村级组织活动场所建设项目安排资金960万元共计2898.48万元用于各部门在建项目，剩余资金498.27万元再按需使用。

八、研究住建局《关于〈墨脱县城控制性详细规划〉实施过程中出现相关问题的报告》，会议决定，根据《建设用地容积率管理办法》规定以及2019年《墨脱县基础建设工作领导小组专题会议纪要》第2期内容，原则上同意修改《墨脱县城控制性详细规划》，提请县委研究；《关于解决好日子广场商住楼维修项目资金的请示》，会议决定，同意解决好日子广场商住楼维修项目资金422391.82元，由县财政局安排落实；《关于墨脱县农畜产品贸易市场商品房（出租房）拆建赔偿的申请》，会议指出，应根据实际情况给予夏六林相应拆建补偿，具体由县发改委牵头负责跟踪落实。

九、听取安委办《关于墨脱县2019年上半年安全生产工作开展情况的报告》，会议认为，2019年上半年，墨脱县牢固树立安全发展理念，深入贯彻落实全国、区、市安全生产工作电视电话会议精神，不断强化安全生产责任落实，加大安全生产投入力度，突出重点行业领域隐患排查治理，强化联合执法力度和安全生产应急保障能力建设，安全生产形势总体稳定，未发生生产安全事故。会议指出，2019年下半年县安委办要一如既往、再接再厉，秉持安全发展理念，抓好"安全生产月""安全生产墨脱行"和"防风险保平安迎大庆"消防安全执法检查专项行动活动，继续深化企业安全生产主体责任落实，持续强化监管执法和安全生产大检查，保持火灾隐患治理和遏制生产安全事故高压态势，确保全县安全生产形势持续稳定向好。会议要求，将

2019年上半年安全生产工作开展情况向县委作汇报。

十、研究卫健委《关于解决县卫生服务中心食堂就餐人员伙食补助的请示》，会议决定，由县卫生服务中心自行解决食堂就餐人员伙食补助，补助标准参照县机关食堂补助标准执行。

十一、研究小康办《关于解除与泸县校办企业建筑工程公司施工合同及相关事宜的请示》，会议决定，原则上同意解除与泸县校办企业建筑工程公司施工合同，提请县委研究。

十二、研究77650部队《关于租用墨脱县茶叶展销中心和研发中心第四层的函》，会议决定，为发扬墨脱军地共建、军民融合的优良传统，原则上同意将墨脱县茶叶展销中心3311.26平方米（整栋楼）和研发中心第四层822.28平方米，共计4133.54平方米借给77650部队用作办公生活用房，借用期为2年。会后提请县委研究。

2019年6月28日，县委副书记、县长魏长旗主持召开2019年第9次政府常务会议，研究议题3项。

一、研究发改委《关于开展墨脱县雅鲁藏布江堰塞湖灾后重建乡村避险搬迁项目勘察设计工作的请示》，会议决定，同意开展墨脱县雅鲁藏布江堰塞湖灾后重建乡村避险搬迁项目勘察设计工作；《关于推荐墨脱县雅鲁藏布江堰塞湖灾后恢复重建安置点地质灾害危险评估及工程测量单位的请示》，会议认为，请示所推荐的测量单位已于2019年6月27日经县基建领导小组会议研究决定，同意县基建领导小组意见。

二、研究法院《关于申请解决聘用制书记员薪酬经费的请示》，会议指出，《方案》没有明确市、县财政局分级解决经费的具体标准。会议提出，县财政局、人社局与法院进一步核实相关经费比例构成，并参照兄弟县区标准执行。

三、研究住建局《关于解决甘登乡周转房、办公楼及派出所维修工程资金的请示》，会议决定，同意对甘登乡周转房、办公楼及派出所进行维修，资金原则上控制在50万元以内。

2019年7月12日，县委副书记、县长魏长旗主持召开2019年第10次政府常务会议，研究议题10项。

一、研究公安边境管理大队《关于解决墨脱县边境管理大队村（居）警务室设置费用的请示》、研究公安局《关于解决墨脱县公安局村（居）警务室设置费用的请示》，会议决定，鉴于县级财力紧张，同意由县财政解决县公安网格化信息管理系统费用8万元。会议提出，县边境管理大队统筹使用县公安网格化信息管理系统办公；县公安局、边境管理大队与村委会协调解决办公、住宿用房，并做好固定资产登记。

二、研究民政局《关于推荐背崩乡救灾物资储备库建设项目施工单位的请示》，会议决定，同意布裙措农牧民建筑施工有限公司作为背崩乡救灾物资储备库建设项目施工单位。

三、研究住建局《关于推荐林芝市墨脱县城市生活垃圾卫生填埋场等4个项目环境保护验收单位的请示》，会议决定，同意由中环慧博（北京）国际工程技术咨询有限公司负责林芝市墨脱县城市生活垃圾卫生填埋场等4个项目环境保护验收工作；《关于解决墨脱县各乡（镇）农村危房修缮加固项目缺口资金的请示》，会议指出，根据市住建局《关于开展边境地区小康村农房建设质量安全排查的紧急通知》要求，县住建局于2018年10月邀请第三方检测公司对除甘登乡及搬迁村外的7个乡（镇）31个村进行危房鉴定，经鉴定共有327户农房存在安全隐患，根据第三方咨询公司对项目工程概算审核，估算投资186.72万元，仍存在69.33万元资金缺口，会议决定，同意由县财政从2016年财政扶贫专项资金中解决缺口资金65万元，其余部分由县住建局核减处理；《关于解决墨脱县县城排水防涝工程林业相关费用的请示》，会议决定，同意由县财政从2018年政府性基金安排的城市建设经费50万元中解决县城排水防涝工程林业相关费用42.7964万元；《关于解决2019年第一、第二季度保障性住房维修资金的请示》，会议决定，同意由县财政从2019年财政盘活存量资金中解决2019年第一、第二季度保障性住房维修资金719562.5元。

四、研究扶贫办《关于2019年财政专项资金使用计划的请示》，会议决定，同意将2019年财政专项扶贫资金1669.33万元用于茶叶种植项目,七叶一枝花项目资金不从专项资金中列支,会议提出,县扶贫办与达木乡做好对接,充分做好七叶一枝花种植项目论证和可研报告,完善项目效益分析和奖惩机制。

五、研究卫健委《关于解决县卫生服务中心住院部建设项目相关经费的请示》,会议决定,同意由县财政从2019年财政存量资金中解决县卫生服务中心住院部建设项目经费1217974.19元。

六、研究政府办《关于办理答复县人大十一届五次会议人大代表议案的请示》,会议听取了政府办关于县人大十一届五次会议人大代表议案办理情况的汇报,会议原则同意办理答复县人大十一届五次会议人大代表议案,政府办进一步审核完善后提交县人大。

七、研究小康办《关于拟将墨脱县"兴边富民 守土固边"边境小康村建设项目德兴乡(德果村、易贡白村、巴登则村、德兴村)和背崩乡(江新村、背崩村)附属工程交由德兴乡、背崩乡人民政府组织实施的请示》,会议决定,原则同意将墨脱县"兴边富民 守土固边"边境小康村建设项目德兴乡(德果村、易贡白村、巴登则村、德兴村)和背崩乡(江新村、背崩村)附属工程交由德兴乡、背崩乡人民政府组织实施,所请事项向常委会作报告;《关于拟对墨脱县德兴乡(文朗村、德果村、那尔东村、易贡白村、巴登则村、德兴村)和背崩乡(江新村、巴登村、波东村、阿苍村)"兴边富民 守土固边"边境小康村建设项目进行招标的报告》,会议决定,原则同意对上述村庄边境小康村建设项目进行招标;《关于对背崩乡波东村、巴登村进行整村搬迁的请示》,会议指出,实施阿苍村、巴登村整村搬迁对改善群众生产生活条件、保护传承发扬红色基因、促进边境地区发展稳定具有重大意义,会议决定,原则同意对背崩乡波东村、巴登村进行整村搬迁,县小康办进一步完善请示附件后报请县委研究;《关于解决边境小康示范村建设项目有关问题事宜的请示》,会议决定,原则通过县小康办提出的边境小康示范村建设项目有关问题和统筹整合资金的意见建议,报请县委研究。

八、研究林草局《关于开展林草局基础设施建设维修事宜的请示》,会议决定,同意由县财政从2015年林业有害生物防治余额资金6.686万元、2017年公益林宣传、管护补助发放检查验收余额资金18.1万元、2017年公益林有害生物防治资金3.5万元、2018年公益林宣传、管护补助发放检查验收余额资金18.1万元共计46.386万元中解决县林草局基础设施建设维修资金436116.72元。

九、研究三岩办《关于推荐墨脱县"三岩"片区易地扶贫搬迁项目环境影响报告表编制单位的请示》,会议决定,同意由西藏兰科农林生态科技有限公司编制墨脱县"三岩"片区易地扶贫搬迁建设项目的环境影响报告表。

十、研究灾后重建办《关于推荐墨脱县雅鲁藏布江堰塞湖灾后恢复重建项目可行性研究报告编制单位的请示》,会议决定,同意由阶梯项目咨询有限公司承接墨脱县雅鲁藏布江堰塞湖灾后重建项目可行性报告编制工作。

2019年7月30日,县委副书记、县长魏长旗主持召开2019年第11次政府常务会议,研究议题9项。

一、研究供电公司《关于解决输电线路应急抢修资金的请示》,会议决定,同意解决墨脱县供电公司抢修35kV城达线路#21铁塔资金315624.22元。

二、研究农业农村局《关于对墨脱县三站楼进行维修的请示》,会议指出,县农牧业技术推广站、动植物防疫站、动物卫生监督站三站办公大楼建设总投资284万元,建筑面积1020.41平方米,于2014年3月竣工并投入使用。2019年,该楼存在多处漏水、地砖松裂、表墙剥离、吊顶腐蚀严重、排污系统不畅等情况,为保障干部职工工作环境安全舒适,急需进行全面维修。会议决定,同意农业农村局对县农牧业技术推广站、动植物防疫站、动物卫生监督站三站办公大楼进行维修,并解决维修资金485000元。

三、研究文旅局《关于解除与四川博瀚建设工程有限公司施工合同的请示》,会议决定,同意解除与四川博瀚建设工程有限公司签订的《林芝市墨脱县景区建设工程施工合同》,并委托文旅局重新按程序进行项目招投标工作。

四、研究交通局《关于选定运

营实施方案的请示》，会议决定，选用《西藏林芝市墨脱县秘境客运有限公司运营实施方案》。

五、研究扶贫办《关于〈关于下达2019年年初预算的通知〉文件下达资金使用计划的请示》，会议决定，同意墨脱县扶贫办将《关于下达2019年年初预算的通知》文件下达的资金1511万元，分别用作德果村150亩茶叶种植基地建设资金219.18万元，格当村嘎地卡449亩茶叶种植基地建设资金673.86万元，布龙村多龙400亩茶叶种植基地建设资金585.59万元，剩余资金由茶叶办统筹用在其他茶叶种植项目上。

六、研究"三岩"办《关于解决墨脱县格当乡多龙岗至曲那塘"三岩"搬迁安置点道路硬化工程资金的请示》，会议决定，同意解决墨脱县格当乡多龙岗至曲那塘"三岩"搬迁安置点道路硬化工程资金850.71万元，资金由财政局负责统筹安排。

七、研究教育局《关于解决帮辛乡小学挡墙、围墙修缮项目资金的请示》，会议决定，同意解决帮辛乡小学挡墙、围墙修缮项目资金398500元，资金从应急准备金中支出，请县教育局抓紧时间修缮；《关于推荐墨脱县全民健身活动中心附属工程游泳馆安装设备施工单位的请示》，会议决定，同意县基建领导小组意见，由西藏丰润建设有限公司作为墨脱县全民健身活动中心附属工程游泳馆安装设备施工单位；《关于推荐那尔东村、阿苍村、巴登村3所幼儿园项目设计公司的请示》，会议决定，同意县基建领导小组意见，由华诚博远工程项目管理有限公司作为那尔东村、阿苍村、巴登村3所幼儿园项目设计单位；《关于推荐林芝市墨脱县公共体育场地田径跑道和足球场项目监理单位的请示》，会议决定，同意县基建领导小组意见，由西藏弘立工程项目管理有限公司作为墨脱县公共体育场地田径跑道和足球场项目监理单位；《关于推荐格当乡小学教师周转房项目监理单位的请示》，会议决定，同意县基建领导小组意见，由西藏弘立工程项目管理有限公司作为墨脱县公共体育场地田径跑道和足球场项目监理单位。

八、研究水利局《墨脱县亚东村巴米典片区水土流失综合治理工程变更设计的请示》，会议决定，同意墨脱县水利局设计变更方案，按照上级技术审查和程序变更，请水利局抓紧实施；《关于墨脱县背崩乡水土流失综合治理工程变更设计的请示》，会议决定，同意墨脱县水利局设计变更方案，按照上级技术审查和程序变更，请水利局抓紧实施；《关于拟开展墨脱县城镇供水水源地下水资源调查评价工作的请示》，会议决定，同意开展墨脱县城镇供水水源地下水资源调查评价工作。

九、研究住建局《关于开展城西居住区整体开发前期工作的报告》，会议决定，同意县住建局开展城西居住区整体开发前期工作。

2019年8月19日，县委副书记、县长魏长旗主持召开2019年第12次政府常务会议，研究议题5项。

一、研究德兴乡《关于推荐德兴乡（德果村、易贡白村、巴登则村、德兴村）"兴边富民 守土固边"小康村建设项目附属工程施工和监理单位的请示》，会议决定，同意德兴村巴谐农牧民建筑工程有限责任公司为德兴乡小康村建设项目附属工程施工单位，西藏弘立工程项目管理有限公司为德兴乡小康村建设项目附属工程监理单位。

二、研究住建局《关于墨脱县8个村级组织活动场所标准化建设项目二标段建设地点变更的请示》，会议决定，同意变更墨脱县8个村级组织活动场所标准化建设项目二标段（加热萨乡5个村级组织活动场所）建设地点，其中达昂村（新建1层办公场所及附属设施，建筑面积219.52平方米）变更至背崩乡西让村；曾久村（新建2层办公楼及附属设施，建筑面积381.26平方米）变更至背崩乡德尔贡村；更邦村（新建2层办公楼及附属设施，建筑面积381.26平方米）变更至背崩乡地东村；加热萨村（新建2层办公楼及附属设施，建筑面积326平方米）变更至背崩乡巴登；拉贡村（新建1层办公场所及附属设施，建筑面积222.76平方米）变更至背崩乡阿苍村。

三、研究卫健委《关于推荐墨脱县人民医院、藏医院、妇幼保健站建设项目监理单位的请示》，会议决定，同意四川雄烽建设工程管理有限公司为县人民医院、藏医院、妇幼保健站建设项目监理单位;《关于推荐墨脱县妇幼保健站项目施工单位的请示》,会议决定,同意西藏福生建筑安装工程有限公司为墨脱县妇幼保健站建设项目监理单位;《关于整合使用背崩乡卫生院项目建设资金的请示》,会议决定,同意将国家投资的260万元整合到援藏资金中,用于背崩乡卫生院项目建设。

四、研究水利局《关于选定墨脱县达木乡珠村饮水工程方案的请示》,会议决定,同意选定瀑布取水方案解决珠村饮水问题;《关于推荐墨脱镇墨脱村灌溉水渠项目施工单位的请示》,会议决定,同意西藏正达建筑有限公司为墨脱镇墨脱村灌溉水渠项目施工单位;《关于推荐德兴乡文朗村饮水安全维修工程项目施工单位的请示》;会议决定,文朗村饮水安全工程交由县小康办实施,县水利局不再实施文朗村饮水安全维修工程项目;《关于推荐加热萨乡饮水维修工程施工单位的请示》,会议决定,同意墨脱县背崩乡波东村扎西曲林农牧民建筑施工有限公司作为加热萨乡饮水维修工程项目施工单位;《关于推荐达木乡贡日村波弄贡护岸工程项目施工单位的请示》,会议决定,同意墨脱县布裙措农牧民建筑施工有限公司作为达木乡贡日村波弄贡护岸工程项目施工单位。

五、研究自然资源局《关于解决墨脱县墨脱镇墨脱村措度湾征地补偿的请示》,会议决定,同意解决墨脱镇墨脱村措度湾征地补偿。其中,征地面积72.08亩,补偿金额为168.86万元,请县财政局尽快安排落实。

2019年9月19日,县委副书记、政府县长魏长旗主持召开2019年第13次政府常务会议,研究议题10项。

一、研究政府办《关于调整机关食堂用餐干部职工个人伙食补助标准并解决食堂缺口资金的请示》,会议决定,同意解决食堂缺口资金82258元,从年初预算的食堂生活补助中支出,同意将干部伙食个人缴费标准提高至400元/人/月,自2019年10月开始执行。

二、研究发改委《关于K80粮油储备及配送中心建设项目选址变更的请示》,会议决定,同意将K80粮油储备及配送中心建设项目选址地点变更至县城巴米典,由副县长王斌负责跟进;《关于对德兴乡、背崩乡边境小康村建设项目实行代建制管理的请示》,会议决定,同意对德兴乡、背崩乡边境小康村建设项目实行代建制管理;研究小康办《关于推荐墨脱县背崩乡地东村"兴边富民 守土固边"边境小康村建设二期(一组、二组、三组)工程项目管理单位的请示》。会议决定,同意由重庆市明科建设咨询有限公司承接墨脱县背崩乡地东村"兴边富民 守土固边"边境小康村建设二期(一组、二组、三组)工程项目管理任务;研究小康办《关于推荐墨脱县背崩乡江新村边境小康村建设项目监理单位的请示》,会议决定,同意由四川易弘工程管理有限公司承接墨脱县背崩乡江新村边境小康村建设项目监理任务。

三、研究教育局《关于上缴2018年人员经费结余及2018年县本级20%预算的住房公积金结余的请示》,会议决定,同意上缴2018年人员经费及2018年县本级20%预算的住房公积金结余资金5716369.19元;《关于盘活使用捐助结余资金的请示》,会议决定,原则上同意对加热萨小学食堂及教师周转房进行适度维修,具体资金额待县教育局进一步核算后确定。

四、研究住建局《关于解决2017年墨脱县周转房建设项目缺口资金的请示》,会议决定,为确保顺利完成项目财务决算工作,同意解决缺口资金72.8万元;《关于推荐墨脱县2018年村集体经济整合租赁房建设项目施工单位的请示》,会议决定,同意由西藏福生建筑安装工程有限公司承接墨脱县2018年村集体经济整合租赁房建设项目施工任务;《关于推荐墨脱县村级组织活动场所标准化建设升级改造项目施工单位的请示》,会议决定,同意由墨脱县布裙措农牧民建筑施工有限公司承接墨脱县村级组织活动场所标准化建设升级改造项目施工任务;《关于推荐墨脱县城西居住区整体开发前期工作总体规划单位的请示》,会议指出,由县委副书记、常务副县长张巍巍组织县住建局、自然资源局等相关单位进一步研究论证、理清思路,提出可行性意见后再提请县政府研究。

五、研究农业农村局《关于推荐三站办公大楼维修项目施工单位的请示》，会议决定，同意由西藏林芝市莲花建筑有限公司承接墨脱县三站办公大楼维修项目施工任务；《关于推荐墨脱县帮辛乡农牧业防抗灾物资储备库建设项目施工单位的请示》，会议决定，同意由西藏福生建筑安装工程有限公司承接帮辛乡农牧业防抗灾物资储备库建设项目施工任务；《关于推荐墨脱县背崩乡农牧业防抗灾物资储备库建设项目施工单位的请示》，会议决定，同意由西藏福生建筑安装工程有限公司承接背崩乡农牧业防抗灾物资储备库建设项目施工任务；《关于推荐墨脱县达木乡农牧业防抗灾物资储备库建设项目施工单位的请示》，会议决定，同意由西藏建杰建设工程有限公司承接墨脱县达木乡农牧业防抗灾物资储备库建设项目施工任务；《关于推荐墨脱县格当乡农牧业防抗灾物资储备库建设项目施工单位的请示》，会议决定，同意由西藏建杰建设工程有限公司承接墨脱县格当乡农牧业防抗灾物资储备库建设项目施工任务；《关于推荐墨脱县4个乡级农牧业防抗灾物资储备库建设项目监理单位的请示》，会议决定，同意由西藏弘立工程项目管理有限公司承接墨脱县帮辛乡、背崩乡、达木乡、格当乡等4个乡级农牧业防抗灾物资储备库建设项目的监理任务；《关于申请配套2017年墨脱县草原监理检测体系建设项目、墨脱县县级农牧业防抗灾物资储备库建设项目、2018年墨脱县县级重大动物疫情应急物资储备库及冷链设施整合项目投资的请示》，会议决定，为确保项目的顺利实施并投入使用，同意解决2017年墨脱县草原监理检测体系建设项目、墨脱县县级农牧业防抗灾物资储备库建设项目、2018年墨脱县县级重大动物疫情应急物资储备库及冷链设施整合项目缺口资金56万元；《关于解决墨脱县农产品检测中心建设项目增加工程费用的请示》，会议决定，同意解决墨脱县农产品检测中心建设项目增加工程费用258232.16元；《关于引种黄观音、凤凰单枞等茶叶品种的报告》，会议决定，原则上同意引种黄观音、凤凰单枞2个茶叶品种。

六、研究卫健委《墨脱县卫生健康委员会关于实施〈县卫生服务中心创建"二级甲等"医院评审工作方案〉的请示》，会议决定，原则上同意《县卫生服务中心创建"二级甲等"医院评审工作方案》，具体工作由分管领导召开专题会议进行安排部署。

七、研究林草局《关于解决〈墨脱县国家森林城市建设实施方案〉编制费的请示》，会议决定，为确保《墨脱县国家森林城市建设实施方案》按时编制完成，同意解决实施方案编制费用50万元。

八、研究脱指办《关于解决墨脱县永久片区异地开发项目高压电力接入费用的请示》，会议决定，同意解决墨脱县永久片区异地开发项目高压电力接入费用，具体资金额以财政评审资金为准；《关于推荐墨脱县德兴乡荷扎村、背崩乡背崩村茶叶加工厂建设项目监理单位的请示》，会议决定，同意由西藏弘立工程项目管理有限公司承接墨脱县德兴乡荷扎村茶叶加工厂建设项目监理任务；四川雄烽建设工程管理有限公司承接墨脱县背崩乡背崩村茶叶加工厂建设项目监理任务；《关于推荐墨脱县达木乡珠村温棚猪圈项目施工单位的请示》，会议决定，同意由西藏墨脱东嘎曲岭建筑有限公司承接墨脱县达木乡珠村温棚猪圈项目施工任务；《关于推荐墨脱县格当乡多龙岗2个生产生活扶持项目施工单位的请示》，会议决定，同意由西藏建杰建设工程有限公司承接墨脱县格当乡多龙岗温室大棚及牧场道路建设施工任务，由西藏丰润建设有限公司承接墨脱县格当乡多龙岗养猪场建设项目施工任务。

九、研究市场监督管理局《关于墨脱县特色农产品地理标志证明商标建议的请示》，会议决定，同意申报"墨脱红米""墨脱石斛""墨脱花椒""墨脱红茶""墨脱绿茶"为地理标志；《关于推荐食用农产品抽检公司的请示》，会议决定，同意由陕西华硕检测技术有限公司西藏分公司开展墨脱县2019年食用农产品抽检工作；《关于车辆移交的请示》，会议决定，同意将藏GA0898移交县医保局，按照《墨脱县行政事业单位国有资产管理办法》相关规定办理移交手续。

十、研究水利局《关于解决墨脱、亚东村饮水水源补充工程增加资金的请示》，会议决定，同意解决墨脱村、亚东村饮水水源补充工程增加资金460699.84元。

2019年10月21日，受县委副书记、县长魏长旗委托，县委副书记、常务副县长张巍巍主持召开2019年第14次政府常务会议，研究议题9项。

一、研究广东省第九批援藏工作队墨脱组《关于审定2020年援藏投资计划的请示》，会议指出，《广东佛山第九批援藏项目2020年投资计划表》已与相关部门、乡(镇)沟通衔接，并分析论证，科学合理、切实可行，具有时效性、可操作性，会议决定，同意广东佛山第九批援藏项目2020年投资计划。

二、通报西藏自治区总工会《关于墨脱疗休养基地建设用地事宜的复函》，会议指出，县自然资源局与西藏自治区总工会进一步沟通协调具体事宜，形成可行性方案后提交政府研究。

三、研究自然资源局《关于划拨林芝市国家安全局墨脱站建设用地的请示》，会议决定，同意将梅朵大酒店后方公租房附近地块2亩用地划拨给林芝市国家安全局墨脱站；《关于提请审议亚东市政道路下半段20米内征地补偿安置方案的请示》，会议决定，原则上同意补偿安置方案；《关于确认农村集体土地确权登记数据的请示》，会议决定，原则上同意墨脱集体土地确权登记数据47137923.44平方米，县自然资源局按照相关程序办理报批手续。

四、研究人社局《关于补交傅小碧同志职工养老保险金的请示》，会议决定，同意补交傅小碧同志职工养老保险金115601.4元。

五、研究农业农村局《关于林芝雪枞农业科技有限公司在墨脱县投资经营产业的请示》，会议决定，原则上同意引进林芝雪枞贡香农业科技发展有限公司。

六、研究茶业办《关于解决墨脱县茶叶种植工作领导小组采购储备农资的请示》，会议决定，同意解决100万元用于采购茶产业储备物资。

七、研究市监局《关于申报墨脱县特色农产品地理标志证明商标经费的请示》，会议决定，同意解决申报墨脱县特色农产品地标证明商标经费50万元。

八、研究林草局《关于采购植被恢复苗木的请示》，会议决定，同意以公开招标方式采购植被恢复苗木，并解决所需资金，具体资金额以实际支出为准，从国土绿化资金中支出。

九、研究背崩乡《关于申请将母亲广场及其附属用房打包给物业公司运营、管理的请示》，会议指出，鉴于背崩乡母亲广场及其附属用房产权尚未明确，暂不研究打包运营事宜。

2019年11月20日，县委副书记、县长魏长旗主持召开2019年第15次政府常务会议，研究议题14项。

一、通报墨脱县消防救援大队《关于上报墨脱县燃气领域安全形势的报告》，会议提出，县住建局加快推进全县液化气站手续办理和建站工作，确保在12月底之前完工投入使用；同意引进液化气运输单位进驻墨脱，加快办理相关手续；市监局定期组织开展县城燃气罐体质量检测，对不符合规定的气罐一律没收；县自然资源局尽快履行液化气站征地手续，确保程序规范，手续完备；由县住建局牵头，县应急管理局、消防救援大队、公安局、市监局配合开展燃气领域安全排查，确保全县燃气市场安全和规范运营。

二、研究文旅局《关于归还县政府旅游产业扶持资金的请示》，会议决定，同意将未支出的3436.4万元贷款资金归还县财政。

三、研究文旅局《关于解决墨脱县果果塘大拐弯观景台加固改造工程资金的请示》，会议决定，同意解决果果塘大拐弯观景台加固改造工程资金，具体以县财政局、住建局审核预算资金为准。

四、研究老干部局《关于解决退休干部去世人员抚恤金和丧葬补助费的请示》，会议决定，同意解决其美多吉、白玛丹达、嘎迪、旺久等4名退休干部去世人员抚恤金和丧葬补助费共1013303.97元，由县财政局安排落实。

五、研究发改委《关于墨脱县BJ地区小康村"三农"金融服务网点第一批设施采购的请示》，会议决定，同意实施墨脱县边境地区小康村"三农"金融服务网点第一批设施采购，请县采购办按照政府采购规定以公开招标方式进行采购。

六、研究教育局《关于推荐墨脱县公共体育场田径跑道和足球场项目林勘单位的请示》，会议决定，同意西藏兰科农林生态科技有限公司作为墨脱县公共体育场田径跑道和足球场项目林勘单位;《关于推荐墨脱镇多功能广场工程施工单位的请示》,会议决定,同意西藏林芝市白玛岗建筑建材有限公司承建墨脱镇多功能广场项目;《关于推荐德兴乡小学安全提升工程施工单位的请示》,会议决定,同意墨脱县布裙措农牧民建筑施工有限公司承建德兴乡小学安全提升工程项目;《关于推荐格当乡小学安全提升工程施工单位的请示》;会议决定,同意西藏曼德拉建筑工程有限公司承建格当乡小学安全提升工程项目;《关于解决各学校维修项目资金的请示》,会议决定,原则同意解决县中学、县完小等9所学校维修改造项目资金,具体以县财政局、住建局审核预算资金为准。报请县委研究。

七、研究民政局《关于解决墨脱县五保集中供养中心维修项目缺口资金的请示》,会议决定,同意从五保集中供养中心附属工程款(福彩资金)中解决墨脱县五保集中供养中心维修项目缺口资金45.42万元;《关于下拨过渡期生活补助资金的请示》,会议决定,同意下拨加热萨乡、甘登乡地质灾害搬迁群众186户653人过渡期间生活补助资金2383450元,由县财政局代发拨付;《关于推荐墨脱县五保户集中供养中心维修项目施工单位的请示》,会议决定,同意墨脱县布裙措农牧民建筑施工有限公司承建墨脱县五保户集中供应中心维修项目;《关于推荐林芝市墨脱县老年人日间照料中心建设项目(房建工程)监理单位的请示》;会议决定,同意西藏华声工程项目管理有限公司作为林芝市墨脱县老年人日间照料中心建设项目(房建工程)监理单位。

八、研究财政局《关于盘活使用脱贫攻坚结余结转资金的请示》,会议决定,原则同意将县扶贫投资公司账户结余结转资金1724万元统一收回,会议提出,县财政局、脱贫攻坚指挥部要严格按照县委、县政府的安排部署,强化资金监管,跟踪督办问效,统筹使用好各类脱贫攻坚资金,促进脱贫攻坚各项工作有序推进。

九、研究生态环境局《关于解决墨脱县县域环境质量监测经费的请示》,会议决定,同意由县财政从生态转移支付资金中解决墨脱县2019年县域环境试点监测费用61万元;《关于解决墨脱县农村环境试点监测费用的请示》,会议决定,同意由县财政从生态转移支付资金中解决墨脱县2019年农村环境试点监测费用148万元。

十、研究自然资源局《关于推荐墨脱县帮辛乡帮辛村文化站后滑坡治理建设项目监理单位的请示》《关于推荐墨脱县墨脱镇米日村村委会后山崩塌治理建设项目监理单位的请示》《关于推荐墨脱县县城后方N3泥石流治理项目监理单位的请示》,会议决定,同意西藏华声工程项目管理有限公司为墨脱县帮辛乡帮辛村文化站后滑坡治理建设项目、墨脱县墨脱镇米日村村委会后山崩塌治理建设项目、墨脱县县城后山N3泥石流治理项目监理单位;《关于以有偿形式收回自治区总工会墨脱县疗养基地建设项目用地的请示》,会议决定,原则同意收回自治区总工会墨脱县疗养基地建设项目用地,并退还土地出让金和修建围墙、大门等所产生费用共计929.1492万元,并报请县委研究;《关于退还墨脱县中磊工贸有限责任公司土地的请示》,会议决定,原则同意收回墨脱县中磊工贸有限责任公司建设用地,并退还该公司缴纳的土地出让金、竞买保证金共计1097.16万元,并报请县委研究。

十一、研究住建局《关于解决甘登乡周转房、办公楼及派出所维修工程资金的请示》,会议决定,同意由县财政解决甘登乡周转房、办公楼及派出所维修工程资金444979.15元。

十二、研究水利局《关于文朗村、荷扎村村级防洪工程的资金整合和项目施工位置调整事宜的请示》,会议决定,同意将文朗、荷扎村两个村的村级防洪工程项目资金610万元整合用于朗杰村村级防洪工程。

十三、研究"三岩办"《关于推荐墨脱县格当乡多龙岗至曲那塘"三岩"搬迁安置点道路硬化工程监理单位的请示》,会议决定,同意重庆合治道路工程有限公司为墨脱县格当乡多龙岗至曲那塘"三岩"搬迁安置点道路硬化工程项目监理单位。

十四、研究城市管理和综合

执法局《关于解决莲花圣地公园设施维修资金的请示》，会议决定，同意由县财政解决莲花圣地公园设施维修资金44.3919万元。

2019年12月13日，县委副书记、政府县长魏长旗主持召开2019年第16次政府常务会议，研究议题16项。

一、听取《四川华昌公司在墨承建项目后续问题解决方案》，会议指出，协调小组提出的解决方案未充分开展前期论证、调研工作，需进一步完善。

二、听取《关于交通领域重大风险防范工作》，会议要求，由副县长李伟积极与上级业务部门沟通联系，继续负责协调、处理墨脱县交通领域重大风险防范工作。

三、听取《关于墨脱门珞文化古街商户信访问题的情况报告》《目前存在的信访隐患情况通报》，会议要求，今后要做好墨脱古街价格的管控，打造"零转让费"的良好营商环境；就目前存在的信访隐患情况，各分管领导和直接责任人要做好协调处理工作，确保信访形势可控、社会和谐稳定。

四、研究墨脱镇《关于墨脱镇亚东村修建汽修厂的请示》，会议决定，同意墨脱镇亚东村汽修厂项目立项，由县发改委负责；《关于墨脱镇墨脱村修建集资房的请示》，会议指出，墨脱镇墨脱村修建集资房事宜未开展前期调研、论证工作，此次会议不作研究，待充分进行调研论证并形成可行性报告后再提交政府研究。

五、研究老干部局《关于解决退休干部去世人员抚恤金和丧葬补助费的请示》，会议决定，同意解决桑杰曲扎、仁增等退休干部去世人员抚恤金和丧葬补助费共389823.44元。

六、研究公安局《关于解决公安局基础设施维修费用的请示》，会议决定，同意解决公安局基础设施维修所需费用369826.21元，由县住建局负责维修，2020年安排落实资金。

七、研究发改委《关于推荐林芝市墨脱县达木乡卡布村"兴边富民、守土固边"边境小康村建设项目施工单位的请示》，会议决定，同意县基建领导小组研究推荐的施工单位，即墨脱县拉巴登农牧民建筑有限责任公司承接林芝市墨脱县达木乡卡布村"兴边富民、守土固边"边境小康村建设项目施工任务；《关于推荐林芝市墨脱县背崩乡西让村"兴边富民、守土固边"边境小康村建设二期（房建工程）监理单位的请示》，会议决定，同意县基建领导小组推荐的监理单位，即永明项目管理有限公司承接林芝市墨脱县背崩乡西让村"兴边富民、守土固边"边境小康村建设二期（房建工程）监理任务；《关于请求解决巴登村至马尼翁新建10kV线路工程及德尔贡村至波东村新址（国兴）新建10kV线路工程资金的请示》，会议决定，同意解决巴登村至马尼翁新建10kV线路工程、德尔贡村至波东村新址（国兴）新建10kV线路工程所需资金，具体金额以概算批复为准，资金从盘活收回的电力应急恢复资金中支出；《关于解决灾后重建兴开、康卓登搬迁安置点临时施工用电线路工程资金的请示》，会议决定，同意解决灾后重建兴开、康卓登搬迁安置点临时施工用电线路工程所需资金，具体金额以概算批复为准，资金从盘活收回的电力应急恢复资金中支出。

八、听取财政局《关于全县车辆编制核定的报告》，会议决定，原则上同意车辆编制核定的报告；《关于移交部分国有资产的请示》，会议决定，同意将金珠路、致富路、水仙花大街等120处国有资产移交墨脱县莲花圣地国有资产投资有限公司；《关于盘活使用脱贫攻坚结余资金的请示》，会议决定，同意将2019年生态岗位补助存在结余资金262.85万元统筹用于2020年全县脱贫攻坚领域；《关于墨脱县莲花圣地国有资产投资有限公司招聘工作人员的请示》，会议决定，同意墨脱县莲花圣地国有资产投资有限公司招聘工作人员。

九、研究人社局《关于申请高校毕业生创业相关补贴的请示》，会议指出，相关补贴政策未经充分调研论证和征求相关部门意见建议，准备尚不充分，待高校毕业生创业领导小组办公室召集相关部门对创业补贴方案进行专题讨论，形成可行性报告后再提交政府研究。

十、研究自然资源局《关于审核批准墨脱县邮政局职工周转房控制性详细规划指标的请示》，会议指出，此事项县自然资源局准备不充分，此次会议不作研究，待进一步调研论证形成可行性报告后再提交政府研究,会议提出,县住建局、城市管理和综合执法局要加强邮政局营业厅占用人行道的管理、整治工作。

十一、研究住建局《关于将墨脱县28座厕所革命项目运维费用纳入县财政预算的请示》,会议决定,同意将28座厕所革命项目运维费56万元纳入县财政年度预算,从2020年1月1日开始执行;《关于拆除德兴乡易贡白村旧会议室(C-04)、背崩乡西让村会议室(C-07及C-34)的请示》,会议决定,同意拆除德兴乡易贡白村旧会议室(C-04)、背崩乡西让村会议室(C-07及C-34)》;《关于解决墨脱县驻八一办事处周转房维修资金的请示》,会议决定,同意解决墨脱县驻八一办事处周转房维修所需资金,具体资金额以财政审核资金为准;《关于解决墨脱县农村危房鉴定费用的请示》,会议决定,同意解决农村危房鉴定费用507000元;《关于解决墨脱县亚东村巴杰安置住宅建设项目资金的请示》,会议决定,为确保亚东市政道路两侧建设项目顺利实施及考虑到亚东村村民巴杰的特殊情况,同意解决墨脱县亚东村巴杰安置住宅建设项目资金,具体资金额以财政审核资金为准。

十二、研究文旅局《关于同西藏国际旅游文化投资集团有限公司签订战略合作协议的请示》,会议决定,原则上同意战略合作协议,待政府法律顾问审核、修改后提交县委研究。

十三、研究卫生健康委员会《关于解决县卫生服务中心创二级甲等医院急需医院信息化系统建设项目资金的请示》,会议决定,同意垫资解决县卫生服务中心创二级甲等医院急需医院信息化系统建设项目资金,待"十四五"援藏资金下达后归还县财政。

十四、研究农业农村局《关于办理政府拨款、减免税费等形成的农村集体资产移交手续的请示》,会议决定,同意办理政府拨款、减免税费等形成的农村集体资产移交手续,由县产改办牵头负责;《关于解决墨脱县农村集体产权制度改革工作技术指导项目服务费的请示》,会议决定,同意解决墨脱县农村集体产权制度改革工作技术指导项目服务费46万元。

十五、研究扶贫办《关于上级下达财政支农资金使用计划的请示》,会议决定,同意将上级下达的2019年财政支农资金300万元用于墨脱县茶业有限公司设备购置补贴(208万元)、德兴乡新开茶园(92万元)。

十六、研究教育局《关于申请解决墨脱县中小学学生食堂燃料费的请示》,会议决定,同意解决墨脱县中小学学生食堂燃料补助费35万元;听取《关于〈墨脱县教育系统财务内控管理制度〉的报告》,会议指出,根据相关规定,财务内控管理制度由县财政局负责审核,教育局将此制度进一步修改、完善后报财政局审批备案。

(陈 帅)

【机构领导】

县委副书记、政府党组书记、县长、一级调研员
　　魏长旗(12月晋升一级调研员)

县委副书记、政府党组副书记、常务副县长
　　李　斌(9月免)
　　张巍巍(9月任)

县委常委、政府党组成员、常务副县长
　　多吉扎西(藏族)

县委常委、政府党组成员、副县长
　　高功强

政府党组成员、副县长
　　李　勇
　　李　伟(9月任)
　　扎西顿珠(门巴族)
　　侯柯宇(2月免)
　　王旭杰
　　梁亚文(5月免)
　　王　斌(藏族)
　　王桂兰(女)
　　赖维薇(女,5月任)

## 墨脱县人民政府办公室（信访局、行政审批与便民服务局）

【概况】 年内,县政府办在县委、县政府的坚强领导下,在全县各级各部门的大力支持下,坚持以习近平新时代中国特色社会主义思想为指导,紧紧围绕全县改革、发展、稳定大局,认真履行自身职能,加强自身建设,不断创新服务方式,规范工作流程,充分发扬团结奋斗、无私奉献精神,较好地完成各项目标任务,为墨脱县经济

2019年7月1日，墨脱县政府办党支部开展七一建党节庆祝活动

社会持续健康发展作出积极贡献。县政府办含管理信访局、行政审批与便民服务局2个挂牌机构和机关后勤服务中心、政务服务中心2个事业单位。行政编制7名，其中科级领导职数3名；机关后勤服务中心为副科级机构，有事业编制8名，其中科级领导职数2名；政务服务中心为正科级机构，核定事业编制5名，其中科级领导职数3名。

【思想建设】 2019年，县政府办公室始终把学习作为提升干部素质的重要抓手，将支部组织学、干部个人自学等多种学习方式灵活结合，将集中学习、专题培训学习、宣讲教育等学习形式融会贯通，把学习习近平新时代中国特色社会主义思想和党的十九大精神，推进"不忘初心、牢记使命"学习教育常态化制度化落实到党建具体工作和日常业务工作中，全年共开展学习教育77次。不断提高干部职工政治觉悟和政治站位，牢固树立"四个意识"，坚定"四个自信"，在工作岗位上及日常生活中始终保持了党员干部的良好形象。

【政务信息公开更上台阶】 2019年，县政府办公室紧紧围绕中心工作抓政务信息公开，增强信息工作的敏锐性，多角度挖掘信息，有效拓展信息源，围绕热点、难点问题，积极报送预测性信息和带有全局性的综合信息。全年公开政府信息2508件，其中，通过墨脱县政府新闻网站公开政府信息1362条，通过网信墨脱微信平台发布政府信息616条，利用电视台发布信息480条，通过LED显示屏及宣传栏等形式公开信息50条。

【办文办会更加严谨】 2019年，县政府办公室严格按照办文、办会、办事"零差错""零失误"的标准和要求，压缩发文数量、规范发文流程，公文出错率大幅度降低，全年以县政府和县政府办名义印发各类字号文件126件。严格落实中央八项规定，严控会议次数和规模，认真做好会前通知、会中服务、会后收集，并对会议议定事项进行细化分解，交办和督促落实，特别是对县政府党组会、常务会、专题会等会议，严格议程、议题审核把关，并经县政府领导审定同意后提交会议研究，从源头上确保了会议的权威性和高效性，全年组织完成政府党组会议、常务会议、专题会议以及政府其他各类会议50次，有效推动了各项工作的顺利开展。

【政务服务便民快捷】 2019年3月挂牌成立县行政审批和便民服务局，下设政务服务中心，入驻单位27家。累计在自治区政务服务网上发布实施清单842条，梳理完成831件，完成98.7%；在"一网通办"政务服务网平台累计办件总量26583件；采集电子证照3099件，电子证照签发2166件；注册用户总量5335个。新增市场主体218户，注册资本（金）2.12亿元，全县市场主体达1156户，注册资本（金）15.36亿元，分别增长12.23%、20.55%。

【督查联络发挥实效】 2019年，县政府办公室坚持督办检查和联络协调紧抓不懈，以求真务实和敢于碰硬的作风，根据工作需要和形势的发展，不断创新督查方法，努力提高督查的质量和效果，为领导掌握县情、科学决策提供有力参考。

2019年11月7日，墨脱县政府办全体干部职工在县检察院警示教育基地参观学习

明确督查重点。坚持以县政府决策贯彻落实和县领导交办事项为主线，对重点项目建设、招商引资、安全生产、环境整治、脱贫攻坚等方面开展专题督查。

创新督查方式。认真总结工作经验，探索新形势下新的督查方式，紧密融合现场督查、暗访督查、电话督查、文件督查等各种督查方式，确保督办工作取得实效。

注重督查效果。办公室根据督查工作情况，不断健全完善督查工作机制，及时将办理情况报告县政府，做到事事有落实，件件有回音。全年共办理人大议案、政协提案105件，答复率达100%，代表委员满意率达100%。

【参谋助手作用凸显】 2019年，县政府办公室紧紧围绕政府中心工作，参与政务、管理事务、搞好服务，强化服务意识、责任意识、精品意识、创新意识、效率意识和奉献意识，积极发挥参谋助手作用，努力做到领导满意、部门满意、基层群众满意。认真搜集整理情况，积极思考，努力创新，高质量起草各类领导讲话材料。服务领导决策，加强与各部门的联系，及时掌握全县经济建设、社会发展和重大事件等方面的情况，为领导决策提供可靠的依据。

（陈　帅）

【机构领导】

办公室主任
　　布　穷（藏族，6月免）
　　欧珠江村（藏族，6月任）
副主任
　　索朗曲珍（女，门巴族，4月免）
　　尼玛仓决（女，藏族，4月免）
副主任、三级主任科员、行政审批与便民服务局局长
　　雷　波（女，4月任，12月晋升三级主任科员）
副主任、县信访局局长
　　扎西顿珠（门巴族，4月任）

副主任科员
　　张正长（6月免）
藏语言文字办公室副主任
　　索朗坚参（藏族，2月免）
机关后勤服务中心主任
　　旦增卓玛（女，藏族）
机关后勤服务中心副主任
　　索　朗（女，藏族，12月任）
政务服务中心副主任
　　次仁曲宗（女，藏族，4月任）
　　齐作泉（满族，6月任）
　　陈　帅（12月任）

## 中国人民政治协商会议墨脱县委员会

【概况】 2019年，政协墨脱县委员会在县委的坚强领导下，在林芝市政协的精心指导下，在县人大、县政府以及社会各界的大力支持下，以习近平新时代中国特色社会主义思想为指导，深入学习党的十九大、十九届二中、三中、四中全会精神和习近平总书记关于加强和改进人民政协工作的重要思想，紧紧围绕全区经济社会发展大局，充分发挥专门协商机构作用，坚持发扬民主和增进团结相互贯通，建言资政与凝聚共识双向发力，努力把政协制度优势转为治理效能，为全县改革发展稳定贡献智慧和力量。

政协墨脱县委员会成立于1985年2月，本届政协为政协第九届墨脱县委员会。2019年，政协墨脱县委员会有委员64名，其中党员23名；设11个界别（中共、民族、农业、宗教、妇女、文化、

科技、教育、经济、卫生、工商）；有主席1名，副主席4名，常务委员11名。2019年4月，根据《墨脱县机构改革方案》精神，政协墨脱县委员会设3个专门委员会，分别为提案委员会、社会建设和外事教科卫体委员会、文化文史民族宗教法制委员会，3个专门委员会，核定行政编制1名，科级领导职数6名。实有科级领导3名。

【全体会议】 2019年2月26—28日，中国人民政治协商会议第九届墨脱县委员会第四次会议在墨脱县城召开，会议应到委员59名（政协第九届墨脱县委员会应有委员64名，任期内去世3名，调走2名，政协九届四次会议实有委员59名），因事因病请假11名，实到48名。会议听取并审议通过了县政协副主席边巴扎西代表政协第九届委员会常务委员会所作的《政协墨脱县委员会常务委员会工作报告》，县委常委、副县长高功强代表县人民政府所作的《墨脱县人民政府关于政协墨脱县委员会九届三次会议以来提案办理工作情况的报告》，听取并讨论了《墨脱县人民政府工作报告》、法检"两院"工作报告，讨论了计划和预算报告；审议通过了墨脱政协九届四次会议有关决议，列席了墨脱县十一届人大五次会议。会议期间，共收到委员提案65件，经审查立案61件。

【常务委员会会议】 2019年2月20日，中国人民政治协商会议第九届墨脱县委员会常务委员会第五次会议召开，会议应到常务委员11名，实到9名。会议审议了《政协墨脱县委员会常务委员会工作报告》《政协墨脱县委员会九届二次会议以来提案工作情况的报告》。

【重要活动】 调研视察。2019年，县政协领导班子成员先后到3个乡（镇）7个村调研脱贫攻坚工作开展情况，察看重点工作落实情况，深入了解社情民意，就学习贯彻党的十九大精神情况、扶贫工作开展情况、各类补贴资金兑现情况、边境小康村建设情况等9项密切关乎民生的重要课题进行视察，并形成调研视察报告提交县委、县政府，反馈社情民意23条，并形成学习考察报告提交县委、县政府，推动相关问题的解决。

考察学习。组织13名政协委员先后到山南市隆子县斗玉乡、错那县麻玛乡和勒乡、乃东县

2019年10月16—18日，林芝市政协副主席占堆（左三）在墨脱县调研茶产业发展情况。墨脱县政协主席平措多吉（左二）等陪同

乃东镇、扎囊县扎其乡等地进行实地考察，主要围绕如何发展壮大特色产业、推进边境小康村建设、加强门珞文化的保护与传承、做好守边固边等为重点进行考察，考察结束后，及时把考察学习情况形成专题报告提交县委、县政府，梳理出典型经验做法12条，提出意见建议3条，为县委、县政府提供决策参考。

助力精准脱贫。2019年，县政协主席会成员及政协机关干部积极开展"四对一"结对帮扶活动，看望慰问结对帮扶对象45户次，累计送去慰问物资价值19250元。扎实开展"不忘初心、牢记使命"主题教育专题调研，主席会成员深入基层倾听群众呼声，主动反映社情民意，为民办实事解难题5条。

做好文史工作。立足文史资料统战属性，发挥存史资政团结育人作用，以保护传统优秀民族文化为出发点，有序开展《墨脱门

2019年11月23—25日，林芝市政协副主席央宗（左三）一行在墨脱县调研非公经济发展情况。墨脱县政协主席平措多吉（右三）和县工商联相关人员陪同

珞民俗文化》史料征集、编撰工作，已完成6.5万余字的资料收集整理工作。该书主要介绍墨脱县门巴族、珞巴族流传的民风民俗、宗教文化、传说故事和名胜古迹等内容。

重点提案协商督办。11月10日，林芝市政协副主席达瓦在墨脱县主持召开重点提案办理协商会，就市政协一届五次会议提案《关于维修仁青崩寺庙加强文物保护的提案》进行协商督办，市政协文化文史民族宗教委员会主任穷达、副主任桑旦，市政协提案委员会副主任索朗罗布，墨脱县政协主席平措多吉、政府副县长王斌、政协副主席扎西措姆，市文广局、市旅发局、墨脱县委宣传部、文旅局、政府办、政协办、民宗局等相关人员以及市政协委员、仁青崩寺庙负责人尼玛顿珠等参加会议。与会人员主要围绕进一步加强文物保护、修缮仁青崩寺庙进行交流讨论，达到了增进共识、建言资政、服务决策的目的。

【考察交流】8月21日，拉萨市各县（区）政协主席一行在墨脱县考察学习提案办理工作开展情况，墨脱县政协副主席郑明等陪同。10月22—23日，工布江达县政协党组成员、副主席次仁多吉率工布江达县9名政协委员，在墨脱县考察交流，墨脱县政协副主席嘎玛欧珠等陪同。考察组一行先后在背崩乡擦曲卡茶场、德兴乡小康示范村、仁青崩寺、拉贡茶场、茶叶加工厂等地实地查看了解墨脱县特色产业、加强寺庙管理、民房改造等工作。

【协助视察调研】10月16—18日，林芝市政协党组副书记、副主席占堆率，市政协农业和农村委员会主任李奉义，市茶产业发展工作领导小组办公室成员尼玛曲珍，市政协农业和农村委员会副主任次久、刘迎会，市政协农业和农村委员会成员寇凯霞等一行在墨脱县调研茶叶产业发展情况，墨脱县政协主席平措多吉等陪同。调研组一行先后在背崩乡擦曲卡茶场、墨脱镇果果塘茶场、拉贡茶场、帮唐茶场及茶叶加工厂对墨脱县茶叶产业现状、经验、存在的困难进行了详细的了解。

10月18—19日，林芝市政协党组成员、副主席崔晓东带队乡村幼儿园建设调研工作组一行6人，先后在墨脱县达木珞巴民族乡贡日村幼儿园、县幼儿园、背崩乡完小附属幼儿园、德兴乡完小附属幼儿园详细了解乡村幼儿园基础设施、师资配备、教师待遇等相关情况。墨脱县政协副主席郑明等陪同。

11月8—10日，林芝市政协副主席达瓦，市政协文化文史民族宗教委员会主任穷达、副主任桑旦，提案委副主任索朗罗布及市文广局、市旅发局等相关人员一行，先后在墨脱县门珞民俗文化展示厅、生态园、德兴村小康示范村、果果塘景区、竹编加工厂进行实地查看，详细了解墨脱县旅游产业和文化产业发展现状，同时开展了巡河工作。墨脱县政协副主席扎西措姆等陪同。

【提案工作】政协墨脱县委员会九届三次会议期间，全体政协委员本着对人民高度负责的态度，紧紧围绕全县经济社会发展和群众关心的重点、热点、难点，从社会管理、基础设施建设、环境保护等方面提出提案56件，共受理56

件。具体为林业类1件,民宗类1件,人社类2件,扶贫类1件,水电通信类9件,旅游类2件,市政类2件,民生类15件,发改住建类2件,司法类1件,文化类1件,环保类2件,卫生医疗类1件,农牧类8件,交通类2件,民政类3件,国土类1件,消防类1件,金融类1件。

政协墨脱县委员会在九届三次会议期间共交办提案56件。在接到政协委员会交办的提案后,县人民政府及时组织召开专题会议,按照"分级负责、归口办理"的原则,分解立项提案,明确承办单位和协办单位,对分解的提案进行督办,要求各部门要认真对待,抓好落实答复工作。其中,已经办理14件,占提案总数的25%,正在办理24件,占提案总数的43%,无法办理18件,占提案总数的32%。答复率为100%,办理率达68%。

【自身建设】 2019年,县政协通过走访慰问基层委员,了解委员思想和工作动态、帮助委员协调解决实际困难和问题,切实增强委员的归属感。深入开展"不忘初心、牢记使命"主题教育,按照学习教育、调查研究、检视问题、整改落实四项重点措施开展工作。党组班子认真落实主体责任和班子成员"一岗双责",定期研究党风廉政和反腐败工作,抓好政协机关党风廉政工作具体任务的落实,将党风廉政建设纳入党组议事日程,和政协年度工作紧密结合,同部署、同落实。同时严格执行《中国共产党党员领导干部廉洁从政若干准则》《关于领导干部报告个人有关事项的规定》等廉洁自律各项规定,规范公务用车,严格落实"三公"经费管理制度。

（熊　杰）

【机构领导】

主　席

　　平措多吉（藏族）

副主席

　　边巴扎西（珞巴族）

　　扎西措姆（女,门巴族）

　　郑　明

　　嘎玛欧珠（藏族）

表7　　2019年政协第九届墨脱县委员会委员名单

| 序号 | 姓名 | 性别 | 民族 | 界别 | 现任职务 | 常委 |
|---|---|---|---|---|---|---|
| 1 | 平措多吉 | 男 | 藏族 | 中共界 | 县政协主席 | 常委 |
| 2 | 边巴索朗 | 男 | 藏族 | 中共界 | 县委常委、统战部部长 | 常委 |
| 3 | 边巴扎西 | 男 | 珞巴 | 中共界 | 县政协副主席 | 常委 |
| 4 | 扎西措姆 | 女 | 门巴 | 中共界 | 县政协副主席 | 常委 |
| 5 | 郑　明 | 男 | 汉族 | 中共界 | 县政协副主席 | 常委 |
| 6 | 罗布次旺 | 男 | 藏族 | 中共界 | 县政协办公室主任、四级调研员 | 常委 |
| 7 | 白玛扎巴 | 男 | 藏族 | 中共界 | 县扶贫办主任 | |
| 8 | 阿归 | 女 | 藏族 | 中共界 | 县财政局副局长、二级主任科员 | |
| 9 | 嘎玛欧珠 | 男 | 藏族 | 民族界 | 县政协副主席 | 常委 |
| 10 | 晋美扎西 | 男 | 藏族 | 民族界 | 县交通局四级调研员 | |
| 11 | 曲珠 | 男 | 藏族 | 民族界 | 县交通局局长 | |
| 12 | 央前拉姆 | 女 | 门巴 | 民族界 | 墨脱镇米日村村民 | |
| 13 | 阿旺索朗 | 男 | 门巴 | 民族界 | 德兴乡易贡白村村民 | |
| 14 | 格桑 | 女 | 门巴 | 民族界 | 背崩乡巴登村村民 | |

续表7

| 序号 | 姓名 | 性别 | 民族 | 界别 | 现任职务 | 常委 |
|---|---|---|---|---|---|---|
| 15 | 卓玛拉吉 | 女 | 珞巴 | 民族界 | 达木乡贡日村村民 |  |
| 16 | 扎西拉姆 | 女 | 珞巴 | 民族界 | 达木乡达木村村民 |  |
| 17 | 平措 | 男 | 珞巴 | 民族界 | 加热萨乡拉贡村村民 |  |
| 18 | 白玛多杰 | 男 | 珞巴 | 民族界 | 县综治办主任 |  |
| 19 | 扎西久美 | 男 | 藏族 | 民族界 | 甘登乡甘登村村民 |  |
| 20 | 伟红 | 男 | 藏族 | 民族界 | 格当乡桑珍卡村村民 |  |
| 21 | 次旺 | 男 | 门巴 | 农业界 | 背崩乡波东村村民 | 常委 |
| 22 | 平措巴登 | 男 | 门巴 | 农业界 | 甘登乡甘登村村民 | 常委 |
| 23 | 顿珠 | 男 | 门巴 | 农业界 | 墨脱镇亚让村村民 |  |
| 24 | 姑姑拉姆 | 女 | 门巴 | 农业界 | 墨脱镇玛迪村村民 |  |
| 25 | 桑杰贡嘎 | 男 | 门巴 | 农业界 | 墨脱镇亚东村村民 |  |
| 26 | 曲达 | 男 | 门巴 | 农业界 | 德兴乡那儿东村村民 |  |
| 27 | 小平错 | 男 | 门巴 | 农业界 | 德兴乡荷扎村村民 |  |
| 28 | 尼玛次仁 | 男 | 门巴 | 农业界 | 墨脱镇墨脱村村民 |  |
| 29 | 次久罗布 | 男 | 门巴 | 农业界 | 德兴乡德兴村村民 |  |
| 30 | 仁青曲珍 | 女 | 门巴 | 农业界 | 德兴乡巴登则村村民 |  |
| 31 | 桑杰卫色 | 男 | 门巴 | 农业界 | 背崩乡背崩村村民 |  |
| 32 | 仁青曲扎 | 男 | 门巴 | 农业界 | 背崩乡地东村村民 |  |
| 33 | 达瓦杰增 | 男 | 门巴 | 农业界 | 背崩乡德尔贡村村民 |  |
| 34 | 次仁 | 女 | 珞巴 | 农业界 | 达木乡卡布村村民 |  |
| 35 | 旺扎次旦 | 男 | 藏族 | 农业界 | 格当乡布龙村村民 |  |
| 36 | 嘎玛多吉 | 男 | 藏族 | 农业界 | 格当乡格当村村民 |  |
| 37 | 多吉次仁 | 男 | 门巴 | 农业界 | 格当乡多龙岗村村民 |  |
| 38 | 旺久 | 男 | 门巴 | 农业界 | 帮辛乡宗容村村民 |  |
| 39 | 次珠 | 男 | 珞巴 | 农业界 | 加热萨乡久当卡村村民 |  |
| 40 | 旺堆 | 男 | 珞巴 | 农业界 | 加热萨乡加热萨村村民 |  |
| 41 | 达瓦江措 | 男 | 门巴 | 宗教界 | 仁青崩寺僧人 |  |
| 42 | 次成 | 男 | 藏族 | 宗教界 | 仁青崩寺僧人 |  |

续表7

| 序号 | 姓名 | 性别 | 民族 | 界别 | 现任职务 | 常委 |
|---|---|---|---|---|---|---|
| 43 | 列格罗布 | 男 | 门巴 | 宗教界 | 玛尔蚌寺僧人 | |
| 44 | 建阿次仁 | 男 | 藏族 | 宗教界 | 格当寺僧人 | |
| 45 | 玉 扎 | 男 | 藏族 | 宗教界 | 曾久寺僧人 | 常委 |
| 46 | 次旦卓玛 | 女 | 珞巴 | 妇女界 | 加热萨乡达昂村村民 | |
| 47 | 桑 姆 | 女 | 藏族 | 妇女界 | 格当乡占根卡村村民 | |
| 48 | 桑措姆 | 女 | 门巴 | 妇女界 | 帮辛乡根登村村民 | |
| 49 | 拉巴次仁 | 男 | 藏族 | 文化界 | 县水利局长 | |
| 50 | 格桑达瓦 | 男 | 藏族 | 文化界 | 县外事办主任、四级调研员 | |
| 51 | 旦 增 | 男 | 藏族 | 科技界 | 达木乡二级主任科员 | |
| 52 | 袁瑜贵 | 男 | 汉族 | 科技界 | 县农牧局副局长、二级主任科员 | |
| 53 | 白玛措姆 | 女 | 门巴 | 教育界 | 背崩乡中心小学校长 | |
| 54 | 扎西江措 | 男 | 门巴 | 经济界 | 农行墨脱县支行副行长 | |
| 55 | 李海东 | 男 | 门巴 | 卫生界 | 县疾控中心主任 | |
| 56 | 唐 斌 | 男 | 汉族 | 工商界 | 个体工商户 | |
| 57 | 大多吉 | 男 | 门巴 | 工商界 | 个体工商户 | |
| 58 | 黄昌全 | 男 | 汉族 | 工商界 | 个体工商户 | 常委 |

## 中国人民政治协商会议墨脱县委员会办公室

【概况】 年内,在县委的坚强领导下,在林芝市政协的精心指导下,在县政协党组的直接领导下,墨脱县政协办公室高举习近平新时代中国特色社会主义思想伟大旗帜,认真学习贯彻十九大和十九届二中、三中、四中全会精神,紧紧围绕全县改革发展稳定工作大局和政协常委会工作,以推进政协事业为首要任务,做好文稿起草、会务筹备等工作,不断加强自身建设,团结协作、积极进取,求

2019年10月18—19日,林芝市政协副主席崔晓东(右一)一行在墨脱县调研乡村幼儿园建设工作,墨脱县政协副主席郑明(左四)等陪同

实创新、真抓实干，较好地完成了县委、政协及领导交办的各项工作任务。2019年，县政协办公室有干部职工5名，其中主任1名、副主任1名、科员3名。

【政治理论学习】 2019年，县政协办公室坚持把学习习近平新时代中国特色社会主义思想作为汲取营养、提高本领的重要途径，深入学习中国特色社会主义理论体系和习近平总书记系列重要讲话精神，认真学习贯彻中央、区党委、市委及县委重要会议精神、重大决策部署，确保了党的方针政策和党中央决策部署不折不扣的落实。同时，针对学习教育的总体安排、学习内容等要求，细化分解学习任务，做到了理论学习月月有安排、周周有计划。全年县政协办公室党支部共组织召开政治理论学习会议42次。

【做好调研议政服务工作】 2019年，县政协办充分发挥政协和政协机关的优势，切实做好团结各界、凝聚人心、促进和谐的工作，认真听取不同阶层、不同群体人士意见，关注社会公平正义，协助县委和县政府协调关系，化解阻力，形成合力，把智慧和力量凝聚到实现县委、县政府提出的目标任务上来。围绕县委的中心工作，组织政协委员选择重点工程、项目建设情况、人民群众普遍关心的热点、难点问题进行调查视察，形成高质量调研报告报县委、县政府。通过走访及时了解政协委员在思想、工作、生活等方面的情况，激发政协委员参政议政热情。

【视察交流】 2019年，凡上级或区内(外)政协到墨脱县进行调研、视察、考察等活动时，县政协办公室按照中央"八项规定"有关要求，严格执行公务接待，规范接待程序，认真拟定具体的接待方案，悉心接待。

【精心办文】 2019年，县政协办认真对照《中国共产党机关公文处理条例》和《国家行政机关公文处理办法》的规定，在起草文件和材料的过程中，做到认真拟稿，仔细缮改，力求正确无误。严格按照公文审签程序，对每份文件材料的格式、内容、语言规范性等进行认真细致的校核，确保文件格式统一、规范。对来文及时登记传阅、迅速办理、归档。

2019年4月6日，墨脱县政协办公室党支部组织开展主题党日活动——为群众义务采茶

【服务政协履职】 2019年，县政协办公室加强同政协委员的沟通联系，周密筹备、多方协调，为召开政协第九届墨脱县委员会第三次会议及常务委员会议提供后勤保障。努力做好材料起草、会场布置、会议服务、食宿交通安排、材料收集整理等工作，为全会的圆满召开做好保障。定期同提案办理单位进行联系，跟进提案办理情况，并及时同委员进行联系，了解掌握委员对提案办理情况的满意度，进一步提高提案办理的有效性。全力做好视察调研、考察交流的后勤保障工作及周边政协来访接待工作，推动政协交流联谊工作，加强与各乡镇、部门之间的工作联系，形成了上下贯通、协调一致、互助共进的工作格局。

【党的建设】 2019年，县政协办公室以每周固定学习日、主题党日活动、政治教育、干部上讲台等

活动为平台,聚焦"不忘初心、牢记使命"主题,组织干部职工集中深入学习中国特色社会主义理论体系和习近平总书记系列重要讲话精神,认真学习贯彻中央、区党委、市委及县委一系列重要会议精神、重大决策部署,教育引导干部职工进一步坚定党员理想信念,树牢"四个意识",坚定"四个自信",坚决做到"两个维护",自觉维护祖国统一和民族团结,旗帜鲜明反分裂、保稳定。2019年,共组织开展支部学习50余次,党员政治教育培训32课时,党日活动12次。召开支部党员大会4次,支委会14次,上党课3次。

(熊 杰)

【机构领导】

主 任

罗布次旺(藏族)

副主任

尼玛拉姆(女,藏族)

## 中国人民政治协商会议墨脱县委员会提案委员会

【概况】 2019年4月,根据《墨脱县机构改革方案》精神,设立政协墨脱县委员会提案委员会(正科级)。2019年9月,根据《中共墨脱县委员会办公室关于印发〈墨脱县政协机关职能配置和人员编制方案〉的通知》精神,政协墨脱县委员会提案委员会核定行政编制1名,科级领导职数2名(其中正科级、副科级各1名)。实有科级领导1名。

【主要职责】 负责政协委员提案的征集、初审等工作。起草报请墨脱县政协全体会议审议的提案工作情况报告以及相应决议草案、提案审查情况报告。承担提案委员会所联系的界别委员的视察、调研等活动的组织协调工作。

【机构领导】

主 任

索朗曲珍(女,门巴族,5月任)

## 中国人民政治协商会议墨脱县委员会社会建设和外事教科卫体委员会

【概况】 2019年4月,根据《墨脱县机构改革方案》精神,经与市政协办请示沟通、与县委编办沟通协调,并请示县委同意,设立政协墨脱县委员会社会建设和外事教科卫体委员会(正科级)。2019年9月,根据《中共墨脱县委员会办公室关于印发〈墨脱县政协机关职能配置和人员编制方案〉的通知》精神,政协墨脱县委员会社会建设和外事教科卫体委员会核定科级领导职数2名(其中正科级、副科级各1名)。实有科级领导1名。

【主要职责】 负责组织学习宣传党、国家和自治区、市、县社会、经济、人口资源环境、农业农村、外事、教育、科级、卫生、体育方面的方针政策和法律法规,就社会、经济、人口、资源、环境、"三农"、外事、教育、科级、卫生、体育方面问题开展调查研究,提出意见、建议和提案,团结和联系界别委员反映社情民意,组织协调界别委员的视察、调研等活动。

【机构领导】

主 任

格桑多吉(藏族,11月任)

## 中国人民政治协商会议墨脱县委员会文化文史民族宗教法制委员会

【概况】 2019年4月,根据《墨脱县机构改革方案》精神,设立政协墨脱县委员会文化文史民族宗教法制委员会(正科级)。2019年9月,根据《中共墨脱县委员会办公室关于印发〈墨脱县政协机关职能配置和人员编制方案〉的通知》精神,政协墨脱县委员会文化文史民族宗教法制委员会核定科级领导职数2名(其中正科级、副科级各1名)。实有科级领导1名。

【主要职责】 负责组织学习宣传党、国家和自治区、市、县文化艺术文史、民族宗教、法制方面的方针政策和法律法规,就文化艺术文史、民族宗教、法制问题开展调查研究,提出意见、建议和提案,团结和联系界别委员反映社情民意,组织协调界别委员的视察、调研等活动。承担墨脱文史资料征集、编纂工作。

【机构领导】

副主任

嘎玛措姆(女,门巴族,11月任)

## 中共墨脱县纪律检查委员会（墨脱县监察委员会）

【概况】 年内，墨脱县纪委监委在市纪委监委和县委的坚强领导下，坚持以习近平新时代中国特色社会主义思想为指导，全面贯彻落实党的十九大和十九届二中、三中、四中全会精神，认真学习贯彻落实十九届中央纪委三次全会、自治区纪委九届四次全会和市纪委一届五次全会精神，增强"四个意识"，坚定"四个自信"，做到"两个维护"。按照全面从严治党向基层延伸的要求，积极运用监督执纪"四种形态"，坚定不移惩治腐败，稳步推进监察体制改革，忠诚履职、勇于担当、真抓实干，不松劲、不停步、再出发，推动党风廉政建设和反腐败工作向纵深发展。墨脱县纪委监委核定行政编制11名，事业编制3名，内设机构5个（综合室、党风政风监督室、监督检查室、审查调查室、案件审理室），下设所属事业单位信息中心1个。2019年，县纪委监委实有人数17名（其中藏族4名、土家族1名、门巴族2名、白族1名、汉族9名；本科14名、大专3名）。

【践行"两个维护"】 2019年，县纪委监委牢固树立"四个意识"，切实担负起坚决维护习近平总书记核心地位、坚决维护党中央权威和集中统一领导的重大政治责任。深入学习贯彻习近平新时代中国特色社会主义思想，召开15次常委会和集体学习会议进行专题学习，带动全县纪检系统在学懂弄通做实上下功夫，找准做好新时代纪检监察工作的坐标和方向，自觉担当起在推动全县经济社会高质量发展中的政治责任。深入开展对脱贫攻坚、扫黑除恶、基层减负等工作的监督检查，对落实不力、失职失责的29名党员领导干部严肃问责，保障县委和各级党委（党组）重大决策部署贯彻落实。把抓好中央第三巡视组脱贫攻坚专项巡视反馈意见整改作为重大政治任务，由县纪委监委领导班子带队，督促各乡（镇）党委和部门落实主体责任，从严从实推动整改，56项任务已全部整改完成。

【县纪委八届四次全会】 2019年3月18日，中共墨脱县第八届纪律检查委员会第四次全体会议第一次会议召开，会议由县委常委、纪委书记、监委主任朱宇峰主持，县委书记旺东，县委副书记、县长魏长旗，县四大班子在岗领导，八届县纪委委员，各乡（镇）党委书记、纪委书记，县纪委全体干部167人参加会议。会议主要任务是：深入学习贯彻习近平新时代中国特色社会主义思想、党的十九大精神、自治区纪委九届四次全会和林芝市纪委一届五次全会精神，深入推进全面从严治党向纵深发展，安排部署全县2019年党风廉政建设工作，动员各级党政组织和广大党员干部，认清形势，统一思想，坚定信心，进一步把全县反腐倡廉工作引向深入。

【监督问责】 2019年，县纪委监委坚持把监督放在首位、挺在前面，着力推进纪律监督、监察监督、巡察监督紧密衔接、同向发力，把权力置于严密监督之下。组织人员深入各单位、政务服务

2019年6月14日，中央纪委援藏干部、西藏自治区纪委案件审理室主任张新（右排右二）一行在墨脱县纪委监委开展案件审理工作调研及案件质量评查工作

大厅、医院、乡(镇)等11个服务接待窗口单位开展专项监督检查工作,重点检查便民服务接待窗口是否存在"矮窗"、工作制度是否结合实际、群众办事是否方便和工作人员是否在岗等问题,并对检查中发现的2项问题进行现场提醒整改,做到立行立改。加强干部选拔任用监督,把好选人、用人廉政鉴定关口,开展干部廉政集体谈话3次,224人参加集体廉政谈话,做出廉政意见154份。充分发挥警示教育预防功能,对2019年度新任转任163名领导干部开展任前廉政考试,对特殊原因未参加考试的干部及时进行了补考,确保全覆盖、无遗漏。开展集中警示教育活动,组织800余人次党员干部观看《作风建设在路上》《榜样》《决不饶恕》等警示教育片,撰写心得体会800余篇,通过反面典型案例,让党员干部引为镜鉴、心存戒惧、知错知止。采取明察暗访、随机抽查、突击检查等形式对全县党员干部职工在履行政治纪律、工作纪律、遵守八项规定等方面开展监督检查50余次,120余人次参与监督检查,查处违反中央八项规定精神2件,立案1人。运用问责手段倒逼党组织和领导干部履行责任,问责领导干部55人,党纪政务处分11人,组织处理45人,发出纪律检查建议2份、监察建议1份。

【查处违纪违法】 2019年,县纪委监委始终坚定不移正风肃纪、反腐惩恶,做到"清仓见底,有案必查"。全年共发现和接受信访举报37件次,初核35件,函询2件,立案5件,了结26件,正在办理9件,收缴违纪资金100万余元,挽回经济损失34万余元。运用"四种形态"共处理违纪违法党员干部55人次,其中,充分运用第一种形态,谈话提醒、约谈函询、诫勉谈话等42人次,占总人次的76.36%;妥善运用第二种形态"党纪轻处分和组织处理"1人次,占总人次的1.82%;准确运用第三种形态,给予重处分、重大职务调整2人次,占总人次的3.64%;合理运用第四种形态,依规依纪依法处理严重违纪违法涉嫌犯罪的党员干部10人次,占总人次的18.18%。监督执纪由"惩治极少数"向"管住大多数"拓展,取得了良好的社会效果。

【党风廉政宣教】 2019年,县纪委监委抓住元旦春节、清明端午、中秋国庆等关键节点,制订下发了关于廉洁过节通知5份,发送廉洁短信6000余条,利用各单位LED滚动播出廉洁过节标语、在县纪委监委微信公众号上重申纪律要求、要求各单位开节前教育会等方式营造廉洁过节的氛围。同时在节假日期间开展监督检查40余次,110余人次参与,形成了对党员干部节日行为的刚性纪律约束。全年集体组织、自发组织参观廉政警示教育基地52余次,受教人数达714人次。组织全县55家单位参加第二十四个党风廉政宣传教育月活动,制作宣传展板10个,发放宣传书籍、手册、宣传单等共1600余份,受教人数达1500余人。全县各乡镇、各单位开展集中警示教育100余次,干部讲廉政党课30余次,受教人数达2000余人次。组织441名党员干部参加《中国共产党章程》《中国共产党廉洁自律准则》《中国共产党纪律处分条例》等党纪党规测试。转发、印发各类通报42份,集中在电视、微信公众号、LED显示屏等平台,公开曝光各种违规违纪行为,做到对违规违纪行为和"潜规则"行为的及时曝光。

【整治群众身边腐败和作风问题】

2019年,县纪委监委制订《墨脱县扶贫领域作风问题专项治理工作方案》,把扶贫领域专项治理工作与整治群众身边腐败和作风问题及整治领导干部利用名贵特产资源谋取私利问题相结合,充分发挥信访主渠道作用,利用互联网、微信等科技手段,设置举报箱10个、举报电话10部,举报邮箱1个,微信举报平台1个。全年发现和收到扶贫领域问题线索13条,已全部办结,其中,对5人进行诫勉谈话,5人进行谈话提醒,约谈6人,批评教育5人,对扶贫领域主体责任落实不到位,监督职责履行不到位的乡镇纪委书记8人进行约谈。围绕党中央、区党委和市委相关决策部署和工作会议精神,开展扶贫领域监督检查130余次,梳理问题80个,下发督办通知10份,完成76个整改问题。按照《墨脱县关于开展扫黑除恶打非治乱专项斗争的工作方案》,找准扫黑除恶与反腐

"拍蝇"结合点，深挖彻查放纵、包庇黑恶势力甚至充当"保护伞"的党员干部，充分利用县纪委监委资源优势签订墨脱县扫黑除恶打非治乱专项斗争承诺书1份、设置举报箱10个，悬挂宣传横幅10余条，张贴海报30余份，开展扫黑除恶监督检查50余次。对1起涉恶案件启动"一案三查"（既要查办黑恶势力，又要追查黑恶势力背后的"关系网"和"保护伞"，还要倒查党委、政府的主体责任和有关部门的监管责任）程序，开除党籍8人，党内警告1人，诫勉谈话3人，约谈3人，谈话提醒1人。

【监察体制改革】 2019年，墨脱县成立以县委书记旺东为组长的墨脱县推动监察工作向基层延伸改革试点工作领导小组，并制定《墨脱县关于推动监察工作向基层延伸改革试点工作的实施方案》，在8月下旬实现全县7乡1镇派出监察室机构人员配置、工作职责和权限、工作机制三到位，基本实现监察工作全覆盖。建立《墨脱县纪委监委领导班子成员分片联系指导乡（镇）纪委工作制度》，6位委领导分6个组指导7乡1镇纪检监察工作，各乡（镇）纪委履职能力进一步提升。

【干部队伍建设】 2019年，县纪委监委结合"不忘初心，牢记使命"主题教育活动，围绕守初心、担使命召开动员部署会，旗帜鲜明讲政治，带头维护以习近平同志为核心的党中央权威和集中统一领导，努力在深入学习贯彻习近平新时代中国特色社会主义思想上作表率，在自觉同党中央保持高度一致上作表率，在坚决贯彻落实党中央各项决策部署上作表率。开展领导干部讲党课8次，集中观看警示教育片《榜样》《决不饶恕》6次，撰写心得体会60余篇。参加"红色夜校"学习6次，开展主题党日活动12次。认真安排学习十九大精神、各级纪委会议和讲话精神30余次，先后安排21人次参加区、市纪委监委组织的集中培训学习，1人到广东跟班学习，1人到福建挂职锻炼，1人到区纪委跟班学习、3人到市纪委跟班学习、组织乡（镇）纪检干部8人到县纪委跟班学习。突出以案为教、以案释法，举办纪检监察系统综合业务培训班3期，培训纪检监察干部40人。

（娄发才）

【机构领导】

县委常委、纪委书记、监委主任、三级调研员

　　朱宇峰（12月晋升三级调研员）

县纪委副书记、监委副主任、一级主任科员

　　贺　伟（12月任县纪委副书记、监委副主任）

　　米玛次仁（藏族）

县纪委二级主任科员

　　达瓦拉姆（女，藏族，6月套转）

县纪委常委、监委委员

　　旦增顿珠（藏族）

县纪委常委、案件审理室主任

　　王晓辉

县监委委员、二级主任科员

　　陈冠羽（6月套转）

县纪委审查调查室主任

　　次旦卓玛（女，门巴族，11月任）

县纪委综合室主任

　　桑杰措姆（女，门巴族，11月任）

县纪委监委信息中心主任

　　李世珺（女，藏族，5月任）

县纪委四级主任科员

　　娄发才（6月套转）

2019年9月16日，墨脱县纪委监委召开纪检监察系统综合业务培训班动员会

## 中共墨脱县委组织部

【概况】 年内,在市委组织部的精心指导下,在县委的坚强领导下,墨脱县委组织部坚持以习近平新时代中国特色社会主义思想为指导,以党的政治建设为统领,以提升组织力为重点,聚焦主责主业、强化担当作为,崇尚实干,狠抓落实,注重实效,各项工作有序推进,有效提高了服务全县工作整体水平,为加快全县社会经济发展、全面建成小康墨脱提供了有力的组织保障。2019年,墨脱县委组织部实有工作人员24名,其中,县处级1名,正科级1名,副科级8名,科办员8名、事业干部6名,少数民族干部5名,女干部9名。

2019年,全县共有基层党组织132个,其中党(工)委13个,党组5个,党总支1个,党支部113个。全县共有党员2368名,其中农牧民党员1325名,占55.95%;机关事业单位党员873名,占36.86%;妇女党员746名,占31.50%;离退休党员106名,国企3名,其他从业人员61名。

【自身建设】 在"系统化"领悟中把握精髓要义。2019年,县委组织部部务会执行"先学习后议事"制度,带头落实领导干部上讲台要求,部领导积极参加县委理论中心组学习教育,及时组织组工干部学习研讨23场次,做到先学一步、学深一层。

在"精准化"学用中增强落实效果。组工干部把学习贯彻习近平新时代中国特色社会主义思想、党的十九大精神、十九届四中全会、区党委九届三次全会、市委一届七次全会精神作为首要政治任务,全面实施"党员干部能力素质作风建设提升年"活动,开展机关作风业务比拼活动,着力打造"拉出来能干、站起来能讲、坐下来能写"的"三能"组工干部。立足党员政治教育规范化、常态化、实效化,强组织、抓规范、定科目、强措施,组织全体党员开展集中政治教育,同时将非党员的组工干部同步纳入学习,确保人人参与,全年完成了不少于32个学时的教育任务。

【以主题教育为载体,理论武装得到新提升】 加强组织领导。2019年,县委印发了"不忘初心、牢记使命"主题教育实施方案,并成立主题教育领导小组,组长由县委书记旺东担任,办公室设在县委组织部,由县委组织部部长担任办公室主任;其他党组也成立相应的领导小组及其办公室,各乡镇党委参照县委开展主题教育工作,成立主题教育领导小组及办公室;各党支部根据县委要求,不设领导小组及办公室,结合实际制定了主题教育工作计划安排表,根据县委主题教育办安排统筹推进主题教育工作。

分级分类开展。县处级领导按照中央、区党委、市委和县委要求,集中开展学习教育、专题调研、检视问题和整改落实工作,县委班子由县委主题教育办和县委办协调组织,政府领导由政府办协调组织,人大、政协、法院、检察院领导由人大办、政协办、法院、检察院联合组成主题办开展;各乡镇党委班子参照县委班子开展主题教育工作,由乡镇主题办负责协调组织,全县其他党员(含村农牧民党员)以党支部为载体开展主题教育,重点做好"十个一"(表彰一批基层党建先进典型,召

2019年3月5日,墨脱县委书记旺东开展"党旗进农家"活动

开一次庆"七一"座谈会,开展一次集中上党课活动,开展一次"下基层、送温暖"活动,积极发展一批新党员,集中展播一批优秀电教专题片,组织观看一批红色影视剧,开展一次"唱红歌、读经典、讲故事、学典型"活动,开展一系列革命传统教育活动,开展一次党建成果集中宣传活动)活动。

抓好学习教育。县委理论学习中心组召开主体教育专题研讨会,所有县级领导在会上进行了分专题研讨,围绕主题教育9个专题和党的十九届四中全会精神开展6次研讨,县委班子领导发言4次,其他领导发言3次;邀请市委党校高级讲师开展"送教下乡、进机关"活动;依托"雪域清风"公众号,组织全县441名党员干部,开展"不忘初心、牢记使命"主题教育党风廉政教育网上答题活动;安排高荣、卫军、格桑德吉等先进人物宣讲队、退休老干部宣讲队和各乡镇"主题教育+四讲四爱"宣讲团在内的10个主题教育宣讲团队,开展了120余场次宣讲,受众人数10000余人次;开展党员政治承诺活动,1500余名党员面对党旗进行政治承诺宣誓,1000余名党员签订了政治承诺书,旗帜鲜明地与达赖和达赖集团划清界限,不做"两面人"、不当"两面派"。

抓好专题调研。县级领导围绕10个调研专题,开展了调研时间不少于7天的调研,并完成调研报告。县处级领导在专题调研结束后,到分管部门分管领域开展讲党课活动。县处级领导在调研过程中,为民服务解难题100余件。

抓好检视问题。全县各级党组织、全体党员对照习近平总书记提出的"四个对照"(对照新时代中国特色社会主义思想和党中央决策部署;对照党章党规;对照人民群众新期待;对照先进典型、身边榜样)、"四个找一找"(找一找在增强"四个意识"、坚定"四个自信"、做到"两个维护"方面存在哪些差距;找一找在知敬畏、存戒惧、守底线方面存在哪些差距;找一找在群众观点、群众立场、群众感情、服务群众方面存在哪些差距;找一找在思想觉悟、能力素质、道德修养、作风形象方面存在哪些差距),对照党的十九届四中全会精神检视查摆自身问题。全年县处级以上领导检视问题214条,并完成整改。

抓好专项整治。针对区党委提出的12个专项整治任务,制定了整治方案,明确整改措施82个,并已完成整改。为做好专项整治工作,成立了专项整治工作小组,设在县纪委监委,由县纪委副书记、监委副主任担任组长,加强组织领导。针对市委提出的6大类16项28个问题,墨脱县制定整改方案,明确了责任人及牵头单位,同时结合墨脱县实际,制定整改措施92个,已完成整改。墨脱县边学边查边改期间,查摆出4大类15个实际问题,及时制定了整改方案,明确责任人及牵头单位,制定整改措施46条,已完成整改。

狠抓"十个一"活动。全县各级党支部采取"三会一课"、主题党日和"学习强国"、雪域清风等线上线下平台,创新开展"十个一"活动,全县各基层党支部在学好一本书的基础上,开展集中交流讨论170余次,组织轮训600余人次,组织重温入党誓词和接受廉政警示教育5000余人次,所有党支部书记都开展了上党课活动。在做好规定动作的同时,围绕为民服务、守边固边、军地

2019年11月29日,墨脱县委副书记、县长魏长旗(左)开展送领袖像暨"党旗进农家"活动,图为魏长旗为多龙岗搬迁群众次仁群培一家送上党旗

融合、讲好墨脱故事等方面开展活动120余场次，参与干部群众4000余人次，特别是强国平台晒积分、支部例会抒己见、考试测评检成效、问题清单找缺点等学习方式和烈士陵园缅先烈、进村入户送温暖、高山茶园种金叶、景区景点保卫生等系列活动，增强了主题教育的参与度、时代感、吸引力和感染力。

【驻村工作】 抓党建引领，筑牢基层堡垒。2019年，全县各级驻村工作队始终牢记基层党组织是村内各项工作稳步发展、全面开花的有力保障，严格按照基层组织建设"五个好"的标准，发挥"传、帮、带"作用，帮助班子成员树立威信、促进工作、提高能力，使村党支部成为村内各项工作的主要阵地，全年共为村干部上文化课1800学时、上党课469学时，协助村"两委"召开村情民意群众会议698场次，妥善处理、化解各类矛盾170件，协助完善村内各类制度430个，协助村党支部发展党员39人、预备党员39人。

抓民生工程，构建返贫堤坝。各级驻村工作队始终将民生工程作为脱贫攻坚工作的一项重要工作，充分发挥派出单位优势和自身资源，积极为群众找到致富渠道，打造致富技能，从各渠道争取项目30个、资金246万元，组织开展技能培训105次，帮助贫困群众转移就业261人，增加现金收入176.9万元。

抓乡村建设，助力振兴工作。围绕努力建设产业兴旺、生态宜居、乡村文明、治理有效、生活富裕的美好家园的奋斗目标，工作队积极帮助村"两委"理清村内发展思路234条，制定实施经济发展规划154项，开展就业、创业宣讲教育414场次，激发167人参与到大众创业、万众创新活动中。

【组织体系建设】 区分主体，多层次教育培训。2019年，县委组织部依托区、市、县、乡、村五级教育资源，常态化开展"红色夜校"教育，全县113个基层党支部深入开展"做合格党员、当先锋模范"活动，结合"三会一课""两学一做"常态化制度化教育、"主题党日""党旗进农家"等活动，扎实开展党员政治教育，全县2300余名党员政治教育32学时任务实现全覆盖。

推进村级组织活动场所标准化建设。明确44个村级组织活动场所建设任务，原村级组织活动场所总面积5312.1平方米，新建及改扩建村级组织活动场所总面积为23084.285平方米，2019年底已建设完成26个，投入使用8个，新修建的村级组织活动场所严格按照"三化""四性""八个阵地"要求进行打造，投入使用的活动场所已成为农牧民群众愿意来、经常来的坚实基层阵地，切实发挥出活动场所凝聚人心的堡垒作用。

软弱涣散党组织整顿。建立软弱涣散村整顿转化长效机制，确定出9个软弱涣散党支部，其中村党支部6个，机关党支部1个，行业党支部2个，并分门别类建立台账，明确整顿目标、责任人、时限。2019年底，9个软弱涣散党组织均已完成整顿工作。

基层党组织扫黑除恶排查。深入排查梳理扫黑除恶专项斗争消息线索11条，形成扫黑除恶专报29篇。针对"9.01"案件成立专项督导组，进驻贡日村蹲点，走村入户，向县委反馈相关信息23

2019年9月12日，墨脱县委常委、组织部部长陈金鑫（左）在德兴村为老党员佩戴党徽

次，切实夯实基层扫黑除恶组织基础。

全县基层组织换届"回头看"工作。排查出不胜任需调整村干部4名，长期不在岗村干部2名。6月20日，完成不胜任需调整村干部所在村"两委"班子及村务监督委员会补选工作。

边境党建。2019年，墨脱县共投入30余万元开展军地共建各项活动；与77650部队沟通选派15名部队军官到边境一线村党支部开展互帮互助活动，22个机关党支部与边防部队党支部结对共建，14个边境一线村党支部与边防部队结对共建；重点从热心农村工作的回乡大学生中公开招聘乡村振兴专干，共招聘32名乡村振兴专干，协助村党组织书记、村委会主任开展工作，逐步培养乡村振兴专干为村后备干部；立足边境一线实际，整合甘登乡、加热萨乡不通路地区资金，共投入267.5万元修建亚东村扶贫商住楼，分配一、二、三层收入归亚东村集体经济收入，四、五层收入归甘登乡甘登村、加热萨乡曾久村村集体经济收入，实现既可以调动经营人员的积极性，又可以增加村集体经济收入的路子和办法。

【干部队伍建设】 2019年，县委组织部始终坚持党管干部原则，严格按照《党政领导干部选拔任用工作条例》和有关规定开展干部选拔任用工作，共提任调整干部160名，对22名试用期满干部进行考核任职，机构改革对40名一般干部进行岗位调整，圆满完成职级套转工作，审批套转职级人员328人；落实"凡提必考"制度，认真开展县管干部任前政治理论及廉政法规知识考试，强化领导干部廉洁从政意识，做到关口前移，防患于未然；实行结对帮带制度，对61名新提任、进一步使用的副科级干部，由各单位指定一名工作经验丰富的班子成员进行结对子一对一帮带，帮助新任干部尽快熟悉岗位、发挥作用；加强干部考察考核工作，对接筹备1名金融系统挂职干部期满考核，对22名试用期满干部进行考核并任职，对全县561名扶贫干部队伍进行专项考核并开展大调研大谈心大落实活动，对接筹备8名援藏干部考察和服务期满考核工作，认真做好第八、九批援藏干部人才轮换和服务管理工作；严把干部调动关口，按照规定程序，履行好审核审批职责，确保干部队伍相对稳定、流动合理有序，全年干部调出10人，调入8人，县内调动（岗位调整）31人；加强干部日常监督，始终坚持"严是爱、松是害"原则，联合相关单位对干部在岗、遵守纪律和工作作风等方面情况进行监督检查20余次，坚持严肃问责，绝不姑息，对干部队伍的苗头性倾向性问题开展提醒谈话19人次，对"为官不为"的及时调整任职，在干部队伍中营造能者上、庸者下的浓厚氛围，使干部队伍始终充满生机与活力，全年共调整不适宜担任现职干部13人；从严从实抓好干部人事档案，围绕服务干部、服务人才原则，深入学习《干部人事档案工作条例》，切实加强档案人员政治素养和业务能力提升，积极配合公务员局在公务员职务与职级套转工作中审核档案853册，同时从严审档转档，共转递59人次档案材料106份。

【优化人才队伍】 2019年，县委组织部坚持"人才是经济社会发展的第一资源"的鲜明导向，加

2019年3月21日，墨脱县举行党政机构改革部门揭牌仪式

强党管人才工作力度,贯彻落实《西藏自治区专招大学生管理办法(试行)》及林芝市委对专招生的政策要求,着力打造一支数量充足、门类齐全、专业配套、结构合理、素质优良的人才队伍,制定《墨脱县加强人才队伍建设实施意见》,全力推进人才队伍建设,为全面建成小康社会提供坚强的智力支撑。主动承担牵头抓总职能,成立相关领导机构,设立工作专班,主动深入调研分析,及时总结经验,相互交流作风,推进三级医院对口帮扶工作不断向纵深发展;充分发挥个人专长,建立动态成长档案,制定个性化培养方案,以"讲、谈、带"的方式,通过一对一带动辅导的措施,实施"墩苗体能"工程,在基层党建、维护稳定、脱贫攻坚等岗位提供锤炼党性、提升自我的平台,营造温馨舒适的居住环境,促使其安心工作,扎根墨脱。2019年,共有7名专招生到墨脱县工作。

【机构编制工作】 2019年,县委编办按照深化机构改革工作的总体部署要求,规范程序、分步实施、有序推进,先后完成17家新组建(更名)单位挂牌揭牌、场所调配、人员转隶以及总结验收等各项改革任务,突出抓实抓严三定制定,审核报批印发34个部门三定规定,开展监督检查,严肃三定的权威性,强化部门履职运行。改革前后,全县党政机构撤并8个,新组建9个,总体增加1个;人大、政协机关各增设专委会机构3个。

【老干部工作】 思想政治教育。2019年,县老干部局认真落实"三会一课"、组织生活会、主题党日活动等制度,把学习纳入计划、融入日常,共开展学习教育30次,召开座谈会8次,开展主题党日12次,引导老干部树牢"四个意识",坚定"四个自信",做到"两个维护"。

管理服务工作。在做好"两项"(政治待遇、生活待遇)待遇工作的同时,进一步加强管理服务,充分关心关注老干部生活、学习情况,在"三大节日"期间,走访慰问老干部、困难老干部,送去慰问金136500元;走访慰问生病、去世老干部家属16人,送去慰问金12835元;组织40名退休干部到内地参加健康疗养,投入资金10万元。

(梅朵措姆 毕龙金)

【机构领导】

县委常委、组织部部长
赵　敬(5月免)
陈金鑫(5月任)
县委组织部常务副部长
郭晓峰(11月任)
县委组织部副部长、编办副主任
张兴军(5月任)
县委组织部副部长、老干部局局长
梅朵措姆(女,门巴族,11月任)
县委组织部副部长、公务员局局长
黄正阳(5月任)
县委老干部活动中心主任、三级主任科员
向　林(女,门巴族,11月任三级主任科员)
县委组织部四级主任科员
索朗玉珍(女,藏族,3月任副主任科员,6月套转)
张　丽(女,5月任副主任科员,6月套转)
毕龙金(彝族,11月任)
县老干部活动中心四级主任科员
尼玛措姆(女,门巴族,1月任副主任科员,6月套转)

## 中共墨脱县委宣传部

【概况】 年内,墨脱县委宣传部以习近平新时代中国特色社会主义思想为指导,牢牢把握统一思想、鼓舞干劲、凝心聚力、促进发展的宣传理念,紧紧围绕县委政府中心工作,唱响主旋律、打好主动仗,各项工作扎实有效推进,为树立信心、化解危机、凝聚全县人民克难攻坚,实现墨脱经济社会跨越式发展提供强大的思想文化保证和舆论支持。中共墨脱县委宣传部(加挂县政府新闻办公室、县新闻出版局、县广播电视局、县网信办牌子)共有编制(含网信办)6名(现有科级领导3名,二级主任科员1名,四级主任科员1名,一级科员1名)。下设副科级事业单位墨脱县互联网评论中心,事业编制2名有工作人员4名。管理正科级单位墨脱县广播电视台,有事业编制5名,现有人员3名(台长1名,专技2名),值机工人5名,聘用未就业大学生2名,借调人员2名;管理副科级参公事业单位墨脱县文化市场综合执法大队,有编制3名。有队长1名,副队长1名,均为副科。

【理论学习】 2019年，县委理论中心组充分发挥示范引领作用，以县委理论学习中心组成员（县级领导干部）为主，学习范围扩大至县（中、区）直各单位、各乡（镇）党委、政府各1名主要干部，以县委理论中心组学习为样板，各级党委（党组）中心组、各支部理论学习更加规范，紧扣脱贫攻坚、兴边固边、生态保护、"不忘初心、牢记使命"主题教育等中心工作，设置24个学习专题，共开展学习24次，交流发言80余人次。

【"四讲四爱"群众教育实践活动】 2019年1月31日，墨脱县召开2018年度"四讲四爱"群众教育实践活动总结表彰会议，隆重表彰在活动中涌现出的"四讲四爱"先进集体和最美人物。

县委副书记、政府县长魏长旗出席会议并作讲话，县委常委、统战部部长边巴索朗主持会议，县"四讲四爱"群众教育实践活动领导小组成员；各乡（镇）党委书记、活动办负责人；县直各单位负责人；县"四讲四爱"活动办全体工作人员；县"四讲四爱"先进集体和最美人物代表参加会议。会上县委宣传部常务副部长旦增多吉通报了墨脱县2018年"四讲四爱"群众教育实践活动开展情况；县人大常委会副主任于世高宣读了《关于表彰2018年度墨脱县"四讲四爱"先进集体和最美人物的决定》；德兴乡、背崩乡、强基办代表就各自活动开展情况作交流发言。

2019年，县委宣传部通过广泛深入地开展"四讲四爱"主题教育实践活动，使广大干部群众实现中华民族伟大复兴中国梦的共同理想信念更加坚定，爱党爱国爱社会主义的感情更加深厚，拥戴信赖忠诚捍卫核心的思想意识更加牢固，对伟大祖国、中华民族、中华文化、中国共产党、中国特色社会主义的认同更加深入，维护祖国统一、维护民族团结、维护社会稳定和反对分裂的态度更加坚定，崇尚科学文明、反对封建迷信、破除陈规陋习的行为更加自觉，民主法治意识、道德文明意识、环境保护意识更加强化，学文化学知识学科学学技术的氛围更加浓厚，立志成长成才、实现自我价值、建设美丽家园的动力更加强劲，争做感党恩、听党话、跟党走的好学生。邀请自治区、林芝市宣讲团到墨脱县开展多轮示范宣讲，发挥离退休干部、致富带头人、农牧民宣讲员、村"两委"班子、驻村工作队、第一书记等力量，同时邀请全国优秀公务员高荣、全国最美退伍军人卫军、全国最美乡村教师格桑德吉围绕"奋进新时代，走好新征程"主题深入基层宣讲。制定发放"四讲四爱"主题扇子9000把，开展宣讲2544场次，受教育群众9.5万余人次，开展实践活动2325场次。

墨脱县创新活动载体，县法院组织学生开展模拟法庭课，制作了H5秘境墨脱60年成就展，开展"三官讲法"活动、"3.28"、清明节祭扫烈士墓系列活动，将美丽乡村建设创建评选列入户日常考核，开展"唱支山歌给党听"群众微拍活动；持续组织编排"四讲四爱大家唱"系列活动，持续抓好"美丽乡村清洁行动"等活动，参与人数达8.9万余人次。

【舆论引导】 2019年，墨脱县、乡（镇）、村同步开展"百姓宣讲"比赛、"弘扬时代精神 共圆伟大梦想"先进事迹巡回报告会、文艺演出等系列活动22项，受益群众4

2019年10月1日，墨脱县举办图片展活动，现场讲解新中国建设历史、西藏自治区成立建设历史和墨脱县相关历史

万余人次。县电视台制作相关新闻21条,《我为祖国送祝福》专题8期,微视频《我和我的祖国》1条,公益广告播出4个多小时、100余条,"网信墨脱"微信公众号推送新闻报道100余条,政府新闻网推送新闻报道150余条。微博发布信息39条,点击率11万余人次。墨脱县政府网发稿1362篇,全球访问达1.2万余人次,浏览1.8万余人次。围绕"我和我的祖国"主题,开展"唱支山歌给党听""我和我的祖国"微视频拍摄活动,使正面声音覆盖基层群众。

【新闻报道】 2019年,县委宣传部积极协助新华社、西藏电视台、西藏日报社等15家次媒体,在新华网、中国西藏新闻网、西藏日报、"学习强国"学习平台等刊登200余篇关于墨脱县经济社会发展中的典型事例、真人真事。如:"学习强国"学习平台转载莲花秘境的"金叶子"——西藏墨脱县茶产业发展小记;CCTV5播出西藏墨脱门巴、珞巴族学生首次参加全国性体育比赛并获奖,CCTV13播出《新中国的第一(墨脱公路通车)》;西藏日报刊载墨脱县农村客运班线正式开通;央视新闻频道播出"世界屋脊告别贫困"栏目组现场直播4场,播出新墨脱日记3篇等。县广播电视台制作新闻76期480条,制作"脱贫进行时"访谈1期、"70年·我为祖国送祝福"7期、"发现墨脱之美"栏目7期。上传市台稿件69条;市台采用58条,中央新闻联播采用2条。

【文明创建】 2019年,县委宣传部以"门珞儿女心向党、小康路上梦起航"为主题,以打造门珞文化之乡为重点目标,以"不忘初心、牢记使命"主题教育、"四讲四爱"群众教育实践活动为载体,发挥县、乡、村三级新时代文明实践志愿服务队伍、全县各级文艺队力量及各乡镇活动站、村文化活动室文化阵地作用,通过文化引领让新时代文明实践活动在群众中落地生根,让党的理论"飞入寻常百姓家"。深入一线开展"五下乡"、民族团结、志愿服务活动,丰富群众精神文化生活,全年共开展活动600余场次。

【文化执法】 2019年,县文化市场综合执法大队制定《墨脱县推进"扫黄打非"基层站点规范化、标准化建设方案》,完成了35个基层站点建设任务。全年共出动检查506人次,检查经营单位219家次,责令改正1起、警告2起。完成了46个农家书屋,7个寺庙书屋出版物补充更新工作。

【广电事业】 2019年,全县电视、广播综合人口覆盖率均为100%,共有直播卫星用户2587户,有线闭路电视1931户。2019年,发放2018年BJ地区小康村户户通218套。开展每季度"村村通"维护巡检1次,覆盖7个乡镇45个行政村。广电维修人员定期到"三老人员"(凡年满60岁以上的农牧业村老干部、老党员、老模范)、建档立卡贫困户、困难党员家中对电视广播设备进行检查、维修。积极组织农村电影放映员每月播放电影,特别是元旦、春节和藏历新年期间加大播放数量,全年累计播放电影放映273场次,观众5912人次。

(刘 斌)

【机构领导】

县委常委、宣传部部长

普 果(女,藏族,12月免)

2019年9月22日,墨脱县举办"弘扬时代精神 共圆伟大梦想"巡回报告会

2019年9月25日，墨脱县举办以"加强民族团结　建设五个墨脱"为主题的演讲比赛

扎西顿珠（门巴族，12月任）

宣传部常务副部长、网信办主任

旦增多吉（门巴族，3月免）

宣传部常务副部长、政府新闻办公室主任

旦增多吉（门巴族，3月任）

宣传部副部长、新闻出版局局长

刘　斌（11月任）

宣传部二级主任科员

张伟刚（6月套转）

宣传部四级主任科员

卓嘎拥宗（女，藏族，6月套转）

文化市场综合执法大队队长

多吉扎西（藏族）

文化市场综合执法大队副队长

拉宗卓嘎（女，藏族）

文化市场综合执法大队四级主任科员

平措玉珍（女，藏族，6月套转，11月免）

互联网评论中心主任

平措扎西（藏族）

## 中共墨脱县委统战部（县民族宗教事务局）

【概况】年内，墨脱县委统战部始终以习近平新时代中国特色社会主义思想为指导，贯彻落实党的十九大、十九届二中、三中、四中全会和中央第六次西藏工作座谈会、中央统战工作会议、全国宗教工作会议精神，全面贯彻落实党的宗教工作基本方针政策，贯彻落实习近平总书记提出的宗教界人士要做到"政治上靠得住、宗教上有造诣、品德上能服众、关键时起作用"的重大要求和吴英杰书记在与西藏宗教界代表人士座谈会上的重要讲话精神，在全县宗教领域深入开展"遵行四条标准、争做先进僧尼"教育实践活动，牢牢把握统战民族宗教工作正确方向和时代使命，推动统战民族宗教工作创新发展，进一步开创全县统战民族宗教工作新局面，为建设美丽家园、幸福墨脱贡献积极力量。

2019年3月，墨脱县机构改革，中共墨脱县委员会统一战线工作领导小组办公室设在县委统战部，县民族宗教事务局归口县委统战部领导，实行合署办公。县委宗教工作领导小组办公室设在县委统战部，不再保留单设的县委宗教工作领导小组办公室。县委统战部统一管理侨务工作，将县外事侨务办公室的侨务管理职责划入县委统战部。2019年，县委统战部（县民宗局）有编制人数9名，其中，科级领导职数4名（含正科级主持日常工作的常务副职1名，不含兼职）。辖区内有仁青崩寺、曾久寺、格当寺等7座寺庙，设置寺庙管理委员会2个，有专职管理特派员5名。

【队伍建设】2019年，县委统战部（县民宗局）通过集中学习和自主学习相结合的方式，以专题学习会、主题党日活动、书记讲党课及"三会一课"（定期召开支部大会、支部委员会、党小组会，按时上好党课）的形式，深入学习习近平新时代中国特色社会主义思想和党的十九大、十九届二中、三中、四中全会精神，重点学习了习近平关于"不忘初心、牢记使命"重要论述选编等必学编目，结合统战工作实际，重点学习了习近平总书记关于治边稳藏的重要论述，中央、区市统战工作会议、宗教工作会议精神。积极开展重温入党誓词、参观廉政教育基地、"与祖国合影　为祖国点赞""烈士

2019年3月26日，墨脱县委统战部（县民宗局）干部在仁青崩寺开展普法宣讲活动

陵园扫墓 缅怀革命先烈"等教育实践活动，以"不忘初心 牢记使命"主题教育活动和县（区）交叉巡察为契机，坚持廉政学习，增强干部职工拒腐防变能力，不断增强政治意识、纪律意识和自律意识，有效避免各类违纪违规现象的发生。继续加强对党员干部作风建设的领导，明确抓作风建设的具体责任，切实把作风建设和业务工作融合在一起。结合谈心谈话、组织生活会、述职述廉等工作，运用批评和自我批评的武器，深入开展积极健康的思想斗争，促进作风建设，营造廉洁的工作环境，有效促进县委统战部工作作风的进一步转变。

【民族团结进步】2019年，墨脱县常住人口14478人，其中城镇人口3169人，乡村人口11309人，户籍人口13284人。是一个以门巴族、珞巴族为主，藏族、汉族等民族和睦共处的多民族聚居区。

民族团结进步宣传教育。2019年9月24日，县委统战部（县民宗局）组织开展第29个"民族团结月"宣传日活动，全县20余家成员单位通过设点宣传、发放资料、悬挂横幅、设立展板、咨询讲解等方式，广泛宣传了党和国家民族政策、《中华人民共和国民族区域自治法》等法律法规和民族团结进步教育中涌现出的先进个人和优秀事迹，引导全县各族干部群众相互学习、相互帮助，牢固树立"三个离不开"思想，增强"五个认同"，进一步巩固和发展各民族和睦相处、和衷共济、和谐发展。此次活动共悬挂横幅20余幅，发放宣传资料1200余份，活动中举办了民族宗教政策法规知识测试活动，全县854名干部职工参加活动；同时举办了墨脱县2019年度"加强民族团结 建设五个墨脱"演讲比赛，共评选出获奖者12名，发放奖金7200元；联合县委宣传部组织开展民族团结"爱国歌曲大家唱"活动，共17支队伍参赛，600余干部群众驻足观看。

创建评选民族团结进步模范。2019年，墨脱县共创建国家级民族团结模范集体1个，市级民族团结模范集体2个，市级民族团结示范点1个，县级民族团结模范集体14个；创建自治区级民族团结模范个人2名，市级民族团结模范个人2名，县级民族模范个人20个。其中，1个民族团结先进典型集体、1名民族团结先进典型个人事迹被自治区推选在全区范围内推广宣传，形成了人人学习民族团结模范、人人争做民族团结模范的良好氛围。

【宗教事务管理】2019年，县委统战部（县民宗局）坚持依法管理宗教事务与保障信教群众基本权益相结合，充分尊重各族群众宗教信仰自由，严格落实"三个不增加"底线和宗教活动"三项要求"，坚决抵制和取缔非法宗教活动。各寺庙组织僧尼学习《中华人民共和国宪法》《宗教事务条例》《关于西藏自治区网络通信活动"二十禁"的通告》等法律法规，广大僧尼法治意识和规矩意识不断增强，宗教领域法制化管理水平不断提升。

2019年，结合"四讲四爱""遵行四条标准、争做先进僧尼"教育实践活动，广泛开展思想政治、消防安全、包虫病防治、生态环保、扫黑除恶等宣传教育活动。积极开展"庆祝中华人民共和国成立70周年"系列活动、寺庙升国旗唱国歌主题宣教活动、"新旧西藏对比故事会"、观看红色影视作品、"新闻联播僧舍看"、书法比赛、"与祖国合影 为祖国点赞""烈士陵园扫墓 缅怀革命先烈"等僧尼喜闻乐见的实践活动,精心组织僧尼到北京、延安等"红色基地"开展为期9天的实地参观体验学习,进一步引导寺庙僧尼和信教群众忠诚拥戴领袖、改进思想观念、过好今生幸福生活。

2019年,全县宗教领域共有建设项目11个,总投资622.2万元,其中4个寺管会(专职管理特派员)综合业务用房项目、德尔贡寺维修项目和格当寺道路硬化项目已完工验收,玛尔蚌寺维修项目已进入完工阶段,仁青崩寺体育健身项目正在建设中,其他3个寺管会(专职管理特派员)综合业务用房建设项目前期工作已完成。立足墨脱僧尼半僧半俗实际,组织涉宗干部通过与僧尼交朋友、入户走访等形式,掌握思想动态、了解家庭情况、倾听困难诉求,并开展帮扶慰问,全年共帮扶慰问僧尼26名,办理实事35件,投入资金4.65万元。为归国藏胞洛某解决生活开支3910元,开展帮扶慰问2次,投入慰问资金1000元。认真落实"三险·一保"(养老保险、医疗保险、人身意外伤害险、最低生活保障)等惠僧政策,顺利完成每年一次的僧尼免费健康体检,僧尼健康档案进一步完善。利寺惠僧政策的落实,为僧尼潜心修行、提高造诣创造了良好条件。

【党外代表人士】 2019年,县委统战部(县民宗局)积极主动与党外代表人士进行经常性、广泛性交流交往,宣传上级有关重要文件精神,及时通报全县经济发展和社会稳定情况,积极引导党外人士自觉树立和践行社会主义核心价值,紧密地团结在党和政府周围,为巩固和发展最广泛爱国统一战线、统一思想、维护和谐发挥重要作用,同时以"三大节日"为契机,积极开展走访慰问活动,共送去慰问金4.5万元。加强党外干部培养工作,全年提任党外干部18名,充分发挥其参政议政、民主监督的积极作用,提升履职尽责的本领和能力。

(王亚民)

【机构领导】

县委常委、统战部部长

  边巴索朗(藏族)

统战部副部长、民宗局局长

  李和平

统战部副部长

  洛桑多吉(门巴族,5月免)

民宗局副局长

  参 培(藏族)

  多吉扎巴(门巴族)

二级主任科员

  白玛扎西(门巴族,6月套转)

  雪 莲(女,藏族,6月套转)

四级主任科员

  米玛次仁(藏族,6月套转)

仁青崩寺管委会

主 任

  洛桑多吉(门巴族)

副主任

  格桑达瓦(藏族)

曾久寺管委会

主任

  巴桑次仁(藏族)

副主任

  吉 梅(藏族)

二级主任科员

  桑杰尼玛(门巴族)

德尔贡寺专职管理特派员

四级主任科员

  次旦桑珠(藏族)

2019年10月19日,墨脱县委统战部(民宗局)组织干部和寺庙僧尼在背崩乡母亲广场开展"与祖国合影 为祖国点赞"活动

## 中共墨脱县委员会巡察工作领导小组办公室

【概况】 中共墨脱县委员会巡察工作领导小组办公室为县委工作部门，正科级建制，设立县委巡察一组、二组，均为正科级建制。2019年底，县委巡察机构实有巡察办主任1名，副主任1名，巡察一组组长、副组长各1名；巡察二组组长、副组长各1名；四季主任科员1名；巡察办公室四级主任科员2名、一级科员2名。

【巡察工作】 2019年，县委巡察机构主动谋划巡察工作，积极承担巡察监督责任，稳步推进巡察工作，完成了八届县委第五轮对县委办、县委统战部、县文旅局、县政府办、县国资委、县工商联和八届县委第六轮对县教育局、县中学、县完全小学、县卫健委、县医保局、县疾控中心、县卫生服务中心、县藏医院的常规巡察。第五、六轮巡察共发现各类问题239个，发现问题线索2条，向被巡察单位提出意见建议147条。

强化协调部署，扎实推进工作。严格按照县委下发的《中共墨脱县委员会2019年度巡察工作计划》，谋划部署年度巡察工作、筛选被巡察单位、确定巡察方式。选优配强巡察队伍，在第五、六轮巡察中，累计抽调24名优秀干部参加县委巡察和县级交叉巡察，为顺利完成巡察任务提供坚强人才保障。强化协调配合，在巡察工作开展前，县委巡察办及时向县纪委监委、县委组织部、检察院、财政局、信访、公安等部门收集被巡察党组织落实管党治党责任中存在的问题，为巡察组开展工作提供必要的信息支撑。县委巡察工作领导小组及时组织召开巡察工作动员部署会议，全面安排部署巡察工作，明确巡察任务和工作要求，为巡察组开展工作明确方向。

突出巡察重点，科学处置问题。县委巡察工作自觉对标看齐党中央、区党委巡视和市委巡察监督重点，始终把"两个维护"作为新时代开展巡察工作的"纲"和"魂"，切实做到精准发力，着力确保巡察质效。坚持分类处置问题，紧密结合被巡察党组织实际，严格按照相关规定，对巡察发现的重点人、重点事、重点问题进行分类处置，对苗头性倾向性问题早念"紧箍咒"、早打"预防针"，对可以立即整改的要求被巡察党组织边巡边改、及时落实，对需移交的问题线索及时跟进办理进度。

强化监督管理，打造巡察铁军。充分结合巡察干部交叉巡察次数多、时间长这一客观情况，积极利用临时党支部这一载体，加强巡察干部监督教育管理，不断加强巡察干部的自身政治建设、纪律建设、作风建设，引导巡察干部保持政治定力，坚定政治立场，强化自我约束，自觉把党规党纪内化于心、外化于行，依规依纪依法开展巡察工作。

加大宣传力度，营造巡察氛围。通过张贴巡察公告，公布举报电话、举报邮箱，悬挂信访意见箱等方式，扩大巡察在干部群众中的知晓率，营造出公众参与、公开透明的良好氛围。

强化监督检查、推动整改落实。县委巡察办先后组建2个督导组深入被巡察单位，严格监督检查第五、六轮巡察反馈问题整改情况，严明整改纪律，严肃整改要求，全面推动巡察反馈问题整

2019年8月9日，墨脱县委书记旺东（中）听取八届县委第五轮巡察工作情况汇报

2019年8月7日，墨脱县委常委、纪委书记、监委主任、县委巡察工作领导小组组长朱宇峰（右排左二）主持召开专题会议听取八届县委第五轮巡察工作汇报，县委常委、组织部部长、县委巡察工作领导小组副组长陈金鑫（右排左三）参加会议

改落实到位。

【党建工作】 2019年，县委巡察办党支部认真组织学习贯彻习近平新时代中国特色社会主义思想，紧紧围绕墨脱县党建工作思路，严格按照县直机关工委的各项工作部署，以"不忘初心、牢记使命"主题教育为载体，以增强凝聚力、战斗力为目标，不断加强支部党员干部理论学习、日常教育管理。

严格执行"三会一课"制度。县委巡察办党支部将落实"三会一课"制度作为夯实党建的基础工作，作为强化党员干部教育管理的重要载体。2019年，共召开支委会12次，支部党员大会4次，支部书记讲党课2次，开展主题党日活动12次。

认真开展主题教育活动。自开展"不忘初心、牢记使命"主题教育以来，县委巡察办及时召开动员部署会，成立"不忘初心、牢记使命"主题教育领导小组，确保主题教育取得实效。2019年12月9日，召开了2019年度"不忘初心、牢记使命"主题教育专题组织生活会和民主评议党员会议。

（夏贵东）

【机构领导】
县委巡察办主任
　　胡　新　祥
县委巡察办副主任
　　井　　次（珞巴族）
县委巡察办四级主任科员
　　宗　　吉（女，珞巴族，6月套转）
县委巡察办四级主任科员
　　刘　　杰（白族，10月任）
县委巡察一组组长
　　拉巴琼达（女，藏族）
县委巡察二组组长
　　钟　　谭
县委巡察一组副组长
　　刘　　焱
县委巡察二组副组长
　　次仁旺堆（门巴族，1月任）
县委巡察二组四级主任科
　　罗布扎西（藏族，12月免）
县委巡察一组四级主任科员
　　梅朵拉增（门巴族，12月任）

## 中共墨脱县直属机关工作委员会

【概况】 年内，在县委的坚强领导下，墨脱县直机关工委紧扣县委"246"基层党建工作思路，以提升基层党组织组织力为目标，以基层党组织规范化建设为抓手，狠抓党的思想建设，在全县范围内形成大抓基层党组织标准化建设氛围，不断增强了机关党组织的组织力，全面提升了墨脱机关党建工作水平。2019年，县直机关工委有行政编制1名，科级领导职数1名。

【政治建设】 2019年，县直机关工委以习近平新时代中国特色社会主义思想为指导，深入贯彻党的十九大和十九届二中、三中、四中全会精神，全面落实新时代党的建设总要求，增强"四个意识"（政治意识、大局意识、核心意识、看齐意识），坚定"四个自信"（中国特色社会主义道路自信、理论自信、制度自信和文化自信），做到"两个维护"（坚决维护习近平总书记党中央的核心、全党的核心地位，坚决维护党中央权威和集中统一领导），坚持稳中求进工作总基调，以党的政治建设为统领，认真开展"不忘初心、牢记使命"主题教育，贯彻关于加强和改进中央和国家机关党的建设的意见，推动机关党的各项建设高质量发展，努力做好"三个表率"（在深入学习贯彻新时代中国特色社会主义思想上作表率；在始终同党中央保持高度一致上作表率；在坚决贯彻落实党中央各项决策部署上作表率），建设让党中央放心、让人民群众满意的模范机关，以优异成绩庆祝中华人民共和国成立70周年、西藏民主改革60周年。

结合政治纪律教育学习，指导机关各支部召开党员大会专题部署政治建设相关内容。利用每季度机关工委会议，集中开展政治学习，并贯彻到每个系统、每个支部及每个党员。指导各支部以主题党日、专题学习会等方式加强政治建设，坚持正确的政治方向，严守党的政治纪律和政治规矩，严肃党内政治生活。引导各支部和全体党员始终把坚决维护习近平总书记党中央的核心、全党的核心地位，维护党中央权威和集中统一领导，作为最高原则、最大政治。教育引导各级党员干部带头学习尊崇贯彻维护党章，持续深化不信仰宗教承诺活动，始终在政治立场、政治方向、政治原则、政治道路上与以习近平同志为核心的党中央保持高度一致，在思想上拥戴核心、政治上信赖核心、组织上忠诚核心、行动上捍卫核心。

【思想建设】 2019年，县直机关工委牢牢抓住学习贯彻党的十九大精神这个首要政治任务，深入学习贯彻党的十九大、十九届二中、三中、四中全会、自治区九届五次、六次全会及市委一届八次全会精神，切实用党的十九大精神、特别是习近平新时代中国特色社会主义思想武装头脑、指导实践、推动工作，严格落实机关党组织生活，采取支部班子带头学、中心组集中学、党员自主学相结合的形式，弄懂做实。将《中国共产党章程》《中国共产党党规》《中国共产党廉洁自律准则》《中国共产党纪律处分条例》等内容作为机关组织学习的核心，重点在"学"上下狠招、在"做"上显实效，不断推动"两学一做"学习教育常态化制度化。同时，在党员政治教育培训开展过程中，机关各党支部坚决摒弃以往读文件的单调学习方式，采取了集中授课、交流研讨、观看红色影像、参观廉政基地、开展谈心谈话等多种教育方式，使党员更容易接受政治教育、更深刻理解政治纪律和政治规矩。

通过政治教育培训，使机关党员对于党的政治纪律和政治规矩、十四世达赖及达赖集团的反动本质、党员不信仰宗教等有了更加深刻的理解。全年机关各党支部集中授课320余场、交流研讨190余场、观看红色影像70余场、集中媒体教学13场、谈心谈话35次、参观廉政基地30余次。

【组织建设】 2019年，根据墨脱县党政机构改革，撤销县文广局党支部等10个党支部，成立县市场管理局党支部等11个党支部，更名3个党支部；成立了城市管理和综合执法局、审计局、退役军人事务局3个党支部，同时成立了县级交叉巡察一组、县委巡察一组、八届县委第六轮巡察县（区）交叉巡察七组、八届县委第六轮巡察墨脱县委巡察一组4

2019年3月29日，墨脱县直机关工委召开2019年第一次工委会议

2019年7月15日，墨脱县直机关大党日活动——全国"人民满意的公务员"高荣先进事迹报告会现场

个临时党支部。为重点抓好机关支部"领头羊"选配工作，根据班子队伍建设标准化要求，采取个人荐、组织核、工委审核方式，从党建理论、业务水平、服务能力、群众评价、岗位需求等5个方面，严把关、精筛选，结合干部人事调整的实际，先后完成机关16个党支部换届选举指导工作，及时调整支部书记38人，副书记31人。为积极推进机关基层党组织标准化建设进程，下发《关于墨脱县机构改革后加强机关党支部规范建设的通知》，规范党组织设置、班子队伍建设、党员队伍建设、党内组织生活、发挥作用途径、工作运行机制、活动场所标准、基本工作保障等各项标准。

【队伍建设】 2019年，县直机关工委按照"控制总量、优化结构、提高质量、发挥作用"十六字方针，严格组织发展程序，进一步规范材料报备，审核蒋和等14人转预备党员，金小玲等15人转为正式党员。在党费收缴工作专项检查的基础上，进一步加强和规范党费收缴、公示等相关工作，做好机关各支部党费收缴台账。同时加强治理党员组织关系"空挂""失联"等现象，解决"口袋党员""隐身党员"等问题，在党员组织关系集中排查的基础上，进一步规范党员组织关系转接工作，上半年共录入发展党员14人，组织关系转出70人（县内直接转接55人），转入84人（县内转接71人）。

按照墨脱县2019年机关党支部教育培训实施方案，组织开展机关党支部党建专干教育培训1期，安排了十九大精神指引新时代、新担当、新作为，党支部书记能力素质提升，新时代机关基层党建工作探讨，机关党组织标准化建设等相关课程。组织实施了2019年机关入党积极分子及发展对象集中进行政治理论学习与党性素质提升培训，全县机关各支部入党积极分子及拟发展对象共41人参加集中培训，从十九大精神学习、增强四个意识、学习新党章、党史培训等多个方面进一步帮助树牢理想信念，端正入党动机，提升政治素养。

【作风建设】 2019年，县直机关工委督促指导机关各支部认真学习贯彻中央、区、市、县关于加强党风廉政建设的一系列指示精神，学习党纪、政纪条规，明确作风建设总体要求，督促各支部制定2019年作风建设安排部署。深入贯彻落实中央八项规定和自治区约法十章、九项要求，大力整治队伍中"庸懒散"现象，实行干部考勤通报制度，强化党组织书记主体责任。各支部多形式开展廉政学习、廉政警示活动，先后开展专题讨论活动54次、领导讲党课教育47次、组织观看警示教育片32场650余人次。

以政治纪律和政治规矩为主要方向，督促指导机关各支部做好政治纪律教育学习，专题部署动员并制定学习计划与年度实施方案，坚定党员理想信念，提高党员政治站位和政治觉悟。加强支部纪检委员与纪检专干作用发挥，明确纪检责任职责，负责监督并推进党务公开、民主评议党员、组织生活等各项工作。结合作风建设，引导各支部弛而不息纠正"四风"，各支部在三大节日、五一、端午重大节日开展节前教育135场次。坚持党要管党，全

面从严治党，加强机关各支部党章党规的学习教育，严格用党章党规党纪约束党员干部的行为，运用监督执纪"四种形态"（经常开展批评和自我批评、约谈函询，让"红红脸、出出汗"成为常态；党纪轻处分、组织调整成为违纪处理的大多数；党纪重处分、重大职务调整的成为少数。严重违纪涉嫌违法立案审查的成为极少数）推动形成纪律严明的良好政治生态。

（赵艳）

【机构领导】

书　记　　郭晓峰（11月免）

## 墨脱县第八批创先争优强基础惠民生活动领导小组办公室

【概况】墨脱县第八批驻村工作队共有人员184人，分别入驻全县46个行政村，其中，自治区级派驻6个村24名驻村队员，林芝市级派驻19个村71名驻村队员，县直各单位派驻13个村49名驻村队员，乡（镇）派驻8个村40名驻村工作队员。工作队中有县处级3名、正科级31名、副科级35名、科员（专技）115名。

【宣传贯彻党的十九大精神】2019年，全县各级驻村工作队自觉把深化群众思想教育贯穿强基惠民活动始终，采取集中宣讲、座谈讨论、送教上门等形式，分主次、分层面、分步骤面对面向群众深入宣讲党中央的特殊关怀和兴边富民政策，深入开展"两学一做"学习教育、新旧西藏对比教育、"四讲四爱"群众教育和"不忘初心、牢记使命"主题教育活动，在潜移默化中提高群众的思想觉悟，融洽对群众的感情，进一步增强广大农牧民群众感党恩、听党话、跟党走的信心和决心。全年工作队共开展习近平新时代中国特色社会主义思想和党的十九大精神宣讲1551场次，受教育群众50483人次，发放宣传资料6855份，开辟专栏232期；开展"不忘初心、牢记使命"主题教育活动178次，参与党员2348人次。在祖国70华诞来临之际，墨脱县法院、教体局、安监局驻贡日村工作队积极组织青年学生开展"民族团结"演讲比赛，用鲜活的事迹、感人的话语提升全体村民爱党爱国、团结向上的正能量，引导各族群众忆苦思甜，真正明白惠从何来、惠在何处、恩向谁报。

【业务培训】2019年，在第八批驻村工作队入驻前夕，县强基办积极组织驻村工作队队长、第一书记开展第八批驻村工作业务培训会，并要求乡（镇）强基办积极做好年中驻村工作队和第一书记培训工作，累计培训驻村干部、第一书记96人，发放培训资料96份。

【监督管理】2019年，墨脱县成立了以四大班子领导为组长的四组巡回督导小组，在日常和敏感时节深入各村开展驻村工作督导检查，各巡回督导组开展各类督导24次，实现督导检查全覆盖。同时，严格按照季度考核、月考核制度开展考核，形成考核表184份，年度考核形成派驻单位考核表51份、驻村工作队考核表46份、驻村工作队考核表184份。

【项目管理】2019年，县强基办对搁置的项目进行变更，共变更项目2个，积极申报了2个2019

2019年9月5日，驻村工作队组织德尔贡村妇女开展手工花培训

年市专项扶持村集体经济项目，投资资金达414万元。同时，对2015年以来全县23个市专项扶持村集体经济项目进行完工、见效情况排查，共发现存在问题项目10个，已全部完成整改。

【宣传报道】 2019年，县强基办积极营造驻村工作队间"比、赶、超"的良好氛围，将驻村工作队中先进事迹和优秀经验、做法进行宣传、推广，引导驻村工作队转变角色，沉下心，俯下身。全年共推广典型事件40件，优秀驻村故事52篇，上级级采用7篇，自治区级采用2篇，推荐劳动模范和先进工作者3名。

【党建引领】 2019年，全县各级驻村工作队始终牢记基层党组织是村内各项工作稳步发展、全面开花的有力保障，严格按照基层组织建设"五个好"（支部班子好、党员管理好、组织生活好、制度落实好、作用发挥好）的标准，发挥"传、帮、带"作用，帮助班子成员树立威信、促进工作、提高能力，使村党支部成为村内各项工作的主要阵地。全年为村干部上文化课1800学时，上党课469学时；协助村"两委"召开村情民意群众会议698场次，妥善处理、化解各类矛盾170件，协助完善村内各类制度430个；协助村党支部发展党员39人，预备党员39人。

卡布村工作队立足实际，积极探索新时期党建工作新思路，以"联户引领创党建+"活动为主旨，依托村内联户为单位，突出党建引领作用，形成"党支部统筹安排、党小组牵头具体实施"的工作体系，把党建推动作用下沉应用到党小组层面，最大限度压实工作责任，激发党员群众的干事创业热情，同时以"党建+发展增收、党建+环境治理、党建+精神文明建设、党建+社会稳定"为着力点，有力推动各项工作落实到位，开辟"双联户"工作新的发展路子。

德兴村工作队研究制定了《德兴村2019年村干部文化素质提升工程实施方案》，量身定制课程，执行驻村干部"一对一"帮扶措施，让每一名驻村队员帮扶一名文化水平较低的村干部，采取补课形式缩短差距，提升村干部整体文化水平。

【打造和谐社会】 2019年，全县各级驻村工作队始终牢记习近平总书记"治国必治边，治边先稳藏"的总方针，积极推动社会治理由"要我稳定"向"我要稳定"转变。以宣传教育、"三个专项斗争"、隐患排查为抓手，大力宣传党的民族宗教政策、法律知识，揭批达赖集团祸藏乱教、制造分裂动乱的阴谋和罪行，深入开展禁毒和扫黑除恶教育宣传、摸底排查以及安全隐患排查工作，全面构建村内和谐稳定局面。全年共协助村"两委"制定各类维稳工作方案和应急预案176个，组建护村队、护路队、护校队248个，召开维稳大会650场，参会党员群众29970余人次；开展禁毒和扫黑除恶宣传大会534场次，参会群众达12008人次。格林村工作队积极配合村"两委"开展"军民联合"巡边固边活动，组建了村内摩托车巡边突击队，定期与边防官兵一起开展巡边活动，在合作中增进了军民鱼水情，形成"军爱民，民拥军，军民团结一家亲"的和睦氛围。

【构建民生工程】 2019年，全县各级驻村工作队始终将民生工程作为脱贫攻坚工作一项重要工作,充分发挥派出单位优势和自身资源,积极为群众找到致富渠道、打造致富技能,激发贫困群众脱贫致富的内在动力和自我发展能力,构建一道永固的返贫堤坝。从各渠道争取项目30个,投入资金达246万元,组织开展技能培训105次,帮助贫困群众转移就业261人,增加现金收入176.9万元。

【助力乡村建设】 2019年,全县各级驻村工作队围绕努力建设产业兴旺、生态宜居、乡村文明、治理有效、生活富裕的美好家园的奋斗目标,积极帮助村"两委"理清村内发展思路234条,制定实施经济发展规划154项,开展就业、创业宣讲教育414场次,激发167人参与到大众创业、万众创新活动中。文朗村工作队充分发挥派出单位优势,连续在文朗村、荷扎村、德兴村等开展民族手工艺品编织培训、民族服饰制作和餐饮培训,进一步扭转了农村劳动力技能缺失、就业门路不宽的局面,为解决农村富余劳动力就业问题提供有力保障。德兴村工作队以座谈会的形式,多次开展大学生就业创业政策宣讲,帮助毕业大学生转变择业观念,认真规划职业道路,及时了解就业信息,大胆创业,全年共有3个返乡大学生实现创业增收。

【精神文明建设】 2019年,全县各级驻村工作队始终将破陋习、倡新风作为精神文明建设的宗旨,通过宣传教育、文艺汇演、影视节目等方式,多层次、多角度引导农牧民群众树立健康文明的生活理念、生活态度、生活方式。同时以宣传大会、专题讲座、新旧对比活动和"四讲四爱"群众教育实践活动等为载体,使广大党员群众更加明白"惠在何处、惠从何来",进一步丰富村内党员群众的思想,坚定了他们听党话、跟党走的决心。全年开展宣讲"老西藏精神""两路精神"学习宣传活动272场次,参会群众12512人次,发放宣传资料1608份。深入开展"两降一升"、包虫病防治等工作,通过召开教育大会、入户宣传、分类学习、悬挂横幅、张贴海报等方式在村内营造了良好的氛围,全年各村开展"两降一升"和包虫病、结核病防治知识宣传活动519次,覆盖群众25862场次;开展不良习惯和陈规陋习教育活动436场次,受教育群众12583人次。

(巩金松)

【机构领导】

主任

　　赵　敬(县委常委、组织部长,5月免)

　　陈金鑫(县委常委、组织部长,5月任)

副主任

　　张兴军(县委组织部副部长、编办副主任)

# 墨脱县行政审批和便民服务局(政务服务中心)

【概况】 2018年8月22日,墨脱县政务服务大厅开工建设,2018年10月21日竣工,投资114.36万元,建设面积817.3平方米,于2019月2月1日投入运行。政务大厅布置有电子政务外网端口44个,设置柜台19个,每个柜台两个位置,文件柜28组,LED显示屏35个。设有公共休息区、咨询服务台、监控系统以及独立机房、

2019年9月12日,墨脱县委常委、组织部部长陈金鑫(右一)看望慰问结对帮扶对象

2019年3月21日，墨脱县行政审批与便民服务局举行揭牌仪式

公共卫生间、投诉意见箱。2018年12月17日，墨脱县成立全面深化"放管服"改革、加快推进"互联网+政务服务"工作领导小组，并下设办公室，全面统筹推进"互联网+政务服务"工作。

2019年，墨脱县行政审批和便民服务局按照"三集中、三到位"要求，以"服务经济发展、方便办事群众"为宗旨，扎实推进全面深化"放管服"改革和优化营商环境，以建设高效化、规范化、标准化、信息化的政务服务体系为目标，提升窗口服务水平，压缩审批时限，加快政务服务标准化、信息化建设，实行"开放式办公、一个窗口受理、一站式办结"的管理体制，建立了创新型、服务型政府形象窗口，促进了全县的和谐稳定发展。

为切实加强全面深化"放管服"改革，推进"互联网+政务服务"工作的组织领导，加快构建全县一体化网上政务服务体系，实现"一网通办"政务服务网系统无缝对接，激活市场活力、优化发展环境、方便群众办事，推进服务型政府建设。

【政务服务大厅入驻】2019年10月7日，墨脱县涉及政务服务的27家单位全部入驻大厅，并重新对办事窗口排号排序，确定各入驻单位办事窗口地址。同时，为方便企业和群众办事，把公共服务的供电公司入驻政务服务大厅，集中开展电费收缴工作。

【政务服务】2019年，根据林芝市下发的《关于推进"互联网+政务服务"相关重点工作的通知》文件，墨脱县行政审批和便民服务局对缩减承诺件时限比例，取消证明材料，提升即办件占比，落实取消、下放事项，提升事项办理深度，对电子证照采集签发、政府门户网站数据同源情况等重点工作进行事项梳理，对于梳理出的事项问题清单要求限时完成整改。2019年，墨脱县在西藏自治区政务服务网上发布实施清单842条，梳理完成831件，（其中，依申请六类政务服务事项638条，公共服务事项193条），完成实施清单发布比例98.7%；发布依申请六类行政服务事项二级以上办理深度占比100%，三级以上办理深度占比88.87%，四级以上办理深度35.42%，既办件占比15.67%；公共服务事项二级以上办理深度占比100%，三级以上深度占比89.12%，四级以上办理深度占比37.42%，既办件占比47.15%；累计办件总量26583件；采集电子证照3099件，电子证照签发2166件；注册用户总量5335个。

（陈　帅）

【机构领导】

政府办副主任、行政审批和便民服务局局长

　　雷　　波（2月任）

政务服务中心副主任

　　次仁曲宗（女，藏族，2月任）
　　齐　作　泉（2月任）
　　陈　　帅（2月任）

## 墨脱县信访局

【概况】2019年，墨脱县信访局严格落实区党委、政府关于将2019年确定为"矛盾纠纷暨信访积案化解巩固年"的决策部署，按照《信访条例》"属地管理，分级负责"的原则以及维稳信访工作"五个一"（一个问题、一名领导、一个方案、一套班子、一抓到底）的要求，紧紧围绕"化解矛盾，维护稳定,促进和谐"工作目标,健全机制,完善措施,确保全县社会局势持续和谐稳定。

【党建工作】 2019年,县信访局以全县党建工作为主线,进一步明确党建工作的目标和任务,真正把党建工作纳入重要议事日程,在落实措施上,真正做到了"八有"(即有学习计划、有活动载体、有领导帮扶、有整改方案、有各阶段活动总结、有学习资料、有学习笔记、有心得体会),保证了党建工作的扎实推进。

2019年6月15日,墨脱县信访局开展信访法规和相关政策规定宣传活动

【信访工作机制】 2019年,墨脱县各级各部门主要领导担负了信访工作主要责任人的责任,对信访工作亲自抓、负总责,对重要信访事项亲自过问、亲自处理、亲自督办。分管领导具体负责,加强对信访工作的直接领导,及时安排部署、组织实施,牵头协调解决信访工作难题和突出问题。其他领导班子成员能够坚持"一岗双责"地抓好分管范围内的信访工作,形成了一级抓一级、一级对一级负责、层层抓落实的信访工作领导责任体系。

【信访联席会议】 2019年,墨脱县共召开全县信访工作联席会议5次,及时传达学习信访相关文件、会议精神,研究部署信访相关工作,协调解决疑难信访问题。

【及时解决群众合理诉求】 2019年,县信访局共接待群众来信来访25件,其中受理14件,办结12件,办结率86%,兑现民工工资、材料款等资金619万余元。针对未办结2起信访事项,已按照"属地管理和属权管理"原则转由相关责任单位进行办理;不予受理的11件信访事项,认真按照相关职责规定积极开展调处工作,并根据《信访条例》等相关规定引导信访人按照法律程序解决。

【矛盾纠纷排查化解】 共开展矛盾纠纷排查21次,排查纠纷28起,化解28起,化解率达100%,共兑现民工工资、材料款等826.27万余元。

【领导干部接访下访工作】 2019年,县信访局定时协调县领导定期接访27人次,下访调研23人次,"包案"化解信访疑难问题10件以上;开展县领导到市信访局蹲点值班2人次,累计天数达50余天。

(陈 帅)

【机构领导】
政府办副主任、信访局局长
扎西顿珠(藏族)

# 军 事

## 墨脱县人民武装部

【概况】 2019年，县人武部在西藏军区、军分区的坚强领导和县委、县政府的关心支持下，坚持以党在新形势下的强军目标为牵引，深入学习贯彻习近平新时代中国特色社会主义思想，坚定"四个自信"，增强"四个意识"，做到"两个维护"，以军事训练为中心狠抓部队全面建设，全面贯彻落实党的十九大精神和习近平强军思想，结合本部实际，理清工作思路，突出工作重点，狠抓工作落实，扎实做好经常性基础性工作，高标准完成上级赋予的各项任务，推进正规化建设全面协调发展。

【练兵备战】 2019年，县人武部开展信息员和乡镇专武干部集中培训、维稳处突民兵军事训练，在没有基础、没有教员、没有作业条件的情况下，组织本部干部开展基础体能和指挥技能训练，9名干部通过等级考评，提高了干部指挥能力。严密组织恶玛驻哨执勤和积极组织民兵参与娘姆措边境巡逻的边防管控，更好地维护了社会稳定，促进了经济社会的持续快速发展。

【民兵整组】 1—3月，根据林芝军分区统一安排部署，县人武部先后3次对民兵队伍进行调整，优化配置、提升战斗力。3月31日前，全县16支民兵队伍全部调整部署到位。

【民兵比武】 3—4月，县人武部组织墨脱镇、背崩乡、德兴乡100余名民兵挂靠边防352团边防营训练，严格按照《大纲》要求，高标准完成训练的所有内容，有效提高全县民兵军事训练水平。9月，派出民兵参加精武民兵比武，取得林芝军分区手榴弹投远第一、集体搬运弹药第二、理论考核第三的好成绩及西藏军区95式步枪速射第一、手榴弹投远第三的好成绩。

2019年3月22日，墨脱县人武部副部长刘永福在德兴乡指导民兵开展军事训练

2019年3月25日，墨脱县人武部政工干事彭成良会同退役军人事务局局长罗布在背崩乡格林村为荣立三等功的多杰仁青家人送上喜报和慰问金

【筑牢安全稳定底线】 2019年，县人武部按照中央"八项规定"、陆军"禁酒令"、西部战区、西藏军区和军分区有关规定，大力改进作风，扎实抓好倾向性问题专题整治活动。深入贯彻习主席指示，集中解决形式主义、官僚主义、享乐主义和奢靡之风等"四风"问题。严格执行领导干部廉洁从政规定，力戒官僚主义、形式主义，坚持勤俭节约、简朴办事。落实重大活动安全风险评估，逐人逐级签订安全稳定责任书，强化安全责任，确保本部安全稳定。

【双拥工作】 2019年，县人武部着眼人民群众的需求，以点带面，逐步推进民族团结进步事业深入发展。定期安排人员与区退役军人事务局工作人员一道开展节日慰问、精准扶贫帮困活动，解决军属就业、子女入托入学等活动，以实际行动为群众解了难题、办了实事，进一步巩固和发展平等、团结、互助、和谐的社会主义民族关系的良好局面。1月13日，县人武部政委黄昌勇到背崩乡背崩村，为荣立二等功的白玛仁真家人送上喜报和慰问金；同日，到背崩乡格林村为荣立三等功的旦真次旺家人送上喜报和慰问金；3月25日和10月31日，政工干事彭成良和县退役军人事务局局长罗布到背崩乡格林村和格当乡格当村为墨脱县荣立三等功的多杰仁青和嘎玛吉美家人送上喜报和慰问金。

【国防教育】 2019年，县人武部利用下乡蹲点、民兵整组训练等时机，以村为单位，组织广大人民群众开展了《国防法》《兵役法》、民族宗教政策等法规宣传教育，增强了广大民众的国防观念。围绕国家人才培养战略和国防后备力量建设的需要，先后为辖区所在地学生开展国防教育及军训，增强广大学生热爱祖国、热爱人民、热爱军队的责任感，为国防后备力量建设奠定坚实的思想基础。3月1日，县人武部政委黄昌勇在墨脱镇开展以"贸易背后的硝烟"为主题的形势战备教育活动。5月3日，县人武部副部长刘永福在背崩乡开展以"兵临心上，守土有责"为主题的边境安全教育活动。8月2日，县人武部参谋彭成良在墨脱镇亚东村党支部开展以"齐心共筑中国梦"为主题的爱国主义教育活动。11月1日，县人武部参谋白玛罗色在德兴乡开展以"坚定理想信念、强化精神支柱"为主题的理想信念教育活动。

【兵员征集】 2019年，县人武部主动作为，积极落实，高质量完成兵员征集任务。6月30日前，完成105名男青年兵役登记工作。7月21日，在墨脱县莲花广场进行征兵宣传活动，激励广大有志青年投身强军实践。通过应征报名、体格检查、政治审查等程序逐项筛选，于9月1日选送8名优秀青年参军入伍。

【扶贫帮困】 2019年，县人武部与县扶贫办联系，继续帮建背崩乡波东村。3月，出资45000元为波东村"两委"购置母牛3头，鸡45只，由村"两委"分发至3个双联户集体养殖，利用牲畜繁殖产出，持续创收。同时，邀请本县养殖专业合作社专家定期进行技术指导，以实际行动增加村民致富渠道，壮大村集体经济，让干部群众能够实实在在感受到人民军队的关怀和帮助。

（彭成良）

【机构领导】

县委常委、部长
　　高林林
政　委
　　黄昌勇
副部长
　　刘永福

## 武警墨脱县中队

【概况】 2019年，武警墨脱县中队在各级党委的正确领导下，深入学习贯彻党的十九大会议精神和习主席系列重要讲话精神，坚决维护以习近平同志为核心的党中央权威，紧紧围绕实现党在新形势下的强军目标，紧紧扭住政治建军、改革强军、科技兴军、依法治军不放松，牢固树立"从自我做起、从小事干起、从基础抓起"的理念，按照"凝魂聚气强队伍、依法从严抓规范、固强补弱保中心、夯实基础创先进"的工作思路，以争创先进中队为目标，全体官兵能始终围绕"守住一条底线，夯实两个基础，抓好三支队伍，实现两个确保"而努力奋斗。

【支部班子建设】 2019年，中队党支部一班人牢固树立"事业第一、集体第一、士兵第一"理念，在"两学一做"教育实践活动中，主官带头、支委示范、党员挂牌宣誓、支部公开承诺的做法一直在坚持，干部每月住一次班、上一次哨、帮一次厨、为战士过一次生日的传统一直在延续。持续强化干部的先锋模范和表率作用，形成凝心聚智谋发展、齐心协力抓建设、攻坚克难保安全的良好局面。通过大力开展加强党支部建设的一系列活动，支部班子的战斗力、凝聚力明显增强。2019年，中队党支部共发展党员4名。

【思想政治教育】 2019年，中队坚持把学习贯彻习近平新时代中国特色社会主义思想和习近平强军思想摆在首位，以"两个纲要"（《新时代公民道德建设实施纲要》《新时代爱国主义教育实施纲要》）和《军委主席负责制学习读本》等为基本教材，利用板报等载体，引导官兵将"四个意识""四个自信"融入工作实践中，自觉做到"两个维护"，坚决贯彻军委主席负责制，积极营造学思践悟浓厚氛围，使学习党的创新理论成为官兵的行动自觉，进一步打牢官兵"三个绝对"（绝对忠诚、绝对纯洁、绝对可靠）的政治底色。

继续推进"不忘初心、牢记使命""传承红色基因、担当强军重任"主题教育，推进"两学一做"学习教育常态化制度化，持续深入抓好党史、军史学习教育，激励广大官兵争做习主席好战士、争当"四有"新时代革命军人，不断坚定政治立场，着力打牢政治基础、凝聚人心意志、激发战斗精神，培养新一代"四有"革命军人。

注重平常以及随机教育，增强官兵学职责、明职责、敢担当意识，通过开展密切内部关系教育、法纪教育、爱装管装教育、心理健康教育、执勤教育、党史军史教育等，进一步激发官兵的爱岗敬业精神，提高官兵明辨是非的能力。

【执勤战备】 2019年，中队以"迎大庆、保大庆"和各项比武竞赛为契机，严格落实训练制度，大力创

2019年5月5日，武警墨脱县中队在警营开放日活动中邀请墨脱县小学全体师生在中队体验军营生活

2019年12月19日，墨脱县中学生家属为中队官兵紧急献血送来感谢锦旗

新训练方法手段，落实训练奖惩，每周坚持军事训练会操，颁发流动红旗，将训练成绩与每月双争挂钩，营造"训练有为、训练有位、训练有功"良好氛围，有效增强了官兵的竞争意识和集体荣誉感。着眼把平时状态调整到常态准备打仗状态，把准备打仗状态抓到打仗程度，以保卫新中国成立70周年大庆为契机，以重大节日、重要节点、敏感时段为重点，以完成巡逻防控、抗洪抢险等任务为牵引，坚决落实各项战备指示要求。

【双拥共建】 2019年5月5日，中队在警营开放日活动中，邀请墨脱县小学全体师生到中队参观，官兵发挥自身特长，为参观师生表演了各项军事技能，赢得全体师生的称赞。10月，中队接到县人民医院求救电话，一名学生因肠胃大出血，致使血站库存告急，中队了解情况后，迅速组织符合血型人员赶往医院，在血站工作人员指引下，献血官兵有序填写表格、进行血样采集，共献血1600余毫升。在开展警民双拥共建中，全体官兵始终牢固树立"靠有所作为赢得地位，靠良好形象争取支持"的思想，通过扎实有效的双拥共建工作，促进警民关系和谐，得到地方政府和人民群众的好评和大力支持。

【后勤工作】 严格后勤训练。2019年，中队修订完善各类后勤保障预案，认真拟制后勤训练计划，每周三定时开展后勤专业训练，提高专业兵业务技能，及时完善各类应急保障物资，加强后勤库室规范建设，定期进行检查；提升保障效能。严格落实伙食保障模式，从食谱定制、实物验收、加工制作等环节入手，提高后勤保障质量，定期收集官兵伙食意见，开发符合季节特点和官兵口味的新菜品，官兵满意度100%；加强后勤管理。严格后勤保障规范管理，严格财经纪律，扎实推进"清仓归零"整改落实，做到财务透明，程序正规，牢固树立枪弹安全"顶级管理"的思想，深刻吸取各类通报案件经验教训，扎实做好动态巡逻枪弹管理。

（田 彧）

【机构领导】
党支部书记、政治指导员
　　田　彧
党支部副书记、中队长
　　赵　明
副中队长
　　春　批（藏族，3月免）
　　林煜槟（3月任）

## 墨脱边境管理大队

【概况】 2019年，墨脱边境管理大队在总站、支队党委的领导下，在地方党委、政府的支持下，坚持以习近平新时代中国特色社会主义思想为指引，深入学习贯彻落实党的十九大、十九届四中全会精神和全国公安工作会议、移民管理机构两级工作会议精神，严格按照依法治警、从严治警总要求，扎实开展"不忘初心、牢记使命"主题教育，不断夯实队伍思想作风建设，积极推动全警实战大练兵活动，不断提升民警综合能力素质，持续深化边境防控体系建设，圆满完成了全年各项边境防控任务。

【从严治警】 2019年，大队党委根据"三定"方案，及时对班子成员进行增补，填充"新鲜血液"，确保决策的科学性和集中统一领导，着力打造团结务实、坚强有力、作风过硬、风清气正的班子队伍。认真贯彻落实公安部直属机关和全国移民管理系统及总站、支队警示教育大会精神，先后组织开展彻底肃清周永康、孟宏伟流毒影响专题警示教育活动和"鸣警钟、畏法度、严纪律"集中警示教育活动，引导广大民警切实在思想上和行动上同党中央保持高度一致，教育民警坚定政治信仰，严守纪律规矩和法纪法规。

2019年3月7日，墨脱边境管理大队民警参加县公安局组织的维稳安保誓师大会

【党建联创联建】 2019年，大队持续加强与县援藏工作组、华能电力公司、墨脱镇政府以及县中学的党建交流，通过联创联建打破地域限制、单位界限，以强带弱，整合资源，促进共同发展、共同进步，形成警营党建带动地方党建的传、帮、带良好氛围，打造出具有墨脱特色的党建活动品牌。全年通过警地支部共建、警地党员结对、警地党日互动等形式上党课8次，开展党日活动3次，结成帮扶对子2对。

【"不忘初心、牢记使命"主题教育】

抓学习教育。2019年，大队组织领导干部和党员民警把党章党规、党史国史、《习近平关于"不忘初心、牢记使命"重要论述选编》《习近平新时代中国特色社会主义思想学习纲要》作为必读必学内容，通过采取党委理论中心组学习、集中授课、专题辅导、交流研讨等形式，切实将党的先进理论知识和党中央重大决策部署学深悟透、融会贯通，在真学真信真用中提高运用习近平新时代中国特色社会主义思想指导实践、推动工作的能力，为决战决胜大庆安保工作提供强大精神动力。

抓调查研究。以"三到三促进"活动（到村组、到农户、到田间地头，帮困难群众提高技能、发展产业、改善环境，促进干警宗旨意识提高、促进作风效能转变、促进发展意识增强）为载体，由大队主官牵头，先后派出5名民警分批次到基层一线、社会辖区，对"加强党的政治建设、思想建设、组织建设、作风建设、制度建设、纪律建设""推进全面从严治党向纵深发展，锻造一支革命化、正规化、专业化、职业化移民管理队伍""坚决打赢新中国成立70周年大庆维稳安保硬仗、应对和化解各种风险挑战"三个方面进行为期一周的专题调研，撰写调研报告2份，剖析队伍内部存在的问题4项，提出整改意见4条。

抓贯彻落实。大队党委第一时间研究制定"不忘初心、牢记使命"主题教育方案，对活动进行安排部署。除完成日常性理论学习外，还部署开展"传承红色基因，讲红色故事"主题党日、主题演讲比赛、理论知识测试以及青年民警下基层调研慰问等配套活动，确保主题教育不走过场，为庆祝新中国成立70周年营造浓厚节日氛围。

抓督促整改。通过巡回指导、随机抽查，谈心谈话等方式，对主题教育活动开展情况进行全程把脉，严格督导，坚决克服形式主义、官僚主义等可能出现的问题，对照总站下发的12项整顿内容开展自查自纠，撰写大队党委检视问题报告1份，班子成员撰写检视报告2份并制定个人问题整改清单，坚决做到对账销号。

【全警实战大练兵】 2019年，大队聚焦新时代职责任务，提高民警能力素质，努力锻造一支革命化、正规化、专业化、职业化移民管理队伍。本着"干什么练什么、缺什么补什么"在解决薄弱环节、补齐能力短板上下功夫,根据岗位需要和个人能力水平,科学安排,精心组织,争取更多民警参训受训。根据工作实际,从各基层单位分两批共抽调12名民警到县公安局法制科、治安大队、交警大队、警务站等科室站点进行为期一个月的跟班学习,让更多民警参训受训,着力提升民警法制观念和执法能力水平。

2019年3月28日,墨脱边境派出所教导员冯海涛带队民警在朗杰岗村参加"庆祝西藏解放60周年系列活动——升国旗、唱国歌"仪式

【党政军联勤联控】 2019年7月6日,大队在与解放军边防营签订的《军警边境管理联勤协作协议》基础上,于2月与背崩格林连队、格林驻村工作队签订《军警(民)融合交流共建发展协议》,达成边境一线联合巡逻踏查协议、边境地区通行证办理查验协议等。全年与解放军部队开展边境一线联合巡逻2次,召开军警地联席会议8次。

【大庆安保工作】 2019年,大队各级先后召开专题动员部署会议4次,成立专项工作小组5个,细化责任分工。根据参战民警岗位实际、职责分工层级组织签订安保责任书,激发民警决战决胜大庆安保的坚定决心和必胜信心。针对辖区边境形势和人员在编实际,制定各类处突预案7套,组建临时执勤点1个,社会面防控力量3支,应急增援力量1支,开展处突演练50余次,进一步提升队伍应急处突实战能力。突出反分裂、反暴恐、反渗透等工作重点,严密各项边境防控措施,不断强化查缉管控力度,全力确保墨脱边境辖区"三无"(无重复上访、无集体上访、无信访积案)"三不出"(大事不出、中事不出、小事也不出)"三稳定"(经济稳定、金融稳定、资本市场稳定)的工作目标,为新中国成立70周年创造了和谐稳定的边境环境。

【边境防控体系建设】 2019年,大队扎实开展社会治安网格化、精细化、动态化管理,将下辖的11个行政村、1个搬迁点纳入网格化管理,共划分网格7个,下沉警力7名,建立村级警务工作室7个,不断延伸管控触角,完善社会治安防控管理体系。争取警用摩托车2辆,争取村级警务室建设及装备资金10万余元,用以购买警务装备器材和办公设备,各片区警务工作室均已部分完成进驻。按照国家移民局《关于加强边境地区管控体系建设的指导意见》和自治区《关于编制2019年度边防基础设施建设实施计划的通知》等相关文件精神和总站、支队相关要求,完成派墨公路边境检查点选址事宜,先后5次向县委、县政府主要领导主动汇报,积极推动检查点征地工作开展。对辖区通外山口进行定期摸排,认真开展风险评估,先后4次组织民警开展边境一线巡逻踏查,部署治安辅警、联防队员等群防力量加强主要通行山口附近村庄、道路、外来人员的动态监控。同时,稳步推进"放管服"改革工作,严格边境通行证办理审查程序。

【辖区社会面管控】 2019年,大队以扫黑除恶、打非治乱、"靖边"等专项行动为抓手,以网格化警务室为依托,继承和发扬新时代"枫桥经验",大力开展"枫桥式边境派出所"创建工作,不断延伸管控触角,深入开展辖区巡逻、行业场所外来人员排查、危爆反宣物品查缉、突出隐患排查、案（事）件侦办工作，努力净化辖区社会环境。全年共出动警力537人次、车辆95台次，开展巡逻186次，整治治安突出隐患8处，排查行业场所110次、排查外来人员763人次，排查并遣返背崩方向刑事犯罪前科人员2名，查获昌都籍国保列管人员1名、敏感视频1部，接处警5次，办理行政治安案件2起、刑事移交案件1起。

【队伍日常管理】 2019年，大队以加强队伍正规化建设为指引，坚持依法治警、从严治警，不断强化队伍安全管理。按照《国家移民管理机构内务管理规定》相关要求，扎实开展以"学规定、抓整改、促规范"为主题的学习贯彻活动。从一日生活制度、会议制度、教育制度、训练制度等方面入手，加强队伍日常管理，规范民警工作生活。每周开交班会，做到"事事有部署、件件有回音"。结合集中警示教育活动，强化零散人员跟踪管理，每周至少对休假、零散人员联系1次，防止人员失控漏管。

【后勤工作建设】 2019年，大队将支队集中采购的空调、热水器等电器进行安装，不断配齐公寓房生活必备基础设施，加强与电力公司、自来水厂沟通协调，保障民警日常用水、用电安全，2019年底首批14名民警已入住公寓楼。对装备车辆帕杰罗V73、丰田2700和江铃宝典进行大面积检修和整车喷漆，确保车况良好，更好地服务于单位日常勤务和下乡走访工作。

（杨 磊）

【机构领导】
政　委
　　唐茂兵（10月免）
副大队长
　　刘星剑（10月免）
　　朱　毅（10月任）
　　杨春晓（10月任）

## 墨脱县消防救援大队

【概况】 2019年，是全国消防部队成建制转隶至应急管理部的开局之年，墨脱县消防救援大队全体消防指战员充分认清当前消防救援队伍面临的新形势新要求，学习贯彻"对党忠诚、纪律严明、赴汤蹈火、竭诚为民"训词精神，强化内部管理，严肃纪律，健全消防安全责任制度，持续排查整治火灾隐患，加大消防安全宣传力度，不断夯实消防工作基础，提升公共消防安全水平，从严从实从细推进各项工作目标任务，圆满完成了"全国两会""三月敏感期""国庆70周年"等节点的消防安保以及各项应急救援任务，确保全县火灾形势、社会局势持续稳定。

墨脱县消防救援大队共有指战员18名（指挥员5名，消防员4名，政府专职消防员6名，文员3名），车辆5辆，其中，丰田坦途抢险救援车1辆，水罐消防车（总载水量16吨）3辆，行政车1辆，生活保障车1辆，各类装备器材共计1243件套。2019年，共接出警24次，其中火灾扑救3次，抢险救援5次，社会救助8次，公务执勤8次，出动车辆52台次，出动警力207人次，抢救被困人员1人。

【消防执法】 2019年，墨脱县消

2019年1月17日，墨脱县消防大队组织墨脱村、亚东村义务消防队队员开展消防业务技能培训

防救援大队共检查社会单位678家次,发现火灾隐患或违法行为384处,督促整改火灾隐患或违法行为379处,下发《责令改正通知书》274份,下发《行政处罚决定书》8份,临时查封决定书1份,罚款2.5万元,拘留1人,下发《公众聚集场所投入使用营业前消防安全检查合格证》1份,下发《不同意投入使用、营业决定书》1份。

2019年1月8日,墨脱县副县长扎西顿珠(右二)一行在墨脱县消防大队检查指导工作

【班子建设】 2019年,墨脱县消防救援大队党支部始终将班子建设摆在各项工作的首要位置,全体指战员精诚合作,和谐共处,保持着高度的统一。严格按照上级要求,牢牢把握整个大队的工作目标和工作方向,坚持议事议案制度,充分发扬民主,从制度上、行为上规范全体指战员。

【消除火灾隐患】 2019年,墨脱县消防救援大队积极提请政府推动各职能部门切实落实消防安全主体责任,组织召开了2019年度消防工作会议和"防风险 保平安 迎大庆"消防安全执法检查专项行动动员部署会,全面总结消防工作薄弱环节,向政府和相关部门上报调研材料4份,县委、县政府领导先后5次对消防安全工作作出重要批示指示,县政府常务会议专题研究讨论了《墨脱县燃气领域消防安全形势的报告》内容,县党政主要领导、分管领导亲自参与研究部署消防工作,明确职能部门工作职责,拟定工作计划,推动解决消防安全难点问题,有效推动了消防主体责任制落实。

开展文物古建筑专项检查工作。2019年,针对辖区文物古建筑火灾防控的严峻形势,先后组织官兵深入辖区5座寺庙开展消防安全专项检查工作,同时联合多部门开展检查8次,督促整改火灾隐患13处,切实改善全县文物古建筑的火灾防控形势,进一步改善寺庙消防安全环境。

社会面火灾防控工作。根据"防风险 保平安 迎大庆"消防检查专项行动要求,全面摸排辖区消防安全隐患重点区域,在各节假日与重要节点开展消防安全"零点夜查"行动28次,联合政府各职能部门开展联合检查30余次,联合执法形成常态,确保了辖区的消防安全稳定。

营造全民防火安全意识。根据《"防风险 保平安 迎大庆"消防安全执法检查专项行动宣传工作方案》,积极开展消防知识宣传、消防安全培训共25次,发放宣传资料3500余份,宣传张贴海报、宣传横幅220余条。

【后勤保障】 加强装备器材建设。2019年,墨脱县消防救援大队结合辖区市政管网损坏严重、水源缺乏等实际情况,积极向支队请示汇报,争取配备了1台载水量5吨的水罐消防车,有效解决了火场供水不足的问题,该车辆于2019年6月中旬正式列装大队;不断加强基础建设。结合新队站建设实际,合理调整房间、库室设置,改建阳光房1间,增设党员活动室1间,丰富了消防员日常业余活动,同时通过积极汇报争取,县政府已经同意解决大队训练塔的修建事宜;完成新队站建设工作。大队定期召开基建工作会议,了解工程进展情况和存在问题,考虑到墨脱县封路情况,及时与施工方、监理方沟通协调,确保工程进度和质量,2019年底大队新建队站已完工,处于工程验收准备阶段。

【提升应急救援能力】 2019年，墨脱县消防救援大队始终牢记习总书记训词精神，主动对标"主力军、国家队"，主动向"全灾种、大应急"靠拢，强化使命担当，坚持实战实训，不断提高队伍实战打赢能力，确保队伍建设紧跟时代步伐。大队高度重视全员岗位大练兵工作，坚持支部议训，做到从指挥员到消防员自上而下全员参与练兵活动，对标训练标准，不断优化训练方法，确保训练有效。结合辖区灾害事故特点明确战斗力量编程，合理分配装备器材，确保闻警即动，稳妥高效处置，先后5次对县城72个市政消火栓进行全面排查与登记，及时更新辖区水源手册，对辖区重点单位修订和完善灭火应急预案21份，有效夯实了战训基础，协调政府职能部门开展易燃易爆场所、寄宿制学校联合实战演练4次，不断提高大队灭火救援能力。每周严格落实开展"六熟悉演练"（熟悉辖区交通道路、消防水源情况；熟悉消防安全重点单位数量、分类和分布情况；熟悉消防安全重点单位建筑物结构和使用情况；熟悉消防安全重点单位重点部位情况；熟悉消防安全重点单位内部消防设施和消防组织情况；熟悉辖区主要灾害事故类型和处置对策、基本程序)，2019年大队共开展社会单位"六熟悉"44家（次）、实战演练61家（次），有效提升了大队的实战打赢能力。

（汪　健）

【机构领导】
政治教导员
　　邹业军（7月免）
大队长
　　王红波（7月任）

# 法 治

## 中共墨脱县委政法委员会

【概况】 县委政法委与县综治办实行"两块牌子一套班子",合署办公,县维护稳定工作领导小组办公室、维稳指挥部办公室、国家安全人民防线建设工作领导小组办公室、防范和处理邪教问题工作办公室、法学会办公室、"双联户"服务管理工作办公室、扫黑除恶打非治乱专项斗争工作办公室均设在县委政法委。2019年3月,墨脱县机构改革,不再设立社会治安综合治理委员会及其办公室,县维护稳定工作领导小组及其办公室有关职责交由县政法委履行,将县防范和处理邪教问题领导小组及其办公室职责交由县委政法委、县公安局承担。2019年6月,根据《中共墨脱县县委员会政法委员会职能配置和人员编制规定》,县委政法委核定编制4名,科级领导职数4名(含正科级主持日常工作的常务副职1名,不含兼职)。

【召开年度工作会议】 2019年4月9日,墨脱县在县团结楼六楼会议室召开2019年县委政法工作会议暨扫黑除恶打非治乱专项斗争第一季度总结部署会议,会议深入传达贯彻中央、区、市三级政法工作会议精神以及林芝市扫黑除恶打非治乱专项斗争第一季度总结推进部署会议精神,总结工作、分析形势,研究部署2019年全县政法工作和扫黑除恶打非治乱专项斗争工作。会议由县委副书记、县长魏长旗主持,县委书记旺东出席会议并作讲话,县委常务副书记谢国高,县人大常委会主任遵珠,县委副书记、政法委书记、公安局局长、督察长谭远书等17名在家县级领导出席会议;各乡(镇)党政主要负责人、政法委员,县(中、区、市)直单位负责人,县政法各部门副科级以上干部等100名同志参加会议。会议对2018年全县政法工作和扫黑除恶工作进行了总结,对2019年

2019年9月16日,墨脱县委书记旺东(左一),县委副书记、县长魏长旗(左二)观摩"网络安全宣传周"主题宣传活动

政法工作和扫黑除恶打非治乱专项斗争作了具体安排部署。

【法治墨脱建设】 2019年,县公安机关共接警241起,其中有效警情69起(刑事案件3起、治安案件5起、交通案件27起、矛盾纠纷11起、群众求助23起);办理治安行政案件17起,行政拘留13人;受理各类刑事案件11起,立案9起,破案6起,抓获犯罪嫌疑人9人,刑事拘留7人,取保候审4人,逮捕6人;抓获漂白身份16年的在逃抢劫杀人犯1名,通过全国跨区域平台开展各类案件协查28起;受理交通行政案件20起,行政拘留2人,适用简易程序办理交通事故40起,一般程序办理交通事故1起。

2019年,县检察机关共受理公安机关提请批准逮捕案件4件6人;受理公安机关移送审查起诉案6件8人,依法提起公诉6件25人,经县人民法院开庭审理做出有罪判决4件23人,已判决案件中4份量刑建议均被采纳;依法不批准逮捕1件1人;办理羁押必要性审查案件1件1人,变更强制措施1件1人;开展社区服刑人员入矫宣告1件1人,社区服刑人员服刑期满解除社区矫正宣告4件4人。

2019年,县审判机关受理各类案件68件,其中受理刑事案件8件28人,审结8件28人;受理民事案件50件,已结38件,未结12件,涉案标的2336.83万元,结案标的910.79万元;受理执行案件10件,已结9件,未结1件。

2019年,县司法行政机关办理法律援助案件7件,其中民事纠纷案件6起,刑事案件1起,结案7起,解答法律咨询258人次,代书法律文书75份;落实对9名社区服刑人员、23名刑满释放人员的帮教转化工作,实现无重新犯罪;开展"法律七进"活动741次,发放宣传资料16970份,受教育群众30545人。

2019年,县法学会联合县司法局、团县委制定并印发了《2019年墨脱县青年普法志愿者法治文化基层行活动实施方案》,深入开展法治文化基层活动。同时,邀请援墨律师在政法系统开展法律专题讲座1次,组织全体干部开展教育培训1次。

【平安墨脱建设】 2019年,县委政法委加强和创新社会治理,抓实矛盾风险化解、安全隐患整治、"先进双联户"创建评选活动等工作。共组织人员开展矛盾纠纷排查275次,排查化解矛盾纠纷41起,通过信访渠道接待群众来信来访25件,受理14件,办结12件;组织开展各类安全检查794次,检查企业1778家次,整改安全隐患745项;健全完善"两会一队"(两会是指治保会、调委会、治安联防队)群防群治队伍,新组建76支"平安守护队",投入资金26.99万元经费购置配备群防群治队伍执勤装备和服装,规范队伍建设,全年群防队伍开展隐患排查和治安巡逻2000余次,各级调委会成功调解矛盾纠纷44件。

【扫黑除恶打非治乱专项斗争】 2019年,墨脱县严格按照市扫黑办部署开展的"三轮线索"摸排工作要求,及时核查办结7条群众举报线索、3条上级转办线索,办结涉恶案件1件。特别是在办理贡日村"9.01"案过程中,全县政法各部门组建专业办案团队,优化办案流程,推行捕诉合一的办

2019年4月9日,墨脱县召开2019年墨脱县委政法工作会议暨扫黑除恶打非治乱专项斗争第一季度总结部署会议

案机制，于2019年6月28日完成对该案的起诉判决，19名被告均被作出有罪判决。纪检监察机关同步启动"一案三查"程序，在核查排除"9.01"案的"保护伞、关系网"等幕后问题后，及时对涉案的8名党员作出开除党籍处理，并对属地乡镇和行业主管部门的有关责任人进行问责，努力纠正工作推动不力等问题。组织各部门牵头完成对2019年6个软弱涣散党组织的整顿验收，及时罢免了贡日村4名涉及"9.01"案的村干部，并启动村干部联审机制，全面开展"红皮白心"清理整顿工作，对377名村"三委"干部进行逐一审查，有效肃清了黑恶势力滋生土壤。

【综治教育宣传】 2019年，县委政法委积极安排政法、综治干部参加区、市两级组织开展的各类教育培训活动，通过以会代训、集中授课、现场指导等多种形式，先后组织7乡1镇的政法委员、综治专职干事开展综治业务培训2次，组织政法综治干部外出参加培训1次，累计培训32人次。基层乡（镇）分别组织对综治干部和"双联户"户长进行业务指导培训，培训率达100%。

组织各乡镇、综治成员单位开展3月综治宣传月、学雷锋便民服务活动、6月综治宣传周、"9.16"平安西藏宣传日等集中宣传活动，广泛宣传以平安建设、扫黑除恶、反邪教、国家安全、"双联户"以及各项法律法规、优惠政策等方面常识，累计印发各类宣传资料3万余份，悬挂宣传横幅280余条，受教育人数达2.8万余人次，切实营造了浓厚的综治工作舆论氛围。投入3万元宣传经费与县移动分公司签订合同，开通手机信息报，定期向墨脱县移动手机用户发送综治、"双联户"工作信息和相关优惠政策，进一步扩大宣传覆盖面。

【"先进双联户"创建评选】 2019年，按照市委政法委统一部署要求，县委政法委组织各乡（镇）、各村"两委"、驻村工作队对全县联户单位进行科学调整优化，将原有的310个联户单位调整为324个，并建立健全了"双联户"工作档案，做到了底数清、情况明。依托村"两委"、驻村工作队和县城4个便民警务站，组织发动全县324个联户单位认真落实矛盾纠纷联排联调、安全隐患联防联控等工作，全年324个联户单位排查化解矛盾纠纷29起，排查整治各类隐患198处，开展治安巡逻2400余次。通过政府扶持、部门引导、户长带头、联户群众参与的形式，积极创建扩大种植业、养殖业、传统手工业、运输业等增收致富项目范围，通过组织发动联户群众参与特色茶产业和亚热带水果种植项目、组建运输队参与建筑材料输送、参与藤竹工艺品加工、石锅打制和民族服饰加工等增收致富项目，累计实现增收1200万余元。

【"无邪教示范县"创建】 2019年，县委政法委坚持防范与打击并重，以综治宣传月、宣传周等系列活动为契机，进一步加强反邪教常识宣传，在基层乡村和县城各小区建立反邪教宣传阵地，持续深入开展反邪教警示宣传教育，长期揭批"法轮功""全能神"等邪教组织的反动本质和现实危害。落实定期排查打击工作制度，每月组织各乡（镇）开展不少于1

2019年10月20日，林芝市委政法委副书记巩雷斌（左二）带队平安建设（综治）考评组一行在墨脱县墨脱镇检查考评工作

次的排查清缴行动,常态化排查打击邪教组织、邪教人员、邪教反宣品。2019年未发现邪教组织、邪教人员,清缴邪教反宣币5张。

(尚　辉)

【机构领导】

县委副书记、政法委书记、公安局局长、督察长
　　谭远书
常务副书记
　　白玛多杰(珞巴族,3月任)
副书记
　　白　玛(女,藏族,12月任)
　　张　茂(5月任)
主任科员
　　达　珍(女,藏族,5月免)
二级主任科员
　　桑杰罗布(门巴族,5月任主任科员,9月套转)
四级主任科员
　　列格卓玛(女,门巴族,5月任副主任科员,9月套转)

## 墨脱县委国家安全委员会办公室

【概况】　中共墨脱县委员会国家安全委员会办公室(国安办)成立于2019年3月,为县内机构改革后新成立的部门。主要从事维护国家安全系列工作。同时,县国家安全委员会办公室与县国安指挥部"两块牌子一套班子"合署办公。县维护国家安全工作领导小组和县国安指挥部办公室均设在县国家安全委员会办公室,由国安办负责日常工作。县国安办核定的机构编制数2人。2019年实有人数3人,其中副主任1人、四级主任科员1人、一级科员1人。

【宣传活动】　2019年4月5日,县国安办精心制定并印发了《墨脱县2019年全民国家安全教育日宣传活动的实施方案》,在"4·15"宣传日当天,县国安办联合县政法委、县司法局等县直20家单位在东布路(司法局门口)进行了集中宣传教育活动,一是利用县司法局LED显示屏滚动播放国家安全动画宣传短片6集;二是利用集中宣传点展出关于国家安全展板4块,发放有关国家安全宣传资料1009份、有关法治中国的光盘14张,发放印有"国家安全 人人有责"字样的水杯55个;三是各乡镇及县城主要街道悬挂有关4.15全民国家安全宣传标语12条,在县城各酒店及娱乐公共场所张贴有关宣传海报120余张;四是利用墨脱县电信、移动网络平台向全县干部群众宣传自治区网络通讯活动"二十禁"通告。

在"4.15"宣传日当天,县国安委联合县政法委、县司法局等县直20家单位在东布路(司法局门口)进行了集中宣传教育活动,并邀请到区安全厅及市安全局领导莅临现场指导、地方政法委书记等相关领导参与了此次活动。此次集中宣传活动:一是利用县司法局LED显示屏滚动播放国家安全动画宣传短片6集;二是利用墨脱县电信、移动网络平台向全县干部群众宣传自治区网络通讯活动"二十禁"通告;三是各乡镇及县城主要街道悬挂有关4.15全民国家安全宣传标语12条,在县城各酒店及娱乐公共场所张贴有关宣传海报120余张;四是利用集中宣传点展出关于国家安全展板4块,发放有关国家安全宣传资料1009份、有关法治中国的光盘14张,发放印有"国家安全 人人有责"字样的水杯55个。宣传活动受益群众达420余人次,

2019年4月15日,墨脱县国安办组织开展"4·15"国家安全集中教育宣传活动

2019年8月27日，墨脱县召开庆祝新中国成立70周年大庆维稳安保动员部署会议

有效营造了共同关注和维护国家安全的良好氛围。

【重要工作会议】 2019年8月27日，"墨脱县庆祝新中国成立70周年维稳安保动员部署会议"在团结楼六楼会议室召开。县委副书记、政法委书记、公安局局长、督察长谭远书主持大会并作了讲话，政府副县长赖维薇出席大会并传达相关文件精神，县委常委、武装部部长高林林、县人大常委会副主任（人选）、墨脱镇党委书记格桑卓嘎、政协副主席郑明、县人民法院院长云登出席大会。各乡（镇）、县（中、区）直各单位、边境管理大队、武警县中队、消防救援大队等维稳力量单位、水厂、供电公司等重点民生部门参加大会。会上，政府副县长赖维薇同志简要传达了《墨脱县庆祝新中国成立70周年期间县级领导下沉各乡（镇）各部门督查检查方案》。

【联合武装震慑巡逻】 为进一步展示墨脱县维护局势稳定的训练成果和装备力量，强化社会面管控，形成对不法犯罪分子的高压震慑，确保新中国成立70周年大庆活动期间辖区全面稳定、持续稳定，9月30日，由县国家安全指挥部的牵头，联合县委政法委、县公安局、县检察院、县法院、县司法局、县边境管理大队、武警墨脱县中队、县消防救援9家单位举行了庆祝新中国成立70周年大庆军地联合武装巡逻行动。武装震慑巡逻采取车巡和步巡两种方式，车巡出动公安警力33名、武警官兵12名、消防官兵3名、医护人员3名、专业车辆19台；步巡出动公安警力36名，武警官兵12名等维稳专业力量，主要对全县重点线路、要害部位和民生目标等进行了全方位、无缝隙巡逻，强化对可疑人员、可疑车辆的巡查，全面遏制暴恐案件的发生，最大限度地挤压违法犯罪空间，形成极大的震慑。

通过巡逻，充分展示了墨脱公安机关等维稳专业力量维护社会局势稳定的信心和决心，进一步巩固了维稳成果，检验了墨脱县维稳专业力量应对突发事件的快速反应、维稳处突、联合作战能力，进一步增强了参战队伍的凝聚力、执行力和战斗力，为坚决打赢新中国成立70周年大庆活动维稳安保攻坚战奠定了坚实基础。

（谭　梅）

【机构领导】
副主任
　　索朗罗布（门巴族，3月任）
四级主任科员
　　西　洛（藏族，3任副主任科员，6月套转）

# 墨脱县公安局

【概况】 年内，墨脱县公安局以稳定压倒一切为中心，全力维护社会局势稳定，坚持不懈开展各项严打整治行动，始终保持对违法犯罪活动的高压态势，加强治安防控体系建设，提高控制和管理社会治安的能力，圆满完成了各项工作任务，为建设"平安墨脱"创造了良好的治安环境。墨脱县公安局下设办公室（政工人事科、110指挥中心）、国内安全保卫大队、刑事侦查大队（经济犯罪侦查大队、禁毒大队）、交通管理大队、治安管理大队（爆炸物品监管大队、网络安全保卫大队）、出入境管理大队、特警大队、法制室（警务督察大队)、警务保障室、看守所(拘留所)10个副科级内设部门;管理东布路便民警务站、亚东便民警务站、双拥路便民警务站、完小便民警务站、贡日便民警务站、嘎隆便民警务站6个副科级建制便民警务站;管理县城派出所、背崩乡派出所、帮辛乡派出所、加热萨乡派出所、甘登乡派出所5个正科级建制派出所。县公安局党委2015年7月成立,设立2个党支部,共有党员63名。截至2019年底,全局警力共144名,其中民警92名,工人3名,辅警46名,协警3名。

【维稳工作】 2019年,贡日便民警务站、嘎隆便民警务站、亚东便民警务站合力检查登记出入人员320383人次,车辆101449台次,盘查物品202541件次,其中邻省藏区人员1222人、港澳77人。出动870余名维稳专业力量开展誓师动员暨实战演练9次。联合武装巡逻61次,出动警力3110人次、警车420余台次。投入警力420余人次,圆满完成各项安保工作任务。

【接处警情况】 2019年,县公安指挥中心共接警241起,有效警情69起(其中刑事案件3起、治安案件5起、交通案件27起、矛盾纠纷11起、群众求助23起),无效警情172起。

【案件受理】 2019年,县公安局共办理治安行政案件17起,行政拘留13人;受理各类刑事案件6起,其中立案6起,正在初查1起,破案5起,破案率90%,抓获犯罪嫌疑人8人,刑事拘留5人,取保候审3人,提请逮捕5起,起诉2起;协助内地公安机关查获网购钢珠案1起,抓获漂白身份16年的在逃抢劫杀人犯1名,通过全国跨区域平台,开展各类案件协查30起;受理交通行政案件20起,均形成行政案卷,并对违法过错行为做出行政处罚,行政拘留2人;适用简易程序办理交通事故40起(录入系统),一般程序办理交通事故1起。

【扫黑除恶专项斗争】 2019年3月19日,县公安局召开"扫黑除恶"专项斗争工作部署会,会议对2018年度"扫黑除恶"专项斗争工作进行总结,同时传达了《2019年扫黑除恶打非治乱工作要点》,成立了以县公安党委书记为组长,其他党委委员为副组长,局直各部门、派出所、警务站负责人为成员的扫黑除恶专项斗争领导小组,领导小组办公室设在局扫黑办。累计召开扫黑除恶打非治乱专项斗争工作部署、推进会议18次,研究制订《墨脱县公安机关涉黑涉恶线索滚动摸排工作规定》等12项机制,并全部印发实施。

采取现场宣讲会、有奖竞答、油漆喷绘、新兴媒体宣传、局领导分片包干宣传等方式,通过电视播放、手机短信平台,深入宣传涉黑涉恶政策、法律法规宣传、林芝市扫黑除恶打非治乱专项斗争25类重点打击内容以及举报奖励办法,全年累计出动警力550余人次,开展各类形式的宣传200余次,投入扫黑除恶工作专项资金10余万元,制作并发放宣传资料5万余份,张贴宣传标语2850余份,海报2900余份,致群众的一封信200张,悬挂宣传横幅1100余条,油漆喷绘横幅24条,通过"西藏日报""平安墨脱"微信公众号共发布宣传信息19期36条,设立举报箱52个,受教育群众达

2019年3月18日,林芝市派驻墨脱县维稳督导组副组长、副市长徐龙海(前)一行在墨脱县亚东、贡日、嘎隆警务站看望慰问民警

16000余人。

采取明察暗访相结合的方式,针对"村霸"、敲诈勒索、寻衅滋事、聚众斗殴、组织强迫卖淫、开设赌场等黑恶势力进行摸排;对扎墨、背崩公路沿线砂石场、施工地,重点摸排是否存在"沙霸"、强买强卖、强揽工程、欺行霸市、强迫交易等涉黑涉恶现象进行摸排;对寺庙及周边有无乱建金塔、私设经堂、乱挂经幡的现象进行摸排;由治安大队总牵头,对全县娱乐场所、茶楼、洗浴中心、酒店(宾馆)等重点敏感场所就涉及黄赌毒情况进行检查;加强对民爆、寄递物流业、成品油料、管制刀具的审批、监管力度,监督各行业必须严格落实实名制制度。全年累计出动警力500人次、线索集中摸排行动5次,摸排7000户次。专项斗阵以来,截至目前,办理线索4条,均核查完毕,其中2条不存在涉黑涉恶和保护伞情况,举报不属实,2起举报属实(1条办理为涉恶案件,1起归类为涉恶案件)。

【专项整治及检查工作】 2019年,县公安局组织警力开展治安综合大清查大整治行动27次、安全生产大检查49次、易燃易爆物品专项检查42次、单位内部安全检查70余次、"护校安园"行动71次。联合消防救援大队开展校园消防安全检查15次;专项检查娱乐场所120余次,下达限期整改通知书15份,查处涉黄案件1起(处罚2人,停业整顿娱乐场所2家);打击整治枪爆违法犯罪专项行动15次、赌博违法犯罪活动28次(办理赌博案件7起,处罚35人,收缴赌资28350元,追缴场所违法所得1605元);排查流动人员8000余人次,登记外来流动人员12300余人次;抓捕流浪犬1390只,摸排统计家养犬437只,均已办理养犬证。开展涉毒专项检查21次、易制毒化学物品排查整治11次、毒品原植物铲除行动10次,开展缉枪治爆20次,收缴枪支1把、枪管1根;打击拐卖妇女儿童专项行动10次、反假币专项行动6次、非法集资专项行动10次、打击传销专项行动6次;严打严重暴力犯罪10次、"三打击一整治"专项行动10次。

2019年3月5日,第八批援墨工作组为墨脱县公安局赠送2部执勤装备

【交通安全专项整治】 2019年,县交警大队开展道路巡查294次(不含每日上路巡查),查处查纠交通违法行为304起,其中做出行政处罚处理111起,现场教育整改处理193起。累计清理城区机动车乱停乱放车辆800台次,查扣达到报废条件车辆4辆,查扣机动车假牌套牌车辆2辆、使用其他机动车号牌1起(案件目前正在审查办理当中),检查车辆14910台次(含摩托车)。开展道路隐患排查整治行动240余次,排查道路交通隐患128起,现场通过协调沟通有关单位整改治理97处,提请县安委办挂牌督办督促整改31起。开展交通专题学习讲座7次,动员交通劝导员在农村地区开展交通安全宣传11次,联合县直有关单位、局直各部门联合举行交通宣传活动10次,累计发放宣传资料6300余份,发放宣传礼品380余件,张贴宣传海报横幅280余份。深入辖区公路对施工单位开展交通安全宣传活动29次,对外来旅游经商人员交通安全提示100余次,发放温馨提示卡1800余张。

【户籍业务】 2019年,墨脱县常住人口13363人、出生上户206人、死亡注销56人、重户删除78

人、补录无户口人员5人、信息变更10人。受理第二代身份证1900张、区外异地身份证82张，办理临时身份证80张。办理迁出登记87人、办理准迁证161份、受理迁入登记502人、受理登记居住证554张、采集人相1000余人、受理其他类户籍业务1000余条、出具各类户籍证明100余份。

【边境管控】 2019年，墨脱县以公安便民派出所警务站为重点，以驻边部队和公安派出所联防联控机制为依托，以边境乡（村）民兵、治安联防队员等群防群治力量为基础，层层织牢联动防控网络，构筑起了一道反闯关、反渗透、反蚕食的铜墙铁壁。县公安局通过积极协调村"两委"、驻村工作队，在广大农牧民群众中广泛开展爱国守边固边教育，大力宣扬国家惠民政策及《西藏自治区边境地区农牧民群众维稳控边奖励办法》，对2014年以来破获的3起非法出境案及时兑现奖励，激发边境地区农牧民群众和基层组织力量参与封边控边工作的积极性和主动性，营造了全民参与、人人皆兵的封边控边工作氛围，筑牢了边民守边固边意识。在新中国成立70周年大庆安保工作中，联合驻地部队在边境一线设立检查卡点5个，合力开展边境巡逻管控、边防巡逻16次。安排2名警力驻守一线边境区域，联合驻地部队开展为期60多天的防串联勾结、防渗透蚕食、防潜入潜出工作，累计登记服务转山人员3400多名，搜集信息16条，救助受困群众3名。

【应急机动】 2019年，县公安局高度重视应急力量储备工作，努力克服警力紧缺、机构不全、工学矛盾等困难，在全局抽调21名素质过硬、作风扎实的精干警力，组建了应急储备力量，并将每周二、周五定为"特警训练日"，强化训练演练，进一步提升队伍素质。在三月敏感期、新中国成立70周年大庆安保期间，在加油站和县城4个警务站各增派2名武警官兵，并构建了应急处突领导小组，设立12个职能小组，部署14名特警作为第一机动处置力量，2组40名公安民警作为机动巡逻和后续增援梯队，1组6名警力作为内部安全保卫力量，每日加强巡逻检查，严密防范突发事件发生。果断动用应急力量，迅速成功疏导了因交通管制后初通带来的13次扎墨公路交通拥堵，完成了昌都在逃杀人犯搜寻任务，应急力量作用凸显。

【党建工作】 政治学习。2019年，县公安局紧紧围绕"坚持政治建警"这条主线，扎实开展政治教育，引导广大党员民警切实增强"四个意识"，坚定"四个自信"，做到"两个维护"。定时组织班子成员和全局党员干部开展党性、政治纪律、"不忘初心、牢记使命"主题教育，通过培训、座谈、观看红色影片等多种形式，提高党员干部思想政治素质，全年由党委书记带头讲党课3次，开展集中教育活动37场次，"领导干部上讲台"活动16次，自我剖析、批评与自我批评活动8次，观看廉政警示教育片23次、1200余人次，参观廉政教育基地4次，签订对党忠诚承诺书63份，整改文山会海方面问题3处。

廉政建设。以落实党风廉政建设主体责任为抓手，健全"一把手负总责，分管领导各负其责，班

2019年9月30日，墨脱县公安局、武警中队、司法局、法院等单位联合开展武装联合震慑巡逻

2019年11月25日，墨脱县委常务副书记叶敏坚（右一）在墨脱县公安局调研工作

子成员齐抓共管"的工作机制，把党风廉政建设纳入领导班子、领导干部目标管理，层层签订《党风廉政建设责任书》143份，做到与业务工作同部署、同检查、同考核。深入开展中央"八项规定"问题整改，坚持用"身边事"教育"身边人"，积极抓好岗位风险防控，全面梳理岗位职责，准确定位岗位风险点，推动岗位风险防控机制建设，共组织党委班子成员、21个部门负责人、36名党员民警开展廉洁风险点排查工作1次，梳理排查廉洁风险点3处，制定防范措施5条。

【队伍建设】 以规章制度为要求抓从严治警。2019年，县公安局认真贯彻落实《公安机关人民警察纪律条令》，公安部"三项纪律"相关要求，狠抓民警日常行为养成教育，针对春节、"两会"、三月敏感期、新中国成立70周年大庆等重大节日或敏感节点时期，开展各部门维稳工作、打击整治民族资产解冻专项工作、公安机关内部人员泄露公民个人信息问题专项治理、严厉打击政治谣言坚决维护政治安全、扫黑除恶专项斗争、打击贩卖户口身份证犯罪、深化户口登记管理清理整顿、清理整治保安人员违规佩戴警察标志、警容风纪再检查等专项督察工作280余次，提出督察意见建议33条，督促整改问题9起。

以关爱民警为基础抓从优待警。联合县人社局完成全局民警职务套改工作及前期工资补发工作，民警执勤岗位补贴从原有的310元提高至1110元，并补发了2016年8月至2019年3月的补贴，协调财政部门为辅警解决了每月550元的补助，同时发放了加班补助；积极组织全体民警参加全身体检，为全局干部职工购买人身意外伤害保险140份；为10余名民辅警解决住房问题，解除了后顾之忧。

（程海东）

【机构领导】

县委副书记、政法委书记、公安局党委书记、局长、督察长、三级高级警长

  谭远书

党委副书记、政委、二级警长

  巴　桑（藏族）

党委委员、副局长、三级警长

  强巴塔青（藏族）

党委委员、副政委、三级警长

  多　呷（藏族）

党委委员、办公室主任、四级警长

  詹　星

党委委员、刑侦大队大队长、三级警长

  郑邦典

## 墨脱县人民检察院

【概况】 年内，墨脱县人民检察院在县委和上级检察机关的坚强领导下，在县人大及其常委会的依法监督下，在县政府、政协和社会各界关心支持下，始终坚持党的领导，确保检察工作的政治方向；始终坚持以人民为中心的发展思想，努力让人民群众在每一个司法案件中都感受公平正义；始终坚持围绕中心履职尽责总基调，把检察工作放在墨脱县工作全局中谋划和推进；始终坚持结合实际深化改革，保持检察工作的生机与活力。2019年，县检察院核定编制人数9名，实有干警13名，其中男8名，女5名，共有中共党

员13名;汉族8名,藏族2名,门巴族2名,珞巴族1名;40岁以上2名,30岁至35岁9名,24岁至29岁2名;硕士研究生1名,本科11名,大专1名;法律专业6名。全院共有员额检察官4名,司法辅助人员6名,法警1名,司法行政人员2名。共有检察委员会委员6名。共有内设机构9个,设有院党组、院党支部、检察委员会等,组织机构较为健全。

【班子建设】 2019年,县检察院组织召开党组理论中心组学习16次,班子成员做交流发言10余次。认真贯彻民主集中制原则,坚持"三重一大"事项上党组会议,全年研究重大事项10次,干部任用7次、项目安排8次、大额资金使用3次。认真贯彻落实请示报告制度,向上级院和县委请示报告工作20余项。提高班子成员业务能力水平,入额3名班子成员共办理案件13件。

【思想教育】 2019年,县检察院坚持学用贯通,深入贯彻落实习近平总书记关于政法工作的重要论述、指示精神以及区党委、上级检察机关的决策部署,进一步树牢干警"四个意识"、坚定"四个自信"、做到"两个维护"。坚持学做结合,组织开展助农采茶、送法下乡、廉政党课、走进楷模、净化家园等主题活动,提升干警为民意识和履职水平,拉近检民距离,让"检察更接地气"。坚持意识形态引领,打造党建文化走廊,丰富党建宣传阵地,营造浓厚党建工作氛围。

2019年8月10日,墨脱县检察院干警在地东村开展扫黑除恶法治宣传活动

【检务公开】 2019年,县检察院共向县人大、政协发送检察信息130余篇,向县委常委会报告检察工作1次。邀请各级人大代表、政协委员36人次参加"检察开放日"活动和案件汇报会,向代表委员全面汇报检察工作开展情况、重大敏感案件办理情况,听取意见建议。接受新闻舆论监督,全年公开办结案件信息33条,其中重要案件信息3条、法律文书3份,公开比例达到90%。利用"两微一端一网"(是指微博、微信及今日头条客户端门户网站)发布信息390余条、阅读量逾百万人次。

【防范化解重大风险】 2019年,县检察院县级干部包乡(镇)维稳蹲点60余天,共投入检力400余人次,投入警车6台次,积极参与值班备勤和武装巡逻,落实敏感节点24小时值班带班、日报告、零报告制度。主动推进扫黑除恶打非治乱专项斗争,成功起诉墨脱县首例涉恶案件,对已办结刑事案件开展"回头看"互查活动,深挖涉黑涉恶案源,认真落实中央扫黑除恶第13督导组反馈问题整改工作,确保专项斗争规范有序。加大以案释法宣传力度,参与和开展各类法治宣传活动12次,发放宣传资料1000余份。借助普法短信平台向全县干部群众发送宣传信息6000余条,2名干警分别担任县完小法制副校长和法制辅导员,开展法治教育课6节、普法宣传5次。

【服务脱贫攻坚】 2019年,县检察院组织10人次到乡镇协助开展脱贫攻坚工作,走访慰问3户贫困户,发放慰问金1200元。开展"党员干部进村入户、结对认亲交朋友"活动,9名副科级以上干警共帮扶15户贫困户,送去慰问金、慰问品共计6400元。3名正科级以上干部结对帮扶3名墨脱籍未就业大学生,提供3个大学生临时工作岗位、聘用3名书记

2019年8月26日,墨脱县检察院邀请人大代表、政协委员、民营代表、工商联负责人参与"检察护航民企发展"检察开放日活动

员,缓解墨脱籍大学生就业压力,为墨脱高校毕业生就业形势持续稳定贡献检察力量。

【打击违法犯罪行为】 2019年,县检察院共受理公安机关提请批准逮捕案件4件6人。受理公安机关移送审查起诉案10件32人,依法提起公诉10件32人,经县人民法院开庭审理做出有罪判决9件30人,已判决案件中4份量刑建议被采纳。

【检察监督】 加强侦查活动监督,2019年,县检察院依法不批准逮捕1件1人,发出纠正违法类检察建议1份;加强审判活动监督,对4起被告人适用认罪认罚从宽制度,其中1起适用速裁程序,县法院采纳指控罪名和量刑建议,公开庭审当庭宣判;加强刑事执行检察,办理羁押必要性审查案件1件1人,变更强制措施1件1人,监督社区服刑人员入矫宣告1件1人,刑满解除宣告4件4人,录入刑事执行检察子系统档案4件4人。

【检察改革】 2019年,县检察院完成第二批员额检察官遴选,按照检察官退出机制,1人退出员额检察官。落实领导直接办案机制,院领导共办理案件5件21人,占受理案件总数的20%。完善线上案件程序、文书等规范化建设,完成电子卷宗系统的运行。

【夯实基层基础】 2019年,县检察院共选派13人次参加专题业务培训,同时加大院内业务知识学习力度,积极参加上级院举办的业务讲座30余次。在广东省检察机关的大力支持下,完成投资30万元的机房改造升级,为检察工作的深入开展提供技术支撑。投资630万元的干警周转房建设项目顺利开工,已完成工程量的60%。

(边 珍)

【机构领导】

党组书记、检察长、四级高级检察官
　　李　彦
党组副书记、副检察长、四级高级检察官
　　曲桑顿珠(门巴族)
党组成员、副检察长、二级检察官助理
　　张　慧　仙(女,2月套转)
党组成员、办公室主任、二级主任科员
　　边　珍(女,藏族,6月套转)
党组成员、公诉科科长、二级检察官
　　伍　班　东(4月任二级检察官)
民事行政检察科科长、三级主任科员
　　次仁旺姆(女,珞巴族,11月任三级主任科员)
侦查监督科科长、二级检察官
　　张　国　照
副科级检察员、四级检察官助理
　　邓　建　斌(6月套转)
刑事执行检察局局长
　　常　建　楠(11月任)
林业检察科科长
　　赤列央宗(女,藏族,11月任)
司法警察大队队长
　　陈　军(5月任)

# 墨脱县人民法院

【概况】 2019年,墨脱县人民法院以习近平新时代中国特色社会主义思想为指导,在县委、县政府的正确领导和上级法院的监督指导及社会各界的关心支持下,紧紧围绕"努力让人民群众在每一个司法案件中感受到公平正义"

的目标，忠实履行宪法法律赋予的司法审判职责，为全县经济社会持续健康发展提供有力的司法服务和保障。

2019年，墨脱县人民法院下设办公室、司法行政装备管理科、立案庭、刑事审判庭、民事审判一庭、民事审判二庭、行政审判庭、执行局、法警大队、审判监督庭10个内设机构和格当人民法庭、达木80K中心人民法庭、背崩中心人民法庭3个派出法庭，内设机构和派出法庭均为副科级建制。共有编制17名，实有干警18名，平均年龄32岁，其中男干警8名，女干警10名。法学专业人数12名，本科17名，大专1名，党员12名，入额法官5名。有6名干警通过国家司法考试（国家线1名，西藏线5名，区内特殊照顾线1名）。

【业务工作】 2019年，县法院共受理各类案件68件（含旧存4件），其中受理刑事案件8件28人，审结8件28人，结案100%；受理民事案件50件（含旧存4件），已结38件，未结12件，结案76%；受理执行案件10件，已结9件，未结1件，结案90%。综合结案率为80.88%，审限内结案率100%。

【刑事审判】 2019年，县法院受理刑事案件8件，结案8件，判处有期徒刑以上刑罚22人，拘役1人，适用缓刑2人；为提高办案效率，适用刑事速裁程序审结案件1起；为打击黑恶势力犯罪，依法审结涉恶案件1起19人；为维护人民警察执法权威，依法审结妨害公务罪案件1起2人；为维护生效判决权威，刑事审判庭向立案庭移交罚金追缴案件1起2000元，已由执行局执行到位。

【民商事审判】 2019年，县法院受理民商事案件50件（含旧存4件），立案标的2336.83万元，结案38件，结案标的910.79万元，结案率为76%。其中离婚纠纷3件，房屋租赁合同纠纷5件，建设工程合同纠纷6件，不当得利纠纷3件，买卖合同纠纷案件10件，租赁纠纷7件，劳务合同纠纷5件，借款合同纠纷2件，交通事故责任纠纷、民间借贷纠纷、旅店合同纠纷、侵权责任纠纷等各1件。已结案件中，调解结案和调解撤诉25件，调撤率为65.79%。

【执行工作】 2019年，县法院受理执行案件10件，结案9件，结案率为90%（未结1件在执行期限内），通过执行指挥平台受理区内外委托（协助）执行事务8件，已全部办结。申请执行标的228.79万元，执行到位218.79万元，纳入失信被执行人名单1人，限制高消费1人。

【扫黑除恶打非治乱专项斗争】 2019年，县法院坚决贯彻习近平总书记关于扫黑除恶打非治乱专项斗争的重要指示精神和中央、各级党委决策部署，将专项斗争纳入全年工作重点规划，抽调精干力量，形成刑庭负责，各庭室配合的工作机制。全年召开专题会议3次，研究部署和总结相关工作，制定修改实施方案2次，向上级法院、县扫黑办汇报情况8次，派员参加专题会议7人次。组织干警到格当乡、达木乡贡日村、德兴乡、背崩乡开展扫黑除恶法治宣讲8场次，通过墨脱县电信分公司向社会公众推送扫黑除恶信息20000余条，覆盖全县所有电信手机用户，营造了浓厚的扫黑

2019年6月14日，西藏自治区人大调研工作组一行在墨脱县人民法院开展"基本解决执行难"专题调研

除恶舆论氛围。2019年,受理恶势力犯罪案件(即"9.01"案件)1件,合议庭依法进行公开宣判,19名被告人全部定罪量刑,其中判处3年以上有期徒刑2人,判处2—3年有期徒刑4人,1—2年有期徒刑12人,判处1年以下有期徒刑1人。

【普法工作】 2019年,县法院派出干警50余人次、车载流动法庭21车次,开展法律进校园、进机关、进社区、进企业14次,到墨脱镇、德兴乡、格当乡、背崩乡开展法律进乡村活动13次,向群众宣传《中华人民共和国宪法》《中华人民共和国刑法》《中华人民共和国民法》《中华人民共和国未成年人保护法》《中华人民共和国反家庭暴力法》《中华人民共和国治安管理处罚法》扫黑除恶等相关法律知识,为群众提供法律咨询1500余次,发放宣传资料5000余份,受教育群众9000余人次。10月,组织县中学七年级学生在科技法庭模拟法庭审理过程,由学生充当诉讼参与人角色,现场体验庭审活动,零距离感受法治教育。

【监督联络工作】 2019年,县法院组织人员直接走访和联系全国人大代表3人次,召开征求意见座谈会1次,征集意见建议3条(已向上级法院协调办理);邀请县级以上人大代表、政协委员列席法院重要会议5人次,邀请代表委员参观视察法院工作2次;邀请代表委员、廉政监督员和党政机关领导旁听"郎某等19人犯寻衅滋事、妨害公务"等重大案件庭审4人次。县法院适用普通程序审结案件35件,人民陪审员参审32件,参审率91.43%。提请县人大常委会进行人事任免等议题3件次,虚心听取并认真办理各方意见建议,增强接受监督的自觉性、主动性、经常性。

【立案信访】 2019年,县法院诉讼服务中心在制度建设上谋创新,坚持依法登记立案,设立专门窗口,试行跨域立案,协调区内外14家兄弟法院开展了2次大规模全流程跨域立案演练,建立就近受理申请、管辖权属不变、数据网上流转的联动机制,实现就近能立、多点可立、少跑快立。同时拓展网上服务功能,应用西藏移动微法院、人民法院调解平台,提供网上引导、立案、在线调解、案件查询、法律咨询等服务,做好法律释明工作,保护当事人的诉权,准确及时受理各类案件。对符合条件的当事人经申请依法决定缓、减、免交诉讼费用,办理减免缓诉费案件2件2人,减交诉讼费11690.32元。进一步做好信访工作,全年接待来诉来访群众400余人次,为使来访者畅言诉求,接待人主动热情、亲切周到、文明规范,提升便民利民服务水平,树立法院良好的服务窗口形象。

【司法改革】 2019年,县法院按照自治区高院《关于积极推进全区各级法院内设机构改革工作的通知》文件精神,制定墨脱县人民法院内设机构改革实施方案,推进法院内设机构改革。为科学设置审判业务机构,推进审判职能优化、实现内部管理扁平化,拟将本院10个内设机构精简为政治部、综合办公室(司法法警大队)、立案庭(诉讼服务中心)、综合审判庭、执行局5个内设机构,机构改革方案已报区高院,处于审批中。

结合审判执行业务工作,对

2019年5月21日,广东省东莞市中级人民法院党组副书记、副院长陈昌盛(右二)带队工作组一行在墨脱县人民法院调研援藏工作

2019年6月4日，墨脱县人民法院对"9.01"案件进行开庭审理

干警进行分类定岗，组建了以员额法官为核心，法官助理、书记员分工协作紧密配合的立案、刑事、民事、执行、审监5个审判团队；落实司法责任制、多元化纠纷解决机制、案件繁简分流机制，推行院、庭长办案和法官联系会议制度，院领导主动参与办理大案要案，主审疑难复杂案件；建立健全主审法官、合议庭办案责任制，让审理者裁判、让裁判者负责，入额办案、办案担责、有责追究的司法权运行机制正在形成；在市中院的指导下，开展首批聘用制书记员招录工作，按照法定程序公开公正招录聘任制书记员2名；因工作调动等原因，经自治区高院党组批准同意，有3名法官退出员额，为及时补充员额法官，争取把能办案、办好案的人员遴选进入法官队伍，新增1名入额法官，向上级法院报送1名拟入额法官人选。

【信息化建设】 2019年，县法院坚持以促进审判体系和审判能力现代化为目标，将现代信息技术与司法审判深度融合，依托信息化手段不断推进审判流程、裁判文书、执行信息、庭审直播等公开平台建设，实现业务网上办理、全流程依法公开、全方位智能服务，为群众提供多方位、多元化司法服务。推进诉讼服务中心、执行指挥中心建设，推行网上立案、电子送达、自助缴费等便民平台，充分利用法院门户网站、微信公众号、电子显示屏等宣传媒介宣传法院工作。

（刘善超）

【机构领导】

党组书记、院长、四级高级法官
　云　登（藏族）
党组副书记、副院长、一级法官
　次　央（女，藏族，8月评定一级法官，12月任党组副书记）
党组成员、办公室（审判管理办公室）主任
　刘善超（12月任党组成员）
党组成员、刑事审判庭（少年审判法庭）庭长、二级法官
　安许鹏（8月评定二级法官，12月任党组成员）
党组成员、执行局局长
　泽翁罗布（藏族，12月任党组成员）
审判监督庭庭长、二级法官
　白玛玉珍（女，门巴族，1月评定二级法官）
立案庭庭长
　尼玛永宗（女，藏族）
司法警察大队队长
　扎西顿珠（藏族）

# 墨脱县司法局

【概况】 年内，墨脱县司法行政工作在县委、县人大、县政府、县政协的领导和监督下，在上级司法行政机关的指导以及在各相关部门的积极配合下，扎实开展各项业务工作，以化解矛盾纠纷、维护社会和谐稳定为目标，以服务经济为主线，加强和创新社会管理水平，充分发挥司法行政机关维护社会稳定、服务经济发展、促进社会公平正义、推动依法治县的职能作用，为建设和谐社会、平安墨脱作出积极努力。墨脱县司法局内设法制宣传教育工作领导小组办公室、基层工作办公室、法律援助中心、法制办、社区矫正及安置帮教工作办公室等。2019年，县司法局实有人数13名，其中局长1名、副局长2名、二级主任科员1名，司法所所长1名，四级主任科员3名、一级科员5名（其中

2019年10月22日，林芝市司法局局长次仁（右三）在墨脱县法律援助中心开展公共法律服务及基层司法所建设调研

4人为乡镇司法专职助理员），中共党员9名。

【法制宣传教育】 2019年，县司法局根据"七五普法"的总体规划，强化普法宣传，广泛开展法律"七进"（进机关、乡村、社区、学校、企业、单位、寺庙）活动。全年共开展"法律进学校"96次，受教学生8618人次，"法律进机关"89次，受教人数2614人次，"法律进单位"66次，受教干部2081人次，"法律进宗教场所"69次，受教僧人379人次，"法律进企业（进工地、景区）"79次，受教人数1472人次，"法律进乡村"342次，受教群众15381余人次。4月23日，召开墨脱县司法行政工作会，签订2019年普法依法治理责任书，并在援墨工作组的大力支持和帮助下表彰了10个先进集体和20个先进个人。建设完成了墨脱县法治文化长廊，该项目的投入使用将成为墨脱县一道亮丽的法治宣传风景线。

【人民调解】 2019年，墨脱县各级调委会借鉴"枫桥经验"，创新人民调解工作，采取专项排查与群众自查相结合，实现排查范围全覆盖，做到排查1起、调处1起、化解1起，保证矛盾纠纷不出乡镇、不出县。全县各级调委会调解矛盾纠纷50件，成功调解矛盾纠纷44件，涉及金额255.8万元，共排查纠纷373次，预防纠纷19件。2019年4月，对全县人民调解员代表200人进行人民调解员业务培训，进一步提高全县人民调解工作的质量和化解社会矛盾纠纷的能力。

【法律援助】 2019年，墨脱县法律援助中心共接收并办理法律援助案件7件，其中民事纠纷案件6起，刑事案件1起，结案7起，解答法律咨询258人次，代书法律文书75份。法律援助工作者全程参与墨脱县首件适用刑事速裁程序案件的审理，实现了墨脱县法律援助工作者参与刑事速裁案件零突破。深入开展法律援助宣传工作，全年共开展法律援助宣传20次，受教人员700余人，发放宣传资料800余份。通过援助律师积极与广州市律师协会对接，发动广州市律师协会27名律师资助墨脱县高中、大学生共24人，捐助助学金258504元，积极为墨脱教育事业、扶贫工作助心助力。

【法治建设】 2019年，县司法局深入贯彻落实中共中央、国务院《法治政府实施纲要（2015—2020年）》精神，全面推进依法行政，积极申报2019年法治政府建设创建工作，组织开展了林芝市法治建设（依法行政考试）培训共4场，参加人数120人次，并于10月16日开展依法行政墨脱县考区考试，共60人参加考试。

【社区矫正】 2019年，墨脱县在册社区矫正对象5名，解除矫正4名。年初组织5名在册社区服刑人员到波密监狱开展"珍惜当下、守法自律"为主题的警示教育活动，取得了良好的警示教育效果。全年组织县城内社区服刑人员开展个别谈话和集中宣传教育8次32人次。严格执行"日报告"制度，积极开展走访社区服刑人员工作并组织谈话教育，全面掌握矫正人员的工作、生活、思想状况，确保在敏感节点做到平安和谐稳定。

【安置帮教】 2019年,墨脱县解除安置帮教人员1名,安置帮教在册人员23名(其中2名为重点人员)。对帮教人员开展走访谈心谈话教育活动,并进行慰问活动8次,严格按照安置帮教工作相关程序转移安置帮教人员1名。

【扫黑除恶打非治乱专项斗争】 2019年,县司法局制订《2019年扫黑除恶打非治乱实施方案》,对相关工作组织领导进行调整充实,同时召开专题会议研究部署扫黑除恶打非治乱相关事宜4次。结合司法行政工作特点,积极开展法治宣传和对"两类人员"(在册社区服刑人员及刑满释放人员)的排查走访工作,全年开展专项普法活动17次,开展针对性法制宣传教育活动13次。全面整改落实中央扫黑除恶督导组反馈问题,通过召开专题会议,研究部署相关工作,并制订了《县司法局扫黑除恶打非治乱专项斗争工作整改落实细化方案》。根据第三轮摸排方案,加大排查范围,组织司法助理员对各乡镇的司法领域开展深入排查,走访排查4名社区服刑人员和23名在册安置帮教人员,共排查28人次。

【亮点工作】 2019年3月,被告人次某因涉嫌盗窃罪,被墨脱县人民检察院提起公诉,3月13日经墨脱县人民法院依法适用刑事案件速裁程序,公开开庭审理此案并当庭宣判,送达判决书。墨脱县法律援助中心法律援助工作者全程参与墨脱县首次适用刑事速裁程序案件的审理,依法为被告人提供法律服务,保护被告人合法权益,确保司法公正。

积极推动国家工作人员旁听庭审活动,积极落实干部日常学法制度,切实增强国家工作人员依法行政、依法管理的能力水平,全年共组织42人旁听3次。

开展"广州—墨脱县助学1对1精准帮扶活动",积极响应扶贫工作,帮助贫困学生顺利完成学业,由广州市律师协会27名律师资助24名学生,捐助助学金258504元。

11月22日,开展民主法治示范村村党支部书记法治培训,此次培训共有19名村党支部书记参加,副县长赖维薇参加开班仪式并讲话。通过集中授课、集体讨论、现场观摩、实地参观等形式开展培训,为推动基层法治建设工作打下坚实的基础。

(次 吉)

【机构领导】
党支书记、局长、一级主任科员
　才旦旺扎(藏族,12月晋升一级主任科员)
副局长
　杨　羽(土家族)
　次仁江增(门巴族,4月任)
二级主任科员
　达　珍(女,藏族,6月任主任科员,9月套转)
法律援助中心主任
　刘　斌(12月免)
墨脱镇司法所所长
　桑杰旺堆(门巴族)
司法局四级主任科员
　次　吉(女,藏族,6月套转)
　建阿扎西(门巴族,12月任)
法律援助中心四级主任科员
　央　前(女,门巴族,12月任)

2019年4月11日,墨脱县司法局组织普法成员在地东村开展普法宣传活动,现场解答群众法律咨询

# 群众团体

## 墨脱县总工会

【概况】 年内,墨脱县总工会在县委、县政府、市总工会的正确领导下,认真贯彻习近平新时代中国特色社会主义思想和总书记关于工会工作的重要论述,深入学习贯彻落实党的十九大、十九届四中全会精神,紧紧围绕县委、县政府中心工作,坚持依法主动科学维权,充分发挥维护、参与、建设、教育四个方面的职能作用,各项工作稳步推进。2019年,墨脱县总工会实有工作人员3名(其中,主席1名,主任科员1名,科员1名)。

【工会组织建设】 2019年,墨脱县有基层工会组织62个,其中,县直机关单位工会37个、乡镇工会8个、农民工工会1个、建制村建会16个,共有会员1853名,其中农牧民会员400名;规范组织管理,通过依法选举的形式,选举产生了46家单独或联合工会委员会的领导班子;按照实名制统计要求,完成1453名会员信息录入工作。

【干部管理与培训】 2019年2月27日,县总工会指派1名干部参加由自治区总工会组织的全国工会实名制系统培训,为期2天。6月12日,指派1名干部参加林芝市总工会2019年第一期干部培训班,为期4天;10月,安排1名社会化工作者参加由自治区总工会组织的关于年报统计的培训,为期2天;10月13日,指派2名社会化工作者参加由全总权益保障部组织的"送教到基层"西藏工会保障业务培训班,为期4天。为进一步提高工会干部履职能力和综合素质,加强改革创新工会工作,增强群团工作的政治性、先进性、群众性,充分发挥工会组织的作用,2019年,组织基层工会干部33人到浙江省进行培训,共投

2019年10月1日,墨脱总工会在莲花湖公园开展"庆祝新中国成立70周年 喜迎西藏民主改革60周年"主题的系列活动,图为县委副书记、县长魏长旗(前排左一)到场观摩指导工作

入培训经费41万余元。为提升工会组织工作人员的积极性和创造性，开展了墨脱县2018年优秀工会干部和工会积极分子表彰活动，对5名优秀工会干部和10名工会积极分子进行表彰，投入表彰经费1.2万元。整合市总工会配套经费31.6万元，对7个乡镇（街道）工会组织进行规范化建设，顺利完成了"八有"建设达标目标任务。

【发挥思想引领作用】 2019年，县总工会结合"不忘初心、牢记使命"主题教育，动员广大工会干部和职工会员认真学习贯彻中央、区党委、市委党的群团工作会议精神及中国工会十七大、西藏工会十大、市工会一大精神。特别是十九届四中全会顺利召开后，全县各级工会组织把学习宣传贯彻党的十九届四中全会精神作为首要政治任务，掀起了学习贯彻会议精神热潮。

通过学习强国知识竞赛、征文比赛等形式深刻把握会议提出的一系列新思想、新观点、新论断、新政策，引导广大职工切实把思想和行动统一到大会精神上来，把智慧和力量凝聚到实现全县各项任务目标上来，县总工会共收到征文稿件47篇，经审核把关向自治区报送主题新颖的优秀稿件35篇；收到书法作品3幅，报送3幅；参加学习强国知识竞赛初选考试32人，推选3名成绩优秀会员到市里参加复试。

严格按照上级工会的要求，于3月25日召开"3·28"百万农奴解放纪念日"铭记历史 珍惜当下"为主题的座谈会，同时组织24名职工观看《经济半小时》，影片直观地表现了先前人民群众的困苦生活及西藏民族改革60年来西藏翻天覆地的变化，让广大职工深刻地牢记历史，奋进开创未来。

充分利用会员生日、结婚、生育、生病住院、各类传统节日等时机开展各类慰问活动，教育引导广大职工树立"四个意识"，坚定"四个自信"，坚决做到"两个维护"，用习近平新时代中国特色社会主义思想武装头脑、指导实践、推动工作，确保十九届四中全会精神在会员中落地生根、开花结果。

通过推荐劳模、西藏工匠评选活动，广泛宣传各行各业模范人物的先进事迹和崇高精神，努力营造劳动光荣、知识崇高、创新伟大、人才宝贵的社会氛围。在县委、县政府的高度重视下，县总工会开展了劳模、西藏工匠评选工作，向上级推荐了1名劳动模范、2名西藏工匠人物。

【关爱职工】 2019年，县总工会在端午节开展了以"品端午之情 扬爱国之心"为主题的关爱职工发放粽子活动，共发放粽子1400份，价值35000元，提升了会员的爱国情怀；开展"夏送清凉"活动，为全县1348名会员发放价值8万余元的水洗棉印花夏凉空调被和太阳伞，体现对广大职工的关爱之情；中秋佳节向1375名会员发放价值5100元的月饼，缓解了会员的思乡之情；积极贯彻落实党的疗休养政策，组织1批次20名党政机关、事业单位职工会员到广西壮族自治区桂林市进行疗休养，疗休经费为每人1.3万余元，共投入疗休养保障经费26万余元。

【帮扶救助】 2019年，县总工会

2019年2月19日，墨脱县总工会开展喜迎春节、藏历新年文体活动比赛（左为巡察参赛代表，右为纪委参赛代表）

2019年5月29日，墨脱县工会第四次代表大会、第一次女职工代表大会召开

通过入户走访调查，准确了解和掌握困难职工的生活状况，切实做好困难职工的精准识别，经调查，全县共有13名在档困难职工。积极开展"金秋助学"入户核实活动，为1名困难职工家庭子女支持帮扶资金4000元。对特殊岗位及发生事故的职工进行慰问，慰问人数32名（环卫工人29名、退休干部1名、住院干部1人、直系亲属逝世干部1人），投入慰问金1.69万元。

【开展群众性文体活动】 2019年，在"三大节日"期间组织开展各类趣味文体娱乐活动，投入资金28.7万元，真正起到凝聚人心的作用。各工会组织以集体慰问的形式积极开展生日庆祝活动，使会员拉近彼此的距离，增进友谊，消除隔阂，营造了干事创业的浓厚氛围。全年县总工会支出29万余元用于会员生日庆祝活动。国庆期间，组织开展以"庆祝新中国成立70周年 喜迎西藏民主改革60周年"为主题的系列活动，共投入活动经费1.2万余元。

（梅朵措姆）

【机构领导】

主 席　　李秋苹（女）

四级主任科员

　　欧珠曲措（女，藏族，1月任副主任科员，6月套转）

## 共青团墨脱县委员会

【概况】 2019年，共青团墨脱县委员会依据《墨脱县机构改革方案》，经参照团市委"三定"规定，重新拟定《共青团墨脱县委员会职能配置和人员编制规定》，核定行政编制1名，科级领导职数1名（不含兼职）。下设9个团委（各乡镇团委8个、县中学团委1个）、57个团支部，团员总数874人；共有46个少先队中队，8名专职辅导员、11名兼职辅导员，少先队员总数987人。

【政治引领】 2019年，团县委党支部深入贯彻落实各级党建工作会议精神，牢固树立"抓好党建是本职、不抓党建是失职、抓不好党建是不称职"的思想，加强党支部建设，强化党员教育管理，严格落实《中国共产党和国家机关基层组织工作条例》，建立健全党建工作责任制，严格落实党支部班子主体责任，履行好党支部书记"党建第一责任人"责任和班子成员"一岗双责"责任。组织各级基层团组织、青少年学习贯彻落实党的十九大精神、团的十八届三中全会精神、自治区团十届二次全会精神和习近平总书记致中国少年先锋队成立70周年贺信精神，积极响应团中央《关于在全团实施"青年大学习"行动的方案》，开展"不忘初心跟党走 牢记使命永奋斗"青年大学习活动，通过学习增强青少年"四个意识"，提高政治站位。

【百年五四系列活动】 2019年4月30日，团县委召开纪念五四运动100周年暨墨脱县五四表彰大会，墨脱县各级团干部、团员青年代表、受表彰的集体和个人共100余人参加大会，县委常委、组织部部长赵敬、副县长赖维薇出席会议。大会在庄严的国歌声中拉开帷幕，首先2位少先队员代表为大会献词，县中学20名学生举行了庄重的"青春心向党 建功新时代"——离队入团仪式。团县委副书记闫强就2018年墨脱县

2019年4月30日，共青团墨脱县委员会召开纪念五四运动100周年暨墨脱县五四表彰大会，墨脱县各级团干部、团员青年代表、受表彰的集体和个人共100余人参加大会，图为获奖单位代表上台领奖

团建工作作了报告。赖维薇宣读了表彰决定。授予钱建宏等5名同志"墨脱县青年五四奖章个人"称号；授予侯鹏飞等10名同志"优秀团干部"称号；授予岳艳等14名同志"优秀共青团员"称号；授予久美等15名同志"青年岗位能手"称号；授予公安局等5个单位"墨脱县青年五四奖章集体"称号；授予墨脱镇团委等4个团组织"五四红旗团委"称号；授予墨脱镇墨脱村等10个团组织"五四红旗团支部"称号；授予中共墨脱县纪律检查委员会等5个单位"墨脱县青年文明号"称号，赵敬、赖维薇分别为获奖集体和个人代表颁发奖章。"墨脱县五四青年奖章个人"甘登乡小学校长钱建宏、墨脱镇团委书记益西措姆作交流发言。

【思想教育】 2019年，团县委组织开展学习习近平新时代中国特色社会主义思想和党的十九大精神，开展"学习总书记讲话·做合格共青团员"教育实践、"青年大学习"等主题学习活动，牢牢把握好思想引领工作。在"五四"期间组织基层团组织开展青年文化节主题团日活动20余场次，覆盖4560名团员和青年，"六一"期间组织学校开展"争做新时代好队员"主题宣传教育系列活动10余场次，覆盖全体少先队员，在国庆期间组织全县西部计划志愿者协助县总工会开展游园活动，在少先队建队日期间，组织学校开展"争做新时代好队员"主题队日活动，学习了习近平总书记致少先队建队70周年贺信精神。持续推进社会主义核心价值观培育工作，以春节、元宵节、清明节、端午节等传统节日为契机，在各重大节日节点，开展主题教育活动16场，使青少年在实践中接受教育。

【预青工作】 2019年，墨脱县各单位结合自身职能，在处理涉及青少年及未成年人事务、案件中，以维护青少年权益为出发点，以"教育、感化、挽救"的方针和"教育为主、惩罚为辅"的原则，开展了一系列工作。通过开展"模拟法庭""法律进校园""消防安全伴我行"等活动增强青少年法制意识，有效提高青少年学生的自护能力，共1000多名青少年学生在活动中受到教育。

【扶困助学】 2019年，团县委开展了2019年"国酒茅台·国之栋梁——希望工程圆梦行动""金穗圆梦""国资委党费专项资助西藏籍贫困大学生"等活动，共资助大学生20名，同时开展了"大手牵小手 情暖童心""听老党员讲故事""我向习爷爷说句心里话"等活动，为81名贫困学生发放各类慰问品价值4900元。2019年5月26日，团县委联合县妇联、县残联在墨脱村委会走访慰问了4名残疾儿童，为他们送去了书包、笔记本、文具盒、笔等慰问品。5月27日上午，联合县妇联慰问了县幼儿园40名贫困儿童，为他们送去了玩具等礼品，下午，慰问了县完小37名贫困学生，向他们分发了脸盆、毛巾、牙刷、牙膏等基本生活用品。

【创业就业】 2019年4月12日，团县委联合县妇联、总工会、人社局、司法局、住建局、市场监督管理局等部门开展以"搭建供需平台，促进转移就业"为主题的2019

2019年5月4日，共青团墨脱县委员会组织青少年开展进军营活动

年春风行动，本次活动出动人员15人次，悬挂横幅1幅，发放各类宣传资料700余份，雨伞50余把，受教育群众70余人，检查督导工地2个。

【从严治团】 2019年，团县委围绕重点改革任务，着力解决基层团建工作薄弱问题，聚焦共青团主责主业，开展多种形式活动，履行全团带队职能，同步推进学校团队改革。夯实团的基层组织建设，督促各基层团组织严格落实"三会两制一课"（支部委员会、团员大会、团小组会；团员教育评议制度、团员年度团籍注册制度；团课制度）制度。结合"走进青年、转变作风、改进工作""常态化下沉基层""团干部直接联系青年"等机制，推动落实1+100（要求直接专职团干每人每年经常直接联系至少100名不同领域的团员青年）团干部联系青年制度，推动专兼职团干常态化、制度化。加大团员管理力度，开展团员发展调控工作，严格落实发展团员相关规定，规范离队入团仪式活动。践行共享发展理念，解决缺"人员"、缺"阵地"问题，依托各村党群服务中心，共用"农家书屋""党员活动室"等活动阵地，组织广大团员青年广泛开展各类主题活动，引导团员青年维护祖国统一和民族团结，坚定跟党走中国特色社会主义道路的理想信念。

【志愿者服务】 2019年，团县委组织志愿者开展"3.5学雷锋活动"、"蓝精灵"敬老爱老在行动、"爱我墨脱 护我家园"活动、禁毒防艾、"践行志愿精神，青春服务新时代"等宣传活动10余次，累计参与志愿服务200人次。

【青年文明号、青年安全生产示范岗】 2019年，团县委组织人员对墨脱县纪委监委、中国农业银行墨脱县支行、中国电信等青年文明号、中石油墨脱县莲花加油站等青年安全生产示范岗进行实地考察，并对其全年的工作开展情况有了深入了解，对工作开展中存在的问题提出一些建设性意见。

（林观忑）

【机构领导】
书　记
　　肖莉莎（女，11月任）
副书记
　　闫　强（1—11月主持工作，11月免）
四级主任科员
　　白玛曲珍（女，门巴族，3月任副主任科员，6月套转）

# 墨脱县妇女联合会

【概况】 根据墨脱县机构改革方案，参照林芝市妇女联合会"三定"规定，结合墨脱县实际，于2019年5月16日重新拟订《墨脱县妇女联合会职能配置和人员编制规定》，核定行政编制1名，科级领导职数1名（不含兼职）。截至2019年底，墨脱县共有妇女组织60个[县妇联1个，7乡1镇妇联8个，村（居）妇联46个，机关妇委会5个]，妇女之家51个（县级1个，乡镇级4个，46个行政村各1个），妇女儿童维权岗6个，"儿童之家"3个，"儿童快乐家园"1个，家长学校1个，女子合议庭1个。

【妇联改革】 2019年，县妇联积极向县政府申请到村"会改联"资金138000元、县妇女第六次代表

2019年10月17日，墨脱县妇女第六次代表大会全体会议召开。参会领导从左至右分别为县妇联主席米玛曲珍，政府副县长、德兴乡党委书记王桂兰，墨脱镇党委书记格桑卓嘎，林芝市妇联党组副书记、主席晓红，县委常委、宣传部部长普果等

大会工作经费63460元。采取"以点带面"的方式，选定墨脱镇墨脱村、亚东村和德兴乡德兴村为示范点，推进村级"会改联"工作，5月中旬全县46个行政村"会改联"工作全部完成，选举产生村级执委222名、主席46名、副主席89名（专职副主席62名、兼职副主席27名）、委员87名。8月中旬，完成7乡1镇区域化建设工作，选举产生乡镇妇联主席8人、专职副主席8人、兼职副主席6人、委员22人。10月16—18日，召开墨脱县妇女第六次代表大会，选举产生了墨脱县妇联第一届领导班子，选举产生执委15名，其中，主席1名，兼职副主席2名，常务委员会委员9名。

【就业帮扶】 2019年4月12日，县妇联联合人社局、司法局、住建局、市场监督管理局、团县委、总工会开展了以"搭建供需平台，促进转移就业"为主题的2019年春风行动，共出动人员15人，发放各类宣传资料700余份、雨伞50余把。2019年，县妇联联合县人社局、农牧局等单位，组织妇女开展果树园艺（茶叶种植）、民族服饰、民族歌舞等技能培训812人次，就业人数达326人。

【"妇字号"项目】 2019年4月17日，林芝市妇联党组副书记、主席晓红在调研墨脱镇墨脱村妇女门巴服饰培训基地设备采购项目及墨脱镇米日村蜜柚基地扩建项目时，各提出6条待整改问题，经逐条整改完成后，墨脱镇墨脱村妇女门巴服饰培训基地设备采购项目于6月19日通过县内验收，并完成项目移交、资料归档等相关工作，墨脱镇米日村蜜柚基地扩建项目于8月21日通过县内验收，完成项目移交、资料归档等相关工作。

【妇女劳动致富】 2019年，墨脱县充分利用林地资源等自然环境和区位优势，积极调整产业结构，将茶叶确立为农牧特色主导产业及农牧民群众增收致富的重要高原特色地域产业。各级妇联组织充分发挥妇女群众优势，组织广大妇女投身到茶产业种植发展中。4—8月，全县有3230名妇女参与采茶，约采茶青20377.1斤，收入达1237336元。

【维权工作】 2019年，县妇联积极参加"开展反对家庭暴力、创建平安家庭、共享和美生活""拒绝毒品珍爱生命，构建和谐美丽校园""安全宣传咨询日""墨脱县2019年6月综治宣传周暨'6.26'国际禁毒日""不让毒品进我家""网络安全为人民 网络安全靠人民""宪法宣传日"等宣传活动，活动中，发放《妇女发展规划》《儿童发展规划》《中华人民共和国妇女权益保障法》《中华人民共和国反家庭暴力法》《中华人民共和国预防未成年人犯罪法》《新婚姻法知识问答手册》等宣传资料达877份，累计受教育学生、群众达1100余人次。

【"两癌"工作】 2019年3月14日，县妇联主席米玛曲珍带队看望慰问了"两癌"患者才某、白某，为2名"两癌"患者各发放1万元"两癌"救助金。7月13日，县卫生服务中心组织开展墨脱县适龄妇女免费"两癌筛查"工作，安排妇产科、B超室、检验科等7名医护人员，在门诊医技楼为44名适龄妇女免费进行"两癌筛查"检查，其中乳腺癌筛查44人、宫颈癌筛查36人，筛查出乳腺结节2人，乳腺增生4人。12月11日，县妇联委托甘登乡政府、帮辛乡政府开展"两癌"专项救助金发放活动，为2名建档立卡户患者索某和次某发放救助金1万元。2019年，墨脱县共开展12次"两癌筛查"，覆盖墨脱镇、德兴乡、背崩乡，参与宫颈癌筛查277人、乳腺癌筛查420人。宫颈癌筛查277病理标本已外寄至市妇幼保健医院。

【道德模范和优秀志愿者活动】2019年5月25日，县妇联组织4名"巾帼志愿者"到墨脱镇亚东村妇女柠檬基地开展"四讲四爱"群众教育实践宣讲活动，受教群众50名，发放宣传资料50册。6月25日，县妇联组织巾帼志愿者开展"唱支山歌给党听"庆祝建党98周年"七一"微拍活动。9月21日，在莲花公园开展"巾帼心向党 礼赞新中国"墨脱巾帼庆祝新中国成立70周年微拍活动，共60名巾帼志愿者踊跃参加活动。

【"两规"工作】2019年8月23日，县妇儿工委办组织政府办、发改委等32家县妇儿工委成员单位，在团结楼六楼会议室召开2019年墨脱县人民政府妇女儿童工作委员会全体会议，共45人参加会议。会议共3项议程：传达自治区妇儿工委工作会议精神、林芝市人民政府妇女儿童工作报告、墨脱县人民政府妇儿工委委员会成员单位及联络员职责；由县妇儿工委副主任、县妇联主席米玛曲珍作墨脱县政府妇女儿童工作报告，并安排部署2019年两规各项工作；县妇儿工委主任、政府副县长赖维薇分别与成员单位代表签订2019年《两规》实施目标责任书。

【重要活动】2019年3月8日，墨脱县组织开展以"巾帼心向党·奋进新时代——庆'三八'国际妇女节 迎西藏民主改革60周年"为主题的系列庆祝活动。3月29日，县妇联组织20余名巾帼志愿者在敬老院，与35名孤寡老人们共庆西藏民主改革60周年。4月5日，组织全县各级妇联开展"以"传承·2019清明祭英烈"为主题的"英烈家书家训"诵读活动。5月15日，随着帮辛乡西登村和岗玉村妇女代表大会的召开，全县村级"会改联"工作的圆满完成，实现了妇联组织村级全覆盖。5月26—27日，举办庆"六一"活动，走访慰问了4名残疾儿童、40名贫困儿童和37名贫困学生，为他们分发了书包、益智拼图、文具、脸盆、毛巾、牙刷、牙膏等一些学习用具和生活用品，此次活动发放各类慰问品价值4900元。6月3日，德兴乡组织20余名干部在乡党员活动会议室，召开德兴乡妇联组织区域化建设改革动员部署会，全县乡（镇）级妇联区域化建设暨乡（镇）级改革工作拉开序幕。8月28日，县妇联"时代楷模·卓嘎、央宗"巾帼宣讲团在墨脱村开展宣讲活动，此次宣讲到会妇女群众117人。10月16—18日，墨脱县召开妇女第六次代表大会，市妇联党组副书记、主席晓红，墨脱县委常委、宣传部部长普果，县人大常委会副主任、墨脱镇党委书记格桑卓嘎，县政府副县长李勇，县政府副县长、德兴乡党委书记王桂兰，县政协副主席扎西措姆等

2019年5月26日，墨脱县妇联联合县残联在墨脱村委会走访慰问4名残疾儿童，图为县妇联主席米玛曲珍为残疾儿童发放学习用具

出席会议,各乡镇、各村69名妇女代表参加会议。12月6日,县妇联宣讲团在墨脱镇亚东村开展十九届四中全会精神宣讲活动,共151名妇女群众参加活动。12月30日,开展以"节日送关爱 温情暖人心"为主题的搬迁点贫困妇女慰问活动,慰问了多龙岗搬迁点12户建档立卡贫困妇女和28名幼儿园小朋友,为每名贫困妇女发放了生活必需品及部分常用药品,为小朋友发放了铅笔、彩笔、糖果等价值6165元。

(周 婵)

2019年6月26日,墨脱县工商联、生态环境局、医保局、非公经济党支部成员在背崩乡雅鲁藏布母亲广场开展唱红歌活动

【机构领导】

主席

　　米玛曲珍(女,藏族,1月任)

副主席

　　索朗曲珍(女,藏族,12月免)

四级主任科员

　　周　婵(女,3月任副主任科员,6月套转)

## 墨脱县工商业联合会

【概况】 2019年,县工商联按照入会自愿的原则,先后把墨脱县茶叶有限公司、墨脱石锅文化有限公司等8家热心社会公益事业、带动全县各族群众致富增收的代表企业和个体商户发展为会员,充实了工商联会员队伍,为工商联今后发展奠定基础。截至2019年底,墨脱县工商业联合会有会员46个,其中企业会员17个,个体工商户会员16个,单位会员13个。设有兼职副主席5名、执委会成员41名。非公经济人士中担任墨脱县政协委员3名,担任县级人大代表1名,担任共青团林芝市委员会委员1名。

【组织建设】 2019年,县工商联根据《中国共产党章程》《中国共产党基层组织选举工作暂行条例》的规定和机关工委批复文件精神,于年初完成支部换届选举工作,严格按照换届选举工作程序选举产生了新一届工商联党支部书记和副书记,配齐、配强了工商联支部领导班子。组织党员开展政治教育学习活动,支部全体党员以理想信念教育为核心,以爱国主义教育为重点,以集中培训、学习交流研讨、观看红色影片、实践活动为载体,组织学习培训12次、交流研讨3次、观看红色影视和实践活动各1次,培养了支部党员良好的道德品质和文明行为,支部党员参学达32学时以上。开展"不忘初心、牢记使命"主题教育活动,开展了参观警示教育基地、重温入党誓词、"党旗进农家"和支部书记讲主题教育专题党课等活动,同时注重把工商联会员和非公经济人士纳入到主题教育部分活动中,自活动开展以来,会员和非公经济人士参与主题教育达60人次,开展党旗进农家、党日主题活动31次,支部党员签订不信仰宗教承诺书、"不忘初心、牢记使命"政治承诺书8份,覆盖率达100%。2019年,新吸收入党积极分子3人,转为预备党员3人,转为正式党员2人。2019年底,全县非公经济党支部共有党员20人,支部基本达到"九有"建设标准。

【非公经济】 搭建交流平台,助推营商环境优化。2019年,县工商联积极开展招商引资和特色产业推荐工作,促进外部资本"引进来"和墨脱县民营企业"走出去",与县发改委招商办、县脱贫攻坚指挥部对接，利用林芝市3月"旅游节"期间举办的招商引资活动，向内地客商推介了墨脱县的优质招商引资项目，重点推介了墨脱县永久片区易地扶贫开发配套产业项目、墨脱县茶叶展销中心配套设施项目等4个招商引资推介项目，同时将会员企业华阳园艺有限公司的——"林芝市墨脱县野生黑木耳种植基地"项目推介至及林芝市2019年招商引资重点项目库，利用参加"林洽会""藏博会"等展销活动平台，把特色产品介绍给内地客商，提高墨脱县特色农牧产品的知名度，推动企业扩大营销渠道，实现快速发展。

落实县级干部联系民营企业工作制度。按照自治区民营企业座谈会精神和参照市委建立市级领导联系民营企业、招商引资企业制度，制订了《墨脱县关于建立县级领导干部联系民营企业、招商引资企业工作制度》，打造亲商、重商、尊商的营商环境相关政策措施，报请县委研究，建立民营企业家反映问题困难和提出意见建议的"绿色通道"，形成政企合作的统筹协调发展新机制。

【光彩事业】 2019年，县工商联积极引导民营企业、非公经济人士立足光彩事业，倡导社会责任，搭建民营企业、非公经济人士与群众之间的沟通桥梁，在"三大节日"、新中国成立70周年等节日期间，组织民营企业、非公经济人士开展慰问困难环卫工人、福利院老人、建档立卡贫困户等活动，投入资金、物资总计2.02万元，会员企业白马岗商品混凝土公司为墨脱县完小、德兴乡小学、背崩乡小学捐赠了价值3.3万余元的爱心书包、雨伞。

【脱贫攻坚】 2019年，按照自治区党委统战部、自治区工商联关于开展"百企帮百村"活动的有关通知精神，县工商联组织会员企业参加全县组织的全国第六个"扶贫日"捐款活动，筹集资金达17.91万元。6家会员企业结对帮扶加热萨乡曾求村10户30人贫困户，投入帮扶物资、资金达1.35万元；县工商联3名干部结对帮扶4户10人贫困户，投入帮扶资金0.2万元。全年县工商联干部、会员企业和非公经济人士投入到"百企帮百村"、扶贫帮困和结对帮扶等活动资金达24.78万元。

【调查研究】 2019年，县工商联3次深入会员开展调研工作，全面摸排会员企业和商户生产经营情况，认真听取和了解企业生产经营情况和存在的困难，对能解决的问题及时协调解决，暂时不能解决的，以调研信息的方式向县委上报，全年提出民营企业发展、工商联工作推进等方面针对性意见建议6条，其中县委办公室采用1条。

（白　珍）

【机构领导】
主　席
　　桑布次仁（藏族）
副主席
　　白　珍（女，藏族）

四级主任科员
　　杨　建（苗族，6月套转）

## 墨脱县残疾人联合会

【概况】 2019年，墨脱县共有第二代残疾证持证人数386人，按残疾类别分：肢体残疾159人、视力残疾62人、听力残疾38人、语言残疾55人、智力残疾23人、精神残疾26人、多重残疾23人，在7类残疾类别中肢体残疾人数为最多，占全县持证残疾人的41.2%；农业持证残疾人占全县残疾人的96.6%。墨脱县残疾人联合会现有工作人员4名，其中，理事长1名、四级副主任科员1名、科员1名、大学生临时工1名。

【残疾人信息数据动态更新】 2019年，县残疾人联合会组织人员到各乡镇、村，开展清退死亡残疾人、康复残疾人及第二代残疾人证办理工作，建立健全持证残疾人基础数据库，全面掌握残疾人基本状况、教育及就业情况、社会保障情况、医疗康复情况、服务需求情况等信息，以便及时提供精准服务。为使更多符合条件的残疾人能享受到惠残政策，联合卫生服务中心相关人员走村入户筛查未办证残疾人情况，针对残疾严重、精神残疾等情况，及时提供上门办证服务，评残医生现场鉴定残疾类型和残疾等级，提高残疾证办证率。全年共办理残疾证53人，注销17人，其中死亡注销10人；康复残疾人退出7人，更新残疾人资料11人。

【落实残疾人生活保障资金】2019年，县残疾人联合会发放残疾人事业发展补助资金1.14万元，受益人数30人次，发放中央专项彩票公益金（残疾人无障碍改造项目）7000元，受益人数2人次。兑现"两项补贴"（残疾人护理补贴、残疾人困难生活补贴）资金60.48万元，受益人数408人次。

【创业扶持】2019年，为贯彻落实《国务院关于加快推进残疾人小康进程的意见》文件精神，根据市残联关于申报"大众创业、万众创新"残疾人创业扶持人员的通知要求，县残疾人联合会积极申报墨脱县符合创业扶持对象及条件，且能够带动更多残疾人实现就业的个体或私营企业残疾人创业者，提交申报了1名残疾人创业扶持申请，并获批扶持资金2万元。

【教育培训】2019年8月16—21日，由林芝市人力资源和社会保障局、林芝市残联主办，林芝市博达职业技能培训学校承办的林芝市墨脱县孤残儿童护理员培训班开班，培训老师姜美路讲解了残疾人家庭医生签约的意义、作用和好处，残疾预防对保障健康及促进人口、资源、环境、经济和社会协调可持续发展具有的重要意义，残疾人基本辅助器具和康复知识等。参加此次培训的有县残联工作人员、卫生服务中心、各乡（镇）卫生院医生和各村村医共43人。

2019年8月16—21日，由林芝市博达职业技能培训学校承办的林芝市墨脱县孤残儿童护理员培训班举行开班仪式

【开展全国助残日主题活动】2019年5月19日，县残疾人联合会以全国助残日活动为契机，联合县民政局、人社局、教育局等相关部门开展宣传、助残、服务等系列活动，切实帮助残疾人解决一些实际问题。此次活动发放辅助器具11件，价值5900元；发放《中国残疾人社会保障法》《第二代全国残疾人抽样调查残疾标准》《残疾人工作手册》等宣传资料60余份，在全社会营造理解、尊重、关心、帮助残疾人的社会环境和良好风尚。

（次仁拉姆）

【机构领导】

理事长

次仁桑培（藏族，6月任）

副主任科员

德庆拉姆（女，门巴族，1—5月主持工作，6月免）

# 经济·社会事业

## 墨脱县发展和改革委员会（经济和信息化局、粮食和物资储备局、商务局）

【概况】 2019年3月，墨脱县机构改革，墨脱县发展和改革委员会与县经济和信息化局、县粮食和物资储备局、县商务局合署办公，为县人民政府工作部门，正科级建制，内设县节能监察中心、项目评审中心。核定编制4名，其中科级领导职数3名，实有人数16名，其中，行政人员7名，事业人员3名，公益性岗位人员2名，三支一扶1名，未就业大学生2名，临时工1名。

【指标执行情况】 2019年，全县地区生产总值完成6.86亿元，同比增长14.1%；地方财政公共预算收入完成3444万元，同比增长28.46%（其中税收收入2558万元，同比增长18.1%）；一般公共财政预算支出10.54亿元，同比增长6.74%；社会消费品零售总额5517.2万元，同比增长9.4%；农村人均可支配收入11354元，同比增长13.1%；农村人均现金收入9646元，同比增长13.3%。

【项目投资】 2019年，墨脱县在建项目184个，总投资57.05亿元，年度完成投资10.21亿元，其中新建项目63个、完成投资3.1亿元，续建项目121个、完成投资7.11亿元。投资5000万元以上项目9个（新开工3个），总投资37.35亿元，累计完成投资32.3亿元，年度完成投资5.6亿元。实施市重点项目24个（续建8个、新开工16个），总投资3.52亿元，年度完成投资1.58亿元，完成目标任务的102%。

【项目储备】 2019年，墨脱县录入在线审批平台项目112个，总投资8.84亿元，其中审批类103个，总投资5.68亿元，备案类9个，总投资3.16亿元。在线审批平台及国家重点项目库主要包括城镇化、农、牧、林、水、科、教、文、卫以及生态保护等建设内容。

2019年3月17日，林芝市副市长徐龙海（前排左二）一行在墨脱县调研搬迁选址工作。墨脱县委副书记、县长魏长旗（前排左三）等陪同

2019年10月21日，林芝市政协副主席、市发改委党组书记玉珍（右三）一行在墨脱县墨脱镇米日村调研边境小康村建设情况

【项目审批】 2019年，墨脱县下达可研批复项目81个，下达投资4.97亿元，包括：城镇基础设施、边境小康村建设、教育基础设施、水利灌溉、扶贫、灾害治理等建设项目；下达初步设计及概算（实施方案）批复项目113个，下达投资6.29亿元，包括：边境小康村建设、城镇基础设施、旅游基础设施、扶贫、教育基础设施、农村安全饮水工程、廉政文化等建设项目。

【边境小康村建设】 2019年，墨脱县小康村建设累计到位资金8.44亿元，其中：过桥贷款资金2.05亿元，自治区、林芝市统筹整合下达各类专项资金5.31亿元，广东省支援墨脱县边境小康村建设专项资金1.08亿元。2019年底，规划内34个边境小康村已全部开工建设，累计完成投资5.71亿元（完成实物工程量），完工18个，正在收尾阶段12个，正在加紧建设4个。

【灾后恢复重建】 2019年，墨脱县制定完成加热萨乡、甘登乡避险搬迁群众安置方案，共搬迁8个行政村235户903人，拟搬迁安置点为德尔贡、康卓登和兴开；协助市发改委、中国电建集团成都勘测设计研究院有限公司编制完成灾后重建规划方案，同时自治区下达了《西藏自治区林芝加拉村雅鲁藏布江堰塞湖灾后恢复重建总体规划》；完成搬迁安置点区域面积测绘，经测量核算搬迁点区域总面积为23072.54亩（兴开6336.77亩，康卓登843.08亩，德尔贡15892.69亩）；开展水质、土壤检测，根据检测报告搬迁安置点水质和土壤均达到国家标准；扎实做好灾后重建项目前期工作，已完成除林评、环评外25个子项目的用地预审、社会风险评估、环境影响评估等前置手续办理。

【援藏项目建设】 2019年，墨脱县积极与第九批援藏工作队墨脱县工作组对接，努力抓好第八批援藏项目规划落实，第八批24个项目均已完工，并通过验收，已完成移交工作。制定完成第九批援藏项目2020年投资计划，涉及改善群众生产生活、支持社会事业发展、发展优势特色产业促就业3个方面10个项目，总投资6195万元。

2019年11月8日，墨脱县副县长扎西顿珠（左二）、县发改委主任桑杰顿珠（右三）在背崩乡巴登村小康村建设项目现场督导检查工作

【精准扶贫】 2019年,墨脱县实现贫困人口27户42人脱贫,加热萨乡达昂村、曾求村、甘登乡甘登村3个贫困村退出,全县贫困发生率降至0%。实施扶贫产业项目43个,总投资2.6亿元,完工33个,完成投资2.4亿元,建立利益联结机制43个。投资2.9亿元的4个易地扶贫搬迁安置点全部建设完成,搬迁群众247户1080人全部实现入住,搬迁入住率为100%。落实财政涉农整合资金11547.92万元,累计拨付10915.25万元。

【特色农牧业】 2019年,墨脱县农作物播种面积23554.43亩,粮食作物播种面积20641.25亩,粮食产量5495.18吨,平均亩产量532.4斤;新建茶园33个,新增面积8000亩,可采摘面积4393亩,年采摘茶青25万斤,带动农牧民群众增收606万余元,引进墨脱县藏茶生产线项目,创新茶叶生产加工方式;完成牛口蹄疫接种数量0.69万头,猪口蹄疫接种数量0.69万头,猪瘟接种数量0.58万头,鸡禽流感接种数量1.49万只。

【特色文旅业】 2019年,墨脱县积极开展非遗项目代表性传承人申报,将石锅制作工艺和门巴服饰编织技艺申报为国家级非物质文化遗产;深入推进文化惠民工程,开展文艺演出60场,观看群众6723人次;开展宣传活动7次,发放《墨脱旅行指南》《中华人民共和国非物质文化遗产法》《门珞民俗歌碟》等宣传材料710余份;实施旅游项目13个(已竣工

2019年2月17日,林芝市委副书记、市长旺堆(右一)一行在得尔贡搬迁安置点调研选址工作。墨脱县委副书记、县长魏长旗(左一)等陪同

8个,在建3个,未开工1个),总投资9480.15万元,总投资3000万元的墨脱景区建设项目、墨脱县亲江景区旅游设施建设项目、墨脱县仁钦崩景区旅游设施建设项目已开工建设;全年接待游客10.98万人次,实现旅游收入4954.48万元,其中农牧民收入1230.23万元。

【水电能源业】 2019年,墨脱县累计发电量1665.60万千瓦时,完成年度发电计划的111.04%,同比增长18.89%;计划年供电量1476万千瓦时,累计完成供电量1640.50万千瓦时,完成年度供电计划的111.14%,同比增长19.37%;9个失电村电路修复工程完工,投资1.97亿元的墨脱35kV输变电工程、10kV及以下中低压配电工程、格当乡10kV及以下配电改造工程、格当35kV输变电工程、达木35kV变电站扩建工程全部开工建设。

【藏医药产业】 2019年,墨脱县有藏医医护人员18名,主治医师2名,初级11名,设有藏医门诊、治未病科等9个科室,含18项藏医适宜技术服务,设置床位12张,藏药品种260种。全年开展藏医门诊2632人次,同比增长10.66%。

【粮油工作】 2019年,墨脱县完成大米、清油采购,共采购与调运大米127吨、清油4.5吨,完成166.4吨大米和3.67吨清油销售任务,保障了墨脱县粮油正常供应,同时对80吨县级应急储备粮进行动态轮换管理,确保粮食数量及质量;积极配合西藏中储粮和林芝市粮食大清查普查工作组,圆满完成墨脱县2019年粮食大清查普查工作;扎实做好2018年度粮食安全市长(专员)责任制考核反馈问题落实整改工作,整改落实3方面7条问题,整改率100%。

2019年7月16日，墨脱县发改委主任桑杰顿珠（左一）开展上党课活动

【物价监管】 2019年，县发改委多次组织工作人员深入市场调查，切实掌握物价变动情况，尤其在重大节假日期间和交通管制期间，做好成品油储备和生活物资储备，并就相关涨幅原因及时向县委、县政府反馈，确保全县物价的基本平稳。同时，在县城的农贸市场、超市，分别设立采价点，对农副产品、日常生活用品市场价格变化实时全覆盖监测。

【经济和信息化】 2019年，县政务服务大厅投入使用，27家单位完成入驻，电子政务外网点到面实现县、乡全覆盖并通过验收；扎实做好民族手工业、天然饮用水、水泥价格监测统计月报工作，圆满完成墨脱县7乡1镇农牧民碘盐配送工作，配送食用碘盐57.299吨，配送金额28649.5元；全力做好清理拖欠民营企业中小企业账款工作，共清理拖欠民营企业中小企业账款2家，清理拖欠金额55.43万元。

【商务工作】 2019年，县商务局落实招商引资项目13项（续建8项、新建5项），完成投资2亿元，完成目标的100%；开展"走出去"招商活动3次，完成项目签约6项，签约金额1.15亿元。全年成品油流通市场安全平稳，全县汽油销售797.81吨，柴油销售1765.46吨。稳步推进总投资1500万元的电子商务进农村综合示范项目，打造县、乡、村三级电商服务体系，构建县、乡、村三级电子商务管理服务网络，成功举办墨脱县电子商务政府专题培训会和墨脱县电子商务普及人才培训第一期（墨脱镇、德兴乡）专场培训班，标志着墨脱县电子商务人才队伍和业务技能培训工作正式启动。联合县应急管理局、市场监督管理局、公安局、消防救援大队等部门，开展商务领域执法检查17次，市场监测19次，商务法规宣传4次，查收假冒伪劣及过期食品12种，价值163元，并对假冒伪劣及过期商品进行集中销毁，确保墨脱县商贸流通领域健康发展。

（胡佳发）

【机构领导】
政府副县长、主任
　　王　斌（藏族，5月免去发改委主任）
主　任
　　桑杰顿珠（门巴族，5月任）
副主任、商务局局长
　　黄德祥（5月任）
副主任
　　邓宏照（广东援藏，7月免）
　　覃业在（广东援藏，7月任）
主任科员
　　罗　布（藏族，5月免）
二级主任科员
　　西洛平措（藏族，5月任主任科员，6月套转）
项目评审中心主任
　　索朗次仁（藏族，5月任）
副主任科员
　　黄德祥（5月免）
四级主任科员
　　边巴旺姆（女，藏族，12月任）

# 墨脱县财政局（国有资产监督管理委员会）

【概况】 墨脱县财政局为县人民政府工作部门，正科级建制，加挂县人民政府国有资产监督管理委员会牌子，有行政编制3名（科级领导职数）。内设机构1个，为会计核算中心（副科级），有编制5名，其中科级干部职数3名。

表8　2017—2019墨脱县援藏已完成项目及2020年计划投资项目表

单位：万元

| 序号 | 项目名称 | 建设性质 | 建设内容 | 建设地点 | 责任主体 | 2017—2019年资金 | 年度完成投资 2017 | 年度完成投资 2018 | 年度完成投资 2019 | 子项目 | 金额 | 2020年投资计划 | 2020年投资计划子项目 | 备注 |
|---|---|---|---|---|---|---|---|---|---|---|---|---|---|---|
| | 合计（10项） | | | | | 15967 | 4918 | 5312 | 5737 | | | | | |
| 1 | 墨脱县小康村建设项目 | 新建 | 新建小康村6个并对其他小康村进行配套建设和拾遗补缺，完善村庄安居房基础设施和相关配套设施，包括硬化道路、村庄亮化、村内绿化，建设村内文化活动场所、村庄给排水及其附属设施完善。 | 墨脱县 | 墨脱县人民政府 | 3400 | 1700 | 1700 | | 墨脱镇巴日村小康示范村建设 | 800 | 2400 | | |
| | | | | | | | | | | 德兴乡文朗村小康示范村建设 | 800 | | | |
| | | | | | | | | | | 达木乡卡布村小康示范村建设 | 800 | | | |
| | | | | | | | | | | 背崩乡背崩村小康示范村的配套建设 | 1000 | | | |
| 2 | 墨脱县县城风貌改造项目 | 改建 | 改造县城东布村、帕宗路、致富路等道路两边建筑立面、门面，形成门巴路特色风貌街镇。 | 墨脱县 | 墨脱县人民政府 | 2500 | 500 | 600 | 1400 | 墨脱县县城主道路立面改造 | 1670 | | | |
| | | | | | | | | | | 墨脱县县城配套高压电力亮化配套线路迁改工程 | 90 | | | |
| | | | | | | | | | | 墨脱县县城及乡镇亮化工程 | 740 | | | |
| 3 | 墨脱县卫生医疗设施改建工程 | 新建 | 完善和改建墨脱县卫生服务中心以及各乡镇卫生服务站医疗设施及采购医疗急需的设备和相应的培训服务。 | 墨脱县 | 墨脱县人民政府 | 500 | 500 | 0 | 0 | 达木乡卫生院建设项目 | 400 | 295 | | |
| | | | | | | | | | | 墨脱县卫生服务中心微生物实验室建设项目 | 100 | | | |

续表 8

| 序号 | 项目名称 | 建设性质 | 建设内容 | 建设地点 | 责任主体 | 2017—2019年资金 | 年度完成投资 2017 | 年度完成投资 2018 | 年度完成投资 2019 | 子项目 | 金额 | 2020年投资计划 | 2020年投资计划子项目 | 备注 |
|---|---|---|---|---|---|---|---|---|---|---|---|---|---|---|
| 4 | 墨脱县中小学均衡发展工程建设 | | 完善墨脱县、乡中小学基础设施建设，实施教学质量提升培训工程，推动九年义务教育均衡发展。 | 墨脱县 | 墨脱县人民政府 | 300 | 100 | 100 | 100 | 德兴乡中心小学综合楼项目 | 300 | 200 | | |
| 5 | 墨脱县旅游产业配套设施 | 新建 | 改善墨脱县的旅游基础环境，建设入城观景点、观光栈道等配套设施和其他产业发展相关配套设施。 | 墨脱县 | 墨脱县人民政府 | 2500 | 500 | 800 | 1200 | 墨脱县城道路配套设施项目 | 500 | 800 | | |
| | | | | | | | | | | 墨脱县城人行道项目 | 500 | | | |
| | | | | | | | | | | 墨脱县农产品展销中心项目 | 1280 | | | |
| | | | | | | | | | | 墨脱县旅游宣传配套设施 | 200 | | | |
| | | | | | | | | | | 加热萨乡栈步道路书桥加固项目 | 20 | | | |
| 6 | 墨脱县茶叶种植基地建设及标准化管理 | 新建 | 建立墨脱县茶叶展销平台，创建茶叶种植研究开发中心，推行标准化管理培训工程。 | 墨脱县 | 墨脱县人民政府 | 650 | 100 | 300 | 250 | 墨脱县茶叶种植基地建设及标准化管理 | 650 | 700 | | |
| 7 | 墨脱县茶叶种植功能配套设施建设 | 新建 | 完善茶叶加工、展销、气象观察等基础设施建设，配套茶园观光旅游基础设施建设。 | 墨脱县 | 墨脱县人民政府 | 2900 | 443 | 912 | 1545 | 墨脱县茶叶展销中心 | 1310 | 1800 | | |
| | | | | | | | | | | 墨脱县茶叶种植技术研发中心 | 1590 | | | |
| 8 | 小集镇配套设施及功能场所建设 | 新建 | 完善重点乡镇基础设施（道路硬化、给排水、绿化），建设相应的配套功能场所。 | 墨脱县 | 墨脱县人民政府 | 667 | 275 | 200 | 192 | 墨脱镇扶贫商住楼项目 | 600 | | | |
| | | | | | | | | | | 加热萨乡小集镇配套设施建设 | 67 | | | |

计划内项目

续表 8

| 序号 | 项目名称 | 建设性质 | 建设内容 | 建设地点 | 责任主体 | 2017—2019年资金 | 年度完成投资 2017 | 年度完成投资 2018 | 年度完成投资 2019 | 子项目 | 金额 | 2020年投资计划 | 2020年投资计划子项目 | 备注 |
|---|---|---|---|---|---|---|---|---|---|---|---|---|---|---|
| 计划内项目 9 | 村级组织活动场所及相关配套设施 | 新建 | 建设村级活动场所和文化、卫生等配套设施。 | 墨脱县 | 墨脱县人民政府 | 1050 | 600 | 400 | 50 | 德兴村村级组织活动场所 | 350 | | | |
| | | | | | | | | | | 背崩村村级组织活动场所 | 700 | | | |
| 10 | 墨脱县减贫致富路改造工程 | 改建 | 道路硬化、道路绿化、亮化、排水和两侧绿化、排水和两侧建筑物美化等附属设施工程。 | 墨脱县 | 墨脱县人民政府 | 1500 | 200 | 300 | 1000 | 墨脱县减贫致富路改造工程 | 1500 | | | |
| 合计（2项） | | | | | | 13180 | 6950 | 6950 | 0 | | 5990 | | | |
| 计划外项目 11 | 墨脱县边境小康示范村 | 新建 | 完善村庄安居房基础设施和相关配套设施，包括硬化道路、村庄亮化、村内绿化、建设村内文化活动场所、村庄给排水以其附属设施完善。 | 墨脱县 | 墨脱县人民政府 | 10180 | 5090 | 5090 | 0 | 背崩乡地东村边境小康示范村 | 5990 | | | |
| | | | | | | | | | | 背崩乡德尔贡村边境小康示范村 | 2690 | | | |
| | | | | | | | | | | 背崩乡西让村边境小康示范村 | 1500 | | | |
| 12 | 三个地质灾害村异地搬迁工程项目 | 新建 | 包括房屋建设和附属工程两部分，居房90套及道路铺装、挡土墙、截水沟、排水、绿化、村内给排水等建设内容。 | 墨脱县 | 墨脱县人民政府 | 3000 | 1500 | 1500 | 0 | 无 | 3000 | | | 此项目属交支票项目，由墨脱县相关部门完成 |

续表8

| 序号 | 项目名称 | 建设性质 | 建设内容 | 建设地点 | 责任主体 | 2017—2019年资金 | 年度完成投资 2017 | 年度完成投资 2018 | 年度完成投资 2019 | 子项目 | 金额 | 2020年投资计划 | 2020年投资计划子项目 | 备注 |
|---|---|---|---|---|---|---|---|---|---|---|---|---|---|---|
| 13 | 墨脱县白马岗斜坡绿化升级改造工程 | 新建 | | 墨脱县 | 墨脱县林业局 | 316 | | | 258.85 | | | | | |
| 计划外项目 | 墨脱县德兴乡文朗村村民生活用房项目 | 新建 | | 墨脱县 | 德兴乡人民政府 | 120 | | | 88.90 | | | | | |
| | 墨脱县墨脱镇乡村机耕道路项目 | 新建 | | 墨脱县 | 墨脱镇人民政府 | 180 | | | 162.01 | | | | | |
| | 墨脱县县城及周边乡镇电力配套设施项目 | 新建 | | 墨脱县 | 墨脱县住建局 | 350 | | | 21.18 | | | | | 此项目属交钥匙项目，由第八批援藏墨脱工作队接墨脱县工作队完成。 |
| | 墨脱县背崩乡村振兴配套设施项目 | 新建 | | 墨脱县 | 第八批墨脱县工作组 | 120 | | | 66.07 | | | | | |
| | 墨脱县农村扶贫机耕道及配套设施项目 | 新建 | | 墨脱县 | 墨脱县农业农村局 | 640 | | | 3.99 | | | | | |
| | | | | | | 1726 | | | 601 | | | | | |
| 共计（13项） | | | | | | 30873 | 11508 | 12262 | 6807 | | 6195 | | | |

【财政预算执行情况】 2019年，全县一般公共预算收入完成3444万元，同比上年增加763万元，同比增长28.46%，其中：税收收入2558万元，比上年同期增加392万元，同比增长18.09%；非税收入886万元，比上年同期增加371万元，同比增长72.03%。全县政府性基金收入1000万元，比上年同期减少500万元，同比下降33.33%。全县政府性基金支出2128万元，同比增长29.28%。全县一般公共预算支出105355万元，为预算的241.97%。同比上年增加6656万元，同比增长6.74%。

【支持脱贫攻坚】 2019年，墨脱县财政局盘活财政存量资金2148.25万元，主要用于民生领域，全力助推脱贫攻坚。整合使用涉农资金11547.92万元，用于扶贫搬迁、特色产业发展和小型基础设施建设等，其中：落实2019年生态补偿脱贫岗位补助1188.25万元、墨脱县第三批边境小康村基础设施建设项目资金3200万元，生产发展类项目资金7159.67万元。

【财政支出向民生倾斜】 2019年，墨脱县用于教育、医疗、社保、住房保障、农林水、节能环保、交通运输、文化体育传媒、商业服务业等方面支出85887万元，占财政总支出的81.52%。

坚持教育优先发展。2019年，全县教育支出10828万元，保障了义务教育阶段学校正常运营；继续实施农村义务教育学生营养改善计划和学前至高中阶段"十五年"教育"三包"政策、城镇困难家庭子女助学金政策，支持农村义务教育薄弱学校改造，改善基础教育办学条件。

推进医疗卫生体制改革。2019年，全县医疗卫生领域支出8379万元，进一步加大重大公共卫生服务工作、基层医疗卫生机构服务能力建设、城乡医疗救助保障工作、城乡居民暨在编僧尼健康体检工作的经费保障力度，全县医疗卫生保障水平进一步提高。

支持文体科技事业。2019年，全县文化体育与传媒支出6209万元。进一步落实"三馆一站"免费开放、重大文化活动开展、文化创作等补助资金，推进公共文化服务体系建设和文化惠民工程实施。

支持农牧业可持续发展。2019年，全县农林水支出36865万元。其中农牧业生产发展支出2911万元，推进农业综合开发工作和农业产业发展；水利支出2676万元，改善农田水利设施条件，推进全县农田水利设施建设和水利自然灾害防治；落实资金4041万元，支持构建高原生态屏障，实施新一轮草原生态保护补助奖励和森林生态效益补偿及区域造林绿化和重点生态公益林建设等。

落实边境居民生活补贴政策。2019年，全县落实边民补助资金2631.24万元，改善边境地区群众生产生活条件，激发边境地区农牧民参与边境管控的积极性、主动性，其中：普惠性边民补助资金落实2407.84万元，与工作量挂钩补助资金194.4万元，配合部队巡逻民兵补助资金29万元。

完善墨脱县住房保障制度。2019年，全县住房保障支出1970万元。

【规范政府采购】 2019年，县财政局采购办全面贯彻落实《政府采购法》和自治区、市、县有关文件精神，以促进社会经济健康发

2019年3月5日，墨脱县财政局组织全县各预算单位在县财政局会议室召开2018年度行政事业单位内部控制报告编报培训会

展为目标,以规范政府采购行为为重点,通过紧紧围绕"依法采购、规范操作、廉洁高效"的服务宗旨和"重服务、重效率、重规范"的工作思路,规范采购行为,提高资金效益,完成各项采购任务。2019年,墨脱县共组织完成政府采购68次,总预算金额11964.83万元,实际采购金额为11110.79万元,节约资金854.04万元,节约率为7.14%。

【财政评审】 2019年,县财政局投资评审中心概(预)算送审金额2013.34万元,审定金额1601.05万元,审减金额412.29万元,审减率为20.48%;竣工决算项目送审资金1663.81万元,审定资金1590.85万元,审减金额72.96万元,审减率为4.39%。

【干部队伍建设】 2019年,县财政局结合全县开展党员政治教育和支部"三会一课"制度,制定学习计划,加强干部教育培训,开展了政治、业务、法律等知识学习,提高服务水平和依法理财水平。签订党风廉政建设目标管理责任书,开展警示教育,教育干部职工自律自省,警钟长鸣,引导干部职工树立正确的权力观、地位观和价值观,保障干部政治生命安全,维护财政部门良好形象。

【国资委工作】 落实好行政事业性国有资产管理制度。2019年,县财政局(县政府国资委)坚持以《党政机关厉行节约反对浪费条例》为统领,严格落实《西藏自治区本级行政事业单位国有资产处置管理暂行办法(试行)》《西藏自治区行政事业单位通用资产配备使用管理办法(试行)》等文件精神,逐步形成覆盖行政事业性国有资产管理全过程的制度体系。

提升资产管理效能。在资产配置环节严格按照规定办事,严守通用设备配置标准,从严从紧审核资产配置及采购预算,缓解了部门、单位之间资产占有不均衡的状况。在资产报废过程中严格贯彻落实"三重一大"决策制度,对各单位申请报废的资产及时召开局班子会予以研究,并安排专人到现场核查资产状况,争取将国有资产的效益最大化,减少资金浪费。

强化行政事业性国有资产管理基础。聘用第三方社会机构——四川德汉会计事务所有限公司对全县64家行政事业单位进行资产清查工作,健全各单位国有资产台账,初步摸清资产底数。同时,落实资产月报告制度,按月对行政事业单位固定资产情况向上级财政报告,确保能够及时掌握各单位资产变化。

(陈天亮)

2019年10月28日,墨脱县财政局在县完小开展"爱心助学"活动,为80余名寄宿生送去了沐浴液、香皂、牙刷牙膏等洗漱用品,并解决了洗衣机1台,电视机1台。此次活动共投入资金8516元

【机构领导】

局　　长
　　格桑扎西(藏族,7月任)

主任科员
　　格桑扎西(藏族,1—6月主持工作)

副局长、二级主任科员
　　阿　　归(女,藏族,5月任,6月套转)

副局长
　　王　鹏　飞(5月任)

会计核算中心主任、三级主任科员
　　久美措姆(女,门巴族,12月套转)

会计核算中心副主任
　　王　鹏　飞(5月免)

桑杰玉珍（女，门巴族，5月任）

**四级主任科员**

白玛玉珍（女，藏族，12月任）

白玛卓嘎（女，藏族，12月任）

## 墨脱县教育局体育局

【概况】 2019年，墨脱县共有各级各类学校34所，在校学生2407人，其中：初级中学1所，在校学生510名；小学8所，在校学生1237名；幼儿园25所，在校幼儿660名。学前毛入园率84.81%，小学适龄儿童净入学率达100%，初中阶段适龄少年毛入学率达101.32%，义务教育阶段巩固率达100%。享受"三包"政策学生2192人，享受"营养改善计划"政策学生1607人。在编教师285人，其中：高级教师7名，中级教师64名，助理级教师98名，员级教师30名，未评教师86名；持有教师资格证250名，持证上岗率为88%。后勤工作人员105名。

【党建工作】 2019年，墨脱县教育系统各党支部扎实推进"两学一做"学习教育常态化制度化，深入开展"做合格党员、当先锋模范"、红色夜校等教育实践活动，充分运用"学习强国""共产党员网""西藏党员教育网""西藏党员教育"等手机APP以及"共产党员""西藏先锋"等微信公众号，引导广大党员教师增强"四个意识"，坚定"四个自信"，做到"两个维护"。坚持以问题为导向，对照《基层党建存在问题整改方案》以及组织生活会查摆出的问题和薄弱环节，认真剖析根源、细化整改任务。制订印发《关于加强学校党支部规范建设的通知》，进一步规范学校党建工作，深入推进"互联网+政务服务"工作，为群众办事提供便利。开展党建工作业务培训，提升支部书记和党务工作者业务能力，组织全体党员签订《政治承诺书》，积极开展支部书记述职工作，有效提升全体党员党性修养和政治意识。

2019年，全县教育系统共有党支部10个，正式党员129人，预备党员4人，积极分子20人。各党支部共开展主题教育专题研讨33次，开展集中学习200余次。党员政治教育开课130余堂，受教育1.5万余人次。开展党建督导检查4次，查找问题9个，其中立行立改3个，限期整改6个，已全部整改销号。按期组织召开民主生活会，面向49家单位和干部群众征求意见建议，经自查检视，查摆出问题5项10条，其中立行立改问题2条，即知即改并需长期坚持8条。

【构建和谐校园】 2019年，墨脱县教育局以创建"平安校园"为抓手，严格执行"安全工作一票否决制"，建立健全学校安全工作长效机制，配齐消防器材、监控等安保设备。为深入开展"扫黑除恶 打非治乱 扫黄打非"三个专项斗争、国庆安保以及各类安全宣传教育工作，不断强化师生安全意识，联合公安、消防、卫健委、应急管理等部门组织开展各项应急演练，提高学校师生应急处突能力。严格落实24小时值班带班制和校外人员进出校园登记制，严禁一切危险因素进入校园。加强同各乡（镇）政府、公安、交运等部门的沟通协作，认真谋划和部署学生的假期离校、返校工作，确保学生离校返校安全。2019年，全县各校共成立11支平安守护教

2019年3月17日，林芝市教育体育局党委委员、调研员巴桑次仁（左二）在墨脱县幼儿园开展春季学期开学专项督导检查工作

师队和1支平安守护学生队,成员达88人,累计开展安全隐患排查56次,有效确保教育系统和谐稳定,实现了校园安全"零事故"的工作目标。

【思想教育】 2019年,墨脱县教育局深入践行社会主义核心价值观,围绕"以德育人,德育为先"育人理念,利用黑板报、校园广播、文化墙、LED显示屏等宣传资源,充分结合"3.28"百万农奴解放纪念日、劳动节、国庆节、抗战胜利纪念日等重要时间节点,深入开展党的十九大精神宣传学习、"四讲四爱"、民族团结、"三官"讲法进校园等系列教育实践活动。把爱国主义、感恩教育、国防教育、法制教育、新旧西藏对比教育、反分裂斗争教育以及习惯养成、文明礼仪、环保等方面的德育教育内容,有机融入学校育人全过程。深入开展"我和我的祖国"群众性主题宣传教育活动,先后组织开展"庆祝新中国七十华诞,弘扬新时代尊师风尚"教师节文艺汇演、"我和祖国共成长"学生演讲、"强本领、守岗位、做表率"教师演讲、"缅怀革命先烈 培养爱国情怀"主题班会、"我与共和国共奋进"征文、合唱爱国歌曲等一系列主题教育活动。深化家校德育工作格局,组织开展"我是勤劳小帮手""孝老尊老""送法进家庭""包虫病防治"等一系列主题活动,教育引导学生为父母做力所能及的家务活,弘扬传统美德,增强家长法律意识。

2019年5月22日,边疆治理下中国共产党治藏方略研究课题组一行在墨脱县背崩乡小学调研指导工作

【提升教学质量】 2019年,墨脱县教育局严格落实"五个100%"(中小学双语教育普及率100%,小学数学课程开课率100%,中学数理化生课程计划完成率100%,中学理化生实验课程开出率100%,职业技术学校国家目录规定课程开出率100%)教育目标,加大教研教改力度,充分发挥援藏教育资源优势,深入推进同课异构、校本培训、教学大练兵、送教下乡、第三届教学大赛等教研教改活动。组织开展以交流学习、促教学质量均衡为主题的"墨脱县教育教学开放周"活动。调整县内各级各类学校寒暑假时间,促进墨脱县教育教学工作与全市同步开展、同步落实。积极开展课题申报工作,组织教师申报自治区级课题研究项目7项,成功立项3项,实现墨脱自治区级课题"零"的突破。积极开展"一师一优课,一课一名师"课件录制工作,全年共录制40节,其中15节被评为市级优课,3节被评为自治区级优课。联合华师附小、市一小开展"粤藏互联,促进两地三校"教学交流活动,拓宽了师生视野。组织开展县内网络连片教研,深化教研教改。着手开展素质教育验收工作,组建观摩团到波密、巴宜、米林等兄弟县交流学习,为墨脱县全面铺开素质教育奠定基础、积累经验。定期组织开展县级"统考",实时掌握学校教学情况。首次组织全县8所小学进行统一命题、统一时间、同一科目的期中考试,有效监测整体教育教学质量。2019年,墨脱县"两考"成绩再上新台阶。"小考"共录取14人,"中考"录取率为100%。

【提升教育能力】 2019年,墨脱县教育局深入开展"三学三评两提升"主题教育实践活动,利用校本培训、交流轮岗、个人自修、公文写作培训等途径,提高教师政治素养和业务能力,提高校长、中层教师管理能力和服务能力。通过推门听课、优课评比、汇报课、公开课、同课异构、课件评优、教案评比、教学大赛等方式,不断促进教师专业成长。制订《教师职称申报竞推量化考核细则(试行)》,进一步营造优胜劣汰的竞争氛围,努力培养和打造一支理念新、品德高、业务精、能力强的师资队伍。严格执行《墨脱县教育教学奖惩办法》,兑现各级各类奖励资金75.3万元。积极树立师德师风典型,授予13名教师"师德师风标兵"称号。积极沟通上级业务部门,配齐配强教师队伍,全年共新增10名专任教师,并通过援藏、西部志愿者等渠道引进7名大学生开展支教工作,教师队伍进一步壮大。积极开展教师培训和"交流轮岗"工作,全年参培教师累计783人次,交流轮岗22人次。

【实施公平教育】 2019年,墨脱县教育局深入开展"控辍保学"工作,深入贯彻落实中央第三巡视组脱贫攻坚专项巡视反馈意见,制订《墨脱县疑似失学儿童劝返复学安置工作实施方案》,修订《墨脱县义务教育"控辍保学"工作实施方案》,进一步完善"双线控辍"工作目标责任制,全面落实"'控辍保学'四书制"(学生入学前,送达《义务教育入学通知书》,确保及时入学;学生入学后,签订《保学合同书》;学生辍学后,送达《限期复学通知书》;学生家长或监护人如不及时将适龄儿童少年送到学校接受九年义务教育,下达《处罚决定书》,依法给予处罚),科学分解各乡(镇)年度目标任务,推进墨脱县年度教育事业目标顺利完成。充分动用乡(镇)、驻村工作队、教师等力量,大力开展劝学保学、残疾适龄儿童送教上门等工作。全年累计开展送教工作25次,发放慰问物资价值1.8万余元,实现了本学年义务教育阶段学生入学率100%的工作目标。制订《墨脱县教育脱贫攻坚巩固提升实施方案》,积极落实整改教育脱贫攻坚巡视反馈问题,细化教育脱贫工作措施,推进扫盲"回头看",巩固提高教育脱贫攻坚成果。加大各项资助政策的宣传力度,及时发放各类资助资金,保证贫困学生的学习和生活,全年共发放各类补助资金77.78万元,惠及161名家庭经济困难学生和2名家庭经济困难教师。

【保障教育后勤】 2019年,墨脱县教育局严格落实十五年免费教育政策,严格按照"学前每生每学年3320元,义务教育阶段每生每学年3820元"的标准,将"三包"经费按月足额拨付至各执行学校。严格执行"营养改善计划"经费使用规定,按"每生每天4元,每年按200天计算"的标准,将"营养改善计划"经费按月足额拨付到各执行学校。制定《墨脱县教育系统财务内控管理制度》,组织各校校长、出纳、会计开展财务培训,提高业务水平,强化"红线"意识。制订《墨脱县教育系统"三包"及营养改善计划物资集中采购配送和最高限价方案》,及时购置、发放学生学习生活用品,保障学生吃好、住好、学好。不定期深入各校进行监督和检查,提高"三包"经费保障能力,确保经费用到实处,用到学生身上。全年共拨付"三包"经费725.84万元,"营养改善计划"经费123.76万元。严格保障教师福利,按照每人每月300元的标准发放教师伙食补助,累计发放补助资金40.32万元。严格落实

2019年9月10日,墨脱县召开庆祝全国第35个教师节暨表彰大会

乡村教师生活补助政策，按照"三类区乡（镇）教师生活补助每人每月1000元（边境乡镇1050元）"的标准，按月将补助资金与工资一同发放至教师个人账户中，全年累计发放乡村教师生活补助171.42万元。

【基础设施建设】 2019年，墨脱县教育领域共有续建项目7个，总投资1390万元，建筑面积达2190平方米；新建设项目4个，总投资1700万元，建设面积达8851平方米，涉及村级幼儿园、学生宿舍、公共体育场地田径跑道和足球场等项目。通过新建、利用村级组织活动场所等方式，实现新开幼儿园14所，全县各级各类幼儿园增至25所，覆盖全县36个行政村，覆盖率达78%，有效保障了更多适龄儿童就近就便接受学前教育。为进一步提升教育保障能力，9月，上级新下达教育项目9个，总投资4100万元，总建筑面积7090平方米，涵盖村级幼儿园、教师周转房、乡小学改扩建、乡小学附属幼儿园等内容。

【普及全民运动】 2019年，墨脱县教育局组织举办了墨脱县2019年喜迎"三大节日"系列体育庆祝活动，涵盖"雅江杯"足球赛、"迎新杯"篮球赛、长跑比赛、拔河比赛、台球比赛等体育活动，受到全县干部群众重点关注和广泛参与。大力开展青少年体育工作，积极推进阳光体育、校园足球、花样跳绳等体育项目，不断增强青少年体质，丰富体育运动形式。组建墨脱县中学佛墨缘花样跳绳队，到安徽亳州参加2018—2019全国跳绳锦标赛，荣获3金4银4铜的佳绩。组织墨脱县足球队到林芝市参加"尼洋杯"足球赛，荣获亚军。组织阳光少年足球队到林芝市参加U13、U15青少年足球联赛，分获U13冠军、U15亚军。为进一步满足全县干部群众的体育运动需求，多渠道争取资金，不断完善公共体育设施，推进墨脱县全民健身活动中心体育场馆规范运行，新建五人制足球场、游泳池、风雨操场等体育基建项目，开工建设墨脱镇多功能广场建设项目。截至2019年底，墨脱县全民健身各类活动场地、设施累计投入资金1063.08万元，建筑总面积3322.42平方米。

（雷成良）

【机构领导】

党委书记、局长

　桑杰顿珠（3月免）

　胡　志　彬（3月任）

党委委员、副局长

　郭　振　华（广东援藏，7月免）

　肖　志　伟（广东援藏，7月任）

　肖　丽　莎（女，12月免）

　平措玉珍（女，藏族，12月任）

党委委员、副局长、体育局局长

　闫　　强（12月任）

副局长

　郭　军　舰（林芝市一中支教，9月任）

党委委员、副局长、体育局局长、二级主任科员

　次仁拉姆（女，藏族，1月任副局长，3月任党委委员、体育局局长，5月任主任科员，6月套转为二级主任科员，12月免去体育局局长）

教研室（电教馆）副主任（副馆长）

　罗　　杰（藏族）

四级主任科员

　卫　　念（女，珞巴族，6月套转，12月免）

2019年6月1日，墨脱县完全小学组织开展六一庆祝活动

表9　2019年墨脱县教师结构分析表

| 单位 | 总数 | 性别结构-男 | 性别结构-女 | 民族结构-藏族 | 民族结构-汉族 | 民族结构-门巴族 | 民族结构-珞巴族 | 民族结构-其他 | 学历结构-研究生及以上 | 学历结构-本科 | 学历结构-大专 | 学历结构-中专 | 学历结构-高中及以下 | 政治面貌结构-中共党员 | 政治面貌结构-中共预备党员 | 政治面貌结构-共青团员 | 政治面貌结构-群众 | 政治面貌结构-其他 | 职称结构-高级 | 职称结构-中级 | 职称结构-助理级 | 职称结构-员级 | 职称结构-未聘 |
|---|---|---|---|---|---|---|---|---|---|---|---|---|---|---|---|---|---|---|---|---|---|---|---|
| 合计 | 285 | 112 | 173 | 98 | 82 | 87 | 3 | 15 | 1 | 138 | 143 | 3 | 0 | 111 | 4 | 131 | 30 | 0 | 7 | 64 | 98 | 30 | 86 |
| 墨脱县中学 | 67 | 36 | 31 | 15 | 27 | 23 | 1 | 1 | 1 | 60 | 4 | 2 | 0 | 34 | 0 | 23 | 10 | 0 | 2 | 20 | 34 | 1 | 10 |
| 墨脱县完全小学 | 47 | 20 | 27 | 18 | 9 | 18 | 0 | 2 | 0 | 19 | 27 | 1 | 0 | 27 | 0 | 7 | 13 | 0 | 3 | 24 | 16 | 2 | 2 |
| 墨脱县德兴乡小学 | 30 | 14 | 16 | 12 | 9 | 9 | 0 | 0 | 0 | 15 | 15 | 0 | 0 | 11 | 0 | 17 | 1 | 0 | 1 | 4 | 11 | 2 | 12 |
| 墨脱县背崩乡小学 | 32 | 8 | 24 | 12 | 7 | 11 | 0 | 2 | 0 | 7 | 25 | 0 | 0 | 6 | 0 | 21 | 2 | 0 | 1 | 3 | 5 | 11 | 12 |
| 墨脱县达木珞巴民族乡小学 | 25 | 7 | 18 | 8 | 7 | 7 | 1 | 2 | 0 | 9 | 16 | 0 | 0 | 9 | 1 | 12 | 2 | 0 | 1 | 4 | 14 | 0 | 7 |
| 墨脱县格当乡小学 | 14 | 4 | 10 | 8 | 2 | 0 | 0 | 4 | 0 | 2 | 12 | 0 | 0 | 2 | 0 | 10 | 0 | 0 | 0 | 0 | 1 | 4 | 9 |
| 墨脱县帮辛乡小学 | 24 | 8 | 16 | 8 | 10 | 4 | 0 | 2 | 0 | 11 | 13 | 0 | 0 | 9 | 0 | 13 | 0 | 0 | 0 | 1 | 9 | 4 | 11 |
| 墨脱县加热萨乡小学 | 10 | 5 | 5 | 4 | 1 | 3 | 1 | 1 | 0 | 2 | 8 | 0 | 0 | 2 | 1 | 7 | 0 | 0 | 0 | 0 | 0 | 0 | 9 |
| 墨脱县甘登乡小学 | 4 | 4 | 0 | 2 | 1 | 1 | 0 | 0 | 0 | 2 | 2 | 0 | 0 | 2 | 0 | 1 | 0 | 0 | 0 | 0 | 1 | 1 | 2 |
| 墨脱县幼儿园 | 28 | 6 | 22 | 9 | 9 | 9 | 0 | 1 | 0 | 11 | 17 | 0 | 0 | 9 | 0 | 16 | 2 | 0 | 0 | 8 | 7 | 4 | 9 |
| 地东村幼儿园 | 1 | 0 | 1 | 1 | 0 | 0 | 0 | 0 | 0 | 0 | 1 | 0 | 0 | 0 | 0 | 1 | 0 | 0 | 0 | 0 | 0 | 1 | 0 |
| 贡日村幼儿园 | 2 | 0 | 2 | 1 | 0 | 0 | 0 | 1 | 0 | 0 | 2 | 0 | 0 | 0 | 1 | 2 | 0 | 0 | 0 | 0 | 1 | 0 | 2 |
| 达邦幼儿园 | 1 | 0 | 1 | 0 | 0 | 1 | 0 | 0 | 0 | 0 | 1 | 0 | 0 | 0 | 1 | 1 | 0 | 0 | 0 | 0 | 0 | 0 | 1 |
| 汇总表验证 | 285 | 112 | 173 | 98 | 82 | 87 | 3 | 15 | 1 | 136 | 145 | 3 | 0 | 111 | 1 | 131 | 30 | 0 | 7 | 64 | 98 | 30 | 86 |

## 墨脱县中学

【概况】墨脱县中学前身——"墨脱县带帽中学"是在墨脱县完全小学临时挂牌成立的。1999年建新址，更名为墨脱县中学，是墨脱县唯一一所初级中学。县中学建校至今已有21年历史，占地面积70亩，建筑总面积达13682.8平方米，拥有教学楼1栋，综合楼1栋，学生宿舍楼4栋，教职工宿舍楼3栋。2019年10月，开始投建数字化校园，包括网络校园全覆盖、维稳平台、云教室、广播系统、监控系统和配备教室一体机等项目。2019年，学校拥有教职工65名，其中研究生教师1名，大学本科教师58名，大专教师4名，中专教师2名。高级职称教师2名，中级职称教师30名，初级职称教师25名，三级教师1名，未聘教师7名。共有教学班12个，在校学生509名，以门巴珞巴族学生为主，"三包生"460名。

【立德树人，加强学生自主化管理】2019年，县中学德育处联合学校妇委、团委通过开展思政教育和优秀青少年的示范引领作用，加强学生的自主化管理，学生会以学生自我管理、自我教育、自我成长为目的，培养学生的组织管理和协调能力，为学生的未来发展做准备，打造学生自主管理特色和良好的校园文化。校团委坚持用有形载体开展教育活动，以"3.28""五四""七一""十一"等节庆为契机，通过开展喜迎西藏和平解放65周年爱国教育专题班会、"清洁家园，美丽墨脱"我们在行动、红领巾相约中国梦——听党的话，做好少年、"与人生对话"迎国庆班级舞蹈暨演讲比赛、"五四"校园文艺比赛、"喜迎十九大——我向习爷爷说句心里话"一系列形式多样、寓教于乐的活动，进一步提高广大团员青年的思想素质。校妇委每周召开全体女生大会，深入开展关爱残疾儿童和留守儿童，通过"残疾学生送教上门"、随班就读关爱活动和家访，真正从思想、学习、生活和心理等方面，全方位帮扶弱势群体学生健康成长。

【特色引领，百花齐放】花样跳绳。2018—2019全国跳绳锦标赛在安徽亳州举行，在广东援藏队的大力支持下，墨脱县中学"花样跳绳队"7名门巴族、珞巴族学生与来自全国14个省市（自治区）60支队伍近800名绳友同台竞技，获得3金4银4铜佳绩，跳绳团队荣获此次比赛"体育道德风尚奖"。

特色足球。2015—2019年，先后在林芝市U15足球联赛中，荣获2次冠军和2次亚军；2018年，参加林芝市第三届中学生运动会，在足球比赛项目中，以仅失一球的绝对优势荣获冠军，并包揽最佳射手、最佳守门员、最佳运动员、最佳教练员等奖项；2019年5月参加墨脱县六人制足球业余联赛，荣获季军。

（杨军维）

【机构领导】

校　长

　　次达多杰（门巴族）

副校长

　　新　卫（门巴族）

　　李　明

2019年3月28日，墨脱县中学举办庆祝"3·28"百万农奴解放纪念日红歌合唱比赛

# 墨脱县人力资源和社会保障局

【概况】 年内,墨脱县人力资源和社会保障局深入贯彻落实中央、自治区和林芝市新形势下促进民生改善的决策和部署,围绕县委、县政府中心工作,坚持把民生改善工作摆在突出位置,抢抓机遇,开拓创新,狠抓落实,以优化市场环境为抓手,实施就业托底、强化社保兜底、构建和谐劳动关系。2019年,县人社局共有干部职工19名,其中,领导实职2名、领导虚职1名、行政编制11名(含1名借调)、参公编制1名、三支一扶2名、大学生临时工2名。

【就业创业】 2019年,县人社局联合各培训学校、乡镇举办了26期农牧民(贫困人口)就(创)业培训与技能技术培训,培训内容包括:茶叶、蜜柚、汽修、创业等,投入资金524.54万元,培训人数1265人,推荐就业1234人,就业人数735人,就业率58%。其中,贫困人口投入资金111.36万元,培训人数257人,推荐就业192人,就业人数118人,就业率61.4%,培训合格率100%;农牧民转移就业2302人、4817人次,收入达1688.6万余元。

2019年,全县未就业高校毕业生人数114人,通过"一对一"帮扶政策、就业创业培训、推荐就业、扶持创业、基层服务岗位等措施,未就业高校毕业生就业率达100%,其中,自主创业高校毕业生人数达10人(8人为往届生),准备创业的5人;事业单位就业15人,国有企业就业13人,区外就业1人,乡村振兴专干2人,灵活就业39人,基层岗位就业29人。

联合林芝市博达技能培训学校建设完成全县高校毕业生创业孵化基地,优化大学生创业载体整体布局,努力提高大学生创业载体平台的承载能力和服务水平;联合林芝市博达技能培训学校成立墨脱县林冶劳务有限公司,加大全县劳务市场建设力度,有效推动农村劳动力组织化、规模化转移就业;林芝市博达职业技能培训学校提供了9.7万元前期资金垫付及项目前期市场调查、选址、设备采购等方面的支持,帮助2名大学生成立墨脱县门隅圣泉纯净水有限公司。

【精准扶贫转移就业】 2019年,县人社局支持县内具有资质的农牧民施工队,承建墨脱县建设领域中技术要求较低的项目,鼓励协调农牧民参与辖区内重点项目建设,参与的贫困户平均增收2300余元/人,同时开发就业岗位355个,注重优先为贫困户推送岗位,安排贫困户75人。对接帮辛乡开展了一期石斛种植培训,培训实施后可保障全村30户群众受益,其中涉及贫困户7户。联合全县各单位、企业提供开发岗位30个,举办招聘会1期,参加招聘的大学生27人,其中贫困户7人。为推动贫困户就业,开展了1期为贫困户"送政策、送岗位"的主题党日活动,活动期间入户宣传7次,为贫困户提供岗位16个。

【社会保险】 2019年,墨脱县干部职工机关事业养老保险参保人数为1315人,征缴金额246.7024656万元(含职业年金个人部分);干部职工机关养老保险参保1368人,征缴金额4706.2万元;失业保险参保人数819人,征缴金额

2019年5月15日,墨脱县人社局党支部联合自然资源局党支部在墨脱村协助百姓种植水稻

89.68万元；工伤保险参保人数2508人，征缴金额118万元；企业职工基本养老保险参保人数239人，征缴金额288万元；城乡居民养老保险参保5300人，较上年增加305人，征缴金额51万元。

贫困人员应保尽保已完成系统录入，满60岁已认定身份并领取相关待遇，未到龄人员相关费用由政府代缴。全年委托工伤认定询问笔录6次，完成6次，开展工伤进车间活动1次。全县完成社保卡发放（激活）9817张，采集信息人数10968人，制卡成功10512人。

建立社保转移业务"一站式"办理服务通道，转移人可通过电话查询每一步受理情况，获取到转移业务的问题节点，为参保人提供切实可行的解决方案。

【工资福利与人事工作】 2019年，县人社局根据相关工资福利文件精神，完成了全县干部职工五年浮动54人，八年学历固定调整2人，双学历固定调整2人，干部晋升职务套改工资327人。全县新增事业单位干部32人，退休1人。新聘任初级专业技术职务12人，完成"双定"专业技术人员8人。

【劳动监察】 2019年，县人社局在处理劳动监察和劳动人事争议仲裁过程中，始终坚持依法、公平、公开、公正原则，较好地维护了劳动者和用人单位双方的合法权益，促进全县劳动关系和谐稳定。结合"就业政策宣传月""春风行动"和"政策主题宣传年"等活动，对企业劳动用工、工资支付、劳动合同签订、违法使用童工、参加社会保险等情况开展检查，其中开展农民工工资支付专项检查15次，检查用人单位60家，涉及劳动者435人。

开展劳动用工政策宣传咨询活动15次，进一步普及《中华人民共和国劳动法》《劳动保障监察条例》《工资支付暂行规定》《最低工资规定》等劳动保障法律、法规、规章和有关政策知识，发放法律法规知识宣传材料500余册。受理劳动纠纷投诉案件96起，法定期限内办结率达100%，共追发劳动者工资金额1064万元，涉及劳动者人数487人。处理信访转办案件5起、市人社转办案件3起，接待来电来访咨询160余次。

【党建工作】 突出思想建设，坚定理想信念。2019年，县人社局坚持以习近平新时代中国特色社会主义思想为指导，以政治教育及"不忘初心、牢记使命"主题教育为契机，认真组织学习宣传，紧紧围绕各级人社工作会议精神，坚持高站位、宽视野谋划全局工作计划，全面贯彻市委"135"党建工作思路，牢固树立"抓好党建是本职、不抓党建是失职、抓不好党建是不称职"的理念，把党建工作的着力点放在为重点工作提供动力和为群众办实事上来，以"四个突出"（突出政治建设"把向"；突出党建引领"铸魂"；突出三基建设"强基"；突出担当作为"创业"）推动党建和业务工作协同开展。

突出政治建设，提高政治站位。按照"党建领航统筹全局"的工作理念，推进党建工作与业务工作同部署、同落实、同检查、同考核，进一步增强人社党员干部的"四个意识"，统一思想、凝聚人心。

突出组织建设，筑牢战斗堡垒。成立了党建工作领导小组，形成了"层层抓责任，人人抓落实"的党建格局，制定基层党建工作量化考核指标，将党建工作责任制落实情况纳入年度考核内

2019年5月8日，墨脱村举办门珞服饰缝纫技能培训结业仪式

容,作为干部年终评优和推荐选拔任用的重要依据,以强化组织建设,提升党员战斗力。

突出作用建设,营造风清氛围。坚持以党的十九大精神为指引,全面落实党风廉政责任制,认真履行"一岗双责",全面推进人社业务工作的同时,狠抓班子成员廉洁自律建设,签订党风廉政建设责任书,加强廉政思想教育,强化廉洁从政、廉洁自律水平,有效推动人社局党风廉政建设工作发展进步。

(潘 莲)

【机构领导】

局　长
　　顿珠次仁(门巴族)
二级主任科员
　　仓　木(女,藏族,6月套改)
副局长
　　帅　令(2月免)
　　韩　振(2月任)
医疗(工伤、生育、社会)保险管理中心主任
　　珍　嘎(女,珞巴族)
副主任科员
　　索朗玉珍(女,藏族,3月免)

## 墨脱县文化和旅游局

【概况】 根据《墨脱县机构改革方案》,组建墨脱县文化和旅游局,由原墨脱县文化广播电影电视局和墨脱县旅游发展委员会合并而成,于2019年3月正式挂牌成立,为正科级建制,加挂县文物局牌子。下设有文化活动中心、风景区管理局、莲花阁(墨脱门珞历史文化遗产博物馆)、墨脱县旅游公司等4家单位。

墨脱境内的居民主要有门巴族、珞巴族和藏族,著名的雅鲁藏布大峡谷主体段都在辖区内,这里是青藏高原海拔最低、环境最好的地方,也是西藏气候最温和、雨量最充沛、生态保存最完好的地方。由于喜马拉雅山的阻隔,墨脱县是西藏最具神秘感的地方之一,曾经被外界形象地称之为"高原孤岛""世外桃源"。漫长的历史发展过程中,勤劳勇敢的门巴族、珞巴族人民,用他们的聪明才智创造了灿烂而独特的饮食、狩猎、建筑、服饰、音乐等文化。

2019年5月19日,墨脱县文化和旅游局举办主题党日活动

【文艺队伍】 2019年,县民间艺术团共有演职人员20名,其中团长1名、副团长2名。全县共有村级文艺队44个,队员636人。2月20—21日,县民间艺术团在背崩乡背崩村、墨脱镇亚让村、德兴村、荷扎村开展文艺"八进"下乡演出,18名文艺工作者用精彩的演出表达对农民朋友们新一年的亲切问候,本次演出集歌曲、舞蹈等表演形式于一体,以反映民族特色、唱响时代主旋律的歌曲、舞蹈为主,此次演出涉及各类节目18个,参演人员18人,观众达630余人次。全年县民间艺术团在各村点开展送文艺活动和"八进"文艺演出72场,观看群众达6700余人次,在元旦、藏历新年、"建党98周年"等节庆期间,举办大型文艺演出4场次,观看群众1000余人次。4—9月,墨脱县广场舞舞蹈队先后在县五保集中供养中心,德兴乡德兴村,墨脱镇亚让村、朗杰岗村,加热萨乡,帮辛乡开展送文化、送政策宣讲下基层活动共12场次,受教育人数达1300余人。

【县文化活动中心】 2019年,县文化活动中心免费开馆时间达2800余小时,文化信息资源共享室共接纳上网人员350余人次,

好日子莲花广场 LED 显示屏播放通知和宣传片 600 余场,举办各类培训和召开各类会议共 170 场,健身房接待干群 700 人次。全年组织人员到各乡镇、学校、企业、部队、寺庙开展送"图书"活动 12 场次,配送图书 1850 册,惠及群众 3000 余人。

【文物工作】 2019 年,墨脱县有自治区级文物保护单位 5 个、县级保护单位 1 个、县级保护点 5 个,文物藏量 256 件。联合相关部门开展覆盖全县文物安全大排查 10 次,开展专项整治行动 18 次,发现并整改安全隐患 10 余条,全年无一起安全事故发生。

【非遗工作】 2019 年,墨脱县文化和旅游局组织工作人员到各乡村拍摄整理传承人技艺影像资料,积极开展非遗项目代表性传承人申报工作,将石锅制作工艺和门巴服饰编织技艺申报为国家级非物质文化遗产。通过组织开展传统非遗工艺培训,帮助当地群众学习传统工艺,掌握相关技能。截至 2019 年底,墨脱县共有非物质文化遗产 13 项(自治区级 3 项、县级 10 项)。

【文化旅游市场管理】 2019 年,墨脱县文化和旅游局联合相关单位以日常巡查和联合检查的方式,开展了"扫黑除恶""扫黄打非"等多项治理行动,共开展执法检查 7 次、专项检查 14 次,检查相关单位 129 家。年初设立涉黑涉恶和行业乱象排查工作举报箱,开通举报电话,畅通举报渠道,全年未收到任何举报信息。

【旅游收入】 2019 年,在扎墨公路多次封闭性施工的情况下,虽然对墨脱县旅游业有较大的影响,但仍有较多游客前来旅游。2019 年,全县游客总数为 109801 人次(其中探亲、公务、务工人员、本地香客 52567 人次),与上年同比下降 51.7%,完成旅游收入 4954.479 万元,与上年同比下降 70.3%,其中农牧民收入 1230.225 万元,与上年同比下降 89.9%。

【文旅项目建设】 2019 年,墨脱县旅游续建及新开工项目共 17 个,其中竣工项目 12 个(已完成财评 1 个,正在财评 3 个,计划财评 3 个);在建项目 3 个,未开工项目 2 个。以上项目总投资 11451.25 万元,全年累计完成投资 7800 余万元,带动农牧民就业 1860 余人次,带动农牧民增收 1116 万余元。

【文化旅游宣传】 2019 年,墨脱县文化旅游局不断加大宣传推广力度,共开展各类宣传活动 7 次,发放《墨脱旅行指南》《墨脱旅游安全手册》《中华人民共和国非物质文化遗产法》《门珞民俗歌碟》《扫黑除恶应知应会知识》等宣传材料 710 余份。充分利用网站、微信、微博以及旅游公众平台等媒体平台宣传,大力推广墨脱旅游知名度,致力于打造"莲花圣地秘境墨脱"品牌形象,巩固拓展客源市场。全年墨脱旅游服务号关注人数 7722 人,推送内容主要围绕墨脱旅游地理风光、人文历史、旅游攻略、本地特产、道路状况、原创小说等方面,累计推送 30 篇优质图文。

【重点景区景点】 墨脱县旅游景点包括亲水叠瀑布、乌当瀑布、加

2019年9月27日,墨脱县在好日子莲花广场举办庆祝中华人民共和国成立70周年群众性"广场舞"比赛

隆瀑布、113K嘎宁大拐弯、仁青崩景区、果果塘大拐弯、莲花公园、藤网桥、门珞遗风(墨脱门珞历史文化遗产博物馆)、雅鲁藏布江晨雾、老虎嘴瀑布、布裙湖、汗密瀑布、汗密原始生态观光区、墨脱梯田、绒扎瀑布、林多瀑布、嘎龙拉瀑布、林海雪原、多雄拉山口、多卡折布、热带雨林景观、秋古都龙瀑布、嘎隆香格里拉风景区、天然水溶洞。

果果塘景区：作为墨脱景区的核心景点之一，位于德兴乡，距墨脱县城约12公里，距德兴乡约4公里，可驱车抵达。由于江水切割作用，形成天然的河流拐弯近180度，雅江河流拐弯形成的半岛植被丰茂，配合壮观的雅江水景景致尤为壮观，奔涌而来的江水如蛇形般突然转向，罕见的景观让人叹为观止；峡谷间云雾缭绕，犹如仙境；繁盛的植被，掩映在这云雾之间，美不胜收。结合果果塘的人文传说，拟深度开发链接果果塘观景台与德兴乡中间原马行道徒步风景体验线路，期间经过民俗农家乐、亚热带水果采摘体验园、德兴村钻石茶厂体验采茶文化、民俗旅游纪念品销售店等体验线路最终到达的果果塘观景台，游客在欣赏自然风景的同时增加了许多文化旅游体验项目，丰富了游客的参与感，最终达到游完果果塘生态文化旅游集群的目的。

【工作创新】"旅游+农家乐"。2019年，墨脱县立足县域资源，不断夯实农家乐服务水平质量，着力在让广大游客感受到"游在田间看风景，吃在农家感农乐，购在农家受实惠"的旅游体验上下功夫的同时，切实增强农牧民群众创收。2019年底，全县已建立建成家庭旅馆(农家乐)共30家，从业人员达78人，接待游客13115人，创收127.24万元。

"旅游+企业"。以精品旅游为中心，打造全域旅游及养生、养老、休闲为一体的特色旅游景区，已与深圳旅游控股有限公司签订景区运营合作协议，共同成立墨脱喜路莲花旅游发展有限公司，采用市场化模式管理、运营旅游景区。同时，墨脱县正在积极与常青国际公司协商康养基地建设的前期规划相关工作。

"农牧业+旅游"。利用德兴乡果果塘蛇形大拐弯茶叶种植面积500亩，拉贡景区茶叶基地面积90亩，为游客提供娱乐观光、采茶体验等各类需求。在扎墨公路沿线各大景(区)点周边设立农副产品销售点，鼓励墨脱县农牧民销售农副产品、土特产、特色手工艺品，带动农牧民群众增收。截至2019年底，扎墨公路沿线各大景(区)点及县城土特产店共有36家，创收311.04万元。

"文化+旅游"。莲花阁传承了门珞文化特色，广大游客通过观赏游览莲花阁，详细了解墨脱的发展历史、地理位置、特色产品、旅游资源等，截至2019年底，墨脱县门珞文化博物馆免费开放2040余小时，共接待游客112批次，总接待游客594人次。成立门巴传统服饰店，充分挖掘门珞文化特色，吸引更多的游客到来，店内推出让各位游客通过各自喜好进行试穿服装，参与者通过服装摄影，穿着民族服装走入茶园进行采茶，充分体验门珞特色文化及农家生活，带动服饰店增收，2019年服饰租赁销售收入达10余万元。通过达羌文化旅游节、亚东村翠丘典白玛林卡节庆活动，让游客参与到其中，体验门珞民风民俗，2019年参观人数达

墨脱石锅

1780余人次,收入达34.772万元。

(边巴坚参)

【机构领导】

墨脱县文化局

局　长

　　格桑达瓦(藏族,3月免)

副主任科员

　　次仁央前(女,门巴族,3月免)

县电视台台长

　　赵　　东(3月免)

墨脱县旅游发展委员会

主　任

　　拉巴次仁(藏族,3月免)

副主任

　　白玛曲珍(女,门巴族,3月免)

墨脱县文化和旅游局

局　长

　　李　　振(3月入选,5月任)

副局长、文物局局长、三级主任科员

　　白玛次旺(藏族,5月任,12月套转)

县综合文化服务中心主任

　　色　咪　娜(女,藏族)

风景区管理局局长

　　桑杰旺堆(门巴族)

风景区管理局副局长

　　洛桑索朗(藏族)

四级主任科员

　　次仁央前(女,门巴族,3月任副主任科员,6月套转)

## 墨脱县外事办公室(边界事务协调办)

【概况】2019年3月22日,墨脱县外事办公室正式成立并对外挂牌(加挂边界事务协调办牌子),人员编制有主任1名,四级主任科员1名,一级科员1名,均为中共党员(2名党员组织关系转入县文化和旅游局党支部,1名党员驻村)。

【支部建设】2019年,县外事办公室党员干部积极参加支部活动和党员"夜校"学习活动,以"不忘初心、牢记使命"主题教育活动为载体,通过"学习强国"等学习平台,努力提升党员政治教育素质。落实"四对一"帮扶责任,2名党员结对帮扶3户24人,开展入户帮扶送温暖活动3次,送去慰问金2700元。

【队伍建设】2019年,县外事办公室认真学习贯彻中央、自治区及林芝市有关外事工作的方针、政策和规定,面对重大原则问题立场坚定、旗帜鲜明,政治上思想上始终同党中央保持一致,保证在行动上不偏离正确的轨道。不断强化纪律意识,以违纪违法案件为鉴,进一步筑牢信仰之基、绷紧纪律之弦,当好良好政治生态的坚定践行者和维护者。强化廉洁自律意识,严格遵守中央八项规定,自觉改进工作作风,树牢"四个意识",做到"两个维护",坚决执行党的纪律规矩和各项决策部署,严守法纪红线,筑牢道德底线。

【保密工作】2019年,县外事办公室提高政治站位,牢固树立保密就是保政治、保大局、保稳定、保发展的思想,把保密工作作为重要的政治任务,把严守保密纪律作为重大的政治纪律,树立忠诚担当意识,抓住关键环节保密管理,推动保密工作落到实处。健全完善保密工作制度,严守保密纪律,积极参加保密专干培训,完成办公室电脑、打印机分类,规范涉密文件和光盘的保管、使用、

2019年12月19日,林芝市边境一线巡边工作调研组在墨脱县背崩乡西让村调研指导工作

存档。上报文件材料坚持纸质版和光盘拷送形式上报，其中上报市里的文件按要求通过县机要局"党政网"报送，杜绝私自用微信、电子邮箱等方式报送，坚决防范敌对势力和境外情报机构的渗透、策反、窃取。

（米玛次仁）

【机构领导】

主任、四级调研员

格桑达瓦（藏族，3月人选，5月任，6月晋升四级调研员）

四级主任科员

白玛措姆（女，门巴族，5月任副主任科员，6月套转）

## 墨脱县农业农村局

【概况】 2019年5月8日，根据《墨脱县机构改革方案》，墨脱县农牧局（科技局）更名为墨脱县农业农村局（墨脱县科学技术局、墨脱县乡村产业发展局），县委农村工作领导小组办公室由县委办调整到县农业农村局，并接受县委农村工作领导小组的直接领导，承担县委农村工作领导小组具体工作，协调督促有关方面落实县委农村工作领导小组决定事项、工作部署和要求等。贯彻落实党中央关于"三农"工作和科技创新工作的方针政策和自治区党委、市委及县委的决策部署，贯彻执行农业农村有关地方性法规法律和政府规章，指导农业综合执法，统筹推动发展农村社会事业、农村公共服务、农村文化、农村基础设施和乡村治理，牵头组织改善农村人居环境，指导农村精神文明和优秀农耕文化建设。指导乡村特色产业、农产品加工业、休闲农业发展工作。推动农业科技体制改革和农业科技创新体系建设，指导农业产业技术体系和农技推广体系建设及农业科学研究，开展农业领域高新技术和应用技术研究、科技成果转化和技术推广。

墨脱县农业农村局（墨脱县科学技术局、墨脱县乡村产业发展局）实行3块牌子一套人马，为正科级行政单位，有在职干部25名，其中局长未配备、副局长4名（援藏2名）、四级主任科员1名、专技副科5名、一级科员3名、专技人员9名、工人3名。墨脱县农业农村局下设事业单位兽防站、农业技术推广服务站、草原监理站3个部门。

2019年3月28日，墨脱县农业农村局组织人员开展西藏民主改革60周年暨"3·28"百万农奴解放纪念日采茶活动

【动物疫情防控】 2019年，县农业农村局兽防站积极做好非洲猪瘟疫情防控工作，在墨脱镇亚东村村委会举办春防及非洲猪瘟防控技能培训，共135名农牧民群众参加培训。临时成立墨脱县动物疫病联防联控督导组，由政府副县长扎西顿珠同志为组长，县司法局等7个联防联控部门为成员，对各乡（镇）开展督促检查。安排3名工作人员24小时驻守在扎墨公路K80处，对进入墨脱县的所有车辆和人员进行消毒处理，累计消毒车辆3000余辆、人员5600余人次，消耗消毒液84瓶。向各乡（镇）发放消毒液72件，印制发放各类宣传资料70余份，张贴宣传挂图80余份，制定24小时值班、带班制度，县人民政府解决重大动物防疫经费65万元。县兽防站组织公安、工商、环保等部门对县内开展了安全隐患排查，共计排查生猪屠宰点5个，关停生猪屠宰点5个，做到了宣

传、动员全覆盖,有效控制了非洲猪瘟疫情传播途径。

【农业病虫害防治】 2019年4月,墨脱县背崩乡初次发现疑似草地贪夜蛾病虫害,县农业农村局及时启动了应急响应机制,为各乡(镇)发放了约60件高效氯氰菊酯农药和50个性诱器,第一时间投入使用并进行防治,有效控制虫害传播速度及受灾面积。12月25日,墨脱县亚热带水果产业领导小组组织召开墨脱县大柠檬(香橼)抚育管理和病虫害防治研讨会,会议提出并论证了3种(人工防治、物理防治、果实套袋)防治方案,为改善产业质量及提高产业规模奠定了坚实的基础。

【农牧区制度改革】 2019年,墨脱县农村集体产权制度改革暨清产核资工作开展以来,及时成立领导小组,从各乡(镇)抽调工作人员成立工作专班,县财政解决工作经费130万元,圆满完成7乡1镇46个行政村清产核资清查、复核、公示等工作,并于2019年9月16日完成了墨脱县46个行政村系统填报工作,全县46个行政村清查账面资产总额8574.89万元,其中经营性资产3277.76万元,非经营性资产5297.13万元,现金848.16万元,集体土地面积17.26万亩,已顺利通过市级验收。

【农业生产】 2019年,墨脱县春耕、春播共发放化肥155吨(尿素75吨、二胺80吨)、种子17.4425吨(水稻7.355吨、玉米6.7575吨、青稞3.33吨),农作物总播种面积27231.18亩(水稻5637.22亩、玉米16032.49亩、青稞630亩、其他作物4931.47亩),圆满完成年初工作目标任务。

【特色产业】 2019年,墨脱县共建成高标准高山有机茶园56个,总面积16926.36亩,可采摘面积4393亩,共计采摘茶青约25万斤,农牧民群众实现增收约606万元,涉及墨脱镇、德兴乡、背崩乡、达木乡、等4个乡镇11个行政村902户3737人。墨脱茶叶成为墨脱群众增收致富"金叶子"。

【墨脱香蕉】 墨脱属于亚热带湿润气候,非常适合墨脱香蕉的生长,当地每年生产的墨脱香蕉个头较小、口感滑腻、香甜可口、淀粉含量十分丰富,可清热润肠,促进肠胃蠕动,对于消化不良、便秘等疾病,有较好的辅助治疗作用,是深受广大游客喜爱的墨脱水果代表。

墨脱县采用"基地+企业+农户"的模式,将个体分散的农户与企业、基地相结合,进行统一的指导,标准化管理的方式,使得当地种植墨脱香蕉的农户人均增加收入8000元/年,同时,当地依托墨脱香蕉加工,逐步拓宽墨脱香蕉产业链,使墨脱香蕉及其制品更好、更快的走出墨脱。

【畜牧业生产】 2019年,墨脱县完成春、秋两季牛口蹄疫应免接种数量0.7万头,实际接种数量0.6869万头,免疫密度98%;猪口蹄疫应免接种数量0.7442万头,实际接种数量0.6873万头,免疫密度92%;猪瘟应免数量0.7442万头,实际接种数量0.5841万头,免疫密度78%;鸡禽流感应免接种数量1.5089万只,实际接种1.4985万只,免疫密度99%。生猪屠宰点累计排查猪数量14016头次,生猪养殖户累计排查猪数

2019年10月15日,全国农技中心专家组在墨脱县茶园基地调查草地贪夜蛾受灾情况。图为调研工作结束后与墨脱县农技人员及群众合影留念

量576239头次；累计发放消毒药品1242瓶，设卡检查消毒32145人次、登记车辆12341次；落地检疫猪256头、牛101头、绵羊115只、鸡鸭20473只，检疫鸡产品1200公斤、猪肉产品220636公斤、牛肉产品4000公斤，为墨脱县畜牧业健康发展奠定了坚实的基础。

【农牧民合作组织】 2019年，为确保墨脱县农牧民专业合作社正常高效合法运行，按照林芝市农业农村局相关文件要求，墨脱县农业农村局对"空壳社"进行摸底排查，建立相应台账，形成汇报材料，及时上报林芝市农业农村局。经统计，墨脱县新增合作社11家，未运行合作社6家，共有合作社74家，总注册资金5329万元，涵盖农、牧、种、养等诸多领域，农牧业组织化程度显著提高。

【科技服务】 2019年，县科技局定期开展科普大篷车下乡活动，发放科普宣传单300多份、宣传册200多份，播放科普宣传影片30小时，接受农牧民咨询服务500多人次，受益人数1000余人。成功举办2期农牧民实用技能培训班，参训人数157人（第一期135人，第二期22人）。协助林芝市农业农村局和市人社局举办墨脱县茶叶种植培训班，参训人数300人。总投资36万元，实施了科技项目——宗荣村亚热带水果种植项目，共栽种各类果树（苹果、核桃）2000株，果树成活率达90%，并已完成验收工作。

【人居环境整治】 2019年，县农业农村局联合发改、住建、环保等部门，认真贯彻落实自治区、市、县农村人居环境集中整治会议精神，对照整治要求、细化整治内容、明确整治范围、严格整治标准，努力营造"整治农村人居环境，建设美丽幸福家园"的浓厚氛围。以深化户厕改造为契机，推进农村户厕规范化和美观化，农牧民群众共自建户厕34座，兑现户厕奖补资金6.8万元。全年清理路面9000平方米、修剪草木15000平方米，清理农村生活垃圾235.5吨，清理村沟、淤泥、水域漂浮物26.8吨，有效解决了生活垃圾乱堆乱放污染问题。实施完成墨脱县搬迁点珠村和朗杰岗绿化工程，总投资521.49万元，新建挡土墙1354立方米、护坡工程315平方米、绿化工程（行道树900株、灌木120株，绿篱2400平方米，草坪6500平方米，果树2900株）及场地清理10000平方米。

【军地融合共建】 2019年，县农业农村局为发扬军地融合共建优良传统，助推军地融合发展，根据中共墨脱县第八届委员会第59次常委会决议，墨脱县将城郊蔬菜大棚基地3个四联栋蔬菜大棚（3840平方米，年租金约3万元）无偿提供给驻墨某部用于蔬菜种植，有效缓解部队吃菜难、吃菜贵等问题。同时，还免费赠予驻墨某部价值约1.5万元的农资物品（磷酸二铵2000斤、微耕机1台、营养盘20个），帮助驻墨官兵提高蔬菜生产质量及生产规模。

【扶持企业发展】 2019年，墨脱县不断鼓励、支持龙头企业以"公司+基地+农户+实体店（网店）""合作社+农户"等模式带动贫困户发展产业，对民营企业参与产业帮扶的，在土地使用、资金贷款、手续办理等方面给予积极支持。农行县支行向墨脱县茶叶公司发放微捷贷100万元，帮

墨脱县城郊蔬菜大棚基地（摄于2019年7月）

助该企业扩大茶叶种植产能,同时县人民政府还补贴208万元用于公司改善茶叶加工设施,完善公司产业链,促进农户和企业双增收。农行县支行向墨脱县莲花生物科技有限公司发放贷款300万元,提高产业质量及产业规模,带动本地贫困户增收脱贫。

(刘 望)

【机构领导】

局　长

　索朗旺扎(门巴族,3月免)

副局长、科技局局长、二级主任科员

　袁 瑜 贵(6月套转)

副局长

　赖 明 建(广东援藏,7月免)

　冼 伟 光(广东援藏,7月任)

　翁 恩 维(广东援藏,7月任)

　夏 传 超(7月任)

农技推广站站长

　扎西罗布(门巴族)

农技推广站副站长

　桑杰罗布(门巴族)

草原监理站站长

　旦增平措(藏族)

兽防站站长

　久　美(藏族)

兽防站副站长

　米　玛(女,藏族)

四级主任科员

　薛 建 科(6月套转)

## 墨脱县民政局

2019年6月12日,民政部社会组织管理局副局长黄茹(右排右三)一行在墨脱县民政局调研农村低保专项治理工作

【概况】 年内,墨脱县民政局在县委、县政府的正确领导下,以科学发展观为统领,以深入开展党的群众路线教育实践活动为契机,以"保发展、保民生、保稳定"为主线,秉承"以民为本、为民服务、为民解困"的民政工作宗旨,解决困难群众最关心、最直接、最现实的利益问题,为全县经济发展和构建和谐社会做出了应有的贡献。2019年,县民政局共有干部职工17名,其中行政9名,事业编制5名,工人3名。下设特困人员集中供养服务中心、居民家庭经济状况核对中心2个机构。特困人员集中供养服务中心人员配备院长1名、财务1名、护工6名、保安2名、厨师2名、保洁员2名、司机1名。另外按照机构改革内容,县民政局已将医疗救助工作、双拥优抚工作、救灾救济工作、老龄工作移交给其他行业部门。

【城乡低保】 2019年,墨脱县共有农村低保户100户367人、城镇低保户7户16人。墨脱县低保标准由2018年的750元/月调整到2019年的800元/月,农村低保标准由2018年的3840元/年调整到2019年的4450元/年。按照低保动态管理机制,全年共发放城乡低保资金101.92万元,其中,发放农村低保资金93.89万元,发放城镇低保资金8.03万元。

【五保集中供养】 2019年,县民政局核对中心按照《西藏自治区特困人员供养办法(试行)》相关规定,经调查和调整后,全县共有特困人员78人,按照有意愿集中供养率100%的要求,实现33人集中供养。对于清退的特困人员,统筹各类社会救助资源,视情况纳入其他救助范畴。全年为78名五保老人发放生活补助资金71.22万元,发放护理费10.79万元。

【医疗救助】 2019年,为进一步有效落实城乡困难群众的基本医疗保障工作,确保城乡居民医疗救助保障到位,解决群众看病难等问题,县民政局通过提高资助参合参保的比例、合理界定医疗救助对象范围、进一步完善医疗救助经费即时结算机制,提升医疗救助能力。2019年暂未移交工作之前,县民政局共受理202起医疗救助申请,发放医疗救助金99.32元。为低保户、五保户、一般贫困户等建档立卡贫困户2656人代缴合作医疗自筹资金53120元。

【临时救助】 2019年,县民政局始终按照坚守民生底线的要求,以"救急难"为抓手,进一步完善制度、健全机制、突出重点,切实织密扎牢托底民生的最后一道防线。通过简化临时救助申请审批程序,逐步推进临时救助由生活救助型向综合救助型转变。全年共受理23户起临时救助申请,为23户94人解决救急难资金19.23万元。

【流浪乞讨】 2019年,县民政局共受理5起流浪乞讨救助申请,救助5人,解决流浪乞讨救助资金2200元。同时,为14名精神病患者监护人发放补贴资金33600元。

【婚姻登记】 2019年,县民政局按照《婚姻法》《婚姻登记管理工作条例》规定,严格执行办证流程,共办理结婚登记524对,离婚登记31对,补发结婚登记证书9对,登记合格率均达100%。

【基层政权建设】 2019年,墨脱县帮辛乡岗玉村、加热萨乡龙列村、甘登乡多卡村3村搬迁至格当乡多龙岗,在此期间,县民政局积极做好行政村成立相关申请工作,为行政村村民依法行使民主权利进行自我管理、自我教育、自我服务、自我监督提供有力保障。

【行政区划工作】 2019年,县民政局根据西藏自治区民政厅《关于做好行政区划变更后勘界工作的通知》要求,配合巴宜区、察隅县2县之间的行政区划联检工作,同时与巴宜区、察隅县签订了《西藏自治区第五轮县级行政区域界限联合检查报告书》,圆满完成了区民政厅交付的联检工作任务。

【冬令春荒缺粮户救助】 2019年,县民政局结合受灾、异地扶贫搬迁及冬春期间困难群众缺粮情况,为缺粮群众发放口粮157250斤,价值51.692万元,有效解决了缺粮群众基本生活问题。

【党建工作】 2019年,县民政局党支部召开党员大会4次、支部委员会12次,开展集中学习15次、专题党课教育4次、专题学习研讨5次、支部书记上党课1次、专题组织生活会1次、民主评议党员1次、主题党日活动12次。深入推进"不忘初心、牢记使命"主体教育活动落实落细,通过学党史、唱红歌、重温入党誓词、学习先进事迹、观看警示教育片、参观廉政教育基地等方式,先后开展集中学习6次,专题研讨2次,撰写心得体会10篇,进一步强化党员党性修养和支部凝聚力。局党支部主动加强与低保户、特困供养人员的联系与沟通,有效利用低保核查等机会,实地走访了解困难群众所需所想,并积极开展结对帮扶活动,进一步密切党群干群关系。

(拉巴次升)

【机构领导】

局长、一级主任科员

南 效 鹏(12月晋升)

2019年4月29日,墨脱县民政局为退役军人颁发"光荣之家"证书

副局长

张　洪（穿青人,3月免）

次仁措姆（女,门巴族,12月任）

核对中心主任

东　姑（女,门巴族）

核对中心二级主任科员

罗桑次仁（门巴族,3月任主任科员,6月套转）

核对中心副主任

丁爱香（女,12月任）

核对中心四级主任科员

次仁曲珍（女,门巴族,6月套转）

四级主任科员

拉巴次丹（藏族,6月套转）

特困人员集中供养服务中心院长

次仁曲宗（女,藏族,6月免）

旦　真（藏族,6月任）

## 墨脱县住房和城乡建设局（人民防空办公室）

【概况】 2019年，墨脱县住房和城乡建设局认真贯彻落实党的十九大、十九届二中、三中、四中全会精神，以习近平新时代中国特色社会主义思想为指导，在县委、县政府的正确领导下，在区、市两级业务主管部门的大力指导支持下，落实全国住建工作会议和全区经济工作会议的决策部署，坚持稳中求进的工作总基调，以服务大局工作为主线，以改革创新发展为动力，以强化工作措施为抓手，着力稳增长、调结构、强动力、惠民生、防风险各项工作，较好完成了各项目标任务。2019年4月，墨脱县机构改革，县住建局规划管理及环卫职能分别调整至县自然资源局、县城市管理和综合执法局。2019年，县住建局有在编人员13名（年初为13名，因组织机构改革等原因先后调出5名、调入5名），下属单位2个，为城管监察大队和工程质量监督检查站。

2019年5月9—10日，西藏自治区住建厅党组书记、副厅长余和平（右三）带队城市建设处、住房保障处、村镇建设处负责人一行在墨脱县调研地东村边境小康示范村建设情况

【城乡基础设施建设】 2019年，墨脱县共有新建及续建项目14个，总投资15496.81万元，其中，续建项目9个，总投资11356.8万元，新建项目5个，总投资4140.01万元。全年完工项目7个，分别为林芝市墨脱县2017年较少数民族发展资金——墨脱县墨脱村道建设项目、林芝市墨脱县党校建设项目、墨脱县县城莲花湖公园亮化工程、墨脱县外宣点基础设施建设项目、墨脱县农贸市场改造及冷链系统建设项目、背崩乡特色小集镇基础设施建设项目（一期、二期）、林芝先行启动7个特色小集镇建设项目——墨脱县背崩乡小集镇基础设施建设项目。在墨脱县8个村级组织活动场所标准化建设项目中，帮辛乡3个村庄建设任务已完工（加热萨乡因整体搬迁已将建设地点变更至背崩乡地东村、西让村、阿苍村、德尔贡村、巴登村，已开工建设的有地东村、德尔贡村）。墨脱县城金珠路立面改造项目已完成95%，林芝市墨脱县城排水、防涝工程已完成44%，墨脱县加热萨乡久当卡搬迁安置点蔬菜大棚、猪舍及牛舍建设项目完成12%，墨脱县亚东市政道路两侧地块场地平整项目准备进场施工。实施了"7.18项目"、德兴乡特色小集镇基础设施建设项目、墨脱县易地搬迁迁出区复垦及生态恢复项目前期工作。

【保障性住房管理】 保障性住房建设管理。2019年，投资1599.22

万元的墨脱县2018年公租房建设项目已完成初验;2018年墨脱县城莲花小区片区、兰花小区片区棚户区改造项目一期已完成前期手续办理,待下达概算批复;保障性住房租金收缴。收缴周转房租金99.5万元、公租房租金约72万元。

【租赁补贴发放】 2019年,县住建局按照公开透明、公平公正原则,积极改善低收入住房困难群众居住条件,逐一核实租赁补贴申请人信息,按标准发放2019年城镇低收入租赁补贴30600元,惠及6户10人。

【住房公积金管理】 2019年,县住建局配合上级部门完成住房公积金网上自助支取推广工作,完成2019年度全县干部职工公积金缴存工作,缴存金额共4952.79万元,支取1967万元。

【厕所革命】 2019年,果果塘厕所革命项目竣工验收,至此墨脱县28座厕所全部竣工验收。同时,县住建局与县城市管理和综合执法局、文旅局等单位签订移交责任书,完成28座"厕所革命"项目移交工作。

【建筑工程质量安全监督】 2019年,县住建局严格执行安全生产"党政同责、一岗双责、失职追责"制度,强化行业监管责任,狠抓建筑施工等重点领域、关键环节安全隐患排查,突出抓好高处坠物、物体打击、深基坑坍塌、机械设备伤害及火灾事故防范,坚决防止重特大安全事故发生,不断加强工程质量监督管理。全年受理在建质量监督工程项目104个,监督组织验收项目24个,办理建筑施工许可证15套,检查施工工地150余次,派出监管人员280余人次,下发工程质量安全整改通知单24份,整改处理合格率100%,开展预拌混凝土生产企业检查3次。

【农牧民施工队管理】 2019年,上级部门批准成立墨脱县农牧民施工队6个。农牧民施工队共承接县内项目建设26个,合同金额2158.99万元。2019年11月,县住建局联合人社部门组织24家农牧民施工队参加上级部门组织的农牧民施工队技术培训,参训人数192人。

【房地产市场开发管理】 2019年,县住建局做好企业与干部沟通桥梁,助力"美朵花园"开发建设。从墨脱县干部群众利益出发,积极同"美朵花园"开发商墨脱东嘎实业有限公司沟通,确定"美朵花园"小区房价为5142.26元/平方米。

(王妍妍)

【机构领导】

局　　长
　　刘　敖
副局长
　　阿　归(女,藏族,3月免)
　　耿海龙(3月任)
　　李展健(广东援藏,6月免)
　　林荫辉(广东援藏,6月任)
　　嘎玛加央(藏族,6月任)
城管监察大队队长
　　嘎玛加央(藏族,6月免)
城管监察大队副队长
　　边巴次仁(藏族,4月免)
四级主任科员
　　巴桑卓玛(女,藏族,12月任)

# 墨脱县审计局

【概况】 2019年3月,墨脱县审

墨脱县城风貌改造后的东布路(摄于2019年3月)

2019年5月1日，国家审计署驻广州特派办陈岚处长（前排左一）一行在墨脱县开展审计工作

计局成立，为墨脱县人民政府组成部门，正科级建制，核定行政编制1名，实有工作人员4名。年内，在县委、县政府的坚强领导下，以习近平新时代中国特色社会主义思想为指导，深入贯彻落实习近平总书记在中央审计委员会第一次会议上的重要讲话精神、自治区党委审计委员会第一次会议精神、市党委审计委员会第一次会议精神以及区党委审计委员会第一次会议精神，坚持党对审计工作的领导，紧紧围绕"反腐、改革、法治、发展"的要求，依法全面履行审计监督职责，迅速进入工作角色，认真贯彻落实习总书记"以审计精神立身、以创新规范立业、以自身建设立信"的"三个立"要求，确保发挥审计的"免疫系统"功能和公共财政"卫士"作用。

【审计业务】 2019年，县审计局认真贯彻落实《审计署关于进一步完善和规范投资审计工作意见》文件精神，牢固树立依法审计意识，坚持在法定职责范围内开展审计。完成对墨脱县农业农村局（原农牧局）茶叶种植基地相关建设项目财务收支审计，除部分新建茶叶基地，其余已全部完成验收。该项目资金来源主要包括市、县农牧特色产业资金，援藏资金，扶贫项目资金，市级财政扶贫资金，市级产业发展资金，高原特色产业资金，"一带四基地"扶贫产业资金等，各项资金来源支出共11442.88万元。2019年底，该项目审计被审计单位处于整改工作中。

对墨脱县卫生服务中心2017年、2018年、2019年1—7月财务收支情况进行审计，通过此次审计，督促被审计对象按照相关文件要求，建立、健全和完善内部管理制度，维护国有资产安全与完整，堵塞管理漏洞。同时要求被审计单位严格执行《中华人民共和国价格法》《中华人民共和国药品管理法》《药品流通管理办法》以及国家相关政策，加强药品采购的管理，建立和健全各项收费管理制度。督促被审计单位严格按照《中华人民共和国预算法》《中华人民共和国预算法实施条例》和《政府会计制度》相关规定，真实、完整、准确及时编制预决算报表。

（马晓鹏）

【机构领导】
局　长
　　王　根（6月任）
副局长
　　王　根（3月任,3—5月主持工作）
四级主任科员
　　李　飞（6月任）

# 墨脱县统计局

【概况】 年内，墨脱县统计局坚持以习近平新时代中国特色社会主义思想为指导，认真学习贯彻落实中央、自治区、市统计工作会议精神，在县委、县政府的正确领导和市统计局的业务指导下，圆满完成了全国第四次经济普查工作，全面摸清了全县各类单位基本情况，查清了二、三产业发展规模及布局，查实了服务业、小微企业等产业发展状况，为推动全面经济结构战略性调整和促进经济社会全面协调可持续发展提供翔实的统计数据。2019年，据普查数据显示，全县采集系统底册408家单位，经核实2018年实有经营活动并上报303家，底册抽样8

2019年11月15日，墨脱县统计局局长米玛次仁带领统计工作人员开展法律进商户——统计法治宣传活动

家个体户、新增录入营业个体户13家、个体运输户38户。

【党务工作】 2019年4月1日，县统计局党支部正式成立，设有书记、副书记各1名，共有正式党员3名。自支部成立以来，积极开展"不忘初心，牢记使命"主题教育活动，教育引导党员干部坚定理想信念、勇于担当作为，努力践行全心全意为人民服务的根本宗旨，强化政治担当，精准聚焦主题教育目标要求，以主题教育的成果推动统计改革发展，进一步创新统计法律法规宣传方式，规范统计行为和方法，做好数据质量审核，加强统计造假源头防控，强化统计数据质量内控机制和外部监督，严肃问责统计造假责任单位和责任人，纠正和查处统计造假问题，推动全县统计数据质量进一步提高。加强党群干群关系，通过开展"党员干部进村入户，结对帮扶交朋友"活动，主动了解帮扶对象生产生活、经济状况以及存在的实际困难，加强思想教育引导，转变"等靠要"的思想观念，同时送去慰问品、慰问金等改善群众困难。开展廉政文化"进企业"活动，使企业经营者进一步认识廉政文化建设的重要性，促进企业树立诚信经营、廉洁经营、依法经营的理念，并配合统计部门真实、准确、完整、及时地提供相关数据。

【经济发展】 2019年，全县实现县域生产总值(GDP)6.86亿元，增速7.9%。其中：第一产业增加值0.46亿元，增速2.6%；第二产业增加值3.28亿元，增速7.7%，(工业增加值0.06亿元，增速0.1%，建筑业增加值3.22亿元，增速7.9%)；第三产业增加值3.12亿元，增速8.7%。三个产业的比例为7∶48∶45。

2019年，全县农林牧渔业总产值5614.05万元，同比增加0.57%，其中：农业总产值3304.2万元，同比增长11.1%，中间消耗435.42万元，同比下降5.35%，增加值2868.78万元，同比增长14.11%；林业总产值157.91万元，同比增长125.33%，中间消耗62.3万元，同比增长260.12%，林业增加值95.61万元，同比增长81.15%；牧业总产值2015.34万元，同比下降17.16%，中间消耗695.85万元，同比下降21.62%，

2019年11月15日，墨脱县统计局开展"不忘初心、牢记使命"志愿服务活动

牧业增加值 1319.49 万元,同比下降 14.6%;服务业总产值 136.6 万元,同比增加 35.79%,中间消耗 61.24 万元,同比下降 17.24%,服务业增加值 75.36 万元,同比增加 183.31%。

2019 年,全县固定资产投资项目共 184 项,计划总投资 57.05 亿元,其中 500—5000 万元固定资产项目共 128 项,计划总投资 18.5 亿元,本年完成投资达 4.61 亿元,5000 万元以上项目共 9 项,计划总投资 37.4 亿元,本年完成投资达 5.6 亿元。500 万元以上项目本年完成投资达 10.2 亿元,同比下降 18.4%(其中国家投资 9.27 亿元、援藏投资达 2884 万元、民间投资达 6480 万元)。

2019 年,全县消费品零售总额达 5517.2 万元,同比增长 9.4%;其中城镇 4605.2 万元,同比增长 9.6%,乡村 912 万元,同比增长 8.5%;商品零售 4302.2 万元,同比增长 4.9%;餐饮收入 1215 万元,同比增长 29.2%。农牧民人均可支配收入达 11354 元,同比增长 13.1%;农牧民人均现金收入达 9646 元,同比增长 13.3%;粮油产量达 6028.64 吨,同比增长 11%。

(土旦旺姆)

【机构领导】

局　长

　　米玛次仁(藏族)

四级主任科员

　　土旦旺姆(女,藏族)

# 墨脱县自然资源局

【概况】 2019 年 3 月 21 日,墨脱县整合组建自然资源局挂牌成立,正科级建制,核定行政编制 3 名,科级领导职数 3 名。下设副科级事业单位 3 个(土地储备中心、土地执法大队、不动产登记中心),共有事业编制 7 名,各核定 1 名科技领导职数。2019 年底,实有工作人员 13 名,其中自然资源局 7 名(局长 1 名、副局长 2 名、非领导工作人员 4 名);土地储备中心 3 名,其中主任 1 名;不动产登记中心 3 名,其中主任 1 名。

【土地总面积】 墨脱县土地总面积 3.4 万平方公里,耕地面积 44383.96 亩(耕地确权数据由县农业农村局提供),林地面积 8362500 亩(由县林业数据库提供)。

【土地管理】 2019 年,墨脱县办理建设项目用地预审 75 个,总面积 1206.56 亩,办理建设项目初审 7 个,为项目实施提供了有力的用地保障。全年共办理不动产登记发证 306 件,其中 6 宗国有建设用地使用权及房屋所有权首次登记,2 宗国有建设用地使用权首次登记,8 宗宅基地使用权及房屋所有权首次登记,6 宗换证,261 宗转移登记,4 宗更正登记,2 宗国有建设用地使用权首次登记,1 宗变更登记,1 宗注销登记,11 宗林权,4 本证明(房地产一般抵押)。

【防灾减灾】 加强组织领导,层层落实责任。2019 年,县自然资源局成立了以自然资源分管副县长高功强为组长,政府办主任欧珠江村和自然资源局局长索朗旺扎为副组长,各有关单位和各乡(镇)政府主要负责人为成员的墨脱县地质灾害防治工作领导小组,为地质灾害防治工作提供组

2019 年 3 月 1 日,墨脱县国土资源局组织召开第三次全国国土调查动员部署会

织保障,确保地质灾害防治工作有序开展。落实地质灾害防治工作主体责任,明确工作责任,层层签订目标责任书,年初林芝市自然资源局与墨脱县自然资源局签订地质灾害防治目标责任书和安全生产目标责任书,县自然资源局分别与各乡(镇)签订地质灾害防治目标责任书16份、安全生产目标责任书16份,实现一级抓一级,层层抓落实的工作局面。

加强动态巡查,排查地灾隐患。县自然资源局同横向合作单位四川冶金地质勘查院在全县范围内开展了地质灾害巡排查工作,形成了一图一表一报告,经排查,全县地质灾害隐患点共280处。汛中,县自然资源局严格按照《林芝市国土资源局关于印发〈林芝市2019年地质灾害隐患排查工作方案〉的通知》要求,共开展地质灾害隐患排查3次,各类巡查30次,做到汛前排查、汛中巡查、汛后复查,确保人民群众生命财产安全。

加强应急值守与应急处置,严格灾情报告。严格执行汛期值班带班制度、零报告制度和灾情速报制度。制定《2019年地质灾害防治方案》,修改完善《墨脱县突发地质灾害应急预案》。兑现2018—2019年自然资源系统地质监测员补助资金43.2万元。

加大宣传教育力度,提高防灾减灾意识。利用"5.12"全国防灾减灾日""6.25"土地日"等宣传节点,通过发放宣传手册、悬挂横幅、粘贴宣传标语、设立展板等形式,向广大农牧民群众宣传讲解防灾减灾知识,提高群众防灾减灾意识。2019年,通过宣传活动共悬挂宣传横幅10条,制作宣传展板3个,发放宣传手册1200余册,发放《防灾避险明白卡》500份。

2019年2月1日,墨脱县国土资源局组织人员开展慰问困难老党员活动

【全国国土调查】 根据《西藏自治区人民政府关于开展西藏自治区第三次全国土地调查工作的通知》和《林芝市人民政府关于开展林芝市第三次全国土地调查工作的通知》《关于开展墨脱县第三次全国国土调查工作的通知》精神,为做好墨脱县第三次全国土地调查工作,2019年3月—10月3日,墨脱县开展第三次全国国土调查的外业调查举证工作,由四川测绘地理信息局的调查技术队伍承担墨脱县第三次全国国土调查工作,按照工作计划,技术队伍在县自然资源局工作人员带领下到各乡(镇)开展外业调查工作,并以乡镇抽查0.4%、全县0.23%顺利通过国家核查。

【增减挂钩调查】 2019年,县自然资源局根据《国务院关于严格规范城乡建设用地增减挂钩试点切实做好农村土地整治的通知》、国土资源部《关于印发〈城乡建设用地增减挂钩试点管理办法〉的通知》和《西藏自治区城乡建设用地增减挂钩管理办法(试行)》的规定,组织人员深入墨脱县甘登乡多卡村等4个村,开展2019年度城乡建设用地增减挂钩试点工作,该项目申请挂钩指标69.676亩,涉及拆迁地块4块,涉及农户75户347人。3月10—20日,同第三方技术单位人员先后在甘登乡、加热萨乡、帮辛乡、墨脱镇等地开展增减挂钩外业调查测量工作,同时收集汇总相关数据资料,5月中旬该项目通过县级初验,待自治区自然资源厅验收。

【不动产统一登记】 自农村集体土地确权登记发证工作实施以来,按照农村集体土地确权登记工作目标任务要求,墨脱县成立了《墨

2019年6月26日，墨脱县自然资源局开展第29个全国"土地日"宣传活动

脱县农村集体土地确权登记发证工作领导小组》，研究制定《墨脱县农村集体土地确权登记发证工作实施方案》《墨脱县农村集体土地确权登记首发仪式活动实施方案》，为农村集体土地确权工作提供组织制度保障；2018年3月24日，墨脱县农村集体土地确权项目顺利通过自治区级验收，2018年6月13日，墨脱举行农村集体土地确权登记发证工作首发仪式，墨脱县农村集体建设用地使用权1774宗（含宅基地1652宗），集体土地所有权405宗。截至2019年底，农村集体建设用地使用权已办理1622宗，发证率达98.2%。

【土地执法】 日常执法。2019年，墨脱县自然资源局共查处违法违规用地2处，属于违规建筑工棚，会同县住建局对贡久、敖跃分别联合下发了《责令限期拆除通知书》，责令要求限期拆除违建工棚，已完成拆除。

整改违法图斑。根据西藏自治区自然资源厅下发的2018年度土地矿产卫片图斑资料，墨脱县土地卫片遥感监测图斑96块，面积1114.2亩。其中：ZYQ图斑66个，面积734.8亩，SKQ图斑30个，面积379.4亩。剩余30个图斑中，完成农用地转用审批手续的2个图斑，面积14.8亩；临时用地12个图斑，面积127.9亩；JS用地1个图斑，面积4.3亩；农村道路1个图斑，面积22.7亩；因道路施工造成的山体滑坡图斑1个，面积44.7亩；无法举证13个图斑（其中3个图斑为2017年度村镇一、三批次组织上报，由于缺少保护区内建设林业手续，被退回），面积139.58亩。

【项目建设】 地质灾害治理工程3个项目。2019年，墨脱县城后山N3泥石流治理项目施工单位处于清理泥石流排洪沟作业，完成总工程量的10%左右；帮辛乡帮辛村文化站后山滑坡治理项目，项目施工单位对27根抗滑桩开展深挖工作，完成总工程量的20%左右；墨脱镇米日村村委会后山崩塌治理项目，项目施工单位处于修建毛石挡土墙工作中，完成总工程量的13%左右。

地质灾害监测预警13个点项目。雅鲁藏布江堰塞湖地质灾害应急救灾项目（墨脱段）地质灾害监测预警自动化实时监测项目（6个项目）、雅鲁藏布江堰塞湖地质灾害应急救灾项目（墨脱段）地质灾害监测预警InSAR监测项目共7个项目，项目采购单位处于采购设备和软件工作中，其中部分已完成采购，完成总工程量的30%左右。

应急能力建设。墨脱县地质灾害远程会商应急指挥系统和专业监测预警平台建设项目和墨脱县地质灾害群测群防体系建设项目，项目采购单位处于采购当中，其中部分已完成采购。

【自身建设】 2019年，县自然资源局以开展"两学一做"学习教育常态化为着力点，认真制定学习计划表、学习考勤表，利用集中学习、"不忘初心、牢记使命"专题教育、上党课、党员活动日、观看警示教育等专题纪录片等，不断强化党员思想政治教育，增强"四个意识"，坚定"四个自信"，坚决维护习近平总书记党中央的核心、全党的核心地位，坚决维护党中央权威和集中统一领导，把准政治方向，坚持党的政治领导，夯实政治根基，涵养政治生态，防范政治风险，永葆政治本色，提高政治能力。

（达娃顿珠）

【机构领导】

县国土资源局

局　长

　　李　振（3月免）

副局长

　　旦巴占堆（藏族，2月任职，3月免）

副主任科员

　　次吉卓玛（女，藏族，3月免）

县自然资源局

局　长

　　索朗旺扎（门巴族，3月任）

副局长

　　旦巴占堆（藏族，3月任）

　　徐胜亮（3月任）

二级主任科员

　　卫　东（门巴族，6月任）

四级主任科员

　　次吉卓玛（女，藏族，3月任，6月套转）

# 墨脱县水利局

【概况】 年内，墨脱县水利局深入贯彻落实党的十九大和习近平总书记重要讲话精神，根据自治区、林芝市工作安排，围绕水利基础设施建设，农村饮水安全巩固提升等项目，不断提高全县防洪体系、水土保持治理等水利基础设施建设水平，扎实推进水利扶贫工作，全面落实河长制、河道治理、水土保持、水资源管理、农村饮水安全、防汛抗旱等各项重点工作，不断提高干部职工及群众的水利工程管护意识，着力搞好生态环境建设，狠抓防汛抗旱、灾后重建、饮水安全、水土保持、行政执法以及河（湖）长制等各项工作，水利各项事业发展迅速，为墨脱县社会经济发展创造了良好的水利环境。县水利局为正科级行政机关，核定编制2名（不包括水利服务站），下属事业单位1个（水利服务站），为副科级事业单位，核定编制2名。2019年，县水利局实有干部职工10名。

【河流（湖泊）水系】 墨脱境内水利资源丰富，境内主要河流有雅鲁藏布江、白马西路河、金珠藏布河、多雄弄巴、西贡河、沪公河、亚极河、嘎隆曲等，年径流深为1903毫米，径流量丰足，水系发达、河网密布，河网密度为0.94米/平方公里，天然水能资源极为丰富。全县共有213个河湖（河流210个，湖3个），其中自治区级河湖1个，市级河湖4个，县级河湖20个，乡级河湖56个，无人区河湖9个。主要河流具体情况如下。

雅鲁藏布江：发源于喜马拉雅山北坡杰马央宗冰川，是西藏最大河流，在朗县老虎口流入林芝地区境内，为中下游段，全长775千米，由西向东流，横贯朗县和米林县，在东经95°附近急拐弯，折向南流，进入墨脱县境内，水能就占雅鲁藏布江全部水能的2/3，占全国水能蕴藏量的1/10，天然水能蕴藏量达6880余万千瓦。

金珠藏布：雅鲁藏布江下游左岸一级支流，发源于墨脱县格当乡兴格（兴开）村上游的岗日嘎布拉山西麓冰川末端。河长76公里，流域面积2160平方公里，天然落差3200米，多年平均年径流量约28.8亿立方米，水力资源理论蕴藏量91.8万千瓦。

央朗藏布：雅鲁藏布江下游右岸一级支流，发源于墨脱县帮辛乡帮辛村鲁普巴上游的冰川末端（南迦巴瓦峰南麓），河长38千米，流域面积417平方千米，天然落差3425米，多年平均年径流量约12.1亿立方米。

2019年6月24日，墨脱县水利局党支部、交通运输局党支部在县检察院警示教育基地参观学习

白马西路河：雅鲁藏布江下游右岸一级支流，发源于墨脱县境内的多雄拉山，河长约42千米，流域面积约697平方千米，天然落差3550米，流域多年平均年径流量约24.6亿立方米；水力资源理论蕴藏量19.6万千瓦。

西莫日河：雅鲁藏布江下游左岸一级支流，发源于墨脱县墨脱镇墨脱村境内的崩崩拉南麓。河长约51千米，流域面积629平方千米，天然落差2750米，西莫日河流域多年平均年径流量约15.9亿立方米；水力资源理论蕴藏量20.7万千瓦。

西贡河：雅鲁藏布江下游左岸一级支流，发源于墨脱县背崩乡境内的日青拉山南麓。河长约28千米，流域面积约274平方千米，天然落差2330米，西贡河流域多年平均年径流量约7.29亿立方米；水力资源理论蕴藏量10.2万千瓦。

其余河流：其余主要河流为西贡河、哈国河、西蒙河、宁贡河、德尔贡河、嘎龙河、桑抓河、萨拉河、帮果河、龙当河、龙列河、岗龙荣河等，均为雅江一级支流。

【水渠灌溉及水电站情况】 墨脱县有万亩以下灌区2个，总灌溉面积1890亩，其中墨脱灌区设计灌溉面积2002亩，有效灌溉面积990亩，地东灌区设计灌溉面积1200亩，有效灌溉面积900亩。水力发电站1座，即亚让电站，装机4台，容量6000千瓦，年发电量1800万度。

2019年9月18日，墨脱县水利局局长拉巴次仁（右一）在墨脱镇墨脱村慰问帮扶对象

【党建工作】 2019年，根据县委统一安排部署，县水利局党支部认真贯彻落实习近平总书记系列讲话精神，深入领会党的十九大精神和自治区第九次党代会精神内涵，深入开展"不忘初心，牢记使命"主题教育，进一步完善"三会一课"制度，不断加强党员教育，把党员教育工作落实到位，结合行业特点和实际情况，着力解决群众反映强烈的突出问题，进一步加强班子和基层党组织建设，从严从实改"四风"，持之以恒转作风，以良好的作风取信于民，推动水利改革向纵深发展。全年水利系统未发生干部职工违法、违纪现象。

【防汛度汛】 2019年，县水利局防汛工作按照"安全第一、常备不懈、以防为主、全力抢险"工作要求，认真贯彻落实上级防汛工作部署，层层落实防汛责任制，不断完善提升基层防汛体系，扎实做好防汛备汛工作，最大限度地减少洪涝灾害所造成的损失，实现了全年人员零伤亡，圆满完成各项防汛工作任务。全年累计开展度汛隐患排查10余次，排查隐患3起，下达整改通知书3起，并迅速完成整改，确保全县度汛安全。加快防汛工程建设进度，实施了西藏林芝市墨脱县达木乡贡日村波弄贡护岸工程项目，工程投资78.1万元，为2019年水利运行维护项目，由墨脱县布裙错农牧民建筑施工有限公司承建；山洪灾害防治知识培训和演练投入资金34.46万元，于2019年10月中旬完成背崩乡、达木乡山洪灾害防治知识培训和演练工作。

【河长制工作】 2019年，墨脱县累计完成县级河长巡河72人次，乡级河长巡河316人次，村级河长巡河330人次；顺利召开墨脱县2019年度总河长会议暨河（湖）长制工作安排部署会议，明确127

名乡村级河（湖）长及其工作职责；进一步完善墨脱县全面推行河（湖）长制十项制度，并印发执行；顺利完成河（湖）漂流垃圾清理、河（湖）沿岸垃圾清理及"清四乱"行动，河（湖）环境治理共出动1590人次，清理河湖沿线垃圾重量35.52余吨，清理河湖管理范围内"白色污染"重量12.04余吨，河湖沿线环境得到显著改善；完成23条县级河流的"一河一档"编制存档工作，完成墨脱县18条县级河流"一河一策"实施方案河长令签发工作，并印发执行；对全县因遗失、破损的38块公示牌进行更新，预算116935.95万元。

【扫黑除恶打非治乱专项斗争】2019年，县水利局完善扫黑除恶打非治乱工作制度，制定完善了《扫黑除恶宣传教育制度》《线索摸排制度》《涉黑涉恶案件线索报告制度》等制度，规范工作步骤，明确工作制度。加大扫黑除恶宣传力度，联合各乡镇张贴扫黑除恶宣传横幅5幅，发放宣传材料600余份。开展涉黑涉恶隐患排查，针对河道采砂及民工工资发放等易滋生黑恶势力关键环节，累计开展涉黑涉恶势力摸排10次，发现黑恶势力隐患0起，同时设立举报信箱，鼓励群众揭发检举黑恶势力，确保黑恶势力无所遁行。

【新建项目】2019年，墨脱县水利新建项目5项，总投资2474.46万元。分别为墨脱县2018年小型农田水利项目县工程，概算批复投资1003.37万元；林芝市墨脱县背崩乡水土流失综合治理工程，概算批复总投资904.84万元；林芝市墨脱县2018年第一批农村饮水安全巩固提升工程，概算批复投资316.85万元；西藏林芝市墨脱县达木乡波弄贡村波弄贡护岸工程，投资78.1万元；墨脱县墨脱村灌溉水渠工程，投资146.9万元；墨脱县德兴乡文朗村饮水安全维修工程，工程投资24.4万元。

【续建项目】2019年，墨脱县水利续建项目1项，为林芝市墨脱县亚东村巴米典片区水土流失综合治理工程，工程概算批复总投资1206.38万元。

【项目前期工作】2019年，墨脱县水利处于项目前期阶段6项，分别为概算批复305.44万元的林芝市墨脱县2019年农村饮水安全巩固提升工程；概算批复投资236.08万元的墨脱县2018年第二批农村饮水安全巩固提升工程；估算投资689万元的墨脱县德尔贡搬迁点供水工程；估算投资826万元的墨脱县兴开搬迁点供水工程；估算投资446万元的墨脱县康卓登搬迁点供水工程；投资1700万元的墨脱县格当乡防洪工程。

（王圣俊）

【机构领导】

局　长

　　胡志彬（3月免）

　　拉巴次仁（藏，3月任）

副局长

　　普　琼（藏族，12月免）

　　杨　建（12月任）

水利服务站站长、二级主任科员

　　尼玛次仁（藏族，6月套转）

四级主任科员

　　夏传超（6月免）

　　姑姑措姆（门巴族，6月套转）

水利服务站四级主任科员

　　卫　念（珞巴族，12月任）

# 墨脱县卫生健康委员会

【概况】2019年3月，墨脱县机构改革，墨脱县卫生和计划生育委员会更名为墨脱县卫生健康委员会，并相应调整了部分职责，新增了应对人口老龄化、医改等工作。2019年底，县卫健委有干部职工15名，其中，正科级领导1名，副科级领导2名，二级主任科员1名，四级主任科员1名，科员5名，专技人员2名，公益性1名，三支一扶人员1名，大学生临时工1名。全县共有医疗卫生机构15家，其中，县公立医院2家，乡镇卫生院8家，疾控中心1家，诊所4家。全县医疗机构拥有床位113张，其中，县级医院有床位87张。县乡医疗机构共有专技127名（不含临时工、公益性），村医92名，医疗机构中持有中级职称10名、初级职称62名。

【消除疟疾通过国家验收】2019年11月26—28日，由国家卫健委疾控局寄地处处长严俊带队，江苏省寄生虫病所研究员高琪担任组长，来自军区后勤保障部疾控中心、国家移民局等部门10名

2019年5月3日，墨脱县2019年第一批乡村医生培训班结业典礼在团结楼六楼举行

专家组成的国家消除疟疾评估组一行，对墨脱县进行省级消除疟疾终审评估，通过听取汇报、审核资料、现场核查、镜检考核等形式，对墨脱县疾控中心、4个乡镇疟疾救治定点卫生院、部队卫生室以及墨脱县最后一例本地感染疟疾病例工作进行综合评定。经过评估考核，国家消除疟疾评估组对墨脱县疟疾防治工作给予充分肯定，并于2019年11月29日下午在林芝市人民政府8楼会议室宣布：西藏自治区消除疟疾工作已经达到国家消除疟疾目标各项要求，通过国家消除疟疾终审评估。

【卫生惠民政策】 2019年，县卫健委扎实推进"两降一升工作"（降低孕产妇死亡率和婴儿死亡率，提高住院分娩率），全县孕产妇总数188人，活产数188人，全年住院分娩182人、新法接生6人，住院分娩率达96.81%，无孕产妇死亡，农村户籍住院分娩兑现补助金137人、156730元。实施妇女增补叶酸预防神经管缺陷项目工作，发放叶酸136人次、136盒。在"两癌"筛查中，乳腺癌筛查975人，宫颈癌筛查456人。免费检查孕前优生健康67对134人、出生缺陷检查32对64人。兑现"一孩双女"困难家庭扶助对象补贴79人、7.584万元，"特殊子女"家庭特别补助对象13人、7.02万元。为6～36月龄儿童发放营养包525人次、525盒。

【基础项目建设】 2019年，总投资1040万元的墨脱县人民医院项目已完成阶段性投资150万元，完成项目建设进度35%；总投资850万元的藏医院已完成阶段性投资80万元，完成项目建设进度30%；投资215万元的县妇幼保健站项目正在办理手续；投资545万元的背崩乡卫生院建设项目、投资270万元的加热萨乡新址卫生院、投资270万元的甘登乡新址卫生院项目处于办理前置手续阶段。

【提升医疗卫生服务】 2019年，墨脱县医疗机构门诊总量达43412人次（其中县级医院22114人次），同比增长27.9%；住院895人次，同比增长4.5%；急诊1646人次，转院670人次，开展中、小手术共4547例。选派200余人次参加区、市、县三级及区外举办的各类培训班。县卫生服务中心在援藏及三级医院对口帮扶专家组的传帮带下，投入使用微生物实验室，建立口腔科，可开展并指分离术、危重烫伤幼儿抢救、临床患者检验及医院感染监控、口腔基础诊疗等25项新技术。为创建"二级甲等"综合医院，县卫生服务中心新建科室2个，修建了住院餐厅，购置了腹腔镜、过氧化氢低温等离子灭菌器、内镜储存柜等，投入资金228.3万元。

【卫生监督】 2019年，墨脱县共有建档公共场所64家，共开展卫生监督执法检查与宣传14次，出动执法人员46人次、车8台次。各乡镇卫生监督协管员开展卫生监督检查30次，检查覆盖辖区内医院、学校、理发店、宾馆等公共场所，督促整改落实卫生许可证过期、健康证未办理等问题8项。

【藏医药工作】 2019年，墨脱县藏医药医护人员共有18名，其中主治医师2名，初级职称11名。藏医院设有藏医门诊、治未病科等 9 个科室，设置床位 12 张，能开展 17 种藏医适宜技术服务，藏药品种达 260 种。各乡卫生院均设立有藏医科，能开展 6 种以上藏医适宜技术服务，藏药品种达 160 种。

【传染病防治】 2019 年，全县报告法定乙丙类传染病 4 种 48 例，无死亡病例；报告法定乙丙类传染病 4 种 48 例，无死亡病例；全年无甲类传染病病例报告。完善鼠疫防治工作机制，实行日报告、周报告制度。完成全县 7 乡 1 镇结核病重点人群筛查 4548 人、普通人群筛查 9284 人。开展艾滋病筛查检测 252 人，发放宣传材料 3800 余份，筛查了 11 家娱乐场所 184 名服务人员，开展娱乐场所高危行为干预 21 次，干预覆盖率为 100%。

【包虫病防治】 2019 年，全县家犬管理数为 437 只，家犬驱虫登记数为 432 只，累计驱虫及犬粪无害化处理 6737 只次，驱虫及犬粪无害化处理率 98%；发放犬驱虫药（吡喹酮）1672 瓶。全县设置犬粪无害化处理点 48 个，其中标准化定点犬粪深埋点 40 个，并对驱虫后的犬粪进行焚烧或深埋处理。全年共抓捕流浪犬 1262 只。

【援藏帮扶工作】 2019 年，佛山市中医院先后派出 3 批 5 名医疗专家、1 名计算机网络工程师、1 名财务科技术骨干到墨脱县卫生服务中心开展帮扶指导工作。中国人民解放军陆军第 956 医院（原 115 医院）先后派出 3 批 7 名医疗专家、1 名设备维护工程师到墨脱县卫生服务中心开展帮扶指导工作。在援墨医疗队、三级医院对口帮扶专家传帮带下，县卫生服务中心能够顺利开展 8 项实用新项目。成立佛山市志愿者学院医疗保健学院墨脱分院，帮扶卫生服务中心升级改造急诊科，按照"二级甲等"综合医院标准开展全天候 24 小时急诊服务。

【医疗健康扶贫】 2019 年，县卫健委投入 15.6 万元对 16 个村卫生室进行三室分离的改造，为各行政村配备了价值 62.03 万余元的医疗设备、藏药等。全县各医疗机构积极开展走村入户、送医送药义诊服务活动，共出动医务人员 380 余人次，开展巡回义诊 207 场次，免费义诊农牧民群众、干部、学生 12797 人次，免费发放总价值 13.48 万元的常用药品，发放宣传资料 6600 余份。

【医务人员培训】 2019 年，墨脱县举办了 3 期乡村医生提升服务能力培训，共 151 人次参加；组织 92 名村医在乡卫生院、县卫生服务中心跟班培训 20 天/人；乡卫生院 7 名医护人员在县卫生服务中心跟班学习 6 个月；县、乡医护、公共卫生专业人员到自治区、林芝市及区外参加各类培训共 103 人次；三级医院 8 名专家（佛山中医院、中国人民解放军 956 医院）对口培训县卫生服务中心、藏医院医护人员共 850 余人次。

（多日吉）

【机构领导】
墨脱县卫生和计划生育委员会
主　任
　　米玛次仁（藏族）
副主任科员
　　格桑德吉（女，藏族）

2019 年 5 月 15 日，墨脱县卫生服务中心、藏医院医护人员在县城东布路开展义诊活动

墨脱县卫生健康委员会

主 任

　　布　　穷（藏族，3月任）

副主任、主任医师

　　王文会（广东援藏，7月任）

农牧区医管办主任

　　多日吉（女，藏族，5月任）

二级主任科员

　　白玛次仁（藏族，3月任主任科员，6月套转）

四级主任科员

　　格桑德吉（女，藏族，6月套转）

## 墨脱县卫生服务中心

【概况】 墨脱县卫生服务中心占地面积29750余平方米，业务用房面积6106.86平方米（其中综合楼建筑面积为1400平方米，建于2004年5月；住院楼建筑面积为844平方米，建于2008年12月；传染楼建筑面积为390平方米，建于2003年12月；门诊医技综合大楼2191.05平方米，建于2011年9月；新建住院楼1281.81平方米，建于2014年9月）。2019年，县卫生服务中心有干部职工83名，其中正式职工48名，合同制人员7名，公益性岗位12名，临时工16名。编制床位35张，实际开放床位75张。设有9个临床科室（内、外、妇、儿、感染疾病、急诊、麻醉手术室、口腔科、精神科），5个医技科室（放射、检验、功能科、消化内镜中心、微生物实验室），7个职能科室（办公室、医务科、护理部、院感科、财务科、总务科、药剂科）。医院设备总值达800多万元，其中20万元以上医疗设备12台。

2019年10月9—10日，在佛山市中医院指导帮助下，组织开展首批美国心脏协会（AHA）基础生命支持（BLS）学员培训班，墨脱县卫生服务中心首批6名急诊科医护人员顺利通过理论和实践操作考核，全部持证上岗

【业务工作】 2019年，县卫生服务中心门诊诊治患者19482人次，住院病人805人次，急诊1646人次，转院670人次，住院死亡4人，住院患者平均住院7.75天。彩超4605人次，心电图1640人次，检验18275人次，放射检查4992人次（其中免费为肺结核病人拍片17人次），胃镜检查25例，幽门螺杆菌碳14呼气试验检查994人（免费检查762人次）。口腔门诊181人次，妇产科门诊诊治患者2395人次，住院分娩96人。乙肝疫苗接种67人次，卡介苗接种144人次，脊髓灰质炎疫苗接种25人次，百白破疫苗接种23人次，白破疫苗接种43人次，荨麻疹疫苗接种5人，麻腮风疫苗接种12人次，A群流脑疫苗接种7人次，A+C群流脑疫苗接种16人次，甲肝减毒疫苗接种9人次。开展中、小手术共1565例，其中中手术87例，小手术1478例（如清创术1450例、人流15例、清宫术13例）。住院治愈率、好转率、未愈率、死亡率分别为48.45%、42.66%、8.1%、0.79%，全年无一例医疗事故发生。

巡回义诊及捐赠药品工作。2019年，完成巡回义诊（家庭医生随访服务义诊、搬迁点扶贫义诊等）66次，派出医务人员1429名，诊治人数4000人，免费发放药品439种，价值107715.44元，发放宣传资料500份，同时为义诊的群众宣传了常见疾病及其他疾病的预防知识。

城乡居民暨在编僧尼健康体检档案建立。2019年，共开展城乡居民暨在编僧尼免费健康体检并建档5062人（在编僧尼免费健康体检并建档25人，应体检25人，实际体检25人，完成率100%）。完成墨脱镇城乡居民健康体检电子建档工作,其他乡镇城乡居民健康体检电子建档工作由乡镇卫生院负责完成。

包虫病筛查。2019年,为全县5062人进行了包虫病筛查,无疑似包虫病患者。

家庭医生签约及随访服务。对建档立卡户、高血压、糖尿病、冠心病、65岁以上老年人、0—6岁儿童、孕产妇、残疾人、精神病及常见病患者等重点人群均进行签约服务,重点人群签约率达100%,重点人群签约随访服务率达100%。

适龄妇女"两癌筛查"。积极开展适龄妇女"两癌筛查"工作,宫颈癌筛查456人(取标本456人,TCT检测135人,发现1例人乳头瘤病毒16型阳性患者),乳腺癌筛查975人。

免费孕前优生健康和出生缺陷干预检查。开展免费孕前检查64对、出生缺陷检查32对,免费发放儿童营养包94盒、叶酸259盒。

"风湿病、乙肝、结核病"三病筛查。协助县疾控中心开展"风湿病、乙肝、结核病"三病筛查工作,共筛查人数8491人。

免费为儿童体格检查、发放营养包。为墨脱县94名(0—7月龄)儿童进行体格检查,测量了血红蛋白、身高体重,给予家长儿童健康培养指导,同时并为97名(0—7月龄)儿童免费发放营养包94盒。

"两会、小升初、中考"医疗保障。圆满完成2019年"两会"医疗保障任务,"两会"期间,出动救护车3台次,共接诊患者130余人,顺利完成"小升初、中考"医疗保障任务。

【基础建设】 2019年3月20日,县卫生服务中心医疗污水处理系统项目验收合格并投入使用,有效保障了医院的生态环境安全。5月7日,建立微型消防站,配齐了微型消防站相关装备,投入资金41330元。12月15日,广东省第九批援藏工作队墨脱县工作组出资升级改造修建墨脱县卫生服务中心篮球场及配套附属设施(球场喷漆划线、购置2个标准篮球架),共投入资金72000元。

【新业务、新技术开展】 2019年,县卫生服务中心开展10项新技术,分别为腹腔镜胆囊切除术、产后催乳、产后子宫复旧、床旁超声应用、耳石症手法复位、卧立位血压检测、神经刺激仪使用、围手术期床旁超声的应用、骨筋膜室综合征切开减压术、VSD(负压)封闭引流术。

6月3日,县疾控中心的预防接种门诊移交至县卫生服务中心,并设立了专门的预防接种门诊,位于门诊医技楼三楼,预防接种工作正式开展。8月2日,县疾控中心结核病诊疗相关工作移交县卫生服务中心,成为墨脱县结核病诊疗定点医院,结核病具体诊疗工作由中心内科、检验科承担。

8月30日,县卫生服务中心精神科正式成立并投入运行,设置专职精神科医生1名,精神科病房1间,3张床位,由内科护理人员进行精神疾病患者护理。9月6日,佛山市中医院帮助墨脱县卫生服务中心急诊科升级改造,开设急诊门诊、急诊分诊、急诊收费、急诊抢救、急诊清创、急诊检查等科室,达到"二级甲等综合医院"要求,开展全天候24小时急诊服务。

2019年10月17日,在墨脱县人民医院一楼会议室召开墨脱县人民医院创建"二级甲等"综合医院动员部署及推进会

【医疗援藏、三级医院对口帮扶】2019年3月9日，佛山市"组团式医疗"对口帮扶专家一行在墨脱县开展医疗帮扶指导工作，成立了佛山市志愿者学院医疗保健学院墨脱分院，佛山市志愿者学院医疗保健学院院领导向墨脱学院捐赠了迷你模拟人5个，总价值12500元，并向中心捐赠一批药品8种，总价值8001.10元，同时帮中心建立远程会诊平台，免费赠送了价值1200元的简易会诊设备（小型高清摄像头含支架、麦克风）。9月4日，佛山市中医院协助墨脱县卫生服务中心开展首次远程网络视频培训。10月24日，佛山市中医院对口帮扶普外科（腹腔镜）专家成武带领墨脱县卫生服务中心外科医生罗布占堆，实施中心首例腹腔镜（微创）胆囊切除术。

2019年，佛山市中医院先后派出3批5名医疗专家、1名计算机网络工程师、1名财务科技术骨干到墨脱县卫生服务中心开展帮扶指导工作，期间组织开展专业技术培训66次，共462人参加，组织教学查房25次，接诊600人次，组织危重症抢救流程演练2次。共开展腹腔镜胆囊切除术、腹腔镜规范操作、胸腔闭式引流术等教学50余次。首次组织县中学师生开展急救知识（外伤处理、夹板固定、心肺复苏）理论+实践操作培训。开展首批美国心脏协会（AHA）基础生命支持（BLS）学员培训班，墨脱县卫生服务中心首批6名急诊科医护人员顺利通过理论和实践操作考核，全部持证上岗，本次培训佛山市中医院资助了培训费，并赠予培训书籍、部分培训器材、培训合格证书。全年开展远程视频会诊2次，会诊住院患者在治疗后康复出院。

中国人民解放军陆军第956医院（原115医院）先后派出3批7名医疗专家、1名设备维护工程师到墨脱县卫生服务中心帮扶指导工作。期间新开展技术2项，分别为骨筋膜室综合征切开减压术、VSD（负压）封闭引流术。定期维护墨脱县卫生服务中心医疗设备，派出1名设备维护工程师前来帮扶，期间维护设备17台，确保中心医疗设备运行良好。实施教学查房5次，病历讨论12次，专题培训35次，累计培训396人次，带教指导13人，开展手术38例，累计接诊2700人次。

（曹　恒）

【机构领导】
支部书记、主任
　　邓声敏（2月免去支部书记）
支部书记、副主任
　　拉　珍（女，藏族，2月任支部书记）
副主任
　　加　央（藏族）
　　雷　震（广东援藏，7月免）

表10　　墨脱县卫生服务中心2019年度卫生专业技术人员职称一览表

| 序号 | 工作单位 | 姓名 | 性别 | 民族 | 参工时间 | 任现职时间 | 职称/职务 | 备注 |
|---|---|---|---|---|---|---|---|---|
| 1 | 墨脱县卫生服务中心 | 邓声敏 | 男 | 汉 | 1992.12 | 2011.05 | 中级 | 主任 |
| 2 | 墨脱县卫生服务中心 | 拉　珍 | 女 | 藏 | 2000.07 | 2015.01 | 中级 | 副主任 |
| 3 | 墨脱县卫生服务中心 | 加　央 | 男 | 藏 | 2008.08 | 2016.06 | 初级 | 副主任 |
| 4 | 墨脱县卫生服务中心 | 次仁德吉 | 女 | 藏 | 2002.07 | 2013.03 | 中级 | |
| 5 | 墨脱县卫生服务中心 | 拥忠拉姆 | 女 | 藏 | 2008.11 | 2015.05 | 初级 | |
| 6 | 墨脱县卫生服务中心 | 宋莲花 | 女 | 汉 | 2009.11 | 2016.12 | 初级 | |
| 7 | 墨脱县卫生服务中心 | 罗布占堆 | 男 | 门巴 | 2013.12 | 2016.12 | 初级 | |
| 8 | 墨脱县卫生服务中心 | 欧珠卓玛 | 女 | 门巴 | 2006.08 | 2015.05 | 初级 | |
| 9 | 墨脱县卫生服务中心 | 扎西次仁 | 男 | 藏 | 2006.12 | 2015.05 | 初级 | |
| 10 | 墨脱县卫生服务中心 | 贡雪梅 | 女 | 僜人 | 2013.12 | 2019.05 | 初级 | |

续表10

| 序号 | 工作单位 | 姓名 | 性别 | 民族 | 参工时间 | 任现职时间 | 职称/职务 | 备注 |
|---|---|---|---|---|---|---|---|---|
| 11 | 墨脱县卫生服务中心 | 杨宇露 | 女 | 汉 | 2000.07 | 2015.05 | 中级 | |
| 12 | 墨脱县卫生服务中心 | 尼尼 | 女 | 藏 | 2003.07 | 2010.05 | 初级 | |
| 13 | 墨脱县卫生服务中心 | 洛吉 | 女 | 藏 | 2003.07 | 2010.05 | 初级 | |
| 14 | 墨脱县卫生服务中心 | 白玛央宗 | 女 | 门巴 | 2004.07 | 2011.12 | 初级 | |
| 15 | 墨脱县卫生服务中心 | 巴桑措姆 | 女 | 门巴 | 2006.08 | 2011.12 | 初级 | |
| 16 | 墨脱县卫生服务中心 | 贡桑措姆 | 女 | 门巴 | 2006.08 | 2011.12 | 初级 | |
| 17 | 墨脱县卫生服务中心 | 曲吉旺姆 | 女 | 藏 | 2012.11 | 2017.02 | 初级 | |
| 18 | 墨脱县卫生服务中心 | 次仁央金 | 女 | 藏 | 2011.12 | 2016.12 | 初级 | |
| 19 | 墨脱县卫生服务中心 | 边琼 | 女 | 藏 | 2014.07 | 2019.05 | 初级 | |
| 20 | 墨脱县卫生服务中心 | 旦增卓嘎 | 女 | 藏 | 2014.07 | 2017.02 | 初级 | |
| 21 | 墨脱县卫生服务中心 | 索朗旺扎 | 男 | 藏 | 2011.01 | 2016.12 | 初级 | |
| 22 | 墨脱县卫生服务中心 | 次仁玉珍 | 女 | 藏 | 2013.12 | 2016.12 | 初级 | |
| 23 | 墨脱县卫生服务中心 | 梅朵曲珍 | 女 | 门巴 | 2014.07 | 2018.05 | 初级 | |
| 24 | 墨脱县卫生服务中心 | 罗布措姆 | 女 | 门巴 | 2015.10 | 2018.07 | 初级 | |
| 25 | 墨脱县卫生服务中心 | 旺姆 | 女 | 门巴 | 2015.10 | 2017.02 | 初级 | |
| 26 | 墨脱县卫生服务中心 | 白玛旺姆 | 女 | 门巴 | 2004.07 | 2017.02 | 初级 | |
| 27 | 墨脱县卫生服务中心 | 边觉 | 男 | 藏 | 2014.07 | 2016.12 | 初级 | |
| 28 | 墨脱县卫生服务中心 | 旺姆 | 女 | 门巴 | 2014.07 | 2017.02 | 初级 | |
| 29 | 墨脱县卫生服务中心 | 央珍 | 女 | 门巴 | 2017.11 | 2017.11 | 初级 | |
| 30 | 墨脱县卫生服务中心 | 扎西卓玛 | 女 | 门巴 | 2013.12 | 2016.12 | 初级 | |
| 31 | 墨脱县卫生服务中心 | 西绕央宗 | 女 | 门巴 | 1998.07 | 1998.07 | 初级 | 工人 |
| 32 | 墨脱县卫生服务中心 | 赵百莉 | 女 | 汉 | 2003.10 | 2003.10 | 中级 | 工人 |
| 33 | 墨脱县卫生服务中心 | 格桑曲珍 | 女 | 门巴 | 1994.07 | 1994.07 | 初级 | 工人 |
| 34 | 墨脱县卫生服务中心 | 明珠 | 女 | 门巴 | 1998.07 | 1998.07 | 初级 | 工人 |
| 36 | 墨脱县卫生服务中心 | 尼玛 | 女 | 门巴 | 2004.04 | 2004.04 | 初级 | 工人 |

## 墨脱县藏医院

【概况】 年内,在县委、县政府的高度重视下,在上级业务部门的指导下,县藏医院坚持以病人为中心,强化服务意识,加强医患沟通,严格执行"告知"制度,把病人利益、社会效益放在首位,顺利地开展各项藏医药服务工作。2019年,墨脱县藏医院共有干部职工14名,其中,合同工2名,公益性岗位1名,临时工4名;本科8名,大专4名,高中2名(临时工);主治医师2名,初级师6名,医务人员持证率达88.9%。院内设立了藏医门诊、藏医治未病科、藏医基层指导科、藏药房、藏医外治室、藏医治疗室、理疗室、藏医病房(设立12张床位)、院长办公室(综合办公室)、会议室(远程诊治会议室)、藏药浴室。共有常用

2019年11月29日，墨脱县藏医院院长杨东山院长带队为易地搬迁群众宣传藏医药特色疗法

藏药药品210余种。2019年9月21日，墨脱县藏医院综合大楼项目开工建设，建筑总面积1855平方米，总造价850万元。

【业务工作】 2019年，全县藏医门诊人数2632人次，同比增长10.66%；住院人数9人次，同比下降74.19%。开展藏医适宜技术18项：包括藏药浴、足浴、熏药181人次、放血治疗57人次、拔罐93人次、艾灸37人次、针灸治疗635人次、电针治疗266人次、颈椎腰椎牵引82人次、久巴（涂擦）治疗693人次、烤电510人次、颈椎腰椎间盘突出推拿41人次、藏医熏药疗法250人次、盐敷疗法92人次。

【医务人员培训】 2019年，县藏医院组织藏医医师参加区、市藏医能力提升培训15人次，培训天数40天。安排1名藏医专技人员参加全国少数民族医药（藏医药）骨干人才培训项目。5月1—3日、5月21—22日举办2019年健康扶贫乡村医生藏医药服务能力提升培训2期，培训天数5天，各乡镇藏医医生、村医共108人参加培训，通过培训提升乡村医生的藏医药业务能力和服务水平，提高农村常见病、多发病的防治能力和公共卫生服务能力，提高协助处理重大疫情的能力，满足农村群众日益增长的医疗服务和公共卫生服务需求。

【中藏药材标本建设】 2019年7月，县藏医院组织干部职工完成西藏农牧学院普查队捐赠的中、藏药材普查墨脱县蜡叶标本装订，共计355种，对于丰富墨脱县药用植物标本珍藏具有十分重要的意义，为推动墨脱县藏医药产业中长期发展提供了最权威、最有力的原始资料。

【推广藏医药服务】 2019年8月20日，县藏医院为46个行政村发放了七十味珍珠丸及仁青常觉等常用药品共10种藏药，总价值90298元。

【三级医院对口帮扶】 2019年7月27日，在墨脱县藏医院举行佛山市中医院对口帮扶墨脱县藏医院签约仪式，广东省第九批援藏工作队墨脱县工作组代表佛山市中医院与墨脱县藏医院签订了《佛山市中医院对口帮扶墨脱县藏医院协议书》《佛山市中医院对口帮扶墨脱县藏医院责任书》。同日，佛山市中医院选派2名骨干（财务科陈志明、计算机网络中心曾运强）在墨脱县藏医院开展帮扶远程会诊网络建立工作，经过双方交流反馈，充分利用现有计算机和远程会诊设施，首次建立佛山市中医院远程网络会诊平台。

【藏医药健康管理服务】 2019年，县藏医院开展65岁以上老年人及0—3岁儿童藏医健康评估和建档工作，完成65岁以上老人藏医健康服务388人，0—3岁儿童429人，完成率达84.78%。

【义诊活动】 2019年，县藏医院开展"进乡村、进社区、进家庭"义诊活动44次（其中进乡村义诊35次），参与义诊医务人员117人次，发放免费药品458种，价值28384.7元，共为2218名群众以及乡镇、驻村干部诊治常见病、多发病。

【帮扶乡镇卫生院】 2019年，县

藏医院按照关于《墨脱县县级医疗机构对口帮扶偏远和技术薄弱乡卫生院工作实施方案》的通知要求，安排5名藏医医师到加热萨乡卫生院开展对口支援工作，6次为加热萨乡卫生院提供藏药82种、价值7435.7元，藏医医疗设备3种、价值800元。

(杨东山)

【机构领导】

院　长

　　杨东山(西医内科主治医师)

副院长

　　格桑卓玛(女,藏族,藏医医师)

## 墨脱县医疗保障局

【概况】 2019年3月22日，墨脱县医疗保障局正式挂牌成立，正科级建制，是墨脱县机构改革新组建的政府工作部门。年内，墨脱县医疗保障局在墨脱县委、县政府的坚强领导和市医疗保障局的关心指导下，坚持以习近平新时代中国特色社会主义思想为指导，全面贯彻落实党的十九大精神，主动作为、开拓进取，一手抓机构改革，一手抓业务工作，不断创新管理机制和提升服务能力，加强保障和改善民生，全力破解工作中存在的问题和困难，着力推动医疗保障各项工作高质量发展。2019年，墨脱县医保局共有干部职工6名，其中，正科级领导1名，副科级2名，科员2名，志愿者1名。

【基层党建】 2019年，县医保局坚持以习近平新时代中国特色社会主义思想为指导，深入贯彻执行《中国共产党章程》《中国共产党纪律处分条例》《关于新形势下党内政治生活的若干准则》等党内法规。及时组织召开局领导班子会议，确定领导班子成员分工，进一步压实党组的主体责任和领导干部"一岗双责"。高标准、高质量开展"不忘初心、牢记使命"主题教育，持续开展"两学一做"常态化教育，让全体党员干部经洗礼、净灵魂、壮筋骨，筑牢信仰之基、补足精神之钙、把稳思想之舵，做到学思用贯通、知信行统一。坚决执行中央八项规定及其实施细则精神，驰而不息纠正"四风"，确保医疗保障系统风清气正，努力树立新部门、新系统、新形象。

2019年3月22日，墨脱县医疗保障局举行揭牌仪式

【制度建设】 2019年，县医保局全面梳理职权职责和工作事项，建立健全各项规章制度，逐一排查分析潜伏在基金运行、药品采购、协议管理等各个环节的风险，让潜在风险化为现实敬畏，让权力在公众的聚焦下运行。进一步理清制度设计上存在的模糊地带，有效堵塞工作运行中可能存在的廉政漏洞，切实防范具体操作中可能存在的廉政风险。以万无一失的审慎和敬畏，及时发现工作中出现的不足和纰漏，用实际行动践行全心全意为人民服务的宗旨，为广大群众提供更高水平的医疗保障服务。

【为民服务】 2019年，县医保局始终坚持"廉洁、高效、规范、便民"的服务宗旨，以提高为民服务效率为目标，不断推进"一站式一单结算"平台建设，进一步优化办事流程、简化办事手续、整合服务环节，打造医保星级服务窗口。在"一窗受理、集成服务"上持续加力，开通特殊人群"绿色通道"、医疗救助专窗，依靠信息力量，让数据多跑路，让广大群众少跑腿、快办事，逐步打通医疗保障服务"最后一公里"。

2019年6月6日，林芝市医保局党组书记、副局长杰布（左一）在墨脱县藏医院询问医生就医报销情况

【打击欺诈骗保】 2019年，根据林芝市医疗保障局办公室转发《关于开展2019年各定点医院打击欺诈骗保自查自纠工作的通知》的通知要求，墨脱县成立打击欺诈骗保自查自纠领导小组，及时对县内2家定点医院和1家定点药店进行督导检查，广泛开展宣传活动，张贴宣传材料，开展政策问答和解读，确保宣传"不留死角"，为确保医疗保险基金安全提供有力保障。

【医疗保险报销】 2019年9月18日，在审计局、财政局监督指导下，顺利完成全线城镇居民和职工基本医疗保险工作职责的交接。2019年年12月9日，县医保局与县卫生健康委员会完成农牧区医疗管理工作职责的交接。2019年墨脱县农牧区医疗资金到位600.10万元，其中，国家和自治区配套资金506.47万元，市级配套资金36.26万元，县级配套资金36.25万元。全县个人缴纳医保人数10565人，筹资21.13万元（其中民政局代缴筹资5.312万元、2656人）。2019年农牧民住院943人次，住院总费用585.71万元，住院报销418.99万元，其中建档立卡户住院130人次，发生医疗费用总额130.42万元。建档立卡贫困人口发生医疗报销总额115.6万元。农牧民大病保险申报5人，保险报销金额24.05万元。

【医疗救助】 2019年10月22日，县医保局与县民政局顺利完成医疗救助工作交接。2019年，全县医疗救助308人次，投入医疗救助资金1228399.78元，其中，城镇居民4人次，投入医疗救助资金165736.02元；贫困户医疗救助281人次，投入医疗救助资金802267.56元。

【队伍建设】 2019年，县医保局深刻把握医疗保障工作的新形势、新定位、新要求，坚持把锻造一支政治过硬、业务精湛、作风优良、清正廉洁、群众满意的医疗保障队伍作为工作的重中之重，积极参加上级部门开展的各项业务知识培训，不断强化干部职工责任意识、法律意识、服务意识，提高整个队伍的战斗力、统筹力、执行力，为墨脱县医疗保障事业健康有序发展奠定坚实基础。

（郝 钢）

【机构领导】

局长、四级调研员
　　次仁旺杰（藏族，5月任，6月套转）
副局长
　　帅　令（3月任）
四级主任科员
　　扎西顿珠（门巴族，3月任，6月套转）

# 墨脱县退役军人事务局

【概况】 按照《中共墨脱县委员会办公室墨脱县人民政府办公室关于印发〈墨脱县退役军人事务局职能配备和人员编制规定〉的通知》文件通知要求，墨脱县退役军人事务局于2019年3月22日挂牌成立，核定行政编制2名，均为科级领导职数，实有工作人员4名。承担退役军人思想政治、权益维护、移交安置、就业创业、军休服务管理、拥军优属、褒扬纪念等职责。下属单位退役军人服务中心于5月28日挂牌成立，属事业单位，核定人员编制2名，实有

2019年3月22日，墨脱县退役军人事务局挂牌成立

工作人员1名。及时成立退役军人服务保障机构55个，其中，退役军人服务中心1个、乡镇服务站8个、村级服务站46个。

【拥军优属】 2019年，墨脱县四大班子成员在三大节日、八一建军节、新中国成立70周年期间对驻军部队、退役军人、重点优抚对象开展走访慰问活动，共计发放慰问金10余万元。为解决驻军部队生活困难，县退役军人事务局积极争取资金0.95万元，用于购置全自动馒头机、和面机、蒸锅等。积极配合县人武部开展征兵工作，为部队输送应征入伍优秀青年8人。

【信息采集及光荣牌发放工作】 2019年，县退役军人事务局组织人员完成全县退役军人信息采集，为后期国家制定各类政策提供依据，进一步增强退役军人的幸福感、获得感。由县委常委、人武部部长高林林，副县长扎西顿珠带队对全县烈属、军属及退役军人开展光荣牌匾发放工作，共发放牌匾282枚，营造了尊崇军人、敬重军人、关心国防、热爱部队的良好氛围。

【学习模范】 2019年，墨脱县掀起学习模范争当先进热潮，通过机关夜校、支部学习、主题党日活动等形式，开展张富清先进事迹学习活动20余场次。积极退役军人先进模范2人，其中推选背崩乡德尔贡村退役军人为军为"全国模范退役军人"，推选背崩乡地东村退役军人高荣为"林芝市模范退役军人"。积极到现役军人立功受奖家庭开展送喜报活动3次，其中二等功家庭1人，三等功家庭2人。

【墨脱县烈士陵园】 墨脱县爱国主义教育基地（原背崩乡烈士陵园）位于背崩乡至西藏军区边防第三营营部之间道路斜坡坡脚左侧处，总面积945平方米，距背崩乡人民政府以西500米处，距墨脱县城28公里，于2018年4月被评为"林芝市爱国主义（民族团结）教育基地"。

为了发挥好教育基地作用，上级党委、政府分别于2012年、2013年共投资40万元对烈士陵园进行修缮。2017年又投资300万元，对烈士陵园进行大规模改造，先后修建了烈士陵园排水系统、烈士陵墓、纪念碑、围墙、环境绿化、陵园管理用房设施等，于2018年年底投入使用。2019年为切实加强对市级爱国主义教育基地的管理，县退役军人事务局积极向县委、县政府沟通协调，申请管理人员1名，主要负责日常卫生清理、前来祭奠人员登记、墓园看管等。

自20世纪60年代人民解放军进驻墨脱县以来，先后有29位驻军指战员在执行巡边、控边等任务中壮烈牺牲。烈士陵园内有墓地22块，其中3块立有墓碑，分别为：饶平之墓、尼玛之墓、梁昆炜之墓，由于历史年代久远，加之无相关文字资料记载，烈士陵园内除19块墓地其墓主无法辨别。另外9位烈士的墓地位置也无人知晓。

截至2019年，墨脱县有烈士名录32名，烈士陵园有1座（即背崩乡烈士陵园），烈士陵园内有纪念碑1个、烈士墓22座（其中3座有名烈士墓，19座无名烈士墓）。

【烈士墓祭扫活动】 2019年，县退役军人事务局利用清明节、烈士纪念日、主题教育等活动契机，分批次动员全县干部群众、师生、驻墨部队、人民团体到背崩乡烈士陵园开展纪念、爱国主义教育活动，共开展大型活动2次，受教育800人次；小型活动各单位开展36次，受教育人数达400人次。

【优抚安置】 2019年，县退役军人事务局共接收退役士兵3名，按要求及时兑现家属优待金及一次性自主就业金共179200元，按照《西藏自治区〈退役士兵安置条例〉实施细则》要求，妥善安置1名退役士兵到县政府后勤工作。同时，兑现3名重点优抚对象、13名农村籍60周岁以上退役军人生活补贴资金8.0677万元。

（张 洪）

【机构领导】
局　长
　　罗　布（藏族,5月任）
副局长
　　张　洪（穿青人,3月任）

# 林芝市生态环境局墨脱县分局

【概况】 2019年，林芝市生态环境局墨脱县分局坚持以生态创建为载体，以环境保护考核为契机，以环境监测数据为依据，以严格的环境监管为手段，以强化环保队伍为保障，做好墨脱县生态环境保护和污染防治工作。2019年3月，墨脱县机构改革，不再保留墨脱县环境保护局，组建林芝市生态环境局墨脱县分局，为林芝市生态环境局的派出机构，正科级设置，核定行政编制2名，科级领导职数2名，实有干部职工7名，其中行政编制7名，中共党员6名。

【县域环境质量状况】 水环境质量总体保持良好。2019年，墨脱县水环境质量稳步提高，县城及各乡镇集中式饮用水源水质稳定达到或优于Ⅱ类，雅鲁藏布江地表水环境水质达标率达100%，背崩大桥断面出境水各项监测指标达Ⅱ类水质标准。

空气环境质量持续改善。县城可吸入颗粒物PM10年平均浓度为15微克/立方米，低于全国环境空气质量标准的50微克/立方米Ⅰ类标准。细颗粒物PM2.5平年均浓度为7微克/立方米，低于全国环境空气质量标准的35微克/立方米Ⅰ类标准。全县空气质量优良天数比例达100%，其中，空气质量总体达Ⅰ类标准（优）的天数365天。

土壤污染防治全面启动实施。墨脱县印发《墨脱县土壤污染防治工作方案》，并严格按照方案要求开展土壤污染防治工作，农村土壤环境监测已全部完成，土壤指标达标率100%，各项监测指标达Ⅱ类水质标准。

生态环境质量。全县生态环境质量状况优，生态系统保持稳定，全县林业用地近2.529平方公里，占国土面积的81.77%左右。森林覆盖率高达79.3%，拥有国家级自然保护区1个，生态环境质量指数位居全国前列。

【生态环境保护宣传】 2019年，林芝市生态环境局墨脱县分局为进一步强化环境保护法律法规及政策宣传，提高全民环保意识，推动社会各界和公众积极参

2019年6月26日，墨脱县生态环境局党支部、工商联党支部、医保局和非公经济党支部开展了系列活动，隆重庆祝中国共产党建党98周年。图为林芝市生态环局墨脱县分局局长格桑曲久围绕如何做有责任担当的合格党员开展批评和自我批评

与生态文明建设,以开展墨脱县迎接新中国成立70周年环境大整治工作为载体,重点结合"六·五"环境日、节能宣传周等活动,积极参加各级各部门集中宣传,共发放宣传手册350余份,宣传单500余份,垃圾夹120个,环保袋近400余个,受众达300余人次。

【环保督察反馈问题整改】 2019年,根据中央第六环保督察组向西藏自治区反馈全区整改任务45大项、179小项,墨脱县主动认领整改任务22大项、46小项,各项整改任务均按照"一案一策"的原则和序时进度要求有序开展,做到整改一个,销号一个,基本完成整改任务。自治区级环保督察涉及墨脱县问题17个,已基本完成整改。同时,林芝市生态环境局墨脱县分局多次对帮辛乡石锅原料开采点开展中央环保督察问题"回头看"工作,要求帮辛乡人民政府继续做好生态恢复工作并严令禁止开采石锅原料,做好群众教育工作。

【严格环境准入】 2019年,林芝市生态环境局墨脱县分局认真执行建设项目环境影响登记表备案制度,把好建设项目准入关,严格落实"一票否决制",全年未引进"三高"项目,建设单位备案环境影响评价登记表112个。

【三大污染攻坚战】 大气污染防治。2019年,林芝市生态环境局墨脱县分局采取多种措施保障空气质量,着力打响蓝天保卫战,持续开展餐饮业油烟治理、扬尘污染防治、燃煤锅炉整治等工作。完成建筑施工、重点工程施工、道路施工扬尘治理项目,餐饮行业油烟污染整治43家,持续开展开展燃煤锅炉专项整治"回头看"工作,继续加强对工业锅炉的监管。
　　水污染防治。为加强墨脱县水污染综合防治工作,拟定出台了《墨脱县水污染防治行动计划工作方案》,提出包括农业面源污染防治、农村生活污水和生活垃圾治理、加强环境监管等工程措施和管理措施,推进雅鲁藏布江断面水质提升。自2019年1月起,每月对集中式饮用水水源地环境开展专项整治,对墨脱县水厂饮用水水源地分别进行了4次现场督查,未发现任何问题。
　　土壤污染防治。深入贯彻落实《墨脱县土壤污染防治工作方案》,严格按照方案要求,开展土壤污染防治工作。积极开展农村土壤环境监测工作,全年农村土壤环境监测已完成,土壤指标全部达标。

【项目环境影响评价管理】 2019年,林芝市生态环境局墨脱县分局深入贯彻落实环境执法"双随机"(随机抽取检查对象、随机选派执法检查人员)制度,建立重点环境监管企业名单,采取"一企一档"的方式,对"双随机一抽查"监管单位加大日常监察和不定期现场检查力度,发现违法行为及时进行制止,并根据实际情况提出环境监察意见,督促整改。开展专项执法行动,共出动执法人员60余人次,检查单位23家次,立案查处环境违法行为1起,罚款金额5.33万元。

【重点生态转移支付资金使用】 2019年,林芝市生态环境局墨脱县分局从生态转移支付资金中支42.0563万元,解决各乡(镇)环保基础设施建设。投入资金18万元,解决县城垃圾填埋场吸污车购置;投入经费26万元,用于生态创建、环保督查、环保考核、生态红线划定工作。投入233万元开展环境监测工作,涉及墨脱镇、德兴乡、帮辛乡、甘登乡、背崩乡、达木乡、加热乡、格当乡8个乡镇。

【70周年环境大整治】 2019年,林芝市生态环境局墨脱县分局以"墨脱县迎接新中国成立70周年环境大整治"为载体,组织执法人员深入各行政村和阿苍农村公路、西让边防路及地东小康示范村建设项目部进行检查,同时进行宣传教育,受教育人数达630余人。以开展执法检查为契机,开展环保专项行动,全年共排查34次,加派环卫人手,扩大保洁面积,每天对县城进行2次垃圾清运,确保每条街道、每个死角、每个方位、每一个公共厕所都有环卫工人在岗,对不作为、慢作为、乱作为的环卫工人采取末尾淘汰制度。深入国道219线、德兴至易贡白段、背崩至德尔贡段主要道路施工场地,规范部分垃圾处置不合理的生活营地,要求保

持道路周边环境卫生,确保在可视范围内不存在白色垃圾。

（熊 肖）

【机构领导】

墨脱县环境保护局

局　长

　　格桑曲久（藏族,3月免）

环境监察大队队长

　　次仁拉珍（女,门巴族,3月免）

副主任科员

　　尼玛森格（门巴族,3月免）

环境监察大队副队长

　　鲍 庆 阳（3月免）

林芝市生态环境局墨脱县分局

局长、四级调研员

　　格桑曲久（藏族,3月任,12月晋升四级调研员）

环境监察大队队长

　　次仁拉珍（女,门巴族,3月任）

四级主任科员

　　尼玛森格（门巴族,3月任,6月套转）

环境监察大队副队长

　　鲍 庆 阳（3月任）

## 墨脱县交通运输局

【概况】 2019年,墨脱县交通运输局核定行政编制3名,科级职数3名,实有工作人员9名。下设墨脱县道路运输管理所,为副科级事业单位,核定编制4名,实有工作人员2名,临时保通人员9名。全县公路通车总里程496.314公里,其中通县道（波密—墨脱）117公里,通乡道129.819公里,通村道249.495公里。墨脱县辖8个乡镇和46个行政村,其中7个乡镇、45个行政村通公路,乡镇公路通达率为87.5%（包括加热萨乡粗通）,通畅率为62.5%,行政村公路通达率为97.82%、通畅率为71.74%。

【项目建设】 2019年,墨脱县在建交通项目有波密至墨脱公路整治改建工程、G559达国桥至加热萨至甘登公路续建工程等13个项目,总投资25.44亿元,自开工以来累计完成投资20.33亿元。其中,墨脱县格当乡多龙岗搬迁点道路硬化工程项目、县城三环路交点至田园观景台公路建设项目、甘登村至波密县古乡巴卡村通道及德兴乡至德果村公路改建工程4个项目已完工,其他项目正在有序建设中。积极协调推进新建BF公路项目4个,总投资33亿余元。新建国道219第二标段项目,总投资9亿余元。

【项目建设监管】 2019年,县交通运输局定期组织工作人员先后开展交通项目建设检查监督工作30余次,重点检查工程施工进度、质量以及安全生产工作,并牵头协调征地拆迁、施工料场及机械租赁等事宜共20余次,为施工单位排忧解难,创造良好的施工环境。同时,陪同区、市交通运输部门派出专业人员多次进行交通项目抽查和工作指导,要求施工单位进一步规范施工组织,做好安全生产、高边坡等专项施工方案,完善其内业资料,保障项目的质量、进度及安全工作。

【公路养护】 2019年,县交通运输局主要接养江新公路、帮辛公路等公路共264公里,先后出动机械80余台次、人员300余人次,修剪路肩杂草33500平方米,清理边沟长5700米,清扫路面28000平方米,清理排水沟长1300米,涵洞25道次,平整路面

2019年6月20日,墨脱县委副书记、县长魏长旗（右三）带队检查德兴大桥加固维修项目

2019年9月20日，墨脱县交通运输局党支部书记曲珠（右一）带队开展"专家现场授课"主题党日活动

13400平方米，清理路障9处，设置警示彩带830米，彩旗5个，维修波形护栏7处、200余米，清理塌方8100立方米。同时，为确保德兴大桥通行安全，保障德兴乡境内项目材料和群众生活物资运输，先后对德兴大桥进行3次加固维修，共投入资金106万元，并安排工作人员对德兴大桥进行轮流值守，认真疏导交通，严格执行限行限载。

【路政管理】 2019年，县交通运输局按照《公路法》《路政公路条例》等相关法律法规，积极开展路产路权维护工作，先后自行组织和参加各类宣传活动8次，发放《公路法》《路政管理规定》《卡车司机之友》等宣传册400余份，受教群众600余人。开展路政执法检查50余次，出动人员120余人次，教育群众达500余人，检查车辆700余辆，有效预防和减少道路安全事故的发生。

【客运改革】 2019年，墨脱县紧跟区、市道路运输体制改革的步伐，逐步开展客运体制改革各项工作，全力推进客运筹备、组建、运营工作。12月27日，墨脱县顺利开通墨脱至林芝、墨脱至背崩乡、墨脱至德兴乡3条客运班线，结束了墨脱县零客运的历史，标志着全县客运事业步入正规化经营道路，有效解决了广大群众出行难、出行贵的问题。

【安全生产】 2019年，县交通运输局及时调整了安全生产领导小组，建立和完善各项安全管理制度，明确了安全生产的责任主体和监管职责，层层签订安全生产目标责任书，把安全生产管理纳入议事日程，坚持每季度召开1次安全生产工作例会，组织传达学习各级关于加强安全工作一系列文件及会议精神，将安全生产工作与项目建设监管、公路养护及路政管理相结合，深入开展安全生产法律法规宣传，发放安全生产宣传资料300余份。加大重要隐患点的检查力度，安排工作人员对德兴大桥进行轮流值守，认真疏导交通，严格执行限行限载，全年共出动人员600余人次，车辆300余台次，检查车辆8000余辆，限载转运货物4万余吨。积极开展安全生产大检查、农村公路隐患排查整治等工作，共排查整治各类道路隐患100余处，已全部整改完，确保全县道路交通的安全顺畅。

【党建工作】 2019年，县交通运输局党支部带领全体党员干部深入学习贯彻十九大精神、十九届四中全会精神，全面贯彻落实习近平新时代中国特色社会主义思想，紧紧围绕"交通兴县"的工作目标，以"党建促业务，业务带党建"的工作思路，着力抓好党员政治教育、"不忘初心、牢记使命"主题教育活动，扎实开展党的方针政策理论路线集中学习教育工作。通过集中学习和个人自学等方式，组织广大党员干部认真学习新党章、党的十九大精神等内容，共开展集中学习教育50余次，撰写心得体会15篇，学习笔记10万余字。召开支委会12次，党员大会4次，支部书记上党课4次。2019年，缴纳党费1017元，转接党组织关系4人，及时调整充实了支部班子成员，对无岗党员进行设岗定责。

（王瑞英）

【机构领导】

局　长

　　曲　珠（藏族）

副局长

　　秦　滔（5月任）

四级调研员

　　晋美扎西（藏族，6月晋升）

四级主任科员

　　白玛曲珍（女，门巴族，6月套转）

　　李　奎（10月任）

## 墨脱县扶贫开发办公室

【概况】 墨脱县脱贫攻坚指挥部组建于2016年3月，县委副书记、县长魏长旗任总指挥长，县委常委、常务副县长多吉扎西任指挥长，其他政府领导任副指挥长，指挥部下设11个专项组，即综合组（办公室）、产业脱贫组、易地搬迁组、生态补偿脱贫组、教育脱贫组、社会保障脱贫组、转移就业脱贫组、政策资金保障组、规划计划组、宣传报道组、督导考核组。2019年，墨脱县脱贫攻坚指挥部办公室有工作人员14名（含产业专班5名、三岩1名），墨脱县扶贫开发办公室有人员编制12名，其中正科级3名，副科级干部3名，科员6名。

【贫困现状】 2019年，墨脱县实现贫困人口27户42人脱贫，加热萨乡达昂村、曾求村和甘登乡甘登村3个贫困村脱贫退出，全县贫困发生率降低至0。

【扶贫产业项目规划建设】 2016—2020年"十三五"精准扶贫产业项目规划总投资26260.26万元，涉及项目共47个，涵盖种植业、养殖业、加工业、文化旅游业、商贸流通业5大类，并建立利益联结机制，推进扶贫产业规模化、专业化、市场化，带动全县贫困群众增收，为贫困户脱贫致富构建产业支撑。

【易地扶贫搬迁】 墨脱县在脱贫攻坚过程中，按照习近平总书记提出的"做神圣国土守卫者、幸福家园建设者"回信精神以及吴英杰书记关于"屯兵与安民并举、固边与兴边并重"的重要指示精神，大力组织实施易地扶贫搬迁工作，走出了一条"政府引导、政策扶持、群众自愿、自主搬迁、一次规划、分年实施、重点突破、整体推进"的墨脱县易地扶贫搬迁新路子。截至2019年底，累计投资超过2.9亿余元的全县4个易地扶贫搬迁安置点全部建设完成，搬迁群众（247户1080人）全部实现入住，其中建档立卡贫困户153户672人；累计投资3045.09万元的搬迁安置点配套产业项目稳步推进，基本实现了"搬得出、稳得住、能致富"的目标。

【生态补偿】 2019年，墨脱县牢固树立"绿水青山就是金山银山"的生态发展理念，重点突出抓好生态管护岗位就业、林业重点工程等工作，让农牧民在生态保护中享受政策红利，同时严格落实定岗定员、定岗定责、定责定酬，1—6月落实岗位3489个，7—12月落实岗位1806个，全年兑现生态岗位资金925.4万元。

【落实政策兜底脱贫】 持续推进义务教育均衡发展巩固提升和素质教育工程，制定了《墨脱县义务教育阶段"控辍保学"工作实施

2019年10月17日，墨脱县举办全国第六个"扶贫日"募捐活动，县四大班子在岗领导、县中（区）直各单位代表、驻地各部队代表、企业代表、各人民团体代表共300余人参加，共募捐善款782583元

方案》，全面落实控辍保学"四书制"。2019年，落实教育"三包"、营养改善等政策资金701.88万元；发放建档立卡贫困大学生免费教育补助资金65.71万元；投资3624.5万元，新建学生宿舍、公共体育场地等项目，不断完善教育基础设施。

【减轻医疗负担】 2019年，县扶贫办积极推进医疗救助脱贫，严格按照《关于印发西藏自治区医疗保障扶贫工作实施方案（2019—2020年）的通知》精神，认真落实《林芝市精准扶贫大病医疗救助专项行动工作方案（修订版）》，在基本医保、大病保险和医疗救助三重保障框架下，完善农村基本医疗保障、大病统筹、医疗救助、商业保险、重特大疾病医疗救助机制，建立先住院后结算模式。全年实施建档立卡贫困户健康扶贫救治130人次，大病统筹报销75.86万元，大病保险赔付5.13万元，医疗救助34.6万元。开展巡回义诊207场次，出动医务人员380人次，免费义诊农牧民群众、干部、学生12797人次，免费发放药品价值13.48万元。

【转移就业】 2019年，墨脱县举办农牧民（贫困人口）就（创）业与技能技术培训共26期，投入资金524.54万元，培训人数1265人次，其中建档立卡贫困人口参加培训257人次，培训内容涉及蜜柚种植、民族舞蹈、民族服饰和民族手工艺、茶叶种植、铁皮石斛种植、中式烹调等。

【落实资金保障】 2019年，墨脱县坚持"多个渠道引水、一个池子蓄水、一个龙头放水"的资金保障模式，进一步巩固政府、金融、社会等多元化投入体系，加大脱贫攻坚资金投入。全年落实财政涉农整合资金11547.92万元，其中到位11547.92万元，累计拨付10915.25万元，落实小额信贷48户228万元，向墨脱县茶业公司发放微捷贷100万元，用于支持墨脱茶产业发展，向莲花生物科技有限公司发放贷款300万元用于特色农牧产业发展，切实增强扶贫造血功能，加快帮助贫困群众脱贫致富步伐。

【党建促脱贫】 2019年，墨脱县制定《墨脱县抓党建促脱贫工作实施意见》，积极开展"4对1"结对帮扶，累计办实事解难事414件，其中县处级领导办实事130件。落实科级以上领导干部结对帮扶635户2546人全覆盖，投入帮扶资金38.25万元。帮助贫困群众分析致贫原因、理清发展思路、寻找致富门路。

【基础设施】 2019年，墨脱县投资691.66万元，组织实施的9个失电村电路修复工程（米日村、玛迪村、朗杰岗村、德果村、地东村、江新村、珠村安置点、桑珍卡村、达格线），已全部通过验收，剩余3个村（西让村、那尔东村、文朗村）电力修复已纳入"三区三洲"电网升级改造计划当中。

【巩固脱贫攻坚成效】 2019年，墨脱县按照"多规合一"原则，编制印发了《墨脱县脱贫攻坚巩固提升方案》，从数据精准、产业扶贫、就业扶贫、易地扶贫、生态扶贫、教育扶贫、健康扶贫、社保扶贫、民生保障、党建扶贫10个方面全面巩固提升脱贫攻坚成效。

（尼玛森格）

【机构领导】

主　任
　　白玛扎巴（藏族，2月任）
副主任
　　顿　　珠（门巴族，1—2月主持工作）
　　央　　宗（女，藏族，3月任）
二级主任科员
　　尼玛桑珠（藏族，2月任主任科员，9月套转）
　　索朗央金（女，藏族，5月任主任科员，9月套转）
四级主任科员
　　平措拉巴（藏族，2月任副主任科员，6月套转）

# 墨脱县应急管理局

【概况】 2019年，墨脱县机构改革，不再保留墨脱县安全生产监督管理局，组建墨脱县应急管理局，为县人民政府工作部门，建制正科级。核定机关行政编制为3名。科级领导职数3名（不含兼职）。3月22日，墨脱县应急管理局举行揭牌仪式，县委副书记、常务副县长李斌，县应急管理局局长杨正勇出席揭牌仪式，墨脱县安监局全体干部职工、县消防救援大队部分官兵参加仪式。年内,县应急管理局在自治区党委、政府坚强领导和自治区安委办精心指导下,始终坚持高举习近平新时代中国特色社会主义思想伟大旗帜,认真贯彻落实党的十九大精神,按照习近平总书记、李克强总理和自治区主要领导重要指示批示要求,牢固树立安全发展理念,主动适应安全生产工作新常态,围绕"两下降、一防范、一遏制"目标,不断夯实安全生产责任,深化安全生产领域改革,强化隐患排查治理,深入开展安全生产大检查,全力推动科学发展、安全发展,安全生产整体水平明显提升。

【安全整治】 2019年,由县安委会办公室牵头,组织各乡(镇)、各行业主管部门,对全县建筑施工、危化品、燃气、道路交通、校园安全、消防安全、加油站、烟花爆竹等方面开展安全生产"百日大检查"工作,共开展各类安全检查736次,检查企业1633家次,排查安全隐患701项,已整改698项,正在整改3项,查处过期食品24种,价值673元,检查车辆15310余台次,查处各类违法行为327起,处罚罚款4.015万元。

【重要会议】 2019年6月6日,墨脱县召开2019年第二季度安全生产会暨"安全生产月""安全生产墨脱行""防风险保平安迎大庆"消防安全执法检查专项行动动员部署会。墨脱县委副书记、常务副县长李斌出席会议并作讲话,县委常委、常务副县长多吉扎西主持会议,在岗县级领导出席会议,各乡(镇)、县安委会各成员单位负责人、消防安全重点单位负责人参加会议。会议通报了墨脱县2019年上半年安全生产工作开展情况及下半年安全生产工作安排;宣读了《墨脱县"防风险 保平安 迎大庆"消防安全执法检查专项行动实施方案》及《墨脱县2019年"安全生产月"和"安全生产墨脱行"活动方案》。

【强化安全责任】 2019年,县应急管理局以习近平新时代中国特色社会主义思想和党的十九大精神为引领,认真贯彻落实上级部门关于安全生产工作的各项决策部署,进一步筑牢红线意识,强化责任意识,按照"党政同责、一岗双责、齐抓共管、失职追责"的要求,深化安全生产责任体系建设,把做好安全生产工作、防范各类生产安全事故,作为当前应急管理工作的重中之重抓好落实。

【安全宣传教育】 2019年,县应急管理局以"5.12"防灾减灾日宣传活动、"安全生产月"为重点,广泛宣传《中华人民共和国安全生产法》《中华人民共和国道路交通安全法》《危化品条例》《安全生产宣传手册》等法律法规,共发放宣传资料96类、2600余份,悬挂横幅50幅,宣传展板30幅,宣传品20种,宣传海报200份,LED显示屏滚动播放宣传标语30条,开展防灾减灾知识宣传教育30余场次,宣传教育人数5000余人次。

【开展应急演练活动】 2019年,县应急管理局联合县消防救援大队、公安局、教育局、医院、供电公司、林草局等单位共开展火灾应急演练35次。全县各学校、积极开展防暴演练15次、防触电演练

2019年5月10日,墨脱县应急管理局牵头组织26家减灾委成员单位,在县司法局门口开展以"提高灾害防治能力,构筑生命安全防线"为主题的第11个"5·12"防灾减灾日宣传活动

7次、防震演练29次、防踩踏演练2次、防食物中毒5次、防火演练13次、防空演练2次,参与学生达16000余人次,切实提高广大师生防灾减灾意识、防范应对能力和自救互救能力。

(罗布扎西)

【机构领导】
墨脱县安全生产监督管理局
局　长
　　杨　正　勇(苗族,3月免)
副局长
　　白玛遵珠(门巴族,3月免)
副主任科员
　　丁　爱　香(女,3月免)
墨脱县应急管理局
局长、一级主任科员
　　杨正勇(苗族,3月任,12月晋升一级主任科员)
副局长
　　白玛遵珠(门巴族,3月任,12月免)
　　罗布扎西(藏族,12月任)
二级主任科员
　　曲桑尼玛(门巴族,5月任,6月套转)
四级主任科员
　　丁　爱　香(女,3月任,6月套转,12月免)

## 墨脱县市场监督管理局

【概况】 2019年3月,墨脱县机构改革,墨脱县市场监督管理局于2019年3月22日挂牌成立。核定机关行政编制3名,科级领导职数3名。实有干部职工9名,其中藏族4名、门巴族2名、汉族3名,中共党员9名,本科5名,大专4名。平均年龄36岁。

【市场主体】 2019年,全县共有各类市场主体1156户,注册资本(金)153608.15万元,与上年同比分别增长12.23%、20.55%,其中,企业200户,与上年同比增长12.36%,注册资本(金)135251.05万元,与上年同比增长21.29%;个体工商户870户,与上年同比增长10.27%,注册资本(金)12331.74万元,与上年同比增长9.21%;农民专业合作社86户,与上年同比增长36.51%,出资总额6025.36万元,与上年同比增长30.62%。全年新注册登记各类市场主体218户,注册资本(金)21198万元[新增个体工商户161户,注册资本(金)2270.5万元;新登记注册企业34户,注册资本(金)17518万元;新登记注册的农牧民专业合作社23户,注册资本(金)1409.5万元]。全县共有食品、餐饮市场主体366户,2019年新发放食品经营许可证72份(其中食品流通市场主体37户,餐饮经营服务主体35户),注销食品经营许可证13份。

【市场流通领域监管】 2019年,县市场监管局先后自行或联合卫健委、应急管理局、农业农村局、旅游文化局等多家单位开展50余次关于食品流通环节、餐饮服务环节、肉制品、农副产品、假冒伪劣产品、打击传销规范直销、非法集资等专项检查行动,出动执法人员300余人次,检查市场主体1000余户次,张贴宣传打击传销海报60张,发放宣传单400余份,查处过期和不合格食品30余种,价值3000元,排查隐患共150余处。持续开展开学前大检查、"3.15"曝光食品、"两考"期间食品安全保障等专项行动,切实抓好学校食品安全防控工作,共出动执法人员40余人次,检查学校食堂及周边市场主体60余户次,

2019年3月22日,墨脱县市场监督管理局举行挂牌仪式

排查隐患20余处,悬挂食品安全横幅3条。开展禁毒检查行动,深入全县的9家娱乐场所开展禁毒宣传教育工作,发放宣传单40余份,并督促相关从业人员关注禁毒公众号。

【农产品抽检计划】 2019年,县市场监督管理局按照区、市市场监督管理局印发的《关于农产品抽检工作的通知》精神,及时开展农产品抽检工作,农贸市场快检室完成快检任务100余批次,农产品抽检任务57批次,抽检结果显示县农贸市场2户市场主体销售的茄子因镉超标导致检测不合格,已及时立案调查,经调查2户食品经营者均履行食品安全法规定的进货查验台账等义务,充分证据证明其进货来源,依据《中华人民共和国食品安全法》第一百三十六条规定,决定对2户市场主体不予行政处罚。

【"三品一械"抽检】 2019年,县市场监督管理局加大药械流通领域的"双随机"检查,全面提升药械质量安全管理水平和质量风险防控能力。共开展药品专项检查8次,药师挂证行为检查1次,开展行政约谈1次,检查药店等市场主体18户次,未发现违法经营行为。

【食安委职能】 2019年,充分发挥县食安办的综合协调作用,推进林芝市创建国家食品安全城市示范工作。先后通过印制宣传资料、分发乡镇协管员、信息员公示栏等途径,推动食品安全工作取得实效,提升对全县食品安全市场主体的安全隐患排查、信息报告、宣传引导工作能力。全年辖区未发生食品安全事故。

【消费维权】 2019年,县市场监管局加大消费维权宣传教育力度,切实提高广大群众的消费维权意识和自我保护意识,引导经营者依法自觉履行消费维权的社会责任,营造全社会共同参与消费维权的良好环境。全年共接到投诉3起,调解成功2起,调解失败1起,已及时告知消费者依法向人民法院申请司法调解。

【安全生产】 2019年,县市场监督管理局对县城内经营石油、天然气、烟花爆竹、香蕉水等易燃易爆产品的商户进行逐个排查,查明来源和销售渠道,并登记造册,及时排查安全隐患共150余处,已全部整改完毕。

2019年11月9日,墨脱县委副书记、县长魏长旗(左一),副县长李勇(左二)在安全用药月宣传活动现场指导工作

【特种设备监管】 2019年,县市场监督管理局持续深化改革,建立特种设备安全责任体系,针对特种设备属性特点、安全隐患环节等,加大检查力度,严守安全生产底线。创新电梯安全风险承担机制,落实市场主体责任,大力开展电梯风险与紧急情况宣传活动,提倡谁使用谁保护原则,形成全县共保氛围。全年开展特种设备专项检查8次,重点检查县城内电梯、起重机、压力容器(气瓶)等特种设备,共出动执法人员18人次,执法车辆4台次,检查市场经营主体20余户次,发现团结楼、墨脱大酒店等4家单位电梯的报警装置、电气安全存在问题,已责令整改。

【质量监管】 2019年,县市场监督管理局按照上级部门统一安排部署,坚持以风险为导向,重点围绕日常生活用品、学生用品、儿童玩具、建材、加油机、烟花爆竹等领域,加大抽检和监督力度,切实维护群众自身利益,保障群众健康生活。全年开展专项检查13次,出动执法人员40余人,执法车辆3台次,检查市场主体210余户次,检查发现部分市场主体销售国家明令禁止的建材商品和不符合质量标准的安全帽,已责令下架商品,禁止销售并要求退回原厂地。

【登记制度改革】 2019年,县市场监督管理局积极开展商事制度改革宣传工作,着力推进市场登记制度改革。多渠道设立咨询宣传平台,把商事制度改革宣传列入日常工作常态化进行,宣传中共设立展板3个,咨询台2个,电子显示屏12条,发放宣传材料1000余份,悬挂横幅5条。全面落实市场登记前置审批改革工作,严格审查登记材料和登记程序,确保材料的准确性和规范性。组织登记人员学习"证照分离"改革有关文件,同时,组织各有关部门参加上级关于推开"证照分离"改革电视电话会议,确保"证照分离"改革有序推开。抓好年报工作落实,截至2019年6月底,2018年度全县市场主体年报完成率达98.26%;立案4起,均为吊销公司营业执照,经调查发现西藏相燃商贸有限公司等4家市场主体涉嫌自成立后无正当理由超过6个月未开业,或者开业后自行停业连续6个月以上违法行为,故作出吊销营业执照行政处罚。

【扫黑除恶打非治乱专项斗争工作】 2019年,县市场监督管理局加强组织领导,成立由一把手任组长的扫黑除恶打非治乱专项斗争领导小组,结合工作职责制定《墨脱县市场监督管理局2019年扫黑除恶打非专项斗争实施方案》。结合日常市场监管工作,对各市场主体进行宣传和摸排,全年共摸排各类市场主体1100余户,发放宣传资料1800余份,宣传人数达2200余人次,开展"扫黑除恶打非治乱"小课堂活动240余次,参与群众500余人次,未接到投诉举报电话、举报信。

【商标战略】 2019年,县市场监督管理局为更好地推动"科技兴农、品牌兴农"工作,促进墨脱县品牌战略应用与推广,实现特色产品利用品牌效果推动市场发展。经人民政府同意,积极开展"墨脱红米""墨脱石斛""墨脱花椒""墨脱红茶""墨脱绿茶"作为地理标志商标申报工作。同时积极与县政府和各乡政府沟通,引导县农机站和农牧民合作社等申请注册商标。截至2019年底,全县已注册商标80件,待审中商标63件。

(李明玲)

【机构领导】
墨脱县食品药品监督管理局
局　　长
　　格桑巴珠(藏族,3月免)
副主任科员
　　德庆拉姆(女,门巴族,3月免)
稽查队队长
　　白玛益西(门巴族)

墨脱县工商管理局
局　　长
　　次仁顿珠(藏族,3月免)
副局长
　　耿海龙(3月免)
墨脱县市场监督管理局
局　　长
　　次仁顿珠(藏族,3月任)
副局长
　　张　凯(5月任)
二级主任科员
　　李光辉(3月任主任科员,6月套转)
四级主任科员
　　德庆拉姆(女,门巴族,3月任副主任科员,6月套转)
稽查队队长
　　白玛益西(门巴族,3月任)

# 墨脱县城市管理和综合执法局

【概况】 2019年3月22日,根据《中共墨脱县委办公室墨脱县人民政府办公室关于印发〈墨脱县机构改革方案〉的通知》精神,墨脱县城市管理和综合执法局正式挂牌成立。

【党建工作】 2019年8月3日,在县直工委的指导下,墨脱县城市管理和综合执法局完成了支部成立和支部委员选举。8—12月,党支部组织党员干部开展集中学习8次,业务知识和理论学习4次,召开专题生活会1次。同时,将"不忘初心、牢记使命"主题教

2019年6月3日，墨脱县委副书记、常务副县长李斌（前）带队相关部门开展违法建筑强制拆除联合执法行动

育学习纳入日常学习安排，每周定期开展学习。

【工会工作】 2019年，根据墨脱县总工会通知要求，墨脱县城市管理和综合执法局、外事办联合成立墨脱县城管应急外事办联合工会委员会。2019年6月26日，墨脱县城管应急外事办联合工会委员会召开第一会议（代表）大会，选举产生了墨脱县城管应急外事办联合工会委员会第一届委员会兼职主席，墨脱县城管应急外事办联合工会委员会第一届经费审查委员会兼职主任，墨脱县城管应急外事办联合工会委员会第一届女职工委员会兼职主任。10月29日，组织环卫工人和工会会员共36位寿星在城市管理和综合执法局会议室过集体"生日宴会"，通过这样的方式表达对广大环卫劳动者的敬意，让每一位环卫工人都能感受到家和社会的温暖，并以此呼吁社会给予他们更多的关爱与尊重。

【市容市貌治理】 2019年，墨脱县城市管理和综合执法局针对流动商贩屡禁不止的情况，规范菜市场、东布路、金珠路、致富路、双拥路、水仙花路市场秩序，引导墨脱村、亚东村村民销售蔬果摆放地点。排查辖区内违规设立的户外广告，对未经审批、占用公共用地、存在安全隐患的户外广告进行规范，对城市牛皮癣、乱涂乱画进行全面清理。劝诫出店经营、占道经营92起，拆除擅自设立、破旧、存在安全隐患的各类户外广告25块，清理广告布50条。协调县住建局等相关部门，拆除县城地质灾害区域违规搭建建筑42栋。依法拆除县城莲花小区、兰花楼、水仙花小区等私搭乱建房屋21栋。开展"僵尸车"专项清理整治行动，清理僵尸车19辆，机动车13辆，非机动车6辆，进一步营造整洁、通透、有序的城市环境。

【城市卫生】 2019年，墨脱县城市管理和综合执法局在环卫工人日常清扫和机械作业的基础上，垃圾处理做到日产日清。全年开展县城垃圾死角专项整治2次，清理死角垃圾30车次。开展团结楼、莲花小区、兰花楼、公园等绿化带修剪及杂草清理工作6次，累计出动环卫人530人次，出动垃圾清理车110台次，清理生活和建筑垃圾23吨。6—12月，城市日常垃圾清洁工作累计出动环卫工人4340人次，出动垃圾运输车560台次，扫地车35台次，洒水车51台次，运输垃圾1425.93余吨。

（宁继平）

【机构领导】
局　长
　　杨　林　鑫（土家族，7月任）
副局长
　　边巴次仁（藏族，3月任，3—6月主持工作）
　　张　正　长（6月任）
二级主任科员
　　扎西平措（门巴族，6月任主任科员，9月套转）

# 国家税务总局墨脱县税务局

【概况】 2019年，国家税务总局墨脱县税务局全面贯彻落实墨脱县委、县政府和上级机关工作部署，围绕全面实现税收现代化的奋斗目标，坚持稳中求进的工作总基调和"干在实处、追求卓越"的核心价值理念,以改革攻坚为主线,以稳步提高组织收入质量和优化组织收入结构为中心,大胆创新、统筹推进各项工作。2019年,墨脱县税务局共有在编干部12名(含1名8月新招录人员),设有1个内设机构办公室,级别为股级。

【依法组织税收收入】 2019年,墨脱县税务局始终坚持"依法治税,应收尽收,坚决不收过头税"的组织收入原则,以组织税收收入为中心,强化税收分析,对重点税源进行监控,主动把握税收分析预测规律,通过加强收入分析、组织领导、完善与县直各部门信息共享机制、建立完善辖区内工程项目台账、实施动态监控,提高税源把控度和税收收入预测准确率。2019年,墨脱县税务局共组织各项税收入库(不含非税收入)5293.38万元,比上年同期增收957.54万元,同比增长18.09%;征收社会保险费7297.85万元。

【减税降费】 2019年,墨脱县税务局把减税降费作为重点工作,认真组织落实各项优惠政策,切实增强纳税人的获得感。成立减税降费领导小组,根据市局统一安排部署各项减税降费工作,制定计划,认真落实。加强优惠政策宣传,及时组织干部职工传达学习相关政策,开展政策宣传工作,通过举办培训班、发放宣传手册、上门宣传、微信平台宣传等措施,确保政策宣传覆盖面达到100%。认真落实起征点提高、小微企业优惠政策、普惠性优惠政策以及个税免征额提高等项优惠政策,并按照市局要求开展自查,及时进行整改纠正,确保优惠政策落实到位。核实由于政策滞后导致多征税款的纳税人户数、金额等数据,全面开展退税抵税工作,2019年底已完成所有税款的退抵工作,保护了纳税人的合法权益。及时向县委、县纪委等部门领导汇报减税降费工作开展进度,接受外部监督,确保政策落实到位。

2019年3月20日,墨脱县税务局局长巴桑次仁(左)向县委书记旺东(右)汇报减税降费政策落实情况

【推进社保费征管职责划转】 2019年,墨脱县税务局建立起由主要领导负总责,分管领导抓落实,系统齐推进的工作机制,细化工作任务清单,落实基础数据核对清理、制定费款征收流程、组织宣传培训辅导等各项工作,确保高质量完成划转征收工作。坚持问题导向、结果导向,把责任分解落实到岗、到人,以严格责任倒逼工作落实,确保工作成效。同时积极协调人社、医保、财政、农行等相关部门,通过召开专题会议、微信群沟通等方式,主动对接经办部门,打破部门壁垒,整合双方力量,发挥各自优势,确保业务政策全流程合作的无缝对接。加强上下联动,强化分类指导,细化工作任务,集中基层业务骨干,逐地、逐户、逐人攻坚,有效提升干部政策业务能力。在社会保险费征管职责划转时间紧、征收压力大的情况下,始终牢牢把握"稳"字当头的工作原则,严守划转改革工作纪律,在宣传口径、工作步骤、舆情引导等方面与总局、区局和市局保持高度一致,坚决执行"不得擅自集中清理企业历史欠费"的纪律,稳定缴费方式、稳定缴费人信心、稳定社会经济预期。同时严格落实社保降率政策,坚决做到应享尽享,全力保障缴费人合法权益。

【优化纳税服务】 持续落实便民办税春风行动。2019年,墨脱县税务局通过加强税法宣传及咨询辅导,尤其是税收优惠政策的宣传,提高纳税人税法遵从度。提高前台人员业务能力和综合素质,打造一支政治坚定、业务过硬、作风优良、纪律严明的高素质税务干部队伍;按照市局统一部署,认真开展纳税信用等级评定工作,主动公开,接收意见,逐步完善评定工作程序内容,努力创造客观公正的评定环境。

开展第28个税法宣传月工作。在第28个税收宣传月活动中,紧扣"落实减税降费、促进经济高质量发展"主题,积极开展税法宣传走基层、下企业、进校园一系列税收宣传活动。深入林芝墨脱茶业公司、石锅专业合作社和达木乡竹藤加工专业合作社、辖区民族特色企业开展税收宣传,创新宣传方式,将减税降费政策之内容改编成快板说唱,为墨脱县高原有机茶的采茶工和游客送去一场别开生面的税法宣传活动。

推进网络办税。大力推广网上办税,实现申报缴税、抄报认证、制度备案等日常涉税事项快速办理。将电子税务局推广应用纳入全局重点工作议程,按照相关工作部署要求,及时排工期、定责任、抓落实,形成整体工作合力,提升电子税务局的推广率。2019年,共263户纳税人注册电子税务局,同时开展了对纳税人使用电子税务局的培训指导工作。持续开展自然人客户端推广应用工作,通过电话指导、现场培训、媒体宣传等手段,扩大纳税人使用面,确保纳税人掌握和运用自然人客户端申报业务,以便纳税人足不出户就能完成数据录入和申报纳税事项。

【风险管理】 2019年,墨脱县税务局加强风险识别和防控工作,针对不同的风险点采取了风险提醒、约谈、下户检查等项措施,确保各项风险防控收到实际成效。

全年共推送各类风险纳税人28户,其中高风险纳税人0户、中风险纳税人3户、低风险纳税人25户,已完成风险管理全流程的纳税人28户,针对实际有问题的纳税人查补税款489.11万元。同时,积极开展销售额超标准的增值税一般纳税人认定工作,规范其财务核算,规范其增值税专用发票的开具和取得,并加强增值税专用发票的监控。

(刘晓艳)

【机构领导】

局　长
　　巴桑次仁(藏族)
副局长
　　布　锋　玲(藏族,4月免)
　　纪　　翔(4月任)
专职纪检监察员
　　黄　婵　娟(女,4月任)

## 墨脱县气象局

【概况】 墨脱县气象局负责本行政区域内的气象服务及防灾减灾工作和气象事业发展规划、气象业务建设的组织实施;气象活动的指导、监督和行业管理;依法保护气象探测环境;本行政区域内的气象探测、预测预报、生态观测工作;管理本行政区域雷电灾害防御工作,开展雷电防御装置的设计审核、施工监审和竣工验收工作,并定期对该区域内的易燃易爆场所进行防雷监管工作;本行政区域气象行政执法,组织开展气象法制宣传教育工作。2019

2019年5月10日,墨脱县税务局税收人员在茶园开展税收宣传工作

2019年8月13日，墨脱县气象局联合应急管理局、农业农村局等部门在背崩乡德尔贡村开展气象防灾减灾应急演练

年编制内职工5名（1名国家事业编制、4名为地方事业编制），其中工程师3名；其中正式党员4名，入党积极分子2名，大学生临时工2名，实有在岗职工8名。

【气象概况】 2019年气候特点：年平均气温为17℃，与历年同期值相比正常；年极端最高气温为37℃，出现在8月26日；年极端最低气温为2.2℃，出现在1月5日。年降水总量1854毫米；降水主要集中在3—10月，占全年降水的94%。

【党建工作】 深入学习党的十九大精神和习近平新时代中国特色社会主义思想，不断提高干部职工理论素养和政治素质，树立"四个意识"，坚定"四个自信"，做到"两个维护"始终在政治立场、政治方向、政治原则、政治道路上同党中央保持高度一致。

结合"不忘初心、牢记使命"主题教育，组织干部职工学习《中共中央关于加强党的政治建设的意见》《关于加强和改进中央和国家机关党的建设意见》，通过支部组织观看《惊天动地》《一生誓言》《永远在路上》《从严治党在西藏》等影片，增强我局干部职工担当意识，奉献意识；通过组织学习上级和墨脱县县委政府下发的违纪通报，让干部职工清晰的认识到，在什么地方、什么方式、什么形式等容易犯错，值得铭记和注意防范。

开展廉政文化活动，提高反腐意识。通过支部组织安排每月数名党员讲党课，强化廉政教育，紧紧围绕学党章党规、学系列讲话。主题党日组织全体党员4.5清明节参加烈士陵园扫墓活动，不忘初心，提高党员廉政意识、廉洁自律，营造自身清正、清廉、清明的合格党员。国庆节参加县委县政府组织的升国旗·唱国歌活动，我局组织全体干部职工集中观看国庆大阅兵。结合第二批"不忘初心、牢记使命"主题教育活动部署，我局组织干部职工到爱国教育基地进行"缅怀先烈、铭记历史"的扫墓活动。

第二十四个党风廉政建设宣传教育月活动，参观墨脱县警示教育基地，并重温入党誓词，此次活动增强了党员干部践行"两个维护"的思想和行动自觉；教育引导党员干部讲规矩、守纪律、敢担当、务实效、谋发展、作表率；大力营造风清气正的政治生态环境。

【综合气象业务】 年初受降雪天气的影响，嘎隆拉山附近发生多次雪崩，我局启动应急响应，制作了道路结冰、交通专报等气象保障服务工作。编制了墨脱县2019年决策气象服务周年方案及农业气象服务周年方案，并更新了全县各部门气象预警信息接收责任人50个、西藏自治区突发事件预警信息接收人174个、县级公服平台接收人384个。对外开具气象灾害证明3期。

【重大气象服务】 进入主汛期以来，墨脱大部出现了大范围的强降水天气，部分乡镇多次出现大到暴雨，其中7月11日背崩75.4毫米，突破7月有历史资料以来的日降水极值（2018.7.17/23.9mm）。连续的强降雨导致波墨公路和农村公路沿线多处发生塌方、滚石等地质灾害，玉米、水稻等农作物出现严重虫灾。我局业务人员坚持24小时值班制度密切监测天气变化，多次联合县水利局、县自然资源局、县应急管理局发布山洪地质灾害预警；联合人保公司、农业农村局下乡开展灾情调查工作，收集灾情信息及时归纳到灾情数据库。通过"直通式"气象服务到背崩乡背崩村檫曲卡茶园、江新热带水果基地、墨脱镇水稻田地开展农情调查，与农牧部门电话会商共享服务产品服务于公众。积极应对强降雨，做好气象服务，得到县级领导高度重视。县委书记旺东同志作了重要批示："连日来持续出现强降雨天气，请气象局密切关注天气变化及时发布预报预警信息，做好防范工作"。

2019年为波墨559线项目部提供墨脱、波密每日天气预报322期，对项目工程安排起到重要作用。根据深度推进军民融合要求，截止目前，发布决策专报56期、每日天气实况短信53期、每日天气预报1050条，为当地部队开展军事演练等活动提供了气象服务保障。

【防雷安全监管】 2月初对全县易燃易爆场所开展防雷安全监管，仔细抽查了中石油莲花加油站和利民加油站，对是否取得防雷装置检测报告，是否建立防雷装置维护保养、定期委托检测、安全教育培训、安全管理制度等情况进行一一检查，对发现的隐患及时责令整改。通过"一网通办"政务服务平台网上办理了县液化气站防雷设计施工手续；建国70周年大庆前期，对我县所有易燃易爆场所进行了防雷安全监管，对不合格的单位下整改通知书并督促限期整改。

【气象地面观测站实现全覆盖】 2019年，县气象局联合县自然资源局、林草局等相关部门完成了7乡1镇地面天气站选址等工作，县气象局工作人员克服了高温高湿、蚊虫叮咬等恶劣环境条件下完成了设备安装、调试运行等工作，最终在8月底完成背崩乡镇德尔贡村站、德兴乡德果村站、帮辛乡根登村站、达木乡卡布村站、格当乡桑珍卡村站、达木乡52K站等6个气象站建设任务。2019年底，全县共有10个自动气象站，所有站点运行正常。

【气象军民融合发展】 2019年，县气象局联合县自然资源局、林草局等相关部门完成了边境地面气象自动站选址、县气象局工作人员克服种种困难完成基础建设、安装设备、调试运行等工作，最终在8月底完成了背崩西让村站投入运行正常。为当地部队开展边防巡逻、军事演练等活动提供了气象服务保障。积极"争做圣神国土守护者、幸福家园建设者"、"做守土固边的忠诚卫士"。

【气象现代化建设】 1月墨脱国家气候观象台正式获中国气象局发文批准。10月成功获得《中国气象局墨脱大气水分循环综合观测野外科学试验基地》称号。

（陈 萍 王 挺）

【机构领导】

副局长

扎西索郎（藏族）

索　朗（藏族，5月任）

# 墨脱县林业和草原局

【概况】 墨脱县林业和草原局（自然保护区管理局）为正科级单位，内设森林公安局、林业工作站2个部门。2019年有正科职数1名、二级主任科员1名、副科2名、四级主任科员3名。

【自然保护区】 1985年，设立自治区级墨脱自然保护区。1986年，经国务院批准，墨脱自然保护区升级为国家级自然保护区，总面积为6.26万公顷。2000年，墨脱自然保护区扩界更名为雅鲁藏布江大峡谷国家级自然保护区，涉及巴宜区、米林县、波密县和墨脱县，总面积达91.68万公顷（墨脱县涉及55.75万公顷）。

【森林资源】 墨脱县地处国家重点生态功能区和雅鲁藏布大峡谷国家级自然保护区内，林地面积252.93万公顷，林木绿化率为81.18%，活立木总蓄积量5.65亿立方米。国家重点保护动物不少于85种，高等植物3000多种，野生兰科植物200余种，墨脱特有植物170余种。

【森林资源保护】 2019年，县林业和草原局牢固树立绿色发展理念，坚持生态保护优先，坚持把保

2019年3月21日，墨脱县林业和草原局、自然保护区管理局举行揭牌仪式

护环境作为底线、红线、高压线，坚定不移地加大森林资源保护力度，筑牢生态安全屏障。加强各乡（镇）公益林专业管护员管理，制定专业管护站工作制度、专业管护员巡查日志和考核管理办法，使专业管护队伍更加制度化、规范化、专业化。加强乡村护林员和管护队长管理，紧紧依靠当地群众保护森林资源，专业管护员、乡村护林员和管护队长共同开展森林资源保护工作，基本形成"职责明确、分工合理、协同配合"工作机制，确保在保护森林资源中发挥积极作用。

【林下资源管理】 2019年，由县林业和草原局、司法局、农业农村局、公安局、达木珞巴民族乡工作人员组成的虫草采集管理小组在80K开展蹲点检查管理工作，深入贡日村及公路沿线开展宣传活动，悬挂横幅5张，发放宣传单100余份，办理采集证、收购证共78份，联合群众开展巡逻57天26人次，劝返外来群众112人。

【创建国家森林城市建设】 2019年，县林业和草原局组织人员到墨脱镇墨脱村、玛迪村和米日村，达木乡达木村，格当乡格当村、布龙村、占根卡村、桑珍卡村和多龙岗易地扶贫搬迁点实地调研，了解村庄绿化、公共绿地、森林乡村建设等情况。召开交流座谈会，成员单位和实施方案编制单位共33人参会，明确了工作责任、工作措施。发放创建国家森林城市宣传册115本，受教干部群众160余人，引导干部群众积极参与创森、宣传创森、建设创森。

【林业执法】 2019年，县林业和草原局积极开展保护森林资源严打专项整治活动，重点打击盗伐、滥伐、捕杀、买卖、运输贩卖野生动植物及其产品等违法行为，组织执法人员检查过往车辆1万余次，深入乡（镇）和村庄开展林政执法50余次。同时与县普法办开展法制宣传活动，分发森林防火、野生动植物保护、《墨脱县公益林管护办法（试行）》等林业相关法律法规宣传册1000余份，受教群众1200余人。

【国土绿化】 2019年，墨脱县实施2017年小康村建设植树造林项目，总投资28.1万元，完成投资8.43万元，在格当村种植苹果、桃树和李树共0.39万株，折算造林面积46.2亩；实施2018年小康村建设植树造林项目，总投资84.27万元，完成投资25.281万元，在达木乡达木村、贡日村和墨脱镇米日村种植苹果、桃树、李树和香樟共1.11万株，折算造林面积129.8亩；实施2019年庭院经济建设项目，总投资258.13万元，采购蜜柚、枇杷等果树5.04万株，折算造林面积681亩，涉及墨脱镇、德兴乡、背崩乡、达木乡、格当乡共17个村庄，惠及1011户4504人，已完成种植任务；开展白木香试种，由中国药学科学院药用植物研究所海南分所提供白木香1500株，在墨脱村、德兴村、达木村、江新村和格当村种植1500株，与中国药学科学院药用植物研究所海南分所和西藏奇正藏药股份有限公司签订三方合作协议，推动白木香试种和后续开发工作；实施墨脱县搬迁点造林绿化工程项目（珠村、朗杰岗），总投资521.49万元，已拨付资金100%，该项目已完成验收工作。

【森林防火暨安全生产】 2019年，县林业和草原局明确分别与各乡（镇）签订《保护发展森林资源目标责任书》和《森林防火目标管理责任书》16份，修订完善了《墨脱县处置森林火灾应急预案》和《防扑火应急预案》，制定了2019《森林防火隐患排查工作方案》。全年开展火险隐患排查100余次，出动人员300余人次。组织专业管护员、管护队长、乡村护林员和生态岗位共900余人，对公路沿线、森林周边、村边等地枯枝落叶进行清理，出动车辆50余次，检查70余次，清理可燃物1.8吨左右。全年发放望远镜5个，扑火组合工作50套，背水袋（水枪）300个，移动蓄水池5个，防火服装300套，巡逻摩托车16辆。

【野生动物保护】 2019年，全县广大干部群众通过实际行动开展野生植动物保护工作，进一步提高保护野生动植物意识，能够做到关爱自然、保护自然，促进人与动植物和谐相处，共建生态文明、共创美丽家园。3月7日，达木乡贡日村林业管护员救助一只赤麂。

【惠农政策】 2019年，墨脱县公益林补助资金到位3018.68万元，兑现公益林补助资金2284.81万元，其中人均补助1602.61元。兑现51名管护队长及2172名乡村护林员上半年工资682.2万元，受益户数2485户、受益群众10556人。2019年，兑现前一轮退耕还林补贴资金124.9963万元（2006年退耕还林工程），受益户数1136户，受益群众5187人。

【林业扶贫】 2019年，墨脱县落实上半年生态补偿脱贫岗位3489人，兑现补助资金609.6976万元；下半年生态补偿脱贫岗位1806人，兑现补助资金315.6984万元。全年共计兑现补助资金925.396万元。

【林业项目建设】 2019年，墨脱县完成林芝市林业有害生物综合防控体系项目，总投资218.38万元，资金拨付率达100%，该项目已完成验收。墨脱县格当乡下那巴回迁点绿化工程项目，总投资480.89万元，资金拨付率达100%，该项目已完成验收工作。墨脱县苗圃基地建设项目（一期工程），总投资314.86万元，位于背崩乡江新村，资金拨付率达85%，该项目已完工，待验收。墨脱县苗圃基地建设项目（二期工程），总投资638.72万元，资金拨付率达100%，该项目已完工建设，待验收。

【政务服务】 2019年，县林业和草原局共认领事项12项，其中公共服务类5项，行政许可类3项，行政确认类1项，行政裁决类2项，其他行政权力类1项，同时完成事项相关内容录入工作，并予公布。认领监管事项子项14项，完成电子证照录入1个。全年累计完成行政权力服务188件，公共服务3489件。

【党建工作】 2019年，县林业和草原局严格落实"一岗双责"制度、"三会一课"制度，持续推进"两学一做"学习教育，认真开展"不忘初心、牢记使命"主题教育活动，积极开展支部主题党日活动。全年共组织学习51次，讲党课3次，开党员大会10次，组织党员活动10余次，开展批评与自我批评并进行民主测评2次，支部党员参加率达90%。全年共收缴党费1394.9元，

2019年10月16—18日，林芝市林业和草原局党组书记、副局长郑都（右二）一行3人在墨脱镇、德兴乡、背崩乡和格当乡开展"不忘初心、牢记使命"主题教育调研活动

发展正式党员2名、预备党员1名。

(达瓦卓玛)

【机构领导】

县林业局

局　长

　　白玛扎巴(藏族,3月免)

主任科员、森林公安局局长

　　白玛旺前(门巴族,3月免)

森林公安局副局长

　　殷国田(3月免)

县林业和草原局局长、二级主任科员

　　格桑巴珠(藏族,3月任,11月套转)

森林公安局局长、二级主任科员

　　白玛旺前(门巴族,3月任,11月套转)

副局长、自然保护区管理局局长

　　张鹏飞(3月任)

森林公安局副局长

　　殷国田(3月任)

## 中国电信集团公司墨脱电信分公司

【概况】 2019年,中国电信集团公司墨脱电信分公司位于墨脱县金珠路47号,于2009年6月15日在林芝市工商行政管理局注册成立。公司主要经营电信网络与设施(含本地无线环路)业务,通信及信息业务相关的系统集成、技术开发、技术服务、信息咨询、广告等业务。2019年,在县委、县政府领导的关心支持下,中国电信集团有限公司墨脱县分公司深入贯彻落实党的十九大精神,坚定履行维稳保通政治责任,持续深化体制创新,强力实施公司各项主要任务工作,努力推进全业务有效益规模发展,面向农牧区和农牧民提升基本公共服务水平,切实解决人民最关心最直接最现实的利益问题,让各族群众共享改革发展成果。2019年,墨脱县电信分公司业务收入完成922.90万元,移动用户达6626户,宽带用户达2832户。越级投诉、群体性投诉、重大投诉、媒体曝光等保持了零纪录。

【业务营销】 2019年,墨脱县电信分公司通过不断深化改革推进划小承包体系及倒三角支撑体系建设,紧紧围绕收入、双规模发展、新兴业务发展,加强全渠道销售组织实现有效发展。认真贯彻落实区、市两级公司各项营销政策,全面推进5级划小承包,实现承包社区内直销、营业、装维人员整合联动,渠道建设、宽带攻防、存量经营、营维合一的统筹协同运营,社区清单化销售体系的初步建立和运营。建立实名制稽核稽查问责机制,不断优化完善系统支撑能力,确保用户实名登记信息的真实性、准确性、可溯源,实名制工作较上年有了较大改观,树立了良好的企业形象。

【业务开展】 墨脱县辖区共有46个行政村,无线网络共建设4G800M基站31个,1.8G基站10个,2.1G基站1个,46个行政村4G信号已覆盖37个行政村,覆盖率80.43%;卫星基站已覆盖全县所有行政村,光宽完成30个行政村覆盖,覆盖率达65.21%。根据分公司建维部安排,墨脱县的进展顺利,截至2019年底,普遍服务项目已开通4个行政村。

(邓勇)

2019年12月15日,墨脱县电信分公司组织员工开展"不忘初心 牢记使命"主题教育党建学习活动

【机构领导】

局　长
　　邓　勇

## 中国移动通信集团西藏有限公司林芝市墨脱县分公司

【概况】 年内，中国移动通信集团西藏有限公司林芝市墨脱分公司学习贯彻习近平新时代中国特色社会主义思想，以"不忘初心、牢记使命"主题教育为契机，以加强党的建设为统领，以构建基于规模的价值经营体系和高效协同的组织运营体系为路径，坚定区公司和市公司的发展战略要求思想精神不动摇，为墨脱县提供一流通信及信息化服务。2019年，墨脱县分公司共有员工人数7名，其中，总经理1名，集团客户经理2名，渠道管理人员2名，全业务技术支撑人员2名，平均年龄在28岁。下辖各营业厅、服务点共11个。

【业务经营】 2019年，墨脱县分公司完成运营收入约1000万元，市场份额从2018年的47.6%提升到2019年的49.28%，拥有客户6220余户，累计发展家宽用户1746户。

【网络服务与业务服务双领先】 2019年，墨脱县分公司物理基站数56个，2/4G网络全覆盖行政村数为40个，光缆通达行政村为42个。为更好地服务管辖类城市及农村的客户，以"网络服务与业务服务双领先"为标准，紧紧围绕"客户为根、服务为本"的理念，利用电普项目工程新建基站、光缆传输、优化网络资源、家宽预覆盖建设，巩固网络发展，广大客户对移动网络感知得到明显提升。全年在辖区内组织开展地推服务280余次，走访、维系集团41家，开展农村驻点服务100余次，累计3800客户享受到了现场办理业务、现场移动手机号新开户、现场办理家庭宽带等方便快捷的服务，赢得了新老客户的一致好评与信赖。

2019年5月16日，中国移动墨脱县分公司技术支撑人员现场抢修光缆传输

【巡检巡查】 4月24日4时15分在西藏林芝市墨脱县发生6.3级地震，震源深度10千米。经过核查，本次地震未对当地移动通信网络造成影响。地震发生后，中国移动西藏公司协同林芝分公司从墨脱县和米林县抽调12名全业务支撑人员和网络代维人员，于4月24日7时到震源所在地，对周边区域的移动通信基站、机房设备、传输光缆进行巡检巡查，切实排查因地震带来的消防隐患和通信设施设备安全隐患。截至24日，中国移动西藏公司累计出动保障人员12人、应急通信抢修车4辆，巡检基站56个，巡检光缆线路64公里。经过巡检核实，震源周边的60余个光传输基站和2个卫星通信基站均正常工作。

（阿　旺）

【机构领导】

经　理
　　阿　旺（门巴族）

## 中国邮政集团有限公司西藏自治区墨脱县分公司

【概况】 年内，中国邮政墨脱县分公司认真贯彻上级公司经营服务工作会议精神，以"突出重点抓经营、持续健康促发展、做大做强代理金融类业务、坚持规范化运作"为工作方针，全力推进专业化经营改革，制定具体工作措施办法和竞赛活动方案，以优化结构、提高效益、提升服务质量为目标，进一步明确发展重点、调整激励政策、优化资源配置、创新营销模式，强调抓住传统业务不放松，继续加大储蓄、函件等业务发展力度，做大做强代理保险业务，在狠抓管理、拓展市场与控制成本上做文章，充分调动职工积极性，提高企业竞争力。圆满地完成了市分公司下达的总任务。2019年，中国邮政墨脱县分公司有正式职工6名，劳务工人4名，下辖外包营业厅17个。

2019年8月17日，中国邮政墨脱县分公司员工利用周六休息时间到背崩乡边防部队收寄邮件

【经营指标】 2019年，中国邮政墨脱县分公司总收入完成160.17万元，比上年同期增长34.6%。

【金融类业务】 2019年，中国邮政墨脱县分公司金融类业务完成70.45万元，比上年同期增长4.31%，其中，代理储蓄收入70.17万元，比上年同期增长4.2%；汇兑收入0.05万元，比上年同期增长-59.68%；代理保险收入0.23万元，比上年同期增长215.89%。

【邮务类业务】 2019年，中国邮政墨脱县分公司邮务类业务完成42.52万元，比上年同期增长245.85%，其中，函件收入6.8万元，比上年同期增长629.07%；普包收入1.71万元，比上年同期增长3.16%；集邮收入15.69万元，比上年同期增长3144.92%；报刊收入18.32万元，比上年同期增长98.67%。

【快递类业务】 2019年，中国邮政墨脱县分公司快递类业务完成16.39万元，比上年同期增长14.89%，其中，标快收入2.75万元，比上年同期增长-9.17%；快包收入13.64万元，比上年同期增长21.38%。

【商品销售业务】 2019年，邮政墨脱县分公司商品销售业务完成1.7万元，比上年同期增长-45.79%。

【分销业务】 2019年，中国邮政墨脱县分公司分销业务完成27.31万元，比上年同期增长37.73%。其中，分销收入26.2万元，比上年同期增长37.73%；增值业务收入1.11万元，比上年同期增长13.67%。

【商品印制业务】 2019年，邮政墨脱县分公司商品印制业务完成1.79万元，比上年同期增长1.95%。

【队伍建设】 2019年，中国邮政墨脱县分公司以提升员工队伍整体素质为目标，网服务标准不断改造优化，服务体系不断创新完善，服务内容和方式不断拓展，服务效率和质量不断提高。认真倾听职工的意见和建议，努力提高职工福利待遇，让职工在企业经营效益提高中享受到实惠。举办各类集体活动，丰富职工的业务生活和精神需求，增强职工的凝聚力和向心力，职工对企业的归属感显著提高。

【制度建设】 2019年，中国邮政墨脱县分公司切实提高企业经营管理风险管控能力，强化基础管理、安全生产、资金票款监管、内控制度等各项基础工作，按照要求对所有储蓄临柜人员和相关人员全部进行强制轮换岗,没有发生过任何安全和资金票款事件。

(白玛次旺)

【机构领导】

副经理

贡嘎拉姆(女,门巴族)

## 中国农业银行股份有限公司墨脱县支行

【概况】 2019年,农行墨脱县支行坚决贯彻落实党的各项方针政策,以总行"六维方略"(一个中心——坚持党的领导,加强各级行班子建设;两个支柱——筑牢业务工作和党建工作;三大定位——坚守服务"三农"、做强县域,突出重点,做优城市,集团合成,做高回报;四大支撑——强化风险管理、人才队伍、科技系统、公司治理;五大能力——增强服务实体经济、案防风险、价值创造、市场竞争和稳健行远;六大转型——推进经营理念、组织结构、盈利方式、业务流程、动力机制和商业模式。)为引领,牢牢把握稳中求进工作总基调,扎实开展"不忘初心,牢记使命"主题学习教育,深入学习党的理论精神,始终坚持以党建促业务经营发展,全力支持打好脱贫攻坚战,主动作为、迎难而上,持续加大金融服务"三农"力度。

【业务基本情况】 各项存款。

2019年1月23日,农行墨脱县党总支书记白玛益西带队全体党员在县五保户供养中心开展慰问活动,为老人们送去了过冬用品及毛巾等日用品,价值6000余元

2019年,县支行各项存款余额达16.9亿元。较年初增加1.8亿元,增长12.00%,其中:对公存款余额达14.3亿元,较年初增加1.8亿元,增长14.32%,个人存款余额达2.5亿元,较年初增加106万元,增长0.41%。

各项贷款。2019年,县支行各项贷款余额达4.7亿元,较年初增加2.2亿元,增长88.54%,其中:对公贷款余额2.4亿元,较年初增加2亿元,增长549.87%;个人贷款余额达2.4亿元,较年初增加0.2亿元,增长9.16%(其中涉农个人贷款余额为12601万元,较年初增加496万元,增长4.10%;建档立卡贫困户贷款余额达781万元)。

【党建工作】 2019年,县支行党总支制定了《农行墨脱县支行2019年度党建工作计划与方案》《农行墨脱县支行2019年度党风廉政建设工作考核方案》等规范性制度,为"两学一做""三会一课"等各项工作开展提供指引,在全行范围内开展"学习原著、分享心得、指导实践"大学习、大讨论活动,先后召开集中学习32次、党风廉政建设专题学习8次、扶贫领域知识学习13次,上报各类动态120期。

严格落实"三会一课"制度,保证党的组织生活规范化,召开支委会13次,党员大会4次,县支行党总支书记在县支行上党课2次,上党风廉政建设专题党课1次,组织人员到辖内背崩二级支行上党课2次。

定期组织案例警示教育集中学习活动,组织全体员工收看"全面从严治党在西藏"专题教育片1次、到墨脱县警示教育基地参观1次,切实提升员工防腐拒变意识与能力。

狠抓党员队伍的建设,开展了"忆苦思甜"加热萨流动金融服务活动、"不忘初心,牢记使命"迎七一系列主题党日活动、八一走访部队党日活动、国庆升国旗观阅兵等，既提高了党员理论联系实际的能力，又强化了党员干部的先锋模范作用，为普通员工树立了鲜明的引领旗帜。2019年，县支行共有党员11名，预备党员转正1名，发展入党积极分子5名。

【业务工作】 2019年，县支行累计更换柜面设备5台，更换添加大堂超级柜台2台，完成网点广告墙、灯箱等装修1批次，完成ETC营销业务笔数360余笔，进一步推进数字化转型网点建设工作。

【金融扶贫及服务三农】 2019年，县支行开展金融流动服务160余人次，覆盖了墨脱县7乡1镇46个行政村的每一个角落。多次组织开展以"精准扶贫""慰问孤寡老人"为主题的党日活动，组织党员先锋队深入易地扶贫搬迁村落和贫困家中，查实情、了民意，积极宣传扶贫政策和金融知识，实地掌握金融服务需求，带头捐助财物，帮扶搬迁贫困户提升生产能力。

与墨脱县域7乡1镇46个行政村合作开展金融扶贫信贷工作，发挥乡政府、村委会信息优势，增强合作关系，实现优势互补，良性互动。在各村的大力支持下，县支行的金融扶贫工作及金融知识宣传活动得到顺利开展，墨脱县农村信用体系建设进一步提升，墨脱县连续三年被评为3A级信用县。

为帮助本地特色产业墨脱县茶叶公司扩大种植产能，成功发放微捷贷100万元。同时，积极帮助小微企业及产业扶贫项目扩大规模，辅助强化上下游产业链，创造更多就业岗位，带动本地农牧民及贫困户增收致富。

积极落实总分行互联网金融服务三农"一号工程"决策部署，借助互联网"三农"金融服务平台"惠农e通"，大力推介"惠农e贷"网络融资、"惠农e付"支付结算、"惠农e商"农村电商。截至2019年底，累计评定掌上银行村14个。

（王鸿源）

【机构领导】
党总支书记、行长
　　白玛益西（藏族）
纪检委员
　　扎西江措（门巴族）

## 墨脱县供电有限公司

【概况】 年内，墨脱县供电有限公司在各级党委、政府的正确领导下，在国网林芝供电公司的大力支持下，以习近平新时代中国特色社会主义思想为指导，深入学习贯彻国网西藏公司、林芝供电公司重大决策部署，以强化"三基"（基层、基础、基本功）为前提，以强化执行为保障，以农电体改革为主线，坚持问题导向和目标管控，提升专业化管理水平。坚定改革目标，坚持发展道路，深化"全能型"供电企业建设，高质量、高效率完成全年各项目标任务。墨脱供电有限公司负责墨脱县7乡1镇的城乡供电、电网建设、电力市场运行等工作任务，供电客户数量3966户，供电人口数量14040余人。2019年县供电公司职工人数44名。全年完成发电量1666万千瓦时。

【安全生产】 2019年，墨脱供电有限公司完成"两会"、"三大节日"、"新中国成立七十周年大庆"等重要活动期间保电任务，累计安全保供电17次，出动应急发电机共15台次、人数72人次。积极开展隐患排查及设备消缺，共完成用户隐患排查治理重大隐患106处。组织开展"迎峰度冬"和"迎峰度夏"及春季、秋季安全大检查工作及"电力安全进学校"、"电力安全进企业"等电力安全宣传活动，发放宣传页和书籍12类、460余份。开展安全教育培训5次、安规考试12次，确保电网安全、稳定、可靠运行。

【电力生产】 墨脱县亚让水电站因2018年10月17日雅鲁藏布江形成堰塞湖，造成水淹厂房灾害。灾情发生后，申请国网西藏自治区电力有限公司批复救灾资金931.31万元用于电站大修。2019年5月，亚让水电站灾后大修工程全面启动，12月底亚让电站完成灾后重建任务，电站恢复正常运行。积极助力脱贫攻坚，对无电村和易地搬迁进行电力设施建设和改造，共计完成全县20个村庄的通电任务；积极配合完成县城亮化工程、厕所革命等电源接入工作；申报"三区三州"（三

2019年11月9日,墨脱供电公司党员服务队在阿仓村帮助村民进行茶苗种植工作

区三州的"三区"是指西藏、新疆南疆四地州和四省藏区;"三州"是指甘肃的临夏州、四川的凉山州和云南的怒江州,是国家层面的深度贫困地区)项目8个,审批项目资金18640.07万元,有力推进了墨脱电网的发展进程。

【营销服务】 2019年,墨脱县供电有限公司坚持"人民电业为人民"的企业宗旨,业扩报装、抄表收费、计量管理、用户工程等全面向国网标准靠拢,落实"一口对外、首问负责、一次性告知、限时办结"的工作要求,规范投诉受理,建立运检投诉、服务投诉通报机制,加强营销人员培训,杜绝低层次服务投诉发生。

【党的建设】 本年继续加强队伍建设,在党员管理、思想和意识形态教育上狠下功夫。组织学习十九大精神,学习党章党规等理论知识。争取经费将会议室改造成党员活动室,为公司提供党组织开展党员教育、党员提升党性修养的重要阵地。规范基本台账,逐步做到开展的工作有资料可查,有记录可寻,有照片可看。获得了"青年文明号"、"青年岗位能手"、"安全生产先进集体"、"民族团结模范集体"等荣誉。

(白玛玉珍)

【领导名录】

党支部书记、董事长、经理
　　唐　磊
党支部副书记、副经理
　　付崇权(仡佬族)
副经理
　　饶德建

# 乡（镇）概况

## 墨脱镇

【概况】 墨脱镇位于县城所在地，总面积1050平方公里，平均海拔1200米，东与察隅县相邻，南与背崩乡相接，西与德兴乡隔江相望，北与达木珞巴民族乡毗邻。辖区属亚热带湿润气候，冬季温暖、小雨多雾，夏季雨量充沛，降水集中，空气湿润，湿度较高；冬无严寒，夏无酷暑，年无霜期约300天左右，年平均气温16℃。独特的自然环境为脆蛇、墨脱树蛙等珍稀野生动物提供了栖息地，盛产七叶一枝花、铁皮石斛等10余种珍贵藏药材，铁皮石斛等享誉区内外，香蕉、蜜柚、茶叶等特色产品闻名遐迩。全镇下辖7个行政村（含仁青崩自然村），分别为墨脱村、亚东村、亚让村、玛迪村、米日村、巴日村、朗杰岗村。扎墨公路、派墨公路（在建）穿境而过。2019年，全镇总人数574户2405人，耕地面积3656.28亩，林地面积123.37万亩，草场面积29318.41公顷。下辖9个党支部，共有党员327名（含预备党员7名）。镇机关核定编制50名，实有干部57名，其中，行政编制31名（含专招大学生11名），事业编制26名，中共党员43名，汉族干部25名，门巴族干部16名，藏族干部12名，其他民族干部4名。

【经济发展】 2019年，墨脱镇农村经济总收入达4136.35万元，同比增长14.1%；农牧民人均纯收入达12602.94元，同比增长14.2%；农牧民人均现金收入达11660.62元，同比增长14.2%；粮食播种面积3987.07亩，粮食产量达1006.82吨，同比增长4.3%；牲畜头数达942头（匹）。剩余劳动力转移就业2788人次，增收1853万元。

【脱贫攻坚】 2016年初，全镇建档立卡贫困户96户388人，2018年初，因易地搬迁将原加热撒乡久当卡村建档立卡贫困户15户63人移交至墨脱镇后，墨脱镇建档立卡贫困户共计111户451人，

墨脱镇米日村航拍

贫困发生率由2016年的14.7%下降至2019年的0.5%。2019年底,全镇7个行政村全部脱贫摘帽。总投资达9496.8万元的小康示范村道路建设项目全面落地开工建设,7个行政村安全饮水四项指标达标率、通邮率、电话4G信号通村率、电视、广播综合人口覆盖率等均达100%,行政村综合文化服务中心及文体活动场所、农家(寺庙)书屋100%全覆盖。

【基层党建】 2019年,墨脱镇总投资1373.34万元的7个村村级组织活动场所标准化建设已全部完成,实现了村村有办公、便民服务、文化活动场地,整合资金70余万元对各村公房内部进行装饰,并配备一批办公设备,村级活动服务场所的硬件建设更加完善;在村级重大事务决策、管理等方面,严格按照"四议两公开"的步骤进行酝酿、讨论、决策、公开,村务监督委员会发挥作用明显,群众满意度不断提高;全镇新发展党员7名,着重培养后备干部21名;壮大村级集体经济,全镇共有村集体经济项目49个,年收益225.79万元,收益5万元以上的有7个,占14%,收益超过10万元的有6个,占12%,超过30万元的有3个;以开展"不忘初心、牢记使命"主题教育为抓手,积极推进理论中心组集中领头学、党组织宣讲广泛学、党员交流精细学"三学"模式,把各党支部建设成为坚守正确政治方向的坚强战斗堡垒,各级党组织书记讲党课60余次;通过规范"三会一课""政治教育"等方式,全面提升党员综合素质,抓住党支部书记这个关键的"领头雁",通过培训、外出交流考察等形式,提升党支部书记带头致富能力,通过"支部+农牧民"的方式发展各类特色农业种植,持续推进乡村振兴战略实施;"四讲四爱"群众教育实践活动持续推进,全年开展宣讲200余次,开展各类实践活动600余场次,参加人次达到1万人次;对标各级党委、专项工作的巡视督导以及巡察反馈的问题,逐项列出问题清单、拿出整改措施,提出目标任务,实行跟踪督办、限时整改、挂牌销号,全年制定各类措施115条,整改问题115条。

【特色产业】 茶产业实现产业入户。全镇茶场规模由2016年的880亩增加至2019年的3411.37亩,入户率达93.9%,2019年扩种茶叶达1600余亩,总投资近千万元,全镇已出茶的茶叶基地达1500余亩,茶青收入达395万元,户均增收6880元。总投资999.89万元的果果塘茶园位于墨脱镇亚让村与墨脱村的交界处,面积为500亩(其中墨脱村145亩,亚让村355亩),主要品种为楮叶齐和福鼎大白,2019年3月已开始试采茶青,2019年出售茶青收入达157万元,涉及亚让村、墨脱村204户,覆盖2个村34户贫困户。

农牧特色产业。2019年,米日村蜜柚基地已挂果1500余株,收益3万余元,稻田闲季蔬菜种植已扩建至500亩,2019年增收42万元,亚东村、墨脱村共79户参与种植,户均增收5300元。

旅游产业。依托仁青崩风景区特色旅游景点以及墨脱天然村情风貌的优势,全镇农牧民群众建设农家乐和家庭旅馆21家,2019年实现收入60余万元。

特色文化产业。通过前期技能培训及外出参观考察,墨脱村充分利用现有条件,借鉴外地成功经验做法,以村妇女为经营主

墨脱村邦塘茶叶基地

体,创办了墨脱村门珞服饰及手工艺品制作销售合作社,成功申请商标专利,2019年,合作社营业额达17万元。另外,各村妇女通过制作手串、项链等手工艺品出售,年收入可达6000元。

【民生改善】 2019年,墨脱镇全面推进道路交通工程建设,开通了亚让方向、米日方向的客运班车,方便了群众的出行;社会保障覆盖面不断扩大,农牧民新型合作医疗参保人数达2228人(其中五保户11人、低保户58人、一般贫困户376人的个人筹资款由县民政局代缴),实缴人数1765人,共收缴个人筹资款35300元,农牧民合作医疗个人筹资率达100%;控辍保学率100%,适龄儿童全部入学,亚让村幼儿园正式开学招生;举办西藏民主改革60周年、新中国成立70周年等大型文艺汇演,丰富了群众文化生活;2019年全镇落地项目11个,总投资达10734.34万元,涉及民生、党建、特色产业等,2019年底,6个项目已全部完成,为全面建成小康社会提供强有力的保障。

(白雄鹰)

【机构领导】

县人大常委会副主任(人选)、党委书记
格桑卓嘎(女,珞巴族,5月任县人大常委会副主任人选)

党委副书记、镇长、四级调研员
曹启兵(12月晋升四级调研员)

党委副书记、常务副镇长
喻晓坤(援藏干部,7月免)

党委委员、人大主席
索朗央金(女,藏族,6月免)
卫 东(门巴族,6月任)

党委委员、纪委书记
高荣华

党委委员、宣传委员
郭国亮

党委委员、统战委员
达瓦维色(门巴族)

党委委员、副镇长
益西措姆(女,门巴族)

党委委员、组织委员、政法委员、人武部部长
王 超

副镇长
白 杨(女,门巴族)
桑杰平措(门巴族)

二级主任科员
央 吉(女,藏族,借调)
桑杰拉姆(女,门巴族)

纪委副书记、四级主任科员
边巴片多(藏族,11月套转)

四级主任科员
卓 嘎(女,藏族,11月套转)
罗布央宗(女,门巴族,11月套转)
王 强(11月套转)
温二飞(11月套转)
李 强(11月套转)
李 江(11月套转)

# 德兴乡

【概况】 德兴乡位于墨脱县西北方雅鲁藏布江岸畔,与县城隔江相望,相距7.8公里,平均海拔1200米,国土面积1100平方公里,属亚热带气候,温暖、多雨、湿润,年降水量在2500毫米—3900毫米之间,年平均气温18℃,无霜期达350天,没有明显的四季之分,只有干湿季之分。德兴乡是以门巴族为主的少数民族聚居乡,下辖7个行政村,分别为德兴村、德果村、文朗村、荷扎村、那尔东村、巴登则村、易贡白村。2019年,全乡总人口387户1693人(非农业户6户8人,农业户382户1685人),其中:德兴村93户387人、文朗村69户263人、德果村53户227人、荷扎村52户258人、那尔东村55户272人、巴登则村34户158人、易贡白村31户128人。共有劳动力744人。乡党委下设8个党支部(包括乡机关党支部)、28个党小组,共有党员249名,其中农牧民党员217名、女党员73名、预备党员8名。乡机关共有在编干部职工52名,其中行政编制36名,事业编制16名;有乡级人大代表33名、县级人大代表6名、县政协委员7名;7个行政村村"两委"班子成员共37名,村务监督委员会成员21名;1所卫生院共有在编医护人员8名,7个行政村共有村医14名;1所中心小学、4所幼儿园(德兴村、德果村、文朗村、荷扎村)共有在编教师30名、在校学生220名(包括57名幼儿学生);全乡"三老人员"14名、乡村振兴专干6名、团员113名、双联户35个。

【经济发展】 2019年,德兴乡农村经济总收入2492.59万元,人

2019年5月8日，墨脱县副县长、德兴乡党委书记王桂兰（右一）在德兴村幼儿园检查指导工作

均纯收入达 11126.91 元，同比增长 13%（其中：人均政策性收入 6600 元、占比 59.3%，农牧副业收入 1400 元、占比 12.59%，务工性收入 3126 元、占比 28.09%）；人均现金收入 9684.56 元，同比增长 11.77%。

【产业项目】 民族特色手工业。2019年，德兴乡竹编加工厂生产竹编产品 1300 件，销售 1100 件，实现收入 18 万余元；文朗村手工艺品加工合作社生产手工艺产品 300 件，销售 240 件，实现收入 3.6 万元。农牧民群众生产销售传统竹编 2221 件，创收 17.77 万元，72 名农牧民竹编手工业者实现人均创收 2468.06 元。

有机茶种植。着力开发沿雅江茶叶种植带，逐步推进形成茶叶规模化、产业化，全乡已建成 1672 亩茶叶基地，占农作物播种面积的 52.9%，3 个村春茶喜获丰收，共采茶 12373.3 斤，实现收入 91.755 万元。

乡村特色旅游业。以藤网桥、果果塘大拐弯 2 个景点为依托，大力发展全乡旅游业，全乡农家乐、家庭旅馆达 8 家，全年累计接待来宾及游客 2246 人次，实现创收 23.268 万余元，带动群众增收 4 万余元。

热带水果种植。2019年，全乡发放果苗 6500 多株，扩大各村庭院经济面积 2 亩多，枇杷、蜜柚、桃子等热带水果基地面积达 152.12 亩，热带水果销售收入达 4.52 万元。

【基础建设】 2019年，德兴乡易贡白村辣椒基地、文朗村徒步便道等 4 个项目完成验收，新开工小康示范村项目 6 个、茶厂项目 1 个，续建村级活动场所、村幼儿园等项目 17 个，涉及水、电、路、教、文、产业等 6 个方面，全乡基础建设实力得到整体提升；完成上报建设项目 8 个，其中德兴乡 7 个行政村小康示范村建设工程已全面启动，涉及新建伙房农户 259 户，投资总额达 1.0273 亿元；辖区内农村道路改建工程进展顺利，德兴村至荷扎村 A 标段、德兴村至德果村 C 标段均已完成工程总量的 80%。

【教育事业】 2019年，德兴乡有幼儿园学生 57 名、小学生 162 名、初中生 91 名、高中生 94 名、大学生 81 名，义务教育阶段学生在校率和适龄儿童入学率达 100%，同时荷扎村、德果村、文朗村 3 村幼儿园实现开园，招收学生 28 名，填补了全乡偏远村庄幼儿教学空白。通过签订《德兴乡义务教育协议书》《德兴乡控辍保学责任书》等，进一步明确目标任务，层层细化分解工作要求，为教育工作提供了规范的制度遵循，全年共开展劝学 3 次。严格落实学生"进校有人送、出校有人接"的护苗行动要求，打造优良交通环境，全面排查校园内及周边食药安全隐患，确保为学生营造一个安全的教育环境。

【医疗卫生】 业务工作。2019年，德兴乡卫生院派出医护人员跟班学习 1 名，参加短期培训 5 名，接受专升本教育 2 名，参加相关专业职称考试 4 名，农村中常见病、多发病基本能够实现不出乡就能得到及时救治。全年门诊核销诊疗 1436 人次，家庭核销 5.3554 万元；门诊就诊 1957 人次，门诊零售药品 2.365 万元。

食品药品安全监管。切实抓

好食品药品安全监管工作,定期开展食品安全大检查,对过期药品、医疗废物等由县卫健委组织人员定期回收处理;完成药品不良反应报告1例,开展食品安全检查9次,处置过期食品28种,销毁过期药品36种,回收医疗废物11箱,医疗损伤性废物9箱。

家庭医生签约服务。坚持每月开展健康扶贫相关政策宣传及义诊活动,共随访2136人次,发放药品种类45种,价值2.5087万元,累计为7个行政村的农牧民完成健康体检418人、学生182人。

巡回义诊活动。全年开展巡回义诊12次,其中为驻村干部开展健康咨询及义诊活动3次,就诊人数13人,免费上门为儿童接种165人,接种率达95%。

传染病防治。全面落实鼠疫监测结核病上报工作制度,管理结核病人3人,发现上报德兴村手足口病16例。

医疗报销。2019年,共为69人(建档立卡户9人)兑现医疗报销总费用33.3359万元,其中建档立卡户报销总费用5.1871万元;为62人门诊报销3.5685万元。

【文化事业】 2019年,德兴乡狠抓文化载体建设,先后建设6个行政村村民活动室、德兴村门珞旅游村寨,建成德果、德兴、文朗3个农信网多媒体远程教育站,争取和发放广电设备400套,实现广播电视入户全覆盖。同时,累计为各村发放机顶盒、高频道、锅盖共62套。2019年共开展文艺汇演20场次,观看人数达1300余人,积极展示当地民俗文化特色。开展下村播放电影60场次,播放新时代爱国主义农村题材电影40部,广泛宣传爱国主义思想。完成那尔东村"神舞"县级非遗申报工作1项,完善影像、音乐资料采集工作2项,为各族干部群众营造了良好的精神文明生活氛围。

2019年3月27日,德兴乡举办庆祝"西藏民主改革60周年"主题演讲比赛

【落实惠民政策】 2019年,德兴乡实现低保退出6户27人,实有低保户5户25人、五保户5户5人,申请生活救助7户,救助金额达5.6万元。开展退役军人"光荣之家"挂牌工作,做到退役军人"一户一表",确保悬挂光荣牌实现全覆盖。兑现惠农资金34.4704万元,其中良种补贴19.2379万元、医疗救助8.3143万元、草奖资金1.1682万元、寿星老人补贴1500元、临时生活救助5.6万元。为346户905人兑现边民补助47.965万元。

【群众就业】 2019年,德兴乡实现劳务转移2031人次,实现收入723.9033万元,人均增收4248元。帮扶和支持农牧民联合创业、联合发展,推荐本乡农牧民施工队承接乡内项目2个,涉及资金348.78万元,带动群众增收46余万元。鼓励支持大学生就业创业,对17名高校毕业生就业信息实行动态管理,广泛宣传党和政府各项优惠政策,积极鼓励大学生就业创业。

【清产核资】 2019年,德兴乡组织人员共核查账面资产1229.82万元,其中经营性资产241万元,非经营性资产988.81万元;资源型资产1.43万亩,其中农业用地1.41万亩。

【基层党建】 2019年,德兴乡党委始终坚持把抓好党建工作作为首要任务和最大政绩,牢牢把握全面从严治党主体责任,层层传导压力,把党建工作与经济社会工作同部署、同检查、同考核,对主要任务和重点工作认真研究、精心部署、全面落实。全年共召开乡党委会议27次(13次专题研究部署基层党建工作),签订党建工作目标管理责任书8份,修订完善党建工作制度5项,开展党建专题调研8次。调整充实包村党建指导人员25人,下村开展包村督导工作60余次,指导解决实际问题35项,提供意见建议80余条,督促指导各党支部完善《村规民约》,规范"三会一课"、落实坐班制度等问题50余个。对班子成员和各村党支部书记就党风廉政建设进行"一对一"约谈,提出明确要求,切实形成党委抓、书记抓、一级抓一级、层层抓落实的党建工作格局,不断推动主体责任进一步落实。

【队伍管理】 2019年,德兴乡完善外出2小时请假制度,建立健全财务管理制度、德兴乡干部管理办法、选派第一书记管理办法、驻村工作队管理办法等,推动干部管理常态化和长效化。加强村干部量化管理工作,深化村干部轮流坐班制度,并将村干部轮流坐班情况作为年度考核的重要依据,2019年村干部业绩考核工作中,在58名村干部中确定优秀6名、称职48名、基本称职4名。加大处置不合格党员力度,不断优化党员队伍结构,保持党员队伍先进性和纯洁性。2019年,共发展党员7名,处理违纪违法党员1名。规范党内组织生活,严格落实"三会一课"、组织生活会、"主题党日"、民主评议党员等党内政治生活制度,对村级重大事项严格执行"四议两公开"工作程序。

【脱贫攻坚】 2019年,德兴乡贫困人口实现全部脱贫,贫困村全部退出。全年兑现11户52人低保资金8.7928万元。动态调整低保人口,实现6户27人退出低保。实现党员干部与贫困户结对认亲全覆盖,转变送钱送物的帮扶模式,督促帮扶人为帮扶对象送温暖、送政策、送致富门路,增强困难群众致富奔小康的信心,全年累计帮扶367场次,帮助解决生产生活问题16件,送政策86场次,落实帮扶物资和资金9.775万元。创新扶贫宣教方式,引导群众树立脱贫主体意识,将党的支农惠农和精准扶贫政策精准传递给最需要的人,同时宣传脱贫先进典型案例,为其增收致富出谋划策,进一步激发内生动力。

【生态环保】 林业保护。2019年,德兴乡将《重点公益林管护合同》《德兴乡森防安全目标责任书》等目标责任细化分解,层层签订,层层落实,各村成立森林防火突击队,建立巡山登记台账,加大巡山管护力度,全年共开展巡山值班3720人次,保障了全乡森防安全;环保监督检查。全年开展环保监督检查9次,发现问题7起,落实整改7起,发放宣传册120余份;动员村级生态岗位履职。每周定期开展村庄周边、旅游景点、卫生死角等大清洁活动,扎实推进美丽、干净、生态新德兴建设步伐;强化干部群众环保责任意识。结合"两学一做"学习教育,组织乡机关干部学习环保相关知识9场次,对各村开展环保知识宣传2次,参与群众达213人次,有效提升广大干部群众环保工作专项能力。此外,向7个行政村共发放清洁工具5901件,投入资金达11.0657万元,使"绿水青山就是

2019年4月13日,德兴乡召开党建工作部署会议

金山银山,冰山雪地也是金山银山"的理念深入民心。

(赵德波)

【机构领导】
县政府副县长、乡党委书记
  王桂兰(女)
党委副书记、乡长、一级主任科员
  白玛占堆(门巴族,11月晋升)
党委委员、人大主席
  扎西平措(门巴族,5月免)
  白玛曲珍(女,门巴族,6月任)
党委副书记、组织委员、二级主任科员
  白玛曲珍(女,门巴族5月免)
  米玛次仁(藏族,6月任)
党委委员、纪委书记
  吉雯雯(女,6月免)
  周自豪(6月任)
党委委员、宣传委员
  赵德波
党委委员、政法委员、人武部长
  拉巴(藏族,6月免)
  李波(6月任)
乡党委委员、统战委员
  加措(藏族,6月任)
党委委员、副乡长
  西饶多吉(门巴族,6月免)
副乡长、三级主任科员
  扎西旺久(门巴族,11月套转)
副乡长
  格桑曲珍(女,门巴族)
  其米(女,藏族,11月任)
农牧服务中心主任
  贡觉加措(藏族)
文化服务中心主任
  桑杰绕登(门巴族)
后勤服务中心主任
  普布(藏族,11月任)

二级主任科员
  旺堆(门巴族,6月套转)
  杜会生(6月套转)
四级主任科员
  刘玲凤(女,6月套转)
  李国鸿(6月套转)
  西绕(藏族,6月套转)
  张达(11月任)
  王鹏(11月任)

# 背崩乡

【概况】 背崩乡位于墨脱县西南部,雅鲁藏布江下游,地处祖国边防前沿,东南部与印度隔山接壤,西经多雄拉山与米林县相邻,辖区总面积3750平方公里,距墨脱县城所在地29.11公里。背崩乡平均海拔860米,年平均气温20℃,平均降雨量2500毫米,年降雨天数为100天,无霜期350天,处于雅鲁藏布江大峡谷的印度洋水气大通道,属亚热带气候,有热带雨林,雨水充沛。2019年,全乡下辖9个行政村,总人口549户2411人,贫困户51户223人;全乡共有干部61名,其中男性41名,女性20名,汉族35名、门巴族10名、珞巴族1名、藏族12名、土家族2名;全乡设10个党支部(1个机关党支部、9个村党支部),共有党员360名,其中农牧民党员287名。

【基层党建】 找差距抓落实,突出问题整改。根据2018年度基层党建工作述职评议会上县委旺东书记提出的点评意见,背崩乡高标准、严要求抓好整改落实工作,以支部建设为阵地,形成了"支部+党员+边防"的守边固边新模式,组建墨脱县首支"守边固边志愿巡逻队",充实了巡边守边力量,同时对表现优秀的"红袖标哨兵"和"红色堡垒户"进行表彰。

2019年10月23日,西藏自治区人大常委会副主任、林芝市委书记、市委"不忘初心、牢记使命"主题教育领导小组组长马升昌(一排左二)在墨脱县背崩乡西让村调研边民融合情况

集合军地资源，驻地部队选派政治辅导员为农牧民群众上党课10余次，解决帮扶资金20余万元，开展送医、送药、送技术活动10余次，开展文体活动5次、党员群众积极参与守边固边巡逻50余次。建立每季度基层党建工作督察检查不少于1次的体制机制，严格落实"三会一课"制度，结合"不忘初心、牢记使命"主题教育，围绕基层党建等内容积极开展下村督导调研，确保各项重点工作任务落实落地。

强学习抓教育，突出政治建设。把深入学习宣传贯彻党的十九大、十九届四中全会精神、"两学一做""不忘初心、牢记使命"主题教育有机结合起来，开展学习宣讲活动50余场次，切实推动习近平新时代中国特色社会主义思想入脑入心。开展党员政治教育培训工作，以培训时长不少于32小时的标准，武装党员头脑，甄别"两面人"，签订党员不信仰宗教承诺书360余份，树立"忠诚可靠"的思想品质。强化村干部教育培训，举办为期5天的村干部教育培训班，通过学习业务知识，努力打造一支想干事、真干事、能干事的村干部队伍。

强班子抓管理，突出组织建设。严格按照发展党员"十六字"方针，发展正式党员14名、预备党员10名，吸收积极分子11名。对西让村存在的问题进行梳理和整改，完成软弱涣散基层党组织转化升级。打造边陲党建"红色长廊"，格林村、背崩村、江新村村级组织活动场所标准化建设已完

2019年6月28日，背崩乡举办庆祝中国共产党成立98周年暨"七一"表彰大会

工并正式投入使用。

【经济发展】 2019年，背崩乡完成地区生产总值4421.85万元，同比增长17.91%；人均纯收入达11581.08元，同比增长14.5%；人均现金收入达9453.08元，同比增长15.28%。全乡粮食播种面积6610.28亩，粮食产量1511.25吨，牲畜总头数5727头/匹。

【产业发展】 茶产业面积不断增大，持续带动群众增收。2019年，背崩乡茶叶面积达4000余亩，茶叶品种以福鼎大白为主，新增茶园5个，面积达1333亩，其中，江新村茶园213亩、阿苍村茶园611亩、巴登村茶园170亩、地东村茶园201亩、西让村茶园138亩。全年背崩村檫曲卡茶园采摘茶青共12932.11斤，群众增收51.2492万元，覆盖135户561人，户均增收3800余元。

秉承传承竹编技艺，促进致富增收。巴登村竹编加工厂总投资215.4万元，2019年共编制竹编产品5000余个，带动群众增收56.67万元，同时，为延续竹编的传承和扩大竹编的知名度，巴登村竹编已成功申报自治区级非物质文化遗产。

大力发展文化旅游产业。借助派墨公路沿线的独特地理优势，以解放大桥、布裙湖等旅游景点为依托，全力推进旅游农家乐建设。2019年，背崩乡共有农家乐3家，累计接待外来游客600余人次，营业额达1.6万余元，巴登村已列入国家级传统民俗文化村。

【基础设施】 交通道路建设。2019年，背崩乡持续改善各村基础设施条件，地东村、西让村、格林村、德尔贡村公路已全部硬化完成，波东村、阿苍村、巴登村公路处于施工中；稳步推进各项扶贫项目。背崩乡西让村养牛场项

目已完成购买种牛和母牛，投资215.4万元的巴登村竹编加工厂房、新修道路及种植竹林项目已完成建设并交付使用，背崩村扶贫商住楼项目已完成验收，处于招租阶段；援藏项目开展顺利。总投资2980万元的背崩乡母亲广场项目已全部竣工并完成验收，背崩小集镇二期工程已经开工建设，广东省第八批援藏工作队墨脱县工作组和县卫计委共同投资建设的背崩乡卫生院已经开工建设；边境小康村建设项目稳步推进。地东小康村建设顺利推进，巴登村和波东村整村搬迁项目开工建设，德尔贡小康村和阿苍村小康村开始开工建设。

【民生改善】 义务教育均衡发展。2019年，背崩乡小学在校生202人，在外借读47人，小学适龄儿童入学率100%，巩固率100%。为2名残疾儿童办理入学手续，为1名残疾儿童开展上门送教服务活动。

城乡居民社保医保。2019年，背崩乡养老保险缴纳人数781人，缴纳金额133100元。新生儿和孕产妇死亡率为零，住院分娩率达100%，在编僧尼体检率达100%。全乡大病医疗报销116人，报销金额789374.13元；

劳动技能培训工作。2019年，背崩乡结合农牧民转移就业实际，多措并举，重点围绕茶叶种植、机械操作、电子商务等开展农牧民技能培训，开展农牧民就业创业培训与技能培训共10期，培训人数239人，培训合格率达100%。

背崩乡格林村党群服务中心外景

【生态文明建设】 加大环保宣传力度。2019年，背崩乡联合乡派出所开展环保政策宣传活动，通过悬挂横幅、张贴标语、发放宣传单等形式对环境保护知识进行广泛的宣传，在人流量较大的区域张贴环保宣传标语15条，发放宣传单800余份，切实增强群众环保的意识和自觉性；扎实推进河湖长制工作。以推行河湖长制为抓手，加强领导、落实责任、深化监管，推动河湖长制从"见河长""见行动"到"见成效"转变，努力提升河湖管理水平，创造河清水美的河流环境，全年完成乡级巡河53次、村级巡河49次。

【脱贫攻坚】 2019年，背崩乡把精准扶贫、精准脱贫作为全乡工作大局和中心工作来抓，顺利完成1户1人的脱贫工作，全乡贫困发生率降至零。完成扶贫开发信息系统信息录入、核准工作，累计核准、修正、录入2万余条数据。通过贫困人口动态调整工作，累计清退贫困人口1人，自然增加14人，自然减少12人，识别边缘户1户4人。扎实推进中央第三巡视整改落实工作，对认领的56项问题，制订了115条整改措施，已全部整改完毕。全年背崩乡开展脱贫攻坚政策宣讲类活动500余场次，发放宣传资料5000余份，开展结对帮扶工作200余次，累计投入帮扶物资10余万元。

【社会治理】 矛盾纠纷排查调处。2019年，背崩乡强化双联户创建工作，优化村级网格化管理，充分发挥"双联户"网格化、人民调解员等力量，不断健全矛盾纠纷调处化解机制，全年共进行矛盾纠纷排查500余次，排查出各类矛盾纠纷32起，调处29起，其他矛盾纠纷正在调处中，做到了小事不出村、大事不出乡。

安全生产。2019年，背崩乡加大对安全生产工作督查，联合乡派出所开展消防应急演练2次、地质灾害演练1次，制作并悬挂安全生产相关横幅60余条,展板10余个,发放宣传资料1240份,查处整改隐患20余起。

扫黑除恶打非治乱专项斗争。出台专项斗争相关制度11项;悬挂举报箱12个、横幅20条,张贴宣传标语100余条,宣传扫黑除恶打非治乱活动62场次,受教人群达2516人次。

【人大工作】 2019年,在县人大常委会的领导和安排下,背崩乡组织召开了墨脱县背崩乡第九届人民代表大会四次会议,共收集代表意见、建议38条,答复率达100%,把代表在人代会上提出的议案和建议、批评、意见及时分类整理、汇总,督促乡政府通过报告形式上报上级有关部门,共上报16条。

走村入户,了解村情民意。2019年,背崩乡主席团成员结合包片包村工作机制,深入背崩乡西让、地东、巴登、波东、阿苍、德尔贡等6个行政村,组织人大代表和选民代表听取边境小康示范村建设中对村整体规划设计、房屋设计、施工实施等方面的意见、建议,特别对波东村搬迁工作做了大量的思想教育工作,详细向群众讲解县委、县政府的决策部署和相关的一些扶持搬迁政策,让广大群众切实感受到可以"安心搬迁、安心入住、安心增收"。

依法监督。组织代表对土地征用、拆迁补偿、农村医保、农村低保等惠农资金发放情况进行2次检查。召开2次会议,听取全乡扶贫生态岗位设置情况,对扶贫工作中遇到的困难和发现的问题,要求各相关单位逐一进行梳理整改。对公益林补助、边民补助申报工作进行全面清查,对检查中发现不符合要求,且未能履行公益林和边民职责、义务的问题提出整改意见,并要求各驻村工作队向群众做好相关政策的讲解工作。

(徐晨旭)

【机构领导】

党委书记、四级调研员
　　王海斌(12月晋升四级调研员)
党委副书记、乡长、一级主任科员
　　扎西曲扎(门巴族,11月晋升一级主任科员)
党委委员、人大主席
　　普布泽仁(藏族)
党委副书记、组织委员
　　婷　姆(女,藏族,1月免)
　　次仁乔(藏族,1月任)
党委委员、纪委书记、监察室主任、三级主任科员
　　金　海(11月套转三级主任科员)
党委委员、宣传委员、二级主任科员
　　冯兴旺(6月套转)
党委委员、政法委员、人武部长、二级主任科员
　　索朗杰参(藏族,1月任,6月套转)
党委委员、统战委员
　　次仁措姆(女,门巴族)
党委委员、副乡长
　　谭建伟(土家族)
副乡长
　　索朗多杰(藏族)
　　桑杰仁增(门巴族)
农牧服务中心主任
　　次仁曲珍(女,藏族)
文化服务中心主任
　　尼玛索朗(藏族)
二级主任科员
　　婷　姆(女,藏族,6月套转)
四级主任科员
　　旺秋卓玛(女,门巴族,6月套转)
　　燕　娇(女,6月套转)
　　范　伟(5月任副主任科员,6月套转)

# 达木珞巴民族乡

【概况】 达木珞巴民族乡是墨脱县唯一一个珞巴民族乡,东与察隅县相邻,南与墨脱镇相接,西隔嘎隆拉与波密县毗邻,北与格当乡为邻,距墨脱县城39.1公里。下辖达木村、卡布村、珠村、贡日村4个行政村。辖区总面积800多平方公里,平均海拔1860米,乡政府所在地海拔1560米。2019年,全乡总人口279户1093人,其中珞巴族702人,门巴族357人,藏族25人。全乡机关干部39名,其中行政人员26名,事业单位人员13名。全乡设6个党支部,党员198名,预备党员6名。

【基层党建】 2019年,达木珞巴民族乡通过党员政治教育和"不忘初心、牢记使命"主题教育,推进习近平新时代中国特色社会主义思想入心入脑,营造良好的政治生态。开展政治纪律和政治规矩教育,筑牢"四个意识",强化班子凝聚力和战斗力。全乡4个行

2019年8月16日，墨脱县第九批援墨工作组组长、县委常务副书记叶敏坚（前排左四）一行在达木珞巴民族乡卡布村茶林茶场调研工作

政村中达木村、贡日村、卡布村、珠村已建成并投入使用，各村党组织服务群众的阵地能力明显增强。全年召开党政联席会议23次、组织生活会3次，开展"四议两公开"（村党支部会提议、村"两委"会商议、党员大会审议、村民代表会议或村民会议决议，决议公开、实施结果公开）25次，开展主题党日活动12次、民主评议党员2次。对全乡39名村干部、后备干部和"双联户"户长进行集中培训，不断提高村干部文化水平。按照新发展党员16字要求，新发展党员7名。开展党员不信仰宗教政治承诺，及时处理不合格党员8名，提高党员政治鉴别力和敏锐性。乡领导干部带头与群众交心交朋友，全年为民办实事解难事12件，投入资金26万余元。

【人大工作】 2019年，达木珞巴民族乡按照"人大代表之家"创建的"六有"（一有活动场所，二有醒目牌子，三有规章制度，四有具体计划，五有专人管理，六有详细记载）标准，加大完善各项硬件软件设施建设，并以加强"人大代表之家"建设为抓手，开展收集民意、知情知政、履职尽责、学习培训等工作，着力发挥代表履职尽责、联系群众的主体作用。重点深入学习了党的十九大、十九届三中、四中全会精神、习近平总书记系列重要讲话精神以及《中华人民共和国宪法》《中华人民共和国代表法》《中华人民共和国选举法》等法律法规，有效提高代表的依法履职能力和水平。2019年，乡人大主席团深入各村开展谈心谈话、征求代表对全乡发展、民生保障等方面的意见建议，为墨脱县十一届人大六次会议征集意见建议12条。积极解决选民合理诉求和实际困难，接待选民6人次，为民办实事、解难事12件。2019年，组织召开乡人大会议1次，主席团会议3次，开展县内观摩学习1次，县外参观考察学习1次。

【经济发展】 2019年，达木珞巴民族乡国民生产总值达2173.12万元，同比增长14.68%，其中，第一产业总值261.13万元，第二产业总值272.78万元，第三产业总值1639.21万元；人均纯收入12572.10元，同比增长14.18%；人均现金收入10489.20元，同比增长13.58%。

【产业发展】 2019年，达木珞巴民族乡茶叶种植面积800亩，其中卡布村600亩、达木村200亩，珠村珠次茶场195亩正在加紧建设，茶产业规模将达到1000亩，带动群众增收137.12万元，其中采茶增收45万余元；大力发展珞巴民族文化与生态旅游产业，以文化旅游产业为支撑、生态旅游为辅助，打造旅游强势品牌，以旅游为引领，开发旅游+产业，依托达木乡位处扎墨公路沿线的优势，大力发展农家乐、家庭旅社等旅游项目，已投入运营的农家乐、土特产商店带动群众增收15万元，旅游产业基础进一步夯实；持续推进以贡日村为主要基地的藏药材采挖工作，全年带动群众增收120余万元；抓好项目带动增收，重点围绕扎墨公路硬化、珠村异地搬迁、小康示范村提升等项目，引导群众合理有序参与项目建设，推动群众增收80多万元。

【脱贫攻坚】 2019年，达木珞巴民族乡剩余贫困户6户9人的脱贫工作，全乡建档立卡贫困户全部实现脱贫摘帽。

做好产业扶持，强化产业支撑。800亩茶叶种植效益突显，全年带动建档立卡贫困群众增收8万余元。乡政府扶贫受益商铺楼顺利通过验收使用，80K扶贫受益商铺楼建成，投入使用后将成为脱贫攻坚的重要支撑产业。

做好生态补偿，推动就业转移。坚持脱贫攻坚与生态建设相结合，鼓励引导贫困群众参与重点区域生态建设、森林抚育、水土保持、公路养护、地质灾害勘测等生态岗位。2019年1—6月落实生态岗位478个，7—12月落实岗位313个，完成岗位资金兑现共138.4250万元。

做好结对帮扶，巩固脱贫成效。共开展"四对一"帮扶107人次，投入资金56904元；为达木村建档立卡户肾病综合症患者罗某开展水滴筹爱心募捐，发动派驻单位和群众募集爱心资金152949元，及时挽救了濒临破碎的家庭；为珠村建档立卡贫困户欧某丈夫募集爱心资金14500多元，解决了其看病困难问题。

【社会事业】 2019年，达木珞巴民族乡BJ小康示范村提升工程进展顺利，珠村易地搬迁已建成并入住，后续配套基础服务设施正在有序推进，卡布村、贡日村、达木村BJ小康示范村提升工程已完成80%。开展"控辍保学"劝学5次、送教上门7次，全乡4个行政村实现幼儿园全覆盖。全乡农牧民合作医疗参保率达100%，乡卫生院全院门诊达1153人次，其中藏医门诊人次达224人，1—9月，落实大病统筹报销金额179960.803元，受惠群众达29人。完成2019年度城乡居民基本养老保险费征缴62200元，完成社保卡发放742张。及时足额兑现惠民资金，共兑现草原生态补助奖励资金2800元、退耕还林资金59198.15元、公益林资金3232995.36元。

【生态保护】 2019年，达木珞巴民族乡制订和完善了《达木乡关于2019年生态文明和环境保护的工作方案》《达木乡2019年饮用水水源地突发环境污染事件应急预案》《达木乡干部职工环境卫生守则》《达木珞巴民族乡垃圾车使用管理办法（试行）》等制度，有序推动生态环保工作开展。强化河（湖）长主体责任落实，进一步推进河道采砂规范运作，全年乡级河长定期开展巡河45次，开展河流沿线清理垃圾行动12次，清理河湖垃圾5.3吨，出动人员370余人次。

【民族团结】 2019年，达木珞巴民族乡汉族与当地居民通婚的民族家庭有25户，藏族与当地居民通婚的民族家庭有24户。全年共开展民族团结主题宣传教育12次，参加群众达560人次，形成了全乡上下齐动员、共同参与民族团结进步创建活动的良好氛围，实现各民族交往、交流、交融，推进各民族共同繁荣发展。通过开展民族团结模范家庭评比活动，全乡涌现出一批民族团结模范家庭，其中贡日村陈全银老人被评为自治区级模范家庭人物，达木珞巴民族乡被林芝市定为民族团结示范创建点。

（杨兴文）

【机构领导】
党委书记
杨　郓

2019年6月29日，达木珞巴民族乡在达木村文化活动广场举办以"永远跟党走——庆祝中国共产党成立98周年"为主题的文艺汇演活动

党委副书记、乡长
　　卓玛央宗（女，珞巴族）
党委委员、人大主席
　　罗　布（藏族）
党委副书记、组织委员
　　索朗罗追（珞巴族，1月免）
党委副书记、组织委员、政法委员、人武部部长
　　次多益西（门巴族，1月任党委副书记、组织委员）
党委委员、纪委书记
　　孟兆国
党委委员、统战委员
　　布姆曲珍（女，珞巴族）
党委委员、宣传委员
　　魏　潇
党委委员、副乡长
　　何　浩（4月任党委委员）
副乡长
　　西绕桑姆（女，门巴族）
　　次仁琼达（女，藏族）
农牧服务中心主任
　　桑杰多吉（门巴族）
文化服务中心主任
　　次仁央宗（女，藏族）
二级主任科员
　　旦　增（藏族）
　　索朗巴珍（女，门巴族，9月套转）
四级主任科员
　　张致勇（6月套转）
　　次仁拉姆（女，门巴族，6月套转）
　　刘　毅（6月套转）
　　黄初孟（6月套转）
　　刘后周（6月套转）
　　陈永松（11月任）
　　赵希望（11月任）
　　阿旺单增（藏族，11月任）

# 格当乡

【概况】　格当乡位于墨脱县东北部，乡政府驻地距县城66.3公里，辖区总面积9.4万公顷，平均海拔1900米，属于亚热带气候，平均气温14℃，最暖月8—9月，最冷月1—2月，年降雨量主要集中在6—8月。下辖格当、布龙、桑珍卡、占根卡4个行政村及多龙岗易地扶贫搬迁安置点。乡内有1所派出所、1所卫生院、1所乡小学附属幼儿园、2所村级幼儿园。2019年，全乡总人口331户1364人（含桑珍卡村下那巴回迁安置群众70户316人、多龙岗搬迁点93户397人），居民以藏族为主，生活方式属半农半牧，主要以农业为主，兼营牧业。2019年底，格当乡共有干部职工49名（含乡卫生院医护人员5名），其中行政编制28名，事业编制21名；藏族23名，汉族19名，门巴族5名，蒙古族1名、白族1名。全乡设5个党支部，党员169名（含多龙岗46名），其中，农牧民党员138名。

【经济指标】　2019年，全乡经济总收入1805.39万元，其中，第一产业收入294.47万元，第二产业收入621.14万元，第三产业收入889.78万元，同比增长7.2%，农牧民人均纯收入9877.94元，人均现金收入8401.65元，分别同比增长5.2%、7.9%，经济运行保持在合理可控范围。

【农牧业工作】　2019年，全乡耕地面积2348.30亩，农作物播种面积1605.95亩，农作物总产量312.32吨，牲畜总头数1021头。蔬菜大棚154个，总面积超过2000平方米。

【特色产业】　辣椒产业。2019年，全乡辣椒种植面积200余亩，年产量8千斤，产值达12万元，为

2019年2月15日，墨脱县委副书记、县长魏长旗（中）在多龙岗搬迁点调研前期工作

格当村辣椒合作社的运营提供了充足的原料。该合作社积极与内地企业合作,生产的辣椒酱等制品销售额近7万余元,通过采购辣椒原料帮助20余户群众创收6万余元,同时该合作社纯利润的30%用于扶持建档立卡贫困户,特色产业带贫益贫能力进一步凸显。

茶产业。2019年底,格当乡成立贡日嘎布茶叶种植农民专业合作社,各村按比例安排代表参加合作社入股分红,共有成员72名,合作社日常管理由全乡各村共同参与。种植品种主要有黄观音、凤凰单枞2种。2019年,合作社种植茶叶569亩,带动各村群众增收208万元,实现户均增收8500余元。

【重点项目建设】 多龙岗搬迁工程。该工程概算总投资8789.57万元,建设内容为90户搬迁群众住房建设及相关附属工程,2019年3月,为期2年的多龙岗异地扶贫搬迁工程正式实现入住,惠及甘登乡多卡村、加热萨乡龙列村、帮辛乡岗玉村397名群众,为保障后续发展,县政府投资70万元开垦耕地114亩,满足搬迁户用地需求;国道219线墨脱至察隅段。该路段经由格当乡至察隅县,项目的实施吸收了格当乡及多龙岗搬迁点大量剩余劳动力,9—12月,带动群众增收500余万元,有力拉动了全乡经济发展;电网改造工程。三区三州电网改造10千伏、35千伏输变电工程,从根本上解决了格当乡断电频繁、电压不稳等问题。

【教育事业】 2019年,格当乡小学在校生103名,适龄儿童入学率达100%,共有在编教师15名。乡附属幼儿园和下那巴回迁点、多龙岗搬迁点幼儿园均于年底开园,各配备教师1名、保育员1名,在校幼儿62名。进一步加强控辍保学的工作,成功劝返2名学生。为乡小学4名贫困学生争取2400元/人/年的企业资助金,帮助困难学生更好完成学业。

【卫生工作】 2019年,格当乡开展集中接种疫苗10次,接种人次达103人。发放大骨节药品种类达3种、惠及患者32名。组织10名医护人员组建4支家庭医生团队,签约总人次790人,其中建档立卡贫困户479人。乡卫生院门诊核销6022人次,藏、西药品核销金额14.7276万元。积极配合有关部门进行从业人员健康体检,随机抽查辖区内个体户11个,进行卫生和食品安全检查10次。

【环境卫生综合整治】 改善硬件设施,提升治理能力。2019年,格当乡依托边境小康村建设,为各村兴建垃圾池12个,同时向县环保局争取资金4.9万余元用于购买环保工具,8月市环保局捐资12万余元,为格当村、布龙村解决垃圾车2辆、垃圾桶60个,解决了生活垃圾堆放和清运问题;发挥模范作用,带头狠抓落实。开展以清理乡村公路和水厂砂石为内容的志愿活动3次,参加人数41人次,开展大小环境卫生整治140余次,清运垃圾800立方米。

【社会保障】 2019年,全乡合作医疗参保人数965人,养老保险参保人数863人,60岁以上参保率98%。农牧民医疗报销119人,其中:建档立卡103人,大病统筹报销金额113.5665万元;非

2019年9月25日,格当乡举办"弘扬民族文化、共筑中国梦"文艺汇演有奖竞答活动

格当辣椒喜获丰收（摄于2019年10月）

建档立卡16人，大病统筹报销金额10.9901万元。乡门诊报销金额0.3679万元，均能做到及时结报。为14户五保户兑现供养金11.445万元，为17户51人低保户兑现低保金14.3818万元，为17户54名贫困群众发放临时救助资金5万元，申报医疗救助资金1.5万元。鼓励富余劳动力从事建筑、运输、向导等工作，成功转移剩余劳动力95人，其中外出务工43人。

【脱贫攻坚】 动态调整生态岗位。2019年1—6月，格当乡安排生态补偿岗位437个，7—12月安排生态补偿岗位297个，动态减少140个；推进教育扶贫各项工作。为18名建档立卡大学生发放补助资金11.0741万元，帮助2名在校大学生申请"国务院国资委党费专项资助西藏贫困学生助学金"，为3名在校大学生争取西藏东方财富证券有限公司帮扶资金9000元，占根卡驻村工作队为村内贫困学生争取社会帮扶资金8000元，武警西藏总队为桑珍卡村38名高中以上学生发放了8.15万元交通补贴；加大转移就业力度。先后开展林下资源种植、温室大棚蔬菜种植、果树种植等技能培训，并邀请各职能部门相关人员到格当乡开展茶叶种植专项培训，组织农牧民"举办藏餐烹饪"技能培训2期，培训人数达105人，组织装载机培训1期，培训人数达60人；开展社会帮扶工作。筹集"四对一"结对帮扶资金达14.295万元，"扶贫日"活动累计募集资金1.2056万元。

【基层组织建设】 2019年，格当乡结合"不忘初心、牢记使命"主题教育，开展党员政治学习教育2期（120人次参与），党建、扶贫专题培训1期，党员干部党性意识更强、作风纪律更优、干事劲头更足。开展讲党课13次、党旗进农家25次。在充分征求意见基础上，统筹各村部分驻村及党建工作经费160万元，完成各村级活动场所改造升级，其中41.8649万元用于打造多龙岗村级活动场所。把村干部管理和村集体经济发展有机融合，调整充实脱贫攻坚工作专班，下派14名科级干部包村、3名优秀专招大学生任第一书记，轮训乡村振兴专干、全方位充实工作力量。大力发展村集体经济，为占根卡村临时采砂点争取承包费25万元/年。

【人大工作】 2019年，格当乡人大组织代表学习法律法规和有关人大业务知识4次，参加人数45人次；组织代表开展"两会精神""不忘初心、牢记使命"主题教育专题学习7次，参加人数80人次；组织代表13人次讨论人大、政府工作报告1次，组织代表22人次讨论意见建议2次，整合归纳出6条意见建议；为民办实事（含代表为民办实事）12次，投入资金7000元；组织代表11人到墨脱镇、德兴乡、背崩乡学习"人大代表之家"的发挥作用情况、村级集体经济建设和特色产业发展工作等方面的先进经验和做法；乡人大组织选民在布龙选区和机关选区召开补选大会，依法补选乡级人大代表2名，确保格当乡人大工作有序开展；按照相关法律法规，依法免去政府副乡长1名，并成功选举政府副乡长1名。

【妇联工作】 2019年4月中旬，4个行政村全面完成村会改联工作任务，新配备村妇联主席4名、专职副主席3名，兼职副主席3名、委员6名；7月中旬，乡妇联通过召开执行会议，补选新一届执行委员会委员4名、选举主席1名、专职副主席1名、兼职副主席1名。

（尹红梅）

【机构领导】

党委书记、四级调研员

　　张志强（12月晋升四级调研员）

党委副书记、乡长

　　米　玛（藏族，9月免）

党委副书记、乡长（候选人）

　　索朗旺秋（藏族，9月任）

党委副书记、组织委员、主任科员

　　罗明春（女，藏族，1月免）

二级主任科员

　　罗明春（女，藏族，6月套转）

党委委员、人大主席

　　格桑多吉（藏族，12月免）

党委委员、人大主席（候选人）

　　普　琼（藏族，12月任）

党委委员、纪委书记

　　罗布曲扎（门巴族）

党委委员、宣传委员

　　刘功伟（1月免）

　　王　洁（女，蒙古族，1月任）

党委委员、组织委员

　　刘功伟（1月任）

党委委员、政法委员、人武部长

　　张　波

党委委员、统战委员

　　索朗巴珍（女，门巴族，1月免）

　　平措卓嘎（女，藏族，1月任）

党委委员、政府副乡长

　　平措拉巴（藏族，1月免）

副乡长

　　次仁朗杰（藏族）

　　次仁平措（门巴族）

副乡长（候选人）

　　陈　杰（12月任）

农牧综合服务中心主任

　　罗布占堆（门巴族）

文化服务中心主任

　　曲拉姆（女，门巴族）

四级主任科员

　　康海波（6月套转）

　　寇志富（11月任）

# 帮辛乡

【概况】帮辛乡位于墨脱县北部，总面积776.96平方公里，平均海拔1200米，距离县城59.6公里，下辖7个行政村（帮辛村、根登村、帮果村、肯肯村、西登村、宗荣村、岗玉村），6个村在雅江东岸，1个在西岸，其中西岸的岗玉村于2019年3月8日易地扶贫搬迁至格当乡多龙岗搬迁安置点。境内河流有雅鲁藏布江、白弄巴曲、帮辛村河、根登村河、西登村河、帮果村河、肯肯村河、宗荣村河、岗玉村河。帮辛乡是著名的墨脱石锅原产地，帮辛乡人将出自雅鲁藏布江畔悬崖上的"皂石"，制成石锅。2004年，西藏自治区授予墨脱县帮辛乡石锅文化艺术之乡荣誉称号。2019年，全乡总人口306户1360人。乡机关干部51名，其中男36名，女15名，藏族15名，汉族29名，门巴族5名，其他2名；研究生2名，本科37名，大专12名。

【基层党建】2019年，帮辛乡有党支部8个，党员229名（其中预备党员7名，女党员76名，农牧民党员201名，60岁以上的27名，35岁以下的103名，大专以上文凭31名）。继续推进实施"两学一做"学习教育常态化制度化，结合"做合格党员、当先锋模范"学习教育、"不忘初心、牢记使命"主题教育，采取"611"模式，即每月

2019年3月8日，帮辛乡岗玉村易地扶贫群众搬迁至格当乡多龙岗搬迁安置点。图为乡政府组织人员为岗玉搬迁群众送行

2019年12月3日，帮辛乡举行2019年度村医培训开班仪式

6学时理论学习、1次考试巩固、1天主题党日实践开展基层党建工作。创新贫困户产业带动，与墨脱县石锅文化有限公司合作，将石锅按照指标分配给贫困户，形成"党支部+石锅合作社+公司+贫困户"利益链接机制，贫困户每年每户可增收5000余元。创新教育帮扶机制，在乡小学开设第二课堂，教授学生思想政治、象棋、吉他、武术、法律、卫生等课程，教授累计18课时，开展送教下村活动，为有特殊原因无法正常上学的适龄儿童送教上门8次，投入慰问物资价值4986元。灵活运用各村10万元党建经费，采购村级组织活动场所办公设备，2019年底，帮辛乡除西登村外，其他五村村级活动场所均已完成建设并投入使用。

2019年，帮辛乡认真贯彻习近平新时代中国特色社会主义思想及党的十九大精神、中纪委二次、三次全会精神，按照《中共墨脱县委员会关于深化落实党风廉政建设纪委监督责任实施细则》工作要求，切实履行党委主体责任，坚定不移地维护党纪、反对"四风"，深入推进全乡党风廉政建设和反腐败工作稳步提升。组织党员干部传达学习14起贪污腐败典型案例通报精神，开展8次廉政专题党课，走访群众124人次，发现整治扶贫领域作风问题9起，批评教育1人，对扶贫领域腐败问题、扫黑除恶专项斗争、不作为慢作为等形式主义、官僚主义问题、村干部履职情况、资金使用情况等问题进行专项调研督导30余次，进一步巩固廉政成果。

【"不忘初心、牢记使命"主题教育】2019年，帮辛乡党委推送每日微党课30讲，党委领学5次，各包村领导入村引学4次。加强对各党支部书记的培训，参加墨脱县主题教育培训14人，各村通过夜校和远教设备培训，每名党员不少于32学时，达到培训全覆盖。各包村领导在调研结束后为所包村讲专题党课6次，各党支部第一书记、书记为党员讲党课14次，以门巴族语言传达主题教育感悟和收获，对今后工作提出要求和期许。各党支部组织党员开展重温入党誓词活动11次，开展政治承诺1次，参与人数168人。各支部组织党员开展主题党日、志愿服务活动23次，310余名党团员参与，在政策宣讲、道路维护、敬老爱幼、帮贫济困等方面起到先锋模范作用，得到群众一致好评。各党支部组织党员检视问题，班子检视问题77条、措施98个，个人检视问题120条、措施190个，已全部整改完毕。

【经济发展】2019年，帮辛乡坚持"打基础、谋特色、促增收"经济发展思路，以茶产业为支柱，辅以石锅产业，促进群众增收。2019年，全乡经济总收入2283.40万元，同比增长6.54%；人均纯收入10559.22元，同比增长8.71%；人均现金收入8392.18元，同比增长3.68%。农作物产量1012.74吨，同比下降7.98%。

【特色产业】2019年，帮辛乡茶叶种植面积1338.5亩，其中帮辛村347亩，帮果村423亩，宗荣村292.5亩，根登村110亩，西登村52亩，肯肯村114亩，建成移交有机茶园785亩。同时，按照全县2019年茶叶种植任务，933亩岗玉村茶叶种植项目、96亩根登村茶叶种植项目于2019年9月开工，分别投资1170.42万元、130万元。2019年，全乡200户875

名群众通过茶园开垦，获得劳动性收入416.6万元，人均增收0.76万余元。

2019年，帮辛乡石锅合作社与墨脱石锅文化有限公司合作，共收购皂石原料6384个，销售金额597余万元；群众自销成品石锅4490个，销售金额470.9余万元；石锅加工产业销售总金额为1067.9万元，同比增长64%，全乡户均增收3.97万余元，人均增收0.88万余元。

【脱贫攻坚】 2019年初，帮辛乡剩余贫困人口7户9人，其中一般贫困户1户3人，低保贫困户2户2人，五保户4户4人，截至2019年底，已全部脱贫。帮辛乡脱贫攻坚工作以促群众增收、巩固脱贫攻坚成果为主线，认真对照中央脱贫攻坚巡视反馈问题进行整改，乡主要领导履行脱贫攻坚第一责任人责任，带领全乡干部紧盯重点项目、重点人群，督促脱贫攻坚问题整改落实，督促社会帮扶尽快到位，全程跟踪易地搬迁进度，加强乡村两级脱贫攻坚政策宣传，及时兑现惠民资金。帮辛乡扶贫受益商铺项目于2019年3月30日正式招租，有9人参加竞租，乡政府与5户正式签订7个门面租用合同并投入营业。三大节日期间，组织人员对辖区困难党员和群众开展慰问22人次，发放慰问金16100元。5月5日，组织人员看望慰问岗玉33户136名易地扶贫搬迁户，发放慰问金17000余元。

【强基惠民】 2019年1月10日，帮辛乡7个村驻村队完成轮换交接，帮辛乡选派的4名优秀干部由于调整，及时调整配齐了其他2名驻村干部。为推进驻村工作，及时召开驻村干部培训会，安排驻村重点任务，签订安全责任书28份。按照市、县两级关于驻村工作队的有关纪律要求，完善强基惠民规章制度，制定驻村纪律条例。针对帮辛村、根登村、帮果村5个村集体经济存在无专人负责、无专项账目、无利益联结机制等问题，安排包村领导指导好升级改造工作。

【教育文化】 2019年，帮辛乡小学在校教师24名，在校生231名，适龄儿童入学率达100%，考上内地西藏班3人。控辍保学工作毫不松懈，开展劝学行动6次，签订保学责任书30份，辍学的2名学生已复学。各村举办群众喜闻乐见的文艺活动60余场次，同时开放周日影院，为村民提供丰富的文化精神生活。

【医疗科技】 2019年，帮辛乡群众农牧民合作医疗参保率达100%，乡卫生院办公楼建成并投入使用。各村村卫生室均有场所、有村医，基本实现小病不出村。发挥科技支撑作用，全乡开展科技知识培训3场次152人次，农牧民就业技能培训2次55人次。

【生态环境】 2019年，帮辛乡与全乡303户居民签订责任书，规范垃圾处理。由墨脱石锅文化公司捐款购买垃圾运输车辆6辆，价值471000元，已投入使用。全力做好全乡280个垃圾桶周边卫生保洁，及时处置满溢垃圾桶，收集垃圾后将垃圾桶摆放整齐，持续保持环境整洁。建立完善监督责任机制，坚决贯彻执行生态环境保护党政同责、一岗双责等责任追究制度。落实河长巡查制度，全年巡河14次，江河流域生态良好。深入宣传生态环保政策，悬

帮辛乡帮辛村茶叶种植（摄于2019年11月12日）

挂横幅13条,发放宣传册330余本,群众生态环保意识不断提升。

(张焖梅)

【机构领导】

党委书记

  达 穷(藏族)

党委副书记、乡长

  周 大 明

党委委员、人大主席

  格桑多吉(藏族,12月免)

  白玛遵珠(门巴族,12月任)

党委副书记、组织委员

  杜 太 永(土家族)

党委委员、纪委书记

  索朗罗布(门巴族,4月免)

党委委员、纪委书记

  陈 明 亮(5月任)

党委委员、政法委员、统战委员

  赖 子 龙

党委委员、宣传委员

  登增罗布(藏族)

党委委员、副乡长

  曲  尼(门巴族)

副乡长

  欧珠曲措(女,藏族,1月免)

  索朗玉珍(女,藏族,1月任)

  郝 董 林(专招生,6月免)

四级主任科员

  尚  青(6月套转)

  高 晓 廷(6月套转)

  高 晓 廷(12月辞退)

## 加热萨乡

【概况】 加热萨乡位于墨脱县东北部,雅鲁藏布江下游,距离县城81.05公里,全乡平均海拔1659米,年平均气温18.4℃,年平均降雨量2250毫米,全乡下辖6个行政村,其中龙列村于2019年3月搬迁至墨脱县格当乡多龙岗。2019年,全乡总人口158户608人,农村经济总收入994.60万元,同比增长17.8%;农村居民人均纯收入10059.21元,人均现金收入7187.5元。全乡粮食播种面积1087.55亩,农作物总产量330.69吨;牲畜总数935头(牛602头、马37匹、骡子135匹、猪91头、家禽70只),牲畜存栏量同比减少29.1%。

2019年8月26日,墨脱县委副书记、县长魏长旗(左二)一行在加热萨乡小学检查指导学校开学工作

【基层党建】 2019年,加热萨乡严格落实"三会一课"、党旗进农家、主题党日活动等制度,组织广大党员深入学习贯彻习近平新时代中国特色社会主义思想、党的十九大精神,提高党员的政治思想;强化党员角色意识。扎实开展"做合格党员 当先锋模范"教育、"七一"重温入党誓词及学党章党规活动,深化农牧民群众对党员的义务、权利的认识,积极引导党员发挥先锋模范作用;严格把控党员入口。按照"控制总量、优化结构、提高质量、发挥作用"的总要求,发展4名党员,转正预备党员5名。

坚持"书记抓、抓书记"党建工作理念,不断强化支部核心建设。对班子队伍战斗力差、凝聚力弱的加热萨村党支部,乡党群办监督指导,驻村工作队、第一书记具体落实,对照问题,制定方案,明确整改措施、责任人,倒排时间任务表,积极开展政治教育、党性锻造、班子建设、村干部谈心谈话等整治行动,从思想深处、灵魂根源解决不作为、慢作为、乱作为等行为。加强干部队伍建设,着力提高贯彻落实上级决策部署和为民服务能力,通过与村干部面对面交谈、集体座谈的方式引导村"两委"增进对自我履职行为的认识。

调整充实党风廉政建设和反

腐败领导小组，严格执行廉政作风谈话制度，乡党委主要负责人组织廉政谈话2人，谈话提醒3人，乡纪委发现并办理线索1条，配合县纪委受理线索1条；将党风廉政教育与理论学习、警示教育、知识测试等有机结合，先后组织干部学习违纪违规典型案件9次。

【脱贫攻坚】 2019年，加热萨乡每月不定期召开脱贫攻坚工作会议，研究推进脱贫工作；组织人员走村入户、深入田间地头宣传惠农政策72次，覆盖人群近1300人次；全乡剩余2户6人顺利实现脱贫，曾求村、达昂村2个贫困村实现出列，贫困人口全部脱贫。2019年3月，龙列村顺利完成群众易地搬迁工作，乡主要领导多次到多龙岗搬迁点走访调研，关心群众生活，乡人大主席多吉索朗常驻搬迁点，统筹协调日常工作。在雅鲁藏布江堰塞湖灾后恢复重建易地搬迁动员工作中，全乡党员干部开展全覆盖式入户动员5次以上，陪同市、县两级工作组入户147家，召开村干部座谈会10余场次、村民大会宣讲20余场次，制作搬迁规划图5套，积极向群众宣传户型结构、相关配套设施建设、搬迁政策、后续发展等政策，同时先后3次组织群众参观多龙岗、朗杰岗搬迁新村风貌、群众生活面貌，实地考察兴开、康卓登搬迁点，提振发展信心，打消顾虑，提高对未来生活的憧憬，2019年底，全乡52%的农户签订了搬迁承诺书。

【强基惠民】 2019年，加热萨乡顺利完成第七、第八批驻村工作队轮换交接工作，签订安全责任书20份，成立临时党支部3个，配齐配强支部成员。严格按照区、市、县三级强基办要求，紧密围绕驻村"七项重点任务"扎实开展工作，全年开展党的十九大精神、"四讲四爱"主题教育活动、脱贫攻坚政策宣讲130余场次，覆盖群众1700余人次。推动曾求村群众与外来商户签订石锅销售合同协议，石锅原石销量超1000个，创收60万元；帮助跑办、解决项目资金20.2万元；通过包户帮扶、"四对一"结对帮扶等形式，投入慰问金、物资共计28万余元。

【民生改善】 教育兴乡。2019年，加热萨乡始终把教育放在优先发展的位置，义务教育、控辍保学、护苗行动、"三包政策"扎实开展，"5个100%"目标持续巩固，教育质量不断提升。在全县统考中，加热萨乡小学综合成绩排名第一，同时被林芝市教育局评为市级"平安校园"。

医疗卫生事业。积极发挥乡卫生院的作用，实现农牧民健康档案全覆盖，养老保险参保人数平稳提高，医疗救助不断深化，全年救助人数80人次，政府兜底172889.94元。全乡无因病致贫、因病返贫现象发生。全乡未发生孕妇、新生儿死亡事件。

民政救助。认真执行特殊困难群体救助工作制度，全年向残疾人发放生活补贴、护理补贴金43200元，向低保户发放最低生活保障金58914.68元，向散居特困人员发放生活补助、护理补贴金96720元。

涉农保险保障。进一步扩大农业保险覆盖面，深化对种植业、养殖业以及自然灾害等涉农领域保险的申报兑现工作，全年牛、猪死亡等养殖业出险12.1万元，玉米、蔓稼因病虫害、自然灾害减产等种植业出险0.91万元，野生动物肇事补贴2.86万元，有效分散农业灾害风险，同时向群众发放堰塞湖补贴金82.8万元，切实保

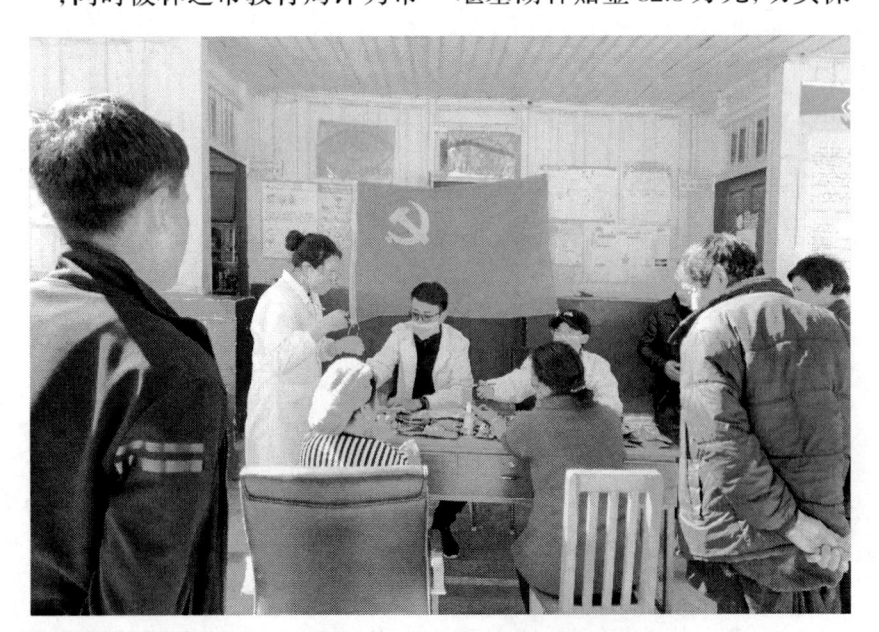

2019年1月31日，加热萨乡开展巡回医疗活动

障群众利益。

基础设施建设。全力打通脱贫攻坚"最后一公里",实现村村通公路。继2018年加热萨村、更帮村、拉贡村、曾求村通路,达昂村在2019年底年底前完成通公路。加热萨乡小学新教学楼正式投入使用,全乡连通4G,迈入互联网时代。

【生态环保】 开展乡村清洁工程。2019年,加热萨乡购置了80个垃圾桶及70余套扫帚、拖把等一批环保设备,用于乡村保洁。持续深化推进"清洁家园"活动,各村组织群众开展清洁卫生40余次,动员群众600余人次。

深化"河长制"工作。加强辖区内河流的巡河工作,加大对"乱占、乱建、乱采、乱堆"的排查力度,全年乡级巡河24次,村级巡河83次,巡逻人次197人次,确保每条河流都有人管护。

守好林地资源。创新森林防火工作管理模式,整合人员和资金,充分发挥专业管护员、乡村护林员、生态岗位的"岗哨"作用,扎实落实巡山护林工作。积极配合县林草局完成生态岗位、公益林信息核查及兑现工作,上半年安排生态岗位175人,下半年安排生态岗位153人,兑现资金共57.4万元。兑现公益林资金1406796.48元。

(张旭瑞)

【机构领导】

党委书记、一级主任科员

　　白　长　云(藏族,12月晋升一级主任科员)

党委副书记、乡长

　　张　岗

党委委员、人大主席

　　多吉索朗(门巴族)

党委副书记、组织委员、二级主任科员

　　扎西顿珠(藏族,6月套转)

党委委员、政府副乡长、二级主任科员

　　拉　巴(藏族,1月任职,6月套转)

党委委员、纪委书记

　　次仁旺堆(门巴族,1月免)

　　李　利　剑(1月任职)

党委委员、宣传委员

　　王　冬　梅(女,门巴族)

党委委员、政法委员、人武部长、政府副乡长

　　盘　雪　宏(壮族,6月免去副乡长)

党委委员、统战委员

　　参　培(藏族,1月免)

　　尹　荣　毕(1月任)

副乡长

　　洛桑江白(藏族)

　　达瓦维色(门巴族,6月免)

　　旦增桑珠(藏族,6月任)

农牧站主任

　　苏　龙

文化站主任

　　仁增加措(门巴族)

四级主任科员

　　王　培(6月套转)

　　许　向　楠(7月任)

# 甘登乡

【概况】 甘登乡地处墨脱县西北部,雅鲁藏布江下游,北纬29°,东经95°,是距离雅鲁藏布江大峡谷大拐弯最近的乡,距县城112公里,平均海拔2040米。东与加热萨乡相邻,南与帮辛乡连接,西与巴宜区相连,北隔金珠拉与波密毗邻。境内山高谷深,峰峦叠嶂,地质构造复杂,地貌丰富多样,地势北高南低,相对高差极大,自然植被与土壤呈明显的垂直地带分异。世界第一峡谷——雅鲁藏布大峡谷主体部位便位于甘登乡境内,在乡政府驻地便可看见巍巍南迦巴瓦峰。下辖甘登村、多卡村2个行政村,为藏族、门巴族、珞巴族聚集地。2019年,全乡总人口91户328人,其中农业人口90户326人(其中多卡村已搬迁至多龙岗,户籍未迁移至格当乡)。

【基层党建】 2019年,甘登乡党委开展十九大精神专题学习20余次,组织召开党建工作专题会议4次,开展党日学习活动21次、理论中心组学习10次、基层党建工作督导10余次,举办党员政治教育1期,参加培训党员40人次,人均学时32学时。举办村干部能力素质提升2期,培训村干部、驻村工作队20余人次,实现了村干部文化素质提升全覆盖。甘登村党支部开展支部联建活动2场次,为民服务活动2场次。2019年,全乡发展党员1名、党员发展对象1名、积极分子4名。

乡党委始终把严明党的政治纪律和政治规矩摆在首要位置,强化党员干部政治教育,严肃党

2019年5月30日,墨脱县委书记旺东(前)徒步前往甘登乡开展调研工作

内政治生活,进一步压实班子成员党风廉政建设"一岗双责",开展谈心谈话工作2次,要求党政班子成员定期向乡党委汇报党风廉政建设责任落实情况。乡纪委开展廉政警示教育10余场次、党风廉政建设宣传月活动1次,认真履行纪委监委监督执纪问责职责,深入开展扶贫领域督导检查工作,查处并完成初核线索1起,开展走村入户调研10余次。

【脱贫攻坚】 甘登乡2016年精准识别建档立卡贫困户46户167人,其中一般贫困户7户38人、低保贫困户24户114人、五保贫困户15户15人。2019年9月,全乡剩余的3户五保贫困户在社保兜底、各界大力帮扶下,全部实现脱贫。2019年3月乡党委、政府先后8次组织工作组到多卡村开展搬迁动员工作,4月2日墨脱县甘登乡多卡村33户128人顺利搬进格当乡多龙岗易地扶贫搬迁安置点,县委常务副书记谢国高,县委常委、常务副县长多吉扎西,县政协副主席嘎玛欧珠走进搬迁户家中进行走访慰问,了解他们当前的家庭情况和下步打算,希望他们早日适应新环境,过上幸福安稳的新生活。

【经济发展】 受交通、通信等条件限制,甘登乡产业发展困难,缺乏支柱产业,全乡整体经济基础十分薄弱。2019年,甘登乡耕地面积915亩(甘登村513亩、多卡村402亩),主要农作物为玉米,农作物产量104.65吨。全乡农村经济纯收入505.52万元,农牧民人均纯收入8163.72元,人均现金收入7555.91元(甘登村人均纯收入9073.66元,现金收入8100.25元;多卡村人均纯收入6971.83元,现金收入6567.61元),群众主要收入来源包括政策性收入、项目施工费、骡马运输费及农牧业收入。

【交通建设】 2015年开始,从加热萨乡修建进甘登乡的简易土公路。甘登乡是中国最后不通公路的2个乡之一,现有交通状况靠马道进行运输,仍处于马驮人背的状态。由于该地区交通十分不便,严重制约了当地社会经济发展。甘登乡甘登村至波密县古乡巴卡村通道工程,全长36.056公里,骡马道标准,路基宽度2.5米,项目总投资1194.2835万元,于2016年11月17日正式开工建设,在建设单位、监理单位、设计单位的共同努力下,于2019年9月5日已完成全部工程量。项目的建成,进一步改善了甘登村村民的出行条件,同时增加了一条墨脱县至波密县的通道。使甘登村和古乡巴卡村联系更加紧密,促进了2个村乃至沿途村庄的经济发展。

【扫黑除恶专项斗争】 2019年,根据县委政法委安排部署,甘登乡党委、政府及时召开专题会议,并组建扫黑除恶专班,对全乡扫黑除恶工作进行安排部署。全年开展线索摸排3次、专题宣传教育活动2场次,悬挂横幅4幅,张贴宣传标语20余张,发放宣传资料200余份,制定宣传栏1期,设立扫黑除恶举报箱1个,开展各类宣传活动10余场次,在全乡营造了扫黑除恶专项斗争浓厚氛围,有效防止黑恶势力滋生。

【社会事业】 2019年,甘登乡积极协助县教体局完成18岁以下人员和在校学生学籍确认及疑似失学儿童摸排工作,对长期在外的未成年人进行了核实。为巩固提高义务教育水平,建立控辍保

2019年3月28日,在西藏百万农奴解放纪念日当天,甘登乡小学举行升国旗仪式

学长效机制,形成全社会参与、齐抓共管的良好氛围,全乡适龄儿童已全部实现入学。每月开展学校及周边安全隐患排查和食品卫生安全排查,督促强化管理,为学生营造良好的学习、成长环境。严格落实护苗行动,组织家长护送学生,确保学生往返安全。加强医疗卫生政策宣传,鼓励贫困户家庭病人按照相关政策要求程序外出就医,确保身体健康。强化儿童老人健康管理工作,乡卫生院医务人员定期组织走村入户开展送药送健康活动和家庭医生签约服务随访工作,为老人、妇女、儿童开展身体检查及发放药品。

【生态文明建设】 2019年,甘登乡党委、政府积极践行"绿水青山就是金山银山"的环保理念,致力于打造生态宜居的生态环境,依托护林员、生态岗位,组织开展生态宣传活动10余次,加大日常检查,督促生态护林员常态化巡山护林,真正实现生态扶贫和森林资源保护双收益,确保森林资源、水资源不被破坏和污染。积极争取环保资金,购买保洁工具,扎实推进村居环境政治工程,不断美化村居环境,规范生产生活垃圾处理,将生活生产垃圾对环境的污染程度降到最低。

(李永红)

【机构领导】
党委书记
　　姚 关 平
党委副书记、乡长
　　西绕多吉(门巴族)
党委委员、人大主席
　　扎西罗布(门巴族)
党委委员、纪委书记
　　普布次仁(藏族)
党委委员、组织委员、政法委员、人武部部长
　　李 红 潇
党委委员、纪委书记
　　普布次仁(藏族)
党委委员、统战委员、副乡长
　　李 　 军
党委委员、宣传委员
　　次旺贡布(藏族)
副乡长
　　平措南加(藏族)
　　邹 武 良
农牧综合服务主任
　　其 　 加(藏族)

# 附 录

## 受县（区）级以上表彰的先进集体名录

表 11

| 获奖单位 | 获奖名称 | 表彰时间 | 授予单位 |
| --- | --- | --- | --- |
| 背崩乡地东村 | 全国民族团结进步模范集体 | 2019年9月 | 国务院 |
| 墨脱县工商业联合会 | 2019年度民营企业调查工作示范单位 | 2019年1月 | 全国工商联 |
| 德兴乡德果村伍金措姆家庭 | 2019年度全国"最美家庭" | 2019年5月 | 中华全国妇女联合会 |
| 墨脱县卫生服务中心 | 全国维护妇女儿童权益先进集体 | 2019年11月 | 中华全国妇女联合会 |
| 墨脱县税务局 | 青年文明号 | 2019年6月 | 共青团中央、国家税务总局 |
| 米日村 | 国家森林乡村 | 2019年12月 | 国家林业和草原局 |
| 达木珞巴民族乡人民政府 | 全区"先进双联户"创建活动先进乡镇（街道） | 2020年1月 | 中共西藏自治区委员会、西藏自治区人民政府 |
| 墨脱县工商业联合会 | 2019年度民营企业调查点工作先进基层单位 | 2019年1月 | 西藏自治区工商联 |
| 墨脱县公安局交警大队 | 全区公安机关新中国成立70周年大庆安保第三阶段战时集体三等功 | 2019年12月 | 西藏自治区公安厅 |
| 中国邮政墨脱县分公司 | 余额达标奖 | 2019年 | 中国邮政集团公司西藏自治区分公司 |
| 墨脱边境管理大队 | 先进基层党组织 | 2019年7月 | 中共西藏出入境边防检查总站 |
| 墨脱县气象局 | 在西藏气象工作中做出突出贡献，给予嘉奖 | 2019年7月 | 西藏自治区气象局 |

续表11

| 获奖单位 | 获奖名称 | 表彰时间 | 授予单位 |
| --- | --- | --- | --- |
| 墨脱县中学 | 2018—2019年全国跳绳联赛安徽亳州站体育道德风尚奖 | 2019年4月 | 全国跳绳运动推广中心 |
| 墨脱县中学 | 全国跳绳运动推广中心学校会员单位 | 2019年4月 | 全国跳绳运动推广中心 |
| 墨脱县委办公室 | 林芝市2018年度工作三等奖 | 2019年1月 | 中共林芝市委员会、林芝市人民政府 |
| 墨脱县脱贫攻坚指挥部办公室 | 被评为2018年脱贫攻坚工作先进集体 | 2019年2月 | 中共林芝市委员会、林芝市人民政府 |
| 墨脱县脱贫攻坚指挥部办公室 | 2018年度普法工作 | 2019年4月 | 中共林芝市委员会、林芝市人民政府 |
| 墨脱县脱贫攻坚指挥部办公室 | 脱贫攻坚先进集体 | 2019年6月 | 中共林芝市委员会、林芝市人民政府 |
| 占根卡村"两委" | 脱贫攻坚先进集体 | 2019年6月 | 中共林芝市委员会、林芝市人民政府 |
| 格当乡 | 民族团结进步模范集体 | 2019年12月 | 中共林芝市委员会、林芝市人民政府 |
| 格当寺 | "遵行四条标准 争做先进僧尼"教育实践活动优秀组织单位 | 2019年12月 | 中共林芝市委员会、林芝市人民政府 |
| 墨脱县委组织部 | 2019年度林芝市民族团结进步模范集体 | 2019年12月 | 中共林芝市委员会、林芝市人民政府 |
| 墨脱县加热萨乡达昂村第七批驻村工作队 | 脱贫攻坚先进集体 | 2019年 | 中共林芝市委员会、林芝市人民政府 |
| 墨脱县政府办 | 林芝市创先争优强基础惠民活动第八批县级优秀组织单位 | 2019年 | 中共林芝市委员会、林芝市人民政府 |
| 墨脱县委组织部 | 林芝市创先争优强基础惠民活动第八批县级优秀组织单位 | 2019年 | 中共林芝市委员会、林芝市人民政府 |
| 华能西藏发电有限公司派驻帮辛乡帮果村工作队 | 墨脱县创先争优强基础惠民生活动第八批县级先进驻村(居)工作队 | 2019年 | 中共林芝市委员会、林芝市人民政府 |
| 达木珞巴民族乡人民政府 | 林芝市"先进双联户"创建评选工作先进乡镇(街道办) | 2020年1月 | 中共林芝市委员会、林芝市人民政府 |
| 墨脱县政府办 | 林芝市创先争优强基础惠民生活动优秀组织单位 | 2020年1月 | 中共林芝市委员会、林芝市人民政府 |

续表11

| 获奖单位 | 获奖名称 | 表彰时间 | 授予单位 |
| --- | --- | --- | --- |
| 墨脱县供电有限公司 | 林芝市级平安企业 | 2020年1月 | 中共林芝市委员会、林芝市人民政府 |
| 林芝市人民政府 | 林芝市级平安校园 | 2020年1月 | 中共林芝市委员会、林芝市人民政府 |
| 墨脱县文旅局 | 歌声礼赞新时代——林芝市第四届唱响林芝歌手大赛优秀组织奖 | 2019年12月 | 林芝市委宣传部、林芝市文化广播电视局 |
| 墨脱县纪委监委 | "祖国赞·清风颂"首届林芝市县处级党员干部廉政演讲比赛组织二等奖 | 2019年7月 | 中共林芝市纪律检查委员会、中共林芝市委组织部 |
| 墨脱县总工会 | 林芝市第十四届"南迦巴瓦峰杯"暨第三届"职工杯"篮球赛优秀组织奖 | 2019年5月 | 林芝市总工会、林芝市体育局 |
| 德兴乡小学 | 进步集体 | 2019年4月 | 共青团林芝市委员会、林芝市教育局 |
| 共青团墨脱县委员会 | 2019年林芝五四红旗团委 | 2019年5月 | 共青团林芝市委员会 |
| 墨脱县税务局 | 林芝市五四红旗团支部 | 2019年5月 | 共青团林芝市委员会 |
| 德兴乡小学 | 优秀少先队集体 | 2019年10月 | 共青团林芝市委员会、少先队林芝市工作委员会 |
| 墨脱县税务局 | 林芝市巾帼文明岗 | 2019年4月 | 林芝市妇女联合会 |
| 墨脱镇 | 林芝市三八红旗集体 | 2019年4月 | 林芝市妇女联合会 |
| 产业办 | 林芝市2019年全国"扶贫日"产业扶贫成果展 | 2019年10月 | 林芝市脱贫攻坚指挥部 |
| 墨脱县人民法院 | 全市法院刑事审判工作先进集体 | 2020年3月 | 中共林芝市中级人民法院党组 |
| 墨脱县人民检察院 | 2018年度全市检察机关综合管理工作先进集体 | 2019年4月 | 林芝市人民检察院 |
| 墨脱县农业农村局 | 林芝市农村土地承包经营权确权登记颁证工作先进集体 | 2019年1月 | 林芝市农村土地承包经营权确权登记颁证工作领导小组办公室 |
| 德兴乡 | 林芝市征兵工作先进工作单位 | 2019年7月 | 林芝人民政府武装部 |

续表11

| 获奖单位 | 获奖名称 | 表彰时间 | 授予单位 |
| --- | --- | --- | --- |
| 墨脱县自然资源局 | 地灾防治工作先进集体 | 2020年3月 | 林芝市自然资源局 |
| 墨脱县文物局 | 林芝市2018年度文物工作先进集体 | 2019年4月 | 林芝市文化广播电视局 |
| 墨脱县税务局 | 全市税务系统先进集体 | 2020年3月 | 国家税务总局林芝市税务局 |
| 农行墨脱县分行 | 2019年度综合绩效考核第二名 | 2020年3月 | 中国农业银行林芝分行 |
| 墨脱县教育局 | 2019年度教育系统先进基层党组织 | 2019年6月 | 中共林芝市教育局党组 |
| 墨脱县教育局 | 2018年教育体育信息报送工作先进集体 | 2019年6月 | 林芝市教育局 |
| 墨脱县中学 | 林芝市青少年U15足球比赛亚军 | 2019年6月 | 林芝市教育局 |
| 墨脱县教育局 | 林芝市教育系统"四讲四爱"群众教育实践活动先进集体 | 2019年12月 | 林芝市教育局 |
| 墨脱县供电有限公司 | 先进集体 | 2019年1月 | 国网西藏电力有限公司林芝供电公司 |
| 德兴乡小学 | 进步集体 | 2019年4月 | 少先队林芝市工作委员会 |
| 墨脱县人民政府 | 林芝市2017—2019年森林防火达标县(区) | 2019年11月 | 林芝市森林和草原防火办公室 |
| 墨脱县林业和草原局 | 林芝市2017—2019年森林防火达标县(区) | 2019年11月 | 林芝市森林和草原防火办公室 |
| 墨脱县民宗局 | 第二届全市"119"消防先进集体 | 2019年11月 | 林芝市防火安全委员会 |
| 墨脱县供电有限公司 | 合作共赢 共创佳绩 | 2019年1月 | 中国铁塔林芝市分公司 |
| 墨脱县委办公室 | 西藏自治区创先争优强基惠民活动2017—2018年度优秀组织单位 | 2018年12月 | 中共墨脱县委员会、墨脱县人民政府 |
| 墨脱县委办公室 | 墨脱县2018年民族团结进步模范集体 | 2018年12月 | 中共墨脱县委员会、墨脱县人民政府 |
| 墨脱县委办公室 | 2018年度工作先进集体 | 2019年1月 | 中共墨脱县委员会、墨脱县人民政府 |
| 墨脱镇 | 乡镇综合考评第二名 | 2019年1月 | 中共墨脱县委员会、墨脱县人民政府 |

续表11

| 获奖单位 | 获奖名称 | 表彰时间 | 授予单位 |
| --- | --- | --- | --- |
| 亚东村 | 雅江杯道德风尚奖 | 2019年1月 | 中共墨脱县委员会、墨脱县人民政府 |
| 墨脱县委办公室 | 2018年度脱贫攻坚工作先进集体 | 2019年2月 | 中共墨脱县委员会、墨脱县人民政府 |
| 德兴乡德兴村 | 2018年脱贫攻坚工作优秀村(居)组织 | 2019年2月 | 中共墨脱县委员会、墨脱县人民政府 |
| 德兴乡 | 2018年度脱贫攻坚工作综合考评优秀奖 | 2019年2月 | 中共墨脱县委员会、墨脱县人民政府 |
| 帮辛乡人民政府 | 2018年脱贫攻坚工作奋进奖 | 2019年2月 | 中共墨脱县委员会、墨脱县人民政府 |
| 墨脱镇 | 脱贫攻坚工作综合评价优秀奖 | 2019年2月 | 中共墨脱县委员会、墨脱县人民政府 |
| 墨脱村 | 脱贫攻坚工作优秀村(居)组织 | 2019年2月 | 中共墨脱县委员会、墨脱县人民政府 |
| 墨脱村门珞民族特色产业合作社 | 脱贫攻坚工作优秀企业 | 2019年2月 | 中共墨脱县委员会、墨脱县人民政府 |
| 德兴乡德兴村 | 2018年度人民调解工作先进集体 | 2019年4月 | 中共墨脱县委员会、墨脱县人民政府 |
| 德兴乡 | 2018年度人民调解工作先进集体 | 2019年4月 | 中共墨脱县委员会、墨脱县人民政府 |
| 墨脱县文化局 | 2018年度普法工作先进集体 | 2019年4月 | 中共墨脱县委员会、墨脱县人民政府 |
| 格当乡 | 人民调解委员会先进集体 | 2019年4月 | 中共墨脱县委员会、墨脱县人民政府 |
| 墨脱镇 | 人民调解工作先进集体 | 2019年4月 | 中共墨脱县委员会、墨脱县人民政府 |
| 墨脱村 | 人民调解工作先进集体 | 2019年4月 | 中共墨脱县委员会、墨脱县人民政府 |
| 墨脱县民宗局 | 2018年度普法工作先进集体 | 2019年4月 | 中共墨脱县委员会、墨脱县人民政府 |
| 墨脱县公安局 | 墨脱县庆祝西藏民主改革60周年暨"五一"国际劳动节合唱比赛一等奖 | 2019年5月 | 中共墨脱县委员会、墨脱县人民政府 |
| 格当寺 | 模范寺庙 | 2019年7月 | 中共墨脱县委员会、墨脱县人民政府 |
| 格当寺专职管理特派员 | 优秀专职管理特派员 | 2019年7月 | 中共墨脱县委员会、墨脱县人民政府 |

续表11

| 获奖单位 | 获奖名称 | 表彰时间 | 授予单位 |
| --- | --- | --- | --- |
| 墨脱县司法局 | 墨脱县政法系统《中国共产党政法工作条例》知识竞赛优秀组织奖 | 2019年9月 | 中共墨脱县委员会、墨脱县人民政府 |
| 背崩乡人民政府 | 墨脱县2019年度"先进双联户"创建评选工作先进乡镇 | 2019年11月 | 中共墨脱县委员会、墨脱县人民政府 |
| 加热萨乡人民政府 | 2019年墨脱县民族团结进步模范集体 | 2019年12月 | 中共墨脱县委员会、墨脱县人民政府 |
| 背崩乡人民政府 | 2019年墨脱县民族团结进步模范集体 | 2019年12月 | 中共墨脱县委员会、墨脱县人民政府 |
| 墨脱县气象局 | 墨脱县民族团结进步模范先进单位 | 2019年12月 | 中共墨脱县委员会、墨脱县人民政府 |
| 林芝市人大办派驻墨脱镇墨脱村工作队 | 墨脱县创先争优强基础惠民生活动第八批县级先进驻村（居）工作队 | 2019年 | 中共墨脱县委员会、墨脱县人民政府 |
| 林芝市公安局派驻背崩乡背崩村工作队 | 墨脱县创先争优强基础惠民生活动第八批县级先进驻村（居）工作队 | 2019年 | 中共墨脱县委员会、墨脱县人民政府 |
| 林芝市环保局派驻格当乡布龙村工作队 | 墨脱县创先争优强基础惠民生活动第八批县级先进驻村（居）工作队 | 2019年 | 中共墨脱县委员会、墨脱县人民政府 |
| 中国建设银行林芝分行派驻帮辛乡岗玉村工作队 | 墨脱县创先争优强基础惠民生活动第八批县级先进驻村（居）工作队 | 2019年 | 中共墨脱县委员会、墨脱县人民政府 |
| 华能西藏发电有限公司派驻帮辛乡宗荣村工作队 | 墨脱县创先争优强基础惠民生活动第八批县级先进驻村（居）工作队 | 2019年 | 中共墨脱县委员会、墨脱县人民政府 |
| 背崩乡人民政府 | 墨脱县创先争优强基础惠民活动第八批县级优秀组织单位 | 2019年 | 中共墨脱县委员会、墨脱县人民政府 |
| 墨脱镇人民政府 | 墨脱县创先争优强基础惠民活动第八批县级优秀组织单位 | 2019年 | 中共墨脱县委员会、墨脱县人民政府 |
| 达木珞巴民族乡人民政府 | 墨脱县创先争优强基础惠民活动第八批县级优秀组织单位 | 2019年 | 中共墨脱县委员会、墨脱县人民政府 |
| 墨脱县政法委 | 墨脱县创先争优强基础惠民活动第八批县级优秀组织单位 | 2019年 | 中共墨脱县委员会、墨脱县人民政府 |
| 墨脱县人社局 | 墨脱县创先争优强基础惠民活动第八批县级优秀组织单位 | 2019年 | 中共墨脱县委员会、墨脱县人民政府 |
| 墨脱县委办 | 墨脱县创先争优强基础惠民活动第八批县级优秀组织单位 | 2019年 | 中共墨脱县委员会、墨脱县人民政府 |

续表11

| 获奖单位 | 获奖名称 | 表彰时间 | 授予单位 |
| --- | --- | --- | --- |
| 墨脱县卫生服务中心 | 2019年墨脱县民族团结进步模范集体 | 2019年 | 中共墨脱县委员会、墨脱县人民政府 |
| 墨脱县卫生服务中心 | 2018年度墨脱县信息工作先进集体 | 2019年 | 中共墨脱县委员会、墨脱县人民政府 |
| 墨脱县交通运输局 | 2018年度工作先进集体 | 2019年 | 中共墨脱县委员会、墨脱县人民政府 |
| 墨脱县交通运输局 | 2018年度墨脱县信息工作先进集体 | 2019年 | 中共墨脱县委员会、墨脱县人民政府 |
| 墨脱县委办公室 | 2019年度工作先进集体 | 2020年1月 | 中共墨脱县委员会、墨脱县人民政府 |
| 墨脱县税务局 | 2019年度工作先进集体 | 2020年1月 | 中共墨脱县委员会、墨脱县人民政府 |
| 墨脱边境管理大队 | 2019年度社会治安综合治理先进集体 | 2020年1月 | 中共墨脱县委员会、墨脱县人民政府 |
| 墨脱县委组织部 | 2019年度社会治理综合治理先进集体 | 2020年1月 | 中共墨脱县委员会、墨脱县人民政府 |
| 墨脱县委组织部 | 2019年度工作先进集体 | 2020年1月 | 中共墨脱县委员会、墨脱县人民政府 |
| 帮辛乡人民政府 | 墨脱县2019年度社会治安综合治理第一名 | 2020年1月 | 中共墨脱县委员会、墨脱县人民政府 |
| 背崩乡人民政府 | 墨脱县2019年度乡镇综合考评第一名 | 2020年1月 | 中共墨脱县委员会、墨脱县人民政府 |
| 墨脱县财政局 | 2019年度工作先进集体 | 2020年1月 | 中共墨脱县委员会、墨脱县人民政府 |
| 墨脱县人力资源和社会保障局 | 2019年度社会治安综合治理先进集体 | 2020年1月 | 中共墨脱县委员会、墨脱县人民政府 |
| 墨脱县政府办 | 2019年度工作先进集体 | 2020年1月 | 中共墨脱县委员会、墨脱县人民政府 |
| 墨脱县纪委监委 | 2019年度工作先进集体 | 2020年1月 | 中共墨脱县委员会、墨脱县人民政府 |
| 墨脱县农业农村局 | 2019年度工作先进集体 | 2020年1月 | 中共墨脱县委员会、墨脱县人民政府 |
| 墨脱县医疗保障局 | 2019年度工作先进集体 | 2020年1月 | 中共墨脱县委员会、墨脱县人民政府 |
| 墨脱县气象局 | 2019年度工作先进集体 | 2020年1月 | 中共墨脱县委员会、墨脱县人民政府 |

续表11

| 获奖单位 | 获奖名称 | 表彰时间 | 授予单位 |
|---|---|---|---|
| 墨脱县司法局 | 2019年度社会治安综合治理先进集体 | 2020年1月 | 中共墨脱县委员会、墨脱县人民政府 |
| 墨脱县司法局 | 2019年度工作先进单位 | 2020年1月 | 中共墨脱县委员会、墨脱县人民政府 |
| 墨脱县委统战部 | 2019年度工作先进集体 | 2020年1月 | 中共墨脱县委员会、墨脱县人民政府 |
| 墨脱县政协会办公室 | 2019年度工作先进集体 | 2020年1月 | 中共墨脱县委员会、墨脱县人民政府 |
| 墨脱县委统战部 | 2019年度社会治安综合治理先进集体 | 2020年1月 | 中共墨脱县委员会、墨脱县人民政府 |
| 墨脱县卫生健康委员会 | 2019年度民族团结进步奖 | 2020年4月 | 中共墨脱县委员会、墨脱县人民政府 |
| 墨脱县供电有限公司 | 2019年墨脱县民族团结进步模范集体 | 2019年12月 | 中共墨脱县委员会、墨脱县人民政府 |
| 墨脱县人民政府 | "四讲四爱"群众教育实践活动先进集体 | 2019年1月 | 中共墨脱县委员会 |
| 墨脱县教育局 | 2018年脱贫攻坚工作先进集体 | 2019年2月 | 中共墨脱县委员会 |
| 墨脱县委组织部党支部 | 2019年度军地共建先进基层党组织 | 2019年6月 | 中共墨脱县委员会 |
| 德兴乡德兴村 | 2019年度先进基层党组织 | 2019年6月 | 中共墨脱县委员会 |
| 德兴乡机关党支部 | 2019年度先进基层党组织 | 2019年6月 | 中共墨脱县委员会 |
| 德兴乡小学 | 2019年度先进基层党组织 | 2019年6月 | 中共墨脱县委员会 |
| 中共墨脱县格当乡委员会 | 2019年度军地共建先进基层党组织 | 2019年6月 | 中共墨脱县委员会 |
| 占根卡村支部 | 2019年度先进基层党组织 | 2019年6月 | 中共墨脱县委员会 |
| 墨脱县政府办 | 2019年度先进基层党组织 | 2019年6月 | 中共墨脱县委员会 |
| 墨脱县人大办支部委员会 | 2019年度先进基层党组织 | 2019年6月 | 中共墨脱县委员会 |
| 墨脱县纪委监委 | 2019年度军地共建先进基层党组织 | 2019年6月 | 中共墨脱县委员会 |
| 墨脱镇 | 2019年度先进基层党组织 | 2019年6月 | 中共墨脱县委员会 |
| 墨脱村 | 2019年度先进基层党组织 | 2019年6月 | 中共墨脱县委员会 |

续表11

| 获奖单位 | 获奖名称 | 表彰时间 | 授予单位 |
| --- | --- | --- | --- |
| 亚东村 | 2019年度军地共建先进基层党组织 | 2019年6月 | 中共墨脱县委员会 |
| 墨脱县委办公室 | 2019年度先进基层党组织 | 2019年6月 | 中共墨脱县委员会 |
| 墨脱县政协会办公室党支部 | 2019年度先进基层党组织 | 2019年6月 | 中共墨脱县委员会 |
| 甘登乡人民政府 | 2019年度先进基层党组织 | 2019年6月 | 中共墨脱县委员会 |
| 墨脱县人民法院 | 墨脱县政法系统知识竞赛优秀组织奖 | 2019年9月 | 中共墨脱县委员会 |
| 墨脱县公安局 | 墨脱县民族团结进步集体 | 2019年12月 | 中共墨脱县委员会 |
| 德兴乡 | 2018年度"四讲四爱"群众教育实践活动先进集体 | 2019年1月 | 中共墨脱县委员会、墨脱县"四讲四爱"群众教育实践活动领导小组 |
| 德兴乡 | 2019年度社会治安综合治理第三名 | 2020年1月 | 中共墨脱县委办公室、墨脱县人民政府办公室 |
| 德兴乡 | 2019年度乡镇综合考评第二名 | 2020年1月 | 中共墨脱县委办公室、墨脱县人民政府办公室 |
| 墨脱县文旅局 | 2018年度安全生产工作先进单位 | 2019年4月 | 墨脱县人民政府 |
| 墨脱县文旅局 | 2018年度消防工作先进单位 | 2019年4月 | 墨脱县人民政府 |
| 帮辛乡人民政府 | 2018年度安全生产工作先进乡(镇) | 2019年4月 | 墨脱县人民政府 |
| 墨脱县教育局 | 2018年度安全生产工作先进单位 | 2019年4月 | 墨脱县人民政府 |
| 格当乡人民政府 | 2018年度消防工作先进乡(镇) | 2019年4月 | 墨脱县人民政府 |
| 格当乡人民政府 | 2018年度安全生产先进乡(镇) | 2019年4月 | 墨脱县人民政府 |
| 墨脱县人民检察院 | 2018年度消防工作先进单位 | 2019年4月 | 墨脱县人民政府 |
| 墨脱县人民检察院 | 2018年度安全生产工作支持单位 | 2019年4月 | 墨脱县人民政府 |
| 墨脱县总工会 | 2018年度安全生产工作支持单位 | 2019年4月 | 墨脱县人民政府 |
| 墨脱县委办公室 | 2018年度消防工作先进单位 | 2019年4月 | 墨脱县人民政府 |
| 墨脱县委办公室 | 2018年度安全生产工作支持单位 | 2019年4月 | 墨脱县人民政府 |

续表11

| 获奖单位 | 获奖名称 | 表彰时间 | 授予单位 |
| --- | --- | --- | --- |
| 墨脱县民宗局 | 2018年度消防工作先进单位 | 2019年4月 | 墨脱县人民政府 |
| 加热萨乡小学 | 平安校园 | 2019年5月 | 墨脱县人民政府 |
| 帮辛乡人民政府 | 2019年墨脱县民族团结进步模范集体 | 2019年12月 | 墨脱县人民政府 |
| 背崩乡人民政府 | 墨脱县第十二届雅江杯足球联赛优秀组织奖 | 2020年1月 | 墨脱县人民政府 |
| 农行墨脱县分行 | 2020年"迎新杯"篮球比赛男子组道德风尚奖 | 2020年1月 | 墨脱县人民政府 |
| 加热萨乡人民政府 | 墨脱县第十二届雅江杯足球联赛优秀组织奖 | 2020年1月 | 墨脱县人民政府 |
| 墨脱县发改委 | 2017年重点项目建设工作先进集体 | 4月1日 | 墨脱县人民政府 |
| 达木珞巴民族乡专业管护站 | 2019年度森林草原防火先进集体 | 2020年4月 | 墨脱县人民政府 |
| 墨脱县政府办 | 2019年度森林草原防火先进集体 | 2020年4月 | 墨脱县人民政府 |
| 墨脱县气象局 | 2019年度森林草原防火先进集体 | 2020年4月 | 墨脱县人民政府 |
| 墨脱县供电有限公司 | 2019年度森林草原防火先进集体 | 2020年4月 | 墨脱县人民政府 |
| 墨脱县供电有限公司 | 2018年度安全生产工作先进企业 | 2019年4月 | 墨脱县人民政府 |
| 墨脱县供电有限公司 | 2019年度墨脱县五四红旗团支部 | 2020年5月 | 共青团墨脱县委员会 |
| 墨脱县供电有限公司 | 青年文明号 | 2019年5月 | 共青团墨脱县委员会 |

说明：由于各单位资料提供不全，可能有遗漏。

## 受县（区）级以上表彰的先进个人名录

表12

| 姓名 | 性别 | 民族 | 工作单位 | 获奖名称 | 表彰时间 | 授予单位 |
| --- | --- | --- | --- | --- | --- | --- |
| 高荣 | 男 | 门巴 | 背崩乡人民政府 | 第九届全国人民最满意的公务员 | 2019年 | 中共中央组织部、中共中央宣传部 |
| 为军 | 男 | 门巴 | 背崩乡人民政府 | 全国模范退役军人 | 2019年 | 人力资源和社会保障部、中共中央组织部、退役军人事务部、中央军委政治工作部 |
| 斯塔卓玛 | 女 | 藏 | 墨脱县中学 | 2018—2019年全国跳绳联赛安徽亳州站优秀教练员 | 2019年5月 | 国家体育总局社会体育指导中心、中国大学生体育协会、中国中学生体育协会、全国跳绳运动推广中心 |
| 索朗达杰 | 男 | 门巴 | 墨脱县委办公室 | "我爱我的祖国"微视频、摄影作品大赛微视频三等奖 | 2019年 | 中共中央宣传部"学习强国"平台 |
| 次仁央前 | 女 | 门巴 | 墨脱县文化局 | 2018年全国扫黄打非先进个人 | 2019年1月 | 全国扫黄打非工作小组 |
| 格桑德吉 | 女 | 门巴 | 墨脱县完全小学 | 全国三八红旗手标兵 | 2019年3月 | 全国妇联 |
| 蒋义权 | 男 | 汉 | 墨脱县帮辛乡小学 | 2019年全国校园跳绳大课间视频展示大赛中被评为全国跳绳推广先进个人 | 2019年7月 | 中国中学生体育协会 |
| 巴旦加参 | 男 | 藏 | 墨脱县完全小学 | 荣获教育科研一等奖 | 2019年10月 | 中国管理科学研究院教育科学研究所科教创新研究中心 |
| 尼玛曲珍 | 女 | 门巴 | 墨脱县中学 | "一师一优课、一课一名师"部级优课 | 2019年12月 | 中央电化教育馆 |
| 索朗卓玛 | 女 | 藏 | 德兴乡人民政府 | 西藏自治区"遵行四条标准 争做先进僧尼"教育实践活动先进寺管干部 | 2019年12月 | 中共西藏自治区委员会、西藏自治区人民政府 |
| 曲尼央宗 | 女 | 藏 | 墨脱县强基办 | 自治区创先争优强基础惠民活动第八批自治区级先进工作者 | 2019年 | 中共西藏自治区委员会、西藏自治区人民政府 |
| 杜太永 | 男 | 土家 | 帮辛乡人民政府 | 2018年度个人三等功 | 2019年 | 中共西藏自治区委员会、西藏自治区人民政府 |
| 梅朵措姆 | 女 | 门巴 | 墨脱县委组织部 | 自治区创先争优强基础惠民活动第八批自治区级先进驻村（居）工作队员 | 2019年 | 中共西藏自治区委员会、西藏自治区人民政府 |
| 温二飞 | 男 | 汉 | 墨脱镇 | 自治区创先争优强基础惠民活动第八批自治区级先进驻村（居）工作队员 | 2019年 | 中共西藏自治区委员会、西藏自治区人民政府 |
| 黄初孟 | 男 | 汉 | 达木珞巴民族乡 | 自治区创先争优强基础惠民活动第八批自治区级先进驻村（居）工作队员 | 2019年 | 中共西藏自治区委员会、西藏自治区人民政府 |
| 刘永福 | 男 | 汉 | 墨脱县人武部 | "我奋斗、我精彩"演讲比赛获得二等奖 | 2019年5月 | 西藏军区 |

续表12

| 姓名 | 性别 | 民族 | 工作单位 | 获奖名称 | 表彰时间 | 授予单位 |
|---|---|---|---|---|---|---|
| 旦增多吉 | 男 | 门巴 | 墨脱县委宣传部 | 2018年度全区宣传思想文化系统先进工作者 | 2019年2月 | 中共西藏自治区委员会宣传部 |
| 罗布卓玛 | 女 | 藏 | 墨脱县中学 | 自治区第三届职工运动会田径铅球女子组第五名 | 2019年10月 | 西藏自治区总工会、西藏自治区体育局、西藏自治区直属机关工委、西藏自治区教育厅 |
| 罗布央宗 | 女 | 门巴 | 墨脱县墨脱村村委会 | 2019年度西藏自治区三八红旗手 | 2020年3月 | 西藏自治区妇女联合会、西藏自治区人力资源和社会保障厅 |
| 王宁 | 男 | 汉 | 墨脱县公安局 | 全区公安机关优秀监管民警 | 2020年3月 | 西藏自治区公安厅 |
| 巴桑次仁 | 男 | 藏 | 墨脱县公安局 | 全区公安机关70周年大庆安保维稳成绩突出个人 | 2019年12月 | 西藏自治区公安厅 |
| 邢俊超 | 男 | 汉 | 墨脱县公安局 | 全区公安机关新中国成立70周年大庆安保战时个人三等功 | 2019年12月 | 西藏自治区公安厅 |
| 扎西顿珠 | 男 | 藏 | 墨脱县人民法院 | 在2014—2018年全区法院藏汉双语法官培训系列教材编撰工作中荣获先进个人奖 | 2019年4月 | 西藏自治区高级人民法院 |
| 郭光旭 | 男 | 汉 | 背崩乡人民政府 | 大排查、早调节、护稳定、迎国庆先进个人 | 2019年 | 西藏自治区司法厅 |
| 李勇 | 男 | 汉 | 墨脱县人民政府 | 2019年自治区包虫病防治先进个人奖 | 2020年1月 | 西藏自治区健康西藏建设领导小组办公室 |
| 招小艳 | 女 | 汉 | 墨脱县完全小学 | "让青春之花绽放在祖国最需要的地方"征文活动优秀奖 | 2019年7月 | 广东省教育厅 |
| 扎西卓玛 | 女 | 门巴 | 墨脱县中学 | 全区教育系统庆祝建国70周年征文活动中获三等奖 | 2019年9月 | 西藏自治区教育厅 |
| 向久旺姆 | 女 | 藏 | 墨脱县中学 | "一师一优课,一课一名师"自治区级优课 | 2019年10月 | 西藏自治区教育厅 |
| 伟明 | 男 | 门巴 | 墨脱县帮辛乡小学 | 从教25年终身成就奖 | 2019年9月 | 西藏自治区教育厅 |
| 多杰仁青 | 男 | 门巴 | 墨脱县背崩乡小学 | 从教20年荣誉奖 | 2019年9月 | 西藏自治区教育厅 |
| 次旦卓嘎 | 女 | 藏 | 墨脱县德兴乡小学 | 全区优秀教师 | 2019年9月 | 西藏自治区教育厅 |
| 杨军维 | 男 | 汉 | 墨脱县中学 | 全区初中教师教学竞赛决赛中获二等奖 | 2019年10月 | 西藏自治区教育厅 |
| 扎西卓玛 | 女 | 门巴 | 墨脱县中学 | 全区模范班主任 | 2019年10月 | 西藏自治区教育厅 |
| 张斌 | 男 | 汉 | 墨脱县中学 | "一师一优课,一课一名师"自治区级优课 | 2019年10月 | 西藏自治区教育厅 |

续表12

| 姓名 | 性别 | 民族 | 工作单位 | 获奖名称 | 表彰时间 | 授予单位 |
|---|---|---|---|---|---|---|
| 尼玛曲珍 | 女 | 门巴 | 墨脱县中学 | "一师一优课,一课一名师"自治区级优课 | 2019年10月 | 西藏自治区教育厅 |
| 招小艳 | 女 | 汉 | 墨脱县完全小学 | 2019年全区中小学实验教学说课活动荣获二等奖 | 2019年11月 | 西藏自治区教育厅 |
| 唐玲 | 女 | 汉 | 墨脱县完全小学 | 2019年全区中小学实验教学说课活动荣获二等奖 | 2019年11月 | 西藏自治区教育厅 |
| 招小艳 | 女 | 汉 | 墨脱县完全小学 | 2019年度全国中小学实验教学能手 | 2019年9月 | 中国教师发展基金会 |
| 唐玲 | 女 | 汉 | 墨脱县完全小学 | 2019年度全国中小学实验教学能手 | 2019年9月 | 中国教师发展基金会 |
| 旺庆 | 男 | 藏 | 墨脱县疾控中心 | 2018年度医德医术模范奖 | 2019年1月 | 中共林芝市委员会、林芝市人民政府 |
| 索朗卓玛 | 女 | 藏 | 德兴乡人民政府 | 林芝市"遵行四条标准 争做先进僧尼"教育实践活动先进寺管干部 | 2019年12月 | 中共林芝市委员会、林芝市人民政府 |
| 肖志伟 | 男 | 汉 | 墨脱县教育局 | 2019年林芝市民族团结进步模范个人 | 2019年12月 | 中共林芝市委员会、林芝市人民政府 |
| 次仁拉姆 | 女 | 门巴 | 达木珞巴民族乡人民政府 | 脱贫攻坚先进个人 | 2019年 | 中共林芝市委员会、林芝市人民政府 |
| 白玛措姆 | 女 | 门巴 | 墨脱县人社局 | 林芝市创先争优强基础惠民活动第八批市级先进驻村(居)工作队员 | 2019年 | 中共林芝市委员会、林芝市人民政府 |
| 贡觉加措 | 男 | 藏 | 德兴乡 | 林芝市创先争优强基础惠民活动第八批市级先进驻村(居)工作队员 | 2019年 | 中共林芝市委员会、林芝市人民政府 |
| 张金定 | 男 | 汉 | 背崩乡 | 林芝市创先争优强基础惠民活动第八批市级先进驻村(居)工作队员 | 2019年 | 中共林芝市委员会、林芝市人民政府 |
| 范伟 | 男 | 汉 | 背崩乡 | 林芝市创先争优强基础惠民活动第八批市级先进驻村(居)工作队员 | 2019年 | 中共林芝市委员会、林芝市人民政府 |
| 晋美扎西 | 男 | 藏 | 墨脱县交运局 | 林芝市创先争优强基础惠民活动第八批市级先进驻村(居)工作队员 | 2019年 | 中共林芝市委员会、林芝市人民政府 |
| 井次 | 男 | 珞巴 | 墨脱县巡察办 | 林芝市创先争优强基础惠民活动第八批市级先进驻村(居)工作队员 | 2019年 | 中共林芝市委员会、林芝市人民政府 |
| 格桑达瓦 | 男 | 藏 | 仁青崩寺管委会 | 林芝市"遵行四条标准 争做先进僧尼"教育实践活动先进寺管干部 | 2019年 | 中共林芝市委员会、林芝市人民政府 |
| 饶德建 | 男 | 汉 | 墨脱县供电有限公司 | 林芝市第一届劳动模范 | 2019年1月 | 中共林芝市委员会、林芝市人民政府 |
| 红星 | 男 | 门巴 | 墨脱县中学 | 林芝市2018年"四讲四爱"群众教育实践活动中被评为先进个人 | 2019年1月 | 中共林芝市委员会、林芝市"四讲四爱"群众教育实践活动领导小组 |
| 贡吉卓玛 | 女 | 藏 | 墨脱县帮辛乡小学 | 2018—2019学年教育教学工作中被评为优秀教职工 | 2019年9月 | 中共林芝市委员会 |
| 付崇权 | 男 | 仡佬 | 墨脱县供电有限公司 | 2018年"四讲四爱最美人物" | 2019年1月 | 中共林芝市委员会 |

续表12

| 姓名 | 性别 | 民族 | 工作单位 | 获奖名称 | 表彰时间 | 授予单位 |
|---|---|---|---|---|---|---|
| 孔垂义 | 男 | 汉 | 墨脱县委宣传部 | 林芝市2018年"四讲四爱"群众教育实践活动优秀宣讲员 | 2019年1月 | 中共林芝市委员会、"四讲四爱办" |
| 保 全 | 男 | 门巴 | 墨脱县德兴乡小学 | 乡村教师奉献奖 | 2019年12月 | 林芝市人民政府 |
| 佘志敏 | 男 | 汉 | 墨脱县帮辛乡小学 | 2018年度获得"林芝市少先队优秀辅导员"称号 | 2019年4月 | 共青团林芝市委员会 |
| 闫 强 | 男 | 汉 | 共青团墨脱县委员会 | 优秀驻村团干部 | 2019年5月 | 共青团林芝市委员会 |
| 侯鹏飞 | 男 | 汉 | 墨脱镇人民政府 | 林芝优秀共青团干部 | 2019年5月 | 共青团林芝市委员会 |
| 蒋义权 | 男 | 汉 | 墨脱县帮辛乡小学 | 中国少年先锋队建队70周年获"优秀少先队员工作者"称号 | 2019年10月 | 共青团林芝市委员会 |
| 尼玛森格 | 男 | 门巴 | 墨脱县扶贫办 | 扶贫工作先进个人 | 2019年6月 | 林芝市脱贫攻坚指挥部 |
| 刘 震 | 男 | 汉 | 墨脱县林业和草原局 | 《新时代书写青春年华 新作为投身脱贫攻坚》荣获林芝市2019年全国扶贫日脱贫攻坚征文三等奖 | 2019年10月 | 林芝市脱贫攻坚指挥部 |
| 格桑多吉 | 男 | 汉 | 墨脱县公安局 | 2019年全市公安工作个人三等功 | 2020年3月 | 中共林芝市公安局委员会 |
| 久美才旦 | 男 | 汉 | 墨脱县公安局 | 2019年全市公安工作个人三等功 | 2020年3月 | 中共林芝市公安局委员会 |
| 罗 杨 | 男 | 藏 | 墨脱县公安局 | 2019年全市公安工作个人三等功 | 2020年3月 | 中共林芝市公安局委员会 |
| 普布多杰 | 女 | 汉 | 墨脱县公安局 | 2019年全市公安工作个人嘉奖 | 2020年3月 | 中共林芝市公安局委员会 |
| 郑 凯 | 男 | 藏 | 墨脱县公安局 | 2019年全市公安工作个人嘉奖 | 2020年3月 | 中共林芝市公安局委员会 |
| 贡桑多杰 | 男 | 藏 | 墨脱县公安局 | 2019年全市公安工作个人嘉奖 | 2020年3月 | 中共林芝市公安局委员会 |
| 扎西顿扎 | 男 | 汉 | 墨脱县公安局 | 2019年全市公安工作个人嘉奖 | 2020年3月 | 中共林芝市公安局委员会 |
| 尼玛平措 | 男 | 藏 | 墨脱县公安局 | 2019年全市公安工作个人嘉奖 | 2020年3月 | 中共林芝市公安局委员会 |
| 次仁曲珠 | 男 | 汉 | 墨脱县公安局 | 2019年全市公安工作二级优秀警务辅助人员 | 2020年3月 | 中共林芝市公安局委员会 |
| 益西措姆 | 男 | 汉 | 墨脱县公安局 | 2019年全市公安工作三级优秀警务辅助人员 | 2020年3月 | 中共林芝市公安局委员会 |
| 白玛仁增 | 男 | 藏 | 墨脱县公安局 | 2019年全市公安工作三级优秀警务辅助人员 | 2020年3月 | 中共林芝市公安局委员会 |
| 郑邦典 | 女 | 藏 | 墨脱县公安局 | 2019年全市扫黑除恶专项斗争工作先进个人 | 2020年3月 | 中共林芝市公安局委员会 |

续表12

| 姓名 | 性别 | 民族 | 工作单位 | 获奖名称 | 表彰时间 | 授予单位 |
|---|---|---|---|---|---|---|
| 扎西白桑 | 男 | 汉 | 墨脱县公安局 | 2019年全市网格警务工作个人嘉奖 | 2020年3月 | 中共林芝市公安局委员会 |
| 旦巴曲杰 | 男 | 汉 | 墨脱县公安局 | 2019年全市道路交通网格工作个人嘉奖 | 2020年3月 | 中共林芝市公安局委员会 |
| 旺前多吉 | 男 | 门巴 | 墨脱县公安局 | 2019年全市公安系统大比武活动个人嘉奖 | 2020年3月 | 中共林芝市公安局委员会 |
| 杨江山 | 男 | 汉 | 墨脱县公安局 | 林芝市公安机关大庆安保第一阶段"个人三等功" | 2019年10月 | 中共林芝市公安局委员会 |
| 仁青旺久 | 男 | 门巴 | 墨脱县公安局 | 林芝市公安机关大庆安保第一阶段"个人嘉奖" | 2019年10月 | 中共林芝市公安局委员会 |
| 多吉次仁 | 男 | 门巴 | 墨脱县公安局 | 林芝市公安机关大庆安保第一阶段"三级优秀警务辅助人员" | 2019年10月 | 中共林芝市公安局委员会 |
| 旺前罗布 | 男 | 门巴 | 墨脱县公安局 | 林芝市公安机关大庆安保第二阶段"个人三等功" | 2019年10月 | 中共林芝市公安局委员会 |
| 次仁旺久 | 男 | 门巴 | 墨脱县公安局 | 林芝市公安机关大庆安保第二阶段"个人嘉奖" | 2019年10月 | 中共林芝市公安局委员会 |
| 杨江山 | 男 | 汉 | 墨脱县公安局 | 林芝公安系统2019年警务实战知识技能比武交管业务技能团体第三名 | 2019年12月 | 林芝市公安局 |
| 边 珍 | 女 | 藏 | 墨脱县人民检察院 | 2018年度全市检察机关先进工作者 | 2019年4月 | 林芝市人民检察院 |
| 泽翁罗布 | 男 | 藏 | 墨脱县人民法院 | 全市法院基本解决执行难工作个人嘉奖 | 2020年3月 | 中共林芝市中级人民法院党组 |
| 泽翁罗布 | 男 | 藏 | 墨脱县人民法院 | 林芝市两级法院先进个人 | 2019年8月 | 林芝市中级人民法院 |
| 苏 雷 | 男 | 壮 | 武警墨脱中队 | 三等功 | 2019年12月 | 武警林芝支队 |
| 雷 林 | 男 | 汉 | 武警墨脱中队 | 优秀士官 | 2019年12月 | 武警林芝支队 |
| 罗布次仁 | 男 | 藏 | 武警墨脱中队 | 优秀士官 | 2019年12月 | 武警林芝支队 |
| 王 旭 | 男 | 汉 | 武警墨脱中队 | 优秀士官 | 2019年12月 | 武警林芝支队 |
| 乔志豪 | 男 | 汉 | 武警墨脱中队 | 优秀士官 | 2019年12月 | 武警林芝支队 |
| 代斌贤 | 男 | 汉 | 武警墨脱中队 | 优秀士官 | 2019年12月 | 武警林芝支队 |
| 伍 涛 | 男 | 汉 | 武警墨脱中队 | 优秀士官 | 2019年12月 | 武警林芝支队 |
| 李 涛 | 男 | 汉 | 武警墨脱中队 | 优秀士官 | 2019年12月 | 武警林芝支队 |
| 方琪天 | 男 | 汉 | 武警墨脱中队 | 优秀士官 | 2019年12月 | 武警林芝支队 |
| 牟海岩 | 男 | 汉 | 武警墨脱中队 | 优秀士官 | 2019年12月 | 武警林芝支队 |

续表12

| 姓名 | 性别 | 民族 | 工作单位 | 获奖名称 | 表彰时间 | 授予单位 |
|---|---|---|---|---|---|---|
| 马洪武 | 男 | 回 | 武警墨脱中队 | 优秀义务兵 | 2019年12月 | 武警林芝支队 |
| 兰振浩 | 男 | 汉 | 武警墨脱中队 | 优秀义务兵 | 2019年12月 | 武警林芝支队 |
| 杨林燕 | 男 | 汉 | 武警墨脱中队 | 优秀义务兵 | 2019年12月 | 武警林芝支队 |
| 任睿毅 | 男 | 汉 | 墨脱县消防救援大队 | 三等功 | 2019年4月 | 林芝市消防救援支队 |
| 李耀羽 | 男 | 汉 | 墨脱县消防救援大队 | 嘉奖 | 2019年4月 | 林芝市消防救援支队 |
| 罗培伦 | 男 | 汉 | 墨脱县消防救援大队 | 嘉奖 | 2019年4月 | 林芝市消防救援支队 |
| 达瓦维色 | 男 | 门巴 | 墨脱县消防救援大队 | 嘉奖 | 2019年4月 | 林芝市消防救援支队 |
| 拉姆曲珍 | 女 | 藏 | 墨脱县卫生服务中心 | 2018年度林芝市医疗卫生系统"医德医术模范"称号 | 2019年 | 林芝市促进医疗卫生事业发展领导小组 |
| 次仁曲珍 | 女 | 门巴 | 墨脱县卫生服务中心 | 2018年度林芝市医疗卫生系统"医德医术模范"称号 | 2019年 | 林芝市促进医疗卫生事业发展领导小组 |
| 罗布占堆 | 女 | 门巴 | 墨脱县卫生服务中心 | 2018年度林芝市医疗卫生系统"医德医术模范"称号 | 2019年 | 林芝市促进医疗卫生事业发展领导小组 |
| 贡雪梅 | 女 | 僜人 | 墨脱县卫生服务中心 | 2018年度林芝市医疗卫生系统"医德医术模范"称号 | 2019年 | 林芝市促进医疗卫生事业发展领导小组 |
| 索朗达杰 | 男 | 藏 | 墨脱县卫生服务中心 | 2018年度林芝市医疗卫生系统"医德医术模范"称号 | 2019年 | 林芝市促进医疗卫生事业发展领导小组 |
| 次仁央金 | 女 | 藏 | 墨脱县卫生服务中心 | 2018年度林芝市医疗卫生系统白衣天使先进奖 | 2019年 | 林芝市促进医疗卫生事业发展领导小组 |
| 白玛旺姆 | 女 | 门巴 | 墨脱县卫生服务中心 | 2018年度林芝市医疗卫生系统白衣天使先进奖 | 2019年 | 林芝市促进医疗卫生事业发展领导小组 |
| 张斌 | 男 | 汉 | 墨脱县中学 | 林芝市第三届微课制作比赛二等奖 | 2019年5月 | 林芝市教育局 |
| 万政知 | 男 | 汉 | 墨脱县中学 | 林芝市第三届微课制作比赛三等奖 | 2019年5月 | 林芝市教育局 |
| 付宝红 | 男 | 汉 | 墨脱县中学 | 林芝市第三届微课制作比赛三等奖 | 2019年5月 | 林芝市教育局 |
| 李瑞 | 女 | 汉 | 墨脱县中学 | 林芝市第三届微课制作比赛三等奖 | 2019年5月 | 林芝市教育局 |
| 边巴 | 女 | 藏 | 墨脱县帮辛乡小学 | 林芝市第三届中小学微课制作比赛三等奖 | 2019年5月 | 林芝市教育局 |
| 熊丹丹 | 女 | 汉 | 墨脱县背崩乡小学 | 优秀党务工作者 | 2019年6月 | 中共林芝市教育局党组 |
| 仁增拉吉 | 女 | 藏 | 墨脱县中学 | 林芝市初中藏文教师教学竞赛活动三等奖 | 2019年7月 | 林芝市教育局 |
| 刘灿 | 男 | 汉 | 墨脱县中学 | 林芝市初中教师教学竞赛三等奖 | 2019年8月 | 林芝市教育局 |

续表12

| 姓名 | 性别 | 民族 | 工作单位 | 获奖名称 | 表彰时间 | 授予单位 |
|---|---|---|---|---|---|---|
| 次达多杰 | 男 | 门巴 | 墨脱县中学 | 林芝市初中教师教学竞赛优秀指导老师 | 2019年8月 | 林芝市教育局 |
| 杨军维 | 男 | 汉 | 墨脱县中学 | 初中教师教学竞赛中"等腰三角形"课获一等奖 | 2019年8月 | 林芝市教育局 |
| 王江乐 | 男 | 汉 | 墨脱县中学 | 2019年林芝市初中物理赛课第三名 | 2019年8月 | 林芝市教育局 |
| 辜晓蓉 | 女 | 汉 | 墨脱县中学 | 林芝市初中教师教学竞赛三等奖 | 2019年8月 | 林芝市教育局 |
| 赵阳 | 男 | 汉 | 墨脱县中学 | 林芝市初中教师教学竞赛二等奖 | 2019年8月 | 林芝市教育局 |
| 辛星星 | 男 | 汉 | 墨脱县中学 | 林芝市初中教师教学竞赛三等奖 | 2019年8月 | 林芝市教育局 |
| 向久旺姆 | 女 | 藏 | 墨脱县中学 | "一师一优课,一课一名师"市级优课 | 2019年9月 | 林芝市教育局 |
| 张斌 | 男 | 汉 | 墨脱县中学 | "一师一优课,一课一名师"市级优课 | 2019年9月 | 林芝市教育局 |
| 黄天 | 男 | 汉 | 墨脱县中学 | "一师一优课,一课一名师"市级优课 | 2019年9月 | 林芝市教育局 |
| 尼玛曲珍 | 女 | 门巴 | 墨脱县中学 | "一师一优课,一课一名师"市级优课 | 2019年9月 | 林芝市教育局 |
| 索朗卓玛 | 女 | 藏 | 墨脱县中学 | "一师一优课,一课一名师"市级优课 | 2019年9月 | 林芝市教育局 |
| 索朗措姆 | 女 | 藏 | 墨脱县帮辛乡小学 | "一师一优课,一课一名师"市级优课 | 2019年9月 | 林芝市教育局 |
| 伟明 | 男 | 门巴 | 墨脱县帮辛乡小学 | 从教20年奉献奖 | 2019年8月 | 林芝市教育局 |
| 任喜斌 | 男 | 汉 | 墨脱县背崩乡小学 | "一师一优课,一课一名师"市级优课 | 2019年9月 | 林芝市教育局 |
| 熊丹丹 | 女 | 汉 | 墨脱县背崩乡小学 | "一师一优课,一课一名师"市级优课 | 2019年9月 | 林芝市教育局 |
| 招小艳 | 女 | 汉 | 墨脱县完全小学 | "一师一优课,一课一名师"市级优课 | 2019年9月 | 林芝市教育局 |
| 朱艳丽 | 女 | 汉 | 墨脱县教育局 | 林芝市优秀教研员 | 2019年9月 | 林芝市教育局 |
| 普确 | 男 | 藏 | 墨脱县完全小学 | 林芝市优秀教师 | 2019年9月 | 林芝市教育局 |
| 龙增拉姆 | 女 | 藏 | 墨脱县完全小学 | 林芝市模范班主任 | 2019年9月 | 林芝市教育局 |
| 袁玉琼 | 女 | 汉 | 墨脱县完全小学 | "一师一优课,一课一名师"市级优课 | 2019年9月 | 林芝市教育局 |
| 罗布卓玛 | 女 | 藏 | 墨脱县中学 | 林芝市直教育系统第五届园丁杯球类联赛优秀运动员 | 2019年10月 | 林芝市教育局 |
| 佘志敏 | 男 | 汉 | 墨脱县帮辛乡小学 | 2019年林芝市教育系统"四讲四爱"群众实践活动先进个人 | 2019年12月 | 林芝市教育局 |

续表12

| 姓名 | 性别 | 民族 | 工作单位 | 获奖名称 | 表彰时间 | 授予单位 |
|---|---|---|---|---|---|---|
| 阿旺朗杰 | 男 | 藏 | 墨脱县完全小学 | 林芝市青少年U13足球优秀教练员 | 2019年6月 | 林芝市体育局 |
| 其美央宗 | 女 | 藏 | 加热萨乡人民政府 | 2019年林芝旅游形象暨桃花仙子选拔赛最佳人气奖 | 2019年 | 林芝市旅游发展委员会 |
| 次仁旺堆 | 男 | 门巴 | 亚东村 | 第三届林芝市敬业奉献道德模范提名奖 | 2019年1月 | 林芝市精神文明建设指导委员会 |
| 格桑达瓦 | 男 | 藏 | 墨脱县文化局 | 2018年度文化工作先进个人 | 2019年4月 | 林芝市文化广播电视局 |
| 次仁央前 | 女 | 门巴 | 墨脱县文化局 | 2018年度版权工作先进个人 | 2019年4月 | 林芝市文化广播电视局 |
| 东 红 | 男 | 门巴 | 墨脱县帮辛乡西登村 | 优秀非遗传承人 | 2019年4月 | 林芝市文化广播电视局 |
| 达娃拉姆 | 女 | 门巴 | 墨脱县委宣传部 | 2018年度非物质文化遗产传承工作先进基层工作者 | 2019年4月 | 林芝市文化广播电视局 |
| 西绕坚增 | 男 | 藏 | 墨脱县委宣传部 | 2018年度"林芝新闻"栏目供稿优秀记者 | 2019年2月 | 林芝市广播电视台 |
| 高 荣 | 男 | 门巴 | 背崩乡人民政府 | 林芝市最美退役军人 | 2019年 | 林芝市退役军人事务局 |
| 扎西米玛 | 男 | 藏 | 墨脱县背崩乡小学 | 优秀少先队辅导员 | 2019年10月 | 少先队林芝市委员会 |
| 高勇彬 | 男 | 汉 | 德兴乡人民政府 | 2018年脱贫攻坚优秀个人 | 2019年2月 | 中共墨脱县委员会、墨脱县人民政府 |
| 刘 震 | 男 | 汉 | 墨脱县林业和草原局 | 2018年脱贫攻坚工作优秀个人 | 2019年2月 | 中共墨脱县委员会、墨脱县人民政府 |
| 张华顺 | 男 | 汉 | 墨脱县卫生健康委 | 2018年度普法工作先进个人 | 2019年4月 | 中共墨脱县委员会、墨脱县人民政府 |
| 扎西顿珠 | 男 | 藏 | 墨脱县人民法院 | 墨脱县2018年度消防工作先进个人 | 2019年4月 | 中共墨脱县委员会、墨脱县人民政府 |
| 李 玲 | 女 | 汉 | 墨脱县人民法院 | 2018年度普法工作先进个人 | 2019年4月 | 中共墨脱县委员会、墨脱县人民政府 |
| 王 霏 | 女 | 汉 | 德兴乡人民政府 | 2018年度信息工作优秀信息工作者 | 2019年4月 | 中共墨脱县委员会、墨脱县人民政府 |
| 普 布 | 男 | 藏 | 德兴乡人民政府 | 2018年度普法工作先进个人 | 2019年4月 | 中共墨脱县委员会、墨脱县人民政府 |
| 普 布 | 男 | 藏 | 德兴乡人民政府 | 2018年度安全生产工作先进个人 | 2019年4月 | 中共墨脱县委员会、墨脱县人民政府 |
| 边 珍 | 女 | 藏 | 墨脱县人民检察院 | 2018年度普法工作先进个人 | 2019年4月 | 中共墨脱县委员会、墨脱县人民政府 |
| 李 玲 | 女 | 汉 | 墨脱县人民法院 | 2018年度"优秀法制副校长" | 2019年5月 | 中共墨脱县委员会、墨脱县人民政府 |
| 刘善超 | 男 | 汉 | 墨脱县人民法院 | 墨脱县青年岗位能手 | 2019年5月 | 中共墨脱县委员会、墨脱县人民政府 |
| 扎西卓玛 | 女 | 门巴 | 墨脱县中学 | 模范班主任 | 2019年5月 | 中共墨脱县委员会、墨脱县人民政府 |

续表12

| 姓名 | 性别 | 民族 | 工作单位 | 获奖名称 | 表彰时间 | 授予单位 |
| --- | --- | --- | --- | --- | --- | --- |
| 向久旺姆 | 女 | 藏 | 墨脱县中学 | 骨干教师 | 2019年5月 | 中共墨脱县委员会、墨脱县人民政府 |
| 徐雪梅 | 女 | 汉 | 墨脱县中学 | 模范班主任 | 2019年5月 | 中共墨脱县委员会、墨脱县人民政府 |
| 斯塔卓玛 | 女 | 藏 | 墨脱县中学 | 骨干教师 | 2019年5月 | 中共墨脱县委员会、墨脱县人民政府 |
| 宋胜强 | 男 | 汉 | 墨脱县中学 | 模范班主任 | 2019年5月 | 中共墨脱县委员会、墨脱县人民政府 |
| 高琪斌 | 男 | 汉 | 墨脱县中学 | 模范班主任 | 2019年5月 | 中共墨脱县委员会、墨脱县人民政府 |
| 次仁多吉 | 男 | 门巴 | 墨脱县中学 | 骨干教师 | 2019年5月 | 中共墨脱县委员会、墨脱县人民政府 |
| 吴金琼 | 女 | 汉 | 墨脱县幼儿园 | 骨干教师 | 2019年5月 | 中共墨脱县委员会、墨脱县人民政府 |
| 明珠措姆 | 女 | 门巴 | 墨脱县完全小学 | 骨干教师 | 2019年5月 | 中共墨脱县委员会、墨脱县人民政府 |
| 龙增拉姆 | 女 | 藏 | 墨脱县完全小学 | 骨干教师 | 2019年5月 | 中共墨脱县委员会、墨脱县人民政府 |
| 西绕措姆 | 女 | 门巴 | 墨脱县完全小学 | 骨干教师 | 2019年5月 | 中共墨脱县委员会、墨脱县人民政府 |
| 桑杰罗布 | 男 | 门巴 | 墨脱县完全小学 | 骨干教师 | 2019年5月 | 中共墨脱县委员会、墨脱县人民政府 |
| 张国照 | 男 | 汉 | 墨脱县人民检察院 | 优秀法治副校长 | 2019年5月 | 中共墨脱县委员会、墨脱县人民政府 |
| 白玛次旺 | 男 | 藏 | 墨脱县统计局 | 2018年度普法工作先进个人 | 2019年6月 | 中共墨脱县委员会、墨脱县人民政府 |
| 郭兴 | 男 | 汉 | 墨脱县卫生健康委 | 2019年综治先进个人 | 2019年7月 | 中共墨脱县委员会、墨脱县人民政府 |
| 平措卓嘎 | 女 | 藏 | 格当乡人民政府 | "遵行四条标准 争做先进僧尼"教育实践活动 优秀宣讲员 | 2019年7月 | 中共墨脱县委员会、墨脱县人民政府 |
| 詹文成 | 男 | 汉 | 格当乡人民政府 | "遵行四条标准 争做先进僧尼"教育实践活动 先进寺管会干部 | 2019年7月 | 中共墨脱县委员会、墨脱县人民政府 |
| 李展健 | 男 | 汉 | 墨脱县住房和城乡建设局 | 2018年度优秀公务员 | 2019年7月 | 中共墨脱县委员会、墨脱县人民政府 |
| 阿归 | 女 | 藏 | 墨脱县住房和城乡建设局 | 2018年度优秀公务员 | 2019年7月 | 中共墨脱县委员会、墨脱县人民政府 |
| 许东方 | 男 | 汉 | 墨脱县住房和城乡建设局 | 2018年度优秀公务员 | 2019年7月 | 中共墨脱县委员会、墨脱县人民政府 |
| 王妍妍 | 女 | 汉 | 墨脱县住房和城乡建设局 | 2018年度优秀公务员 | 2019年7月 | 中共墨脱县委员会、墨脱县人民政府 |

续表12

| 姓名 | 性别 | 民族 | 工作单位 | 获奖名称 | 表彰时间 | 授予单位 |
|---|---|---|---|---|---|---|
| 边 珍 | 女 | 藏 | 墨脱县人民检察院 | 三等功 | 2019年7月 | 中共墨脱县委员会、墨脱县人民政府 |
| 久美才旦 | 男 | 门巴 | 墨脱县公安局 | 墨脱县"遵行四条标准 争优先进僧尼"教育实践活动先进寺管会干部 | 2019年7月 | 中共墨脱县委员会、墨脱县人民政府 |
| 马映贤 | 男 | 汉 | 墨脱县人民法院 | "中国梦 我们加油"墨脱县庆祝中华人民共和国成立70周年主题演讲比赛三等奖 | 2019年8月 | 中共墨脱县委员会、墨脱县人民政府 |
| 辜晓蓉 | 女 | 汉 | 墨脱县中学 | 优秀教师 | 2019年9月 | 中共墨脱县委员会、墨脱县人民政府 |
| 张 斌 | 男 | 汉 | 墨脱县中学 | 优秀教师 | 2019年9月 | 中共墨脱县委员会、墨脱县人民政府 |
| 多吉玉珍 | 女 | 门巴 | 墨脱县中学 | 优秀教师 | 2019年9月 | 中共墨脱县委员会、墨脱县人民政府 |
| 万政知 | 男 | 汉 | 墨脱县中学 | 优秀教师 | 2019年9月 | 中共墨脱县委员会、墨脱县人民政府 |
| 付宝红 | 男 | 汉 | 墨脱县中学 | 优秀教师 | 2019年9月 | 中共墨脱县委员会、墨脱县人民政府 |
| 王江乐 | 男 | 汉 | 墨脱县中学 | 优秀教师 | 2019年9月 | 中共墨脱县委员会、墨脱县人民政府 |
| 高琪斌 | 男 | 汉 | 墨脱县中学 | 优秀教师 | 2019年9月 | 中共墨脱县委员会、墨脱县人民政府 |
| 徐雪梅 | 女 | 汉 | 墨脱县中学 | 优秀教师 | 2019年9月 | 中共墨脱县委员会、墨脱县人民政府 |
| 李 明 | 男 | 汉 | 墨脱县中学 | 师德师风标兵 | 2019年9月 | 中共墨脱县委员会、墨脱县人民政府 |
| 次仁多吉 | 男 | 门巴 | 墨脱县中学 | 优秀教师 | 2019年9月 | 中共墨脱县委员会、墨脱县人民政府 |
| 吴金琼 | 女 | 汉 | 墨脱县幼儿园 | 优秀教师 | 2019年9月 | 中共墨脱县委员会、墨脱县人民政府 |
| 扎西米玛 | 男 | 藏 | 墨脱县背崩乡小学 | 优秀教师 | 2019年9月 | 中共墨脱县委员会、墨脱县人民政府 |
| 旦 增 | 男 | 藏 | 墨脱县背崩乡小学 | 优秀教师 | 2019年9月 | 中共墨脱县委员会、墨脱县人民政府 |
| 白玛仁增 | 女 | 藏 | 墨脱县背崩乡小学 | 优秀教师 | 2019年9月 | 中共墨脱县委员会、墨脱县人民政府 |
| 美朵措姆 | 女 | 门巴 | 墨脱县背崩乡小学 | 优秀教师 | 2019年9月 | 中共墨脱县委员会、墨脱县人民政府 |
| 拉 杰 | 男 | 门巴 | 墨脱县德兴乡小学 | 优秀教师 | 2019年9月 | 中共墨脱县委员会、墨脱县人民政府 |
| 张翠荣 | 女 | 汉 | 墨脱县德兴乡小学 | 优秀教师 | 2019年9月 | 中共墨脱县委员会、墨脱县人民政府 |
| 王 娅 | 女 | 汉 | 墨脱县德兴乡小学 | 优秀教师 | 2019年9月 | 中共墨脱县委员会、墨脱县人民政府 |

续表12

| 姓名 | 性别 | 民族 | 工作单位 | 获奖名称 | 表彰时间 | 授予单位 |
|---|---|---|---|---|---|---|
| 洛桑曲珍 | 女 | 藏 | 墨脱县德兴乡小学 | 优秀教师 | 2019年9月 | 中共墨脱县委员会、墨脱县人民政府 |
| 拉巴次仁 | 男 | 藏 | 墨脱县完全小学 | 优秀教师 | 2019年9月 | 中共墨脱县委员会、墨脱县人民政府 |
| 巴旦加参 | 男 | 藏 | 墨脱县完全小学 | 优秀教师 | 2019年9月 | 中共墨脱县委员会、墨脱县人民政府 |
| 周秀吉尕 | 女 | 藏 | 墨脱县完全小学 | 优秀教师 | 2019年9月 | 中共墨脱县委员会、墨脱县人民政府 |
| 邓勇 | 男 | 汉 | 德兴乡人民政府 | 2019年度优秀公务员 | 2019年11月 | 中共墨脱县委员会、墨脱县人民政府 |
| 王世昆 | 男 | 汉 | 德兴乡人民政府 | 2019年度优秀公务员 | 2019年11月 | 中共墨脱县委员会、墨脱县人民政府 |
| 郝迎君 | 女 | 汉 | 德兴乡人民政府 | 2019年度优秀公务员 | 2019年11月 | 中共墨脱县委员会、墨脱县人民政府 |
| 杨帆 | 男 | 汉 | 德兴乡人民政府 | 2019年度优秀公务员 | 2019年11月 | 中共墨脱县委员会、墨脱县人民政府 |
| 陶佳 | 女 | 汉 | 德兴乡人民政府 | 2019年度优秀公务员 | 2019年11月 | 中共墨脱县委员会、墨脱县人民政府 |
| 平措卓嘎 | 女 | 藏 | 格当乡人民政府 | "遵行四条标准 争做先进僧尼"教育实践活动 先进寺管会干部 | 2019年11月 | 中共墨脱县委员会、墨脱县人民政府 |
| 旦增旺姆 | 女 | 藏 | 墨脱县人民法院 | 墨脱县2019年度民族团结进步模范个人 | 2019年12月 | 中共墨脱县委员会、墨脱县人民政府 |
| 罗杰 | 男 | 藏 | 墨脱县教育局 | 墨脱县创先争优强基础惠民生活动先进驻村工作队员 | 2019年12月 | 中共墨脱县委员会、墨脱县人民政府 |
| 尹红梅 | 女 | 白 | 格当乡人民政府 | 民族团结进步模范个人 | 2019年12月 | 中共墨脱县委员会、墨脱县人民政府 |
| 扎西旺堆 | 男 | 门巴 | 墨脱县农业农村局 | 2019年度墨脱县民族团结进步模范个人 | 2019年12月 | 中共墨脱县委员会、墨脱县人民政府 |
| 巴桑次仁 | 男 | 藏 | 墨脱县公安局 | 墨脱县民族团结进步集体先进个人 | 2019年12月 | 中共墨脱县委员会、墨脱县人民政府 |
| 旦增久美 | 男 | 藏 | 墨脱县公安局 | "遵行四条标准 争优先进僧尼"教育实践活动先进寺管会干部 | 2019年12月 | 中共墨脱县委员会、墨脱县人民政府 |
| 巴桑次仁 | 男 | 藏 | 墨脱县税务局 | 2019年度墨脱县民族团结进步模范个人 | 2019年12月 | 中共墨脱县委员会、墨脱县人民政府 |
| 王海斌 | 男 | 汉 | 背崩乡人民政府 | 2019年度优秀公务员 | 2019年 | 中共墨脱县委员会、县人民政府 |
| 杨雁亭 | 男 | 汉 | 墨脱县委办公室 | 2019年度优秀专业技术人员 | 2019年 | 中共墨脱县委员会、县人民政府 |
| 白玛江措 | 男 | 门巴 | 墨脱县交运局 | 最美筑路人 | 2019年 | 中共墨脱县委员会、墨脱县"四讲四爱"群众教育实践活动领导小组 |
| 尼玛 | 男 | 门巴 | 县交运局墨脱县交运局 | 最美筑路人 | 2019年 | 中共墨脱县委员会、墨脱县"四讲四爱"群众教育实践活动领导小组 |

续表12

| 姓名 | 性别 | 民族 | 工作单位 | 获奖名称 | 表彰时间 | 授予单位 |
|---|---|---|---|---|---|---|
| 黄德祥 | 男 | 汉 | 墨脱县发改委 | 2019年度优秀公务员 | 2019年 | 中共墨脱县委员会、墨脱县人民政府 |
| 张淳焕 | 男 | 汉 | 墨脱县发改委 | 2019年度优秀公务员 | 2019年 | 中共墨脱县委员会、墨脱县人民政府 |
| 杜太永 | 男 | 土家 | 帮辛乡人民政府 | 2019年度优秀公务员 | 2019年 | 中共墨脱县委员会、墨脱县人民政府 |
| 张燃梅 | 女 | 汉 | 帮辛乡人民政府 | 2019年度优秀公务员 | 2019年 | 中共墨脱县委员会、墨脱县人民政府 |
| 赖子龙 | 男 | 汉 | 帮辛乡人民政府 | 2019年度优秀公务员 | 2019年 | 中共墨脱县委员会、墨脱县人民政府 |
| 张仁坤 | 男 | 汉 | 帮辛乡人民政府 | 2019年度优秀公务员 | 2019年 | 中共墨脱县委员会、墨脱县人民政府 |
| 植达峰 | 男 | 汉 | 帮辛乡人民政府 | 2019年度优秀公务员 | 2019年 | 中共墨脱县委员会、墨脱县人民政府 |
| 高荣 | 男 | 门巴 | 背崩乡人民政府 | 2019年度优秀公务员 | 2019年 | 中共墨脱县委员会、墨脱县人民政府 |
| 为军 | 男 | 门巴 | 背崩乡人民政府 | 2019年度优秀公务员 | 2019年 | 中共墨脱县委员会、墨脱县人民政府 |
| 郭光旭 | 男 | 汉 | 背崩乡人民政府 | 2019年度优秀专业技术人员 | 2019年 | 中共墨脱县委员会、墨脱县人民政府 |
| 谭建伟 | 男 | 汉 | 背崩乡人民政府 | 2019年度优秀公务员 | 2019年 | 中共墨脱县委员会、墨脱县人民政府 |
| 索朗多杰 | 男 | 藏 | 背崩乡人民政府 | 2019年度优秀公务员 | 2019年 | 中共墨脱县委员会、墨脱县人民政府 |
| 徐晨旭 | 男 | 汉 | 背崩乡人民政府 | 2019年度优秀公务员 | 2019年 | 中共墨脱县委员会、墨脱县人民政府 |
| 王英 | 男 | 汉 | 背崩乡人民政府 | 2019年度优秀公务员 | 2019年 | 中共墨脱县委员会、墨脱县人民政府 |
| 宋静晓 | 男 | 汉 | 背崩乡人民政府 | 2019年度优秀公务员 | 2019年 | 中共墨脱县委员会、墨脱县人民政府 |
| 刘磊 | 男 | 汉 | 背崩乡人民政府 | 2019年度优秀公务员 | 2019年 | 中共墨脱县委员会、墨脱县人民政府 |
| 罗小弟 | 男 | 汉 | 背崩乡人民政府 | 2019年度优秀公务员 | 2019年 | 中共墨脱县委员会、墨脱县人民政府 |
| 夏禹 | 男 | 汉 | 背崩乡人民政府 | 2019年度优秀公务员 | 2019年 | 中共墨脱县委员会、墨脱县人民政府 |
| 王建宇 | 女 | 汉 | 背崩乡人民政府 | 2019年度优秀专业技术人员 | 2019年 | 中共墨脱县委员会、墨脱县人民政府 |
| 杨毅 | 男 | 汉 | 背崩乡人民政府 | 2019年度优秀专业技术人员 | 2019年 | 中共墨脱县委员会、墨脱县人民政府 |
| 杨兴文 | 男 | 苗 | 达木珞巴民族乡人民政府 | 2019年度优秀专业技术人员 | 2019年 | 中共墨脱县委员会、墨脱县人民政府 |

续表12

| 姓名 | 性别 | 民族 | 工作单位 | 获奖名称 | 表彰时间 | 授予单位 |
| --- | --- | --- | --- | --- | --- | --- |
| 西绕多吉 | 男 | 门巴 | 甘登乡人民政府 | 2019年度优秀公务员 | 2019年 | 中共墨脱县委员会、墨脱县人民政府 |
| 多吉索朗 | 男 | 门巴 | 加热萨乡人民政府 | 2019年县级民族团结先进个人 | 2019年 | 中共墨脱县委员会、墨脱县人民政府 |
| 扎西顿珠 | 男 | 藏 | 加热萨乡人民政府 | 2019年县级民族团结先进个人 | 2019年 | 中共墨脱县委员会、墨脱县人民政府 |
| 张旭瑞 | 男 | 汉 | 加热萨乡人民政府 | 2019年度优秀专业技术人员 | 2019年 | 中共墨脱县委员会、墨脱县人民政府 |
| 秦万胜 | 男 | 汉 | 加热萨乡人民政府 | 2019年度优秀专业技术人员 | 2019年 | 中共墨脱县委员会、墨脱县人民政府 |
| 次仁边觉 | 男 | 藏 | 加热萨乡人民政府 | 2019年度优秀专业技术人员 | 2019年 | 中共墨脱县委员会、墨脱县人民政府 |
| 白玛卓嘎 | 女 | 藏 | 墨脱县卫健委 | 墨脱县创先争优强基础惠民生活动第八批县级先进驻村(居)工作队员 | 2019年 | 中共墨脱县委员会、墨脱县人民政府 |
| 彭东平 | 男 | 汉 | 墨脱县公安局 | 墨脱县创先争优强基础惠民生活动第八批县级先进驻村(居)工作队员 | 2019年 | 中共墨脱县委员会、墨脱县人民政府 |
| 康海波 | 男 | 汉 | 格当乡 | 墨脱县创先争优强基础惠民生活动第八批县级先进驻村(居)工作队员 | 2019年 | 中共墨脱县委员会、墨脱县人民政府 |
| 陈永松 | 男 | 汉 | 达木乡 | 墨脱县创先争优强基础惠民生活动第八批县级先进驻村(居)工作队员 | 2019年 | 中共墨脱县委员会、墨脱县人民政府 |
| 张忠意 | 男 | 汉 | 达木乡 | 墨脱县创先争优强基础惠民生活动第八批县级先进驻村(居)工作队员 | 2019年 | 中共墨脱县委员会、墨脱县人民政府 |
| 平措扎西 | 男 | 藏 | 墨脱县委宣传部 | 墨脱县创先争优强基础惠民生活动第八批县级先进驻村(居)工作队员 | 2019年 | 中共墨脱县委员会、墨脱县人民政府 |
| 次仁多吉 | 男 | 藏 | 背崩乡 | 墨脱县创先争优强基础惠民生活动第八批县级先进驻村(居)工作队员 | 2019年 | 中共墨脱县委员会、墨脱县人民政府 |
| 泽旺江村 | 男 | 藏 | 墨脱县扶贫办 | 墨脱县创先争优强基础惠民生活动第八批县级先进驻村(居)工作队员 | 2019年 | 中共墨脱县委员会、墨脱县人民政府 |
| 杨刘 | 女 | 汉 | 墨脱县住建局 | 墨脱县创先争优强基础惠民生活动第八批县级先进驻村(居)工作队员 | 2019年 | 中共墨脱县委员会、墨脱县人民政府 |
| 尼玛群宗 | 女 | 藏 | 墨脱县帮辛乡 | 墨脱县创先争优强基础惠民生活动第八批县级先进驻村(居)工作队员 | 2019年 | 中共墨脱县委员会、墨脱县人民政府 |
| 列格卓玛 | 女 | 藏 | 墨脱县委政法委 | 墨脱县创先争优强基础惠民生活动第八批县级先进驻村(居)工作队员 | 2019年 | 中共墨脱县委员会、墨脱县人民政府 |
| 扎西旺姆 | 女 | 藏 | 墨脱县统计局 | 优秀专业技术人员 | 2019年 | 中共墨脱县委员会、墨脱县人民政府 |
| 边巴索朗 | 男 | 藏 | 县委统战部(县民宗局) | 2019年度优秀党员 | 2019年 | 中共墨脱县委员会、墨脱县人民政府 |
| 参培 | 男 | 藏 | 县委统战部(县民宗局) | 2019年度优秀公务员 | 2019年 | 中共墨脱县委员会、墨脱县人民政府 |
| 王亚民 | 男 | 汉 | 县委统战部(县民宗局) | 2019年度优秀公务员 | 2019年 | 中共墨脱县委员会、墨脱县人民政府 |
| 梅朵拉增 | 女 | 门巴 | 县委统战部(县民宗局) | 2019年度宗教领域优秀宣讲员 | 2019年 | 中共墨脱县委员会、墨脱县人民政府 |

续表12

| 姓名 | 性别 | 民族 | 工作单位 | 获奖名称 | 表彰时间 | 授予单位 |
|---|---|---|---|---|---|---|
| 格桑达瓦 | 男 | 藏 | 仁青崩寺管委会 | 2019年度优秀公务员 | 2019年 | 中共墨脱县委员会、墨脱县人民政府 |
| 巴桑次仁 | 男 | 藏 | 曾久寺管委会 | 墨脱县"遵行四条标准 争做先进僧尼"教育实践活动先进寺管会干部 | 2019年 | 中共墨脱县委员会、墨脱县人民政府 |
| 吉梅 | 男 | 藏 | 曾久寺管委会 | 2019年度优秀公务员 | 2019年 | 中共墨脱县委员会、墨脱县人民政府 |
| 旺青扎堆 | 男 | 门巴 | 罗邦寺专职管理特派员 | 墨脱县"遵行四条标准 争做先进僧尼"教育实践活动先进寺管会干部 | 2019年 | 中共墨脱县委员会、墨脱县人民政府 |
| 多日吉 | 女 | 藏 | 墨脱县卫生健康委 | 2019年度优秀公务员 | 2020年1月 | 中共墨脱县委员会、墨脱县人民政府 |
| 郭兴 | 男 | 汉 | 墨脱县卫生健康委 | 2019年度优秀公务员 | 2020年1月 | 中共墨脱县委员会、墨脱县人民政府 |
| 高荣华 | 男 | 汉 | 墨脱镇人民政府 | 2019年度优秀公务员 | 2020年1月 | 中共墨脱县委员会、县人民政府 |
| 益西措姆 | 女 | 门巴 | 墨脱镇人民政府 | 2019年度优秀公务员 | 2020年1月 | 中共墨脱县委员会、县人民政府 |
| 王超 | 男 | 汉 | 墨脱镇人民政府 | 2019年度优秀公务员 | 2020年1月 | 中共墨脱县委员会、县人民政府 |
| 褚召军 | 男 | 汉 | 墨脱镇人民政府 | 2019年度优秀公务员 | 2020年1月 | 中共墨脱县委员会、县人民政府 |
| 贡桑仁青 | 男 | 门巴 | 墨脱镇人民政府 | 2019年度优秀公务员 | 2020年1月 | 中共墨脱县委员会、县人民政府 |
| 葛蓓蓓 | 男 | 汉 | 墨脱镇人民政府 | 2019年度优秀公务员 | 2020年1月 | 中共墨脱县委员会、县人民政府 |
| 贡嘎巴丹 | 女 | 藏 | 墨脱镇人民政府 | 2019年度优秀专业技术人员 | 2020年1月 | 中共墨脱县委员会、县人民政府 |
| 侯鹏飞 | 男 | 汉 | 墨脱镇人民政府 | 2019年度优秀专业技术人员 | 2020年1月 | 中共墨脱县委员会、县人民政府 |
| 张二光 | 男 | 回 | 墨脱镇人民政府 | 2019年度优秀专业技术人员 | 2020年1月 | 中共墨脱县委员会、县人民政府 |
| 索朗达杰 | 男 | 门巴 | 墨脱县委办公室 | 2019年度优秀公务员 | 2020年1月 | 中共墨脱县委员会、县人民政府 |
| 布琼 | 男 | 门巴 | 墨脱县委办公室 | 2019年度优秀公务员 | 2020年1月 | 中共墨脱县委员会、县人民政府 |
| 白玛卓玛 | 女 | 藏 | 墨脱县委办公室 | 2019年度优秀公务员 | 2020年1月 | 中共墨脱县委员会、县人民政府 |
| 牛明亮 | 男 | 汉 | 墨脱县委办公室 | 2019年度优秀公务员 | 2020年1月 | 中共墨脱县委员会、县人民政府 |
| 白玛次旺 | 男 | 藏 | 墨脱县文化和旅游局 | 2019年度优秀公务员 | 2020年1月 | 中共墨脱县委员会、墨脱县人民政府 |
| 陈金鑫 | 男 | 汉 | 墨脱县委组织部 | 2019年度优秀公务员 | 2020年1月 | 中共墨脱县委员会、墨脱县人民政府 |
| 张兴军 | 男 | 汉 | 墨脱县委组织部 | 2019年度优秀公务员 | 2020年1月 | 中共墨脱县委员会、墨脱县人民政府 |

续表12

| 姓名 | 性别 | 民族 | 工作单位 | 获奖名称 | 表彰时间 | 授予单位 |
| --- | --- | --- | --- | --- | --- | --- |
| 毕龙金 | 男 | 彝 | 墨脱县委组织部 | 2019年度优秀公务员 | 2020年1月 | 中共墨脱县委员会、墨脱县人民政府 |
| 张　洪 | 男 | 汉 | 墨脱县委组织部 | 2019年度优秀公务员 | 2020年1月 | 中共墨脱县委员会、墨脱县人民政府 |
| 王世超 | 男 | 汉 | 墨脱县委组织部 | 2019年度优秀公务员 | 2020年1月 | 中共墨脱县委员会、墨脱县人民政府 |
| 解广汉 | 男 | 汉 | 墨脱县委组织部 | 2019年度优秀公务员 | 2020年1月 | 中共墨脱县委员会、墨脱县人民政府 |
| 巩金松 | 男 | 汉 | 墨脱县委组织部 | 2019年度优秀专业技术人员 | 2020年1月 | 中共墨脱县委员会、墨脱县人民政府 |
| 顿珠措姆 | 女 | 门巴 | 林芝市生态环境局墨脱县分局 | 2019年度优秀公务员 | 2020年1月 | 中共墨脱县委员会、墨脱县人民政府 |
| 陈天亮 | 男 | 汉 | 帮辛乡人民政府 | 2019年平安建设(综治工作)先进个人 | 2020年1月 | 中共墨脱县委员会、墨脱县人民政府 |
| 潘进远 | 男 | 汉 | 帮辛乡人民政府 | 2019年平安建设(综治工作)先进个人 | 2020年1月 | 中共墨脱县委员会、墨脱县人民政府 |
| 扎西顿珠 | 男 | 门巴 | 墨脱县医疗保障局 | 2019年度优秀公务员 | 2020年1月 | 中共墨脱县委员会、墨脱县人民政府 |
| 刘　毅 | 男 | 汉 | 达木珞巴民族乡人民政府 | 2019年度优秀公务员 | 2020年1月 | 中共墨脱县委员会、墨脱县人民政府 |
| 黄初孟 | 男 | 汉 | 达木珞巴民族乡人民政府 | 2019年度优秀公务员 | 2020年1月 | 中共墨脱县委员会、墨脱县人民政府 |
| 石　杰 | 男 | 汉 | 达木珞巴民族乡人民政府 | 2019年度优秀公务员 | 2020年1月 | 中共墨脱县委员会、墨脱县人民政府 |
| 王　森 | 男 | 汉 | 达木珞巴民族乡人民政府 | 2019年度优秀公务员 | 2020年1月 | 中共墨脱县委员会、墨脱县人民政府 |
| 黄小芳 | 女 | 汉 | 达木珞巴民族乡人民政府 | 2019年度优秀公务员 | 2020年1月 | 中共墨脱县委员会、墨脱县人民政府 |
| 姚关平 | 男 | 汉 | 甘登乡人民政府 | 2019年度优秀公务员 | 2020年1月 | 中共墨脱县委员会、墨脱县人民政府 |
| 李　军 | 男 | 汉 | 甘登乡人民政府 | 2019年度优秀公务员 | 2020年1月 | 中共墨脱县委员会、墨脱县人民政府 |
| 余呈帅 | 男 | 汉 | 甘登乡人民政府 | 2019年度优秀公务员 | 2020年1月 | 中共墨脱县委员会、墨脱县人民政府 |
| 陈晓云 | 女 | 汉 | 墨脱县人力资源和社会保障局 | 2019年度优秀公务员 | 2020年1月 | 中共墨脱县委员会、墨脱县人民政府 |
| 吕　勇 | 男 | 汉 | 墨脱县人力资源和社会保障局 | 2020年度优秀公务员 | 2020年1月 | 中共墨脱县委员会、墨脱县人民政府 |
| 欧珠江村 | 男 | 藏 | 墨脱县政府办 | 2019年平安建设(综治工作)先进个人 | 2020年1月 | 中共墨脱县委员会、墨脱县人民政府 |
| 桑杰顿珠 | 男 | 门巴 | 墨脱县人大常委会办公室 | 2019年度优秀公务员 | 2020年1月 | 中共墨脱县委员会、墨脱县人民政府 |
| 扎西央宗 | 女 | 门巴 | 墨脱县人大常委会办公室 | 2019年度优秀公务员 | 2020年1月 | 中共墨脱县委员会、墨脱县人民政府 |

续表12

| 姓名 | 性别 | 民族 | 工作单位 | 获奖名称 | 表彰时间 | 授予单位 |
| --- | --- | --- | --- | --- | --- | --- |
| 德青央宗 | 女 | 藏 | 墨脱县人大常委会办公室 | 2019年平安建设(综治工作)先进个人 | 2020年1月 | 中共墨脱县委员会、墨脱县人民政府 |
| 白长云 | 男 | 藏 | 加热萨乡人民政府 | 2019年度优秀公务员 | 2020年1月 | 中共墨脱县委员会、墨脱县人民政府 |
| 盘雪宏 | 男 | 壮 | 加热萨乡人民政府 | 2019年度优秀公务员 | 2020年1月 | 中共墨脱县委员会、墨脱县人民政府 |
| 旦增桑珠 | 男 | 藏 | 加热萨乡人民政府 | 2019年度优秀公务员 | 2020年1月 | 中共墨脱县委员会、墨脱县人民政府 |
| 黎唯 | 男 | 汉 | 加热萨乡人民政府 | 2019年度优秀公务员 | 2020年1月 | 中共墨脱县委员会、墨脱县人民政府 |
| 殷国亮 | 男 | 汉 | 加热萨乡人民政府 | 2019年度优秀公务员 | 2020年1月 | 中共墨脱县委员会、墨脱县人民政府 |
| 赵艳 | 女 | 汉 | 加热萨乡人民政府 | 2019年度优秀公务员 | 2020年1月 | 中共墨脱县委员会、墨脱县人民政府 |
| 程海东 | 男 | 汉 | 墨脱县公安局 | 2019年度优秀公务员 | 2020年1月 | 中共墨脱县委员会、墨脱县人民政府 |
| 陈立新 | 男 | 汉 | 墨脱县公安局 | 2019年度优秀公务员 | 2020年1月 | 中共墨脱县委员会、墨脱县人民政府 |
| 强巴塔青 | 男 | 藏 | 墨脱县公安局 | 2019年度优秀公务员 | 2020年1月 | 中共墨脱县委员会、墨脱县人民政府 |
| 江玉柱 | 男 | 汉 | 墨脱县公安局 | 2019年度优秀公务员 | 2020年1月 | 中共墨脱县委员会、墨脱县人民政府 |
| 旺前多吉 | 男 | 门巴 | 墨脱县公安局 | 2019年度优秀公务员 | 2020年1月 | 中共墨脱县委员会、墨脱县人民政府 |
| 龙有云 | 男 | 苗 | 墨脱县公安局 | 2019年度优秀公务员 | 2020年1月 | 中共墨脱县委员会、墨脱县人民政府 |
| 朱洪 | 男 | 汉 | 墨脱县公安局 | 2019年度优秀公务员 | 2020年1月 | 中共墨脱县委员会、墨脱县人民政府 |
| 多吉次仁 | 男 | 藏 | 墨脱县公安局 | 2019年度优秀公务员 | 2020年1月 | 中共墨脱县委员会、墨脱县人民政府 |
| 拉巴才仁 | 男 | 汉 | 墨脱县公安局 | 2019年度优秀公务员 | 2020年1月 | 中共墨脱县委员会、墨脱县人民政府 |
| 建阿达瓦 | 男 | 门巴 | 墨脱县公安局 | 2019年度优秀公务员 | 2020年1月 | 中共墨脱县委员会、墨脱县人民政府 |
| 次仁加措 | 男 | 藏 | 墨脱县公安局 | 2019年度优秀公务员 | 2020年1月 | 中共墨脱县委员会、墨脱县人民政府 |
| 张坤 | 男 | 汉 | 墨脱县公安局 | 2019年度优秀公务员 | 2020年1月 | 中共墨脱县委员会、墨脱县人民政府 |
| 洛桑德清 | 男 | 藏 | 墨脱县公安局 | 2019年度优秀公务员 | 2020年1月 | 中共墨脱县委员会、墨脱县人民政府 |
| 詹凯 | 男 | 汉 | 墨脱县公安局 | 2019年度优秀公务员 | 2020年1月 | 中共墨脱县委员会、墨脱县人民政府 |
| 索朗加措 | 男 | 门巴 | 墨脱县公安局 | 2019年度优秀公务员 | 2020年1月 | 中共墨脱县委员会、墨脱县人民政府 |

续表12

| 姓名 | 性别 | 民族 | 工作单位 | 获奖名称 | 表彰时间 | 授予单位 |
|---|---|---|---|---|---|---|
| 普布扎西 | 男 | 藏 | 墨脱县公安局 | 2019年度优秀公务员 | 2020年1月 | 中共墨脱县委员会、墨脱县人民政府 |
| 李明玲 | 女 | 汉 | 墨脱县市场监督管理局 | 2019年度优秀公务员 | 2020年1月 | 中共墨脱县委员会、墨脱县人民政府 |
| 张鹏飞 | 男 | 汉 | 墨脱县林业和草原局 | 2019年平安建设(综治工作)先进个人 | 2020年1月 | 中共墨脱县委员会、墨脱县人民政府 |
| 扎西玉珍 | 女 | 门巴 | 墨脱县司法局 | 2019年度优秀公务员 | 2020年1月 | 中共墨脱县委员会、墨脱县人民政府 |
| 杨羽 | 男 | 土家 | 墨脱县司法局 | 2019年度优秀公务员 | 2020年1月 | 中共墨脱县委员会、墨脱县人民政府 |
| 达娃拉姆 | 女 | 门巴 | 墨脱县委宣传部 | 2019年度优秀公务员 | 2020年1月 | 中共墨脱县委员会、墨脱县人民政府 |
| 张伟刚 | 男 | 汉 | 墨脱县委宣传部 | 2019年度优秀公务员 | 2020年1月 | 中共墨脱县委员会、墨脱县人民政府 |
| 熊杰 | 男 | 彝 | 墨脱县政协会办公室 | 2019年平安建设(综治工作)先进个人 | 2020年1月 | 中共墨脱县委员会、墨脱县人民政府 |
| 次吉卓玛 | 女 | 藏 | 墨脱县自然资源局 | 2019年度优秀公务员 | 2020年1月 | 中共墨脱县委员会、墨脱县人民政府 |
| 韩振 | 男 | 汉 | 墨脱县人力资源和社会保障局 | 2019年度优秀公务员(三等功) | 2020年2月 | 中共墨脱县委员会、墨脱县人民政府 |
| 袁瑜贵 | 男 | 汉 | 墨脱县农业农村局 | 2019年度优秀公务员 | 2020年5月 | 中共墨脱县委员会、墨脱县人民政府 |
| 刘望 | 男 | 汉 | 墨脱县农业农村局 | 2019年度优秀公务员 | 2020年5月 | 中共墨脱县委员会、墨脱县人民政府 |
| 唐磊 | 男 | 汉 | 墨脱县供电有限公司 | 墨脱县民族团结模范个人 | 2019年12月 | 中共墨脱县委员会、墨脱县人民政府 |
| 尚青 | 男 | 汉 | 帮辛乡人民政府 | 优秀党务工作者 | 2019年6月 | 中共墨脱县委员会 |
| 王世昆 | 男 | 汉 | 德兴乡人民政府 | 2019年度优秀党务工作者 | 2019年6月 | 中共墨脱县委员会 |
| 仓曲珍 | 女 | 藏 | 德兴乡人民政府 | 2019年度优秀共产党员 | 2019年6月 | 中共墨脱县委员会 |
| 扎西罗布 | 男 | 门巴 | 德兴乡人民政府 | 2019年度优秀共产党员 | 2019年6月 | 中共墨脱县委员会 |
| 何晓琴 | 女 | 汉 | 墨脱县中学 | 墨脱县2019年优秀党务工作者 | 2019年6月 | 中共墨脱县委员会 |
| 桑杰拉姆 | 女 | 门巴 | 墨脱县德兴乡小学 | 优秀共产党员 | 2019年6月 | 中共墨脱县委员会 |
| 索朗旺秋 | 男 | 藏 | 格当乡人民政府 | 优秀党员 | 2019年6月 | 中共墨脱县委员会 |
| 李倩 | 女 | 汉 | 格当乡人民政府 | 优秀党务工作者 | 2019年6月 | 中共墨脱县委员会 |
| 雷波 | 男 | 汉 | 墨脱县政府办 | 墨脱县2019年度优秀党务工作者 | 2019年6月 | 中共墨脱县委员会 |

续表12

| 姓名 | 性别 | 民族 | 工作单位 | 获奖名称 | 表彰时间 | 授予单位 |
| --- | --- | --- | --- | --- | --- | --- |
| 常建楠 | 男 | 汉 | 墨脱县人民检察院 | 优秀公务员 | 2019年7月 | 中共墨脱县委员会 |
| 刘灿 | 男 | 汉 | 墨脱县中学 | 墨脱县教育系统隆重庆祝新中国成立70周年"我和我的祖国"群众性主题教育宣传活动演讲比赛二等奖 | 2019年9月 | 中共墨脱县委员会 |
| 彭成良 | 男 | 汉 | 墨脱县人武部 | "爱我边防"主题演讲比赛第一名 | 2019年9月 | 中共墨脱县委员会 |
| 张文清 | 男 | 苗 | 墨脱县政府办 | 2019年度民族团结进步个人 | 2019年12月 | 中共墨脱县委员会 |
| 次仁曲珍 | 女 | 门巴 | 墨脱县民政局 | 2019年度优秀公务员 | 2019年12月 | 中共墨脱县委员会 |
| 郭光旭 | 男 | 汉 | 背崩乡人民政府 | 2019年度平安建设(综治工作)先进个人 | 2019年 | 中共墨脱县委员会 |
| 扎西罗布 | 男 | 门巴 | 甘登乡人民政府 | 2019年度优秀党务工作者 | 2019年 | 中共墨脱县委员会 |
| 多吉索朗 | 男 | 门巴 | 加热萨乡人民政府 | 2019年度优秀共产党员 | 2019年 | 中共墨脱县委员会 |
| 殷国亮 | 男 | 汉 | 加热萨乡人民政府 | 2019年度优秀党务工作者 | 2019年 | 中共墨脱县委员会 |
| 曲珠 | 男 | 藏 | 墨脱县交运局 | 三等功 | 2019年 | 中共墨脱县委员会 |
| 米玛次仁 | 男 | 藏 | 墨脱县交运局 | 2018年度优秀公务员(嘉奖) | 2019年 | 中共墨脱县委员会 |
| 张凯 | 男 | 汉 | 墨脱县交运局 | 2018年度优秀公务员(嘉奖) | 2019年 | 中共墨脱县委员会 |
| 陈杰 | 男 | 汉 | 墨脱县工商业联合会 | 优秀公务员 | 2019年 | 中共墨脱县委员会 |
| 达娃顿珠 | 男 | 藏 | 墨脱县自然资源局 | 2019年度优秀专业技术人员 | 2019年 | 中共墨脱县委员会 |
| 井次 | 男 | 珞巴 | 县委巡察办 | 县委巡察办 | 2020年1月 | 中共墨脱县委员会 |
| 格桑扎西 | 男 | 藏 | 墨脱县财政局 | 2019年度优秀公务员 | 2020年1月 | 中共墨脱县委员会 |
| 王鹏飞 | 男 | 汉 | 墨脱县财政局 | 2019年度优秀公务员 | 2020年1月 | 中共墨脱县委员会 |
| 刘磊 | 男 | 汉 | 墨脱县财政局 | 2019年度优秀公务员 | 2020年1月 | 中共墨脱县委员会 |
| 陈天亮 | 男 | 汉 | 墨脱县财政局 | 2019年度平安建设(综治工作)先进个人 | 2020年1月 | 中共墨脱县委员会 |
| 魏长旗 | 男 | 汉 | 墨脱县人民政府 | 2019年度嘉奖 | 2020年5月 | 中共墨脱县委员会 |
| 张巍巍 | 男 | 汉 | 墨脱县人民政府 | 2019年度嘉奖 | 2020年5月 | 中共墨脱县委员会 |
| 欧珠江村 | 男 | 藏 | 墨脱县政府办 | 2019年度嘉奖 | 2020年5月 | 中共墨脱县委员会 |
| 扎西顿珠 | 男 | 门巴 | 墨脱县人民政府 | 2019年度嘉奖 | 2020年5月 | 中共墨脱县委员会 |

续表12

| 姓名 | 性别 | 民族 | 工作单位 | 获奖名称 | 表彰时间 | 授予单位 |
| --- | --- | --- | --- | --- | --- | --- |
| 金小玲 | 女 | 汉 | 墨脱县政府办 | 2019年度嘉奖 | 2020年5月 | 中共墨脱县委员会 |
| 张文清 | 女 | 苗 | 墨脱县政府办 | 2019年度嘉奖 | 2020年5月 | 中共墨脱县委员会 |
| 多吉索朗 | 男 | 门巴 | 加热萨乡人民政府 | 2019年优秀气象个人奖 | 2019年 | 中共墨脱县委员会、墨脱县气象局 |
| 贡吉卓玛 | 女 | 藏 | 墨脱县帮辛乡小学 | 模范班主任 | 2019年5月 | 墨脱县人民政府 |
| 梅朵 | 女 | 门巴 | 墨脱县帮辛乡小学 | 模范班主任 | 2019年5月 | 墨脱县人民政府 |
| 嘎玛曲措 | 女 | 珞巴 | 墨脱县加热萨乡小学 | 模范班主任 | 2019年5月 | 墨脱县人民政府 |
| 周会根 | 男 | 汉 | 墨脱县帮辛乡小学 | 骨干教师 | 2019年5月 | 墨脱县人民政府 |
| 边巴 | 女 | 藏 | 墨脱县帮辛乡小学 | 优秀教师 | 2019年9月 | 墨脱县人民政府 |
| 布姆曲珍 | 女 | 门巴 | 墨脱县帮辛乡小学 | 优秀教师 | 2019年9月 | 墨脱县人民政府 |
| 白玛央金 | 女 | 藏 | 墨脱县帮辛乡小学 | 优秀教师 | 2019年9月 | 墨脱县人民政府 |
| 刘洋 | 男 | 汉 | 墨脱县加热萨乡小学 | 优秀教师 | 2019年10月 | 墨脱县人民政府 |
| 嘎玛曲措 | 女 | 珞巴 | 墨脱县加热萨乡小学 | 优秀教师 | 2019年10月 | 墨脱县人民政府 |
| 拉巴次仁 | 男 | 藏 | 墨脱县完全小学 | 优秀教师 | 2019年12月 | 墨脱县人民政府 |
| 旦增桑珠 | 男 | 藏 | 加热萨乡人民政府 | 2019年度墨脱县林业工作先进个人 | 2019年 | 墨脱县人民政府 |
| 刘震 | 男 | 汉 | 墨脱县林业和草原局 | 墨脱县庆祝2020年"三大节日"体育活动羽毛球比赛男子组第三名 | 2020年1月 | 墨脱县人民政府 |
| 徐雪梅 | 女 | 汉 | 墨脱县中学 | 墨脱县2019年喜迎"三大节日"迎新年环城跑步比赛成年女子组第七名 | 2019年1月 | 墨脱县人民政府、墨脱县教育局 |
| 张建华 | 女 | 汉 | 德兴乡人民政府 | 2018年度工会工作积极分子 | 2019年6月 | 墨脱县工会委员会 |
| 西热桑姆 | 女 | 藏 | 墨脱县德兴乡小学 | 演讲比赛优秀奖 | 2019年8月 | 墨脱县委宣传部 |
| 达珍 | 女 | 藏 | 墨脱县供电有限公司 | 墨脱县优秀共青团干部 | 2020年5月 | 共青团墨脱县委员会 |
| 白玛玉珍 | 女 | 藏 | 墨脱县供电有限公司 | 2019年优秀共青团员 | 2019年6月 | 共青团墨脱县委员会 |

说明：由于各单位资料提供不全，可能有遗漏。

# 劈波斩浪　冲破发展瓶颈
# 行稳致远　筑牢发展基石
# 众志成城　奋力谱写墨脱高质量发展新篇章
## ——在县委经济工作会议上的讲话

墨脱县委书记　旺　东

（2019 年 1 月 28 日）

这次县委经济工作会议的主要任务是，以习近平新时代中国特色社会主义思想为指导，全面贯彻落实中央、区、市经济工作会议精神，总结 2018 年工作，分析当前形势，动员全县上下进一步凝聚发展共识，深化改革创新，全力实干攻坚，加快转型升级，促进高质量跨越发展，奋力谱写"五个墨脱"新篇章。

中央、区党委、市委三级经济工作会议充分体现了以人民为中心的思想，深刻研判了当前经济形势，明确提出了今年经济工作总体要求、工作目标和主要任务，具有很强的针对性、指导性和可操作性。中央、区党委和市委经济工作会议提纲已印发给同志们，大家一定要立足墨脱实际，用心学习领会，抓好贯彻落实，真正学出信心、学出干劲、学出方法，为加快推进"五个墨脱"建设，全面建成小康社会收官打下决定性基础。

关于今年的经济工作，魏长旗同志还要作具体安排。下面，我讲三点意见。

一、成绩值得肯定，形势依然严峻，必须抢抓机遇，为实现"五个墨脱"凝聚强大干劲

2018 年，全县上下以习近平新时代中国特色社会主义思想为指导，在市委、市政府的坚强领导下，围绕"123456"县域发展思路，认真落实促进经济发展的各项举措，积极应对各种复杂形式和严峻考验，坚定不移争项目、抓招商、兴产业、调结构、惠民生、促和谐，全县经济社会继续保持了平稳较快发展的良好态势。2019 年是新中国成立 70 周年和西藏民主改革 60 周年，是脱贫攻坚巩固提升之年，是全面建成小康社会关键之年，改革、发展与稳定的任务仍然艰巨而繁重，我们既面临新的挑战，又面临新的机遇，科学分析研判当前经济形势，找准工作的着力点和突破口，对我们抓好经济社会发展各项工作尤为迫切和重要。

（一）要看到发展成绩来之不易，必须倍加珍惜。一是经济发展以稳求进，全县生产总值、人均纯收入、人均现金收入、社会消费品零售总额预计分别达 6.06 亿元、10380 元、8833.12 元、5041 万元，同比增长 14.3%、14.4%、14.8%、15.4%，固定资产投资达 12.5 亿元，同比下降 9.4%；一般财政收入达 2681 万元，同比下降 41.22%。二是产业发展以特制胜，32 个高标准有机茶园面积达 8738.36 亩，年采摘茶青 6.3 万斤，带动群众增收 257 万元，墨脱茶成功参加第七届四川国际茶博会、上海世博会、十六届中国国际农产品交易会，荣获金奖、"中国好茶"金奖，并成功入驻京东平台，产业发展模式拓展为"公司+基地+互联网"的全新模式。农牧民专业合作社达 66 家，注册资金 4894.22 万元。林芝第一家有机肥厂正式投产运营。创"4A"工作有序推进，同喜路集团签订实质性协议、同常青国际公司签订合作经营框架协议；游客接待突破 22 万人次，实现旅游收入 1.67 亿元，同比增长分别为 104%、101%。石锅、竹编年销售额突破 1000 万元。藏医

门诊突破2000人次,同比增长31.23%。三是改革开放不断深化,以庆祝改革开放40周年为契机,深化行政体制改革,稳步推进党政机构改革。农村土地承包经营权确权颁证工作完成,集体土地确权、集体林权制度改革正有序扎实推进,招商引资企业到位资金5.74亿余元,同比增长107.8%,完成目标任务的114.97%。四是民生福祉不断改善,660户2695人实现脱贫,43个贫困村退出,贫困发生率降至0.42%,通过第三方评估验收并达到脱贫攻坚摘帽标准,格当乡下那巴回迁安置点、朗杰岗易地搬迁点、珠村易地搬迁点实现入住,多龙岗基本达到入住条件。34个边境小康村24个开工建设,剩余10个按资金到位情况开工建设。本级财政投入教育资金999.2万元,"5个100%"教学任务全面落实,"三包"及营养改善等教育经费落实802.19万元,发放建档立卡、城镇低保大学生和高中生免费教育补助95.02万元,顺利通过国家、区、市三级义务教育均衡发展验收工作。城镇登记失业率控制在2.0%以内。县卫生服务中心"二级甲等"医院创建持续推进,疟疾、包虫病和"三病"等重大疾病综合防治工作成效显著,妇女"两癌"与高危孕产妇筛查管理率达100%。农牧民住院费用报销比例调整为县乡报销100%,家庭医生重点人群签约率100%。实现有意愿的五保老人、孤儿100%集中供养。边民补助不断提高,广大群众固边兴边的信心决心更加稳固、更加坚定。五是生态环境持续向好,天然林保护、封山育林等生态工程取得显著成效。生态保护红线基本划定。深入实施大气、水、土壤污染防治"三大行动"计划,空气、地表水、土壤质量评价持续为优。全面落实河长制、湖长制,实行最严格水资源管理制度,突出抓好中央和自治区环保督察意见反馈整改,积极做好生态乡(镇)、生态村申报工作,3个自治区级生态乡(镇)、8个自治区生态村申报材料已完成编制上报工作。六是党的建设全面加强,提出并深入实施"四红工程",边防更加稳固、边民更加安定、边境更加安全。坚持五湖四海、德才兼备、以德为先的选人用人导向,提任调整157名干部。选派32名优秀年轻干部到乡(镇)任职,创新开展16名乡(镇)干部交流学习活动。坚决贯彻落实中央八项规定及实施细则精神,聚焦"四风"问题,综合运用监督执纪"四种形态",坚决惩治腐败问题,挽回经济损失56万余元。第二轮扶贫领域专项巡察、第三轮常规巡察、第四轮脱贫攻坚专项巡察率先完成。七是思想文化富有成效,墨脱县政府网全球访问量突破6万人次,在全区74个县政府新闻网站影响力排名第五,《墨脱茶产业成为群众脱贫致富的"金叶子"》等一批稿件在中国新闻网、中国西藏网等网站媒体刊播。成功申报墨脱门巴服饰制作技艺和门巴竹编编制技艺为第五批自治区级非遗项目,墨脱镇被评为全国"扫黄打非"基层先进示范点。八是社会局势持续稳定,扫黑除恶、打非治乱、扫黄打非三个专项斗争取得阶段性成效。全面落实各项利寺惠僧工程。双联户内容拓展为"12+1"联,先进双联户创建评选活动由全面覆盖转向纵深开展。"两站两员"源头防控作用发挥明显,乡村道路交通事故明显减少。排查矛盾纠纷132起,妥善化解131起,调处化解率达99.24%。成功拦截2名新疆籍企图越境人员,破获"3.03"要案。有效防范各类生产安全事故,实现生产安全"零死亡"。圆满完成全年防汛抗旱工作,成功应对"9.20"泥石流自然灾害、雅鲁藏布江堰塞湖重大险情,有力保障了受灾群众生命财产安全。

同志们,这些成绩的取得,是党中央、区党委和市委坚强领导的结果,凝聚着以习近平同志为核心的党中央的亲切关怀,饱含着全国人民特别是广东佛山人民的深厚友谊,倾注着全县各族干部群众的辛勤汗水。我们一定要倍加珍惜所取得的成绩,切实维护好、发展好来之不易的良好发展局面,心往一处想、智往一处谋、劲往一处使,同心同德、和衷共济,继续画好"五个墨脱"同心圆。

(二)要看到困难矛盾依然重重,必须正视解决。虽然我县境内物种繁多、水力丰富,蕴含着巨大的发展潜力,经过多年的发展,经济建设取得了长足发展,但受自然条件和经济发展水平低等双重制约,在改革、发展和稳定中依然面临着许多困难和问题:一是应对市场风险能力弱,我县在区域竞争中产业效益不明显,市场竞争力不强,自我投资、社会民间投资能力弱,招商引资还不够大,经济发展的活力仍然不足。二是农牧民生产力水平低,农业基础薄弱,抵御自然灾害能力不强,土地资源的制约日益突出,特色农业深度开发不够,特色优势没有发挥最大效益,单一经营、粗放管理和广种薄收的传统方式依然是群众收入的主要来源,群众持续增收压力仍然较大。特别是多数农牧民受教育程度低、生产生活技能不高,部分群众"等靠要""小富即安"思想严重,盼富致富意识不强、办法点子不多等等,制约了农牧民收入的持续增长。三是农牧业产业化水平低,农产品加工业环节薄弱,拳头产品、精品少,深加工产品更是缺乏,品牌建设滞后,农牧业产业化企业少,产业链条短,附加值不高,带动产业发展和农牧民群众增收致富效果不明显,提升农牧业发展质量和效益、加快现代农牧业发展任务依然艰巨。四是农牧区基础条件落后,农牧区基础薄弱,通村的公路很多也是等级低、条件差,低产量改造覆盖面少,水利基础设施有待完善,科技服务体系不健全,通讯设施滞后,部分村庄、景点存在盲区,科技对经济贡献率低下。五是城镇建设任务艰巨,城镇建设相对滞后,城镇化水平不高,突出表现在城镇功能不健全,对周边辐射带动能力弱,高素质的城镇建设专业人才缺乏,开发速度不快,与兄弟县区相比还存在较大差距,规划体系尚不完善,必须站在新的起点上进行重新审视和谋划。六是社会事业发展水平不高,民生总体保障水平低,与人民群众接受教育、看病就医及精神文明建设等各方面的需求还不相适应,加之交通运输不畅,市场物价总体偏高,部分产品的供需矛盾依然较为突出,对经济发展和群众生活影响较大。七是维护稳定任务艰巨,反分裂斗争、边境管控形势依然复杂严峻,行政界限争议、征地拆迁、涉法涉讼等方面的信访问题还较为突出,特别是项目大建设的环境下,凸显出了一批新型矛盾问题。八是少数干部思想作风问题较为突出,少数干部胸中无全局、工作无重点、手中无典型,不正视问题、不研究问题、不解决问题,思想观念不够解放、敬业精神不强、狠抓落实措施不力,工作生活作风与新时代新要求不相适应。

同志们,"不解决桥和船的问题,过河就是一句空话"。对于这些问题,只要我们客观分析、冷静对待,坚持问题导向,全面排查发展中存在的薄弱环节,认真查找哪些问题没有解决、哪些问题解决的不彻底、哪些顽瘴痼疾还有待攻克,采取有力措施,把脉巡诊,对症下药,就能一个一个攻破。

(三)要看到机遇优势十分难得,必须牢牢抓住。面对全新的发展形势和时代要求,全县上下要切实强化机遇意识,努力把握在发展大势中主动作为,在抢抓机遇中积极作为,在发挥自身优势中创新作为,在破解瓶颈制约中奋勇作为。一是政策机遇的叠加为我们争取项目投资、健全小康进程创建了新平台。国家支持加快西藏发展的特殊优惠政策始终没有改变,转移支付向贫困地区倾斜,投资重点向农业、社会事业领域倾斜,为我们争取项目投资、改善基础条件明确了主攻方向。二是国家对全面深化改革的广度、深度越来越拓宽,举措部署不断凸显,为我们破解难题加快发展提供了"金钥匙"。三是墨脱"两线三点"发展布局的实施,为我们实现借力发展、提升综合实力拓展了新空间。四是新型城镇化的深入实施,必将为我们加快城镇化建设,不断提升城镇综合承载力、聚集力、辐射力赢得更多支持。

同志们,"山再高,往上攀,总能登顶;路再长,走下去,定能到达"。综合分析目前的形势,机遇大于挑战,经济发展的大势趋稳向好。只要我们牢牢把握发展的阶段性特征,用好发展机遇,创造发展条件,紧紧抓住牵动全局的主要工作和事关发展的突出问题,逐个突破、扎实推进,在克服困难中不断开创前进道路,今年的经济发展目标就一定能够实现,也一定能够取得新突破,实现新跨越。

二、坚决贯彻落实中央、区党委和市委决策部署,紧盯重点工作任务,着力推进"五个墨脱"建设

做好2019年的经济工作,任务繁重,责任重大,使命艰巨。我们必须坚持党对经济工作的全面领导,自我加压、自觉担当,冲破思想观念的障碍,突破利益固化的藩篱,抓住重点、聚焦热点、攻克难点、打造亮点,全面促进经济持续健康发展。今年我县经济工作的总体发展思路是:以习近平新时代中国特色社会主义思想为指导,全面贯彻党的十九

大和十九届二中、三中全会精神,统筹推进"五位一体"总体布局,协调推进"四个全面"战略布局,抓好各项重点工作任务,深入贯彻落实自治区第九次党代会、区党委九届四次、五次全会精神和市委一届七次、八次全会精神,按照县委八届三次、四次全会部署要求,夯实基础增后劲、突出特色兴产业、统筹城乡快发展、保障民生促和谐,着力在改善基础设施、统筹城乡建设、促进乡村振兴、文化社会事业、深化改革开放、保障改善民生和维护社会和谐稳定等重点工作合力攻坚,全面加强经济、政治、文化、社会、生态和党的建设,着力激发微观活力,统筹推进稳增长、促改革、调结构、惠民生、防风险工作,保持经济运营在合理区间,提振市场信心,不断增强人民群众获得感、幸福感、安全感,为全面建成小康社会收官打下决定性基础,以经济社会发展的优异成绩向中华人民共和国成立70周年和西藏民主改革60周年献礼。

今年经济社会发展的主要预期目标是:全县生产总值增长10.5%以上,一般公共预算收入增长10%左右,全社会固定资产投资增长12%,社会消费品总额增长15%以上,农牧民人均可支配收入和现金收入分别增长14%、14%左右。

按照今年工作的总体要求,在正确处理好经济发展重大关系基础上,要着力抓好以下九项重点工作。

(一)聚焦乡村振兴战略,统筹推进城乡边建设。坚持以区域协调发展为方向,着力解决历史欠账问题,破解乡(镇)与乡(镇)、村与村之间发展不平衡、不充分难题,尤其是统筹解决好边境区域与非边境区域发展不协调问题。要以更宽的眼界规划县城,立足旅游县城发展定位,加快我县总体规划编修,推进"多规合一",做到县城规划、国土资源利用、生态环境保护、全域旅游等规划有机衔接,建立"横向到边、纵向到底、多规划协同"的全域空间规划体系。要充分依托拉贡景区、仁青崩景区、莲花秘境、德兴藤网桥等特色旅游资源和门珞传统村寨、服饰、饮食、歌舞等特色文化资源,全要素、全方位发挥县城辐射带动作用。要以更大的格局建设县城,加快推进污水处理及收集系统、金珠路立面改造、给排水等市政基础建设;加快棚户区改造进程,加强硬化、亮化、绿化、美化改造力度,要以每年开展的重点工作自查考评为契机,强化沟通协作、加强经验交流、创新方式方法,取他人之长补己之短,形成推动全县经济发展的强有力"拳头",有效提升区域发展聚集力、辐射带动力和市场竞争力。要以"零容忍"的态度,对侵占农业用地、影响环境面貌、破坏城乡发展等违建房屋要坚决拆除,形成拆违高压态势,为墨脱高品质发展提供良好环境。要以精细化的要求管理县城,坚持"县城管理为人民、县城管理靠人民、县城管理成果由人民共享"的理念,有效推进数字化管理县城,全面提升县城精细化、人性化、智能化管理水平,实现县城干净、整洁、有序、美丽。加强县城管理队伍执法的规范化、科学化,在执法中强化管理、在管理中做好服务,推进县城治理体系和治理能力现代化。要以多方位的要素抓好乡村建设,大力实施以"神圣国土守护者、幸福家园建设者"为主题的乡村振兴战略,抓好基础设施建设,以边境小康村建设、垃圾污水处理、村容村貌提升、"四好农村路"建设为重点,深入实施农村人居环境整治三年行动,大力改善农村人居环境,加强传统村落保护、发展,确保实现"4个100%";抓好乡村产业发展,在认真落实中央、区党委和市委安排要求的基础上,坚持宜游则游、宜农则农的原则,有针对性地推进乡村产业发展,把"绿篱笆、香果园","小庭院、大经济"作为乡村振兴重点,大力培育新型农牧业经营主体,把小农生产引入现在农牧业发展格局,让农牧民靠山吃山、靠水吃水、靠林吃林。要以高效益的手段强化固边兴边,坚决贯彻"屯兵与安民并举、固边与兴边并重"的战略部署,深入实施"四红工程",着力推进军民深度融合,在边境地区基础设施中充分考虑利军利民需要,全力做好保障备战和服务民生,做到军民两用、共建共享,引导鼓励边民抵边耕种、抵边生产,盯死看牢边境一线,筑牢守边固边钢铁长城。

(二)聚焦项目支撑,改善基础设施建设。我们必须找准突破口,把握对接点,不断加大争取、引进和建设力度,以大项目拉动大投资,推动大发展。要抓好项目储备,瞄准产业、交通、水利、生态等投资热点,加快谋划梳理一批可行性强、回报率高、社会效益好、符合环保标准的大项目、好项目,扎实做好项目前期工作,充实"十四五"项目储备工作并加快《墨脱县国民经济和社会发展第十四五规划纲要》编制进程。要加快项目审批,以提高项目审批和建设效率为重点,以依法高效、创建最优发展环境为目标,建立项目审批联席会议制度,推行限时审批,逐步探索实行投资审批"一口受理""容缺受理"等制度,开辟绿色通道,做到第一时间审批、第一时间通过、第一时间落地。要加大招商引资力度,多渠道收集招商信息,加强与援藏省市企业的联系,精心谋划,认真"走出去、请进来"开展招商活动,积极邀请援藏省市企业来墨考察、洽谈、交流;要靠实各级责任,打破常规思维,精心谋划项目,带头争取项目,全力引进项目,特别对重大项目要盯住不放,跟踪衔接,直至落地生根。要推进重点项目建设,加快推进农贸市场和冷链系统、2018年第二批农村饮水安全巩固提升工程、2018年小型农田水利项目县工程、背崩乡水土流失综合治理工程、亚东村巴米典片区水土流失综合治理工程、县城排水防涝工程和县藏医院等项目建设。加快推进22个村级组织活动场所建设、24个在建边境小康村项目建设,按照资金到位情况有序推进10个未建边境小康村建设。协调推进派墨公路、波密至墨脱公路整治改建工程。要集中整合实施项目,充分发挥财政资金"四两拨千斤"的作用,将有限的项目、资金打包使用、整体谋划,集中解决群众最关注、最期盼的民生问题和经济社会发展最迫切、最关键的重大问题,真正变"撒胡椒面"为"打组合拳",实现项目效益最大化。要严格标准管理项目,认真落实以项目法人责任制、招投标制、工程监理制为主要内容的项目管理制度,严格规范审批程序,强化资金监督管理,确保项目规范运行、资金规范管理。

(三)聚焦优化升级,提升产业质效。坚持用新发展理念统领发展全局,全力兴产业、强品牌、提品质、增实效,实现产业发展规模化生产、规范化管理、市场化经营。要做大做强特色农牧业,充分利用低产田、弃耕地、荒地以及群众房前屋后进行茶叶种植,千方百计挖掘宜茶地块,力争今年完成8000亩的目标任务。充分利用独特的气候条件和良好的生态环境,发展热带(亚热带)水果种植,继续扩大香蕉、柠檬、枇杷等水果种植面积,并积极开展品种改良工作,促进水果提质增效;充分发挥沃地生物科技有限公司提质增效作用,在减少成本的基础上合理采购配置原料,深入推进有机无机融合,不断改善土壤质量,保护生态环境,推动农业"减肥、增绿"。要做精做美全域旅游业,继续深化同喜路集团、常青国际的多方位、宽领域沟通交流,不断提升墨脱旅游服务水平、游客体验度。紧紧围绕创建4A级旅游景区为目标,大力发展全域旅游,加大景区景点、旅游基础设施建设力度,启动墨脱景区建设项目,加快推进拉贡景区、德兴民俗村工程,着力打造全域旅游示范县。要做深做活特色文化产业,深入实施《西藏自治区墨脱县文化产业发展规划(2017—2030)》,以保护、传承、挖掘、激活、植入、再造为核心,完善县乡村三级公共文化服务设施建设,发展和繁荣群众文化,推进文化旅游融合发展,实施门珞文化发掘保护工程,加快文化资源产业化发展,培育一批文化特色鲜明、产业优势突出、品牌形象知名的特色文化产业示范点,打造一批发扬传统、创新工艺、创造就业的特色文化产业乡村和区域性特色文化产业群。要做优做实新型绿色产业,鼓励引导社会资本向绿色发展聚集,支持商务物流、信息金融、节能环保、天然饮用水等产业发展,重点支持水电能源业为主的清洁能源,全力做好县域电网升级改造工作,积极协助国家电网做好农村电网升级改造工程。大力推广使用节能环保材料,继续建设一批装配式建筑。要做实做细藏医药业,加快县藏医院、乡(镇)卫生院藏医科室及村卫生室基础设施建设,实现县有标准化医院、乡(镇)有标准化卫生院的目标。扶持和发展县藏医药特色产业,挖掘现有发展潜力,加大藏医医疗设备投入力度,完善功能科室建设,加强人才队伍建设,不断促进藏医药业发展壮大。

(四)聚焦民生福祉,提升幸福指数。坚持以人民为中心的理念,始终把保障和改善民生放在最优先的位置,实现发展成果人人共享。要办好人民满意教育,全面落实教育优先发展战略,本级财政资金不少于20%投入教育领域,适度提高援藏资金投入;继续巩固"5个100%"和义务教育均衡发展成果,认真落实"三包"政策及贫困学生"两免一补"政策。加强党建和德育工作力度,全面提高学校师生党性修养和道德品质。要抓好社会医疗保障,继续认真落实各项医疗制度,抓好疾病预防控制工作,积极开展城乡居民暨在编僧尼免费健康体检和建档工作;继续加强就业指导、服务和技能培训,推动高校毕业生、农村转移劳动力和城镇困难人员实现就业;不断提升城乡低保、五保供养、医疗救助、特困人员供养、自然灾害和临时困难救助水平及保障标准,完善社会救助体系,持续巩固等级医院创建成果,不断提高医疗技术水平,加强急诊科、感染疾病科及儿科建设,为创建"二甲医院"做好前期工作。要坚持组织不散、人员不减、经费不少、防疟不止,确保今年顺利通过国家、区、市三级消除疟疾验收工作。要强化农民工欠薪重点治理,深入开展农民工工资支付情况专项执法活动,全面摸清欠薪底数,畅通农民工举报投诉渠道,加大解决欠薪问题力度,对政府投资工程项目因拖欠工程款而导致的欠薪问题,要立即优先清偿农民工工资;对其他企业拖欠农民工工资的,要责令其在春节前限时解决。经责令支付逾期不解决的,依法从重处罚;符合列入欠薪"黑名单"的,做到应列尽列;涉嫌犯罪的,及时移送公安机关立案侦查,真正让辛苦一年的农民工劳有所得、安心过年。要持续打好精准脱贫攻坚战,全面实施打好脱贫攻坚战三年行动(2018—2020年),深入实施党建促脱贫攻坚促乡村振兴战略,把产业扶贫作为稳定脱贫的根本支撑和关键举措,全面推广"4+1"扶贫产业发展模式,健全完善利益联结机制。推动精准扶贫和产业发展深度融合,着力构建县有主导产业、乡有主导产品、村有专业合作社、户有致富项目的产业扶贫大格局。注重扶贫与扶志相结合,积极开展实用技能培训,培养一批创业能成功、就业有技能、致富有门路的新型农牧民,引导贫困群众通过自己勤劳的双手,实现物质与精神同步脱贫。全面完成易地扶贫搬迁任务,扎实做好"三岩"片区300人搬迁工作。扎实推进加热萨乡、甘登乡灾后恢复搬迁规划编制及防灾避险安置整乡(村)搬迁工作。持续巩固脱贫成果,始终坚持脱贫不脱政策、脱贫不脱帮扶、脱贫不脱项目,多做雪中送炭的事,绝不搞锦上添花,切实做到脱真贫、真脱贫,杜绝"悬崖效应"和"福利陷阱"。要广泛调动社会力量,充分发挥各民主党派、工商联和无党派人士参政议政、民主监督的作用,发挥工会、共青团、妇联等人民团体的桥梁和纽带作用,把社会各方面的积极主动创造性引导到新时代墨脱经济建设上来。

(五)聚焦联防联控,维护和谐稳定。树牢稳定压倒一切的思想,以防患于未然为出发点做工作,以防出大事打基础作准备,以落实责任敢于担当为标准看干部,确保社会大局持续稳定、长期稳定、全面稳定。要强化维稳举措,深化落实自治区维稳"十项措施",持续开展扫黑除恶、打非治乱、扫黄打非"三个专项斗争",始终保持高压态势,全力维护社会和谐稳定。要积极探索社会治理新思路新举措,充分珍惜"枫桥经验",大力推广"枫桥经验",不断创新"枫桥经验",紧紧依靠群众就地化解矛盾,让城乡群众成为基层社会治理的最大受益者、最广参与者、最终评判者,推进社会治理"要我稳定"到"我要稳定"的转变。要突出重点管控,全面加强对重点乡(镇)、寺庙、目标、部位的管控治理,特别是要建立健全联动管控机制,对各类涉稳重点人员分类分级管控、动态管控。要深入开展反间谍斗争,强化国家安全教育,加大"12339"国家安全公民举报受理电话的宣传,增强全县公民防奸反谍意识,推动全社会形成维护国家安全的强大合力。要健全完善维稳预案、加强应急演练,不断提升应急处置能力。要加强民族团结,广泛开展民族团结宣传教育和进步创建工作,引导干部群众牢固树立"三个离不开"思想,增强"五个认同",像石榴籽一样紧紧抱在一起,全力营造各民族和睦相处、和衷共济、和谐发展的浓厚氛围。要深化宗教管理,全面落实利寺惠僧政策,不断加强和创新寺庙僧尼管理;以"遵行四条标准、争做合格僧尼"等活动为载体,深入开展和谐模范寺庙和爱国守法先进僧尼创建评选活动。要积极淡化宗教消极影响,在"导"上下功夫,引导宗教与社会主义相适应,教育引导广大信教群众把更多精力转移到勤劳致富、过好当下生活上来。要狠抓安全生产，弘扬生命至上、安全第一的思想，以机构改革为契机，发挥好新组建安全生产管理部门效能，加大安全监管、安全隐患排查力度，强化地震、雨雪、冰冻等预测预警和应急处置，尤其是加大对道路交通、建筑施工、油汽站点等领域的安全防范，维护好人民群众的生命财产安全，确保公共安全"零事故"。要牢牢把握意识形态领域主动权，持续深入开展"五观两论"、反分裂斗争等宣传教育、"四讲四爱"群众教育实践活动，引导信教群众理性对待宗教，自觉维护祖国统一和民族团结，强化网络负面舆情监控、分析、研判、报告、删除、过滤、管控，特别是对社交网络和论坛群组、微信群、微博、QQ群等重点即时通讯工具的有效监管，清查收缴"藏独""邪教"等反宣品，积极营造清朗网络空间。要切实掌握舆论主动权，严防敌对势力、敌对分子和别有用心之人借机煽动炒作、制造混乱。要深化双拥共建，加强国防动员和后备力量建设，深入开展全民国防教育，进一步提高军转安置和优抚工作质量，扎实做好退役军人信息采集登记工作，坚决维护军人军属合法权益，对于极少数打着"退役军人"旗号危害社会正常秩序、危害人民群众生命财产安全的违规行为，及时果断处置，准确把握法律政策界限，坚决同各种违法犯罪行为作斗争。要持续打好防范化解重大风险攻坚战，坚持不违规举债这条底线，防范和规避政府隐形债券。持续开展债券风险排查监测，积极防范化解违约风险。发挥金融机构结构性去杠杆作用，强化金融监管，完善风险监测预警和化解处置机制，严厉打击非法集资等各类违法违规金融活动，坚决防控金融风险。

（六）聚焦生态优先，筑牢绿色屏障。坚持保护优先、自然恢复为主的方针，形成节约资源和保护环境的空间格局。要持续巩固生态文明创建示范成果，积极开展生态文明建设示范乡（镇）创建。要以机构改革和中央环保督察为契机，明确职责，提高效能，发挥公益林专业管护员、乡村护林员、生态补偿脱贫岗位的"岗哨"作用，依法打击各类破坏林业资源行为。要切实加强环保监管，特别是加大对农村公路、自然保护区、砂石资源开采、旅游景区景点、水源地等的监督管控。要加大环境保护宣传力度，强化绿色发展理念，突出构筑国家重要生态安全屏障，努力构建上下联动、部门互动、全民行动的氛围。要积极引导群众提倡文明风尚，倡导绿色低碳生活，使绿水青山就是金山银山的理念深入人心。要严格落实河长制、湖长制，全面加强河湖管理保护。要推行领导干部自然资源资产离任审计，落实生态环境损害终身追究制。要持续打好污染防治攻坚战，深入实施大气、水、土壤污染防治三项行动，推行绿色施工，严格管控交通、扬尘和生活污染，实行最严格水资源管理制度，加大土壤防范污染治理，减少农药、化肥使用。加快补齐环保设施短板，做好城乡垃圾处理和雨污分流。持续推进中央和自治区环保督察反馈问题后续整改，严格考核问责，形成以奖促治、信用评价、信息披露长效机制，对环境违法行为"零容忍"。要全力开展"绿盾行动"和森林督查以及问题整改工作，强化林业、环保等生态手续办理。要坚决贯彻落实区党委全面开展村庄清洁行动部署精神，按照环境整治只有进行时，没有完成时的要求，以"县乡村无垃圾、卫生无盲区"为目标，加强县乡村环境综合整治，全面打响消灭垃圾攻坚战，不断改善县乡村面貌，全面提升人居环境品质，提升人民群众获得感和幸福感。

（七）聚焦依法治县，筑牢和谐基石。坚决贯彻落实新时代全面推进依法治国、加快社会主义法治国家的新思想新观点新论断新要求，全面推进依法治县进程。要弘扬法治精神，不断创新方式方法，通过群众喜闻乐见的文艺活动，全方位、多角度、多层面开展普法教育，使法治理念深入人心，渗透到各行各业，让"政府依法办事、公民依法行为""人人按规律办事、事事按程序办理"成为社会规则和自觉行动，在全社会形成学法、懂法、守法、用法的浓厚氛围，为法治墨脱建设奠定坚实的基础。要强化基层治理，积极把工作中心继续从打击防范向跟进服务转移，使政法干警走出机关、走进农村、施工地，深入群众，主动化解矛盾，及时听取群众意见，解决群众实际困难，不断夯实基层法治基础；充分发挥县乡村三级人民调解的作用，扎实开展人民调解是第一道防线的工作，努力把矛盾纠纷解决在萌芽状态，化解在基层。要坚持公正司法，坚决维护法律的尊严和权威，遵守法定程序，准确适用法律法规，让人民群众在每个司法案件中都感受到公平正义；不断完善各项管理制度，不断提升法官、检察官的司法理念、业务能力和工作水平，切实维护司法公信力；坚守职业操守，肩扛公平天平，手持正义之剑，站稳脚跟，秉公执法，确保每一项执法活动、每一个执法环节都有法可依、有章可循，办理的每一起案件都经得起法律、历史和人民的检验。

（八）聚焦收尾攻坚，抓好受援工作。今年是广东第八批援藏工作队收官之年与第九批援藏工作队对口支援谋篇布局之年。第八批与第九批援藏工作交接轮换时间紧、任务重，必须高度重视，提前谋划，制定切实可行的交接轮换方案，高标准高规格完成基建项目、产业项目等重点工作的交接任务。同时在做好第八批援藏各项工作总结的前提下，要本着热情、细致、周到的原则，想援藏干部之所想，急援藏干部之所需，积极做好第九批援藏工作的沟通协调，切实为第九批援藏干部创造良好的工作、学习和生活环境，并积极协助第九批援藏工作队做好基层调研、工作交流等工作，确保第九批援藏干部在最短的时间内全面了解掌握墨脱经济社会发展情况。

（九）聚焦深化改革，优化市场环境。深入贯彻落实庆祝改革开放40周年大会精神，坚持改革不停顿、开放不止步，推动新时代改革开放再出发。要全面深化"放管服"改革，加快政务服务中心运行步伐，推行服务事项"一网、一门、一次"改革，转变政府职能，减少政府对资源的直接配置，凡是市场自主调节的就让市场来调解，凡是企业能干的就让企业干。坚决维护公平公正的市场环境，严厉打击侵权假冒、垄断等妨碍市场公平竞争的行为。深入推进县乡村三级"一站式"便民服务大厅建设，畅通办理"绿色通道"，逐步打通服务群众的"最后一公里"。要持续推进重点领域改革，深入推进供给侧结构性改革，在"巩固、增强、提升、畅通"上下功夫。统筹推进教育、司法、国企、医疗卫生等领域改革，不断激发经济社会发展活力。全面做好第四次墨脱县全国经济普查。全力做好政府机构改革，理顺部门职责、优化运行机制，确保政府、市场和社会的关系更加规范合理，高效顺畅。要支持发展非公经济，正确处理好亲清型政商关系，毫不动摇地鼓励支持引导非公有制经济健康发展，以开放包容理念和坦荡真诚态度同民营企业接触交往，真心真意支持民营企业、外来企业经济发展，绝不能有贪心私心、绝不能以权谋私、绝不能搞权钱交易，始终同民营企业家保持清白、纯洁的关系。要大力推行"互联网+"，继续鼓励社会力量运用互联网发展各种亲农惠农新模式，带动更多农牧民群众就近就业，同时要加强农牧民群众对网络应用技能的培训力度，逐步提升农牧民群众利用网络发展生产、便利生活、增收致富的能力。

围绕2019年目标任务，在具体工作落实过程中，我们必须牢牢把握好以下七个方面：一是必须把深化改革作为破解发展瓶颈的根本动力。面对新一轮发展机遇，谁思想解放在先，谁机制创新在先，谁就会赢得先机。各级各部门必须紧紧围绕中央、区、市关于深化改革的总体要求，大胆探索、积极推进行政体制、金融投资、民生保障等领域的改革，真正把改革创新转化为助推发展的强大动力。二是必须把规划引领作为提升发展层次的重要前提。规划层次的高低，规划执行的水平，决定着一个地方的发展质量和品位。各级各部门必须牢固树立"规划先行"的理念，把完善规划作为强化顶层设计的过程，作为集思广益、凝聚共识的过程，切实增强规划修编、规划执行的自觉性和主动性，以健全完善的规划体系和坚强有力的规划执行，促进经济社会发展水平提升。三是必须把市场引导作为转变发展方式的有力抓手。各级各部门必须充分认识市场在资源配置中的决定性作用，善于研究市场、运用市场、开拓市场、培育市场，正确处理政府与市场、企业与市场、农户与市场之间的关系，按照"市场+基地+农户"的模式，广泛搭建群众进入市场的有效平台，用市场化手段推动经济社会又好又快发展。四是必须把重点突破作为加快发展步伐的重大举措。实施重点工作集中突破是我们近年来积累的重要经验。当务之急，就是要按照规划引领、项目支撑的思路,举全县之力,推进文化旅游产业短期内实现较大突破,为加快高质量发展提供重要支撑。同时,要统筹推进经济社会发展各个领域的重点突破,集中力量办大事,推动全县整体发展提质量、上水平。五是**必须把典型培育作为探索发展路径的有效途径**。各级各部门要把培育典型、巩固典型、推广典型作为一项重要工作来抓,立足县域发展现状,把墨脱放在全区、全市发展大局中去定位,精心谋划、集中抓建一批有内涵、有特色、有规模,在区市有影响的综合典型,全力打造一批亮点工程,切实发挥先进典型的综合示范效应,引领和带动整体工作提升。六是**必须把立足当前与着眼长远的关系处理好**。我们要牢固树立长远的眼光,把拉动当前经济增长与解决制约我县长远发展的瓶颈问题紧密结合起来,坚决防止急功近利的短期行为,更不能搞劳民伤财的政绩工程。要稳妥求实、积极可行的定位当前工作,突出工作安排的阶段性,突出今年的重点工作任务,集中精力抓好今年各项目标任务的落实,努力完成"十三五"发展目标,为长远发展奠定坚实的基础,力求做到用长远规划指导当前工作,以当前工作推动长远发展。七是**必须把借助外力与激活内力的关系处理好**。墨脱县作为国家深度贫困县且自我发展能力弱,要实现"农业稳县、生态立县、交通兴县、文化名县、旅游强县、能源富县、国防卫县、产业支县"的战略目标,就必须借助外力又要依靠内力,做到两力并用、内外互动。要抢抓各种机遇,扩大开放,积极争取中央、区、市和社会各方面的支持帮助。在借助外力的同时,把全县人民群众的创业热情激发出来,转化为墨脱经济社会发展的持久动力,进一步加大改革力度,力求在政府机构、财税体制、收入分配制度、农村金融、集体林权制度、社会领域的各项改革上出实招、求成效,加快墨脱又好又快发展。

三、全面加强和改善党对经济工作的领导,以改革发展稳定的实际成效,画好"五个墨脱"同心圆

(一)**强化思想政治建设,夯实团结奋进的思想根基**。始终把思想政治建设放在首位,以超前的思维、先进的理念武装头脑、指导实践。要在勤学善思中提升能力素质,高度重视理论武装,深入学习党的十九大精神和习近平新时代中国特色社会主义思想,不断提高党员干部的理论素养和政治素质;把市场机制运用和产业发展、文化旅游、农村金融、社会治理等知识,纳入党员干部政治教育培训计划,全面提升党员干部服务群众、服务发展的能力。要在锤炼党性中坚定理想信念,把讲党性、讲原则作为党员干部的必修课,把听党话、守纪律作为座右铭,切实强化党性修养,坚定理想信念,坚定"四个自信",打牢思想政治基础,筑牢思想政治防线。要在解放思想中推动改革创新,摒弃和冲破陈旧思想束缚,始终保持奋发图强、创业建功的精神状态,勇立潮头、勇于担当的拼搏意识和推陈出新、矢志拓荒的实践勇气;进一步树立开放理念,增强战略眼光,使敞开胸怀、博采众长、兼容并蓄、包容多样成为开放开发的主旋律。要在践行核心价值体系中聚集正能量,大力弘扬社会主义核心价值观,引导干部群众把根植于文化血脉中的地方精神、风骨、秉性,转化为崇尚公德、自强不息、革故鼎新、敢为人先的生动实践,让宽仁友善、明礼诚信、淳朴敦厚的良好民风不断树立,在全社会形成不畏困难、坚韧不拔、吃苦耐劳的新风尚。要在强化宣传中凝聚发展共识,坚持正面宣传为主,积极回应群众关切,引导群众理性表达诉求;大力宣传我县的门珞文化积淀、旅游资源和良好的发展环境,为加快发展凝聚新共识,聚合正能量,唱响主旋律。

(二)**强化干部队伍建设,锻造加快发展的中坚力量**。实现高质量发展,核心在班子,重点在干部,关键在于打造一支善谋发展、能干事业的领导班子和干部队伍。要切实加强领导班子建设,坚持从严管理部门和乡村领导班子,健全完善各级班子议事决策规则;坚持定期考核和平时考核相结合,建立健全领导班子考核评价制度;加大年轻干部培养选拔力度,优化班子结构,配强各级领导班子,切实增强班子整体功能。要切实加强干部队伍建设,认真落实《党政领导干部选拔任用工作条例》和干部选拔任用程序,本着选出好干部、配出好班子、换出好风气的原则,切实抓好综合研判、结构优化、资格审核、纪律执行等关键环节,真正选出一批信念坚定、为民服务、勤政务实、敢于担当、清正廉洁的好干

部,特别要注重在基层一线和脱贫攻坚、项目建设、产业发展等重点工作中识别使用干部,进一步激发干部队伍整体工作活力。要切实加强基层组织建设,以"做合格党员、当先锋模范"主题教育和组织力提升年为契机,不断加强和改进党员教育管理工作,扎实开展"红色堡垒户"创评活动,激励广大党员发挥模范带头作用;建立健全村干部选拔任用、教育培训、激励保障、管理监督等机制,全面加强村党组织书记队伍建设,鼓励大学生协理员带头创业,切实提高带富致富能力。

(三)强化干部作风建设,提供坚强有力的纪律保证。全县各级党组织要把握好基层特点和群众期盼,引导党员干部深入群众找问题、解难题、办好事,切实改进工作作风,密切联系群众。要践行群众路线,广大党员干部要带头深入基层,带头到群众意见大、矛盾突出的地方去,了解群众疾苦,查找解决问题,破解发展难题,特别要把群众冷暖记在心上,用心用力用情做好群众工作,带着真情为群众服务,真正做到有访必接、有难必帮、有帮必应,努力让人民群众看到干部作风转变带来的新变化、新气象。要坚持求真务实,崇尚实干,以干为先,不喊空口号,不摆花架子,不做表面文章,力求定一件事、干一件事、成一件事;要加大治懒治庸、打假治虚力度,坚决反对说假话、报虚数、欺上瞒下等行为;各级领导干部要带头沉下去研究问题、抓好落实,做到一级带着一级干,一级对一级负责。要厉行勤俭节约,集中整治铺张浪费、公款吃喝、公款旅游、擅自购置公务用车、滥发津补贴等不正之风,严格执行公务接待从简、乡镇接待在机关、村级零接待等规定,确保把更多的资金和精力用在帮民困、解民忧、助民富上。

(四)强化党风廉政建设,营造风清气正的良好氛围。准确把握新时代党风廉政建设新要求,严格落实党风廉政建设责任制,切实加强对党员干部的严格教育、严格管理、严格约束和严格监督,确保事业健康发展、干部健康成长。要加大廉政教育力度,把廉政教育贯穿于领导干部培养、选拔、管理、使用的全过程,积极探索新的教育载体和教育形式,扎实推动廉政文化"八进"活动,充分发挥廉政教育励志、教化、警示功能,引导各级领导干部严于律己,带好班子,管好队伍,切实从思想深处提升拒腐防变的自觉性,增强反腐倡廉教育的实效性和震撼力。要严格遵守党的纪律,把遵守党的政治纪律、组织纪律、经济工作纪律、群众工作纪律和保密工作纪律体现到党员干部从政的各个环节,严格按照党的组织原则和党内生活准则办事,永葆共产党员的政治本色。要加大执法执纪力度,正确运用监督执纪"四种形态",切实加强对县委、县政府决策部署落实情况的监督,严肃查办违规违纪案件;各级纪检监察机关要把"主业"聚焦到党风廉政建设和反腐倡廉这个中心上来,执好纪、问好责、把好关,着力提高执纪执法能力,努力营造风清气正的发展环境。要发挥巡察利剑作用,坚持问题导向、聚焦巡察重点,按照"方向不偏、靶心不散、力度不减、成效不差"的原则,全面释放巡察工作"推动全面从严治党,优化党内政治生态"的强烈信号。

(五)强化制度机制建设,形成齐抓共管的工作格局。把制度机制创新作为推动落实的重要动力,靠实工作责任,严格督查考核,确保各项任务落到实处。要完善目标责任机制,对今年确定的重大项目、先进典型、重点工作,相关部门要逐项分解细化,逐级签订目标管理责任书,明确任务,靠实责任,形成合力攻坚抓落实的良好格局。要创新督查考核机制,充分发挥各领导小组和主管部门的督查职能,"两代表一委员"和新闻媒体的监督作用,切实做到真督实查、跟踪问效,促使各级各部门在落实决策上不打折、不变通,言必行、行必果;更加注重督查结果运用,切实提升督查实效。要健全奖惩激励机制,把对各级领导班子和领导干部的实绩考核与评优选模、提拔调动、晋级奖励紧密挂钩,对重点工作和项目建设考核排名靠后的单位要严肃问责,做到真考实评、奖罚分明。要落实责任追究机制,研究和制定重点工作督办落实问责办法,加大落实责任追究和罚庸治懒力度,对工作落实不力、贻误时机甚至不作为,导致年度目标任务有欠账的乡镇和单位,必须严肃追究责任。

刚才,我们对在2018年综合考评中成绩优异的背崩乡、墨脱镇、德兴乡和10个先进单位进行了表彰，各级各部门要以此为榜样，以更加认真负责的态度和扎实苦干的作风贯彻落实县委、政府的各项决策部署。最后，我再通报一下2018年度正科级领导职务干部考核结果，排名前15名的同志有：背崩乡扎西曲扎、县农牧局索朗旺扎、德兴乡白玛占堆、墨脱镇格桑卓嘎、县环保局格桑曲久、格当乡张志强、县政府办布穷、县委办尹建华、县国土局李振、县人社局顿珠次仁、县纪委贺伟、县政协办罗布次旺、县直机关工委郭晓峰、达木珞巴民族乡杨郓、加热萨乡张岗15名同志，在这里进行通报表扬。大家一定要戒骄戒躁，发扬成绩、再立新功。同时，对排名靠后的乡(镇)、部门进行约谈。希望全县广大党员干部对标先进、争当先锋，发扬"老墨脱精神"，为全县各项事业做出新的更大贡献。

同志们，任何时候，行动胜过口号，再好的思路，只有找准路径，付诸实践，才能变为现实；作风决定效果，再多的机遇，只有敏锐把握、乘势而上，才能抢占先机；决心来自民意，再大的困难，只要迎难而上、奋发作为，就能有效化解；大胜源于小胜，再重的任务，只要脚踏实地、锲而不舍，就能善作善成。全县上下一定要紧紧围绕在以习近平同志为核心的党中央周围，以习近平新时代中国特色社会主义思想为指导，在区党委、政府和市委、市政府的坚强领导下，进一步统一思想，革故鼎新，锐意进取，攻坚克难，加快墨脱高质量跨越发展，为中华人民共和国成立70周年和西藏民主改革60周年，全面建成小康社会作出更大的贡献。

名词解释

1. 三病：结核病、肝炎、风湿病。
2. 两癌：妇女宫颈癌、乳腺癌。
3. 边民补助标准：重点区域与工作量挂钩的，65岁以上的由3500元增加到4500元，16—65岁的由6200元增加到7200元；重点区域以外与工作量挂钩的，65岁以上的由3300元增加到4300元，16—65岁的由6000元增加到7000元；重点区域以外边境一线普惠性边民补贴由3300元增加到4300元，边境二线普惠性边民补贴由2800元增加到3800元。

4. 四红工程：红色阵地、红色队伍、红色兴边、红色党校。

5. "12+1"联：矛盾纠纷联排联调、安全隐患联防联控、重点人员联管联教、困难家庭联帮联扶、环境卫生联管联治、精神文化联娱联扬、科学知识联学联教、小额信贷联保联担、致富项目联建联营、发展成果联创联享、实有人口联服联管、出租房屋联管联防、精准扶贫联帮联扶。

6. 两站两员：乡(镇)交通安全管理站、乡(镇)交通安全劝导服务站；乡(镇)专职交通安全管理员、义务交通协管员。

7. 五位一体：政治建设、经济建设、文化建设、社会建设、生态文明建设。

8. 四个全面：全面建成小康社会、全面深化改革、全面依法治国、全面从严治党。

9. "4个100%"：实现边境村公路通达率、农村饮水安全人口普及率、用电人口覆盖率、广播电视覆盖率均达100%。

10. "5个100%"：中小学双语教育普及率100%；小学教学课程开课率100%；中学数理化生课程计划完成率100%；中学理化生实验课程开出率100%；职业技术学校国家目录规定课程开出率100%。

11. "4+1"扶贫产业发展模式：企业+、村集体+、专合组织+、致富带头人+。

12. 悬崖效应：贫困户与非贫困户享受的待遇差距太大。

13. 福利陷阱：在脱贫攻坚中出现的贫困群众等帮扶缺乏内生动力的情况。

14. 枫桥经验：浙江诸暨市枫桥镇干部群众于1963年创造了"发动和依靠群众，坚持矛盾不上交，就地化解；实现捕人少，治安好的枫桥经验，并取得了良好效果。毛泽东同志亲笔批示"要各地效仿，经过试点，推广去做"。1964年1月14日，中共中央发出指示，把"枫桥经验"推向全国。从此"枫桥经验"成为全国政法战线的一面旗帜，"枫桥经验"得到不断发展，形成了具有鲜明时代特色的"党政动手、依靠群众、预防纠纷、化解矛盾、维护稳定、促进发展"的枫桥新经验，成为新时期专门工作与群众路线相结合的典范。2013年10月,习近平总书记就坚持和发展"枫桥经验"作出重要指示强调,各级党委和政府要充分认识"枫桥经验"的重大意义,发扬优良作风,适应时代要求,创新群众工作方法,善于运用法治思维和法治方式解决涉及群众切身利益的矛盾和问题,把"枫桥经验"坚持好、发展好,把党的群众路线坚持好、贯彻好。

15. 五个先行理念:坚持情报信息先行、坚持社会面清查先行、坚持指挥工作先行、坚持外围工作先行、坚持运力安排先行。

16. 五个墨脱:和谐、幸福、生态、美丽、宜居。

# 在墨脱县2019年"四讲四爱"群众教育实践活动动员部署会上的讲话

墨脱县委书记  旺　东

（2019年4月4日）

按照区党委、市委统一部署，今天我们召开墨脱县"四讲四爱"群众教育实践活动动员部署会，主要任务是以习近平新时代中国特色社会主义思想为指导，以深入贯彻落实区党委、市委重大决策部署为遵循，引导全县广大干部群众切实增强"四个意识"、坚定"四个自信"、做到"两个维护"，持续巩固群众教育实践活动成果，不忘初心、继续奋斗，为推动墨脱长足发展和长治久安凝聚更加广泛力量、提供更加强大动力。

群众教育实践活动是一项长期性工程，必须常抓不懈、绵绵发力、久久为功。刚才，旦增多吉同志就2019年"四讲四爱"群众教育实践活动作了全面的安排部署，达木乡、县委统战部等相关单位代表作了表态发言，目标明确、态度坚决，我完全赞成。

下面，我就深入开展好今年"四讲四爱"群众教育实践活动强调几点意见。

一、凝聚共识，进一步认识开展群众教育实践活动的深远意义

"四讲四爱"群众教育实践活动，是区党委着眼全局、着眼长远、着眼根本的一项重大决策，是深入贯彻落实新时代中国特色社会主义思想特别是以习近平同志为核心的党中央治边稳藏重要战略思想的必然要求，是回应当前群众思想教育工作面临的新形势新任务、加强意识形态建设的有效途径。自活动开展以来，我县高度重视、精心筹划，严格按照区党委、市委安排部署和活动方案，结合墨脱实际，突出主线、紧扣主题，在规定动作的同时创新开展自选动作，有效推动群众教育实践活动落地见效，基本实现了教育宣传全覆盖、实践载体有创新、建章立制重长效、氛围营造聚人心的目标，为推进墨脱长足发展和长治久安奠定了坚实的思想基础、群众基础、基层基础。通过两年的宣传教育，广大群众精神面貌有了新的变化，酗酒享乐、好吃懒做、大手挥霍等现象明显改善；宗教信仰、不求今生、只求来世的思想得到良好转化；等政策、靠扶持、要救济的消极态度逐步向自力更生、勤劳致富、勤俭节约等方向积极转变；参与固边守边、兴边建边的意识更加主动，争做"神圣国土守护者、幸福家园建设者"的信心更加坚定。在充分肯定成绩的同时，我们要清醒地认识到，一是随着外来朝圣、转山群众的增多，潜移默化中影响着群众的宗教信仰；二是随着以微信、微博等新媒体的普及与使用，群众不再局限于身边的人和村里的事，网络上、外来的不可控舆论和内容越来越多，对宣传思想工作带来了新的挑战；三是部分群众观念更新慢，思想保守，接受新事物、新技术、新政策积极性不高，文化水平低，对新事物的好坏、优劣辨别能力差，好的学习、坏的也模仿，削弱了意识形态"防火墙"；四是从事意识形态工作的干部缺乏专业知识技能培训，知识结构更新较慢，不能很好地把"官方语言"转化为通俗易懂的门巴语言，难以达到新时期基层宣传意识形态的标准和要求；五是在持续开展群众教育实践活动过程中，各级各单位普遍存在学习习近平新时代中国特色社会主义思想不深不透，党员干部自身理论学习还有待提高，部分单位还存在着意识不到位、宣传方式老套、工作推进不扎实等实际问题，这对宣传教育效果都有一定影响。针对这些问题和困难，各级各部门一定要深化政治站位，增强做

群众教育实践活动的紧迫感、责任感和使命感,坚持以问题为导向,补齐问题短板,并加以解决。

今年是群众教育实践活动提升年,2月26日,区党委常委、宣传部部长边巴扎西在陪同中宣部副部长蒋建国一行调研组对我县宣传思想工作调研时,作出了"墨脱县的意识形态领域工作要走在全区前列"的重要指示;在三月维稳工作繁重的关键时期,区市两级党委层层召开动员部署会议,对今年持续开展"四讲四爱"群众教育实践活动作了更加详细安排部署,既充分说明区市两级党委对群众教育实践活动思想重视上从未削减、行动举措上从未削减、安排部署上从未削减,也充分证明了群众教育实践活动完全符合西藏实际和群众期盼,是全区各族干部群众坚决拥戴、信赖、忠诚、捍卫习近平总书记这个核心的具体体现,是全面加快建设社会主义现代化西藏的生动实践。各级各部门一定要深刻认识开展"四讲四爱"群众教育实践活动的深远意义,将其摆在更加突出的位置,在思想上、政治上、行动上坚决按照区市两级党委的决策部署和县委安排要求,积极谋划、创新举措、持续发力,抓细抓常抓长,推进"四讲四爱"群众教育实践活动向纵深发展。

二、突出主题,进一步拓展延伸群众教育实践活动的深度广度

今年是新中国成立70周年、西藏民主改革60周年,也是我县巩固脱贫攻坚成果,决胜全面建成小康社会的关键之年,做好今年工作,凝聚全县各族群众共同团结奋斗、共同繁荣发展的思想共识是关键。我们必须把持续开展"四讲四爱"群众教育实践活动作为全年工作的一项重点任务,与做好党建工作、打赢三大攻坚战、产业发展等重点工作同筹划、同部署、同考核,真正通过群众教育实践活动筑牢坚实的思想基础,凝聚广泛的群众力量。

一要突出活动主题,确保方向不偏离。今年"四讲四爱"群众教育实践活动首要任务是学习宣传贯彻习近平新时代中国特色社会主义思想,我们要严格按照活动方案要求,将学习宣传贯彻习近平新时代中国特色社会主义思想贯穿活动全过程,确保规定动作紧紧围绕主线;完成规定动作的同时,要总结前段工作经验与不足,紧紧围绕今年教育实践主题,创新自选动作,自选动作也要突出重点不跑题。

二要聚焦活动重点,确保内容不走空。活动方案里已明确今年"四讲四爱"群众教育实践活动三大内容:宣讲教育、实践活动、建章立制;宣讲对象是农牧民群众、青少年学生、寺庙僧尼和国有企业职工;同时详细规划好今年实践教育活动的各个阶段安排,我们要紧密结合墨脱实际和活动对象的现状,分段实施、分类宣讲,确保活动不留死角、不留盲区、全面覆盖。宣讲过程中,要切实解决好"谁来讲"问题。坚持党员干部带头宣讲,吸收部分有造诣的爱国僧尼、有经验的驻寺干部、先进农牧民、优秀青年团员和志愿者、有代表性的企业职工进入宣讲团,采用通俗易懂、现身说法等方式,真正把宣讲内容讲清讲透。要切实解决好"讲什么"问题。重点围绕习近平新时代中国特色社会主义思想,马克思主义"五观""两论",区党委九届四次、市委一届七次、县委八届四次全会精神,突出讲解党的恩情、中央和自治区各项惠民政策,要原原本本、原汁原味地讲,让群众切实明白惠在何处、惠从何来、惠及何人,进一步唱响主旋律、激发正能量。要切实解决好"怎么讲"的问题。要区别不同受众,采取多种方式,深入家庭院落、田间地头、寺庙僧舍、学校企业等生产生活一线,采取召开讨论会、主题班会、演讲比赛、观看视频、集中学习、个别走访等灵活多样的形式,用群众听得懂的通俗语言,深入开展"滴灌式"教育,推动宣传教育进农家、进学校、进寺庙、进企业;要充分利用"五四"青年节、"七一"建党节、"十一"国庆节等重要节庆节点,结合一镇七乡群众文艺文化活动,用群众喜闻乐见的方式,组织好群众参加各类活动,坚持寓教于乐、寓教于艺,不断增强宣讲实效。

三要做好统筹协调,确保活动成效不减弱。要突出学习引领。继续突出农牧民群众、青少年学生、寺庙僧尼、国企职工四个教育对象,分类宣讲、统筹推进,确保学习成效。特别是青少年学生,要根据不同年龄阶段设计不同活动,年龄小的以养成习惯为主,年龄大的以思想政治教育为主,切实提升活动效果。要解决实际问题。宣讲团不仅仅要"去讲",

还要"去听",倾听群众呼声、把握群众诉求、顺应群众意愿,把群众最急、最难、最盼的问题带回来,把解决问题的好消息带回去,让广大群众真正感党恩,进而听党话、跟党走。特别是各乡(镇)、驻村工作队、村两委班子要全体动员、全体参与,与群众同生活、同学习、同劳动,切实办好"民生十项工程"。要统筹工作开展。坚持"两手抓、两不误、两促进",把开展"四讲四爱"群众教育实践活动与贯彻落实我县八届四次全会精神、全县经济工作会议精神、人大十届五次会议精神、政协九届四次会议精神紧密结合起来,与党组织组织力提升年活动紧密结合起来,与促进全县各项改革发展工作紧密结合起来,把活动有机融入到三大攻坚战、产业发展、民生改善中,妥善处理各项重点工作关系,真正实现思想政治教育、社会经济发展相统一。

三、压实责任,进一步强化提升群众教育实践活动的力度成效

为确保活动取得实效,全县各级各部门必须把开展好群众教育实践活动作为一项政治任务列入重要日程、纳入总体工作,强化责任担当、狠抓工作落实,以责任落实助推活动深入广泛开展。

一要做到责任压实落细。各级各部门要认真落实区党委、市委决策部署和县委具体安排,特别是各乡(镇)各单位"一把手"要亲自挂帅,落实第一责任人责任,切实做到认识到位、人员到位、组织实施到位,以高度的责任感和使命感,深入推进群众教育实践活动开展。

二要做到氛围营造到位。宣传部门要充分利用宣传栏、横幅标语、公益广告、LED显示屏等各种载体,通过"五下乡"、发放宣传手册、知识竞赛、演讲比赛等形式,全方位多角度宣传习近平新时代中国特色社会主义思想,营造浓厚的舆论气氛。同时要进一步深挖典型,从目前相关工作开展情况来看,我们在深挖典型方面做得还不够到位,要把典型挖深、挖细,但典型要实事求是、不夸大其词,树立的典型人与事要经得起检验,在不脱离实际的基础上生动感人。我们在日常工作中要用心发现、耐心积累,在需要的时候能够拿得出用得上。要用身边的人讲述身边的事、用身边的事教育身边的人,使活动开展更接地气。

三要做到督导有力见效。巡察部门要把活动开展情况纳入巡察任务的重点,对活动中存在的问题、不足及时跟踪督导,对巡察发现的问题,第一时间要求单位部门负责人带头整改;"四讲四爱"活动办要根据活动具体开展情况,采取有效方式进行督查,确保活动开展主题不变、内容不省、步骤不减、氛围不淡、要求不降、活动不走过场,同时要及时收集汇总全县活动开展情况,撰写简报和阶段性总结;县广播电台要对活动中的有益做法、创新举措、明显成效及时报道,助推活动取得实效;县委将把活动开展成效纳入意识形态工作考核的重点,对工作推进有力、举措创新有力、责任压实有力、典型示范引导有力的单位部门该表扬就表扬,对工作消极应付、浅尝辄止流于形式的单位部门,将对其负责人进行严肃问责。

同志们,士不可以不弘毅,任重而道远。我们一定要更加紧密地团结在以习近平同志为核心的党中央周围,在区党委、市委的坚强领导下,以更加饱满的精神、更加有力的举措、更加务实的作风,深入推进"四讲四爱"群众教育实践活动向纵深发展,进一步夯实思想基础、群众基础、基层基础,为决胜全面建成小康社会、建设"五个墨脱"作出更大贡献!

# 墨脱县人民政府关于政协九届四次会议提案议案办理情况的报告
## ——在政协第九届墨脱县委员会第五次会议上

墨脱县政府副县长　李　伟

（2020年4月21日）

一、提案、建议基本情况

政协九届四次会议期间，各位委员本着对人民高度负责的态度，紧紧围绕全县经济社会发展和群众关心的重点、热点、难点，从经济社会发展、基础设施建设等方面提出提案议案共61件。具体为：文化类1件、水电类8件、民宗类4件、组织人社类3件、司法类2件、通信类3件、自然资源类7件、发改住建类9件、金融类2件、农牧类6件、交通类3件、财政类3件、公安类2件、扶贫类3件、城管执法类2件、林草类1件、应急管理类1件、宣传类1件。

二、提案、建议办理情况

一年来，县政府始终高度重视政协委员所提出的提案、议案办理工作，确立了县级领导主抓，各部门专人负责的提案办理体制，通过召开专题会议、开展专题调研等方式，科学研究，认真办理。具体办理情况如下：

（一）提案、议案办理工作。政协九届墨脱县委员会第四次会议期间，各位委员为我县经济社会发展和社会和谐稳定等方面提出了许多具有代表性、前瞻性的建议。县政府在接到交办的提案、议案后，组织召开了办理部署专题会议，将任务分解到各相关责任部门，并对办理工作提出了具体的要求。

（二）提案、议案办理情况。各位委员在政协九届四次会议中提出的提案、议案共计61件，已办理和正在办理的有43件，暂时不办理或不能办理的有18件，答复率为100%，办理率为72%。

1. 文化类1件。正在办理的有1件。

2. 水电类8件。已经办理5件、正在办理3件。

3. 民宗类4件。已经办理2件、不能办理的有2件。不能办理的提案所涉及的内容为寺庙搬迁，依据《中共西藏自治区委员会统战部、西藏自治区住房和城乡建设厅、西藏自治区文物局印发〈关于规范宗教活动场所建设（修缮）审批管理工作的意见〉的通知》藏统发〔2018〕47号文件、《中共西藏自治区委员会统战部印发〈关于进一步加强宗教活动管理工作的意见〉的通知》（藏统发〔2018〕46号文件）有关规定，搬迁寺庙事宜不能办理。

4. 组织人社类3件。已经办理3件。

5. 司法类2件。正在办理2件。

6. 通信类3件。已经办理1件、正在办理2件。

7. 自然资源类7件。已办理1件、正在办理5件、不能办理的有1件。不能办理提案所涉及的内容为开发产业土地的提议，其原因为：拟开发区域属于雅鲁藏布江大峡谷国家级自然保护区，为保持生态平衡，保护生物多样性，原则上不允许开发项目建设。

8. 发改住建类9件。已经办理3件、正在办理3件，不能办理3件。不能办理提案所涉及的内容为公园篮球场加盖顶棚、修建那尔东村玛尔蚌寺厕所、追加达木村挡墙方量等提议，其原因为：一是莲花公园篮球场原设计为室外篮球场，加盖棚顶与原设计不符，而且与周边建筑物及公园风貌不协调，因此不能办理；二是那尔东村内已建有5座公共厕所，村级活动场所建有1座，因此不再单独增建寺庙厕所；三是达木村边境小康示范村项目建设前期规划时,根据地势地形,做出的挡墙设计量,且按照概算批复进行修建,后续由于地势地形出现变化,多出挡墙量不在项目规划设计内,村民自修自建的房屋地基出现裂缝可申报危房改造,不再追加挡墙方量。

9. 金融类2件。已办理1件,正在办理1件。

10. 农牧类6件。正在办理1件,不能办理的有5件。不能办理提案所涉及的内容为人居环境改造、改扩建水稻田、修建人畜隔离围栏等三方面的提议。由于目前无专项资金,现阶段无法解决,县农业农村局将积极与上级部门沟通协调,计划纳入人居环境整治项目中,争取以后资金到达后解决。

11. 交通类3件。不能办理的有3件。不能办理提案所涉及的内容为解决牧场或产业基地道路的提议,由于近两年交通建设以解决乡镇、建制村通达畅通为主,无专项资金解决牧场或产业基地道路,以上提案均已列入规划内,争取今后立项解决。

12. 财政类3件。已办理2件,不能办理的有1件。不能办理提案所涉及的内容为解决农村城镇户享受边民补贴的提议,依据西藏自治区财政厅2019年下发的《边境地区转移支付资金管理办法》规定,边民补助仅农牧民居民可以享受,因此不能办理。

13. 公安类2件。已办理1件、正在办理1件。

14. 扶贫类3件。正在办理1件,不能办理的有2件。不能办理提案所涉及的内容为修建农家乐和温室大棚的提议。以上提议不在产业精准扶贫项目规划内,现阶段无法解决。

15. 城管执法类2件。正在办理2件。

16. 林草类1件。不能办理的有1件。不能办理提案所涉及的内容为在仁青崩安排一名林业工作人员的提议,其原因为:我县每家每户均享受护林员岗位补助,要求各村护林员履行岗位职责,加强值班管护巡逻工作,故不予办理。

17. 应急管理类1件。正在办理1件。

18. 宣传类1件。正在办理1件。

三、主要存在的问题和困难

县委、县政府高度重视民生问题,对委员提出的提案、议案逐一答复办理。总的来说,办理速度较快,质量较高,取得了较好的成绩。但从"高标准、严要求"的角度看,仍存在着一些问题:一是办理工作的主动性、创新性还需加强;二是由于我县财力有限,制约了委员提案、意见办理的广度和深度。

今后,我们将在提案办理工作中做到脚踏实地,狠抓落实,积极争取资金,为群众办更多的实事,切实让提案议案办理工作上一个新台阶。

四、下一步工作安排

(一)进一步转变办复意识,提高责任感。把政协委员提案、议案的办理工作视为为民办实事、维护人民群众根本利益的重要任务来抓,不断增强提案、议案办理的责任感和使命感,以高度负责的态度认真办好每一件提案、议案,给委员一个满意的答复。

(二)进一步强化跟踪督办,提高办理质量。要切实把办理工作的重点放在解决问题上,实事求是地解决好政协委员提出的每一个问题。深入实际,搞好调研,加强承办单位与委员之间的联系和沟通,及时向委员通报办理情况。对提案、议案的办理实行实时跟踪,强化检查落实,提高办理质量。

(三)进一步改进工作作风,提高委员满意率。继续推行开门办理方式,坚持办前先访,了解提案人意图;办中走访,与提案人共同协商解决问题的办法;办后回访,征求提案人对办理工作的意见。

各位委员,办理政协提案是加强社会主义民主政治的重要手段,是实践"立党为公、执政为民"的必然要求,也是政府及其各职能部门法定的责任。今后,县政府将继续秉承以办理促落实、以办理促发展的工作理念,求真务实、开拓创新,集思广益、群策群力,在县委的领导下,团结带领全县各族人民阔步向前!

# 墨脱县国民经济和社会发展综述

2019年,墨脱县统计工作在县委、县政府和林芝市统计局的正确领导下,在各相关部门的支持配合下,结合"不忘初心、牢记使命"主题教育活动,认真贯彻落实国家和区、市统计工作会议精神,圆满完成各项统计工作任务。

一、主要经济指标

2019年,全县实现县域生产总值(GDP)6.86亿元,(按可比价计算)增速7.9%。其中:第一产业增加值0.46亿元,增速2.6%;第二产业增加值3.28亿元,增速7.7%(工业增加值0.06亿元,增速0.1%,建筑业增加值3.22亿元,增速7.9%);第三产业增加值3.12亿元,增速8.7%。三个产业的比例为7∶48∶45。

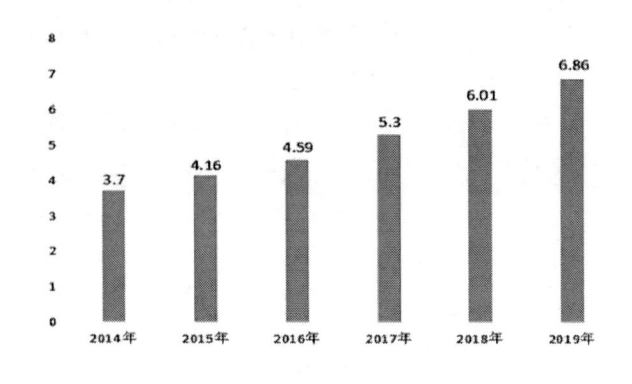

墨脱县2019年三产比

2014—2019年地区生产总值（亿元）

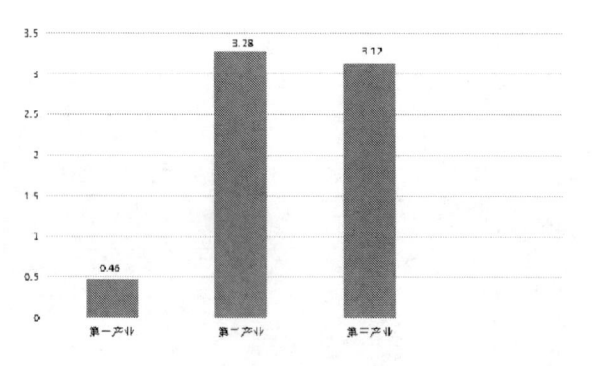

墨脱县2019年三产总图（亿元）

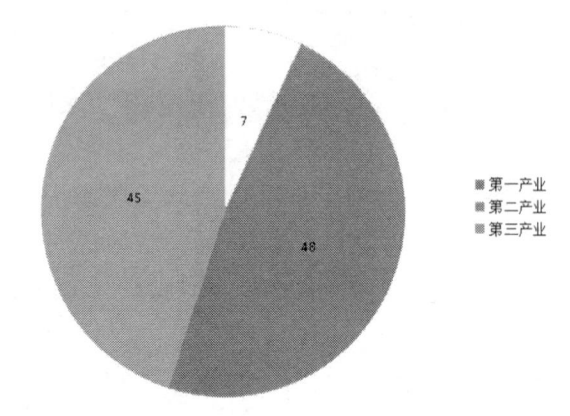

2019年,全县农牧民人均可支配收入达11354元,同比增长13.1%;农牧民人均现金收入达9646元,同比增长13.3%;城镇居民人均可支配收入33041元,同比增长11.3%;全县一般公共预算收入3444万元,同比下降28.46%。

| 经济指标 | 单位 | 2018年 | 2019年 | 增速(%) |
|---|---|---|---|---|
| 财政收入 | 万元 | 2681 | 3444 | 28.46 |
| 城镇居民人均可支配收入 | 元 | 29680 | 33041 | 11.3 |
| 农牧民人均可支配收入 | 元 | 10039 | 11354 | 13.1 |
| 农牧民人均现金收入 | 元 | 8510 | 9646 | 13.3 |

二、农林牧渔业

2019年,全县农林牧渔业总产值5614.05万元,同比增加0.57%,其中,农业总产值3304.2万元,同比增长11.1%,中间消耗435.42万元,同比下降5.35%,增加值2868.78万元,同比增长14.11%;林业总产值157.91万元,同比增长125.33%,中间消耗62.3万元,同比增长260.12%,林业增加值95.61万元,同比增长81.15%;牧业总产值2015.34万元,同比下降17.16%,中间消耗695.85万元,同比下降21.62%,牧业增加值1319.49万元,同比下降14.6%;服务业总产值136.6万元,同比增加35.79%,中间消耗61.24万元,同比下降17.24%,服务业增加值75.36万元,同比增加183.31%。

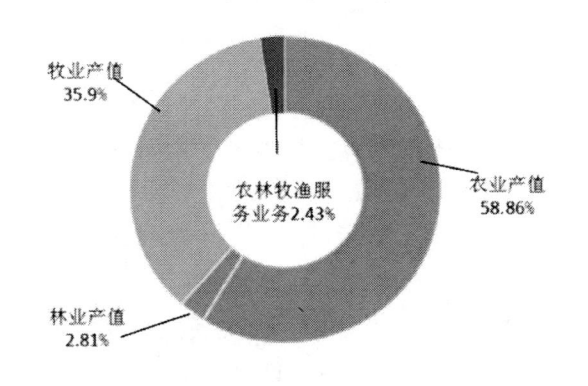

2019年农林牧渔业总产值

### 三、固定资产投资

2019年,全县固定资产投资项目共184项,计划总投资57.05亿元,其中500—5000万元固定资产项目共128项,计划总投资18.5亿元,本年完成投资达4.61亿元,5000万元以上项目共9项,计划总投资37.4亿元,本年完成投资达5.6亿元。500万元以上项目本年完成投资达10.2亿元,同比下降18.4%(其中国家投资9.27亿元、援藏投资达2884万元、民间投资达6480万元)。

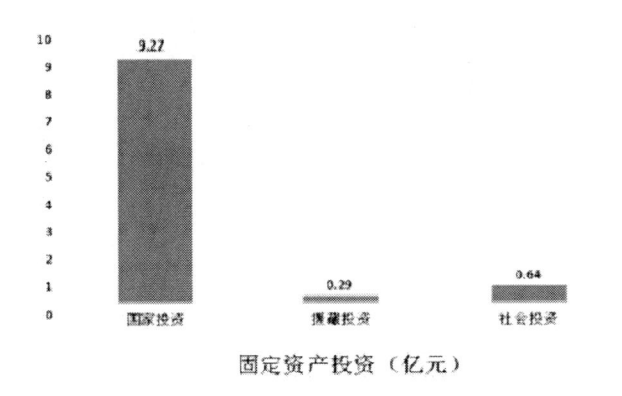

固定资产投资(亿元)

### 四、社会消费品零售总额

2019年,全县社会消费品零售总额达5517.2万元,比上年同期增长9.4%。按照消费类型划分:批发零售业销售达4302.2万元,比上年同期增长4.9%;住宿餐饮业达1215.0万元,比上年同期增长29.2%。

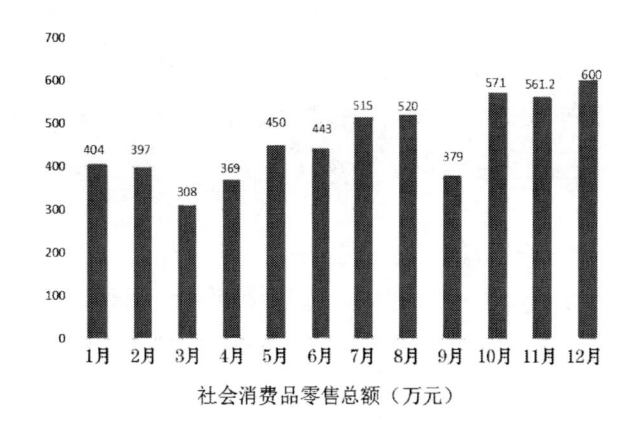

社会消费品零售总额(万元)

### 五、其他方面基本情况

**教育事业:** 2019年,墨脱县共有各级各类学校34所,在校学生2407人,其中:初级中学1所,在校学生510名;小学8所,在校学生1237名;幼儿园25所,在校幼儿660名。学前毛入园率84.81%,小学适龄儿童净入学率达100%,初中阶段适龄少年毛入学率达101.32%,义务教育阶段巩固率达100%。享受"三包"政策学生2192人,享受"营养改善计划"政策学生1607人。在编教师285人,其中:高级教师7名,中级教师64名,助理级教师98名,员级教师30名,未评教师86名;持有教师资格证250名,持证上岗率为88%。后勤工作人员105名。

2019年,全县本级财政投入教育资金536.2万元、土地出让金50万元、教育附加费40万元。"两考"再上新台阶,共有19人考取内地西藏初中、高中班,中考录取率为100%。新开双语幼儿园14所,全县幼儿园增至25所,辐射全县36个行政村。

**文化事业:** 2019年,全县有非物质文化遗产13项,其中自治区级非物质文化遗产3项,县级非物质文化遗产10项。自治区级文物保护单位1个,自治区级文物保护点4个,县级文物保护单位1个,县级文物保护点5个,文物藏量256件。县民间艺术团开展各类文艺演出72场次、观众9802人次,农村电影放映273场次、观众5912人次,县文化活动中心免费开馆累计2800小时。完成46个行政村农家书屋、7个寺庙书屋出版物补充更新工作。

**卫生健康:** 2019年,县卫生服务中心门诊诊治患者19482人次,住院病人805人次,急诊1646人次,转院670人次,住院患者平均住院7.75天。藏医门诊2632人次,同比增长10.66%,藏药浴、足浴、熏药等18项藏医适宜技术累计诊治2937人次。

旅游方面:2019年,接待游客10.98万人次,实现旅游收入4954.48万元,其中农牧民收入1230.23万元。完成52K旅游服务中心、拉贡景区、德兴民俗村工程等项目建设,旅游基础设施不断完善。

交通通讯:2019年,全县公路总里程496.31公里,乡(镇)公路通达率、通畅率分别为87.5%、62.5%,行政村公路通达率、通畅率分别为97.82%、71.74%。西藏林芝市墨脱县莲花秘境客运有限公司挂牌营运,农村客运班线正式投入运行,有效解决农牧民群众"出行难、出行贵"问题。

2019年,全县电视、广播综合人口覆盖率均为100%,移动信号覆盖率为100%,行政村网络覆盖率为100%,其中4G网络覆盖率为80%,光缆传输覆盖率为69%。

基础设施:2019年,墨脱县在建项目184个,总投资57.05亿元,年度完成投资10.97亿元,其中新建项目63个、完成投资3.13亿元,续建项目121个、完成投资7.84亿元。投资5000万元以上项目9个(新开工3个),总投资37.35亿元,累计完成投资32.3亿元,年度完成投资5.6亿元。实施市重点项目24个(续建8个、新开工16个),总投资3.52亿元,年度完成投资1.58亿元,完成目标任务的102%;已到位资金或已落实资金计划项目15个,落实资金1.43亿元,涉及医疗卫生、文化广电、旅游景区、市政基础设施、小康村建设、灾后重建等项目。

2019年,全县34个小康村全部开工建设,完成投资5.71亿元,完工18个,正在收尾阶段12个,正在加紧建设4个。

社会保障:2019年,全县开展农牧民转移就业培训26期,投入资金524.54万元,培训1265人次,实现农牧民转移就业778人。开发就业岗位355个,其中安排贫困户75人。高校毕业生就业率达100%,城镇登记失业率稳定控制在2.5%以内。兑现城乡低保资金101.92万元(其中:农村低保93.89万元,城镇低保8.03万元)、生态岗位补助资金925.396万元、边民补助资金2631.24万元、森林生态效益补助资金3018.82万元。

特色产业:2019年,全县已建成高山有机茶园56个,总面积16926.36亩,可采摘面积4393亩,年采摘茶青25万斤,带动农牧民群众增收606万余元。在第八届四川国际茶博会上,墨脱红茶、绿茶双双获得金奖。在2019年林芝桃花节上,墨脱茶被选定为指定产品。2019年,全县销售石锅胚料6384个、石锅成品6990个,带动群众增收1234.9万元;销售竹编6558件,带动群众增收260余万元。

脱贫攻坚:2019年,全县剩余27户42人建档立卡贫困群众实现脱贫,3个贫困村全部退出,全县贫困发生率降低至0%。多龙岗搬迁安置点顺利实现搬迁入住,昌都三岩片区搬迁安置点住房、饮水、道路桥梁等手续已获批,正在有序开展前期工作。全年实施扶贫产业项目43个,总投资2.6亿元,其中完工项目33个,完成投资2.4亿元,建立利益联结机制43个。

电力供应:实施9个失电村电路修复工程,全年累计发电量1665.60万千瓦时,年供电量1640.50万千瓦时,通电覆盖率89%。

## 人口基本情况

| 指标名称 | 单位 | 地区下算 | | |
|---|---|---|---|---|
| | | 2018年 | 2019年 | 增速% |
| 常住人口 | 人 | 14173 | 14478 | 2.15 |
| 其中:城镇人口 | 人 | 3053 | 3169 | 3.8 |
| 乡村人口 | 人 | 11120 | 11309 | 1.7 |
| 男 | 人 | 7243 | | |
| 女 | 人 | 6930 | | |
| 户籍人口 | 人 | 12792 | 13284 | 3.8 |
| 其中:城镇人口 | 人 | 3494 | | |
| 农村人口 | 人 | 9298 | | |
| 男 | 人 | 6444 | | |
| 女 | 人 | 6348 | | |

| 指标名称 乡(镇) / 户数、人数 / 年份、增速 | 年末统计数 | | | | | |
|---|---|---|---|---|---|---|
| | 2018年 | | 2019年 | | 同比增速% | |
| | 户数 | 人数 | 户数 | 人数 | 户数 | 人数 |
| 墨脱镇 | 547 | 2397 | 574 | 2405 | 4.9 | 0.3 |
| 德兴乡 | 387 | 1704 | 387 | 1693 | 1 | −0.7 |
| 背崩乡 | 543 | 2389 | 551 | 2419 | 1.4 | 1.2 |
| 达木乡 | 277 | 1089 | 279 | 1093 | 0.8 | 0.4 |
| 格当乡 | 234 | 963 | 238 | 967 | 1.7 | 0.4 |
| 帮辛乡 | 301 | 1380 | 306 | 1360 | 1.7 | −1.4 |
| 加热萨乡 | 155 | 589 | 158 | 608 | 2.00 | 3.2 |
| 甘登乡 | 90 | 325 | 94 | 328 | 4.5 | 0.9 |
| 墨脱县 | 2534 | 10836 | 2587 | 10873 | 2.1 | 0.3 |

七乡一镇基础设施基本情况

| 序号 | 乡(镇) | 单位 | 乡政府 | 村委会 | 自来水受益村 | 通汽车村数 | 通电话村数(包括移动电话) | 通电的村 | 通邮的村 | 能收看电视的村 | 农村劳动力 |
|---|---|---|---|---|---|---|---|---|---|---|---|
| 1 | 墨脱县 | 个 | 8 | 46 | 46 | 46 | 46 | 46 | 43 | 46 | 7444 |
| 2 | 墨脱镇 | 个 | 1 | 7 | 7 | 7 | 7 | 7 | 7 | 7 | 2788 |
| 3 | 德兴乡 | 个 | 1 | 7 | 7 | 7 | 7 | 7 | 7 | 7 | 744 |
| 4 | 背崩乡 | 个 | 1 | 9 | 9 | 9 | 9 | 9 | 9 | 9 | 1316 |
| 5 | 达木乡 | 个 | 1 | 4 | 4 | 4 | 4 | 4 | 4 | 4 | 561 |
| 6 | 格当乡 | 个 | 1 | 4 | 4 | 4 | 4 | 4 | 4 | 4 | 629 |
| 7 | 帮辛乡 | 个 | 1 | 7 | 7 | 7 | 7 | 7 | 7 | 7 | 839 |
| 8 | 加热萨乡 | 个 | 1 | 6 | 6 | 6 | 6 | 6 | 4 | 6 | 350 |
| 9 | 甘登乡 | 个 | 1 | 2 | 2 | 1 | 2 | 2 | 1 | 2 | 217 |

### 各乡（镇）农作物种植情况

| 指标 | 单位 | 墨脱镇 | 德兴乡 | 背崩乡 | 达木乡 | 格当乡 | 帮辛乡 | 加热萨乡 | 甘登乡 | 合计 |
|---|---|---|---|---|---|---|---|---|---|---|
| 农作物播种面积 | 公顷 | 319.9 | 169.9 | 469.8 | 182.3 | 107.1 | 206.0 | 72.5 | 42.8 | 1570.3 |
| 粮食作物 | 公顷 | 265.8 | 152.1 | 440.7 | 154.5 | 74.8 | 187.0 | 66.0 | 35.2 | 1376.04 |
| 稻谷 | 公顷 | 142.1 | 57.9 | 107.4 | 53.9 | 0 | 4.6 | 0 | 0 | 365.93 |
| 小麦 | 公顷 | 0 | 0 | 0 | 0 | 3.6 | 0 | 0 | 0 | 3.6 |
| 玉米 | 公顷 | 105.9 | 84.09 | 325.4 | 85.07 | 60.9 | 158.16 | 62.8 | 29.2 | 911.59 |
| 荞麦 | 公顷 | 0 | 3.07 | 0.68 | 0 | 0.3 | 0 | 0 | 0 | 4.1 |
| 蔓稼 | 公顷 | 15.0 | 6.1 | 4.2 | 7.2 | 1.1 | 23.1 | 1.6 | 0 | 58.33 |
| 豆类 | 公顷 | 0.5 | 0.95 | 2.1 | 1.7 | 0.9 | 0 | 0.07 | 0 | 6.22 |
| 油料 | 公顷 | 20.7 | 1.4 | 3.6 | 1.1 | 5.3 | 0 | 0 | 0 | 32.1 |
| 油菜籽 | 公顷 | 20.3 | 0 | 0 | 0 | 5.3 | 0 | 0 | 0 | 25.63 |
| 蔬菜 | 公顷 | 33.3 | 16.4 | 25.4 | 26.6 | 26.9 | 18.9 | 6.5 | 7.6 | 161.62 |
| 主要农产品产量 | 吨 | 1625.61 | 737.08 | 1611.42 | 961.57 | 312.00 | 1012.74 | 330.49 | 132.67 | 6723.58 |
| 粮食产量 | 吨 | 1006.82 | 682.83 | 1511.25 | 699.91 | 231.00 | 959.50 | 299.23 | 104.65 | 5495.18 |
| 稻谷 | 吨 | 507.30 | 231.73 | 444.34 | 274.24 | 0 | 23.70 | 0 | 0 | 1481.3 |
| 小麦 | 吨 | 0 | 0 | 0 | 0 | 11.22 | 0 | 0 | 0 | 11.22 |
| 玉米 | 吨 | 462.76 | 422.37 | 1050.93 | 331.10 | 188.21 | 870.60 | 288.64 | 89.40 | 3704.00 |
| 荞麦 | 吨 | 0 | 8.41 | 1.84 | 0 | 1.05 | 0 | 0 | 0 | 11.29 |
| 蔓稼 | 吨 | 12.18 | 15.89 | 8.79 | 46.41 | 3.46 | 12.55 | 4.52 | 0 | 103.79 |
| 豆类 | 吨 | 1.08 | 4.43 | 4.77 | 6.75 | 2.90 | 0 | 0.32 | 0 | 20.24 |
| 油料 | 吨 | 36.52 | 5.53 | 8.49 | 5.21 | 6.00 | 0 | 0 | 0 | 61.74 |
| 油菜籽 | 吨 | 35.80 | 0 | 0 | 1.10 | 6.00 | 0 | 0 | 0 | 42.89 |
| 蔬菜 | 吨 | 582.27 | 48.73 | 91.68 | 256.45 | 75.33 | 53.24 | 31.26 | 28.02 | 1166.98 |

## 农村经济收益表

| 名称 | 单位 | 墨脱镇 | 德兴乡 | 背崩乡 | 达木乡 | 格当乡 | 帮辛乡 | 加热萨乡 | 甘登乡 | 合计 |
|---|---|---|---|---|---|---|---|---|---|---|
| 一、农村经济总收入 | 万元 | 4136.35 | 2492.59 | 4421.85 | 2173.12 | 1805.39 | 2283.40 | 994.48 | 502.16 | 18805.33 |
| 1. 第一产业收入 | 万元 | 634.50 | 236.73 | 1525.81 | 261.13 | 294.47 | 486.54 | 391.22 | 62.72 | 3893.11 |
| (1)种植业收入 | 万元 | 305.37 | 146.73 | 1020.47 | 204.43 | 180.57 | 331.42 | 257.50 | 22.45 | 2468.93 |
| (2)林业收入 | 万元 | 178.73 | 40.70 | 246.86 | 46.74 | 107.90 | 55.35 | 65.43 | 8.80 | 750.51 |
| (3)牧业收入 | 万元 | 150.40 | 49.30 | 258.48 | 9.96 | 6.00 | 99.77 | 68.29 | 31.47 | 673.67 |
| (4)渔业收入 | 万元 | 0.00 | 0.00 | 0.00 | 0.00 | 0.00 | 0.00 | 0.00 | 0.00 | 0.00 |
| 2. 第二产业收入 | 万元 | 1109.54 | 404.80 | 737.62 | 272.78 | 621.14 | 275.30 | 58.58 | 103.68 | 3583.44 |
| (1)工业收入 | 万元 | 0.00 | 99.00 | 81.44 | 49.53 | 194.81 | 0.00 | 10.00 | 0.00 | 434.78 |
| (2)建筑业收入 | 万元 | 1109.54 | 305.80 | 656.18 | 223.25 | 426.33 | 275.30 | 48.58 | 103.68 | 3148.66 |
| 3. 第三产业收入 | 万元 | 2392.31 | 1851.06 | 2158.42 | 1639.21 | 889.78 | 1521.32 | 540.68 | 335.76 | 11328.78 |
| (1)交通运输业收入 | 万元 | 1044.99 | 371.20 | 368.95 | 539.94 | 289.08 | 370.00 | 203.00 | 70.47 | 3257.63 |
| (2)商业、饮食业收入 | 万元 | 211.12 | 87.30 | 172.41 | 49.54 | 3.91 | 164.70 | 42.00 | 18.29 | 749.27 |
| (3)服务业收入 | 万元 | 129.81 | 59.50 | 432.40 | 14.65 | 1.70 | 42.10 | 5.80 | 10.93 | 696.89 |
| (4)其他收入 | 万元 | 1006.39 | 1333.66 | 1184.66 | 1035.08 | 595.09 | 944.77 | 289.88 | 236.07 | 6624.99 |
| 二、总费用 | 万元 | 1105.34 | 608.80 | 1620.39 | 808.03 | 850.19 | 847.35 | 383.00 | 237.75 | 6460.84 |
| 三、纯收入 | 万元 | 3031.01 | 1883.79 | 2801.46 | 1365.09 | 955.20 | 1436.05 | 607.48 | 264.41 | 12344.49 |
| 现金收入 | 万元 | 2804.38 | 1639.60 | 2286.70 | 1138.65 | 812.44 | 1141.34 | 434.30 | 230.96 | 10488.37 |
| 四、平均农村居民纯收入 | （元/人） | 12602.94 | 11126.91 | 11581.08 | 12489.40 | 9877.94 | 10559.22 | 9991.45 | 8061.34 | 11354 |
| 人均现金收入 | （元/人） | 11660.62 | 9684.56 | 9453.08 | 10417.68 | 8401.65 | 8392.18 | 7143.09 | 7041.59 | 9646.25 |

## 社会消费品零售总额（月度）

| 指标名称 | 代码 | 本年 12月 | 本年 1—12月 | 上年同期 12月 | 上年同期 1—12月 | 本月比上年同期增长(%) 12月 | 累计比上年同期增长(%) 1—12月 |
|---|---|---|---|---|---|---|---|
| 社会消费品零售总额 | 00 | 600 | 5517.2 | 505.83 | 5041 | 18.6 | 9.4 |
| 按销售单位所在地分 | — | | | | | | |
| 1.城镇 | 01 | 493 | 4605.2 | 406.88 | 4200.8 | 21.2 | 9.6 |
| 其中：城区 | 02 | 0 | 0 | | | | |
| 2.乡村 | 03 | 107 | 912 | 98.95 | 840.2 | 8.1 | 8.5 |
| 按消费形态分 | — | | | | | | |
| 1.餐饮收入 | 04 | 148.00 | 1215.00 | 103.55 | 940.56 | 42.9 | 29.2 |
| 2.商品零售 | 05 | 452 | 4302.2 | 402.28 | 4100.44 | 12.4 | 4.9 |

2019年六县一区主要经济指标

| 指标 | 地区生产总值（亿元）总量 | 同比增长% | 公共财政预算收入（万元）总量 | 同比增长% | 固定资产投资完成情况(亿元)总量 | 同比增长% | 社会消费品零售额（亿元）总量 | 同比增长% | 农村居民人均可支配收入(元)总量(元) | 同比增长% |
|---|---|---|---|---|---|---|---|---|---|---|
| 全市 | 172.45 | 8.1 | 99618 | −27.82 | − | −22.8 | 44.89 | 8.1 | 16710 | 12.8 |
| 巴宜区 | 84.59 | 8.0 | 23000 | −16.36 | − | 1.9 | 31.15 | 7.4 | 20029 | 12.8 |
| 工布江达县 | 17.05 | 8.2 | 5089 | 7.86 | − | 23.6 | 3.89 | 9.4 | 17597 | 12.4 |
| 米林县 | 18.14 | 8.1 | 12040 | 7.20 | − | −17.8 | 2.97 | 10.4 | 19710 | 12.7 |
| 墨脱县 | 6.86 | 7.9 | 3444 | 28.46 | − | −18.4 | 0.55 | 9.4 | 11354 | 13.1 |
| 波密县 | 27.40 | 8.2 | 5585 | −19.96 | − | −64.8 | 2.90 | 10.7 | 18460 | 12.8 |
| 察隅县 | 10.34 | 8.1 | 6969 | 11.24 | − | 25.1 | 1.97 | 9.5 | 11471 | 12.8 |
| 朗县 | 8.07 | 8.0 | 4641 | −25.36 | − | −32.3 | 1.46 | 9.5 | 16912 | 12.9 |

墨脱镇基本情况

| 村名 | 户数 | 人数 | 人均可支配收入（元） | 人均现金收入（元） | 牲畜头数（头/匹/只） ||||| 农作物播种面积（亩） ||| 农作物产品产量（吨） ||| 年末耕地总资源（亩） | 距县城公里 |
|---|---|---|---|---|---|---|---|---|---|---|---|---|---|---|---|---|---|
| | | | | | 大牲畜 | 牛 | 马 | 骡 | 猪 | 家禽 | 粮食作物 | 油料 | 蔬菜 | 粮食作物 | 油料 | 蔬菜 | | |
| 墨脱村 | 173 | 790 | 11807.22 | 11203.80 | 62 | 50 | 4 | 8 | 268 | 901 | 1176.37 | 3.25 | 81.23 | 251.74 | 0.39 | 84.20 | 916.20 | 0.619 |
| 亚东村 | 215 | 836 | 10782.18 | 10466.63 | 48 | 48 | 0 | 0 | 249 | 873 | 1109.68 | 304.02 | 207.54 | 270.22 | 35.58 | 249.75 | 987.64 | 1.9 |
| 亚让村 | 54 | 242 | 13379.75 | 11985.54 | 62 | 62 | 0 | 0 | 20 | 339 | 440.25 | 1.03 | 51.45 | 124.00 | 0.12 | 56.35 | 467.00 | 10.51 |
| 巴日村 | 23 | 98 | 25321.22 | 22450.00 | 81 | 66 | 6 | 9 | 1 | 47 | 257.46 | 0 | 39.26 | 85.08 | 0 | 37.92 | 289.94 | 15.684 |
| 米日村 | 38 | 153 | 14937.91 | 12821.57 | 19 | 19 | 0 | 0 | 20 | 205 | 348.10 | 0.95 | 72.41 | 98.24 | 0.12 | 96.74 | 302.00 | 20 |
| 玛迪村 | 34 | 139 | 16869.06 | 14391.37 | 27 | 27 | 0 | 0 | 6 | 165 | 455.21 | 2.60 | 27.56 | 132.49 | 0.31 | 32.52 | 470.50 | 16 |
| 朗杰岗 | 37 | 147 | 11012.24 | 9387.76 | 59 | 29 | 5 | 25 | 20 | 23 | 200.00 | 0.00 | 20.87 | 45.05 | 0 | 24.79 | 200.00 | 20.24 |
| 合计 | 574 | 2405 | 12602.94 | 11660.62 | 358 | 301 | 15 | 42 | 584 | 2553 | 3987.07 | 311.85 | 500.32 | 1006.82 | 36.52 | 582.27 | 3633.28 | |

德兴乡基本情况

| 村名 | 户数 | 人数 | 人均可支配收入(元) | 人均现金收入(元) | 牲畜头数(头/匹/只) 大牲畜 | 牛 | 马 | 骡 | 猪 | 家禽 | 农作物播种面积(亩) 粮食作物 | 油料 | 蔬菜 | 农作物产品产量(吨) 粮食作物 | 油料 | 蔬菜 | 年末耕地总资源(亩) | 距县城公里 |
|---|---|---|---|---|---|---|---|---|---|---|---|---|---|---|---|---|---|---|
| 德果村 | 53 | 227 | 10895.95 | 9026.01 | 49 | 49 | 0 | 0 | 30 | 479 | 361.12 | 2.23 | 17.85 | 113.62 | 0.78 | 3.58 | 444.96 | 23.556 |
| 文朗村 | 69 | 263 | 10971.10 | 9916.57 | 7 | 6 | 0 | 1 | 3 | 316 | 351.71 | 5.81 | 40.31 | 102.79 | 1.70 | 6.93 | 789.5 | 16.8 |
| 德兴村 | 93 | 387 | 12193.80 | 10808.84 | 16 | 16 | 0 | 0 | 20 | 484 | 412.17 | 7.89 | 64.05 | 118.56 | 1.20 | 12.87 | 669.72 | 7.38 |
| 荷扎村 | 52 | 258 | 12383.68 | 10741.37 | 14 | 10 | 1 | 3 | 24 | 299 | 384.53 | 3.10 | 29.93 | 111.84 | 1.14 | 5.10 | 493.87 | 16.4 |
| 那尔东村 | 55 | 272 | 9608.82 | 8463.24 | 43 | 32 | 4 | 7 | 12 | 351 | 320.39 | 0.00 | 23.09 | 102.45 | 0 | 4.06 | 394.3 | 27.032 |
| 巴登则村 | 34 | 158 | 10673.80 | 8824.68 | 38 | 29 | 0 | 9 | 17 | 123 | 313.94 | 0.50 | 45.44 | 87.12 | 0.1 | 10.38 | 181.67 | 33.09 |
| 易贡白村 | 31 | 128 | 9883.08 | 8503.13 | 41 | 21 | 2 | 18 | 16 | 408 | 137.34 | 1.94 | 25.45 | 46.45 | 0.61 | 5.80 | 583.77 | 36.65 |
| 合计 | 387 | 1693 | 11126.91 | 9684.56 | 208 | 163 | 7 | 38 | 122 | 2460 | 2281.20 | 21.47 | 246.12 | 682.83 | 5.53 | 48.73 | 3557.79 | |

## 背崩乡基本情况

| 村名 | 户数 | 人数 | 人均可支配收入（元） | 人均现金收入（元） | 牲畜头数(头/匹/只) 大牲畜 | 牛 | 马 | 骡 | 猪 | 家禽 | 农作物播种面积(亩) 粮食作物 | 油料 | 蔬菜 | 农作物产品产量（吨） 粮食作物 | 油料 | 蔬菜 | 年末耕地总资源（亩） | 距县城公里 |
|---|---|---|---|---|---|---|---|---|---|---|---|---|---|---|---|---|---|---|
| 阿苍村 | 39 | 203 | 11450.74 | 9545.02 | 78 | 45 | 0 | 33 | 2 | 269 | 228.72 | 0.00 | 31.56 | 88.39 | 0.00 | 8.61 | 228.72 | 50.384 |
| 巴登村 | 38 | 183 | 11921.69 | 9775.79 | 74 | 49 | 2 | 23 | 9 | 347 | 420.07 | 3.60 | 36.51 | 105.51 | 0.56 | 8.06 | 308.16 | 49.584 |
| 背崩村 | 148 | 581 | 12181.67 | 9867.15 | 124 | 91 | 8 | 25 | 75 | 301 | 841.68 | 2.00 | 57.28 | 203.06 | 0.31 | 13.99 | 908.39 | 28.955 |
| 波东村 | 44 | 185 | 10546.57 | 8542.72 | 66 | 44 | 0 | 22 | 18 | 335 | 724.04 | 17.60 | 31.96 | 154.88 | 2.73 | 8.35 | 765.6 | 46.384 |
| 德尔贡村 | 53 | 265 | 12825.28 | 10593.68 | 248 | 157 | 39 | 52 | 133 | 916 | 1630.84 | 1.50 | 55.91 | 330.96 | 0.23 | 12.55 | 1727.11 | 61.48 |
| 地东村 | 139 | 616 | 10822.08 | 8765.88 | 248 | 170 | 13 | 65 | 140 | 1331 | 1039.20 | 16.42 | 91.72 | 268.08 | 2.55 | 21.97 | 1192.15 | 43.765 |
| 格林村 | 32 | 121 | 11500.83 | 9430.68 | 95 | 73 | 7 | 15 | 24 | 281 | 881.10 | 8.15 | 29.29 | 156.10 | 1.26 | 7.11 | 1156.62 | 49.04 |
| 江新村 | 24 | 110 | 11873.18 | 9736.01 | 39 | 27 | 3 | 9 | 12 | 266 | 415.08 | 2.50 | 20.85 | 105.98 | 0.39 | 4.73 | 411.94 | 37.3 |
| 西让村 | 34 | 155 | 11077.74 | 9083.75 | 48 | 23 | 0 | 25 | 9 | 239 | 429.55 | 2.99 | 26.23 | 98.30 | 0.46 | 6.31 | 422.35 | 55.55 |
| 合计 | 551 | 2419 | 11581.08 | 9453.08 | 1020 | 679 | 72 | 269 | 422 | 4285 | 6610.28 | 54.76 | 381.31 | 1511.25 | 8.49 | 91.68 | 7121.04 | |

## 达木乡基本情况

| 村名 | 户数 | 人数 | 人均可支配收入（元） | 人均现金收入（元） | 牲畜头数（头/匹/只） 大牲畜 | 牛 | 马 | 骡 | 猪 | 家禽 | 农作物播种面积（亩） 粮食作物 | 油料 | 蔬菜 | 农作物产品产量（吨） 粮食作物 | 油料 | 蔬菜 | 年末耕地总资源（亩） | 距县城公里 |
|---|---|---|---|---|---|---|---|---|---|---|---|---|---|---|---|---|---|---|
| 达木村 | 87 | 319 | 11303.45 | 8924.20 | 60 | 60 | 0 | 0 | 54 | 165 | 592.00 | 8 | 102 | 161.8 | 2.92 | 75.06 | 670.13 | 41.01 |
| 卡布村 | 46 | 189 | 14376.23 | 12125.93 | 49 | 49 | 0 | 0 | 7 | 127 | 590.00 | 3.5 | 72.75 | 169.95 | 0.6 | 43.41 | 650.69 | 45.41 |
| 珠村 | 56 | 222 | 13237.39 | 11733.78 | 167 | 140 | 6 | 21 | 3 | 88 | 720.00 | 4 | 142 | 196.95 | 1.28 | 56.69 | 830.49 | 81.16 |
| 贡日村 | 90 | 363 | 13023.41 | 10035.81 | 703 | 703 | 0 | 0 | 26 | 140 | 415.95 | 1 | 82.9 | 171.21 | 0.41 | 81.29 | 511.72 | 54.56 |
| 合计 | 279 | 1093 | 12489.4 | 10417.68 | 979 | 952 | 6 | 21 | 90 | 520 | 2317.95 | 16.5 | 399.65 | 699.91 | 5.21 | 256.45 | 2663.03 | |

格当乡基本情况

| 村名 | 户数 | 人数 | 人均可支配收入（元） | 人均现金收入（元） | 牲畜头数(头/匹/只) ||||| 农作物播种面积（亩） |||| 农作物产品产量（吨） ||| 年末耕地总资源（亩） | 距县城公里 |
|---|---|---|---|---|---|---|---|---|---|---|---|---|---|---|---|---|---|
| | | | | | 大牲畜 | 牛 | 马 | 骡 | 猪 | 家禽 | 粮食作物 | 油料 | 蔬菜 | 粮食作物 | 油料 | 蔬菜 | | |
| 格当村 | 80 | 291 | 11927.07 | 9281.44 | 304 | 251 | 28 | 25 | 22 | 0 | 433.70 | 37.2 | 164.93 | 89.34 | 2.79 | 31.35 | 679 | 69.31 |
| 布龙村 | 39 | 173 | 11399.40 | 8936.42 | 241 | 186 | 21 | 34 | 17 | 0 | 340.45 | 42.75 | 71.9 | 70.13 | 3.21 | 13.53 | 430.52 | 72.28 |
| 占根卡村 | 18 | 68 | 11125.82 | 9433.82 | 55 | 50 | 0 | 5 | 6 | 0 | 151.31 | 0 | 54.25 | 31.17 | 0 | 10.11 | 154.17 | 66.78 |
| 桑珍卡村 | 101 | 435 | 7706.99 | 7439.08 | 364 | 346 | 6 | 12 | 12 | 0 | 195.94 | 0 | 113.5 | 40.36 | 0 | 20.34 | 833 | 64.08 |
| 合计 | 238 | 967 | 9877.94 | 8401.65 | 964 | 833 | 55 | 76 | 57 | 0 | 1121.4 | 79.95 | 404.58 | 231.00 | 6 | 75.33 | 2096.69 | |

帮辛乡基本情况

| 村名 | 户数 | 人数 | 人均可支配收入（元） | 人均现金收入（元） | 牲畜头数（头/匹/只） ||||| 农作物播种面积（亩） |||| 农作物产品产量（吨） ||| 年末耕地总资源（亩） | 距县城公里 |
|---|---|---|---|---|---|---|---|---|---|---|---|---|---|---|---|---|---|---|
| | | | | | 大牲畜 | 牛 | 马 | 骡 | 猪 | 家禽 | 粮食作物 | 油料 | 蔬菜 | 粮食作物 | 油料 | 蔬菜 | | |
| 帮辛村 | 73 | 346 | 10451.10 | 8643.78 | 42 | 31 | 1 | 10 | 17 | 398 | 671.43 | 0 | 59.63 | 242.03 | 0 | 11.44 | 621.44 | 76.507 |
| 根登村 | 25 | 129 | 11517.30 | 8943.84 | 54 | 43 | 3 | 8 | 23 | 88 | 349.48 | 0 | 32.58 | 125.36 | 0 | 6.63 | 312.12 | 78.34 |
| 帮果村 | 55 | 238 | 11406.90 | 8785.71 | 321 | 274 | 16 | 31 | 30 | 103 | 682.04 | 0 | 53.33 | 229.72 | 0 | 9.95 | 597.14 | 84.49 |
| 肯肯村 | 38 | 148 | 10240.15 | 8811.61 | 21 | 14 | 1 | 6 | 9 | 37 | 316.48 | 0 | 43.11 | 109.56 | 0 | 7.41 | 241.13 | 87.09 |
| 西登村 | 30 | 162 | 11093.97 | 8895.06 | 114 | 83 | 13 | 18 | 26 | 110 | 331.25 | 0 | 42.05 | 98.49 | 0 | 7.91 | 259.13 | 83.04 |
| 宗荣村 | 52 | 198 | 10981.59 | 8949.49 | 69 | 37 | 4 | 28 | 1 | 85 | 454.92 | 0 | 54.07 | 154.33 | 0 | 9.9 | 386.5 | 87.29 |
| 岗玉村 | 33 | 139 | 7602.64 | 4748.92 | 64 | 64 | 0 | 0 | 0 | 45 | 0 | 0 | 0 | 0 | 0 | 0 | 0 | 97.09 |
| 合计 | 306 | 1360 | 10559.22 | 8392.18 | 685 | 546 | 38 | 101 | 106 | 866 | 2805.6 | 0 | 284.77 | 959.5 | 0 | 53.24 | 2417.46 | |

## 加热萨乡基本情况

| 村名 | 户数 | 人数 | 人均可支配收入(元) | 人均现金收入(元) | 牲畜头数(头/匹/只) 大牲畜 | 牛 | 马 | 骡 | 猪 | 家禽 | 农作物播种面积(亩) 粮食作物 | 油料 | 蔬菜 | 农作物产品产量(吨) 粮食作物 | 油料 | 蔬菜 | 年末耕地总资源(亩) | 距县城公里 |
|---|---|---|---|---|---|---|---|---|---|---|---|---|---|---|---|---|---|---|
| 龙列村 | 27 | 119 | 6511.76 | 4920.17 | 143 | 101 | 14 | 28 | 2 | 0 | 0 | 0 | 0 | 0 | 0 | 0 | 260.00 | 98.85 |
| 加热萨村 | 44 | 153 | 8669.28 | 5133.99 | 184 | 145 | 4 | 35 | 63 | 45 | 206.55 | 0 | 23.80 | 64.85 | 0 | 8.35 | 253.3 | 95.04 |
| 拉贡村 | 21 | 81 | 11211.11 | 8339.51 | 97 | 84 | 0 | 13 | 3 | 4 | 201.00 | 0 | 16.50 | 61.84 | 0 | 4.90 | 234.00 | 98 |
| 更帮村 | 24 | 85 | 11244.71 | 9005.88 | 98 | 81 | 11 | 6 | 0 | 5 | 123.20 | 0 | 20.69 | 37.41 | 0 | 6.87 | 166.38 | 95 |
| 达昂村 | 20 | 76 | 15355.26 | 9940.79 | 125 | 104 | 0 | 21 | 19 | 16 | 211.30 | 0 | 24.50 | 61.46 | 0 | 7.73 | 260.00 | 106 |
| 曾久村 | 22 | 94 | 10027.66 | 8250.00 | 127 | 87 | 8 | 32 | 4 | 0 | 248.00 | 0 | 12.01 | 73.67 | 0 | 3.41 | 272.02 | 99 |
| 合计 | 158 | 608 | 9991.45 | 7143.09 | 774 | 602 | 37 | 135 | 91 | 70 | 990.05 | 0 | 97.5 | 299.23 | 0 | 31.26 | 1497.6 | |

甘登乡基本情况

| 村名 | 户数 | 人数 | 人均可支配收入（元） | 人均现金收入（元） | 牲畜头数（头/匹/只） ||||| 农作物播种面积（亩） ||| 农作物产品产量（吨） ||| 年末耕地总资源（亩） | 距县城公里 |
|---|---|---|---|---|---|---|---|---|---|---|---|---|---|---|---|---|---|
| | | | | | 大牲畜 | 牛 | 马 | 骡 | 猪 | 家禽 | 粮食作物 | 油料 | 蔬菜 | 粮食作物 | 油料 | 蔬菜 | | |
| 甘登村 | 62 | 186 | 8966.67 | 7506.99 | 305 | 124 | 0 | 181 | 2 | 319 | 527.70 | 0 | 114.4 | 104.65 | 0 | 28.02 | 513 | 112.39 |
| 多卡村 | 32 | 142 | 6875.49 | 6431.97 | 230 | 133 | 0 | 97 | 0 | 4 | 0 | 0 | 0 | 0 | 0 | 0 | 402 | 121.32 |
| 合计 | 94 | 328 | 8061.34 | 7041.59 | 535 | 257 | 0 | 278 | 2 | 323 | 527.70 | 0 | 114.4 | 104.65 | 0 | 28.02 | 915 | |

# 中共墨脱县委员会 墨脱县人民政府
# 关于表彰2019年度工作先进乡（镇）和单位的决定

墨委〔2020〕2号

2019年以来，在以习近平同志为核心的党中央亲切关怀下，在区党委、政府和市委、市政府的坚强领导下，县委、县政府团结带领全县各级各部门和广大干部群众，深入学习贯彻党的十九大和十九届二中、三中、四中全会精神，以习近平新时代中国特色社会主义思想为指导，紧紧围绕"123456"的县域战略思路，统筹推进维护稳定、产业发展、民生改善、生态保护和党的建设各项事业，积极应对各种困难挑战，决战决胜脱贫攻坚，坚定不移朝着全面建成小康社会迈进，全县经济社会呈现出稳步向好的发展态势。

为总结成绩，表彰先进，进一步激发各级各部门和广大党员干部实干尽责、推动工作、加快发展，根据墨脱县2019年度综合考评结果和现实工作表现，县委、县政府研究决定，授予背崩乡"墨脱县2019年度乡（镇）综合考评第一名"、德兴乡"墨脱县2019年度乡（镇）综合考评第二名"、墨脱镇"墨脱县2019年度乡（镇）综合考评第三名"；授予县委办、政府办、政协办、纪委监委、县委组织部、县委统战部、县委政法委、检察院、财政局、农业农村局、司法局、应急管理局、医保局、县税务局、气象局"墨脱县2019年度工作先进集体"荣誉称号。新时代赋予新使命，新征程呼唤新作为。希望受到表彰的乡（镇）和单位珍惜荣誉、戒骄戒躁、再创佳绩，为推动全县改革发展各项事业再立新功。

今年是"十三五"规划和全面建成小康社会的收官之年，也是全面贯彻落实十九届四中全会精神开局之年。全县各级各部门和广大党员干部要更加紧密地团结在以习近平同志为核心的党中央周围，高举习近平新时代中国特色社会主义思想伟大旗帜，全面贯彻落实党的十九大和十九届二中、三中、四中全会精神和中央第六次西藏工作座谈会精神，贯彻落实区党委经济工作会议和市委经济工作会议精神，按照县委经济会议决策部署，务实创新、真抓实干，扎扎实实把党中央、区党委、市委和县委的决策部署落到实处，奋力夺取全面建成小康社会伟大胜利。

中共墨脱县委办公室
2020年1月16日印发

# 中共墨脱县委员会 墨脱县人民政府关于表彰墨脱县创先争优强基础惠民生活动先进驻村（居）工作队、先进驻村（居）工作队员优秀组织单位的决定

墨委〔2020〕3号

第八批干部驻村工作开展以来，在区党委、市委的坚强领导下，全县各级各部门按照县委、政府决策部署，以习近平新时代中国特色社会主义思想为指导，围绕新时代驻村"七项重点任务"，加强组织领导、强化保障支持、做好坚强后盾，推动了驻村工作有力有序开展。各驻村工作队和广大驻村干部讲政治、讲担当，舍小家、顾大家，扎根基层，用实际行动体现了对党忠诚，用心血和汗水践行全心全意为人民服务宗旨，为推动墨脱长足发展和长治久安作出了积极贡献，赢得了群众的充分信任和一致好评，涌现出一批先进集体和先进个人。

为总结经验、发扬成绩、表彰先进、树立榜样，激励全县各级各部门和广大党员干部积极投身创先争优强基础惠民生活动。县委、政府决定，授予林芝市人社局、县委办公室、县委政法委、县人社局、墨脱镇人民政府、达木珞巴民族乡人民政府、背崩乡人民政府"墨脱县2019年度优秀组织单位"荣誉称号，授予林芝市人大办派驻墨脱村工作队等6个驻村工作队"墨脱县2019年度先进驻村（居）工作队"荣誉称号，授予列格卓玛等29名驻村队员"墨脱县2019年度先进驻村（居）工作队员"荣誉称号。希望受到表彰的先进集体和个人珍惜荣誉、戒骄戒躁、再立新功。

县委、政府号召，全县各级各部门、广大党员干部和各驻村工作队要以受到表彰的先进集体和先进个人为榜样，更加紧密团结在以习近平同志为核心的党中央周围，以习近平新时代中国特色社会主义思想为指导，深入学习贯彻党的十九大、十九届二中、三中、四中全会精神，根据区、市、县创先争优强基础惠民生活动系列决策部署，聚焦主责主业，认真履职尽责，不忘初心、牢记使命，知重负重、苦干实干，以强有力的领导压实责任、以铁的纪律确保区党委、政府，市委、市政府和县委、县政府的决策部署不折不扣落到实处，努力推动创先争优强基惠民活动创新发展，为实现墨脱长治久安、决胜全面建成小康社会、实现人民对美好生活的向往而继续奋斗。

附件：

墨脱县第八批驻村工作县级先进集体和先进个人表彰名单

一、县级优秀组织单位（7个）
1. 林芝市人社局
2. 中共墨脱县委办公室
3. 中共墨脱县委政法委
4. 墨脱县人社局
5. 墨脱镇人民政府
6. 达木珞巴民族乡人民政府
7. 背崩乡人民政府

二、县级先进驻村（居）工作队（6个）
1. 林芝市人大办派驻墨脱镇墨脱村工作队
2. 林芝市公安局派驻背崩乡背崩村工作队

3. 林芝市环保局派驻格当乡布龙村工作队
4. 中国建设银行林芝分行派驻帮辛乡岗玉村工作队
5. 华能西藏发电有限公司派驻帮辛乡宗荣村工作队
6. 华能西藏发电有限公司派驻帮辛乡帮果村工作队

三、县级先进驻村(居)工作队员(29个)

1. 列格卓玛　县委政法委驻玛迪村工作队队长
2. 黄恒宇　市人社局驻文朗村工作队队员
3. 孙海稳　市人社局驻文朗村工作队队长
4. 黄旺华　市人社局驻荷扎村工作队队员
5. 罗刚强　市公安局驻背崩村工作队队长
6. 白玛卓嘎　县卫健委驻江新村工作队副队长
7. 胡　竹　市公安局驻地东村工作队副队长
8. 汤中原　市公安局驻阿苍村工作队队员
9. 王涛平　市公安局驻波东村工作队队长
10. 彭东平　县公安局驻西让村工作队队员
11. 次仁多吉　背崩乡人民政府驻巴登村工作队队员
12. 田亚辉　市公安局驻地东村工作队队长
13. 张忠意　达木乡人民政府驻珠村工作队副队长
14. 罗　杰　县教育局派驻贡日村工作队队长
15. 张翠翠　区广播电视局驻达木村工作队队员
16. 陈永松　达木乡人民政府驻卡布村工作队副队长
17. 康海波　市环保局驻格当村工作队队员
18. 林雨蓉　区交通厅局驻桑珍卡村工作队副队长
19. 白　萍　区交通运输厅驻占根卡村工作队副队长
20. 计　琳　市环保局驻布龙村工作队队长
21. 尼玛群宗　帮辛乡人民政府驻西登村工作队队员
22. 钟祖友　华能西藏发电有限公司驻宗荣村工作队队长
23. 张　哲　华能西藏发电有限公司驻宗荣村工作队队员
24. 杨安辉　华能西藏发电有限公司驻帮果村工作队队长
25. 扎西次登　市旅发委驻加热萨村工作队副队长
26. 平措扎西　县委宣传部驻龙列村工作队队长
27. 泽旺江村　县扶贫办驻多卡村工作队副队长
28. 杨　刘　县住建局驻多卡村工作队队员
29. 惠　莱　中国建设银行林芝分行驻岗玉村工作队队员

中共墨脱县委办公室
2020年1月18日印发

# 中共墨脱县委员会 墨脱县人民政府 关于表彰墨脱县2019年度平安建设(综治工作) 先进集体、先进个人的决定

墨委〔2020〕4号
(2020年1月18日)

2019年,在区党委、市委、县委的坚强领导下,全县各级各部门坚持以习近平新时代中国特色社会主义思想为指导,认真学习贯彻党的十九大、十九届二中、三中、四中全会精神,紧紧围绕深化平安建设这条主线,着力加强和创新社会治理,深化"先进双联户"创建评选活动,齐心协力、紧密配合、联合作战,圆满完成了年度各项工作任务,营造了平安、和谐、幸福的良好社会氛围,实现了"三不出""三无"和"三稳定"的工作目标。

为表彰先进、树立榜样,进一步激发全县各族干部群众投身于平安建设(综治工作)热情,大力推进平安墨脱建设,经县委、政府研究,决定授予帮辛乡"2019年度平安建设(综治工作)考评第一名",墨脱镇"2019年度平安建设(综治工作)考评第二名",德兴乡"2019年度平安建设(综治工作)考评第三名",授予县委组织部、县委宣传部、县委统战部、县委政法委、公安局、人社局、司法局、消防应急救援大队、武警墨脱中队、公安边境管理大队"2019年度平安建设(综治工作)先进集体"荣誉称号,授予费小龙等25名同志"2019年度平安建设(综治工作)先进个人"荣誉称号。希望受到表彰的先进单位,珍惜荣誉、戒骄戒躁,充分发挥社会治理工作优势,积极探索创新社会治理工作的新经验,为全县经济发展和社会稳定再立新功、再创佳绩。

县委、县政府号召,全县各级各部门和广大干部职工要以先进为榜样,认真学习贯彻党的十九大、十九届二中、三中、四中全会精神,坚持以习近平新时代中国特色社会主义思想为指导,进一步增强忧患意识、责任意识,不断提升平安建设工作水平,为确保墨脱社会大局实现持续稳定、长期稳定、全面稳定作出新的更大的贡献。

附件:

**墨脱县2019年度平安建设(综治工作)先进集体先进个人名单**

一、2019年度平安建设(综治工作)先进集体(13个)

(一)平安建设(综治工作)考评前三名的乡镇(3个)

1. 第一名 帮辛乡
2. 第二名 墨脱镇
3. 第三名 德兴乡

(二)平安建设(综治工作)先进单位(10个)。

1. 县委组织部
2. 县委宣传部
3. 县委统战部
4. 县委政法委
5. 县公安局
6. 县人社局
7. 县司法局

8. 县消防应急救援大队
9. 武警墨脱中队
10. 县公安边境管理大队

二、2019年度平安建设(综治工作)先进个人(25名)

(一)基层乡镇、村先进个人(11名)

1. 西　　洛　墨脱镇综治专干
2. 李　　波　德兴乡政法委员
3. 郭　光　旭　背崩乡综治专干
4. 石　　杰　达木珞巴民族乡综治专干
5. 张　　波　格当乡政法委员
6. 潘　进　远　帮辛乡综治专干
7. 刘　燚　风　加热萨乡综治专干
8. 李　红　萧　甘登登乡政法委员
9. 孔　　平　达木村驻村工作队队长(自治区广播电视局传媒机构管理处处长)
10. 黄　家　斌　格林村第一支部书记(林芝市公安刑侦支队侦查员、四级警长)
11. 列格卓玛　玛迪村第一支部书记、驻村工作队队长(县委政法委四级主任科员)

(二)平安建设(综治工作)各成员单位先进个人(14名)

1. 费　小　龙　县委办四级主任科员
2. 德青央宗　县人大办一级科员
3. 欧珠江村　县政府办主任
4. 熊　　杰　县政协办一级科员
5. 马　映　贤　县法院刑事审判庭法官助理
6. 伍　班　东　县检察院公诉科科长
7. 吴　　远　县教育局教研员
8. 陈　天　亮　县财政局一级科员
9. 赵　　帅　县应急管理局一级科员
10. 郭　　兴　县卫健委一级科员
11. 秦　　滔　县交运局副局长
12. 张　鹏　飞　县林草局副局长
13. 多吉扎西　县文化执法大队队长(扫黑办借调人员)
14. 次仁旺堆　县中学安全专干

中共墨脱县委办公室
2020年1月17日印发

# 中共墨脱县委员会　墨脱县人民政府
# 关于表彰2018年度工作先进乡（镇）和单位的决定

墨委〔2019〕7号
(2019年1月28日)

2018年以来，在以习近平同志为核心的党中央亲切关怀下，在区党委、政府和市委、市政府的坚强领导下，县委、政府团结带领全县各级各部门和广大干部群众深入学习贯彻党的十九大精神，以习近平新时代中国特色社会主义思想为指导，贯彻落实自治区第九次党代会、区党委九届三次、四次全会精神和市委一届六次、七次全会精神，紧紧围绕"123456"的县域战略思路，统筹推进维护稳定、产业发展、民生改善、生态保护和党的建设各项事业，坚决打好脱贫攻坚战，坚定不移朝着全面建成小康社会迈进，取得了经济快速发展、社会持续稳定、人民安居乐业、生态文明进步、党建不断加强的新成效，开创了推进长足发展和长治久安的新局面。

为总结成绩，表彰先进，进一步激发各级各部门和广大党员干部勇担职责、干事创业，根据墨脱县2018年度综合考评结果，县委、县政府研究决定，授予背崩乡"墨脱县2018年度乡（镇）综合考评第一名"、墨脱镇"墨脱县2018年度乡（镇）综合考评第二名"、德兴乡"墨脱县2018年度乡（镇）综合考评第三名"；授予县委组织部、政法委、县委办、县公安局、司法局、国土局、交通局、商务局、农行墨脱县支行、工商局"墨脱县2018年度工作先进集体"荣誉称号。希望受到表彰的乡（镇）和单位珍惜荣誉、戒骄戒躁、再创佳绩，为推动全县改革发展各项事业再立新功。

2019年是中华人民共和国成立70周年，是西藏民主改革60周年，是实施"十三五"规划的攻坚之年，是打赢打好脱贫攻坚、全面建成小康社会的关键之年。全县各级各部门和广大党员干部要更加紧密地团结在以习近平同志为核心的党中央周围，高举习近平新时代中国特色社会主义思想伟大旗帜，全面贯彻落实党的十九大精神和中央第六次西藏工作座谈会精神，贯彻落实区党委经济工作会议和市委经济工作会议精神，牢固树立"四个意识"，增强"四个自信"，坚定"两个维护"，统筹推进"五位一体"总体布局和协调推进"四个全面"战略布局，以真抓的实劲、敢抓的狠劲、善抓的巧劲、常抓的韧劲，扎扎实实把党的十九大精神，区党委、市委和县委的决策部署落到实处，凝心聚力谋发展，奋力夺取打赢脱贫攻坚、全面建成小康社会伟大胜利。

中共墨脱县委办公室
2019年1月29日印发

# 中共墨脱县委员会关于表彰2018年度墨脱县"四讲四爱"先进集体和最美人物的决定

墨委〔2019〕11号

（2019年1月31日）

2018年以来，墨脱县各领域充分认识到"四讲四爱"群众教育实践活动的重大意义，按照全区"四讲四爱"群众教育实践活动总体方案和墨脱县"四讲四爱"群众教育实践活动实施方案，把"四讲四爱"作为一项重大政治任务来抓，认真谋划、周密部署，做到了认识到位、人员到位、组织实施到位，切实担负起组织动员、宣传教育、开展实践、建章立制等各项任务，真正把"四讲四爱"相关内容讲明白讲透彻，真正把党的最新理论成果和惠民政策送到广大干农牧民群众心中，在统一思想、凝聚力量，进一步引导广大干部群众树牢"四个意识"、坚定"四个自信"、坚决做到"两个维护"等方面发挥了重要作用。也涌现出了一批先进集体和一批长期扎根基层、服务基层、默默奉献的最美人物。

为表彰先进，树立典型，进一步弘扬老墨脱精神，激发全县干部群众的工作积极性、主动性和创造性。经县委研究，决定授予县强基办等4个单位"2018年度墨脱县'四讲四爱'先进集体"，授予红向等18人"2018年度墨脱县'四讲四爱'最美人物"。

希望受到县委表彰的先进集体和最美人物，珍惜荣誉，再接再厉，再创佳绩。2019年是新中国成立70周年和西藏民主改革60周年，全县各级各部门和广大干部职工向受到表彰先进集体和最美人物学习，以习近平新时代中国特色社会主义思想为指导，立足岗位实际、坚持问题导向、紧扣活动主题、突出活动重点、调整活动切口、丰富活动载体，推动教育实践活动不断向纵深发展，汇聚起墨脱长足发展和长治久安的强大正能量。

2018年墨脱县"四讲四爱"先进集体名单

1. 德兴乡"四讲四爱"活动办
2. 背崩乡"四讲四爱"活动办
3. 县强基办
4. 墨脱村

2018年墨脱县"四讲四爱"最美人物名单

一、民族团结最美人物（2人）
1. 红　　向　德兴乡德兴村村民
2. 索朗珠巴　墨脱县退休干部

二、爱党爱教最美人物（2人）
1. 朗加多吉　格当乡格当寺僧人
2. 大　阿　白　格当乡格当寺僧人

三、美丽乡村清洁行动最美人物（2人）
1. 嘎　　桑　甘登乡甘登村农牧民、村务监督委员会委员
2. 旺　　前　背崩乡背崩村双联户户长

四、基层宣讲员最美人物（2人）
1. 索朗达杰　县委办公室副主任
2. 喻　晓　坤　墨脱镇党委副书记、常务副镇长

五、孝老爱亲最美人物（2人）
1. 德吉央宗　达木乡达木村妇女主任
2. 央　　宗　帮辛乡根登村妇女主任

六、"讲文明树新风 远离酗酒赌博挥霍"最美人物(2人)

1. 李　新　加热萨乡加热萨村村务监督委员会委员

2. 布次仁　帮辛乡宗荣村第一书记

七、"神圣国土守护者 幸福家园建设者"最美人物(2人)

1. 卫　军　背崩乡德尔贡村村委会主任

2. 扎西列珠　格当乡布龙村党支部书记

八、爱党爱国社会主义建设者和接班人最美人物(2人)

1. 尼　尼　县人民医院护理部主任(爱党爱国社会主义建设者)

2. 桑阿曲珍　背崩乡小学六年级学生(爱党爱国社会主义接班人)

九、最美筑路人(2人)

1. 尼　玛　交运局养路工人

2. 白玛江措　交运局养路工人

中共墨脱县委办公室
2019年1月31日印发

# 中共墨脱县委员会 墨脱县人民政府关于表彰 2018 年度全县脱贫攻坚先进集体、优秀个人和脱贫光荣户的决定

墨委〔2019〕16 号
(2019 年 2 月 27 日)

2018 年,在林芝市委、市政府的坚强领导下,全县上下深入贯彻落实党的十九大和十九届二中、三中全会精神,贯彻落实习近平总书记扶贫开发重要论述和一系列重要指示批示精神,围绕年度脱贫攻坚目标任务,夯实工作责任,强化工作措施,狠抓工作落实,脱贫攻坚各项工作取得了显著成效,顺利脱贫摘帽,脱贫攻坚工作迈上新台阶。

为了激励先进,充分调动和激发社会各界力量参与脱贫攻坚工作的积极性和主动性,县委、县政府决定,对在 2018 年脱贫攻坚工作中表现突出的德兴乡等 35 个先进集体、次仁拉姆等 30 名先进个人、多吉等 24 户脱贫光荣户予以表彰。希望受表彰的集体和个人珍惜荣誉,继续发扬成绩,再接再厉,再创佳绩。

县委、县政府号召:全县各级各部门和广大党员干部要以受表彰的先进集体和优秀个人为榜样,进一步解放思想,求真务实,开拓创新,扎实工作,在政治上、思想上和行动上坚决与县委保持高度一致,深刻认识打赢脱贫攻坚战对于维护社会稳定、夯实基层基础的重要意义,不断牢固责任意识、大局意识和政治意识,确保各级精准脱贫措施落到实处、取得实效,为巩固脱贫攻坚成效,实现墨脱经济社会持续健康发展作出新的更大贡献。

附件:

墨脱县 2018 年度脱贫攻坚工作先进集体、优秀个人和脱贫光荣户名单

一、先进集体(35 个)
(一)综合评价优秀乡镇(3 个)
1. 德兴乡
2. 墨脱镇
3. 背崩乡
(二)易地搬迁突出贡献奖(1 个)
格当乡
(三)脱贫攻坚奋进奖(2 个)
1. 达木珞巴民族乡
2. 帮辛乡
(四)脱贫攻坚进步奖(2 个)
1. 加热萨乡
2. 甘登乡
(五)优秀县中区直单位(10 个)
1. 中共墨脱县委员会办公室
2. 墨脱县人民政府办公室
3. 中共墨脱县委员会组织部
4. 墨脱县脱贫攻坚指挥部办公室
5. 墨脱县财政局
6. 墨脱县农牧局

7. 墨脱县教育体育局

8. 墨脱县林业局

9. 广东省第八批援藏工作队墨脱县工作组

10. 中国人民武装警察部队广东省总队

（六）优秀村组织（7个）

1. 墨脱镇墨脱村

2. 德兴乡德兴村

3. 背崩乡背崩村

4. 达木珞巴民族乡达木村

5. 格当乡占根卡村

6. 帮辛乡宗荣村

7. 加热萨乡龙列村

（七）优秀驻村工作队（6个）

1. 墨脱镇驻墨脱镇亚东村第七批工作队

2. 市检察院驻德兴乡巴登则村第七批工作队

3. 背崩乡驻背崩乡德尔贡村第七批工作队

4. 达木珞巴民族乡驻达木乡珠村第七批工作队

5. 市环保局驻格当乡格当村第七批工作队

6. 市旅发委驻加热萨乡加热萨村第七批工作队

（八）优秀企业或合作社（4个）

1. 中国农业银行股份有限公司墨脱县支行

2. 林芝墨脱茶业有限公司

3. 墨脱村门珞民族特色产业合作社

4. 德兴村巴谐农牧民建筑有限公司

二、优秀个人（30人）

1. 赵　敬　　县委常委、组织部部长

2. 多吉扎西　县委常委、常务副县长

3. 杨明强　　县人大常委会副主任

4. 王　斌　　县政府副县长、发改委主任

5. 边巴扎西　县政协副主席

6. 曲桑顿珠　市人民检察院副县级检察员、县人民检察院副检察长

7. 白　杨　　墨脱镇分管扶贫副镇长

8. 高勇彬　　德兴乡扶贫专干

9. 罗布占堆　德兴乡巴登则村村委会主任

10. 次仁拉姆　达木珞巴民族乡扶贫专干

11. 黄初孟　　达木珞巴民族乡珠村驻村工作队队员

12. 张志强　　格当乡党委书记

13. 巴丁泽姆　格当乡扶贫专干

14. 胡新启　　背崩乡扶贫专干

15. 高　荣　　背崩乡地东村党支部书记

16. 次仁桑培　甘登乡分管扶贫副乡长

17. 扎西平措　甘登乡多卡村村委会副主任

18. 秦万胜　　加热萨乡扶贫专干

19. 索朗玉珍　帮辛乡副乡长、扶贫专干

20. 胡生青　　帮辛乡农牧综合服务中心主任、扶贫专干

21. 张仁坤　　帮辛乡扶贫专干

22. 顿　珠　　县扶贫办副主任

23. 央　宗　　农牧局副局长

24. 邓永朋　　县脱贫攻坚指挥部工作人员

25. 尼玛森格　县扶贫办工作人员

26. 刘　震　　县林业局科员

27. 格桑扎西　县财政局副局长、主任科员

28. 赵　东　　县电视台台长

29. 欧康奎　　援藏工作队工作人员

30. 洛桑德清　公安局户籍室民警

三、脱贫光荣户（24户）

1. 墨脱镇玛迪村红刚

2. 墨脱镇亚东村多吉

3. 德兴乡荷扎村向前

4. 德兴乡易贡白村桑吉平措

5. 背崩乡格林村顿珠曲培

6. 达木珞巴民族乡达木村丁罗布

7. 达木珞巴民族乡卡布村多罗

8. 达木珞巴民族乡贡日村罗布央宗

9. 达木珞巴民族乡珠村扎西

10. 格当乡布龙村罗桑卡珠

11. 格当乡桑珍卡村伟红

12. 格当乡桑珍卡村红边

13. 格当乡格当村加央卡珠

14. 格当乡格当村桑久多吉

15. 帮辛乡帮果村扎西

16. 帮辛乡根登村旺前
17. 帮辛乡帮辛村索朗多吉
18. 加热萨乡更邦村江东
19. 加热萨乡曾求村红星
20. 加热萨乡拉贡村布珠
21. 加热萨乡达昂村索朗旺姆
22. 甘登乡甘登村德列
23. 甘登乡甘登村白益西
24. 甘登乡多卡村阿都

中共墨脱县委员会办公室
2019 年 2 月 28 日印发

# 中共墨脱县委员会　墨脱县人民政府
# 关于表彰2018年度教育工作先进集体、优秀个人、重教家庭和优秀法制副校长的决定

墨委〔2019〕65号

（2019年5月23日）

2018年度，在县委、政府的坚强领导下，我县教育系统以办好人民满意的教育为目标，全面落实中央和区、市教育工作重大决策部署，坚持教书育人、立德树人，积极推进教育综合改革，加快促进教育均衡发展，教育事业呈现蓬勃发展的良好态势，涌现出了一批团结奋进、业绩突出的教育工作先进集体和爱岗敬业、无私奉献的优秀教育工作者，社会各界也涌现出一批关心教育、支持教育的重教家庭和优秀法制副校长。

为树立典型、表彰先进，进一步激励全县广大教师和教育工作者履职尽责、勤勉敬业、敢于担当、乐于奉献，进一步弘扬尊师重教的良好社会风尚，促进全县教育事业再上新台阶，经县委、政府研究，决定授予背崩乡等3个乡（镇）为2018年度"教育工作先进乡镇"；授予新卫等42名同志为2018年度"先进教育工作者"；授予典志才旺等17户家庭为2018年度"重教家庭"；授予李玲等3名同志为"优秀法制副校长"。希望受到表彰的先进乡（镇）、优秀个人、重教家庭和优秀法制副校长，珍惜荣誉、戒骄戒躁，发扬成绩、再接再厉，不断探索新思路、开辟新途径、谋求新举措，建立一支勤奋敬业、乐于奉献、严谨笃学的教师队伍，充分发挥工作优势，为全县教育事业蓬勃发展再创佳绩，再立新功。

县委、县政府号召，全县各级各部门和广大教师职工要以先进为榜样，敬业爱岗、拼搏进取、求实创新，以敢为人先的无私奉献和顽强奋斗精神，推动全县教育事业再上新台阶。

附件：

### 2018年度教育工作表彰名单

一、2018年度"教育工作先进乡镇"（3个）
1. 墨脱县背崩乡
2. 墨脱县达木珞巴民族乡
3. 墨脱县甘登乡

二、2018年度"先进教育工作者"（42名）
1. 新　　卫　墨脱县中学副校长（中共党员）
2. 徐雪梅　墨脱县中学教师（中共党员）
3. 扎西卓玛　墨脱县中学教师（中共党员）
4. 宋胜强　墨脱县中学教师（中共党员）
5. 高琪斌　墨脱县中学教师（中共党员）
6. 张海宏　墨脱县中学教师（中共党员）
7. 次仁多吉　墨脱县中学教师（中共党员）
8. 向久旺姆　墨脱县中学教师（中共党员）
9. 斯塔卓玛　墨脱县中学教师
10. 万政知　墨脱县中学教师（中共党员）
11. 西绕措姆　墨脱县完全小学教师（中共党员）
12. 龙增拉姆　墨脱县完全小学教师（中共党员）
13. 明珠措姆　墨脱县完全小学教师（中共党员）
14. 桑杰罗布　墨脱县完全小学教师（中共党员）
15. 央　　吉　墨脱县完全小学教师
16. 白玛让日　墨脱县完全小学教师
17. 卓　　玛　墨脱县幼儿园园长（中共党员）

18. 吴金琼　墨脱县幼儿园教师（中共党员）
19. 朱　彤　墨脱县幼儿园教师
20. 桑杰拉姆　墨脱县德兴乡小学副校长（中共党员）
21. 尼　玛　墨脱县德兴乡小学教师（中共党员）
22. 西热桑姆　墨脱县德兴乡小学教师
23. 卓玛群措　墨脱县德兴乡小学教师
24. 熊丹丹　墨脱县背崩乡小学教师（中共党员）
25. 索朗旺姆　墨脱县背崩乡小学教师（中共党员）
26. 白玛措姆　墨脱县背崩乡小学教师
27. 普　尺　墨脱县背崩乡小学教师
28. 顿珠多吉　墨脱县达木珞巴民族乡小学副校长（中共党员）
29. 曹　迪　墨脱县达木珞巴民族乡小学教师（中共党员）
30. 索朗卓玛　墨脱县达木珞巴民族乡小学教师（中共党员）
31. 德　吉　墨脱县达木珞巴民族乡小学教师
32. 周宗强　墨脱县格当乡小学教师（中共党员）
33. 其美拉宗　墨脱县格当乡小学教师
34. 洛桑克珠　墨脱县帮辛乡小学副校长（中共党员）
35. 贡吉卓玛　墨脱县帮辛乡小学教师（中共党员）
36. 梅　朵　墨脱县帮辛乡小学教师（中共党员）
37. 周会根　墨脱县帮辛乡小学教师（中共党员）
38. 嘎玛曲措　墨脱县加热萨乡小学教师（中共党员）
39. 多吉次仁　墨脱县加热萨乡小学教师
40. 钱建宏　墨脱县甘登乡小学校长（中共党员）
41. 次仁顿珠　墨脱县教育局教研员
42. 吴　远　墨脱县教育局教研员

三、2018年度"重教家庭"（17户）

1. 典志才旺家庭　墨脱镇墨脱村
2. 布扎西家庭　墨脱镇巴日村（中共党员）
3. 查热家庭　墨脱镇朗杰岗村
4. 桑吉平措家庭　德兴乡那尔东村（中共党员）
5. 贡继家庭　德兴乡荷扎村
6. 罗布占堆家庭　德兴乡巴登则村（中共党员）
7. 次仁卓玛家庭　背崩乡地东村（中共党员）
8. 高红家庭　背崩乡巴登村
9. 嘎迪措姆家庭　背崩乡格林村
10. 强巴家庭　达木乡珞巴民族乡达木村（中共党员）
11. 益琼家庭　达木乡珞巴民族乡珠村（中共党员）
12. 嘎玛次仁家庭　格当乡桑珍卡村（中共党员）
13. 德吉巴姆家庭　格当乡占根卡村
14. 旺久家庭　帮辛乡肯肯村
15. 永甘生家庭　帮辛乡西登村（中共党员）
16. 玉扎家庭　加热萨乡曾久村
17. 扎西尼玛家庭　甘登乡甘登村（中共党员）

四、2018年度"优秀法制副校长"（3名）

1. 李　玲　墨脱县人民法院民事审判庭庭长（中共党员）
2. 张国照　墨脱县人民检察院侦查监督科科长（中共党员）
3. 杨宗卫　墨脱县背崩乡派出所所长（中共党员）

中共墨脱县委办公室
2019年5月23日印发

# 中共墨脱县委员会关于表彰先进基层党组织 优秀共产党员 优秀党务工作者 军地共建先进基层党组织 军地共建优秀共产党员 的决定

墨委〔2019〕87号

（2019年6月24日）

2019年，全县各级党组织和广大党员干部深入学习贯彻习近平新时代中国特色社会主义思想，围绕全县工作大局，开拓创新、团结拼搏、攻坚克难、扎实工作，充分发挥了党组织的战斗堡垒作用和党员先锋模范作用，展示了新时代共产党人的良好形象和精神风貌，党的建设和各项工作成绩显著。期间，涌现了一批先进基层党组织、优秀共产党员和优秀党务工作者，他们为党的建设和社会经济发展付出了艰辛努力，提供了强有力的组织保障和作出了突出贡献。特别是在军地联创共建工作中，各级党组织积极发挥党的政治优势和组织优势，也涌现了一批军地共建先进基层党组织、军地共建优秀共产党员。通过他们的共同努力，我县党建许多创新经验和典型做法在全市乃至全区都有一定影响。

今年，是中国共产党成立98周年，新中国成立70周年，为弘扬党的优良传统，表彰优秀先进典型，进一步坚定信念、凝聚力量、振奋精神、鼓舞士气、激发斗志。经县委研究，决定对县委办公室党支部等20个先进基层党组织，边巴索朗等23名优秀共产党员，雷波等13名优秀党务工作者，中共墨脱县纪委支部委员会等8个军地共建先进基层党组织，谭远书等10名军地共建优秀共产党员进行表彰。希望受到表彰的先进单位、优秀个人，珍惜荣誉，戒骄戒躁，发扬成绩，再接再厉，不断进取，以更加饱满的工作热情、更加务实的工作作风，投身到全面推动墨脱经济社会又好又快发展的奋斗事业中。

县委号召，全县各级党组织和广大党员干部要以先进典型为榜样，以"不忘初心、牢记使命"主题教育为契机，立足本职，开拓创新，扎实工作，自觉加强党的先进性建设，牢固树立政治意识、大局意识、核心意识、看齐意识，积极适应新形势、新要求，不忘初心，求真务实，奋勇争先，为推进墨脱经济社会实现长足发展和率先全面建成小康社会作出新的更大贡献。

附件1

墨脱县2019年度先进基层党组织（20个）

1. 中共墨脱县委办公室支部委员会
2. 中共墨脱县人大常委会办公室支部委员会
3. 中共墨脱县政府办公室支部委员会
4. 中共政协墨脱县委办公室支部委员会
5. 中共墨脱县委政法委支部委员会
6. 中共墨脱县工商联支部委员会
7. 中共墨脱县墨脱镇委员会
8. 中共墨脱县甘登乡委员会
9. 中共墨脱县墨脱镇墨脱村支部委员会

10. 中共墨脱县德兴乡机关支部委员会

11. 中共墨脱县德兴乡德兴村支部委员会

12. 中共墨脱县帮辛乡帮果村支部委员会

13. 中共墨脱县帮辛乡根登村支部委员会

14. 中共墨脱县背崩乡背崩村支部委员会

15. 中共墨脱县背崩乡地东村支部委员会

16. 中共墨脱县格当乡占根卡村支部委员会

17. 中共墨脱县达木珞巴民族乡达木村支部委员会

18. 中共墨脱县加热萨乡拉贡村支部委员会

19. 中共墨脱县加热萨乡更邦村支部委员会

20. 中共墨脱县德兴乡小学支部委员会

附件2

### 墨脱县2019年度优秀共产党员（23名）

1. 边巴索朗　县委常委、统战部部长
2. 拉巴琼达　县委巡察一组组长
3. 张国照　县检察院侦查监督科科长
4. 顿　珠　县扶贫办副主任
5. 仓　木　县人社局主任科员
6. 平措玉珍　县文化市场综合执法大队副主任科员
7. 张淳焕　县发改委科员
8. 俞菊梅　县教育局科员
9. 张　坤　县公安局科员
10. 索朗旺秋　格当乡党委副书记、副乡长、主任科员
11. 多吉索朗　加热萨乡党委委员、人大主席
12. 桑杰拉姆　德兴乡小学副校长
13. 黄初孟　达木珞巴民族乡副主任科员
14. 张仁坤　帮辛乡科员、西登村第一书记
15. 高　荣　背崩乡科员、地东村党支部书记、第一书记
16. 仓曲珍　德兴乡农牧服务中心专技
17. 扎西罗布　德兴乡德果村党支部书记
18. 侯鹏飞　墨脱镇机关后勤服务中心专技
19. 索朗措姆　帮辛乡帮果村村委会副主任
20. 姑姑卓玛　背崩乡阿苍村妇联主席
21. 余呈帅　甘登乡科员
22. 贡嘎拉姆　非公经济党支部纪检委员
23. 梅朵曲珍　离退休干部党支部副书记

附件3

### 墨脱县2019年度优秀党务工作者（13名）

1. 雷　波　县政府办公室副主任、行政审批和便民服务局局长
2. 李世珺　县纪检监察信息中心主任
3. 吴　勇　县直机关工委副主任科员
4. 李龙勇　县委组织部科员
5. 扎西罗布　甘登乡党委委员、人大主席
6. 尚　青　帮辛乡副主任科员
7. 褚召军　墨脱镇科员
8. 王世昆　德兴乡科员
9. 罗小弟　背崩乡科员
10. 李　倩　格当乡科员、占根卡村第一书记
11. 陈永松　达木珞巴民族乡科员
12. 殷国亮　加热萨乡科员、更邦村第一书记
13. 何晓琴　格当乡小学教师

附件4

### 墨脱县2019年度军地共建先进基层党组织（8个）

1. 中共墨脱县纪委支部委员会
2. 中共墨脱县委组织部支部委员会
3. 中共墨脱县格当乡委员会
4. 中共墨脱县墨脱镇亚东村支部委员会
5. 中共墨脱县背崩乡格林村支部委员会
6. 中共中国人民解放军墨脱县人武部委员会
7. 中共中国人民解放军77650部队60分队委员会
8. 中共中国人民解放军77650部队53分队支部委员会

附件5

墨脱县2019年度军地共建优秀共产党员(10名)

1. 谭 远 书　县委副书记、政法委书记、公安局局长、督察长
2. 张 兴 军　县委组织部副部长、编办副主任
3. 刘　　斌　县司法局法律援助中心主任
4. 罗布央宗　墨脱镇墨脱村村委会副主任
5. 达　　娃　墨脱镇亚让村村民
6. 多杰平措　背崩乡格林村党支部副书记、村委会主任
7. 曾 银 津　背崩乡科员(财政局工作人员)
8. 扎西次仁　格当乡格当村党支部书记
9. 次仁旺堆　中国人民解放军77650部队战士
10. 王 学 兆　中国人民解放军77650部队战士

中共墨脱县委员会办公室
2019年6月24日印发

# 中共墨脱县委员会
# 关于对旺东等163名同志进行表彰的决定

墨委〔2019〕92号

各乡(镇)党委,县委各部委,县各委、办、局,各人民团体,驻县中直、区直各单位:

经墨脱县年度考核委员会考核,旺东等20名公务员自2016年至今连续三年被评为优秀等次(不含2016年、2017年记三等功人员),谭远书等143名被评为2018年度优秀公务员等次。根据《中华人民共和国公务员法》和《公务员奖励规定》相关精神,经县委研究,决定给予旺东等20名同志记三等功,给予谭远书等143名同志嘉奖。具体人员名单如下(受表彰人员职务均为2018年12月所任职务):

一、记三等功人员(20名)
1. 旺　　东　县委书记
2. 魏长旗　县委副书记、县长
3. 谢国高　县委常务副书记
4. 李　　斌　县委副书记、常务副县长
5. 多吉扎西　县委常委、常务副县长
6. 张　　岗　加热萨乡党委副书记、乡长
7. 贺　　伟　县纪委副书记、监委副主任
8. 曲　　珠　县交通局局长
9. 喻晓坤　墨脱镇党委副书记、常务副镇长
10. 杜太永　帮辛乡党委副书记、组织委员
11. 扎西顿珠　加热萨乡党委副书记、组织委员
12. 桑杰措姆　县纪委综合办公室主任
13. 邓宏照　县发改委主任
14. 郭振华　县教体局副局长
15. 赖明建　县农牧局副局长
16. 张鹏飞　县林业局局长
17. 次仁平措　县公安局科员
18. 旺前多吉　县公安局科员
19. 文　　魁　县商务局科员
20. 李　　飞　背崩乡科员

二、记嘉奖人员(143名)
1. 谭远书　县委副书记、政法委书记、公安局局长、督察长
2. 赵　　敬　县委常委、组织部部长
3. 白玛占堆　德兴乡党委副书记、乡长
4. 扎西曲扎　背崩乡党委副书记、乡长
5. 尼玛桑珠　甘登乡党委副书记、乡长
6. 尹建华　县委办公室主任
7. 拉巴琼达　县委巡察一组组长
8. 顿珠次仁　县人社局局长
9. 格桑曲久　县环保局局长
10. 南效鹏　县民政局局长
11. 白玛扎巴　县林业局局长
12. 巴　　桑　县公安局政委
13. 杨正勇　县安监局局长
14. 胡志彬　县水利局局长
15. 桑杰拉姆　墨脱镇主任科员
16. 冯兴旺　背崩乡党委委员、宣传委员、主任科员
17. 索朗旺秋　格当乡主任科员
18. 白玛扎西　仁青崩寺管委会副主任、主任科员
19. 桑杰尼玛　曾久寺管委会主任科员
20. 格桑扎西　县财政局副局长、主任科员
21. 尼玛次仁　县水利局主任科员、水利服务站站长

| | | | | | |
|---|---|---|---|---|---|
|22.|韩　振|墨脱镇党委副书记、组织委员、政法委员、人武部部长|58.|白玛次旺|县统计局副局长|
|23.|桑杰平措|墨脱镇副镇长|59.|德庆拉姆|县残联副主任科|
|24.|白玛曲珍|德兴乡党委书记、组织委员|60.|扎西顿珠|县人民法院司法警察大队队长|
|25.|扎西旺久|德兴乡副乡长|61.|泽翁罗布|县人民法院执行局局长|
|26.|桑杰仁增|背崩乡副乡长|62.|边　珍|县人民检察院办公室主任|
|27.|何　浩|达木珞巴民族乡副乡长|63.|格桑达瓦|墨脱镇科员|
|28.|罗布曲扎|格当乡党委委员、纪委书记|64.|陆荣慧|墨脱镇科员|
|29.|平措卓嘎|格当乡副主任科员|65.|罗布央宗|墨脱镇科员|
|30.|曲　尼|帮辛乡党委委员、副乡长|66.|杨　帆|德兴乡科员|
|31.|达瓦维色|加热萨乡副乡长|67.|王　霁|德兴乡科员|
|32.|扎西罗布|甘登乡党委委员、统战委员、政法委员、人武部部长、副乡长|68.|罗小弟|背崩乡科员|
|33.|格桑曲培|县委机要局局长|69.|王　英|背崩乡科员|
|34.|索朗曲珍|县政府办公室副主任|70.|高　荣|背崩乡科员|
|35.|宗　吉|县委巡察办副主任科员|71.|姜国林|背崩乡科员|
|36.|张兴军|县委组织部副部长|72.|黄小芳|达木珞巴民族乡科员|
|37.|梅朵措姆|县委组织部主任科员|73.|石　杰|达木珞巴民族乡科员|
|38.|平措玉珍|县文化市场综合执法大队副主任科员|74.|次仁拉姆|达木珞巴民族乡科员|
|39.|吉　梅|曾久寺管委会副主任|75.|张致勇|达木珞巴民族乡科员|
|40.|黄德祥|县发改委副主任科员|76.|普布次仁|达木珞巴民族乡科员|
|41.|卫　念|县教体局副主任科员|77.|詹文成|格当乡科员|
|42.|杨林鑫|县公安局副局长|78.|寇志富|格当乡科员|
|43.|詹　星|县公安局办公室主任|79.|张仁坤|帮辛乡科员|
|44.|格桑多吉|县嘎隆便民警务站副站长|80.|张亮亮|帮辛乡科员|
|45.|普布多杰|县公安局治安管理大队队长|81.|郑亚杰|帮辛乡科员|
|46.|平措次仁|县完小便民警务站站长|82.|张焖梅|帮辛乡科员|
|47.|白玛仁增|县公安局副主任科员|83.|张　龙|加热萨乡科员|
|48.|珍　嘎|县医保保险管理中心主任|84.|李　军|加热萨乡科员|
|49.|李展健|县住建局副局长|85.|黎　唯|加热萨乡科员|
|50.|阿　归|县住建局副局长|86.|马鹏程|县委办科员|
|51.|米玛次仁|县交通局副局长|87.|宋　超|县委办科员|
|52.|鲍庆阳|县环境监察大队副队长|88.|德青央宗|县人大办科员|
|53.|张　洪|县民政局副局长|89.|旦增桑珠|县政府办科员|
|54.|央　宗|县农牧局副局长|90.|金小玲|县政府办科员|
|55.|薛建科|县农牧局副主任科员|91.|吴胜洁|县政协办科员|
|56.|顿　珠|县扶贫办副主任|92.|徐　夏|县委机要局科员|
|57.|次仁江增|县扶贫办副主任|93.|吴　勇|县机关工委科员|
| | | |94.|夏贵东|县委巡察办科员|
| | | |95.|周自豪|县纪委科员|
| | | |96.|娄发才|县纪委科员|

97. 任　　如　　县纪委科员
98. 黄 正 阳　　县委组织部科员
99. 毕 龙 金　　县委组织部科员
100. 李 龙 勇　　县委组织部科员
101. 建阿扎西　　县委组织部科员
102. 白玛次旦　　罗邦寺特派员科员
103. 张　　茂　　县政法委科员
104. 梅朵拉增　　县民宗局科员
105. 张 淳 焕　　县发改委科员
106. 边巴旺姆　　县发改委科员
107. 陈 明 亮　　县教育局科员
108. 俞 菊 梅　　县教育局科员
109. 张　　坤　　县公安局科员
110. 白玛江措　　县公安局科员
111. 李　　江　　县公安局科员
112. 多吉次仁　　县公安局科员
113. 魏 海 东　　县公安局科员
114. 达　　琼　　县公安局科员
115. 四郎平措　　县公安局科员
116. 卢 春 涌　　县公安局科员
117. 郑　　凯　　帮辛乡派出所科员
118. 扎西顿珠　　县完小便民警务站科员
119. 张 华 顺　　县卫计委科员
120. 张　　凯　　县交通局科员
121. 曹 周 峰　　县人社局科员
122. 闫 文 杰　　县财政局科员
123. 桑杰玉珍　　县财政局科员
124. 许 东 方　　县住建局科员
125. 王 妍 妍　　县住建局科员
126. 平措南加　　县农牧局科员
127. 巴桑卓玛　　县农牧局科员
128. 孙 玺 桥　　县文化局科员
129. 罗布扎西　　县安监局科员
130. 仁增卓嘎　　县国土局科员
131. 刘 忠 仙　　县旅发委科员
132. 西　　洛　　县旅发委科员
133. 张　　伟　　县民政局科员
134. 熊　　肖　　县环保局科员
135. 达瓦卓玛　　县林业局科员
136. 李 仁 阳　　县总工会科员
137. 苍 玉 寿　　县食药局科员
138. 李　　波　　县工商联科员
139. 王 圣 俊　　县水利局科员
140. 扎西玉珍　　县司法局科员
141. 李　　婷　　县商务局科员
142. 马 映 贤　　县人民法院科员
143. 常 建 楠　　县人民检察院科员

受到表彰的同志要珍惜荣誉，戒骄戒躁，再接再厉，在今后的工作中更加严格要求自己，做好表率，把自己的榜样作用辐射给身边的每一个人，带领大家共同进步、共同提高。同时，希望全县广大干部职工要以他们为榜样，虚心向他们学习，积极适应新形势、新要求，求真务实、争创先进，努力开创墨脱县经济社会发展新局面。

中共墨脱县委员会
2019年7月5日

# 中共墨脱县委员会　墨脱县人民政府关于表彰2019年上半年"遵行四条标准 争做先进僧尼"教育实践活动先进集体和先进个人的决定

墨委〔2019〕96号
（2019年7月22日）

2019年，我县按照区党委、政府决策部署，市委、政府的工作要求，认真践行关于宗教领域深入开展"遵行四条标准 争做先进僧尼"教育实践活动相关要求，贯彻落实习近平总书记"政治上靠得住、宗教上有造诣、品德上能服众、关键时起作用"的重要指示，全县各寺庙和广大僧尼积极响应县委、政府号召，全身心投入到教育实践活动中，认真学习领会党的民族宗教政策和利寺惠僧政策，自觉维护祖国统一和民族团结，涌现出一批旗帜鲜明、立场坚定、表现突出的先进僧尼，各级寺庙管理机构和广大驻寺干部牢记使命，不负重托，紧紧围绕履行好管理、服务、教育三大职能，在条件极为艰苦的工作学习生活环境中坚守岗位、无私奉献、讲政治、顾大局，以共产党员的情操和人民公仆的本色赢得广大爱国僧尼的尊重、理解和爱戴，涌现出一批先进的寺庙管理机构和优秀驻寺干部，为全县各寺庙的和谐稳定作出了重要的贡献。

为总结经验、发扬成绩、表彰先进、树立榜样，在广大僧尼中营造旗帜鲜明、立场坚定的良好氛围，弘扬反对分裂、维护和谐的浩然正气，同时激发全县各寺管会（特派员机构）和广大驻寺干部工作的热情，县委、县政府决定，对格当寺等2座模范寺庙、格当寺专职管理特派员等2个优秀寺管会（专职管理特派员）、尼玛顿珠等8名优秀僧尼、格桑达瓦等4名先进驻寺干部和加措等2名优秀宣讲员进行表彰。希望受到表彰的寺庙和僧尼要戒骄戒躁，珍惜荣誉，坚持护国利民、旗帜鲜明、反对分裂、维护团结，受到表彰的先进集体和干部要坚定立场，忠诚于党，珍惜荣誉、谦虚上进、爱国奉献、再立新功，在今后工作中继续发挥好模范带头作用，为墨脱的持续和谐稳定作出更大的贡献。

县委、县政府号召：全县各寺庙和广大宗教界人士要紧密围绕团结在党和政府周围，积极参与和推进教育实践活动，进一步掀起"遵行四条标准 争做先进僧尼"的热潮；全县各寺管会（专职管理特派员）和广大驻寺干部要紧密团结在县委、政府周围，在政治上、思想上坚决与县委保持高度一致，以受到表彰的先进集体和优秀个人为榜样，进一步增强责任感和使命感，切实做好寺庙管理创新各项工作，把广大爱国僧尼团结在党和政府的周围，为实现全县经济社会跨越式发展和长治久安而努力奋斗。

中共墨脱县委员会　墨脱县人民政府
2019年7月22日

附件:

墨脱县2019年上半年"遵行四条标准 争做先进僧尼"教育实践活动先进集体和先进个人名单

一、模范寺庙
1. 格当寺
2. 玛尔蚌寺

二、优秀寺管会(专职管理特派员)
1. 格当寺专职管理特派员
2. 玛尔蚌寺专职管理特派员

三、优秀僧尼(8人)
1. 尼玛顿珠　仁青崩寺僧人
2. 顿珠次仁　仁青崩寺僧人
3. 多吉格增　罗邦寺僧人
4. 建阿次仁　格当寺僧人
5. 阿白(小)　格当寺僧人
6. 次仁扎西　格当寺僧人
7. 玛　　尼　曾久寺僧人
8. 嘎玛次仁　玛尔蚌寺僧人

四、先进驻寺干部(4人)
1. 格桑达瓦　仁青崩寺管委会副主任
2. 久美才旦　仁青崩寺管委会驻寺民警
3. 丹增久美　曾久寺管委会驻寺民警
4. 詹文成　　格当寺专职管理特派员干部

五、优秀宣讲员(2人)
1. 加　　措　德兴乡党委委员、统战委员
2. 平措卓嘎　格当乡党委委员、统战委员

# 中共墨脱县委员会　墨脱县人民政府关于表彰 2019 年度墨脱县"优秀教师"的决定

墨委〔2019〕106 号
(2019 年 9 月 10 日)

一年来,在县委、县政府的坚强领导下,我县广大教师和教育工作者以习近平新时代中国特色社会主义思想为指导,全面贯彻落实党的教育方针政策,深化教育教学改革,扎实工作,努力提高教育教学质量,实现了全县教育事业蓬勃发展的良好态势。在推动全县教育事业改革发展中,涌现出了一大批优秀教师,他们热爱教育事业,教书育人,为人师表,敬业奉献,是我县教育战线上的优秀代表。为表彰先进,树立典型,进一步激发广大教师和教育工作者的积极性和创造性,激励全县广大教师和教育工作者履职尽责、勤勉敬业、敢于担当、乐于奉献,进一步弘扬尊师重教的良好社会风尚,促进全县教育事业再上新台阶,经研究,决定在庆祝第 35 个教师节活动之际,授予张斌等 44 名同志为 2019 年度墨脱县"优秀教师"荣誉称号,予以表彰。

希望受表彰的个人倍加珍惜荣誉,戒骄戒躁,发扬成绩,勤勉务实,积极进取,开拓创新,为今后的教育教学工作再立新功。县委、县人民政府号召,全县各级各类学校和广大教育工作者要以受表彰的优秀教师为榜样,求真务实,锐意进取,扎实工作,以实际行动推动我县教育事业持续、稳定、健康、快速发展,为全县经济社会发展作出新的更大贡献!

附件:

2019 年度墨脱县"优秀教师"表彰名单

1. 张　斌　墨脱县中学教师(中共党员)
2. 王江乐　墨脱县中学教师(中共党员)
3. 付宝红　墨脱县中学教师
4. 向久旺姆　墨脱县中学教师(中共党员)
5. 多吉玉珍　墨脱县中学教师
6. 高琪斌　墨脱县中学教师(中共党员)
7. 辜晓蓉　墨脱县中学教师
8. 徐雪梅　墨脱县中学教师(中共党员)
9. 万政知　墨脱县中学教师(中共党员)
10. 次仁多吉　墨脱县中学教师(中共党员)
11. 巴丹加参　墨脱县完全小学教师(中共党员)
12. 洛桑卓玛　墨脱县完全小学教师(中共党员)
13. 达瓦扎西　墨脱县完全小学教师(中共党员)
14. 拉巴次仁　墨脱县完全小学教师(中共党员)
15. 周秀吉尕　墨脱县完全小学教师
16. 索朗次仁　墨脱县完全小学教师
17. 吴金琼　墨脱县幼儿园教师(中共党员)
18. 扎西措姆　墨脱县幼儿园教师
19. 格　桑　墨脱县幼儿园教师
20. 朱菊梅　墨脱县幼儿园教师
21. 拉　杰　墨脱县德兴乡小学教师
22. 王　娅　墨脱县德兴乡小学教师(中共党员)
23. 洛桑曲珍　墨脱县德兴乡小学教师
24. 张翠荣　墨脱县德兴乡小学教师
25. 丹　增　墨脱县背崩乡小学教师
26. 扎西米玛　墨脱县背崩乡小学教师
27. 美朵措姆　墨脱县背崩乡小学教师
28. 白玛仁增　墨脱县背崩乡小学教师

29. 索郎顿珠　墨脱县达木珞巴民族乡小学副校长（中共预备党员）

30. 吴金措姆　墨脱县达木珞巴民族乡小学教师

31. 王　娜　娜　墨脱县达木珞巴民族乡小学教师（中共党员）

32. 达瓦措姆　墨脱县达木珞巴民族乡小学教师（中共党员）

33. 次仁桑珠　墨脱县格当乡小学教师

34. 冯　瑞　墨脱县格当乡小学教师

35. 布姆曲珍　墨脱县帮辛乡小学教师

36. 唐时佳　墨脱县帮辛乡小学教师

37. 白玛央金　墨脱县帮辛乡小学教师

38. 边　巴　墨脱县帮辛乡小学教师（中共党员）

39. 刘　洋　墨脱县加热萨乡小学教师

40. 嘎玛曲措　墨脱县加热萨乡小学教师

41. 钱建宏　墨脱县甘登乡小学校长（中共党员）

42. 马兴宏　墨脱县教育局教研员

43. 巴桑罗布　墨脱县教育局教研员

44. 次仁顿珠　墨脱县教育局教研员

中共墨脱县委办公室
2019年9月10日印发

# 中共墨脱县委员会 墨脱县人民政府 关于表彰2019年度"先进双联户"创建评选工作先进集体"先进双联户"和"先进双联户"户长（优秀气象信息员）的决定

墨委〔2019〕120号

2019年，我县"双联户"服务管理工作在县委、县政府的坚强领导和上级业务部门的具体指导下，全面贯彻落实中央、区、市关于"双联户"服务管理工作的系列文件精神和决策部署，科学统筹，主动作为，积极工作，县、乡（镇）、村三级紧紧围绕"联户保平安、联户促增收"的工作目标，按照《墨脱县"双联户"服务管理工作实施方案》，认真落实联户"10+1"工作任务，扎实开展"先进双联户"创建评选活动，有效促进了我县经济社会稳步健康发展，也涌现出了一批"先进双联户"创建评选工作先进集体、"先进双联户"和"先进双联户"户长（优秀气象信息员）。

为总结经验、发扬成绩、表彰先进、树立榜样，进一步激发全县各族干职群众参与"先进双联户"创建评选活动的积极性和主动性，全面推动"双联户"服务管理工作步上新台阶，县委、县政府决定，授予达木珞巴民族乡等2个乡为墨脱县2019年度"先进双联户"创建评选工作先进集体荣誉称号，授予墨脱镇墨脱村等4个村为2019年度"先进双联户"创建评选工作先进村荣誉称号，授予墨脱镇墨脱村第十五联户单位桑杰次仁等4个联户单位40户"双联户"为2019年度"先进双联户"荣誉称号，授予背崩乡地东村第五联户单位户长建阿顿珠等3人为2019年度"先进双联户"户长（优秀气象信息员）荣誉称号。希望受到表彰的先进集体和"先进双联户"要戒骄戒躁、珍惜荣誉，统一思想、转变作风，真抓实干、再立新功，在今后的"双联户"服务管理工作中继续支持活动开展，紧紧围绕"10+1"工作任务，为墨脱的经济社会稳步健康发展作出更大的贡献。

县委、县政府号召：全县各级联户单位要以"先进双联户"和先进集体为榜样，紧紧团结在县委、县政府的周围，在政治上、思想上和行动上坚决与县委保持高度一致，深刻认识"双联户"服务管理工作对于稳定墨脱社会、夯实基层基础的重要意义，牢固树立"四个意识"，坚定"四个自信"，确保"双联户"服务管理工作落到实处、取得实效，为墨脱长治久安和长足发展奠定坚实的基础。

附件：

墨脱县2019年度"先进双联户"创建评选工作先进集体"先进双联户""先进双联户"户长（优秀气象信息员）名单

一、"先进双联户"创建评选工作先进乡（镇）（2个）
达木珞巴民族乡、背崩乡

二、"先进双联户"创建评选工作先进村（4个）
墨脱镇墨脱村、德兴乡德兴村、帮辛乡宗荣村、达木珞巴民族乡卡布村

三、"先进双联户"（4个联户单位40户）
（一）墨脱镇墨脱村第十五联户单位（共11户）
桑杰次仁、平措群培、朝阳、多吉次仁、才旺丁增、光明、梅多措姆、嘎玛旺姆、索朗伦珠、索朗措

姆、单增江措。

（二）墨脱镇双拥路便民警务站第十五联户单位（共9户）

白玛多杰、李伟、李秋萍、扎西顿珠、郭晓峰、布琼、达珍、建阿达瓦、郑明。

（三）格当乡桑珍卡村第五联户单位（共10户）

贡桑朗加、曲珍、旦珍旺杰、扎西、琼杰、嘎玛多吉、巴任玛、多更、扎西曲宗、仁增。

（四）帮辛乡西登村第二联户单位（共10户）

高肖、白玛达吉、白玛曲珠、布琼、高东、贡久、曲珍、益西平措、扎巴、罗布次仁。（户长为扎西）

四、"先进双联户"户长（优秀气象信息员）（3人）

背崩乡地东村第五联户单位户长　建阿顿珠
帮辛乡宗荣村第一联户单位户长　新　　生
格当乡格当村第一联户单位户长　张　志　强

中共墨脱县委办公室
2019年11月18日印发

# 中共墨脱县委员会　墨脱县人民政府关于表彰2019年下半年"遵行四条标准 争做先进僧尼"教育实践活动先进集体和先进个人的决定

墨委〔2019〕121号

（2019年11月18日）

2019年，我县按照区党委、区政府决策部署，市委、市政府的工作要求，认真践行关于宗教领域深入开展"遵行四条标准　争做先进僧尼"教育实践活动相关要求，贯彻落实习近平总书记"政治上靠得住、宗教上有造诣、品德上能服众、关键时起作用"的重要指示，全县各寺庙和广大僧尼积极响应县委、政府号召，全身心投入到教育实践活动中，认真学习领会党的民族宗教政策和利寺惠僧政策，自觉维护祖国统一和民族团结，涌现出一批旗帜鲜明、立场坚定、表现突出的先进僧尼，各级寺庙管理机构和广大驻寺干部牢记使命，不负重托，紧紧围绕履行好管理、服务、教育三大职能，在条件极为艰苦的工作学习生活环境中坚守岗位、无私奉献、讲政治、顾大局，以共产党员的情操和人民公仆的本色赢得广大爱国僧尼的尊重、理解和爱戴，涌现出一批先进的寺庙管理机构和优秀驻寺干部，为全县各寺庙的和谐稳定作出了重要的贡献。

为总结经验、发扬成绩、表彰先进、树立榜样，在广大僧尼中营造旗帜鲜明、立场坚定的良好氛围，弘扬反对分裂、维护和谐的浩然正气，同时激发全县各寺管会（特派员机构）和广大驻寺干部工作的热情，县委、县政府决定，对仁青崩寺等2座模范寺庙、仁青崩寺管委会等2个优秀寺管会（专职管理特派员）、尼玛顿珠等7名优秀僧尼、次仁曲登等4名先进驻寺干部和次仁旺久等2名优秀宣讲员进行表彰。希望受到表彰的寺庙和僧尼要戒骄戒躁，珍惜荣誉，坚持护国利民、旗帜鲜明、反对分裂、维护团结，受到表彰的先进集体和干部要坚定立场，忠诚于党、珍惜荣誉、谦虚上进、爱国奉献、再立新功，在今后工作中继续发挥好模范带头作用，为墨脱的持续和谐稳定作出更大的贡献。

县委、县政府号召：全县各寺庙和广大宗教界人士要紧密围绕团结在党和政府周围，积极参与和推进教育实践活动，进一步掀起"遵行四条标准　争做先进僧尼"的热潮；全县各寺管会（专职管理特派员）和广大驻寺干部要紧密团结在县委、县政府周围，在政治上、思想上坚决与县委保持高度一致，以受到表彰的先进集体和优秀个人为榜样，进一步增强责任感和使命感，切实做好寺庙管理创新各项工作，把广大爱国僧尼团结在党和政府的周围，为实现全县经济社会跨越式发展和长治久安而努力奋斗。

附件：

墨脱县2019年下半年"遵行四条标准　争做先进僧尼"教育实践活动先进集体和先进个人名单

（一）模范寺庙（2座）

仁青崩寺、德尔贡寺

（二）优秀寺管会（专职管理特派员）（2个）

仁青崩寺管委会、德尔贡寺专职管理特派员

（三）优秀僧尼（7人）

尼玛顿珠、达瓦江措、顿珠次仁、达瓦森格、桑杰贡嘎、白玛旦增、卫红

(四)先进驻寺干部(4人)

次仁曲登　仁青崩寺管委会驻寺民警

巴桑次仁　曾久寺管委会主任

平措卓嘎　格当寺专职管理特派员干部

旺青扎堆　罗邦寺专职管理特派员干部

(五)优秀宣讲员(2人)

次仁旺久　白玛维林寺专职管理特派员驻寺民警

梅朵拉增　县委统战部科员

中共墨脱县委员会办公室

2019年11月18日印发

# 中共墨脱县委员会　墨脱县人民政府关于表彰2019年度墨脱县民族团结进步模范集体和模范个人的决定

墨委〔2019〕146号

（2019年12月26日）

2019年以来，在林芝市委、政府的坚强领导下，县委、政府团结带领全县各族干部群众，紧跟时代发展步伐，把深入学习贯彻党的十九大和十九届四中全会精神，贯彻落实习近平总书记治边稳藏的重要战略思想和"加强民族团结、建设美丽西藏"的重要指示精神，作为首要政治任务，坚持和完善民族区域自治制度，牢牢把握各民族"共同团结奋斗、共同繁荣发展"的主题，与时俱进、不断创新，积极构建社会稳定、经济发展、民族团结的和谐墨脱。通过广泛开展民族团结宣传教育和民族团结进步创建活动，有力推进了我县民族团结工作的深入开展，进一步夯实民族团结"七进"宣传活动，打牢了全县各族人民民族团结的思想，各领域、各行业涌现出一批认真贯彻执行党和国家民族政策，促进少数民族和民族地区经济社会发展做出重要贡献的模范集体和个人。

为表彰先进、树立典型，激励全县上下齐心协力做好民族工作，经县委、县政府研究同意，决定授予县委宣传部等14个单位为2019年度"墨脱县民族团结进步模范集体"荣誉称号；旦增旺姆等20名同志为2019年度"墨脱县民族团结进步模范个人"荣誉称号。希望受到表彰的模范集体和模范个人，珍惜荣誉，戒骄戒躁，再接再厉，用优秀品格和模范行动，继续为我县民族团结进步事业发挥模范表率作用。

县委、县政府号召，各级党政组织和各族干部群众要以模范集体和模范个人为榜样，更加紧密地团结在以习近平同志为核心的党中央周围，认真学习贯彻习近平新时代中国特色社会主义思想、习近平总书记治边稳藏的重要战略思想和"加强民族团结、建设美丽西藏"的重要指示精神，始终把维护民族团结和国家统一作为各族人民最高利益，团结拼搏、万众一心，锐意进取、改革创新，进一步巩固和发展平等、团结、互助、和谐的社会主义民族关系，为建设和谐、幸福、生态、美丽、宜居墨脱而努力奋斗。

附件：

2019年墨脱县民族团结进步模范集体和模范个人名单

一、模范集体（14个）

（一）党政机关、人民社会团体（6个）

县委宣传部

县委政法委

墨脱镇亚东村

县气象局

县公安局

县卫生健康委

（二）部队及企业单位（2个）

格当乡边防派出所

县供电有限公司

（三）事业单位（3个）

县卫生服务中心

甘登乡小学

达木珞巴民族乡小学
（四）乡（镇）（3个）
帮辛乡人民政府
背崩乡人民政府
加热萨乡人民政府
二、模范个人（20名）
（一）县直机关干部（4个）
旦增旺姆　县人民法院四级书记员
张文清　县政府办公室一级科员
巴桑次仁　县公安局亚东警务站站长
巴桑次仁　墨脱县税务局局长
（二）乡（镇）干部（4个）
次仁曲珍　背崩乡农牧服务中心主任
多吉索朗　加热萨乡党委委员、人大主席
扎西顿珠　加热萨乡党委副书记、组织委员、二级主任科员
尹红梅　格当乡人民政府专技
（三）企事业单位、个体工商户（4个）
唐磊　县供电有限公司经理

扎西旺堆　县农业农村局兽防站助理兽医
黄昌全　县工商联兼职副主席、墨脱县阳光商务宾馆业主
钱建宏　县甘登乡小学二级教师
（四）部队及武警部队（2个）
赵明　武警林芝支队执勤一大队墨脱中队中队长
白玛罗色　墨脱县人武部军事参谋
（五）农牧民群众（6个）
德庆平措　墨脱镇亚东村党支部书记
扎西　达木珞巴民族乡达木村村民
次仁央宗　德兴乡德兴村村民
久美　帮辛乡帮辛村村务监督委员会主任
玛尼　加热萨乡曾久寺僧人
扎西拉姆　背崩乡背崩村村民

中共墨脱县委员会办公室
2019年12月26日印发

# 索 引

## 说 明

一、本索引采用主题分析法编制。索引范围包括篇目、类目、部(门)目、条目等。
二、本索引按主题词首字汉语拼音音序(同音按音调)排列,若首字拼音相同则按第二字音序排列,依此类推。
三、索引款目后的数字表示内容所在的页码,数字后的拉丁字母(a、b、c)表示栏别(从左至右)。
四、篇目、类目、部(门)目用黑体字。

### A

安全生产　237b　242b　255c
安全宣传教育　240c
安全整治　240a
安置帮教　176a
案件受理　166a

### B

8月　67b
百年五四系列活动　179c
班子建设　159a　170a
办好会务　89c
办文办会更加严谨　121b
帮扶救助　178c
帮扶乡镇卫生院　230c
帮辛乡　272b
包虫病防治　225a
保密工作　208c
保障教育后勤　199b
保障性住房管理　214c
背崩乡　263b
边境防控体系建设　157b
边境管控　168a
边境小康村建设　188a
兵员征集　153c
不动产统一登记　219c
"不忘初心、牢记使命"主题教育　156a　273b

### C

财政评审　196a
财政预算执行情况　195a
财政支出向民生倾斜　195a
参谋助手作用凸显　122a
残疾人信息数据动态更新　185c
厕所革命　215a
查处违纪违法　131a
产业发展　76b　264b　267c

# 索　引

产业项目　260a
常务委员会会议　123a
城市卫生　244c
城乡低保　212b
城乡基础设施建设　214b
城乡面貌　103a
畜牧业生产　210c
传染病防治　225a
创建国家森林城市建设　249b
创业扶持　186a
创业就业　180c
从严治警　155c
从严治团　181a

## D

达木珞巴民族乡　266c
打击欺诈骗保　232a
打击违法犯罪行为　171a
打造和谐社会　148c
大庆安保工作　157a
大事记　57
当好参谋助手　89b
党的建设　128c　256c
党风廉政宣教　131b
党建促脱贫　239b
党建工作　144a　151a　168c　197a　204b　213c
　　　　　222b　237c　243c　247a　250c　254b
党建联创联建　156a
党建引领　148a
党外代表人士　142a
党务工作　217a
党政军联勤联控　157a
道德模范和优秀志愿者活动　183a
德兴乡　259b
登记制度改革　243a
砥砺初心　勇担使命　稳中求进　持续推动全面
　　从严治党向纵深发展　28

电力生产　255c
冬令春荒缺粮户救助　213c
动物疫情防控　209c
督查联络发挥实效　121c
队伍管理　262a
队伍建设　98a　140c　146a　169a　208b　232
　　　　　253c
队伍日常管理　158a

## E

2月　59a

## F

发挥监督职能　99c
发挥思想引领作用　178a
法　治　161
法律援助　175b
法制宣传教育　175a
法治建设　175c
法治墨脱建设　162a
防范化解重大风险　170b
防雷安全监管　248a
防汛度汛　222b
防灾减灾　218c
房地产市场开发管理　215c
非公经济　184c
非遗工作　206a
分销业务　253b
风险管理　246b
扶持企业发展　211c
扶困助学　180c
扶贫帮困　153c
扶贫产业项目规划建设　238a
服务脱贫攻坚　170c
服务政协履职　128c
妇联改革　181c
妇联工作　271c

妇女劳动致富　182c
"妇字号"项目　182b
附　录　280

## G

甘登乡　277b
干部队伍建设　132b　136a　196a
干部管理与培训　177b
格当乡　269b
工会工作　244a
工会组织建设　177a
工资福利与人事工作　204a
工作创新　207a
公路养护　236c
巩固脱贫攻坚成效　239b
共青团墨脱县委员会　179b
构建和谐校园　197c
构建民生工程　148c
关爱职工　178c
光彩事业　185a
广电事业　139c
规范政府采购　195c
国防教育　153b
国家税务总局墨脱县税务局　244c
国土绿化　249c
国资委工作　196a

## H

夯实基层基础　171b
河流（湖泊）水系　221b
河长制工作　222c
后勤保障　159c
后勤工作　155b
后勤工作建设　158a
户籍业务　167c
环保督察反馈问题整改　235a
环境卫生综合整治　270c

惠农政策　250b
婚姻登记　213b

## J

机构编制工作　137a
机关建设　90c
基层党建　231a　258a　261c　263c　266c　272c
　　275b　277c
基层政权建设　213b
基层组织建设　271b
基础建设　227b　260b
基础设施　101a　239b　264c
基础设施建设　76c　200a
基础项目建设　224b
及时解决群众合理诉求　151b
加热萨乡　275a
监察体制改革　132a
监督管理　147c
监督联络工作　173a
监督问责　130c
检察改革　171b
检察监督　171a
检务公开　170b
减轻医疗负担　239a
减税降费　245a
建筑工程质量安全监督　215b
践行"两个维护"　130a
交通安全专项整治　167b
交通建设　278b
教育培训　186a
教育事业　260c　270b
教育体育事业　77a
教育文化　274c
接处警情况　166a
金融扶贫及服务三农　255a
金融类业务　253a
经济·社会事业　187

经济发展　75a　217c　257b　259c　264b　267c
　　　　　273c　278b
经济和信息化　190a
经济社会发展　100c
经济指标　269c
经营指标　253a
精神文明建设　149b
精心办文　128b
精准扶贫　189a
精准扶贫转移就业　203b
9月　69a
就业帮扶　182a
就业创业　203a
就业培训　77a
军　事　152
军地融合共建　211c

## K

开展全国助残日主题活动　186b
开展群众性文体活动　179a
开展应急演练活动　240c
考察交流　124b
科技服务　211a
客运改革　237b
快递类业务　253b

## L

劳动监察　204a
老干部工作　137a
理论学习　138a
立案信访　173b
立德树人,加强学生自主化管理　202a
联合武装震慑巡逻　165b
练兵备战　152a
粮油工作　189c
"两癌"工作　182c
"两规"工作　183b

亮点工作　176a
烈士墓祭扫活动　233c
林下资源管理　249a
林业扶贫　250b
林业项目建设　250c
林业执法　249b
林芝市生态环境局墨脱县分局　234a
临时救助　213a
领导干部接访下访工作　151c
领导名录　256c
6月　64a
流浪乞讨　213a
路政管理　237a
落实残疾人生活保障资金　186a
落实惠民政策　261b
落实政策兜底脱贫　238c
落实资金保障　239b
旅游收入　206b

## M

矛盾纠纷排查化解　151c
民兵比武　152c
民兵整组　152b
民商事审判　172b
民生改善　259a　265a　276b
民生事业　102a
民族团结　268c
民族团结进步　141a
墨脱边境管理大队　155c
墨脱县2019年财政预算执行情况与2020年财政
　　预算(草案)的报告　49
墨脱县2019年国民经济和社会发展计划执行情况
　　与2020年国民经济和社会发展计划草案的报告
　　42
墨脱县财政局(国有资产监督管理委员会)　190c
墨脱县残疾人联合会　185c
墨脱县藏医院　229a

墨脱县城市管理和综合执法局　243c
墨脱县第八批创先争优强基础惠民生活动领导小
　　组办公室　147a
墨脱县发展和改革委员会(经济和信息化局、粮食
　　和物资储备局、商务局)　187a
墨脱县扶贫开发办公室　238a
墨脱县妇女联合会　181c
墨脱县工商业联合会　184a
墨脱县公安局　165c
墨脱县供电有限公司　255b
墨脱县国民经济和社会发展综述　326
墨脱县行政审批和便民服务局(政务服务中心)
　　149c
墨脱县交通运输局　236a
墨脱县教育局体育局　197a
墨脱县烈士陵园　233b
墨脱县林业和草原局　248c
墨脱县民政局　212a
墨脱县农业农村局　209a
墨脱县气象局　246c
墨脱县人大财经农牧城建　环保委员会　99c
墨脱县人力资源和社会保障局　203a
墨脱县人民代表大会常务　委员会办公室　98a
墨脱县人民代表大会常务委员会　91c
墨脱县人民代表大会常务委员会工作报告　18
墨脱县人民法院　171c
墨脱县人民法院工作报告　33
墨脱县人民检察院　169c
墨脱县人民检察院工作报告　38
墨脱县人民武装部　152a
墨脱县人民政府　100b
墨脱县人民政府办公室(信访局、行政审批与便民
　　服务局)　120c
墨脱县人民政府工作报告　8
墨脱县人民政府关于政协九届四次会议提案议案
　　办理情况的报告　324
墨脱县审计局　215b

墨脱县市场监督管理局　241a
墨脱县水利局　221a
墨脱县司法局　174c
墨脱县统计局　216c
墨脱县退役军人事务局　232c
墨脱县外事办公室(边界事务协调办)　208a
墨脱县委国家安全委员会办公室　164a
墨脱县卫生服务中心　226a
墨脱县卫生健康委员会　223c
墨脱县文化和旅游局　205a
墨脱县消防救援大队　158b
墨脱县信访局　150c
墨脱县医疗保障局　231a
墨脱县应急管理局　239c
墨脱县中学　202a
墨脱县住房和城乡建设局(人民防空办公室)
　　214a
墨脱县自然资源局　218b
墨脱县总工会　177a
墨脱香蕉　210b
墨脱镇　257a
农产品抽检计划　242a
农牧民合作组织　211a
农牧民施工队管理　215c
农牧区制度改革　210a
农牧业工作　269c
农业病虫害防治　210a
农业生产　210a

## P

劈波斩浪　冲破发展瓶颈　行稳致远　筑牢发展
　　基石　众志成城　奋力谱写墨脱高质量　发展
　　新篇章　309
贫困现状　238a
平安墨脱建设　162b
普法工作　173a
普及全民运动　200b

## Q

70周年环境大整治　235c
7月　66a
气象地面观测站实现全覆盖　248b
气象概况　247a
气象军民融合发展　248b
气象现代化建设　248b
强化安全责任　240b
强基惠民　274b　276a
青年文明号、青年安全生产示范岗　181b
清产核资　261c
全国国土调查　219b
全警实战大练兵　156c
全体会议　123a
群众就业　261c
群众团体　177

## R

人大代表建议意见办理　93b
人大代表培训　93b
人大工作　266a　267a　271c
人居环境整治　211b
人民调解　175b
日常协调　89c
日常业务工作　90a

## S

3月　59b
三大攻坚战　100c
三大污染攻坚战　235a
三级医院对口帮扶　230c
"三品一械"抽检　242a
扫黑除恶打非治乱专项斗争　162c　172c　176a
　　　　　　　　　　　　　　223a
扫黑除恶打非治乱专项斗争工作　243b
扫黑除恶专项斗争　166b　278c

森林防火暨安全生产　249c
森林资源　248c
森林资源保护　248c
商标战略　243b
商品销售业务　253b
商品印制业务　253c
商务工作　190b
上级人大视察调查和执法检查　93c
社会保险　203c
社会保障　77c　270c
社会事业　268b　278c
社会治理　265c
社区矫正　175c
深化改革　101c
审计业务　216a
生态保护　268c
生态补偿　238c
生态环保　78a　262c　277a
生态环境　103a　274c
生态环境保护宣传　234c
生态文明建设　265b　279b
10月　70a
11月　71b
12月　73a
实施公平教育　199a
食安委职能　242a
市场流通领域监管　241c
市场主体　241b
市容市貌治理　244b
视察交流　128b
受县(区)级以上表彰的先进个人名录　290
受县(区)级以上表彰的先进集体名录　280
受援工作　78a
双拥工作　153a
双拥共建　155a
水电能源业　189b
水渠灌溉及水电站情况　222a

4月 61a
司法改革 173c
思想建设 121a 145a
思想教育 170a 180a 198a
思想政治教育 154b
"四讲四爱"群众教育实践活动 138a
索　引 372

## T

特　载 1
特色产业 101b 210b 258b 269c 273c
特色农牧业 189a
特色文旅业 189a
特色引领,百花齐放 202b
特种设备监管 242c
提案工作 124c
提升教学质量 198b
提升教育能力 198c
提升医疗卫生服务 224c
提升应急救援能力 160a
调查研究 185b
土地管理 218c
土地执法 220a
土地总面积 218b
推广藏医药服务 230b
推进社保费征管职责划转 245b
脱贫攻坚 75b 185b 257c 262b 265b 267c
　　　　271a 274a 276a 278a

## W

网络服务与业务服务双领先 252a
为民服务 231c
维护稳定 103b
维权工作 182c
维稳工作 166a
卫生工作 270b
卫生惠民政策 224a

卫生监督 224c
卫生事业 77b
文化旅游市场管理 206a
文化旅游宣传 206c
文化事业 261a
文化执法 139c
文旅项目建设 206b
文明创建 139b
文物工作 206a
文艺队伍 205b
"无邪教示范县"创建 163c
5月 62a
五保集中供养 212c
武警墨脱县中队 154a
物价监管 190a

## X

辖区社会面管控 157c
"先进双联户"创建评选 163b
县纪委八届四次全会 130b
县内视察调研检查工作 94a
县内执法检查 94c
县委常委会会议纪要 78b
县文化活动中心 205c
县域环境质量状况 234b
乡(镇)概况 257
乡村振兴 103b
项目储备 187c
项目管理 147c
项目环境影响评价管理 235b
项目建设 220b 236b
项目建设监管 236c
项目前期工作 223b
项目审批 188a
项目投资 187b
消除火灾隐患 159a
消除疟疾通过国家验收 223c

消防执法　158c
消费维权　242b
协助视察调研　124b
新建项目　223a
新闻报道　139a
新业务、新技术开展　227b
信访工作机制　151a
信访联席会议　151a
信息采集及光荣牌发放工作　233a
信息化建设　174a
行政区划工作　213b
刑事审判　172a
续建项目　223b
宣传报道　148a
宣传贯彻党的十九大精神　147b
宣传活动　164b
学习模范　233b
巡察工作　143a
巡检巡查　252b

## Y

严格环境准入　235a
严格落实制度　89a
野生动物保护　250a
业务工作　172a　226b　230a　255a
业务基本情况　254a
业务经营　252a
业务开展　251c
业务培训　147c
业务营销　251b
1月　57a
医疗保险报销　232a
医疗健康扶贫　225c
医疗救助　212c　232b
医疗科技　274c
医疗卫生　260c
医疗援藏、三级医院对口帮扶　228a

医务人员培训　225c　230a
依法组织税收收入　245a
以主题教育为载体，理论武装得到新提升　133b
义诊活动　230c
易地扶贫搬迁　238b
营销服务　256a
应急机动　168b
拥军优属　233a
优抚安置　234a
优化纳税服务　246a
优化人才队伍　136c
邮务类业务　253a
舆论引导　138c
预青工作　180c
援藏帮扶工作　225b
援藏项目建设　188c

## Z

灾后恢复重建　188b
在墨脱县2019年"四讲四爱"群众教育实践活动
　　动员部署会上的讲话　321
增减挂钩调查　219c
藏医药产业　189c
藏医药工作　224c
藏医药健康管理服务　230c
召开年度工作会议　161b
整治群众身边腐败和作风问题　131c
政　治　75
政府常务会议纪要　104a
政府建设　103c
政务服务　150b　250c
政务服务便民快捷　121c
政务服务大厅入驻　150b
政务信息公开更上台阶　121b
政治建设　144c
政治理论学习　128a
政治引领　179c

支部班子建设　154a
支部建设　208b
支持脱贫攻坚　195a
执法监督及调研　99b
执行工作　172b
执勤战备　154c
指标执行情况　187a
志愿者服务　181b
制度建设　231b　253c
质量监管　242c
中藏药材标本建设　230b
中共墨脱县纪律检查委员会(墨脱县监察委员会)
　　130a
中共墨脱县委办公室　89a
中共墨脱县委第八届委员会第五次全体(扩大)会
　　议工作报告　1
中共墨脱县委统战部(县民族宗教事务局)　140b
中共墨脱县委宣传部　137c
中共墨脱县委员会　墨脱县人民政府关于表彰
　　2018年度工作先进乡(镇)和单位的决定　348
中共墨脱县委员会　墨脱县人民政府关于表彰
　　2018年度教育工作先进集体、优秀个人、重教家
　　庭和优秀法制副校长的决定　354
中共墨脱县委员会　墨脱县人民政府关于表彰
　　2018年度全县脱贫攻坚先进集体、优秀个人和脱
　　贫光荣户的决定　351
中共墨脱县委员会　墨脱县人民政府关于表彰
　　2019年度"先进双联户"创建评选工作先进集体
　　"先进双联户"和"先进双联户"户长(优秀气象
　　信息员)的决定　366
中共墨脱县委员会　墨脱县人民政府关于表彰
　　2019年度工作先进乡(镇)和单位的决定　343
中共墨脱县委员会　墨脱县人民政府关于表彰
　　2019年度墨脱县"优秀教师"的决定　364
中共墨脱县委员会　墨脱县人民政府关于表彰
　　2019年度墨脱县民族团结进步模范集体和模范
　　个人的决定　370

中共墨脱县委员会　墨脱县人民政府关于表彰
　　2019年上半年"遵行四条标准 争做先进僧尼"教
　　育实践活动先进集体和先进个人的决定　362
中共墨脱县委员会　墨脱县人民政府关于表彰
　　2019年下半年"遵行四条标准 争做先进僧尼"教
　　育实践活动先进集体和先进个人的决定　368
中共墨脱县委员会　墨脱县人民政府关于表彰墨
　　脱县2019年度平安建设(综治工作)先进集体、
　　先进个人的决定　346
中共墨脱县委员会　墨脱县人民政府关于表彰墨
　　脱县创先争优强基础惠民生活动先进驻村(居)
　　工作队、先进驻村(居)工作队员优秀组织单位的
　　决定　344
中共墨脱县委员会　75a
中共墨脱县委员会关于表彰2018年度墨脱"四讲
　　四爱"先进集体和最美人物的决定　349
中共墨脱县委员会关于表彰先进基层党组织优秀
　　共产党员　优秀党务工作者　军地共建先进基
　　层党组织　军地共建优秀共产党员的决定　356
中共墨脱县委员会关于对旺东等163名同志进行
　　表彰的决定　359
中共墨脱县委员会巡察工作领导小组办公室
　　143a
中共墨脱县委政法委员会　161a
中共墨脱县委组织部　133a
中共墨脱县直属机关工作委员会　144c
中国电信集团公司墨脱电信分公司　251a
中国农业银行股份有限公司墨脱县支行　254a
中国人民政治协商会议第九届墨脱县委员会常务
　　委员会工作报告　22
中国人民政治协商会议墨脱县委员会　122c
中国人民政治协商会议墨脱县委员会办公室
　　127a
中国人民政治协商会议墨脱县委员会社会建设和
　　外事教科卫体委员会　129b
中国人民政治协商会议墨脱县委员会提案委员会
　　129a

中国人民政治协商会议墨脱县委员会文化文史民族宗教法制委员会　129c
中国移动通信集团西藏有限公司林芝市墨脱县分公司　252a
中国邮政集团有限公司西藏自治区墨脱县分公司　252c
重大气象服务　247c
重点景区景点　206c
重点生态转移支付资金使用　235c
重点项目建设　270a
重要工作会议　165a
重要会议　92a　240a
重要活动　123b　183b
主要职责　99c　129a　129b　129b
助力乡村建设　149a
住房公积金管理　215a
驻村工作　135a

筑牢安全稳定底线　153a
专项整治及检查工作　167a
转移就业　239a
自然保护区　248c
自身建设　100a　125b　133a　220c
宗教事务管理　141c
综述　54
综合服务　98c
综合气象业务　247c
综治教育宣传　163a
走访慰问　95a
租赁补贴发放　215a
组织建设　145c　184b
组织体系建设　135b
作风建设　146c
做好调研议政服务工作　128a